LESSING YEARBOOK XIX, 1987

LESSING YEARBOOK XIX, 1987

Lessing Yearbook

XIX

1987

Edited for the Lessing Society
by Richard E. Schade

Wayne State University Press   Detroit
edition text + kritik GmbH   München

The Lessing Society gratefully acknowledges the generosity of the Consulate of the Federal Republic of Germany (Detroit) and the University of Cincinnati.

The *Lessing Yearbook* is published annually as the official organ of the Lessing Society. Interested persons are invited to become members of the Lessing Society. For information please contact the Lessing Society, Department of German, University of Cincinnati, Cincinnati, Ohio 45221–0372, USA.

The editors of the *Lessing Yearbook* are pleased to consider manuscripts relating to German literature, culture and thought of the 18th century. Contributions may be in English or German and are to be prepared in accordance with the MLA Handbook or an appropriate guide to German style. All manuscripts should be submitted in duplicate to:

> Managing Editor, the *Lessing Yearbook*
> Department of German
> University of Cincinnati
> Cincinnati, Ohio 45221–0372
> USA

Lessing Yearbook (ISSN 0075–8833) is published annually by Wayne State University Press, Leonard N. Simons Building, 5959 Woodward Avenue, Detroit, Michigan 48202. Subscriptions are available on an annual basis.

Published in the United States of America, the United Kingdom, and the rest of the world by Wayne State University Press, Detroit.

Co-published in continental Europe by edition text + kritik GmbH, 800 München 80.

Contents

Gotthold Ephraim Lessing
Zur Geschichte der Aesopischen Fabel

Ein Fragment
aufgefunden und kommentiert von

John F. Reynolds

unter Mitarbeit von Dieter Matthes,
Niedersächsisches Landesarchiv, Wolfenbüttel

Unter den vielen bedeutenden Handschriften des Niedersächsi-
schen Landesarchivs in Wolfenbüttel befindet sich ein Manuskript
Lessings über die Fabel "Vom Müller, seinem Sohne und ihrem
Esel". Die achtseitige Handschrift stammt aus dem Bestand 242 N
380 Nr. 161 (Guts- und Familienarchiv von Veltheim/Destedt), einer
Autographensammlung, die seit 1800 geführt wird. Die nicht unter-
zeichnete Handschrift konnte durch einen Vergleich mit anderen
Handschriften Lessings im Niedersächsischen Archiv und in der
Herzog August-Bibliothek identifiziert werden.

Für die Erlaubnis, dieses Fragment zu publizieren, bin ich dem Niedersächsichen
Landesarchiv in Wolfenbüttel zu Dank verpflichtet.

Lessing Yearbook, 1987, Vol. XIX, pp. 1–27.

Zur Geschichte
der Aesopischen Fabel

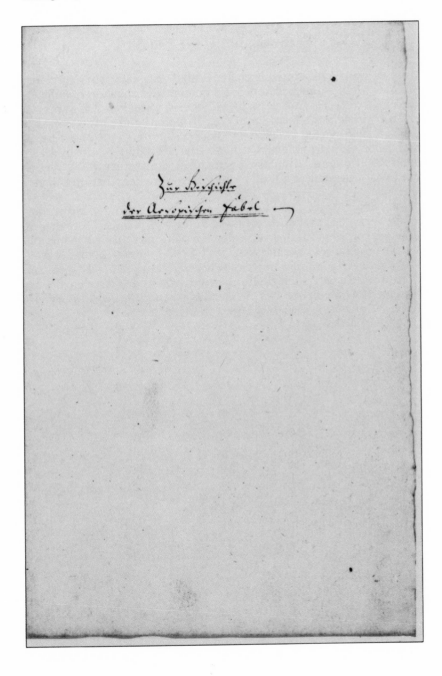

1.
Stammbaum einer Fabel.

Ist es wahr, daß ein sinnreicher Einfall, ein witziges Mährchen, nicht so wohl seinem Erfinder, als demjenigen zugehöret, welcher den einen oder das andere am glücklichsten wieder an den Mann zu bringen verstehet? — Dem Leser oder Zuhörer kann es freylich sehr gleichgültig seyn, ob er dem oder diesem sein Vergnügen zu danken hat. Aber ist darum das Verdienst der Erfindung ganz und gar nichts? Verlohnt es sich darum ganz und gar nicht der Mühe, dieses Verdienst demjenigen zu vindiciren, dem es in der That und Wahrheit zustehet?

Ich dächte doch, daß es sich wenigstens alsdann der Mühe verlohne, wenn es auf die Abrechnung unter verschiednen Schriftstellern, oder wohl gar unter verschiednen Nationen dieser Schriftsteller, angesehen ist; wenn Witz und Erfindungskraft von beiden Theilen gegen einander auf die Wagschale kommen sollen. Denn warum wollte man so nachläßig gerecht seyn und verstatten, daß in der einen Schale etwas den Ausschlag geben hülfe, was in der anderen, in die es eigentlich gehöret, wenigstens das Gleich-

3.

1.

Raisonnement einer Fabel.

Ist es wahr, daß ein pittoresker Einfall, ein wichtiger Mahler, nicht sowohl seinem Erfinder, als demjenigen zugehöret, welcher den einen oder den andern am glücklichsten wieder an den Mann zu bringen verstehet? — Dem Leser oder Zuhörer kann es freylich sehr gleichgültig seyn, ob er dem oder deßen sein Vergnügen zu danken hat. Aber ist darum das Verdienst der Erfindung ganz und gar nichts? Verlohnet es sich denn ganz und gar nicht der Mühe, dieses Verdienst demjenigen zu versichern, dem es in der That und Wahrheit zugehöret?

Ich dächte doch, daß es sich wenigstens alsdenn der Mühe verlohne, wenn es auch die Abrechnung unter verschiedenen Schriftstellern, oder noch gar unter verschiednen Nationen dieser Schriftsteller, angehen ist; wenn Witz und Erfindungskraft von beyden Theilen gegen einander auf die Wagschale kommen sollen. Denn warum ~~und erstatten~~ und erstatten wollte man so nachläßig gerecht seyn in der einen Schale ~~hat~~ mag der Nützlichkeit geben, hülfe, die in der andern, in der es eigentlich gehöret, wenigstens das Gleichgewicht

gewicht wieder herstellen könnte?

Dieses schien vor einiger Zeit der Fall mit einer Aesopischen Fabel zu seyn, deren Erfindung sich die Franzosen angemasset hatten. Es war die nehmliche Fabel, welche auch von unserm C a n i t z, unter der Aufschrift D i e   W e l t   l ä ß t   i h r   T a d e l   n i c h t, so gut und rund erzehlet worden, daß ich sie eben darum am liebsten nach ihm anführen will.

> Merk auf, ich bitte dich, wies jenem Alten ging,
> Der, um die Welt zu sehn, noch an zu wandern fing.
> Ein Esel war sein Pferd, sein Sohn war sein Gefährte.
> Als nun der sanfte Ritt kaum eine Stunde währte,
> Da rief ein Reisender ihn unterwegens an:
> Was hat Euch immermehr das arme Kind gethan,
> Daß Ihrs laßt neben Euch auf schwachen Füßen traben?
> Darum stieg der Vater ab, u. wich dem müden Knaben.
> Doch als er dergestalt die Liebe walten ließ,
> Sah er, daß man hienach mit Fingern auf ihn wies.
> Ihr könntet ja mit Recht, hört er von andern Leuten,
> Zum wenigsten zugleich mit eurem Buben reiten.
> Er folgte diesem Rath, u. als er weiter kam
> Erfuhr er, daß man ihm auch dieß für übel nahm.
> Es schrie ein ganzer Markt: Ihr thut dem Thiere Schaden;
> Man pflegt nicht, so wie Ihr, sein Vieh zu überladen.

Der Alte, der noch nie die Welt so wohl gekannt,
Der kehrte wieder um, wie ers am besten fand
Und sagte, sollt' ich mich in alle Menschen schicken,
So packten sie mir gar den Esel auf den Rücken.

Vor C a n i t z e n hatte dieses Mährchen schon L a F o n -
t a i n e erzehlt; aber mit mehrern, u. zum Theil mit ungereimtern
Umständen, so daß der Franzose wohl schwerlich das Vorbild des
Deutschen konnte gewesen seyn. Auch hatte L a F o n t a i n e,
deßen Sache das Erfinden überhaupt nicht war, es nicht einmal darnach angefangen für den Erfinder gehalten zu werden. Denn er hatte
seine Quelle, in dem Eingange der Erzehlung, aufrichtig angegeben:
und diese Quelle war M a l h e r b e!

Je t'en veux dire un trait assez bien inventé;
Autrefois a Racan, Malherbe l'a conté.

Nun ließ zwar L a F o n t a i n e auch den M a l h e r b e n sagen,
daß er das, was er da erzehle, irgendwo gelesen habe.
J'ai lu dans quelqu' endroit —
Doch die Franzosen waren so gütig gewesen, dieses Geständniß für
eine bloße Wendung anzunehmen, und ihr M a l h e r b e blieb der
unstreitige Erfinder von einer so lehrreichen Schnurer. Man sehe
das Leben des M a l h e r b e, vom R a c a n selbst beschrieben*:
man sehe die

*Memoires de Litterat. par S. Tome II. Part. 1 p. 86.

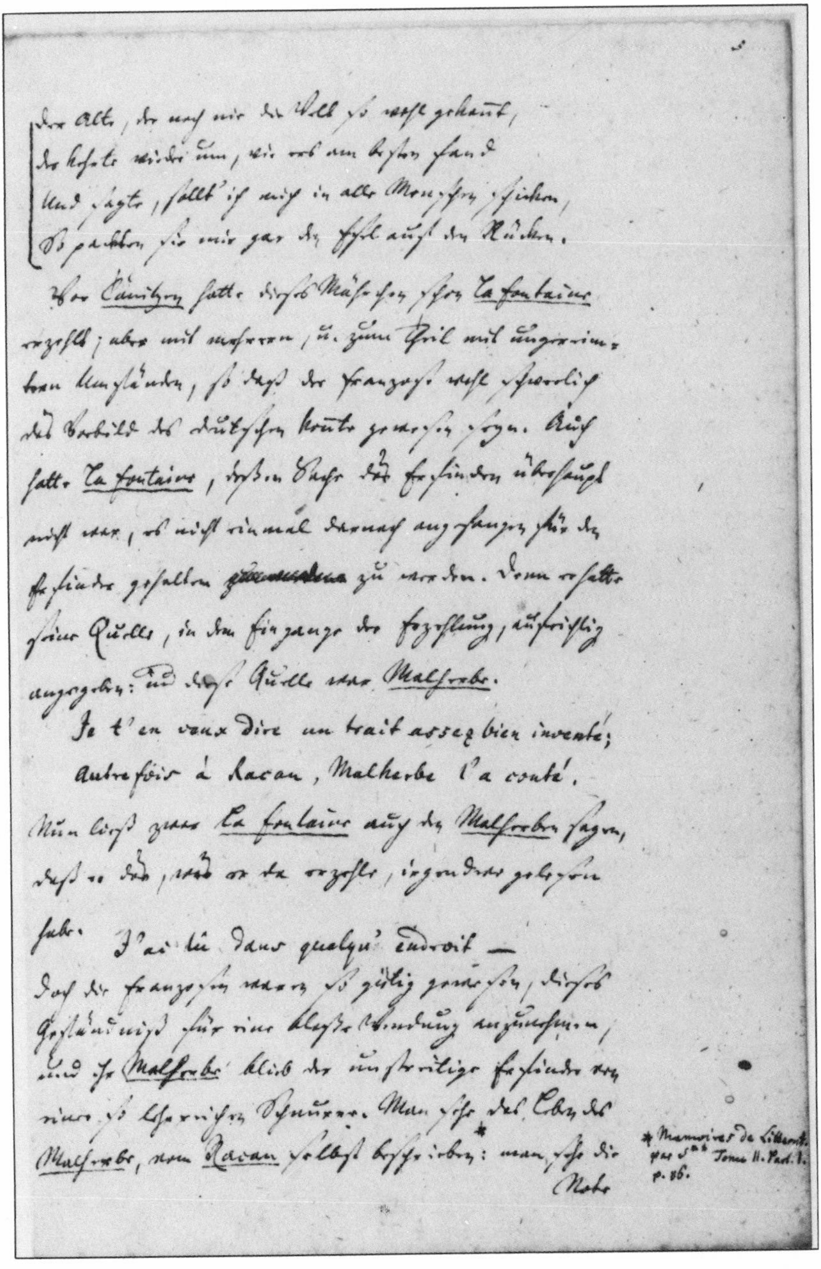
Der Alte, der auch wie die Welt so recht gekannt,
Der lachte wieder um, wie er's am besten fand
Und sagte, sollt' ich mich in alle Menschen schicken,
So packten sie mir gar den Esel auf den Rücken.

Vor Canitzen hatte dieses Mährchen schon La Fontaine erzehlt; aber mit mehrern, u. zum Theil mit ungereimtern Umständen, so daß der Franzose wohl schwerlich das Vorbild des deutschen kann gewesen seyn. Auch hatte La Fontaine, dessen Sache das Erfinden überhaupt nicht war, es nicht einmal darauf angefangen, für den Erfinder gehalten ~~[illegible]~~ zu werden. Denn er hatte seine Quelle, in dem Eingange der Erzehlung, aufrichtig angegeben: und diese Quelle war Malherbe.

Je t'en veux dire un trait assez bien inventé;
Autrefois à Racan, Malherbe l'a conté.

Nun läßt zwar La Fontaine auch den Malherbe sagen, daß er das, was er da erzehle, irgendwo gelesen habe. J'ai lu dans quelqu' endroit —
Doch die Franzosen waren so gütig gewesen, dieses Geständniß für eine Bescheidung anzunehmen, und ihr Malherbe blieb der unstreitige Erfinder von einer so lehrreichen Schnurre. Man sehe das Leben des Malherbe, vom Racan selbst beschrieben:* man sehe die Note

* Memoires de Litterat. par Sall. Tome II. Part. I. p. 86.

Note des D u M o n t e u i l über eine Stelle des B o i l e a u*, wo
von dem M a u c r o i x die Rede ist, dem L a F o n t a i n e seine
Fabel zugeschrieben hat. Dort läßt R a c a n den M a l h e r b e
das Märchen völlig als aus seinem eigenem Kopfe erzehlen: und hier
sagt D u M o n t e u i l ausdrucklich; cette Fable n'est pas originairement de LaFontaine, mais de Malherbe, qui la f i t o u i n-
v e n t a pour son Ami Racan.

In dieser nehmlichen Überzeugung kam einsmals ein französischer Abt in Leipzig zu dem verstorbenen Professor C h r i s t; hatte
aber, ich weiß nicht ob das Vergnügen oder das Mißvergnügen, eines
ganz andern unterrichtet, von ihm zu gehen. Denn der Professor
zeigte dem Abte, daß das, was er für die Erfindung des M a l h e r b e
halte, schon von einem Deutschen erzehlt worden, als Malherbe vielleicht noch kaum lesen können. In des Joh. C a m e r a r i u s lateinischer Sammlung von Fabeln nehmlich, die im Jahre 1564 zuerst her-
auskam, stehet unter dem Titel Asinus vulgi eben dieselbe Fabel, die
L a F o n t a i n e unter der Aufschrift d e r M ü l l e r s e i n
S o h n, u n d d e r E s e l, als die eigenthümliche Erfindung des
M a l h e r b e sollte erzehlt haben.

*Oeuvres de Boileau. Edit. de Dresde 1767, T. IV. p. 150

6

* Oeuvres de Boileau
Edit. de Dresde 1767. T. IV.
p. 150.

Note des Montreuil über eine Stelle des Boileau,* wo
von dem Manörnig die Rede ist, den La fontaine seiner
fabel zuge schrieben hat. Dort läßt Racan den Malherbe
des Mähschen völlig als aus seinem eignen Kopfe erzählen: und hier sagt der Montreuil ausdrücklich; cette
Fable n'est pas originairement de la Fontaine, mais
de Malherbe, qui la fit ou inventa pour son ami
Racan.

In dieser nehmlichen Überzeugung kam nehmlich
ein französischer Abt in Leipzig zu dem verstorbenen
Professor Christ; hatte aber, ich weiß nicht ob das Vergnügen oder das Mißvergnügen, etwas ganz andren
unterrichtet, von ihm zu gehen. Denn der Professor
zeigte den Alte, daß das, was er für die Erfindung des Malherbe halte, schon von einem ältern erzählt worden, als Malherbe vielleicht noch kaum lesen
können. In des Joh. Camerarius lateinischer Sammlung
von fabeln nehmlich, die im Jahre 1564 zuerst her-
auskam, steht unter dem Titel Asinus vulgi eben
dieselbe fabel, die La fontaine unter der Aufschrift
der Müller, sein Sohn und der Esel, als die eigenthümliche Erfindung des Malherbe sollte er-
zählt haben.

ff

Es wollte aber C h r i s t damit nicht sagen, daß C a m e r a r i - u s der Erfinder derselben sey, denn von allen den fünfhundert und mehr Fabeln, aus welchem dessen Sammlung besteht, wäre dieses sonst wohl die einzige, die er aus seinem Kopfe genommen hätte. C a m e r a r i u s hat nichts als zusammengetragen, und sogar nicht einmal immer mit seinen eigenen Worten erzehlt. Dazu erinnerte sich C h r i s t, daß schon vor dem C a m e r a r i u s, nehmlich 1620, W e n z e l H o l l a r die streitige Fabel auf fünf Kupferblättern nach den verschiednen Auftritten vorgestellet hatte, in welchen sich Vater und Sohn mit dem Esel darinn zeigen. Und diese Kupfer, glaubte C h r i s t, könne M a l h e r b e vielleicht gesehen, und mit dem C a m e r a r i u s sonach vielleicht aus einer und ebenderselben Quelle geschöpft haben.

Nun wurde aus diesen Datis des Prof. C h r i s t, die er dem französischen Abte schriftlich mitgetheilet hatte, eine Anecdote litteraire, die in dem Journal Etranger ihren Platz*, u. bald darauf in einem deutschen Journale des Prof. G o t t s c h e d ihre Critik fand.**

Das vornehmste, was G o t t s c h e d daran aussetzte, war dieses, daß C h r i s t bey einem Mahler stehen geblieben, und den Dichter von dem Mahler etwas entlehnen laßen,

---

*Avril 1756, p. 137.
**das Neueste aus der anmuthigen Gelehrsamkeit. Brachmond 1756.

was, aller natürlichen Ordnung nach, der Mahler selbst von einem
Dichter entlehnem müßen. «Es muß, sagt er, vor H o l l a r d e n
bereits eine solche Fabel vom Müller u. seinem Esel vorhanden gewesen seyn, der ihm zu seinen fünf Kupferstichen Anlaß gegeben:
eben so wohl, als lange vor E v e r d i n g e n die Fabel vom Reinke
Fuchs da war, da seine Kupferstiche durch alle ihre Theile vorstellen. Die Frage ist nur: wer der eigentliche Erfinder derselben gewesen; ein Franzos, oder ein Deutscher? – Und das hätte Hr. Prof.
Christ, als ein deutscher Litterator, zur Ehre seines Volks, entdecken und darthun sollen; nicht aber einem bloßen Mahler oder
Kupferstecher die Ehre einräumen müßen, diese so schöne Fabel erfunden zu haben."

Hierauf leistete G o t t s c h e d selbst, was C h r i s t unter-
laßen hatte. Nehmlich, er entdeckte, nicht ohne vieles Wortgepränge,
daß der alte deutsche Fabeldichter, welchen S c h e r z bereits 1704
an das Licht gestellet, der wahre eigentliche Erfinder sey. – Und dieser alte deutsche Fabeldichter, war bekannt, ist eben der, deßen Werk
das Jahr darauf, als G o t t s c h e d darauf hier seiner gedachte, die
Schweitzer unter dem Titel, F a b e l n

8.

a u s   d e n   Z e i t e n   d e r   M i n n e s i n g e r, correkter und
vollständiger herausgaben. —

Ich weiß nicht, was der Mann auf diese Entdeckung sich so viel
einbilden konnte. G e l l e r t hätte ihm den Ruhm derselben streitig machen können. Denn dieser hatte schon 1748 Anzeige davon
gethan; indem er in seiner Nachricht von alten deutschen Fabeln
angemerkt*, daß man bey jenem alten Dichter nicht lauter Aesopische Fabeln, sondern auch Erzählungen antreffe, z.E. der Geschichte der Matrone zu Ephesus; die Erzählung von dem Fieber u.
dem Flohe; v o n   d e m   V a t e r,   d e m   S o h n e u. d e m
E s e l, und andre mehr.

Doch es sey G o t t s c h e d oder G e l l e r t, welcher uns die
Fabel zuerst in dem alten deutschen Dichter nachgewiesen hätte: ist
es wirklich wahr, daß damit der Streit entschieden ist, welchen jener
damit entscheiden wollen? — Wenn der alte deutsche Dichter zuerst
durch S c h e r z e n in den Druck kam; wenn er vorher nur in Handschriften verborgen gelegen: ist es wahrscheinlich, daß
H o l l a r d, oder C a m e r a r i u s, oder gar M a l h e r b e aus
diesen unbekannten Handschriften die streitige Fabel werden genommen haben? Ist es nicht vielmehr glaublich, daß diese Männer
aus andern u. nähern Brunnen werden ge-

---

*Von dem ersten Theile seiner Fabeln.

Fabeln aus der Zeit der Minnesinger, verbeßerter und vollständiger herauszugeben. —

Ich weiß nicht, was der Meßer auch selbst hat bedenken, sich so viel einbilden könnte. Gellert hätte ihm den Ruhm dieser Darstellung streitig machen können, wenn dieser hätte schon 1748 Anzeige davon gethan; indem er in seiner Nachricht von alten deutschen Fabeln angemerkt, daß man bey jenen alten Dichter nicht lauter Aussichtige Fabeln, sondern auch Erzählungen antreffe, z. E. die Geschichte der Matrone zu Ephesus; die Erzählung von den Fürbern u. den Pfaffen; von den Vater, den Pfaffen u. der Fahl, und andere mehr.

Doch es sey Gottsched oder Gellert, welcher uns die Fabel zuerst in dem alten deutschen Dichter nachgewiesen hätte: ist es wirklich wahr, daß damit der Streit entschieden ist, welchen jener damit entscheiden wollen? — Wenn der alte deutsche Dichter zuerst durch Bodmern in den Druck kam; wenn er vorher nur in Handschriften verborgen gelegen: ist es wahrscheinlich, daß Pollard, oder Lamorainé, oder gar Malhorbe aus diesen unbekannten Handschriften die streitige Fabel genommen haben? Ist es nicht vielmehr glaublich, daß diese Männer aus andern u. nähern Quellen wor-
                                                              den ge-

[margin note:] * Von den ersten Theile seiner Fabeln.

Zur Geschichte der
Aesopischen Fabel

Die sorgfältig geschriebene Handschrift sowie ihre wenigen Korrekturen sind sichere Indizien dafür, daß das vorliegende Manuskript für den Druck bearbeitet wurde. Unterstützt wird diese Mutmaßung durch die Paginierung (die erste Textseite trägt die Nummer 3 wie bei gedruckten Texten) und durch den diakritischen Hinweis auf den Seiten 4 und 5, demzufolge das zitierte Gedicht von Canitz beim Setzen eingerückt werden sollte.

Bedeutsamer noch ist Lessings offenkundige Berufung auf dieses Fragment in: "Geschichte und Litteratur. Aus den Schätzen der Herzoglichen Bibliothek zu Wolfenbüttel. Zweyte Entdeckung" (1781 veröffentlicht).[1]

Lessing war bereits 1773 auf den literarischen Streit zwischen Gottsched und den Franzosen in seinem ersten Wolfenbüttler Beitrag "Zur Geschichte und Litteratur" eingegangen. In der sogenannten "Erste(n) Entdeckung" zeigte Lessing, daß die 1757 von Bodmer und Breitinger herausgegebenen "Fabeln aus den Zeiten der Minnesinger" nicht erst im 18. Jahrhundert veröffentlicht wurden, wie Bodmer und Breitinger behaupteten, sondern bereits 1461 in Bamberg gedruckt vorlagen. Am Ende dieses Essays notiert er, daß nur sechs dieser alten Fabeln, darunter "Vom Müller, seinem Sohne und ihrem Esel," nicht unter den alten Fabeltexten gefunden werden konnten: eine Tatsache, die Gellert schon 1747 in seiner Abhandlung: "Nachricht und Exempel von alten deutschen Fabeln" bekanntgemacht hatte, und von der Gottsched entweder nichts wußte oder, was glaubhafter ist, nichts wissen wollte.[2] In seinem Aufsatz über diese Fabel in "Das Neueste aus der anmuthigen Gelehrsamkeit" schrieb Gottsched: "Es ist aber augenscheinlich, daß viele, ja fast die Hälfte [der Fabeln], aus keinem itztbekannten ältern Fabeldichter genommen; sondern von ursprünglich deutscher Erfindung sind".[3] Ferner glaubte er, im Manuskript den Namen des eigentlichen Verfassers dieser Fabel, einen "Herrn von Riedenburg", gefunden zu haben. Wie man weiß, hatten die Schweizer Gottscheds "Entdeckung" ohne Prüfung übernommen und den Fabeln ihrer Ausgabe "von Riedenburg" zugeschrieben. Als Bibliothekar in Wolfenbüttel fand Lessing, daß Gottsched sich nicht nur im Namen des Fabeldichters geirrt hatte, darüber hinaus stellte er fest, daß die meisten der alten Fabeln in der Sammlung der "Fabeln aus den Zeiten der Minnesinger" lateinische Quellen hatten. Darüber berichtet er in der "Erste[n] Entdeckung", in der "Zweyte[n] Entdeckung", in dem vorliegenden Fragment sowie in dem 1784 herausgegeben Aufsatz "Zur Geschichte der Aesopischen Fabel" (Lachmann/Muncker, 16. Bd., S. 193–194).

Der zweite Beitrag oder die "Zweyte Entdeckung" wurde erst 1781 postum von Lessings Freunden herausgegeben. Daß diese "Zweyte

Entdeckung" jedoch um 1776 geschrieben worden sein mußte, geht aus Lessings Besprechung der Fabel "Vom Müller, seinem Sohne und ihrem Esel" hervor, "über die", wie Lessing schreibt, "vor zwanzig Jahren zwischen Franzosen und Deutschen ein kleiner Streit vorfiel, welche von beyden Nationen sich die Erfindung derselben zueignen könnte."[4] Lessing bezieht sich auf zwei Aufsätze im "Journal étranger" vom April und Mai 1756 und auf Gottscheds Artikel vom Juni 1756 in "Das Neueste aus der anmuthigen Gelehrsamkeit". Lessings genaue Zeitangabe ermöglicht eine präzise Datierung der zweiten Entdeckung. Wichtig für die Datierung des vorliegenden Fragments ist die Fußnote in der "Zweyte(n) Entdeckung", die sich auf den literarischen Streit zwischen Gottsched und den Franzosen bezieht:

> Die Aufsätze, in welchen dieser Streit geführet wurde, sehe man im Journal Etranger und in Gottscheds Neuesten vom Jahre 1756. Die mancherley Zusätze und Berichtigungen, deren sie fähig sind, werde ich an einem andern Orte anzeigen.[5]

Wenngleich Lessing in dem späteren Aufsatz "Zur Geschichte der Aesopischen Fabel" (Lachmann/Muncker, 16. Bd., S. 193–195) Gottscheds Irrtum hinsichtlich des Verfassernamens der Fabel "Vom Müller, seinem Sohne und ihrem Esel" nochmals erwähnt, befindet sich in den vorhandenen Drucken Lessings keine weitere Besprechung des Streites zwischen Gottsched und den Franzosen. Nur das vorliegende Fragment enthält "Berichtigungen und Zusätze", die sich direkt auf diesen "literarischen Streit" beziehen. Lessings "Zusätze" sind (in dem vorliegenden Teil des Fragments) die Quellenangaben, die die Franzosen zum Beweis anführten, daß die Fabel "Vom Müller, seinem Sohne und ihrem Esel" keine französische Erfindung sei. Im Fragment wird eine einzige Berichtigung angemerkt, die jedoch wesentlich ist: Schon neun Jahre vor Gottscheds Behauptung, viele alte Fabeln seien "ursprünglich deutscher Erfindung", hatte C.F. Gellert in seiner Abhandlung "Nachricht und Exempel von alten deutschen Fabeln" (1746) festgestellt, daß in deutschen Fabelbüchern nicht nur äsopische Fabeln vorkämen, "sondern auch Erzählungen, . . . zum Exempel, die Geschichte der Matrone zu Ephesus, . . . die Erzählung von dem Fieber und dem Flohe; von dem Vater, dem Sohne und dem Esel, und andere mehr . . ."[6]

In diesem Fragment paraphrasiert Lessing Gottscheds Aufsatz aus dem "Neueste[n] aus der anmuthigen Gelehrsamkeit". Eindringlicher Beleg dafür ist Lessings Wortwahl "Zusätze und Berichtigungen" in der oben erwähnten Fußnote. Der Titel von Gottscheds Aufsatz beginnt mit den Worten: "Zusätze und Verbesserungen . . .". Wie eng er Gottscheds Text aus dem "Neueste(n)" folgt, läßt sich am deutlichsten aus einem Vergleich der beiden Aufsätze ersehen. Einen solchen

Vergleich hatte Lessing sicherlich im Sinne, als er den vorliegenden
Aufsatz schrieb. Gottscheds Artikel lautet:

> Zusätze und Verbesserungen, der so betitelten Anecdote litteraire, im
> Journal étranger, vom Aprilm. 1756. Die alte Fabel, vom Müller und
> seinem Esel betreffend.

In diesem angeführten Artikel a. d. 177 u.f.S. wird gesaget: alle Welt
kenne des la Fontaine Fabel, le Meunier, son fils, et l'Ane. Mit
gleichem Rechte können auch wir sagen : alle Welt kenne die Canitzische Fabel, der er die Ueberschrift gegeben: Die Welt läßt ihr
Tadeln nicht. Um sie unsern Lesern, die vieleicht seine Gedichte
nicht bey der Hand haben, ohne Mühe ins Gedächtniß zu bringen,
wollen wir sie hersetzen. Sie hat eine so edle und liebenswürdige
Einfalt, daß man sie billig allen heutigen gefirnißten Fabelschrei-
bern zum Muster anpreisen kann. Sie klingt so:

> Merk auf, ich bitte dich, wies jenem Alten gieng,
> Der, um die Welt zu sehn, noch an zu wandern fieng.
> Sein Esel war sein Pferd; sein Sohn war sein Gefährte.
> Als nun der sanfte Ritt kaum eine Stunde währte,
> Da rief ein Reisender ihm unterwegens an:
> Was hat euch immermehr das arme Kind gethan,
> Daß ihrs laßt neben euch auf schwachen Füßen traben?
> Drum stieg der Vater ab und wich dem müden Knaben,
> Doch als er dergestalt die Liebe walten ließ,
> Sah er, daß man hernach mit Fingern auf ihn wies.
> Ihr könnet ja mit Recht, hört er von andern Leuten,
> Zum wenigsten zugleich mit eurem Buben reiten.
> Er folgte diesem Rath, und als er weiter kam,
> Erfuhr er, daß man ihm auch dieß für übel nahm.
> Es schrie ein ganzer Markt: Ihr thut dem Thiere Schaden,
> Man pflegt nicht, so wie ihr, sein Vieh zu überladen.
> Der Alte, der noch nie die Welt so wohl gekannt,
> Der kehrte wieder um, wie ers am besten fand;
> Und sagte, sollt ich mich in alle Menschen schicken,
> So packten sie mir gar den Esel auf den Rücken.

Von dieser Fabel nun ist die Frage: wer sie zuerst erfunden habe,
oder ihr wahrhafter Dichter sey? Die Franzosen haben bisher ge-
glaubet, la Fontaine habe sie vom Racan, und dieser vom Malherbe
gehöret, und zuerst in Verse gebracht. Denn das saget er selbst in der
langen Vorrede dazu:

> Je t'en veux dire un trait assez bien inventé;
> Autre fois à Racan Malherbe l'a conté.

Da nun Fontaine unstreitig lange vor Canitzen gelebet; dieser
auch in Frankreich gewesen, und die französischen Poeten gar wohl

gekannt hat: so dörften auch wohl viele der unsrigen darauf verfal-
len, zu glauben: Canitz habe diese Fabel vom Fontaine erborget, und
nur die unnöthigen Umschweife weggelassen, womit der wort-
reiche französische Dichter seine Erzählung verbrämet hat. Allein
es hat keine Noth: der Augenschein giebt es nur gar zu deutlich, daß
Canitz den Fontaine gar nicht gebrauchet, ja nicht einmal nachge-
ahmet hat.

Dieses unsern Lesern überzeugend vorzutragen, muß ich eine
fontainische Art, sie zu erzählen, meinen Lesern auch bekannt
machen: und zwar in einer Uebersetzung von Worte zu Worte, um
ihnen nichts zu verhölen. Ich lasse, der Kürze halber, Racans Worte
aus, die zur Fabel nicht gehören.

Ich habe irgendwo gelesen, spricht Malherbe, daß ein Müller und
sein Sohn, der eine ein Greis, der andre ein Kind, doch nicht von den
kleinsten eins, sondern irgend funfzehn Jahre alt, wo ich es recht
behalten habe, an einem Markttage zur Stadt gegangen, ihren Esel
zu verkaufen . . . (Es folgt Gottscheds Übersetzung der Fabel, S.
416–418 und eine kurze Kritik, S. 416–419).

Nun urtheile man, welcher Dichter die Natur besser nach-
geahmet habe: ob es wohl möglich sey, daß dieß schöne Nachbild,
nach einem so schlechten Originale gemalet seyn könne.

Doch wird man sagen: vieleicht hat Canitz jene ungeschickte
Fabel als einen rohen Stoff angesehen, den er besser zugeschnitten,
und in Ordnung gebracht. Er ist gewiß der erste nicht, der alten
Fabeln einen bessern Schwung, und eine neue Wendung gegeben
hat. Wir wollen es nicht in Abrede seyn; weil allerdings auch dieses
eine Ehre für unsern deutschen Dichter seyn würde: wenn nicht
ältere Vorgänger vorhanden wären, welche diese Fabel ebenfalls auf
Canitzische Art erzählet hätten.

Joachim Camera, ein vormals berühmter Professor dieser hohen
Schule, gab 1564. Fabulas aesopicas plures quingentis heraus; und
der beste Buchdrucker damaliger Zeiten in Deutschland, der belobte
Vögelin alhier, machte 1570 eine neue Ausgabe davon, in 8. die wir
selbst besitzen. Auf der 170sten u.f.S. steht diese Fabel unter der
Aufschrift: Asinus vulgi. Die Herren Verfasser des Journal Etranger
haben dieselbe durch einen Aufsatz kennen lernen, den unser Herr
Prof. Christ einem seiner Freunde zugesandt. Wir kennen denselben
Freund; es ist der Herr Abt Couché, der vorigen Sommer zweymal
durch Leipzig gegangen; und dem wir viel ältere deutsche Dichter
gewiesen, darinn diese Fabel lange vorm Camerar gestanden hat.
Herr Prof. Christ hat also darinn recht, daß Camerar eben die Fabel,
und zwar in umgekehrter Ordnung erzählet, den Esel zuletzt auf der
Stange tragen, und endlich, als auch dieß getadelt ward, in einen
Fluß stürzen läßt. Er hat recht, wenn er den Camerar für älter, als
den Fontaine und Malherbe hält, und muthmaßet: daß dieser
vieleicht Camerars lateinische Fabeln gelesen haben kann. Endlich
hat er auch darinn recht, daß dieser sein Landsmann (denn er war

1500 zu Bamberg gebohren) keinen sehr erfindungsreichen Witz
gehabt; und folglich selbige einem ältern Vorgänger angeborget
haben mag.

Allein in vielen andern Stücken hat dieser berühmte Mann groß
Unrecht; und hätte den Herrn Franzosen wohl bessere Nachrichten
geben mögen. Denn erstlich ist es gar nicht wahrscheinlich, daß
Camerar, wie er vorgiebt, diese Fabel von einem alten deutschen
Maler gelernet. Wenzel Hollard zwar, gebürtig aus Prag, ein Kupferstecher, hat 1520 fünf artige Kupfer davon zu Frankfurt am Mayn
herausgegeben, darinn er die fünf besondern Aufzüge des Müllers
mit seinem Esel entworfen hat. Ist nun dieß gleich richtig: so ist es
doch nicht möglich, aus fünf solchen Bildern, die ganze Fabel zu
machen: wenn diese nicht schon vorher bekannt gewesen. Vielmehr
muß, der natürlichen Ordnung nach, die Arbeit des Dichters vorher-
gegangen seyn, und den Hollard bewogen haben, seine fünf Zeichnungen darnach zu machen. Wer würde sichs wohl träumen lassen,
daß Homer, Virgil, Ovid oder Phädrus, imgleichen bey uns Heinrich
von Alkmar, und Rollenhagen, ihre Fabeln nach gewissen vorhandnen Bildern allererst erdacht hätten?

Es muß also vor Hollarden bereits eine solche Fabel vom Müller
und seinem Esel vorhanden gewesen seyn, die ihm zu seinen fünf
Kupferstichen Anlaß gegeben: eben sowohl, als lange vor Ever-
dingen, die Fabel vom Reinke Fuchs da war, die seine Kupferstiche
durch alle ihre Theile vorstellen. (Gottsched fügt hier eine Fußnote
diesem Satz hinzu, in der er dem Leser von seinem "neueste(n) und
prächtige(n) Ausgabe des Reinke Ruchs" mitteilt.) Die eigentliche
Frage ist nur: wer der eigentliche Erfinder derselben gewesen; ein
Franzos, oder ein Deutscher? Denn so viel ist gewiß, daß sie weder
in den griechischen, noch römischen Schriftstellern vorkömmt;
weder vom Aesop, noch vom Phädrus, noch vom Avienus erdacht
worden. Und das hätte Hr. Prof. Christ, als ein deutscher Litterator,
zur Ehre seines Volkes, entdecken und darthun sollen; nicht aber
einem bloßen Maler oder Kupferstecher die Ehre einräumen müssen, diese so schöne Fabel erfunden zu haben; die gewiß einem der
feinsten Köpfe Ehre machen könnte, die Griechenland und Rom
hervorgebracht hat.

Nun besinnen wir uns zwar irgendwo gelesen zu haben: daß ein
gewisser churpfälzischer Rath und gelehrter Mann, gegen das Ende
des XVten Jahrh. eben diese Fabel, in lateinischer Sprache, in einem
schon damals gedruckten Buche, vorgetragen. Weil uns aber die
Stelle entfallen ist; so können wir itzo den Namen desselben nicht
anzeigen. Es ist aber desto weniger daran verlohren, da es gewiß ist,
daß auch dieser, wer er auch gewesen seyn mag, nicht der wahre
Urheber derselben seyn kann; da wir einen viel ältern Dichter angeben können, der sie in deutscher Sprache und Reimen vorgetragen
hat. Der berühmte D. Jo. G. Scherz, weiland öffentl. Lehrer zu
Straßburg, hat denselben bereits im 1704 u.f.J. im öffentl. Drucke

ans Licht gestellet; und um destomehr hätte selbiges einem ordentl. Lehrer der Dichtkunst bekannt seyn sollen.

Das Werk hat den Titel: Philosophiae moralis Germanorum medii aevi Specimen I. ex MSC. nunc primum in lucem publicam productum. Arg. Litt. Jo. Fr. Spoor in 4. (Gottsched gibt nun einen Auszug der Fabel vom Müller, seinem Sohn und ihrem Esel aus Scherz' Fabelbuch).

Wir würden die ganze Fabel so mittheilen, wenn uns nicht zwo andre alte Abschriften davon in die Hände gefallen wären. Die eine hat Herr Professor Gottsched vor etlichen Jahren aus der Verlassenschaft des berühmten Gottfr. Thomasii zu Nürnberg, mit nahe an funfzig andern deutschen Mspten in Fol. und Quartbänden erhandelt; und die zweyte hat selbiger von der herzogl. Wolfenbüttelischen Bibliothek zum Gebrauche hier gehabt, und Abschrift davon genommen. Beyde stimmen fast durchgängig überein: einige wenige Stellen ausgenommen, die nur eine andre Mundart zeigen.

Die erste davon, ist nach allen Merkmaalen etwas älter, als die zweyte. Weil aber weder vorn noch hinten eine Jahrzahl zu finden ist: so kann man das eigentliche Jahr davon nicht angeben. Beyde sind auf Papier geschrieben, und mit vielen Figuren aller Fabeln gezieret; die aber in der ersten Abschrift weit schönere Zeichnungen und Farben zeigen, als der Wolfenbüttelschen; welche noch dazu sehr zerrissen, und so mangelhaft an Blättern ist, daß bisweilen halbe, ja ganze Fabeln nebst ihren Bildern fehlen. Daher haben wir unsre Abschrift nach Wien gesandt, und sie allda durch einen werthen Freund, aus einem auf der Kaiserlichen Bibl. vorhandnen Mspte. durchgehends ergänzen lassen.

Weswegen uns aber dieser braunschweigische Codex lieb gewesen, ist dieses, daß er am Ende eine Jahrzahl, und außerdem eine Erwähnung des Namens von dem Dichter in sich hält: zu geschweigen, daß er die allermeisten Fabeln in sich begreift. Scherz hat nur 51 drucken lassen; obwohl seine Handschrift noch mehrere gehabt. Unser eigner Codex hält 75 Fabeln in sich, und der Müller mit dem Esel ist die 50ste. Der Wolfenbüttlsche aber begreift 90 Fabeln und noch einen Beschluß, den der Verf. wie die Fabeln selbst das XCI Capitel nennet. Die Jahrzahl am Ende ist MCCCCII. Der Name des Verfassers, wird in folgenden Zeilen erwähnet:

> Von Riedenburg ist er genannt,
> Gott muß er ymmer sein bekannt,
> Und das er das zu teutsch hat gepracht,
> Von Latein, so mus sein gedacht
> Ymmer zu gute werden
> In Hymel und auf erden.

Diese Worte lauten nun so, als ob sie nicht von dem Urheber selbst wären; wie man denn auch in andern alten Dichtern, z. E. bey

Heinrichs von Veldeck Aeneis, Beschlüsse von fremder Hand findet.
Daß er nun saget, es habe der von Riedenburg diese Fabeln nur aus
dem Lateine übersetzet, ist freylich von den meisten wahr, die aus
ältern Fabeldichtern entlehnet worden. Es ist aber augenscheinlich,
daß viele, ja fast die Hälfte, aus keinem itztbekannten ältern Fabeldichter genommen; sondern von ursprünglich deutscher Erfindung
sind. (Es folgt eine genaue Abschrift der beiden Handschriften, der
Bambergischen und der Wolfenbüttelschen, S. 425–430 und Gottscheds kurze Schlußbemerkungen.)

Mit einer Ausnahme behandelt Lessing in seinem Fragment alle
der von Gottsched mitgeteilten Fakten über die Fabel "Vom Müller,
seinem Sohn und ihrem Esel". Er gibt genaue Quellenangaben in
Randbemerkungen an und ergänzt die Stelle, wo Gottsched von
Racan und Malherbe schreibt. (Bei Gottsched fehlen weitere Angaben über Racans Malherbe-Biographie und die Anmerkung des Du-
Monteuil in den Werken von Boileau.) Daß er sich mit dem Datum
von Wenzel Hollards Kupferstichen geirrt hat (es sollte statt 1520
eigentlich 1620 heißen), kann man als Flüchtigkeitsfehler ansehen.
Lediglich der Name des kurpfälzischen Rates und gelehrten Mannes, der die Fabel gegen Ende des XV. Jahrhunderts in lateinischer
Sprache publiziert hatte, und dessen Namens Gottsched sich nicht
entsinnen konnte, wurde von Lessing nicht erwähnt. Gemeint ist
der kurpfälzische Rat Heinrich Steinhöwel, der 1477 Aesops "Vitae
et Fabulae" herausgab. Noch auffallender ist, daß Lessing weder den
Namen des eigentlichen Verfassers der alten Fabel, Ulrich Boner
(Bonerius), noch den Legationsrat Gian Francesco Poggio Bracciolini
erwähnt, der, wie Lessing in der "Zweyte[n] Entdeckung" bekannt-
gibt, die alte Fabel "Vom Müller, seinem Sohne und ihrem Esel"
schon während der Amtszeit Papst Martin V., d.h. 1417–1431,
gehört und in seinen "Facitiae" (1471) veröffentlicht hatte. Heinrich
Steinhöwel hat aus Poggios Ausgabe der Fabeln Auszüge für seine
"Vitae et Fabulae" von Aesop benutzt. Obwohl er sie in dem
vorliegenden Fragment nicht erwähnt, wird Lessing schon längst
von Poggios Arbeit gewußt haben, denn im Journal étranger vom
Mai 1756 wird in einem Brief an den Herausgeber des Journals
berichtet:

> La Fable du vieillard, de son fils & de leur âne, que vous avez rap-
> portée, Monsieur, dans votre dernier Journal page 223, & sur laquelle
> le sçavant M. Christ fait des recherches, se trouve parmi les facéties du
> Pogge, au feuillet 167 de l'édition de ses Oeuvres, qui parut à Stras-
> bourg chez Jean Knoblouch en 1513, . . . (Journal étranger, Mai 1756, S.
> 237).

Der ungenannte Verfasser dieses Briefes im Journal étranger gibt in
seinem Brief als mögliches Erscheinungsdatum der Fabel "Vom

Müller, seinem Sohne und ihrem Esel" 1414 an, also einen Zeitpunkt kurz vor Beginn des Konzils zu Konstanz. Beide Fakten
(Name und Datum) wurden von Lessing in der "Zweyte[n] Entdek-
kung" aufgenommen, waren also beim Schreiben dieses Fragments
schon bekannt.

Stil und Inhalt zufolge bildet das Fragment den Anfang einer
längeren Abhandlung bzw. den ersten Teil der kritischen Exposition
davon, in der Lessing beabsichtigt, den alten literarischen Streit
vom Jahre 1756 zwischen Gottsched und den Franzosen eingehend
zu behandeln und noch dazu dem Leser den Stand der damaligen
Forschung über die Fabel "Vom Müller, seinem Sohne und ihrem
Esel" wieder ins Gedächtnis zu rufen, selbst wenn das eine Para-
phrase von Gottscheds Artikel aus dem "Neueste[n] aus der anmuthigen Gelehrsamkeit" erforderte. Es ist daher verständlich, daß
es in diesem Teil der Abhandlung keine neuen Bekanntmachungen
gibt. Daß diese noch kommen sollten, wird im letzten Satz des Fragments angedeutet: "Ist es nicht vielmehr glaublich, daß diese Männer aus andern u. nähern Brunnen ge"[schöpft haben?]. Diese
"nähern Brunnen" können nur "andere" Quellen sein als die, auf die
sich Gottsched und die Franzosen bezogen und die Lessing nun
schon in der "Zweyte[n] Entdeckung" bekanntmachte, nämlich, daß
Ulrich Boner die Fabel "Vom Müller, seinem Sohne und ihrem Esel"
verfaßt und Poggio sie schon 1471 in seinen Facitii veröffentlicht
hatte. Es ist anzunehmen, daß Lessing den Namen des kurpfälzischen Legationsrats, Heinrich Steinhöwel, dessen Namens Gottsched sich nicht entsinnen konnte, auch im letzten Teil dieses Aufsatzes erwähnen wollte. Lessing kannte Steinhöwels Ausgabe der
Aesopischen Fabeln.[7] Dazu hätte Lessing aus dem Journal étranger
vom Mai 1756 den Namen Pietro Targa hinzufügen können, der im
Jahre 1558, sechs Jahre vor der Fabelausgabe des Prof. Camerarius in
Leipzig, die Fabel "Vom Müller, seinem Sohne und ihrem Esel" in
italienischer Sprache herausgegeben hatte. Eine zweite Auflage
dieser Ausgabe erschien 1569. Diese früheren Quellenangaben
wären ausreichend, um Gottscheds Forschung über die genannte
Fabel lächerlich zu machen.

Es ist auch anzunehmen, daß Lessing in den nun vermißten
Seiten dieses Fragments die ganze Geschichte dieser Fabel erzählen
wollte, indem er gleichzeitig auf die Fehler in Gottscheds Forschung
hinwies. Wahrscheinlich meinte er später, daß ein weiterer Angriff
auf Gottsched und dessen Artikel im "Neueste[n] aus der anmuthigen Gelehrsamkeit" von 1756 nichts Wesentliches erwirken konnte
oder wenigstens nicht so wichtig wie die neu entdeckten Tatsachen
und Fakten über diese Fabel an sich wären und daß er daher den
ersten Teil des Textes an der Stelle abschnitt, wo die Besprechung
von Gottscheds Aufsatz endet, um zur Besprechung der "nähern
Brunnen" zu kommen.

Das vorliegende Fragment bildet den Anfang zu einer größeren
Arbeit über die Aesopische Fabel, die nun verlorengegangen ist und
ihren Nachklang in einem ebenfalls unvollendeten Aufsatz findet,
der den gleichen Titel trägt wie das vorliegende Fragment. In diesem
späteren Aufsatz, "Zur Geschichte der Aesopischen Fabeln", der erst
1784 von Karl Lessing bekanntgemacht wurde und der vermutlich
um 1780 geschrieben worden war, spricht Lessing von der Fülle der
Materialien zu der Fabel, die er im Laufe seiner Forschung gesammelt hatte und vor der er nun selbst zurückschreckte:

> Ich habe ehedem an einer vollständigen Geschichte der[8]
> Aesopischen Fabel gearbeitet, und in dieser Absicht
> eine Menge Dinge zusammengetragen, deren Menge selbst
> mich nunmehr von der Ausführung abschrekt.
> (Lachmann/Muncker, 16. Bd., S. 193–194).

Nicht nur die Menge der gesammelten Materialien wird am Anfang
dieses späteren Aufsatzes besprochen, sondern auch der Grund,
warum Lessing davon nur bestimmte Teile, nämlich das, was er "das
Beste" nannte, herausgeben wollte:

> Ich nenne aber das Beste, das Unbekannteste: und nächst dem das, was
> mehr als bloße Compilation ist, indem es zur Berichtigung irriger
> Nachrichten dient, mit welchen man sich bisher begnügen müssen.
> (Lachmann/Muncker, 16. Bd., S. 193).

Der literarische Streit zwischen Gottsched und den Franzosen
gehörte nicht so sehr zu einer Berichtigung irriger Nachrichten wie
die von Gottsched allein gemachten Fehler bezüglich des Verfassernamens und des Datums der Fabel "Vom Müller, seinem Sohne und
ihrem Esel". Dies ist wohl auch der Grund, warum Lessing an
keinem anderen Ort die literarische Debatte zwischen Gottsched
und den Franzosen so eingehend bespricht wie in diesem Fragment.
In der "Erste[n] Entdeckung" wird dieser Streit nicht einmal erwähnt, in der "Zweyte[n] Entdeckung" wird die Debatte als "kleiner
Streit" flüchtig besprochen und durch eine Fußnote mit einem
Hinweis, vermutlich auf das vorliegende Fragment, behandelt, in
späteren unvollendeten Abhandlungen aus dem Nachlaß Lessings
werden zwar Gottscheds Irrtum angesprochen und die Schweizer
dafür getadelt, daß sie den falschen Namen von Gottsched für ihre
Ausgabe der "Fabeln aus den Zeiten der Minnesinger" übernommen
hatten, aber der Streit zwischen Gottsched und den Franzosen wird
nicht erneut behandelt.

Das vorliegende Fragment dient als Ergänzung zu den beiden
"Entdeckungen", vor allem zur "Zweyte[n] Entdeckung", und zeigt
Lessings eingehende Beschäftigung mit seinem verstorbenen

literarischen Feind, Gottsched, und sein dauerndes Interesse an dieser bestimmten Fabel "Vom Müller, seinem Sohne und ihrem Esel".

Die von Lessing im Fragment hinzugefügten Fußnoten, die zum größten Teil aus Abkürzungen bestehen, lauten vollständig:

1. Sallengre, Albert Henrik de, Mémoires de littérature. 2 Bde., La Haye 1715–1717.

2. Oeuvres de Nicolas Boileau Despréaux, avec des éclaircissemens historiques donnés par lui-même, et la vie de l'auteur par Mr. Des Maizeaux. Nouv. ed. Dresde, G.C. Walther 1767. 4 Tomes.

3. Journal étranger ou notice exacte et détaillée des ouvrages de toutes les nations étrangeres, en fait d'arts, de sciences, de littérature, etc. Par M. Fréron. Paris. April 1756, S. 176–186.

4. Das Neueste aus der anmuthigen Gelehrsamkeit. Leipzig. Juni 1756, S. 413–431.

5. Fabeln und Erzählungen von C.F. Gellert. 1. und 2. Teil. Leipzig 1748, S. XIII (unpaginiert).

University of Virginia

1 Vgl. *Gotthold Ephraim Lessings sämtliche Schriften*, hrsg. von Karl Lachmann und Franz Muncker. Leipzig 1898. 14. Bd., S. 31.
2 Es sollte hinzugefügt werden, daß Lessing selbst in seinen 1759 erschienenen "Fabeln. Drey Bücher. Nebst Abhandlungen" Gellert mit keiner Silbe erwähnt. (Vgl. *Gotthold Ephraim Lessings sämtliche Schriften*, hrsg. von Karl Lachmann und Franz Muncker. 7. Bd., S. 415–479.) Erst später in der "Zweyte(n) Entdeckung" (Lachmann/Muncker, 14. Bd., S. 27), im unvollendeten Aufsatz "Zur Geschichte der Aesopischen Fabel" (Lachmann/Muncker, 16. Bd., S. 193–194) und im vorliegenden Fragment kommt Gellerts Name in bezug auf die Fabel vor.
3 Das Neueste aus der anmuthigen Gelehrsamkeit. Brachmond (Juni), 1756, S. 425.
4 Vgl. Lachmann/Muncker, 14. Bd., S. 30–31.
5 Lachmann/Muncker, 14. Bd., S. 31.
6 "Nachricht und Exempel von alten deutschen Fabeln". In: *Fabeln und Erzählungen von C.F. Gellert*. 1. Teil (Leipzig: Wandler, 1747), S. IX (unpaginiert).
7 Vgl. Lachmann/Muncker, 16. Bd., S. 187.
8 An dieser Stelle findet sich bei Lachmann/Muncker als Fußnote 2 folgender Vermerk: (dahinter) deu (= deutschen, durchstrichen).

Aufklärung gegen Fundamentalismus: Der Fall Lessing

Agnes Heller

Als der Senat der Freien und Hansestadt Hamburg mich mit dem Lessing-Preis auszeichnete, wurde mir eine Ehre zuteil, die mich mit doppelter Freude erfüllte. Würdigung und Anerkennung waren keine Begleiter auf meinem bisherigen Lebensweg, und gerade deren Ausbleiben galt mir als Zeichen dafür, daß der Weg, den ich eingeschlagen hatte, ehrlicher war als der der Anpassung, den ich vermied. So habe ich ein beinahe instinktiv gewordenes Mißtrauen gegen alle institutionellen Würdigungen in meinen Charakter eingebaut, ein Mißtrauen, das an Hochmut grenzte. Da aber mit meiner Auszeichnung, so lautete die Entscheidung der Jury, die engagierte Philosophie geehrt wird, die sich auch politische Aufklärung zum Ziel gesetzt hat, lege ich heute diesen Hochmut willig ab und nehme den Preis mit dankbarer Freude entgegen.

Doppelt ist meine Freude, weil der Preis den Namen Lessings trägt. Ich war fünf Jahre alt, als mir mein Vater zuerst die Parabel von den drei Ringen erzählte. Vielleicht hatte er mit der Erziehung des Menschengeschlechtes gleich auf der dritten Stufe begonnen. So ist es nicht wunderzunehmen, daß mir einige Jahre lang die 'Schwärmerei' des Tempelherren näher stand als die Weisheit Nathans. Ich glaube jedoch, daß der unterirdische Einfluß dieser so früh gehörten Geschichte zu meiner Befreiung aus der selbstverschuldeten Unmündigkeit beitrug. Seitdem ist mein Verhältnis zu Lessing immer ein intimes gewesen. Das Wort 'Intimität' ist hier völlig angebracht. Die philosophischen Gebäuden von Aristoteles, Kant oder Marx haben mein Denken tief beeinflußt. Aber mit den Menschen, die diese Gebäuden geschaffen haben, hätte ich nichts anfangen können: ich hätte sie nie zu meinen Freunden gewählt. Aber Lessing war und blieb ein Freund. Er reicht uns die Hand, er flößt uns mit seiner Größe kein Unbehagen ein: er steht uns bei. In *Der Hamburgischen Dramaturgie* schreibt Lessing folgendes über Sokrates: "Schöne Sentenzen und Moralen sind überhaupt gerade

Lessing Yearbook, 1987, Vol. XIX, pp. 29–44.

Das, was wir von einem Philosophen wie Sokrates am Seltensten hören; sein Lebenswandel ist die einzige Moral, die er prediget. Aber den Menschen und uns selbst kennen; auf unsere Empfindungen aufmerksam sein ... jedes Ding nach seiner Absicht beurtheilen; Das ist es, was wir in seinem Umgange lernen; Das ist es, was Euripides von dem Sokrates lernte ... Glücklich der Dichter, der so einen Freund hat — und ihn alle Tage, alle Stunden zu Rathe ziehen kann!" Lessing hat hier sich selbst dargestellt, wie wir ihn heute sehen. Sokrates hatte jedoch nichts geschrieben, nur seinen persönlichen Schülern wurde das Glück zuteil, den Freund in tagtäglichem Verkehr zu Rat ziehen zu können. Lessing aber hinterließ uns seine Schriften. Obgleich Texte, wirken sie als gesprochenes Wort: Lessing redet uns persönlich an. So beehrt er uns mit seiner Freundschaft noch zweihundert Jahre nach seinem Tode. Wir können ihn alle Tage, alle Stunden zu Rate ziehen.

Was geschah nicht alles in diesen zwei Jahrhunderten! Es gab zwischendurch auch kurze Zeitabschnitte, in denen man hochmütig denken zu dürfen vermeinte, daß bei Lessing kein Rat mehr zu finden sei. Diese Zeiten sind wieder einmal vorbei. Heute kehren wir ängstlich zu seiner Freundschaft zurück. Sein stilles Gebet an die Vorsehung kommt auch auf unsere Lippen: 'Laß mich an dir nicht verzweifeln, wenn selbst deine Schritte mir scheinen sollten, zurück zu gehen.'

Fundamentalismus ist wieder einmal in Blüte. Auch seine traditionellen Formen, die die Aufklärung für immer aus der Welt geschaffen zu haben glaubte, verfügen jetzt über eine breite Gefolgschaft, sowohl in der ersten wie auch in der zweiten und der dritten Welt. Die Offensive der Fundamentalismen trifft alle menschlichen Beziehungen. Vom Schlafzimmer bis zum Gerichtshof, von der Erziehung bis zu unseren Entscheidungen zwischen sozialen und politischen Alternativen wollen die Fundamentalisten alle unsere Lebensäußerungen bestimmen, regulieren und kontrollieren. So tun es auch andere, nicht-traditionelle Fundamentalismen, die ihre 'einzigen Wahrheiten', seien sie nationalistischer oder ideologischer Art, nicht von dem Gott im Himmel, sondern von Götzen dieser Welt ableiten. Wer sich jedoch heutzutage zur Aufklärung bekennt, darf auf diese Zurücknahme der Aufklärung nicht mit dem grausamen Lachen des Menschenhasses antworten, mit einem Lachen, das schon Minna von Barnhelm mit Schrecken erfüllte, denn Menschenhaß ist in sich selbst schon eine Form der Zurücknahme der Aufklärung. Die der Aufklärung treu Gebliebenen sollten eher die menschlichen Bedürfnisse verstehen lernen, die in den modernen Fundamentalismen, wenn auch entstellt, zum Ausdruck gelangen.

Diese Aufgabe haben schon Adorno und Horkheimer auf sich genommen. Eine zeitbestimmte und berechtigte Verzweiflung aber hat sie so weit getrieben, in der Aufklärung selbst die Schuld für die Zurücknahme der Aufklärung zu finden. So haben sie den zweiten, sogar wichtigeren Schritt versäumt, sich mit jener Tradition der Aufklärung auseinanderzusetzen, die eine nicht-entstellte, nicht-fundamentalistische Befriedigung der sich im Fundamentalismus manifestierenden Bedürfnisse empfahl. Im Schatten der Sadeschen Justine geriet Emilia Galotti in Vergessenheit. Kein einziges Wort in dieser Kritik der Aufklärung bezieht sich auf den Fall Lessing. Lessing war weit davon entfernt, ein Vormund instrumentaler Rationalität zu sein. Nicht das wahre Wissen, sondern die Wahrheit, oder besser gesagt: die Wahrheiten im Plural, hatte er dem Pluralismus gegenübergestellt. Die Wahrheit galt ihm als die Einheit des Wahren und des Guten. Nicht eine exakte Wissenschaft zu konstruieren, sondern sich vor den Menschen beliebt und angenehm machen zu können, ist der Wahrheit höchster Ausdruck. Ein Argument ist für Lessing nur dann gut, wenn es zu guten Taten führt, wenn es gute Taten erzielen will. Mehr noch, Güte ohne Klugheit steht in seiner Werthierarchie höher als Klugheit ohne Güte. Nur dem Klosterbruder eröffnet sich Nathan völlig. Er sagt über die entscheidende Tragödie seines Lebens: "Der frommen Einfalt allein erzähl ich sie." Und wenn er über die Tyrannei des 'einen Ringes' spricht, da meint er damit nicht nur den Fundamentalismus der traditionellen Religionen. Lessing wußte wohl, er hatte vorausgesehen, daß auch die Aufklärung zur Tyrannei des 'einen Ringes' führen kann. Sogar der Freimaurer soll nicht einer einzigen Loge angehören. Auch die Verteidigung des Molièreschen *Misanthrope* gegen Rousseau ist ein Zeugnis seiner Weitsichtigkeit. Die Unmenschlichkeit der moralischen Rigorosität wurde von Lessing als eine neue Art des Fundamentalismus verstanden. *Die Erziehung des Menschengeschlechts*, so sehr naiv-progressivistisch das Werk auch konzipiert zu sein scheint, hat seine Weisheit. Es geht hier nicht darum, dem Modell der instrumentalen Rationalität folgend, die alten Gesetze als bloße Namen und Hirngespinste zu denunzieren. Die wahre Idee der Freiheit ist, sich von der Zweckrationalität innerhalb der menschlichen Beziehungen völlig zu befreien — auch in ihrer subtilen Form als Glaube an die persönliche Unsterblichkeit, der immer noch das Zweck-Mittel-Verhältnis in sich einschließt. In diesem Sinne sagt Lessing: "Sie wird kommen, sie wird gewiß kommen, die Zeit der Vollendung, da der Mensch, je überzeugter sein Verstand einer immer bessern Zukunft sich fühlet, von dieser Zukunft gleichwohl *Bewegungsgründe zu seinen Handlungen zu erborgen, nicht nötig haben wird*; da er das Gute thun wird, weil es das Gute ist . . ."

Wenn Adorno und Horkheimer behaupten, daß die Aufklärung bei dem Unterfangen scheiterte, die Moral durch allgemeine Prinzipien zu begründen, dann müssen wir hinzufügen, daß Lessing dies überhaupt nicht beabsichtigte. Ganz im Gegenteil: solche allgemeinen Prinzipien hätten für ihn wieder die Tyrannei des einen Ringes bedeutet, eine Tyrannei, der er sich resolut widersetzte. Ist die Wahrheit die Einheit des Wahren und des Guten, kann sie nur retrospektiv als Wahrheit bestätigt werden, falls sie von den Menschen als beliebt und angenehm anerkannt wird, dann kann man *heute* keine allgemeingültigen Prinzipien der Moral formulieren. Es gibt mehrere Überzeugungen, und all diese Überzeugungen haben ihre eigenen, ihnen entsprechenden Prinzipien. Man kann auf verschiedene Weise gut sein, das heißt, zum Guten gelangen, man *soll* aber *gut* sein, wenn auch auf verschiedene Weise. Es birgt sich hierin ein moralisches Prinzip, das dem Pluralismus zum Trotz, als die regulative Idee der Wahrheit beschrieben werden könnte. Wir wissen zwar nicht, was die Wahrheit ist, wir können jedoch, um uns der Hegelschen Formulierung zu bedienen, in der Wahrheit sein.

Wir können dies auf verschiedene Weise leisten, wir können aufgrund unserer verschiedenen Überzeugungen und Persönlichkeiten in der Wahrheit sein, es ist aber ein *mögliches* Unterfangen *für uns alle*. Man ist in der Wahrheit, wenn man die eigenen Prinzipien vernünftig anwendet, für sie argumentiert, und dem Argument der anderen mit offenem Gemüt zuhört. Die Offenheit des Gemüts, die den rationellen Diskurs überhaupt ermöglicht, ist aber nicht auf den selben rationellen Diskurs gegründet, sondern auf die *religio*, auf das Bündnis des Menschen mit seinen Mitmenschen. Was später von Goethe in der Weise formuliert wurde, daß die Ideen nicht tolerant sein können, das Gemüt aber tolerant sein soll, war schon einer der Grundgedanken Lessings gewesen. Wenn man in der Wahrheit ist, muß man völlig davon überzeugt sein, daß die eigenen Prinzipien, und nicht die des anderen, die wahren sind. Die Idee der Toleranz toleriert sogar die *Idee* der Intoleranz nicht. Wenn dies aber hieße, daß eben jene, die sich zur Idee der Toleranz bekennen, somit die Bedürfnisse, insbesondere aber die persönliche Existenz Intoleranter nicht mehr tolerierten, dann würde die Arbeit der Aufklärung schon von vornherein zu einer verlorenen Sache.

So hatte es Lessing sicher nicht gemeint. Es gibt überhaupt keinen rationellen Diskurs bei ihm ohne *religio*, ohne das Bündnis des Argumentierenden mit allen anderen Menschen, ohne die Offenheit des Gemüts für alle menschlichen Bedürfnisse, Gefühle und besonders für alle menschlichen Leiden. Deshalb ist Moralität zunächst Tat. Hier möchte ich dem wunderschönen Essay von Hannah Arendt eine kritische Bemerkung hinzufügen: Nathan hatte die Wahrheit nicht für die Freundschaft aufgeopfert, denn in Lessings Auffassung wird Freundschaft, durch die Anerkennung der Bedürfnisse des Anderen, zum Symbol der *religio*, und sie gehört zur Wahrheit, *indem* sie zum Guten gehört. Damit uns die eigene Überzeugung die Tür zu anderen öffnen und nicht versperren soll, müssen wir so handeln, daß unsere Wahrheit vor den Menschen angenehm und beliebt werden könne. Folglich sollen auch wir selbst angenehm und liebenswürdig sein. Denn das Angenehme und das Liebenswürdige in uns gehört zur Wahrheit unserer Überzeugung. Als Falk, in *Gespräche für Freymäurer*, dem Freund Ernst seine Ideen erläutert, fügt er hinzu, daß seine vorsichtige Formulierung nicht als 'Mangel an eigener Überzeugung' verstanden werden sollte. Das Taktgefühl, das, wie schon Lukács bemerkte, eine zentrale Rolle in der Ethik Lessings spielte, ist ein entscheidender Charakterzug des sittlichen Gemüts. Es trägt ganz nachdrücklich dazu bei, unsere Überzeugung angenehm und beliebt zu machen.

Die Tatsache, daß die beiden Konstituenten des Guten, rationelles Argument und Offenheit des Gemüts für alle menschlichen Leiden und Bedürfnisse, voneinander gänzlich untrennbar sind, hat zur Folge, daß die Unterscheidung zwischen der öffentlichen und der privaten Sphäre bei Lessing überhaupt nicht existiert. Es gibt nur eine kontinuierliche Stufenleiter von Sphären, die ineinandergreifen. Was heute in seinen größten Dramen so anziehend ist, ist eben nicht deren historische Funktion. Wir wissen freilich Bescheid über die entscheidende Rolle, die das bürgerliche Drama in Lessings Zeit und auf der deutschen Bühne spielte. All dies geht uns aber nur als historisches Wissen an. In unserer emotionellen und gedanklichen Welt sind diese Dramen eher symbolische Darstellungen universeller menschlicher Verhältnisse; nicht nur in dem üblichen Sinne, wie es alle großen Leistungen des menschlichen Geistes sind, sondern auch in einem spezifischeren Verständnis. Um wieder die *Gespräche für Freymäurer* zu zitieren, charakterisiert dort Falk die Freimaurerei mit den folgenden Worten: "Denn sie beruht im Grunde nicht auf äußerlichen Verbindungen, die so leicht in bürgerliche Anordnungen ausarten, sondern auf dem gemeinschaftlichen Gefühl sympathisierender Geister." Man könnte sogar sagen, daß die erwähnten bürgerlichen Anordnungen in den meisten Werken Lessings nur eine ganz äußerliche Rolle spielen. Daß diese äußerliche Rolle auch eine spezifische Funktion hat, darauf werde ich noch zurückkehren.

Die erwähnten bürgerlichen Bestimmungen definieren aber überhaupt nicht die Qualität der zwischenmenschlichen Beziehungen. Die Bösen und die Guten stehen einander als böse und gute Menschen gegenüber, als 'nackte Seelen', und nicht als Vertreter ihrer Stände. In diesem Sinne—und selbstverständlich nur in diesem Sinne—ist Lessing Dostojewskij sehr nahe verwandt. Die plötzliche Katharsis des Tyrannen am Ende von *Emilia Galotti* kann man nur von diesem Gesichtspunkt aus verstehen, falls man nicht Lessing einen naiven Optimismus zuschreiben wollte, wofür wir überhaupt keinen Grund haben. Man kann sich selbstverständlich keinen Richard III., Macbeth, und sogar auch keinen König

Philipp vorstellen, die sich am Ende des Dramas plötzlich zum Guten bekennen. Die entfremdete politische Macht ist zu solchen Gesten gänzlich unfähig. Jedoch, angesichts der toten Unschuld, benimmt sich der Prinz nicht als ein Prinz, sondern als ein schuldiger Mensch—wie Raskolnikoff. Bei Lessing ist der Mensch überhaupt nicht durch die Situation der Macht oder die des Standes determiniert. Die Macht hat keine Logik. Es gibt nur eine einzige Logik: die der menschlichen Beziehungen. Deshalb können die Menschen, soweit sie fähig sind, das Gute in ihren menschlichen Beziehungen zu fördern und zu bewahren, *die Macht entleeren*.

Die Macht existiert nur, insofern sie durch ihre Existenz imstande ist, die menschlichen Beziehungen zu verkrüppeln. Sie ist dazu nur imstande, wenn sie in irgendwelcher Weise *internalisiert wird*. Die Entleerung der Macht ist gerade der Prozeß, in dem sich die Menschen von dieser Internalisierung befreien. Alle drei großen Dramen Lessings variieren diese, im Grunde genommen stoische, Idee, obwohl immer in einer modernisierten Form. In der letzten Variante, in *Nathan der Weise*, gelingt es Lessing aber, die Weltflucht, in der sich der alte stoische Gedanke immerfort birgt, zu überwinden. *Emilia Galotti* und *Minna von Barnhelm* stellen die tragischen und untragischen Möglichkeiten der Entleerung der Macht in Lessings Gegenwart dar. Die Lösung von *Nathan* ist jedoch eine philosophische Utopie. Die Macht ist hier innerhalb der Institutionen der bürgerlichen Gesellschaft entleert, und gleichzeitig auch vermenschlicht: deshalb ist die Geschichte in der Form eines Märchens konzipiert.

Ja, in der Gegenwart, in der heutigen nicht weniger als in der Lessings, gibt es Grenzsituationen, in denen man die Macht nur mit dem selbstgewählten Tode entleeren kann. Selbstmord ist die extreme Variante der Weltflucht. Ist aber die andere Alternative nur die Internalisierung einer tyrannischen Macht, der totale Verlust der eigenen Persönlichkeit, der Verzicht auf moralische Verpflichtungen, dann ist gerade diese Art von Flucht die einzig menschenwürdige Wahl. Emilia Galotti ist eine echte und tiefe Denkerin, wenn sie das Wesen der Macht mit den folgenden Worten bezeichnet: "Gewalt! Gewalt! wer kann der Gewalt nicht trotzen? Was Gewalt heißt, ist Nichts; Verführung ist die wahre Gewalt." Emilia wählt den Tod, nicht weil sie der Gewalt zu trotzen nicht imstande ist, sondern weil sie sich zu schwach fühlt, der Verführung zu trotzen. Sie weiß, falls sie weiterlebte, würde sie die Macht völlig internalisieren und könnte soweit gebracht werden, sich dem Mörder ihres Geliebten *freiwillig* zu unterwerfen. Freiwillig, doch nicht frei, denn ist der Mensch noch frei, der freiwillig dem Sirenengesang des Tyrannen folgt?

Leider können wir, die in den tragischen Schicksalswendungen des zwanzigsten Jahrhunderts leben, die Botschaft von Emilia Galotti nur allzu gut verstehen. Denn worin bestand die Macht Hitlers und Stalins, wenn nicht in der Verführung? Was wäre ihre Gewalt ohne Verführung gewesen? Nichts, überhaupt nichts. Dieselben Menschen, die von einer der beiden Mächte verführt wurden, konnten der anderen noch immer trotzen. Aber wenn man der Verführung schon einmal widerstandslos gegenübersteht, bleibt, als einzige Lösung, nur der freiwillige Tod, vorausgesetzt, man will die Freiheit in sich selbst aufrechterhalten. Wenn ich *Emilia Galotti* lese, kommt mir unwillkürlich Koestlers *Darkness at Noon* in den Sinn. Auch dieses Buch spricht über die Gewalt als Verführung. 'Die in silence', 'Stirb schweigend', steht auf dem Zettel des Unbekannten, der Rubashov vor dem Prozeß heimlich überreicht wurde. Jedoch hört Rubashov nicht auf die Stimme des moralischen Gesetzes. Statt den Teufelskreis zu brechen, unterwirft er sich wiederum der Verführung. Statt die Macht zu entleeren, die die Seinigen tötete, legitimiert er dieselbe Macht durch seinen freiwilligen und internalisierten Gehorsam. Deshalb ist seine Gestalt nicht tragisch, selbst wenn er gleichfalls getötet wird. Wir wissen wohl, daß ein ähnliches Schicksal auch auf Emilia Galotti wartete. Gräfin Orsina hatte den Vater schon gemahnt, daß der Prinz daran gewöhnt sei, die Verführten schon nach einigen Tagen ihrem Schicksal zu überlassen. Doch Emilia Galotti fürchtet sich nicht vor dem Ende, sondern vor dem, was zwischen der freien Wahl und dem Ende steht. Und davor fürchtete sich Rubashov nicht genug.

In *Minna von Barnhelm* ist die Macht in einer untragischen Weise entleert. Die Situation ist auch hier extrem, obwohl in einem ganz anderen Sinne als in *Emilia Galotti*. Die Macht ist nämlich in einer extremen Form entäußert, das heißt, sie ist im Lustspiel überhaupt nicht personifiziert. Sie ist nur im Kopf und im Gemüt Tellheims als eine fixe Idee vorhanden. Tellheims Fixierung auf die Macht ist eine zweifache: sie ist eine positive und eine negative Fixierung. Tellheim fühlt sich von der Macht beleidigt, sogar entehrt. Der Gedanke, daß die Macht uns zu entehren imstande sei, legitimiert sie als Quelle der Ehre. Der Gedanke, daß die Macht uns beleidigen könne, legitimiert sie als Quelle der Anerkennung. Aber für Minna ist die Macht von Anbeginn das Nichtige. Sie versteht Tellheims Fixierung, doch teilt sie diese Fixierung nicht im geringsten. Selbst der Begriff einer von der Macht 'zugeteilten' Ehre ist für Minna tautologisch. Hören wir diesem Zwiegespräch zu: "*von Tellheim:* Die Ehre ist nicht die Stimme unseres Gewissens, nicht das Zeugnis weniger Rechtschaffnen ... *Das Fräulein:* Nein, nein, ich weiß wohl.—Die Ehre ist—die Ehre." Diese ironische Tautologie ist nicht weniger eine Geste der Entleerung der Macht, als sie der tragische Monolog von Emilia Galotti war. Was ist das für eine moralische Kategorie, die *nicht* die Stimme unseres Gewissens, *nicht einmal* das Zeugnis weniger Rechtschaffenen beinhaltet? Als

moralische Kategorie, kann sie nur eine völlig *leere* sein, und was
leer ist, ist nicht verbindlich. Eine bloß äußerliche Ehre ist nur die
Fassade der Macht, weil sie überhaupt nichts über den Menschen,
sondern nur etwas über seine 'bürgerlichen Bestimmungen' aussagt.
Minna will zunächst die sich mit Beleidigungen vermengende Fixierung Tellheims auf die Macht mit Liebe überwinden, doch sie versagt. Aber sie versagt nicht, als sie sich entschließt, dieselbe Fixierung durch Mitleid zu heilen. So spricht Tellheim: "Ärgernis und
verbissene Wuth hatten meine ganze Seele umnebelt; die Liebe
selbst in dem vollesten Gange des Glücks konnte sich darin nicht
Tag schaffen. Aber sie sendet ihre Tochter, das Mitleid, die . . . die
Nebel zerstreuet, und alle Zugänge meiner Seele den Eindrücken
der Zärtlichkeit wiederum öffnet . . . Von diesem Augenblicke an
will ich dem Unrecht, das mir hier widerfährt, nichts als Verachtung gegensetzen. Ist dieses Land die Welt? Geht hier allein die
Sonne auf?" Mit diesen Worten ist Tellheims zweifache Machtfixie-
rung gebrochen. Die Macht wird nun verachtet, sie ist entleert.
Weltflucht ist aber auch hier, wenn nicht von größter, so doch von
Bedeutung. Der Entschluß, sich von der Welt der Macht zurückzu-
ziehen, bleibt auch dann Tellheims letztes Wort, da ihm die jetzt
schon verachtete Macht Genugtuung bietet. Ein gutes Mädchen und
ein redlicher Freund—das sind die Werte, die am Ende des Lustspiels für Tellheim und auch für Werner die Ganzheit eines menschenwürdigen Lebens umfassen.

In der philosophischen Utopie *Nathan der Weise* wird das Thema
der Entleerung der Macht mit doppelter Orchestrierung kompo-
niert. Es zerfällt in Haupt- und Nebenthemen, die aufeinander ant-
wortend, das Problem auf ein theoretisch—obwohl nicht künstlerisch—höheres Niveau heben und lösen. Die menschenwürdige
Weltflucht erscheint in einem der Nebenthemen des Schauspiels,
nämlich im Schicksal El-Hafis, der auf seinen Reichtum und auf
seine Machtposition verzichtet und in die Wüste zurückkehrt. Und
wenn Nathan ihn auch mit den schönen Worten verabschiedet, daß
nur der wahre Bettler der wahre König sei, geht er selbst doch nicht
in die Wüste. El-Hafi entleert die Macht auf eine stoische Weise, er
trägt aber zur Vermenschlichung der Macht nichts bei. Das Schicksal des Patriarchen ist ebenso eine Geschichte über die Entleerung
der Macht. Solange der Klosterbruder dem Patriarchen gehorcht,
solange der Tempelherr sich ratsuchend an ihn wendet, ist dieser
machiavellistische Fundamentalist—eine häufig auftauchende und
typische Kombination!—eine nicht weniger drohende Macht als der
Prinz in *Emilia Galotti*. Von dem Augenblick an, da niemand ihm
mehr gehorcht, wird seine Machtposition eine vom Kern des Bösen
entleerte Schale. Seine fürchterliche Drohung, daß der Jude verbrannt werde, klingt beinahe komisch, weil ein Führer ohne Gefolgschaft immer komisch ist. Hier sind wir noch immer bei den maxi-
malen moralischen Möglichkeiten der Gegenwart—der Gegenwart

Lessings, und auch der unserer heutigen Welt. Aber im Dialog zwischen Saladin und Nathan wird die Geschichte in einer philosophischen Utopie aufgehoben. 'Aufheben' ist hier im Hegelschen Sinne des Wortes gemeint. Es stand auch Nathan offen, die Macht Saladins durch seinen freiwilligen Tod zu entleeren, er entschloß sich aber einen anderen Weg einzuschlagen. Einerseits entleert er die Macht, die gegen die Menschen gerichtet ist, zur gleichen Zeit vermenschlicht er sie, indem er sie in eine Macht für den Menschen verwandelt. Er weiß wohl, daß Saladin die Wahrheit als eine Falle brauchen will. So präsentiert er Saladin eine Wahrheit, die überhaupt nicht als Falle gebraucht werden kann. Wird diese Wahrheit zur regulativen Idee der Macht, kann sie nicht mehr gegen die Menschen gerichtet werden. Dann kann die Macht sich der Menschen nicht mehr als bloße Mittel bedienen. Dies ist gerade die Utopie, die ich als 'Vermenschlichung der Macht' bezeichnete. Die Macht wird entleert, indem sie pluralisiert wird. Es gibt keine Macht, sondern Mächte, so wie es auch keine Wahrheit mehr gibt, nur Wahrheiten. Um in der Wahrheit zu sein, muß sich die Macht vor den Menschen angenehm und beliebt machen, und fähig sein, mit allen anderen Wahrheiten und Mächten in ein dialogisches Verhältnis zu treten.

Es ist leicht einzusehen, daß auch diese philosophische Utopie eine Art von Skeptizismus in sich einschließt. Wir lesen in *Gespräche für Freymäurer* den folgenden Dialog: "*Falk:* Ordnung muß also doch auch ohne Regierung bestehen können. *Ernst:* Wenn jedes einzelne sich selbst zu regieren weiß: warum nicht? *Falk:* Ob es wohl auch einmal mit den Menschen dahin kommen wird? *Ernst:* Wohl schwerlich! *Falk:* Schade! *Ernst:* Ja wohl!" Die Pluralisierung und Vermenschlichung der Mächte ist das Maximum, wozu das Menschengeschlecht fähig ist. Wie es von Falk formuliert wird: "Das Totale der einzeln Glückseligkeiten aller Glieder, ist die Glückseligkeit des Staats. Außer dieser giebt es gar keine. Jede andere Glückseligkeit des Staats, bey welcher auch noch so wenig einzelne Glieder leiden, und leiden *müssen,* ist Bemäntelung der Tyrannei. Anders nichts!"

Im vorigen Satz wurde das Wort 'müssen' von Lessing kursiviert. Ja, sollten die Mächte vermenschlicht sein, da *müssen* keine einzelnen Glieder des Staates leiden. Aber auch der beste Staat ist ein Machtverhältnis. Er kann die Menschen nicht vereinigen, ohne sie gleichzeitig zu trennen. Wie es von Falk ausgedrückt wurde: "Die Menschen würden auch dann noch Juden und Christen und Türken und dergleichen seyn . . . [sie werden sich verhalten] Nicht als *bloße* Menschen gegen *bloße* Menschen; sondern als *solche* Menschen gegen *solche* Menschen, die sich einen gewissen geistigen Vorzug streitig machen, und darauf Rechte gründen . . ." Im Lichte der *Gespräche für Freymäurer* wird die theoretische Implikation des Satzes von Nathan: "Ich bin ein Mensch!" erst wirklich klar. Dieser

Satz ist nicht als eine Verleugnung seines Judentums zu verstehen. In der Sphäre der vermenschlichten Macht ist er ein 'solcher', ein besonderer Mensch, ein Jude, ein Kaufmann. Aber auch die vermenschlichte Macht ist wiederum unmenschlich, weil sie noch immer die Menschen trennend vereinigt. Ein 'bloßer Mensch' zu sein ist ein Bekenntnis zur relativen Entleerung der vermenschlichten Macht durch unmittelbare persönliche Beziehungen. Der Mensch soll der unmenschlichen Macht den Rücken kehren, ihrer Verfügung widerstehen, sich von ihren Bestimmungen befreien. Ist aber Vermenschlichung der Macht möglich, dann teilt man sie; dann geht man nicht in die Wüste; dann ist es nicht nötig, wie es Nathan ausdrückt, für die Wahrheit zu sterben. Der Diskurs der pluralen Wahrheiten und Mächte ist, wie Hannah Arendt treffend bemerkte, die Form der Auseinandersetzung mit allen Partikularitäten. Aber die Freundschaft, dieses Symbol unmittelbarer menschlicher Beziehungen, erschöpft sich nicht in diesem Diskurs. 'Bloße Menschen' können 'bloßen Menschen' nur dann die Hand reichen, wenn der Mensch sich nicht mit seiner Rolle im politischen Diskurs identifiziert. Die Aristotelische Unterscheidung zwischen dem guten Bürger und dem guten Menschen erscheint hier wieder. Der zweite beinhaltet den ersten, er ist aber auch etwas mehr. Darum sagte ich, daß der Begriff der Entleerung der Macht in der philosophischen Utopie von *Nathan der Weise* in einem Hegelschen Sinne aufgehoben ist: er ist vernichtet, aber auch auf einer höheren Stufe bewahrt. Diskurs und *religio* sind wieder einmal zusammen gesetzt.

In den drei oben analysierten Dramen Lessings erscheint die Macht in drei gänzlich verschiedenen Formen. In *Nathan der Weise* ist sie fundamentalistisch, in *Minna von Barnhelm* bürokratisch, in *Emilia Galotti* zynisch-tyrannisch. Schon auch deswegen trifft die Kritik der *Dialektik der Aufklärung* den Fall Lessing überhaupt nicht. Wenn Lessing gegen den Fundamentalismus zu Felde zieht, will er einen Weg einschlagen, wo weder das bürokratische, noch das zynisch-tyrannische Prinzip an die Stelle des Fundamentalismus treten kann. Die Differenzierung zwischen 'Unmoralischem' und 'Ungesittetem' in *Anti-Goetze* ist auch in diesem Sinne gemeint. Nur der Fundamentalismus identifiziert das Ungesittete mit dem Unmoralischen. Man soll das Unmoralische vermeiden, auch wenn man es nur auf eine 'ungesittete' Weise tun kann.

Die Unterscheidung zwischen 'Moralischem' und 'Gesittetem' wird später zu einem der Grundgedanken der Kantschen Moralphilosophie. In diesem Punkt ist Lessing nicht weniger radikal. Aber die Moral, die er den Sitten gegenüberstellt, ist als die *Einheit* der Vernunft und der individuellen Gefühlswelt gedacht. Sitte und Moral stehen einander als Name und als Wesen gegenüber. Sitte ist ein bloßer Name, sie ist unwesentlich, Moral ist das Wesentliche, wenn auch sie nicht mit einem einzigen Namen bezeichnet wird, das heißt: wenn auch sie nicht einer einzigen konkreten gesellschaftlichen Idee oder Überzeugung zugerechnet werden kann. Die moralische Autorität ist nicht das Gesetz, sondern *der gute Mensch*, der Mensch, der das Gute tut. Über Christus sprechend in *Die Erziehung des Menschengeschlechts*, beschreibt ihn Lessing als den ersten zuverlässigen, praktischen Lehrer der Unsterblichkeit der Seele: "Der *erste praktische* Lehrer.—Denn ein anders ist die Unsterblichkeit der Seele, als eine philosophische Speculation, vermuthen, wünschen, glauben; ein anders, seine innern und äußern Handlungen darnach einrichten." Und er fügt hinzu: "Eine innere Reinigkeit des Herzens in Hinsicht auf ein andres Leben zu empfehlen, war ihm allein vorbehalten." Sittah, in *Nathan der Weise* bezeichnet dagegen die Christen ihrer Zeit mit den folgenden Worten: "Seine Tugend nicht; sein Name soll überall verbreitet werden . . . Um den Namen, um den Namen ist ihnen nur zutun." Und wieder einmal muß ich aus *Gespräche für Freymäurer* zitieren: "Falk: . . . Dieser Aufschluß, diese Erleuchtung wird dich ruhig und glücklich machen;—auch ohne Freimäurer zu *heißen. Ernst:* Du legest auf dieses *heißen* so viel Nachdruck. *Falk:* Weil man etwas seyn kann, ohne es zu heißen." In einem der erhabensten Momente in *Nathan der Weise* taucht das Problem der Unwesentlichkeit der Namen wieder auf. "*Klosterbruder:* Nathan! Nathan! Ihr seid ein Christ!—Bei Gott, Ihr seid ein Christ! Ein bessrer Christ war nie! *Nathan:* Wohl uns! denn was Mich Euch zum Christen macht, das macht Euch mir zum Juden!"

Ich habe schon die Unterscheidung der bürgerlichen Bestimmungen und der *religio*, des Bündnisses mit den Mitmenschen angedeutet. Der Mensch *ist*, ohne etwas zu *heißen*, nur in der Sphäre der *religio* als 'bloßer Mensch'. Aber auch in der bürgerlichen Welt, in der Welt der bürgerlichen Bestimmungen, wo nicht der 'bloße Mensch' den 'bloßen Menschen', sondern 'ein solcher' Mensch 'solchen anderen' Menschen gegenübersteht, sollen wir unser 'Heißen' ununterbrochen relativieren. "Bist Du ein Freymäurer?" -fragt Ernst. Und Falk antwortet: "*Ich glaube es zu sein.*" Die Frage: 'Was bist du?' soll immer auf diese Weise beantwortet werden, zum Beispiel: ich glaube, ein Christ zu sein, ich glaube, ein Sozialist zu sein, ich glaube, ein Liberaler zu sein, ich glaube, ein Demokrat zu sein. Wenn wir auf die Frage nur mit dem 'ich bin es' antworten können, da handelt es sich entweder um *organische* Bestimmungen, die wir überhaupt nicht frei gewählt oder wiedergewählt haben, oder aber um die Überzeugung, daß wir die Wahrheit schlechthin, die absolute Wahrheit in unseren besonderen Bestimmungen repräsentieren. In beiden Fällen haben wir es mit einer Art von Fundamentalismus zu tun. Man könnte sogar mit Nathan auf die Frage folgen-

dermaßen antworten: 'Ich bin ein Mensch!', aber mit dieser Antwort
stellen wir uns außerhalb der bürgerlichen Bestimmungen und
Überzeugungen, in die Sphäre der *religio*, des menschlichen Bündnisses.

Kann ich auf die Frage: 'Bist Du die Tochter deines Vaters?' auf die
Weise antworten: 'Ich glaube, daß ich es bin'? Nein, und wiederum
ja. Nein, wenn es sich um die Bestätigung eines organischen Verhältnisses handelt. Dann kann ich auf diese und ähnliche Fragen
nur mit einem eindeutigen 'Ja' antworten. Wenn aber in der Frage
auch die freie Wahl des organisch gegebenen Verhältnisses mitein-
begriffen ist, dann ist die Antwort: 'Ich glaube, daß ich es bin' recht
am Platze. Wenn man dies in Betracht zieht, wird die Entfaltung der
Handlung in *Nathan der Weise* nicht mehr als eine dramatische
Konvention erscheinen, sondern als eine symbolische Bestätigung
des tief-philosophischen Gedankens. Weder der Tempelherr, noch
Recha, noch Nathan *sind*, was sie zu sein scheinen. Der Tempelherr
ist kein Franke, sondern ein Türke. Recha ist keine Jüdin, sie ist
eine Christin, und ist die Tochter eines moslemischen Türken.
Nathan ist nicht der Vater von Recha. Und wenn Recha fragt: "Aber
macht nur das Blut den Vater? Nur das Blut?" dann *wählt* sie sich
Nathan als Vater, wie damals Nathan sie als seine Tochter gewählt
hatte. Recha könnte ebenfalls sagen: 'Ich glaube, daß ich Nathans
Tochter bin', und dies würde folgendes bedeuten. 'Ich habe die Lehren Nathans freiwillig angenommen, und ich nehme sie heute
wieder freiwillig an. Ich will ihm freiwillig treu bleiben. Ich will
mich seiner Güte würdig erweisen. Ich *bin* die Tochter Nathans,
wenn ich auch nicht mehr seine Tochter *heiße*.' Nach Lessing sind
die bloß organischen Verhältnisse, die stumme Annahme dieser
Verhältnisse und die Identifizierung mit ihnen—das Treibhaus des
Fundamentalismus. Den Gegenpol zu den organischen Verhältnissen bilden aber nicht die 'mechanischen', sondern die freiwillig,
vernünftig gewählten. Wenn etwas frei gewählt ist, dann existiert
schon die Autorität der Wahl: die freie Persönlichkeit. Deswegen
kann ich und soll ich nicht sagen, daß ich bin, was ich heiße, nur,
daß ich glaube, daß ich es bin. Mit den Worten: 'Ich glaube, daß ich
es bin', drücke ich meine Entschlossenheit aus, den tiefen und freien
Beweggründen meiner Wahl, und damit mir selbst, treu zu bleiben.

Oft wurde hier schon der Lessingsche Begriff der Freundschaft,
als Symbol der rein menschlichen, über alle bürgerlichen Bestimmungen erhabenen Verhältnisse erwähnt. Die Freundschaft ist frei
gewählt, sie hat überhaupt keine organischen Konstituenten. Deswegen könnte sie aber doch noch als Symbol der bürgerlichen Bestimmungen gelten, weil auch diese Bestimmungen, wie wir gesehen haben, bei Lessing als frei gewählte, oder neugewählte, er-

dacht sind. Aber in der bürgerlichen Sphäre soll die Norm der
Gleichheit gelten, weil die bürgerlichen Verhältnisse immer wieder
die Ungleichheit reproduzieren. Gleichheit und Ungleichheit sind
Reflexionsbestimmungen. Freundschaft ist aber ein Verhältnis, das
über diesen Reflexionsbestimmungen steht. Ähnlich ist es mit der
Liebe, die Freundschaft miteinschließt. Tellheims Worte: "Gleichheit ist immer das festeste Band der Liebe" werden von Minna
reizend-spottend wiederholt. Gleichheit ist eine quantitative Bestimmung, Liebe und Freundschaft sind aber nicht-quantifizierbare
Bindungen. Gleichheit ist die Kategorie der Geschäftskontakte. In
der Freundschaft gibt es aber keine Geschäftskontakte, dort gibt es
nur Schenken. Man könnte vielleicht staunen, welch eine große
Rolle Reichtum, Güter und Gold in den Dramen Lessings spielen.
Die Unwesentlichkeit von Reichtum, Gütern, Geld in der Freundschaft konnte nur dadurch versinnlicht werden. "Wir haben, wenn
unser Freund hat", sagt Werner. Als Nathan in Saladin einen Freund
findet, schenkt er ihm mehr als Saladin von ihm mit Gewalt früher
wegnehmen wollte. In Freundschaft und freundschaftlicher Liebe
gibt es kein 'mein' und 'dein'. Was in der bürgerlichen Welt die
Menschen trennt, vereinigt dieselben in der Freundschaft. Freundschaft ist kein weniger reziprokes Verhältnis als der Kontrakt. Aber
sie ist die höchste Form der Reziprozität. Sie ist die Reziprozität des
Wesentlichen. In den *Ökonomisch-philosophischen Manuskripten*
drückt der junge Marx denselben Gedanken in der folgenden Weise
aus: "Setze den *Menschen* als *Menschen* und sein Verhältnis zur
Welt als ein menschliches voraus, so kannst du Liebe nur gegen
Liebe austauschen, Vertrauen nur gegen Vertrauen, etc." Und ich
glaube kaum, daß ich zu weit mit der Spekulation gehe, wenn ich
im folgenden Satze von Marx den Leitgedanken des Werkes *Die Erziehung des Menschengeschlechts* wiedererkenne: "Damit der
'Mensch' zum Gegenstand des *sinnlichen* Bewußtseins und das des
'Menschen als Menschen' zum Bedürfnis werde, dazu ist die ganze
Geschichte die Vorbereitungs-Entwicklungsgeschichte." Freilich
war der junge Marx viel weniger skeptisch als Lessing. Für ihn war,
zumindest in den *Ökonomisch-philosophischen Manuskripten*, die
unmittelbare Einheit des Individuums und der Gattung ein univer-
sal-gesellschaftliches Projekt. Wie wir schon wissen, war Lessing
bescheidener gewesen. Er hatte sich die unmittelbare Einheit der
Gattung und der individuellen Persönlichkeit innerhalb einer
Gesellschaft vorgestellt, die, trotz der Pluralität der Wahrheiten und
der Mächte, trotz des rationellen und diskursiven Verhältnisses
zwischen diesen Wahrheiten und Mächten, trotz der Tatsache, daß
kein einziges Mitglied des Staates unglücklich sein müßte, die
Bürger nur vereinigen kann, insofern sie sie trennt, also innerhalb
einer Gesellschaft, wo die bürgerlichen Rangordnungen nicht aufgehoben werden können. Heute erscheint uns die rationale Utopie

Lessings nicht nur irdischer, sondern auch verbindlicher, als die zugespitzte Utopie des jungen Marx, und gerade deshalb in ihrem Rationalismus, paradoxerweise radikaler.

Sie verpflichtet uns zur Erfüllung einer doppelten Aufgabe. Sie verpflichtet uns einerseits dazu, am Prozeß der Vermenschlichung der Macht teilzunehmen. Wie wir es tun sollten, dazu gibt es bei Lessing keine allgemeinen Vorschriften. Wir wissen wohl, daß, falls eine tyrannische Macht nur durch unsere Selbstaufopferung entleert werden kann, wir uns dann nicht schonen sollen. Wir wissen auch, daß, wenn die bürokratische Macht nur mit Verachtung und Indifferenz entleert werden kann, wir uns dann zu einer solchen Indifferenz und Verachtung erziehen sollen. Wir wissen aber auch, daß die Vermenschlichung der Macht vielleicht dann die größten Chancen hat, wenn man die Mächte und die Wahrheiten zu pluralisieren, mit ihnen auf einen rationellen Diskurs einzugehen imstande ist. Wir wissen, daß wir uns, um unseren Verpflichtungen treu zu sein, von allen Arten des Fundamentalismus, von aller Identifizierung mit unseren organischen Bestimmungen loslösen müssen, und auf die Frage, ob wir dies oder jenes seien, mit dem Satz: 'Ich glaube, es zu sein', antworten sollen. Und noch ein Paradoxon aus Lessings *Gespräche für Freymäurer* sollen wir nicht vergessen: "Was Bluth kostet, ist gewiß kein Bluth wert."

Die rationale Utopie Lessings verpflichtet uns andererseits, unsere persönlichen Kontakte als wahre Freundschaften, als Bindungen zwischen 'bloßen Menschen' zu gestalten, um wenigstens hier, und nicht erst morgen, sondern schon heute, aus allen bürgerlichen Bestimmungen heraustretend, die Einheit des Individuums und der Gattung zu verwirklichen. Aber keines dieser beiden Sollen ist bloß auf die Vernunft gegründet. Beide beanspruchen die Offenheit des Gemüts, die Liebe für die Mitmenschen, und auch das Mitleid mit allen menschlichen Leiden. Sie sind nicht identisch mit dem rigorosen Sollen des kategorischen Imperativs. Es gibt tragische Situationen, doch die meisten Konflikte sind untragisch, und die Freundschaft ist grundsätzlich ein heiteres Unterfangen. "Was kann der Schöpfer lieber sehen als ein fröhliches Geschöpf!" – sagt Minna. Ja, warum nicht Fröhlichkeit, wenn sie mit Vernunft, Liebe und Mitleid gekoppelt ist? Wenn wir unseren eigenen Sinnen und unserem Gemüt nicht vertrauen, wie können wir einem anderen Menschen überhaupt unser Vertrauen schenken? Und ohne Vertrauen gibt es keine Freundschaft und auch keinen Diskurs.

So müssen wir die Worte, die Lessing über Sokrates schrieb, wiederum auf Lessing beziehen: "Lebenswandel ist die einzige Moral, die er prediget." Aber warum sollte diese Moral minderwertiger sein als irgendwelche allgemeingültigen Prinzipien? Moralische Prinzipien sind überhaupt leer, falls sie nicht in den

Taten mindestens einiger lebendiger Menschen als gültig aufrechterhalten werden. Man braucht die Konflikte nicht mit der
philosophischen Weisheit eines Nathans, sondern nur mit der irdischen und alltäglichen Weisheit einer Minna zu lösen verstehen,
um zum praktischen Lehrer des Menschengeschlechts zu werden.
Keiner von uns ist ein Baron Münchhausen, der sich am eigenen
Zopf aus dem Sumpf herausziehen kann: wir brauchen die Hände
eines anderen. Und der andere braucht wiederum unsere Hände.
Keine Moralphilosophie, so komplett und konsequent sie auch sie,
kann das für uns leisten, was ein anderer Mensch, mit klarer Vernunft und mit offenem Gemüt für uns zu leisten immer imstande
ist. Uns nach dem Lebenswandel Lessings zu richten, bietet mehr
Stützpunkte zu einer menschenwürdigen praktischen Ethik als alle
bloß philosophischen Prinzipien. Die universellen Normen der
Freiheit so zu interpretieren, daß die Interpretation auf die Bedürfnisse anderer Menschen zugeschnitten ist, ist eine einfache, doch
zuverläßige Richtschnur des Handelns. Sie ist jedoch keine Garantie des Guten. Eine solche Garantie gibt es überhaupt nicht. Aber
wenn wir in der einen oder der anderen Situation nicht die gute
Wahl treffen, dann können wir noch immer mit dem Tempelherrn
sagen: "Was ich tat, das tat ich! Verzeiht mir, Nathan." Ist das
alltäglich? Der weise Nathan sagt: "Der Wunder höchstes ist, — Das
auch die wahren, ächten Wunder so/ Alltäglich werden können,
werden sollen."

Die göttliche Gabe des Dichters sei, zu sagen, was er leide,
schrieb Goethe. Der Aufklärer Lessing hat diese göttliche Gabe in
ein menschliches, frei gewähltes Unterfangen verwandelt: er hat in
seiner dramatischen Dichtung diese göttliche Gabe *den Unmündigen* geschenkt. Er hat ihnen die Sprache, das Wort, das Argument
mit einer freundschaftlichen Geste gegeben, und die Unmündigen
wurden dadurch mündig, ihre Leiden und Freuden artikulierten sich
in der dichterischen Helligkeit. In den reifen Dramen Lessings sind
alle Protagonisten Unmündige seiner Zeit: drei von ihnen sind
Frauen und einer ist Jude. Frauen und Juden, die aus der bürgerlichen Gesellschaft Ausgestoßenen, die in allen gesellschaftlichen
Ständen und Klassen Unterdrückten, deren Anteil nur das
Schweigen und der Gehorsam gewesen war, die Parias der Welt, die
Symbole der Nichtigkeit, die immer von den anderen bestimmten
Wesen, die sich selbst zu bestimmen nicht imstande waren — sie
werden in all diesen Dramen als die moralisch-menschlich Über-
legenen dargestellt. Lessings Dichtkunst ist schon dadurch das
Zeugnis der praktischen Moralität.
Diejenigen, denen diese göttliche Gabe, sagen zu können, was der
Mensch leide, nicht zuteil wurde, haben die gleiche Verpflichtung,

ohne über die gleichen Mittel zu verfügen. Um nur das Problem der
Theoretiker zu erwähnen: sie können den Unmündigen keine Mün-
digkeit schenken, sie können nur *für* die Unmündigen und *an ihrer
statt* das Wort ergreifen. Hier birgt sich immer die Gefahr der Im-
putierung von Bedürfnissen, der Zurechnung von Interessen und
Bewußtsein, von Wünschen und von Ideen. Ja, hier birgt sich auch
die Gefahr, *unseren Ring* als den einzig wahren den Unmündigen
aufzuzwingen. Die Relativierung der Wahrheiten ist kaum eine
Panazee, weil sie nur dort eine Lösung bietet, wo es um den Diskurs
mit den schon mündig Gewordenen geht. Es gibt überhaupt keine
Panazee, es gibt aber eine Idee, die als Richtschnur des theoretischen Diskurses dienen könnte. Diese Idee ist die Parteilichkeit
für die Vernunft, zusammen mit einer anderen, nämlich mit der
Parteilichkeit für die, die *am meisten leiden,* und im Geiste dieser
beiden Verpflichtungen zu handeln. Und diese Idee ist eben Lessings
Vermächtnis.

New School for Social Research, New York

Minna von Barnhelm
oder die verhinderten Hausväter

Wolfgang Wittkowski

Lessings Untertitel — *oder das Soldatenglück* — sei hier ersetzt durch das Thema, von welchem Bengt Algot Sørensen erklärt, man dürfe es bei der deutschen Literatur des 18. Jahrhunderts, zumal beim Drama, unter keinen Umständen aus den Augen lassen:[1] *Herrschaft und Zärtlichkeit. Der Patriarchalismus und das Drama im 18. Jahrhundert.*

Den Kern des gesellschaftlichen Lebens bildete in der Aufklärung die Familie, das Haus. Der Hausvater hatte das Kommando und die Vormundschaft, die Pflicht zu Fürsorge und Schutz. Die Mitglieder des Haushalts waren verpflichtet zu Gehorsam und zum Dienst. Das Modell brachte die Rolle des Hausvaters in wechselseitige Beleuchtung und Bekräftigung mit der Rolle Gottvaters und des Landesvaters und solchen Vaterrollen, wie sie idealerweise den Bürgermeistern, Gutsherren, Beamten, Offizieren usw. zufielen. Der Literatur zufolge leiteten die Familienväter die Ihren zunächst vornehmlich durch strenge 'Herrschaft', im Verlaufe des Jahrhunderts dagegen zunehmend durch die 'Zärtlichkeit' persönlich-privater und auch allgemeiner Menschenliebe. Es kam zu Übertreibungen und Rückfällen, nicht zuletzt unter dem Eindruck der Französischen Revolution und auch des Allgemeinen Preußischen Landrechts, das 1794 zwar die gesellschaftlich-rechtliche Autonomie der Bürger mehrte, jedoch auf Kosten der Hausväter-Autorität — nicht freilich auf Kosten der anderen 'Väter'-Instanzen oder gar der Vater-Autorität des Staates.[2]

Lessings 'Väter' verkörpern potentiell-tendentiell die damals ideale Verbindung zwischen 'Herrschaft und Zärtlichkeit'; und zwar tun das die verantwortungsbewußten Hausväter des Bürgertums und niederen Adels im Unterschied zu anderen Vätern: zum leichtfertig-unfreiwilligen Vater Mellefont in *Miss Sara Sampson*, zum inhuman-autoritären Patriarchen im *Nathan* und zum frivolen 'Landesvater' in *Emilia Galotti*.

Lessing Yearbook, 1987, Vol. XIX, pp. 45–66.
Copyright © Wayne State University Press, 1988.

Zu den Verkörperungen des 'Hausvater'-Ideals möchte man wohl
auf den ersten Blick auch den Major von Tellheim und Friedrich II.
zählen. Sørensen behandelt sie indessen nicht; schließlich sind sie
keine Familienväter. In der Forschung begegnet man sogar negativen Urteilen über beide. Der Preußenkönig verdankt das vornehmlich dem Wandel des historisch-politischen Verhältnisses der
Deutschen zu ihrem "alten Fritz". Seine Stellung in Text und Kontext der zeitgeschichtlichen Komödie wird uns im Laufe der Untersuchung immer stärker interessieren—und verblüffen. Was den Major angeht, so pflegt man ihm bei aller Wertschätzung seit längerem
eine preußisch veräußerlichte Ehrauffassung anzukreiden. Ja, neuerdings will seine Ehrenangelegenheit manchen als reine Geldsache
erscheinen. Des Königs Handschreiben stelle Tellheims Ehre in
seiner Funktion als "Zahlungsanweisung" wieder her. So Hinrich C.
Seeba[3] und im selben Jahre 1973 Heinz Schlaffer.[4] Dessen Exkurs in
die Sozialgeschichte der Adels-Ehre und des Bürger-Geldes ergibt,
daß die Anrüchigkeit des Geldes auch beim Bürger die Ehre wieder
zu Ehren bringe. Ohne dann auf jene Eingangsthese oder überhaupt
auf Lessings Drama zurückzukommen, nennt Schlaffer immerhin,
im Unterschied zu Seeba, die Passagen, die hinlänglich belegen, daß
es Tellheim kaum ums liebe Geld zu tun ist—daß mithin seine wie
Seebas These am Gegenstand vorbeizielt.

Beide Arbeiten sagen mehr aus über uns als über Lessing. Sie
spiegeln die Krise, in die das Klassik-Verständnis der Deutschen um
1970 geriet. Chronologisch nicht ganz korrekt, bilden sie den
Schluß- und Höhepunkt einer Sammlung *Dokumente zur Rezep-
tions- und Interpretationsgeschichte* der *Minna von Barnhelm*
(1979)[5] und genießen vor den übrigen Beiträgen die besondere Aufmerksamkeit einer Rezension im *Lessing Yearbook* 1981.[6] Im
selben Band legt Joseph Carroll[7] eine Deutung vor, die jene Arbeiten
mit ihrer Gleichsetzung von Geld und Ehre schon wieder ignoriert.
Allerdings ignoriert Carroll ebenso Peter Michelsens[8] Abhandlung,
die seine Ergebnisse weithin vorwegnimmt und zugleich jene wun-
derliche Gleichsetzung von Geld und Ehre bereits im Erscheinungsjahr jener Studien 1973 begründet, selbstverständlich auf andere
Weise.

Zu dieser Lesung verführe der Text in der Tat. Die veräußerlichte
Ehre, die auch am Gelde hängt, sei eine lächerliche Übertreibung,
wie die Komödie sie herkömmlich verlange. Lessing habe dieses
Komödien-Thema nicht aufgeben wollen und ihm zuliebe eine auf-
wendige "Verbergung der Kunst" betrieben, oder genauer: mit großem Kunstaufwand verberge er das wahre Thema: Tellheims
Ehrauffassung, die weder komisch noch äußerlich sei und die sein
Gefühl der Ehrenkränkung vollauf legitimiere. Sie ändere sich nicht
bis zum Ende, als er Minna ritterlich gegen ihren Onkel schützen

will. Daß er seine Ehrauffassung ändere, und zwar weil er sein Geld wiederbekomme und weil Minna vorgibt, keins zu haben: dieser Eindruck sei eine Täuschung, den der Komödie zuliebe die äußerliche Handlung schaffe.

Wie Carroll sucht Michelsen dem Stück von der Gattung her beizukommen. Diderot stellte der *comédie sérieuse* die Aufgabe, das Publikum "an edlen Tugenden ein stilles Vergnügen finden zu lassen". Lessing stimmte dem zu. Aber "die wahre Komödie will beydes": "rühren" *und* "zum Lachen bewegen" über den Menschen, freilich "ohne ihn im geringsten zu verlachen" als den Menschen, der er ist. Gelacht wird nur "bey Gelegenheit seiner", angesichts seiner Situation mit ihrer "Ungereimtheit", mit ihrem "Kontrast von Mangel und Realität" (*Hamburgische Dramaturgie. 28. Stück*). Auf Tellheim angewendet: So komisch er seine wirkliche Situation samt ihren produktiven Möglichkeiten verkennt und unterschätzt, so ernsthaft sind seine besonderen Motive dafür zu respektieren. Das mit neuen Gründen zu beweisen, ist die Hauptaufgabe dieser Arbeit.

Carroll freilich übergeht wie üblich die komische Seite. Er verfolgt einzig die ernsthafte Tugendbewunderung und ergänzt hier Michelsens Ergebnisse. Dieser nimmt wiederum, wenn ich so sagen darf, das Komische weniger ernst als etwa Otto Mann, der es als christliche Perspektive auf die Endlichkeit des Menschen las.[9] Stattdessen sucht Michelsen das eigentümlich konstruierte Neben- und Gegeneinander von Ernst und Komik, das Mann bloß konstatierte, von der Komödienstruktur her zu erklären.

Er unterscheidet die eigentliche Komödienhandlung – Minna verwandelt den anfänglichen Eheflüchtling in einen stürmischen Werber – vom Handlungsrahmen: Tellheims großmütige Tat in Sachsen, Verlobung mit Minna, entehrende Verdächtigung und Rehabilitierung durch den König. Minna selbst verkenne, überspiele deshalb den Ernst der Ehrenproblematik und täusche über diesen auf heitere Weise auch das Publikum.

Wenn sie z.B. mit angenommener Affektiertheit fragt: "Konnte nur sein wiederkehrendes Glück ihn in dieses Feuer setzen?", dann läßt sich das jetzt (V,9) platterdings nicht reimen auf den doch zentralen Umstand, daß ihr Liebhaber sich schon den ganzen Akt hindurch in Feuer befindet, nämlich seit er von Minnas angeblichem Unglück hörte; und das war, *bevor* er (V,9) von seinem eigenen Glück hörte! Als Minnas Spiel dann gegen sie selbst zurückschlägt und Tellheim glaubt, sie wolle sich von ihm lossagen, da trifft der Onkel ein, und sie kann dem Major ihre wahre Situation und Absicht klarmachen. Wenn er nun nicht in seine Ehe-Weigerung zurückfällt, liege *das* (so Michelsen) nicht an einem Wandel seiner Ehrauffassung als Resultat seiner Umerziehung durch das Fräulein, sondern an seinem Glückswechsel dank dem Handschreiben des Königs. Auf jeden Fall müsse offenbleiben, ob er ohne diesen äußeren Glückswechsel bei der Stange bliebe.

So beweist nach Michelsen das tätige Mitleid, das Minna in dem Major erweckt, daß weder sie noch er aus echter Freiheit handeln. Beide hängen ja ab von einer Zwangssituation und von deren Aufhebung durch den König. Ohne dessen Eingreifen bliebe Tellheim arm und müßte die Zuversicht der reichen Minna böse täuschen.

Derart zur gesicherten Prämisse erhoben, läßt die vermutete Determination Tellheims durch Geld doch wieder Geld- und Ehrensache ineins fallen. Ja, seine Determination durch Geldhaben-oder-nicht-Haben droht zwischen "Tugend und Glück" den "Abgrund" zu öffnen, den schonungslos erst "Kant aufreißen" wird. Lessing vermag ihn bloß mit großem Kunstaufwand zu verbergen, d.h., bloß "jenseits der kausal definierbaren Beziehungen" zu schließen. Denn hinzukommt: Minnas Spiel führt nicht einmal den "guten Ausgang faktisch" herbei "und vermag es nach Lage der Dinge auch gar nicht". Löse dem *79. Stück* der *Hamburgischen Dramaturgie* zufolge im "dichterischen Schattenbild von dem Ganzen des ewigen Schöpfers" alles sich genau wie dort zum Besten, so wissen wir doch erstens nicht, *wie* es dort, im Ganzen der Welt, geschieht. Und zweitens bringt Lessings Komödie beides nur mit Gewalt zusammen. Sie knüpft die bessernde Wirkung, die das fiktive Geschehen der Komödienhandlung auf die Figuren und das Publikum ausüben soll, an die Harmonie zwischen Individuen, Gesellschaft, Welt und also an den dafür repräsentativen Handlungsrahmen lediglich im Modus eines höchst zweifelhaften Als-ob und "Wer-weiß?". Der König—das tritt zunehmend als springender Punkt in Michelsens Argumentation hervor—spielt zwar den "Vollzieher solch eudämonistischer Weltordnung" und tut als Gottes Stellvertreter in der Gesellschaft der menschlichen "Gerechtigkeitsimagination" genug - doch tut er es künstlerisch forciert, als "*deus ex machina*".[10]

Die Forschung hat Michelsens komplizierten Gedankengang im allgemeinen abgewiesen oder ignoriert. Steinmetz nimmt ihn nicht einmal in seine Sammlung auszugsweiser Wiederabdrucke auf. Dennoch dürfte es sich lohnen, die Komödie und ihren Autor—mit diesem zu reden—zu "retten" vor Michelsens Interpretation. Ihren problematischen Umgang mit den Begriffen Freiheit und Determination teilt sie mit den meisten literarwissenschaftlichen Arbeiten dieser Jahre. Sonst aber handelt es sich um die intellektuell anspruchsvollste, scharf- und tiefsinnigste, sorgfältigste und zugleich fairste Begründung gegenwärtiger Lessing-Skepsis. Eine gezielte Auseinandersetzung mit ihr sollte weiter Licht auf Lessing und sein Meister-Lustspiel werfen.

Daß Tugend und Glück, Welt-Optimismus und Welt-Zusammenhang am Ende womöglich doch—"Wer weiß?"—im Unerforschli-

chen zusammenkommen: Michelsen läßt es, allen unserer Zeit
gemäßen Vorbehalten zum Trotz, historisch als Lessings Glauben
oder Glaubensvorsatz gelten. Wie aber, wenn beide auch schon *im
Stück* glaubwürdig zusammenkämen? Das letzte Zitat aus der
Hamburgischen Dramaturgie fordert es—und jede Interpretation
muß es wenigstens versuchen zu entdecken, will sie sich nicht
Spiel-, Kunst- und Geschichtsverderberei vorwerfen lassen. Peter
Pütz[10] versucht es in unausgesprochenem Dialog mit dem un-
genannten Michelsen, gelangt zu seinen verwandten Schlüssen freilich ohne viel Umstände. Danach erlaubt das Lustspiel mit Wolff
der Tugend des Mitleids, die Glückseligkeit herbeizuführen, die
Leibniz' prästabilierte Harmonie im Diesseits schon bekräftigt. Allerdings überzeugt das ebensowenig, wie bei Michelsen die Rettung
des Glücks durch Friedrich. Tatsächlich herrsche nämlich durchweg—formal signalisiert durch das kreigsähnliche Auftreten, Vor-
rücken und Zurückweichen der Figuren—Hobbes' *bellum omnium
contra omnes*, assistiert von der Willkür des Glückswechsels, des
Zufalls. Die "mutwillige Turbulenz dieser Komödie" weckt daher
bei den Figuren, zumal bei dem Major, aber auch in der Perspektive
von Werk und Rezipient kein Vertrauen zu der Einrichtung der
Welt, zur Folge von Tugend und Glück—vielmehr provoziert sie
tiefe "Verunsicherung" und Glücks-Skepsis (p. 230–241). Wenden
wir uns diesem Mechanismus des großen Zusammenhangs der
·Dinge zu.

Michelsen (p. 152) gibt selber zu: Obwohl Minna faktisch nichts
bewirke noch bewirken könne, befreie ihr Spiel Tellheim jedenfalls
von seinem Welt- und Menschenhaß und binde ihn damit wieder an
die Ordnung, deren König sich so gerecht und gütig, so zuverlässig
zeigt. Bei so bewandten—und bekannten—Dingen aber fließt die
Komödienhandlung, angestoßen von der Kriegs- und Rahmenhand-
lung, mit dieser eben doch wieder zusammen, und aufs Schönste! Ja,
die innere Verbindung Tellheims mit dem König hebt dann sogar
dessen bloße *deus ex machina*—Funktion rückwirkend auf.

Dennoch nehmen Michelsen und andere mit Recht Anstoß an
der *deus ex machina*-Rolle Friedrichs. Nur tut man es zu wenig, zu
ehrerbietig-zögernd; Michelsen sogar, wie wir sehen werden, gegen
besseres historisches Wissen. Er übersieht z.B. eine Kleinigkeit, die
neuerdings immer öfter auffiel: So dankbar und gerührt Tellheim
auf das Handschreiben des Königs reagiert—der Einladung, in
dessen Dienst zurückzukehren, leistet er nicht Folge. Sicher läßt
seine Absage sich "nicht einfach aus ihrem komplexen psychischen
Kontext lösen und zum politischen Glaubensbekenntnis um-
münzen", so daß Tellheim "als ausgesprochener Gegenspieler des
Hofs" dastünde. Darin ist Jürgen Schröder [11] beizustimmen gegen
Peter Weber. [12] Doch beiden gegenüber ist daran zu erinnern, daß es
auch unausgespochene Gegenspiel-Bezüge gibt, daß sie sich im Zeitalter der Zensur empfehlen und auch aus künstlerischen, psycholo-

gisch-ethischen Gründen. Goethe verfuhr so in *Iphigenie* und *Götz*.[24] Und Minna kann es nur so meinen, wenn sie—Peter Christian Giese macht das m.E. einsichtig—den König als ihren "Gegenspieler" und Rivalen um Tellheim ansieht.[14] Ja, wenn sie einschreiten muß, damit der Major das königliche Schreiben (die 'Zahlungsanweisung'!) nicht zerreißt, dann lenkt dieser "komplexe psychologische Kontext" doch verdächtig unauffällig davon ab, daß Tellheim mit seiner Absage bloß zu dem Entschluß zurückkehrt, den Minna ihm schon IV, 6 nahelegte: sein weiteres Leben in einem anderen Lande zu verbringen (V,5). Nun will er sogar nichts mehr vom Dienste der "Großen" wissen (V,9).

Tellheims Absage an Friedrich, wenn es denn eine ist, würde also folgerichtig aufgebaut. Wäre *sie* es, die mit aufwendigem Kunstaufwand—eben durch den Rückfall beim Empfang des Handschreibens—verdeckt würde? Rahmen- und Komödienhandlung liefen dann ebenfalls zusammen, freilich nicht in Eintracht Tellheims mit dem König. Gewiß vollzöge sich eine solche "Negation" (muß es aber gleich "eine radikale Negation der bestehenden Verhältnisse" überhaupt sein?) "in esoterischer, subversiver Indirektheit und unter Verzicht auf allzulaute exoterische Kritik" (Schröder);—doch wäre es genau die Zeitkritik im Sinne Webers, bloß eben fände sie 'unausgesprochen' statt.

Rahmen- und Komödienhandlung mögen endlich noch auf eine dritte Art zusammenhängen. Tellheims Rehabilitierung fällt ja nicht einfach vom Himmel noch rein aus der Gnadenhand des Königs. Vielmehr ist sie die Folge seiner guten Tat in Sachsen, die ihm auch Minnas Zuneigung gewann. Die Rehabilitierung macht lediglich einen Mißgriff wieder gut—und macht ihn deutlich!—, der, über die Behörden, dem Landesherrn verantwortlich zur Last fällt und auch zur Last fiele, selbst wenn dieser von der Sache noch nicht so lange unterrichtet wäre, wie das Handschreiben es darstellt. Ohne diese Panne wäre Tellheim aus dem Krieg und ohne weiteres in die Arme seiner Minna zurückgekehrt; er tut das zwar, jedoch eben keineswegs ohne 'Irrungen, Wirungen'.

Dennoch bewirkt Preußen nichts weiter als eine Verzögerung. Zu ihr trägt zusätzlich die Komödienhandlung bei. Schon zu Beginn des Stücks haben sich die Folgen des obrigkeitlichen Eingreifens erschöpft. Das Handschreiben, das der Verunglimpfung und Verarmung Tellheims ein Ende setzen soll, ist unterwegs. Die Verspätung bringt freilich mit sich, daß der Bote den Empfänger verfehlt, weil ausgerechnet Minnas Ankunft ihn aus dem Hotel vertrieb. Minna wiederum trifft zwar pünktlich am geplanten Ankunftstage ein, andererseits aber einen Tag zu früh, nimmt man nämlich des Onkels kleinen Unfall-"Zufall" wie in *Emilia Galotti* als Eingreifen der Vorsehung. Die ließe damit Handschreiben und Wiedersehen in schönster Ordnung aufeinander folgen. Umsonst! Die vom Onkel

vorausgeschickte junge Dame kommt der Zeitrechnung der Weltregierung ebenso zuvor wie der lässigen der preußischen. Auch wer
solche Ausdehnung der Komik ins Metaphysische zu phantasievoll
findet, wird zugeben: Minnas Ankunft, auf deren plangemäße Einhaltung der Onkel drängt, verhindert, daß die Dinge—Handschreiben und Wiedersehen—so harmonisch aufeinanderfolgen, wie sie
sich anschicken es zu tun.

Minnas Spiel leitet die Dinge dann auf einem Wege weiter, der
also wohl auch ohne Friedrich gut enden könnte, bis sie mit ihrer
scherzhaften Ringvertauschung sich und Tellheim in eine neue
Sackgasse hinein manövriert. Aus ihr erlöst nicht der schon
abgetane große König, sondern der große Kausalzusammenhang der
Dinge, der die Ereignisse doch noch einholt in Gestalt des endlich
eintreffenden Onkels. Gewiß wäre er der wahre *deus ex machina*
(Giese, Pütz), erinnerte Lessing uns nicht mit Spinoza etwa im
Nathan an die natürliche Kausalfolge allen Geschehens.

Im Lustspiel schlägt die Nemesis nur beinahe zu. Minnas Initia-
tive wird nicht als schädlich-egoistische Hybris geahndet, sondern
als liebenswürdiger Vorwitz aus teilnehmender Liebe nachsichtig-
gütig belohnt. Also doch Belohnung guter Taten! Und: Ende gut,
alles gut. Die "Scheinwelt der Komödie" gibt sich als "bloß
spielerische Abweichung der Norm", als "partikulare Disharmonie",
die "von vornherein der Prästabilität des Ganzen eingeordnet ist",
schreibt Michelsen (p. 151) ganz im Sinne einer solchen Metaphysik
des Lustspiels. Nur erscheint ihm das eben als forcierter Kunst-
Schein; und vor allem leuchtet ihm Friedrich II. als der *deus ex
machina* der Rettung und Versöhnung. Doch geht das an?

War wirklich ein *happy end* zu dritt—Minna, Friedrich, Tellheim—vorgesehen, wie Michelsen voraussetzt, dann geht der König
allein leer aus, ist die Harmonie des Ganzen zuletzt in der Tat
gestört. Michelsen übersieht das völlig, weil er das *happy end* zu
dritt erwartet. Kein Wunder, daß es ihm gezwungen vorkommt. Es
gibt dafür aber noch einen zusätzlichen Grund.

Minnas grausame Fortsetzung des Spiels, sonst "schwer zu begreifen", erklärt sich laut Michelsen (p. 152) durch seine Analyse als
Kunstgriff, um Friedrichs *deus ex machina*-Funktion zu verbergen.
Dem diene auch Tellheims absurder Argwohn, Minna wolle sich
von ihm lossagen. Ich erkläre Tellheims Irrtum unten mit seinem
lächerlichen Mangel an Humor, zumal in Sachen Treue-Bindung—
lächerlich, weil er selber ja den Ring verpfändet und Minna von
seiner Lossagung und ihren Gründen nicht einmal informierte (das
gilt, auch wenn er Gründe dazu hat). Die Fortsetzung des Spiels
durch Minna sehe ich zunächst einfach als Hybris der Spielerin um
des Spieles willen. Zugleich gelangt Tellheim eben dabei zu der Bereitschaft, erstens auch ohne eigenen Wohlstand der Geliebten bei-
zustehen—er will das Handschreiben zerreißen—, und zweitens

sich von Friedrich loszusagen. Beides unterstreicht gerade dessen *deus ex machina*-Funktion: nur satirisch-pejorativ und keineswegs affirmativ, wie Michelsen hier annehmen zu müssen und zu dürfen glaubt.[15]

Die Komödienhandlung, holprig genug gesteuert von Minnas Voraussendung und vom Mißgriff Friedrichs, "kapert" diesem wirklich einen Offizier weg, sogar einen, um dessen Dienste Majestät ausnahmsweise höchstselber warb. Das patriotische Entsetzen des Wirts über das scherzhaft so klassifizierte Manöver hat seine tiefere Berechtigung. Zwar gab die Vorsehung durch des Onkels Un- und "Zufall" dem König eine Chance, sein Säumen und Versäumnis gerade noch rechtzeitig wiedergutzumachen. Sie erlaubt indessen ebenso, daß das Fräulein ihm zuvorkommt und der König, noch bevor alles glücklich eingerenkt ist, einen Korb erhält. Freilich hat er sich das selber zuzuschreiben. Wieder spürt man die Komödien-Nemesis am Werk, und diesmal, wie verborgen immer, schwingt sie die Geißel der Satire.

Minnas Komödienhandlung, eingeleitet von Friedrich II. und dem Grafen Bruchsal, bringt Tellheim also in Harmonie wohl mit dem Universum, nicht indessen mit der preußischen Regierung. Vielmehr erhält er von allen Seiten Anlaß, sich von Preußen loszusagen. Ein Ereignis, das das Werk in den letzten Szenen nicht zurücknimmt und das es sehr wohl Grund hat zu verbergen. Und das tut es.

Doch machen wir die Gegenprobe. Prüfen wir genauer, was sich bei Tellheim ändert; von was für einem Wandel, wenn überhaupt, bei ihm die Rede sein kann. Michelsen hat sicher Recht: als Minna dem Major eröffnet, sie sei keineswegs verstoßen und verarmt, ist er diesem abermaligen Umsturz der Dinge schon deshalb gewachsen, weil er Reputation und Geld zurückgewann. Die Schnelligkeit des Wechsels läßt uns kaum zum Nachdenken und zu der Frage kommen: Verhielte der Major sich ebenso, wäre er noch arm und 'ehrlos'? Michelsen meint, man müsse es offen lassen, ja, beweifeln. Hier aber rächt sich nun, daß Michelsen über dem Bemühen, allein das unwandelbare Fortdauern von Tellheims Ehrauffassung nachzuweisen und zu rechtfertigen, es wie viele andere versäumt, der Wandlung des Majors überhaupt nähere Beachtung zu schenken. Dabei bildet dieser Wandel nichts Geringeres als den Kern und Sinn der Handlung.

Damit kommen wir zu unserem besonderen Thema. Sicher, Tellheims 'innere Ehrenhaftigkeit' ist stets intakt, und er weiß es. Deshalb kränkt ihn ja die äußere Entehrung so, daß ihn darüber Zweifel an Gottes Güte und Gerechtigkeit anwandeln und sogar der Gedanke, mit dem Leben Schluß zu machen (Just soll die Pistolen hinterm Bette nicht vergessen mitzunehmen). Die Ehre ist keineswegs einfach "die Ehre", sondern die Wertgeltung "in den Augen der

Welt". Michelsen und Carrol sehen das als ernste Sache an, haben sich jedoch kaum Gehör verschaffen können gegen das individua- listisch-selbstbezogene Glücksdenken unserer Zeit und des aktuel- len Interpretationsklimas. Gieses mutig "aktuelle" Schlußbetrach- tungen sind symptomatisch. Schon deshalb ist nochmals zu fragen: Worin besteht genau die Ehre, die Wertgeltung eines Mannes wie Tellheims in den Augen der Welt? Es hat zu tun mit dem damaligen Verständnis vom Zusammenleben in einer hierarchisch gestuften Gesellschaftsordnung mit dem Patriarchalismus.

Wir haben heute den Kampf zwischen den Sozialpartnern als In- stitution. Seine Basis bilden erstens (ich übertreibe wohl nicht zu sehr) unsere Entschlossenheit, anderen freiwillig keinen Vorteil, keine Besserung ihrer Lage einzuräumen, wenn es auf unsere Ko- sten geschehen soll; zweitens die Überzeugung, die anderen machen es umgekehrt genauso. Jeder mißtraut dem guten Willen und Ver- stehen auf der Gegenseite. Diese Vorstellung brach sich Bahn im 18., im Jahrhundert der Aufklärung und Emanzipation. Zugleich aber hielt man sich die entgegengesetzte öffentliche Denkweise, gerade weil man deren Niedergang verspürte und beklagte, um so lebendiger bewußt. Das Zeitalter der Humanität und eben des Haus- vaters bestand noch immer und immer nachdrücklicher, vielleicht verzweifelter darauf, daß jene Ordnung, vornehmlich ihre geistig- ethische Grundlage, bewahrt werde.

Sollte das Ganze leidlich fortbestehen, so forderte z.B. Christian Wolff Moralität, vor allem von den Oberen.[16] Im Falle Tellheims (oder auch Götz von Berlichingens) hieß das, der Landesvater durfte den Vorstand eines herrschaftlichen Haushaltes und eines Batail- lons nicht hindern, seine 'hausväterlichen' Pflichten auszuüben. In- dem Friedrich, wie das Handschreiben rückblickend bekennt, des Majors Integrität als Ehrenmann und damit als rechtsfähige, rechtswürdige Person anzweifelt, bestreitet er ihm eine Existenz in Ehren, die einzige, die es für Tellheim (und Götz) gibt: die Existenz als vollwertiges, anerkanntes, respektiertes Mitglied der Gesellschaft. Deshalb weigert Tellheim sich, Minna zu heiraten und sie dadurch mit seiner Schande zu beflecken.

Um ihn umzustimmen, gibt Minna vor, sie sei gleichfalls aus- gestoßen und verarmt, und zwar um ihrer Liebe zu ihm willen. Das wäre eine Analogie zu *seinem* Unglück, das er ja seiner Wohltat für die Sachsen dankt. Wie sich die Fälle gleichen, der wirkliche und der fingierte, so bilden Minnas Argumente das Echo zu denen des Ma- jors. Über der Komik des Echos und der Widerrufe, zu denen es Tell- heim zwingt, entgeht einem leicht, daß der Major die Gleichbe- rechtigung der Argumente leugnet. Minna als Frau bringe not- wendig kein Verständnis für sein Ehrenproblem auf, erklärte er IV,6; V, 9 heißt es, materielles Glück als Basis einer glücklichen Zweisamkeit zu empfangen, gezieme der Frau, doch nicht dem

Mann. Das ist kein Rückfall in äußerliches Ehrendenken und aus
dem Aufklärungsprozeß heraus, sondern definiert die Plicht der
'Hausvater'-Verantwortung. Und sie nun ist es, zu der Minna, weil
sie angeblich, und seinetwegen, leidet, seine Kräfte, seine Entschlossenheit mobilisiert.

Die neue innere Verfassung und die Aufgabe, Minnas 'Hausvater'
zu werden, wirken als Katalysator für Tellheims Lösung von
Preußen. Außerhalb Preußens gilt er als Ehrenmann und integre
Rechtsperson. Nein, Preußen ist nicht die Welt. IV, 9 sagt es ihm
Minna. V, 5 sagt er es selbst. Er erhebt sich mit einem Schlag zur
Erkenntnis seiner Unabhängigkeit von den gegebenen Umständen
und sucht sich passende. Nach Wiederherstellung seiner Ehre kann
er zwar in Preußen leben; doch muß es nicht mehr Preußen sein.
Ohne seine Ehr- und Existenzauffassung im geringsten zu verändern, hat Minnas Spiel nur Tellheims 'Hausvater'-Ehrgeiz neu
belebt, seinen Blick befreit, erweitert und erhoben und ihn damit
gelöst von jenem Friedrich, der sein 'Hausvater'-Sein verhinderte
und damit seine schwere Existenzkrise heraufbeschwor. Verhinderte Hausväter sind beide, der König allerdings ein schuldhaft
selbstverhinderter.

Mag also der Kausalzusammenhang der Dinge das faktische *happy end* prästabiliert haben und es durchsetzen gegen die Hinder-
nisse, die Friedrichs Fehlurteil und Säumen und Minnas allzu
pünktliches Eintreffen auftürmen: das Spiel im Spiel, die Komödienhandlung, führt ein inneres Resultat herbei, das dem äußeren *happy
end* erst inneren Wert verleiht. Verlor Minna beinahe das Spiel als
Spiel: es gespielt zu haben und sich dadurch den Anblick seines
"ganzen Herzens verschafft zu haben", das verschaffte ihr den
Gewinn, auf den es ihr, auf den es ankommt: "Ah, was sind Sie für
ein Mann!" Seine Entschlossenheit, 'hausväterlich'-zärtlich sich
Minnas anzunehmen, hat ihn unabhängig von dem Preußenkönig
und von allen Königen gemacht. Seine moralische Aufmerksamkeit
wandte sich von ihm weg auf ein Du. Aus Fremdbestimmung wurde
Selbstbestimmung, wahrhaft Autonomie; aus Selbstbezogenheit,
wie legitim auch immer, Selbstlosigkeit, uneigennützige Selbstaufopferung für andere: die höchste Tugend des Jahrhunderts.

Sind wir noch in einem Lustspiel? Wir fanden zu Beginn, daß die
von Michelsen entdeckte komische Verbergung ernster Züge vor
allem die Sozialkritik, die Kritik am König tarnt. Erbittert über das
enttäuschende Verhalten Friedrichs oder vielmehr über die
Folgen—den verantwortlichen Urheber erkennt er kaum als solchen
—, lacht Tellheim "das schreckliche Lachen des Menschenhasses";
und das trifft auch den Gott, der Tugend so übel lohnt (IV,9). "Alle
Güte ist Verstellung, alle Dienstfertigkeit Betrug"; "ein Mensch - Da
bist Du was Rechts!" So wettert er, als ihm beifällt, Minna sei bloß
gekommen, um sich von ihm zu trennen (V,11). Hier erkennt sie,

daß sie "den Scherz zu weit getrieben" hat. In Sachen der Treuebindung versteht Tellheim keinen Spaß. Humor ist seine Stärke nicht. Gerade das ist lächerlich und komisch. Sein moralischer Eifer macht ihn blind nicht bloß gegen die Identität des vertauschten Ringes, sondern auch dagegen, daß er, der die Verlobung ohne geziemende Erklärung kündigte, dafür und für die Ring-Versetzung keinen Vorwurf erntet. Franziska empfindet nur Mitleid für sein Elend (II,5). Und Minna in ihrer ebenfalls selbstlosen Liebe vergab ihm, indem sie an Vergeben gar nicht dachte. Ethisch und ästhetisch so geschmackvoll verbirgt sonst wohl nur Goethe in *Iphigenie* und *Faust* das im bürgerlichen Drama obligate Thema des Vergebens.[17]

Bei Lessing ist das rührend und auch komisch, bedenkt man nämlich, wie leicht Tellheims Misere tatsächlich behoben wird. Rührend und komisch, wie Lessing es für die Komödie fordert, sind Tellheims Übertreibungen seiner Korrektheit und seiner exklusiven Tugendhaftigkeit (Weber), seine fortwährenden Verstöße gegen jene Mäßigkeit, die als Weisheit zusammen mit der Tapferkeit den rechtschaffenen Mann ausmacht und ihn der Vollkommenheit annähert.[18] Tellheim hat das Potential dazu und verfehlt das Ideal auf komisch-lächerliche Weise. Komisch, weil pedantisch und un-mäßig zugleich, sind allemal die Umschläge seines Tuns und Denkens; sie bewirken, daß der neue und der jeweils abgetane Standpunkt einander relativieren. Des Majors Verwandlung in einen stürmischen Werber ist komisch-überraschend und rückt wiederum seine so plötzlich aufgegebene Eheweigerung in jenes Komödienlicht, das die Legitimität seines anfänglichen Verhaltens verbirgt. Gleichzeitig wirkt die neue Selbstlosigkeit einfach dank ihrem plötzlichen Hervortreten im scheinbaren Totalkontrast zu jener vorigen Position komisch genug, daß ihr hoher ethischer Wert schwerlich zur voller Geltung gelangt. Die Vergänglichkeit der Positionen offenbart die Endlichkeit des Menschen. Doch aus gottgleicher Perspektive gewahrt man die komische Verfehlung des Ideals in seiner Totalität und die Facetten des Ideals, die sich nacheinander verwirklichen—wir werden sehen: nicht immer in so komisch-jähen Umschlägen.

Komisch ist ferner Tellheims gerührte Dankbarkeit IV, 9 für das Handschreiben des Königs, den er nicht als denjenigen erkennt, der verantwortlich ist für sein Unglück: "welche Gerechtigkeit! -Welche Gnade!" Minna räumt vorsichtig ein, "daß Ihr König, der ein großer Mann ist, auch wohl ein guter Mann sein mag. - Aber was geht mich das an? Er ist nicht mein König." Die Vorbehalte dieser Worte machten der Zensur gewiß zu schaffen und führten mit das anfängliche Aufführungsverbot herbei. Auch wir sollten sie nicht überhören. Komisch ist nun wieder, daß sie den so dankbaren Major keineswegs, wie man erwartet, zu entrüsteter Verteidigung des Königs reizen. Ja, Minnas Insinuation, er werde erneut in Preußens

Dienste treten, ruft eine ganz andere Reaktion und Kehrtwendung seinerseits hervor. Hatte er Werner zum Dienst für sein Land oder für eine "Sache" angehalten (III,7), so tut er jetzt seine "Parteilichkeit" für "politische Grundsätze" verächtlich ab. Ob der komische Umschlag die implizierte Kritik nun abschwächt oder sie unterstreicht—unmißverständlich ist Tellheims Absage an die "Dienste der Großen", die—noch V,9!—ihre Diener mit "Erniedrigung" belohnen. Und das ist nicht einmal ein spontaner Umschlag, sondern eine zureichend vorbereitete Reaktion!

Schon vor Eintreffen des Handschreibens V,6 klagte Tellheim die Großen an, weil sie jene Ideologie des ehrenvollen Soldaten- und Fürstendienstes für ihr Machtinteresse ausnutzen und ihre Diener als ersetzbar, auswechselbar behandeln: gegen dieses egoistische Nützlichkeitsdenken, das Idol des verdorbenen Jahrhunderts, riefen die führenden Geister das Ethos sozialer Verantwortung und persönlicher Selbstlosigkeit auf. Diesem Ethos huldigt Tellheim, wenn er V,5—und das ist nun die Rührung der Komödie—ausspricht, was ihm V,2 bewußt wurde und ihn schon Ende des IV. Aktes umgehend erfüllte, als er von Minnas angeblichem Unglück hörte: "Der Trieb der Selbsterhaltung erwacht, da ich etwas Kostbarers zu erhalten habe, als mich, und es durch mich zu erhalten habe."

Sein zur Tätigkeit entschlossenes "Mitleid", bei Lessing die Signatur des besten Menschen, erhebt ihn auf einen neuen Standpunkt. Von dort aus wird er "dem Unrechte, das [ihm] hier widerfährt, nichts als Verachtung entgegen setzen" und lieber Dienste "unter dem entferntesten Himmel suchen." "Ist dieses Land die Welt?" (V,5) Seine "lebhafteste Rührung" über des Königs Brief—seine Dankbarkeit stellt seiner Anständigkeit das beste Zeugnis aus, nicht seinem Scharfsinn—hindert ihn trotzdem nicht, jene stufenweise aufgebaute Entscheidung, sich von Preußen und seinem König loszusagen, weiter zu befestigen. Er ist—man hat es oft hervorgehoben—Weltbürger. Und er ist—das hat man nicht bemerkt oder beachtet—Hausvater: "Minnas Dienste allein sei mein ganzes Leben gewidmet!" (V,9) Seine Metamorphose zum 'Hausvater' löst ihn vom König. Und seine Metamorphose vom Königsdiener zum Weltbürger macht ihn zum rechten 'Hausvater'.

Zum 'Hausvater'-Sein hat Tellheim sich in dem Augenblick befreit, als Minna ihn glauben machte, sie sei verstoßen und verarmt. Bis dahin war er der verhinderte Hausvater. Das ist es, was der I. Akt vorführt, und nicht bloß Tellheims Geldnot (Michelsen, p. 207), geschweige denn seine Unfähigkeit zu geben und zu nehmen. Das meint Ilse Graham, die dabei der modernen intimen Liebesauffassung aufsitzt.[19] Damals verlangte man für eine eheliche Zweisamkeit noch nicht unser vielberufenes Sich-gut-Verstehen. Oder es beschränkte sich doch, abgesehen von der ständisch vorgegebenen

Gemeinsamkeit der Sitten, auf die Gemeinsamkeit von "Grundsätzen", zumal der "Tugend".[20] Ohne ihn gesehen zu haben, faßt Minna eine Zuneigung zu Tellheim auf die Kunde von seinem anständigen, großmütig-großzügigen Verhalten hin. Emilia Galotti ist anfällig für Leidenschaft dem Prinzen gegenüber; ihre Liebe wendet sie dem trockenen Schwärmer Appiani zu, weil er wie sie selbst (bloß tut er es weit unvollkommener[21]) den "Grundsätzen" ihres Vaters huldigt. Im *Nathan* wird die erotische Neigung, die zwischen Recha und dem Tempelherrn aufkeimen möchte, übertroffen von der selbstloseren Geschwisterliebe und der ganz selbstlosen allgemeinen Menschenliebe, die alle Menschen zu Brüdern und Schwestern machen würde.[22]

Darum ist es wichtig, daß Tellheim, der 'Hausvater', nicht bloß seine fürsorgliche Liebe zu Minna beweist, sondern darüber hinaus seine allgemeine Menschenliebe: sein Vermögen, "im Ganzen" für die ihm Anvertrauten und für seine Nächsten Mitleid und tätige Fürsorge zu bewähren. Niemand wird verkennen, daß er der große Geber ist, in diesem Sinne schon eine Art Nathan. "Nathan" heißt 'Gott hat gegeben'. Der Mensch soll das von Gott Gegebene weitergeben. Tellheim aber kann es nicht, weil man ihm das Seine vorenthält, und weil man ihm mit seiner Ehre das Recht und die Würde abspricht, es mit anderen gerecht zu teilen.

Die Vorgänge, die uns im Akt I den verhinderten Hausvater vorführen, sind vorbereitende Vorstufen zu dem, was sich dann zwischen dem Major und Minna abspielt. Er nimmt kein Geld von Werner, weil er es nicht zurückgeben kann und weil er nicht "Schuldner" sein will. Das ist redlich; und es ist gediegene Ökonomie. Daß er von der Witwe Marloff nicht einmal nimmt, was ihm zusteht, demonstriert sicher nicht seine Unfähigkeit zu nehmen (Graham); zur Schwierigkeit damit bekennt sich ausdrücklich die Dame selbst. Zugleich rühmt sie, woher er denn wisse, "daß eine Mutter mehr für ihren Sohn tut, als sie für ihr eigen Leben tun würde?" Hausväter wissen so etwas. Tellheims Verhalten bewährt das Pflicht- und Verantwortungsbewußtsein des 'Hausvaters' für alle, die ihm dienen oder dienten und ihm ihr und ihrer Familien Wohlergehen anvertrauen: "Ich habe nie etwas tun können, mich mit einem Manne abzufinden [ihm den schuldigen Dank abzustatten], der sechs Jahre Glück und Unglück, Ehre und Gefahr mit mir geteilet."

Jetzt ist die Gelegenheit gekommen—weniger weil Marloff eine Witwe hinterläßt, sondern weil "ein Sohn von ihm" da ist. "Er wird mein Sohn sein, sobald ich sein Vater sein kann" (I,6). Tellheim kann es jetzt nicht, denn er ist mittellos, und schlimmer, ehrlos, als bürgerliche Rechtsperson verworfen. Niemanden, keine Frau, keinen Sohn, kann er an sich knüpfen, ohne deren Ehre zu beflecken. Das Schlimmste ist seine negative Bitte, die zugleich sein eben

ausgesprochenes Versprechen tragisch-komisch unterläuft: "Ich
bitte Sie nicht, mir Nachricht von Ihnen zu geben [. . .] zu einer Zeit,
wo ich sie nicht nutzen könnte", wo er dem Jungen nicht "Vater sein
kann".

Tellheim hat keine Hoffnung, daß seine Situation sich ändert. Es
ist die Szene und die "Stunde, wo" er "leicht zu verleiten wäre, wider
die Vorsicht zu murren." Im Auftritt vorher kündigte er seinem Be-
dienten Just. Er kann ihn nicht mehr bezahlen: er kann nicht mehr
'Hausvater' sein.

Zugleich tritt in der Marloff-Szene ("O mein rechtschaffner Marloff!") schon dasselbe ein wie später gegenüber Minna und im kleinen gleich gegenüber Just. Tellheims Verzicht auf sein ausgelie-
henes Geld zeugt von wenig Selbsterhaltungswillen. Am Schluß der
Szene aber spricht er von den Forderungen Marloffs an die "Kasse
unsers ehemaligen Regiments": "Werden meine bezahlt, so müssen
auch die seinigen bezahlt werden. Ich hafte dafür." Hier also ist
schon etwas vom "Trieb der Selbsterhaltung erwacht, da [er] etwas
Kostbarers zu erhalten habe" als sich selbst.

In der übernächsten Szene nimmt er Justs Kündigung zurück, obwohl er sich eben erst der letzten Möglichkeit beraubte, ihn zu
bezahlen, und obwohl er hierzu kein Geld von Werner nehmen
wird—dazu eben muß er erst Minna in Not glauben. Die Begegnung
mit der Witwe verändert ihn soweit, daß er sich der treuen Anhäng-
lichkeit des Grobians beugt. Just erneuert, vom Beispiel des treuen
Pudels unterstützt, seinen Glauben, wenn nicht an die Vorsehung
(die von ihr erwartete Funktion übernimmt er zunehmend selber!),
so doch an die Menschen: "Nein es gibt keine völligen Unmenschen!
—Just, wir bleiben beisammen." Zwei Auftritte später, am Schluß
des 10., kehrt er eigens um und mahnt den Diener, "nimm mir auch
deinen Pudel mit [. . .]!" Freilich soll Just auch die Pistolen nicht vergessen. Weil der König Ehrenhaftigkeit, "Ehrlichkeit" und "Treue" so
übel honoriert.

Im ganzen jedoch tut Tellheim hier zahlreiche Schritte, sich frei-
zumachen von der melancholischen Resignation und verbissenen
Wut des pedantischen Cholerikers. Vom Pudel über Just und Werner steigern sich Treue und tätige Ehrlichkeit bis zu ihm selber hin,
und an ihm steigern sie sich bei Gelegenheit dieser Figuren, bis Minnas vorgebliche Not sie vollends freisetzt. Er, der wahrlich "kein
Verräter" ist (IV, 6; V,5), will sogar die scheinbar ungetreue Minna
vor ihrem angeblich bösen Onkel schützen. Selbstloser geht es
nicht. Das ist rührend und komisch, nachdem der Held wegen Minnas vorgespieltem Treuebruch lächerlicherweise "vor Wut an den
Fingern" nagte. (V,11). Und rührend und komisch ist der weitere
Umschlag, daß der Major dem guten Onkel ohne Umstände "in die
Arme" fällt, ihn "Vater" und sich seinen "Sohn" nennt.[23]

Tellheims 'Sohnschaft' ergänzt seine 'Vaterschaft', Hausvater-
schaft für Marloffs Sohn, für Minna, für Just, indirekt den Pudel, für
Werner und Franziska. Wie Minna behandelt er letztere stets als
Dienerin und zugleich als menschlich ebenbürtige Person, voll
Achtung und Dankbarkeit, auch mal mit moralischer Zurechtwei-
sung, wegen der er sich dann reumütig entschuldigt. Ein Mann von
finster-tiefster Labilität (Schröder) könnte das nicht. Vor allem aber:
"Herrschaft und Zärtlichkeit". Als die Frauen über Tellheim scherz-
ten, der sich dauernd über "Ökonomie" verbreite und folglich wohl
ein "Verschwender" sei, da umspielten sie mit den Begriffen Spar-
samkeit, Wirtschaftlichkeit auch den des Vorstandes der Haus-
Wirtschaft, des *Oikodespotes,* zu deutsch *pater familias.*[24] Als
solcher bewährt sich Tellheim. Er tut es sogar im genauen Kontrast
zur "Verschwendung". Gleich nachdem er sich Sohn des Vater-
Onkels nannte, wendet er sich Franziska zu und Werner, dem er, so
wie früher ihr, seine Grobheit von vorhin abbittet. Hatte er bis jetzt
aus Redlichkeit und Ökonomie kein Geld von ihm geliehen' nun
nimmt er von ihm welches: freilich bloß als Verwalter und "Vormund" für diese "Art Verschwender".
  Vormund und Vorstand der Wirtschaft: das sind die Hausvater-
funktionen, die Werner nun in der Tat bei dem Major voraussetzt.
Damit gelangt unsere Erörterung des Hausvater-Motivs zu ihrer
wichtigsten Episode. Sie spielt in zwei Auftritten (6, 7) in der Mitte
des III. Aktes (der 12 Szenen hat), in der Mitte des ganzen Stückes
also. Goethe fand den Aufzug stockend, wichtig bloß wegen der
Charaktere.[25] Hier irrte Goethe. Er, dem Karl Philipp Moritz
nachwies, daß er die zentrale Aussage seiner Werke in deren Zentrum unterbringe, verkannte offenbar, daß Lessing schon ebenso
verfuhr. Im *Nathan* steht die Ringparabel in der Mitte, in *Emilia
Galotti* sind es zwei Szenen, die das heuchlerische Tun und Reden
der sich "galant" gebenden Höflinge gegen Emilia (wie gegen jedermann, Gleichgestellte und Untertanen) vorführen: die verborgene,
brisante Kritik des Werkes am Absolutismus.
  Akt III der *Minna von Barnhelm* gibt gewiß den Nebenfiguren
größeren Raum. Durch das komische Medium des Wirts hören wir
das tragisch-schmerzliche (worauf Michelsen aufmerksam macht)
und doch nicht von Komik freie Befremden Minnas über Tellheims
Fortgang nach dem ersten Wiedersehen. Just belehrt Franziska über
Ehrlichkeit und Treue. Der "ehrliche Werner" thematisiert "Wahrheit" und "Freundschaft". Zusammen mit Franziska gibt er den Herr-
schaften ein Beispiel, was hier zu geschehen habe. Minna be-
schließt, das Spiel zu spielen, das Tellheims menschliches Potential
zu Tage bringen wird. Es werden 'Hausvater'-Tugenden sein. Und sie
werden sich bewähren in menschlicher Gegenseitigkeit mit den
'Hausgenossen', im Geben und Nehmen. Der Major hat jene Tugen-

den, und zwar in vorbildlicher Weise. Noch vor der Änderung seines
Loses durch den König und vor der Änderung seiner Haltung durch
Minnas fingiertes Unglück blieb er — trotz allem! — offen für die
Forderungen der Menschen an seine Hausvater-Pflicht und -Tugend.
Auch jetzt.

Als er Werners Geld zurückweist, erinnert der Wachtmeister
daran, wie oft sie einander auf Tod und Leben beistanden. Eines
Tages erwartete er zum Major zu gehen:

> der wird seinen letzten Pfennig mit dir teilen, [. . .] der wird dich zu
> Tode füttern; bei dem wirst du als ein ehrlicher Kerl sterben können.
> *VON TELLHEIM* (indem er Werners Hand ergreift) Und, Kamerad, das
> denkst du nicht noch?
> *WERNER* Nein, das denk ich nicht mehr. Wer von mir nichts anneh-
> men will, wenn ers bedarf und ichs habe; der will mir auch nichts
> geben, wenn ers hat, und ichs bedarf.

Über den 'Hausvater' Tellheim ein Vernichtungsurteil, das ihn "ra-
send" machen könnte. Es bleibt ihm bei seiner "Ehre" gar nichts
übrig, als bei seiner "Ehre" zu versprechen, Werner als ersten um
Geld zu bitten, falls er einmal leihen wolle. Die beiden ehrlichen,
rechtschaffenen Männer sind schon nahezu wieder im ehrlichen,
rechten Verhältnis zueinander. Um eines anderen willen sieht Tellheims Selbsterhaltungstrieb sich neuerlich gehinder, sich selber
aufzugeben. Werner und Franziska helfen, den Major vollends über
die Schwelle zu schieben, über die Barriere, die kein anderer errichtete als Friedrich. Versteckt erinnert daran eine vorangehende
Passage derselben zentralen Szene III, 7.

Damit Tellheim Geld annehme, will ihm Werner weismachen, es
handle sich um eine Teilrückzahlung der Witwe Marloff. Der Major
flunkert zurück, sie habe ihm heute morgen schon das ganze Geld
zurückgezahlt. Und mit der erzieherischen Strenge des richter-
lichen Hausvaters fordert er Rechenschaft, was Werner dazu sage.
Der gibt reumütig zu: "Daß ich gelogen habe, und daß es eine hunds-
föttische Sache ums Lügen ist, weil man darüber ertappt werden
kann." Ungerührt von dieser schönen Logik, zielt Tellheim auf das
hausväterlich Wesentliche: "Und wirst dich schämen?" Da
passiert's. Werner steckt den Vorwurf schweigend ein - und schlägt
um so wackerer zurück: "Aber der, der mich so zu lügen zwingt, was
sollte der? Sollte der sich nicht auch schämen?" (III,7)

Sicher hat die Frage eigens die Funktion, daß Tellheim sie ver-
längern könnte und der Zuschauer sie tatsächlich für ihn verlängert:
Muß sich nicht auch der König schämen, der seinen Major hindert,
'Hausvater' zu sein, und den anständigen Mann dadurch sogar zum
Lügen zwingt? Dem liegt es freilich ferne, Friedrich zu verklagen —
zu schweigen von der Zensur, die das nicht zugelassen hätte. Dieser

seiner wenig scharfsinnigen Ehrerbietung huldigen indessen auch
die Rezipienten bis hin zu Michelsen, Schröder, Giese, obwohl
ihnen durchaus bekannt ist, was dagegen spricht und Friedrich kompromittiert.

Daran erinnerte Franz Mehring:[26] an Friedrichs "Ökonomie", sich
nach dem Kriege aller entbehrlichen Offiziere zu entledigen, zumal
der Ausländer. Um noch mehr zu sparen, ließ er es bei der Entlas-
sung Tellheims zu dessen Verdächtigung kommen—eine grobe
Fahrlässigkeit und in striktem Widerspruch mit Friedrichs öffentlichen Bekenntnissen zum Ethos hausväterlicher Landesvater-
schaft. Im eigenen Hause hätte er sich von seinem Bruder, vormals
Oberbefehlshaber in Sachsen, längst aufklären lassen können. Jetzt
erteilt er Tellheim für seinen tätigen Protest gegen die "Aussaugung
Sachsens" (Mehring) das mühsame Prädikat "mehr als unschuldig".
Seiner "Bravour und Denkungsart" zollt er bloß das rhetorische
Mindestmaß an Respekt. Der Rest ist Schweigen.

Er betrifft die "Ökonomie". Auf den Staatsbankrott von 1763
spielt ein Satz in IV, 6 an.[27] Vorher suchte Friedrich die Kriegskasse
zu strecken durch "Münzverschlechterung". Michelsen spricht von
einem "verzweifelten Mittel, das vielleicht zu verstehen, kaum zu
rechtfertigen war." General Tauentzien leitete die Maßnahmen, die
sein Sekretär Lessing überwachte. War diesem "bei der Sache" so
wenig wohl, daß er sich "mit Gewalt aus dieser Verbindung zu
reißen" dachte (30.3.1761), so war sie dem Adressaten Moses Mendelssohn verhaßt als "Unrecht", berichtet Nicolai.[28] Der König
"schämte sich" höchstselber "und ließ seine falschen Münzen unter
polnisch-sächsischem Stempel schlagen"; "oder er kaufte ein paar
Brüder von Gottes Gnaden", um seine zweifelhaften Geldsorten
"mit ihrem landesväterlichen Anlitze [...] zu schmücken" (Mehring). Erst Nathan, das Nachbild Mendelssohns, spielt anscheinend
darauf an. Unmittelbar vor der Ringparabel beschwert er sich,
Saladin fordere von ihm Wahrheit, als ob sie "Münze wäre! - Ja,
wenn noch /Uralte Münze, die gewogen ward! - Das ginge noch!
Allein so neue Münze, / Die nur der Stempel macht, [...]!"
Die Satire auf Friedrich den Großen bleibt hier ganz verhüllt. Im
Lustspiel wechseln Enthüllen und Verhüllen: Tellheim sagt sich
von Preußen los, beugt sich dann widerwillig Minnas Aufforderung,
in die "große Welt" zurückzukehren—mit ihr; aber die Enthüllung
ihrer wahren Verhältnisse stellt das dann wieder in Frage. Solche
'Rückfälle' gehören zur Komödie. Wir stellten sie am Schluß des
Nathan fest (Anm. 23). Ähnlich entschließt Werner sich am Ende
zur der Karriere, von der er III, 7 nichts wissen wollte. In den Krieg
wollte er freilich stets zurück. Ob der Major ihm folgt oder mit Minna sich ins Idyll zurückzieht, bleibt offen, tut offenkundig nichts
zur Sache. Zur Sache, nämlich zur Satire, gehört indessen, daß

Friedrich wie ein *deus ex machina* eingreift. Man sah zwar bis heute trotz allem darin eine historische Aufforderung zum Glauben an die Güte der preußischen und damit der Weltregierung. Von dieser unbequemen Nötigung befreit die satirisch-spöttische Lesart des Theatergottes, die ich hier vorschlage. In gleiche Richtung weist vollends die Figur des Leutnants Riccaut de la Maliniere.[29]

Franzosen zu verspotten, war Tradition und Mode, war patriotisch. Der Glücks- und Falschspieler dient als Kontrastparallele zu Tellheim und seinem topischen "Soldatenglück", "Bettler" zu sein. [30] Der Major geht mit Geld korrekt um, nobel, freigiebig, selbstlos: 'hausväterlich'. Dem Leutnant läßt sich kein Pfennig anvertrauen. Sein Auftreten, unmittelbar bevor Minna ihr Spiel mit dem Major beginnt, setzt ein Zeichen, daß sie, die ja das Spiel um des Spielens willen liebt, ihre Art von Falschspiel zu weit treiben könnte; genau das tut sie dann und gerät dadurch in Schwierigkeiten.[31] Bei Riccaut klappt es mit der deutschen Sprache und mit dem Glück nur dürftig. Ist er am Ende, holt er "neue Rekruten". Alles wie bei Friedrich. Sein voller Name bedeutet denn auch "Herr von Diebeslust aus der Linie derer von Nimmgold": in der Tat gehört er zu einer zum Verwundern "groß, groß Familie [. . .] qui est véritablement du sang Royal". "Fortune" heißt auch "Vermögensverhältnisse"; "Corriger la fortune" heißt auch: seinen Vermögensverhältnissen mit faulen Mitteln aufhelfen. Genau das tat der König. Das Stück gibt Mehring und Weber noch mehr Recht, [32] als sie, geschweige andere bemerkten.

In dem Brief an Gleim vom 16.12.1758 verwahrt Lessing sich gegen einen Patriotismus, "der mich vergessen lehrte, daß ich ein Weltbürger sein sollte". Dort kritisiert er auch, daß Gleim auf Friedrich die Vorstellung anwendet (sicher kritisiert er nicht die Vorstellung selbst, wie Weber meint!): "ein König ist einem Volke, was ein Vater seinen Kindern ist. Je reicher, je mächtiger ein Vater ist, desto glücklicher können seine Kinder sein" (Gleim 6.1.1759 an Ramler).

Lessing reagiert Jahre später mit seinem Lustspiel, das jene Vorstellung bestätigt, wieviel glückseliger die Hausgenossen sein könnten, "je reicher, je mächtiger ein Vater ist": freilich meint er den 'Hausvater', den der Landesvater nicht daran hindert, seiner Verantwortung zu genügen. Das war und blieb der Anspruch, an dem die Intellektuellen, die Aufklärer, Friedrich und die anderen Fürsten maßen. Sechs Jahre nach der *Minna* schreibt ihr Verfasser den berühmten Brief, in dem er Preußen "das sklavischste Land von Europa" nennt. Und noch einmal sechs Jahre später, 1775, bekommt Gleim von Wieland zu hören, Friedrich sei "zwar ein großer Mann, aber von dem Glück, unter seinem Stocke (sive scepter) zu leben, bewahr uns der liebe Herrgott!" Hingegen "welcher gute Kosmopolit wird nicht da leben wollen, wo ein so guter Fürst regiert" wie Karl

August von Weimar?[33] Dorthin verfügte sich wenige Monate später Goethe, um gleichsam zwischen Haus- und Landesvater "zu anderer Nutzen und Vorteil" [34] zu wirken oder, wie sein Götz von Berlichingen es von allen 'Hausvätern' erträumt: "für die allgemeine Glückseligkeit".[35]

State University of New York, Albany

1 Bengt Algot Sørensen, *Herrschaft und Zärtlichkeit. Der Patriarchalismus und das Drama im 18. Jahrhundert* (München 1984).
2 Belege dazu in meinem Aufsatz: "Lessings Tellheim und Goethes Götz: Hausväter als Stützen der Gesellschaft," Wolfgang Wittkowski (Hrsg.), *Verantwortung und Utopie. Ein Symposium* (erscheint demnächst: Tübingen 1988). Vgl. Reinhard Koselleck: *Preußen zwischen Reform und Revolution. Allgemeines Landrecht. Verwaltung und soziale Bewegung von 1791 bis 1848* (Stuttgart 1967). Die Frühromantiker z.B. hatten unter ihren besonders autoritären Vätern zu leiden. Vgl. Silvio Vietta, "Aufklärung und Frühromantik", in S.V. (Hrsg.), *Die literarische Frühromantik* (Göttingen 1983), 7–84.
3 H.C. Seeba, *Die Liebe zur Sache. Öffentliches und privates Interesse in Lessings Dramen* (Tübingen 1973), 107.
4 H. Schlaffer, *Der Bürger als Held. Sozialgeschichtliche Auflösungen literarischer Widersprüche* (Frankfurt 1973), 107.
5 Horst Steinmetz, *G.E. Lessings 'Minna von Barnhelm'. Dokumente [. . .]* (Königstein 1979).
6 Gerd Hillen, 290f.
7 J. Carroll, "*Minna von Barnhelm* and *Le Genre Serieux*", LY, XIII (1981), 143–158.
8 P. Michelsen, "Die Verbergung der Kunst. Über die Exposition in Lessings *Minna von Barnhelm*", *JDSG* 17 (1973), 193–252. Einer der wenigen, die ihm folgten, ist Jürgen Schröder ("Minna von Barnhelm", in: *Die deutsche Komödie*, hrsg. Walter Hinck (Düsseldorf 1977), 49–65, 368–70): "Seeba und Schlaffer spielen den 'Fall' auf eine unvertretbare Weise hinunter." Schlaffer weckt ihm den "Verdacht, er habe die Szene IV,6 nicht zur Kenntnis genommen."
9 O. Mann, "*Minna von Barnhelm*", in: *Das deutsche Drama*, hrsg. B.v. Wiese (Düsseldorf 2.A. 1960), 79–100.
10 Peter Pütz, *Die Leistung der Form. Lessings Dramen* (Frankfurt. Suhrkamp, 1986). Ich lernte das Buch erst vor der Korrektur dieser Arbeit kennen. Zu Spiel und Zufall vgl. meine Lessing-Studie (Anm. 21), 80f.
11 Schröder (Anm. 8), 55f.
12 Peter Weber, "Lessings *Minna von Barnhelm*", in: *Studien zur Literaturgeschichte und Literaturtheorie*, Hrg. H-G. Thalheim u. U. Wertheim (Berlin 1970), 10–56, hier 54.
13 W. Wittkowski, " 'Bei Ehren bleiben die Orakel und gerettet sind die Götter'? Goethes *Iphigenie*: Autonome Humanität und Autorität der Religion im aufgeklärten Absolutismus", *Goethe-Jb.* 101 (1984), 250–268. Ders., vgl. Anm. 2 sowie "Homo homini lupus, homo homini Deus. *Götz von Berlichingen mit der eisernen Hand* als Tragödie und als Drama bürgerlicher Auflärung und Emanzipation", *Colloquia Germanica* 20 (1987).
14 Peter Christian Giese, "Glück, Fortüne und Happy Ending in Lessings *Minna von Barnhelm*", in *LY XVIII* 18 (1986), 21–43, hier 33. Giese sieht wie Weber auch Tellheims Lösung von Friedrich. Dennoch bleibt Lessings Kritik am König ihm ebenso verborgen wie Michelsen, Schröder und vielen anderen, darunter John Whiton, "Tellheim and the Russians", *LY XVII* (1986), 89–108; sowie G.L. Jones,

"Reason and Reality. Some Reflections on *Minna von Barnhelm*", *Oxford German Studies* 10 (1979), 64–75. Der Schwerpunkt der Studie liegt auf historischen, biographisch-psychologischen Beobachtungen und Vergleichen mehr Lessings mit dem König, so daß Tellheim und das Lustspiel und darin die Figur Friedrichs zu kurz kommen: angesichts der tatsächlichen Misere nehmen sich der König und sein Bezug zu dem Major gar nicht so übel aus. Jones wie Michelsen, Schröder, Giese und Whiton verfehlen vor lauter psychologisch-moralischem Scharfsinn und sozialhistorischem Weitblick die einfache Moralität und Metaphysik des Lustspiels, die uns heute fremd sein mögen und jedenfalls so schweres interpretatorisches Geschütz nicht vertragen.

15 In gleichem Sinne unterschieden sich schon unsere Interpretationen zu Kleists Lustspiel *Der zerbrochne Krug:* P. Michelsen, "Die Lügen Adams und Eves Fall", *Geist und Zeichen.* Fs. A. Henkel (Heidelberg 1977), 268–304. Wittkowski, *"Der zerbrochne Krug:* Gaukelspiel der Autorität, oder Kleists Kunst, Autoritätskritik durch Komödie zu verschleiern", *Sprachkunst* 12 (1981), 110–130.

16 Christian Wolff, *Vernünfftige Gedancken von dem gesellschaftlichen Leben der Menschen, und insonderheit dem gemeinen Wesen zur Beförderung der Glückseligkeit des menschlichen Geschlechtes.* Halle 1721. Den Hinweis verdanke ich Ferdinand van Ingen, "Aporien der Freiheit damals und heute: Goethes *Götz von Berlichingen*", In: *Verlorene Klassik? Ein Symposium.* Hrsg. W. Wittkowski (Tübingen 1986), 1–26.

17 Das gilt auch von Iphigenie gegenüber Orest, dem Mörder ihrer Mutter, und von Gretchen gegenüber Faust, ihrem Verderber. Vgl. meine Studie zu *Iphigenie* (Anm. 13).

18 Adam Ferguson, *Institutes of Moral Philosophy* (London 1969). Was Lessing mit Tellheim (und Friedrich) im Sinne hat—die Verbindung der menschlichen Vervollkommung mit der speziell soldatischen sowie die Kontrastierung wahrer mit scheinbarer Heldengröße—skizziert er in seiner Rezension des Buches *Die wahren Pflichten des Soldaten und insonderheit eines Edelmanns, welcher sein Glück in Kriegsdiensten zu machen sucht, nebst dem Bilde eines vollkommenen Officiers, eines ehrlichen Mannes, und eines wahren Christen. Aus dem französischen übersetzt.* Berlin u. Potsdam bei Christ. Friedr. Voß 1753. Lessing: Der Soldat braucht Moral "um so nötiger, je weniger die Ehre, seine vornehmste Triebfeder, auch nur mit der geringsten Verletzung der Pflichten bestehen kan." Die "Grundsätze" des Vf. sind "weise und tugendhaft. Er wagt verrätherische Blicke in die Herzen der Helden. Er zeigt den Unterscheid zwischen ihrer wahren und falschen Größe. Er gründet ihre Ehre auf die Empfindung der Großmuth und Menschenliebe. Er bildet zugleich den ehrlichen Mann, und den Christen, indem er den vollkommnen Officier schildert". Er bietet eine "kleine Kriegsphilosophie" ohne "alles pedantische", "welches eines Helden so unwürdig seyn würde." Rezension in: *Berlinische privilegirte Staats- und gelehrte Zeitung 1753.* 21. Stück (Ausgabe Lachmann), Bd. 5, 154f.

19 Ilse Graham, "The Currency of Love. A Reading of 'Minna von Barnhelm' ", *GL&L* 18 (1964/5), 270–278. Schröder folgt Graham und zahlt dafür teuer. Seine These von einer aufklärerischen "Sprach- und Kommunikationserziehung" und ihrem Scheitern an Tellheims theologisch rückständigem "Privatprozeß wider die Vorsehung" wird nicht bloß (wie er das von Webers Erhebung des Majors zum "Gegenspieler" Friedrichs mit einigem Recht feststellt) vom psychologischen Kontext der sichtbaren Komödienhandlung relativiert, sondern durch die Gegebenheiten widerlegt. Tellheim wird gerade nicht durch aufklärerisches Reden umerzogen, sondern durch die faktischen und vorgespielten Nöte anderer. Seine Theologie bewährt sich als gerade nicht rückständig. Sie wird zwar begründet durch "menschlich-gesellschaftliche Bedingungen"—aber durch das von Schröder abgewiesene Motiv königlichen Versagens und keineswegs durch Tellheims psychopathischen Gesamtzustand der "Verblendung und Betäubung", einen Zustand, "der sich das empörende Unrecht nicht schmälern lassen" wolle

und die ehrenwerten Motive "auf der hellen Schauseite seines Verhaltens . . . als Vorwände" benutze (61f.). Den Gegenpol zu meiner Deutung markiert Schröders Satz S. 59: "Tellheims 'Fehler' besteht darin, daß er sich [. . .] der dem einzelnen zuwachsenden Verpflichtung für den 'Fortgang im Ganzen' zu entziehen versucht, daß er aus dem Erziehungs- und Selbsterziehungsprozeß der Menschheit ausscheidet." Zu seinem Fehlverhalten treibt ihn jedoch, zu seinem Schmerz, die Obrigkeit. Außerdem ist er kein Theologe; er reagiert menschlich, als mittlerer Charakter, und zwar auf einen sehr konkreten Anlaß von wahrhaft existitentieller Wucht. Seine Exzesse sind mehr verständlich als verwerflich; und sie sind als solche komisch, vertragen nicht das theoretische Gewicht, das ihnen Schröder und andere aufladen. Vor allem scheitert Schröders Deutung schlimmer noch als Michelsen, Graham, Pütz an der Verkennung bzw. Unterschätzung des inneren Wandels, den Minnas Spiel in dem Major hervorruft. Schiller hätte die von Tellheim erreichte "Independenz" vom Gegenstand seiner bisherigen Melancholie mit dem höchsten Prädikat versehen: "erhaben".

20 Diderots "Natürlicher Sohn" lernt es, seine Leidenschaft zu überwinden. Erleichtert wird ihm das dadurch, daß deren Gegenstand sich als seine Halbschwester entpuppt. Stattdessen faßt er eine Neigung zu ihrer Erzieherin, und zwar deshalb, weil sie ihn, den Tugend-Superstar, noch übertrumpft an rhetorisch-souveräner Beherrschung der Tugend-Grundsätze. In seiner Rezension *Sammlung auserlesener Gottesgelehrten [. . .] von Eberhard Rambach* (Lessing, *Werke*, 10 Bde (Berlin 1955), Bd. 3, 54f) schreibt Lessing: "Nicht die Übereinstimmung in den Meinungen, sondern die Übereinstimmung in tugendhaften Handlungen ist es, welche die Welt ruhig und glücklich macht." Natürlich ist die "Übereinstimmung" eine in den Grundsätzen tugendhaften Handelns.

21 Vgl. Wittkowski, "Bürgerfreiheit oder -feigheit? Die Metapher des 'langen Weges' als Schlüssel zum Koordinatensystem in Lessings politischem Trauerspiel *Emilia Galotti*", *LY XVII* (1985), 65–87, hier 71–73.

22 Edith Welliver, "Eros in the Service of Ennoblement: Lessings's Recha and Goethe's Iphigenie", *Verlorene Klassik? Ein Symposium*, Hrsg. W. Wittkowski (Tübingen 1986), 40–51.

23 Wie man hier die Hierarchie der familiären Hausgemeinschaft herstellt, ist konventioneller, zugleich aber konsequenter, pointierter, als im *Nathan*, wo ganz zuletzt Saladin und Sittah von Nathans allgemeiner Menschliebe komisch zurückfallen in das Pochen auf die Blutbande—unbekümmert um die "Utopie der 'unbegrenzten Kommunikationsgemeinschaft' und des 'herrschaftsfreien Dialogs' ", die Schröder (hier im Anschluß an Horst Turk) dem Stück zuspricht (Anm. 8), S. 60.

24 Fritz Schalk in der Einleitung zu: Leon Battista Alberti, *Della famiglia*, übs. von Walter Kraus, *Über das Hauswesen* (Zürich/Stuttgart 1962), XIX. Zit. nach Friedrich Strack, "Väter, Söhne und die Krise der Familie in Goethes Werk", *JFDH* (1984), 64, Anm. 31. Pütz (Anm. 10, 229, 206) nimmt den "Verschwender" ernst: als Aristokrat sei Tellheim Spieler. Und seine "Pistolen, die hinter dem Bette gegangen," seinen "keine Schießwerkzeuge, sondern Münzen."

25 Am 31. August 1806 zu Riemer.

26 Franz Mehring, *Die Lessing-Legende. Eine Rettung*. (Stuttgart 1893), 187–89.

27 Vgl. Schröder (Anm. 8), 53.

28 Michelsen (Anm. 8), 208.

29 Fritz Martini, "Riccaut, die Sprache und das Spiel in Lessings Lustspiel *Minna von Barnhelm*", *Formenwandel. Festschrift Paul Böckmann* (Hamburg 1964), 193–235. Der mehrfach wiederabgedruckte Aufsatz enthält eine Reihe treffender Beobachtungen und Formulierungen, z.B. die über die "Potenzierung des fiktiven Spiels durch das fingierte Spiel" Minnas und über dessen "warnende Bedenklichkeit". Die Schlußfolgerungen aber greifen fehl. Die "Unbedingtheit" seiner Liebe soll Tellheim der Geliebten "überlegen" machen. "Er ist bereit, das Höchste, um das er litt und um dessentwillen er entsagte, ihr zu opfern." Tatsächlich blickt er

auf sein Ehrenproblem nur mehr mit "Verachtung" (V,5). Weder hierzu noch zum Text paßt Minnas existentielles "Wagnis der Liebe, die den Geliebten zu ihr und zu sich zurückführen will, der sich selbst aufzugeben und zu verlieren im Begriff ist". "Seine Selbstbehauptung der Ehre schlägt" keineswegs um in "eine ebenso unbedingte Selbstlosigkeit seiner Liebe"; vielmehr sind beide jederzeit untrennbar verbunden, nur sind sie es anfangs im Zeichen einer melancholisch-resignativen Abhängigkeit vom Verhalten Friedrichs, später im Zeichen der tatbeschwingten Unabhängigkeit, zu der ihn Minnas Fiktion befreit. Die Satire auf den Preußenkönig bleibt wie gewöhnlich unerkannt. Zitate nach Steinmetz (Anm. 5), 168–170. Giese (Anm. 14) beschreibt Riccaut mit Teilnahme. Er nimmt meine Definition von "fortune" als "Vermögen" vorweg (S. 24), wendet sie aber nicht an auf "corriger la fortune" (23–28), welche Wendung er S. 41–43 in anderem Zusammenhang treffend als *desinvoltur* bestimmt.

30 Richard E. Schade, "From Soldier to Beggar: The Topical Background of Tellheim's *Soldatenglück*", *LY XVII* (1985), 217–222. Vgl. Giese (Anm. 14). Pütz (Anm. 10, 228), nimmt die Nähe Riccauts zur Regierung mit Recht als Obrigkeitskritik.

31 Vgl. Ingrid Strohschneider-Kohrs, "Die überwundene Komödiantin in Lessings Lustspiel", *Wolfenbütteler Studien zur Aufklärung II* (Heidelberg 1975), 182–199. Ähnlich Michelsen (Anm. 8) und Giese (Anm. 14).

32 Weber Anm. 12 hat, soviel ich sehe, am meisten Sinn für die Komik der Positionswechsel des Helden und der Zurückweisung der königlichen Werbung, bes. 52–54. Das ist übrigens eine vielleicht erhellende Parallele der komisch-lächerlichen Position, die ich Jupiter in Kleists *Amphitryon* zuspreche (Wittkowski, *Heinrich von Kleists "Amphitryon"*. Berlin 1978). Weber schöpft ferner die zeitkritische Problematik mehr als andere aus, verkennt aber Lessings verhüllende Ironie, wenn er, wie Schröder moniert, Tellheim zum bewußten "Gegenspieler" Friedrichs macht. Die gesamte Deutung gerät schief, weil sie das 'Hausvater'-Motiv nicht erfaßt. Wenn Weber am Ende vom "Augenblick der Fürsorge" und vom "liebevoll vereinigten Familien- und Freundeskreis" spricht, trifft er das Phänomen, meint aber immer noch, wie auch die große DDR-Literaturgeschichte, überständische Freundschaft (und darin folgt ihm Schröder).

33 Zitiert nach W. Daniel Wilson, "Wielands Bild von Friedrich II. und die 'Selbstzensur' des *Teutschen Merkur*", *JDSG* 29 (1985), 23–47, hier 30. Vgl. auch Wilsons Aufsatz " 'Die Dienste der Großen': The Flight from Public Service in Lessing's Major Plays". In Dvjs. 61 (1987), 238–265.

34 *Dichtung und Wahrheit*, 16. Buch. In solchen Formulierungen erblickt Katharina Mommsen den Kern des damaligen Reformprogramms. K.M., *Goethe-Warum!* (Frankfurt 1984), 340.

35 Ende Akt III. Vg. Wittkowski, (Anm. 13).

Historical and Dramatic Truth in Lessing

Alan Menhennet

There is a certain ambivalence about Lessing's scholarly and po-
lemical excursions into the past. Reading, today, the *Rettungen,* or
the Wolfenbüttel treatises on such as Adam Neuser and Berengarius Turonensis, we must admit that even in the last-mentioned and
best of these, there are arid patches which seem to justify dismissive
references in Lessing's own letters to his 'trockene Bibliothekarar-
beit'.[1] But just as these writings contain other passages in which the
material is quickened with a sense of involvement, so there are
other letters in which Lessing is much less disparaging, even enthu-
siastic about this activity. To some extent, the orientation seems to
correspond to the perceived interests of the recipient. In the same
year (1768) in which he described antiquarian study to Mendelssohn
as merely "ein Steckenpferd mehr, sich die Reise des Lebens zu ver-
kürzen" (XVII:270), and talked of a major study of Aristotle, Lessing
wrote to Nicolai and J. A. Ebert, gleefully anticipating the drubbing
to be handed out to Klotz and his acolytes in the *Antiquarische
Briefe* (see XVII: 252 and 264). He writes disrespectfully of his work
on Berengarius to Gleim (XVII: 345), but to Nicolai, he describes the
work as "doch dasjenige von allen meinen Büchern, bey dessen
Niederschreibung ich das meiste Vergnügen gehabt habe, und mir
die Zeit am wenigsten lang geworden" (XVII: 373). And this treatise
does contain moments which suggest the thought that, had he been
consistently so motivated, Lessing could have become one of the
foremost historians of the Enlightenment. He had the ability, for
which Gatterer and others would have given their eye-teeth, to
realise historical events and characters with an immediacy which,
in a special sense to be defined, we shall call "dramatic". The old
issues come alive again, the warm blood begins to course once more
through the veins of familiar and not-so-familiar figures from the
past.
But only briefly. These episodes of "dramatisation" in historical
narrative and commentary do not arise out of a specifically histori-

Lessing Yearbook, 1987, Vol. XIX, pp. 67–83.
Copyright © Wayne State University Press, 1988.

cal imagination. The fascination with the past *as* the past, which
can motivate the historian into the sustained effort of projecting
both mind and heart into a bygone age, was not part of Lessing's
mental and psychological constitution. "Ich lobe mir," he writes in
Eine Duplik, "was über der Erde steht, und nicht, was unter der Erde
verborgen liegt" (XIII: 30).

Academically and intellectually, certainly, Lessing is well
enough equipped. He is *au fait* with the reformed, "philosophical"
methods and principles established in antiquarian studies by scholars such as J. F. Christ. "Ich habe Christen gekannt und Christen
gehört," he says in the twenty-seventh of the *Antiquarische Briefe*,
and defends his model and mentor stoutly against the quibblings of
Klotz. He is well read in the historians, both ancient and modern,
and familiar with the approved methodology of the "pragmatic"
school of the Enlightenment, above all with the two kinds of truth
with which the historian has to deal. The latter must be both chron-
icler and critic. He deals in factual narrative (the realm of historical
"Wahrheit"). Lessing never denies the theoretical priority of this
kind of truth, but however much excitement or exotic charm lies la-
tent in them, it is not fact (which he consistently describes as dry
["trocken"]) that draws him into an involvement with history. For-
tunately, undeniably established fact occupies a relatively small
part of the territory. Not only must the historian exercise his critical faculty in the testing of his witnesses' credibility, and the removal of prejudice, he must strive to create conviction, by building on
the foundation of fact through the powers of the critical reason. He
can even posit, though of course he cannot create, events for which
there is no documentary basis. It is in this area that Lessing's interest tends to be aroused. As a scholar, he enjoys the thrill of discovery, and he parades his Wolfenbüttel documents with pride, but he
enjoys criticism much more.

The eminence of the target in no way inhibits his critical *brio*. He
often speaks with respect of the ecclesiastical historian Johann
Lorenz von Mosheim, "der erste wahrhaft pragmatische deutsche
Geschichtsschreiber," in Hettner's phrase.[2] But this is not infre-
quently a sign that he is about to disagree with him. In *Von der Art
und Weise der Fortpflanzung der christlichen Religion*, for example,
Lessing chides the historian with two types of error in his assessment of the controversy between Origen and Celsus. First, with the
help of Livy, he corrects what he sees as an error of fact: "Es ist
falsch, daß die Zusammenkünfte der Christen nicht mit unter den
verbotenen begriffen." We note that this is a flat statement; there is
no excitement, for there is nothing here about which the critic can
become excited. Then Lessing turns to the more important matter
of reasonable critical supposition. Mosheim has not visualised clearly enough the psychology of the historical situation: "Und woher

wußten denn die Heiden, daß die Zusammenkünfte der Christen wirklich so unschuldig waren? Setzt hier Mosheim nicht eben so wohl als Origenes als bewiesen und ausgemacht voraus, was zwischen ihm und Celsus streitig ist?" (XIV: 325–6). It is criticism which is the motive force here, but as a by-product, we are given just the merest hint of an historical "dramatisation" : the people who constitute the material of the argument are momentarily brought to life in the interests of argument.

That the events of the past needed to be seen in the light of their own cultural environment was a principle of pragmatic history which Mosheim had been a pioneer in applying, and one of which Lessing was well aware. But this need not necessarily be linked to a desire to re-experience the past in a kind of dramatic present. Lessing applies the principle in his criticism of those who hastened to identify the cult of "hope" of the "elpistic" sect with the Christian hope of eternal life. "Man hat die Worte des Plutarchs nicht gehörig erwogen," he remarks in stern scholarly vein, "man hat die zeitverwandten Schriftsteller zu wenig um Rath gefragt" (XIV: 308). He shows no inclination to bring the elpistics to life for us; the argument that interests him is one of modern method, not of ancient reality. Had there been an ancient dispute to resolve, the matter might have been different. But here, what Lessing wants from the past is fact, not life: modern scholarship can do the rest. Even the process of rehabilitation does not always lead to resuscitation, as we can see in the cases of Cardanus, Cochläus and (*pace* Schmidt) even Horace. It is not a matter of refuting contemporary witness and Lessing will not make the journey into the past unless the evidence requires it. As in the *Antiquarische Briefe,* he remains entirely, and relatively dispassionately, within his own time, and his references to the past involve no Herderian empathising. The remark, in the *Rettung des Horaz,* that love has "jedes Jahrhundert eine andere Gestalt" (V: 283) is not an attempt to appreciate the Roman poet as a living being in his own time, but an argument aimed at removing the suggestion of a stain on the character of a poet who had become more or less an honorary *Aufklärer.* If Horace is brought to life in this *Rettung,* it is more as a modern than as an ancient, and it must be of this de-historicised Horace that Erich Schmidt was thinking when he wrote: "Lemnius, Cochläus, auch Cardan, so sehr dessen Autobiographie auch reizen sollte, hat er [Lessing] aus vergilbten Drucken nicht zu beleben gesucht, der kluge Lieblingspoet des achtzehnten Jahrhunderts aber steht so anschaulich und gefällig vor ihm, wie er sich seinem Schüler Hagedorn geoffenbart hat."[3]

If there is one word in the foregoing quotation with which we would be inclined to quibble, it is the word "anschaulich," for it is one which we would like to reserve for application in connection with the process of "dramatisation" in history. And in fact, as should be demonstrated later, there are parts, at least, of the Lemnius-*Rettung* to which it more justly applies. For this is a more *genuine* case of rehabilitation than that of Horace; one in which the central figure is a victim of persecution and requires, for his justification, that the sequence of events be visualised in psychological terms. Lemnius's epigrams are of secondary interest, as indeed are the views and even the colourful career of Neuser, or the ideas of Berengarius on the Real Presence. We are given these things, but as a scholarly duty. The historical Berengarius, in fact, together with the other figures who play a part in his story, springs to life because he raises issues of modern interest. It is primarily Berengarius the "Selbstdenker" who fires Lessing's imagination. For his own peace of mind, he says, he wishes to question the final "conversion" which would have been "eine so befremdende Erscheinung in der menschlichen Natur" (XI: 79—80). And when it comes to human nature, there is a hiatus in Lessing's historical thinking. Like the human reason, it must have been the same in the eleventh century as it was in the eighteenth, whatever other aspects of life have changed in the interim.

Lessing's attitudes are essentially those which led the Romantics to deny the "Aufklärung" a sense of history. An unfair judgement in some ways, perhaps, but certainly one which reflects the deep division between the two generations in this respect. And whether or not they are thereby endorsing the judgement of the Romantics, it is a fact that those scholars who have concerned themselves with Lessing as an historical thinker have tended to concentrate on those works, above all the *Erziehung des Menschengeschlechts,* in which at least a superficial resemblance to the Herderian concepts can be discerned : the "dynamisch bewegter Geschichtsablauf größten Ausmaßes" of which Karl Beyschlag has spoken.[4] Ernst Cassirer has also singled out the *Erziehung,* but he does recognize that its motivation is more theological than truly historical : history is a device which enables Lessing to leap the ditch between contingent and absolute truth of which he spoke in *Über den Beweis des Geistes und der Kraft.*[5] Nicholas Saul seems close to the mark when he detects a "rationalist unconcern for history" in the *Erziehung des Menschengeschlechts.*[6] The idea of the gradual religious "education" of man seems to be more a device to separate the age of reason from the age of faith than an expression of the unity of history in some kind of divine Grand Design. It is more likely that we shall come close to Lessing's historical credo by approaching him as a disciple of Bayle who, as Cassirer rightly observes, is a "logician of history" but has no conception of a uniform historical plan, [7] than if we allow ourselves to be seduced by more Romantic interpretations of our author.

Seen as an antiquary, Lessing has the disputatiousness, but not the genuine responsiveness to the oldness of the old, of Scott's Jonathan Oldbuck. The Scottian antiquary will dwell lovingly on such a quaint title as *Strange and Wonderful News from Chipping Norton* (". . . of certain dreadful Apparitions which were seen in the Air on the 26th of July 1610"). The Baroque title of Andreas Scultetus's *Oesterliche Triumphposaune* is, for Lessing, merely "abentheurlich" and indicative of bombast (XI: 165) and the coolness with which he edits the text indeed confirms the impression of indifference given in his letter to Gleim of 6th June 1771: "Ich habe es mir selbst mehr als einmal gesagt, daß es sehr wenig Geschmack verräth, die Reime eines solchen Schulfuchses *itzt* wieder drucken zu lassen" (XVII: 389). That Lessing should emphasize the word 'now' is entirely characteristic. And indeed, the seventeenth-century poet is measured by modern standards and it is only in so far as he is *not* Baroque that he is able to command Lessing's respect.

And it was certainly not for the sake of their antiquity that he went to the trouble of disinterring what he himself calls the "dispensible" *Commentaries* of Erasmus Stella. The work itself was, he wrote to the Brunswick theologian K. A. Schmid, "ein Quark" (XVIII: 96). Admittedly, the edition performed a modest service to historical "Wahrheit" by exposing the spuriousness of an epitaph. But it is not so much the satisfaction of a discovery that carries it, as the pleasures of discovering, the deployment of his skill as a cross-examiner. The historian, as Lessing says in his fifty-second "Literaturbrief", must be either himself a witness (i.e. a contemporary), or, more often, an examiner ("Abhörer") of witnesses. As a dutiful *Aufklärer*, Lessing accords theoretical priority to the former, to the category of factual "Wahrheit". But the sap of history lay for him in the second, critical function and he was well qualified to don the hat of the critical "Historicus", especially as a rehabilitator, in the footsteps of Bayle.[8] He had great critical skills, a wide knowledge of ancient and modern languages and the reading of a polymath. He was well versed in the state of the historical art and he possessed a mastery of literary and rhetorical skills useful to the historian, but in short supply among the German practitioners of his day. In the event, this potential was fulfilled only sporadically, and in particular circumstances.

Certainly, *Berengarius Turonensis* aims to increase our fund of factual knowledge. But the main satisfaction which it offers is the rational truth of conviction ("Überzeugung und Befriedigung": XI:80). Only if the critical and philosophical sense is satisfied can the dry bones live, and only "Wahrscheinlichkeit" can provide that satisfaction. This is a point of importance for theatrical as well as historical dramatisation, and it may not be too much of a digression if we indulge here in a brief anticipation of our later full discussion of the former topic. For the *Hamburgische Dramaturgie* is relevant and helpful in both contexts. The point at issue is that of credibility.

The dramatist, like any other literary narrator, has to work to the higher law of credibility founded in Aristotle, which demands probability, conformity with nature. The dramatist who makes use of an historically documented action has, it is true, the advantage that "was einmal geschehen" is "glaubwürdiger, als was nicht geschehen" (Stück 91; X:171). But this holds only if it also possesses "innere Wahrscheinlichkeit" (Stück 19; IX: 261). History-as-fact, as we know from the discussion of the miracles in *Über den Beweis des Geistes und der Kraft*, contains only "contingent" truth (cf. XIII:5) and is not necessarily any more convincing psychologically than it is philosophically. Indeed, as Lessing says in connection with the *Rodogune*-plot, which we shall be examining in detail later on, "history" can confront us with directly "improbable" scenes (Stück 32). The dramatist cannot found his presentation of characters on mere "historische Glaubwürdigkeit" (IX: 316).

And indeed, this law of higher credibility must apply also in historiographical matters. Its truth takes precedence over the factual kind. It can cast doubt on the evidence of even apparently reliable witnesses, and it can also act constructively: it can at times even conjure an event out of next to nothing. In the case of Berengarius, Lessing has a document which he can bring into play, but he devotes a great deal of the treatise to speculation and argument and this latter is by no means idle decoration. For the document itself would not convince if it did not accord with "inner probability," the keystone of dramatic credibility and, as Lessing had actually laid down in "Vom Wesen der Fabel," of that of factual history as well (see V: 446). Conviction starts, for Lessing, from the fact that Berengarius's alleged recantation goes against nature as he understands it. He will set out to undermine the witness of Lanfrancus but he is already convinced of its unreliability. He would beg leave to doubt it, even if it were more substantial, he says, for "Ein *Berengarius* stirbt sicherlich, wie er lehrte" (XI: 80). Should reported historical fact and nature be out of harmony, then one must posit an error on the part of the historian. "Denn man hat noch immer einen menschlichen Geschichtschreiber lieber etwas nicht recht wissen," says Lessing, "als eine Person, die er einführt, unnatürlich abgeschmackt handeln lassen" (XIII: 68). This pronouncement occurs in the sixth "Widerspruch" of *Eine Duplik*, in which Lessing must beware, of course, of calling the evangelists in question, but is able to ridicule the harmonists who have made a "Harlequinin" of Mary Magdalene.

And as we have indicated, critical speculation can generate its own kind of credibility. Certainly, Lessing adds his voice to those that condemn the historian who fills in the gaps in the factual record with "poetic" inventions, as he puts it in his review of Gebauer's *Portugiesische Geschichte* in the *Literaturbriefe* (52–3; cf. VIII: 146). But if the speculation is more probable, and more appropriate than the apparent fact, then Lessing can even see a role for the poetic imagination, as when he proposes, in the fourth "Widerspruch" of *Eine Duplik*, an interpretation of the Gospel-narrative which disposes of a "contradiction" with much more probability than the harmonists can manage. Why be stingy with angels, he asks, in discussing the Resurrection-story. And consciously or unconsciously, he leaves the critical, and enters the narrative mode: "Das ganze Grab, die ganze weite Gegend um das Grab wimmelte unsichtbar von Engeln . . . etc" (XIII: 52). And he indulges in a couple of quite poetic paragraphs, which he is still able to reconcile with the idea of historical truth: "Und das, das ist die Antwort — Man nenne sie immerhin mehr poetisch als wahr. — In solchen Fällen ist mir das Würdigste das Wahrste" (XIII: 53).

In the case of Lanfrancus we are dealing with anything but an angel. Human passions and politics constitute our subject-matter. But speculation is still a legitimate historical mode of procedure. Fired by the "Trieb nach Wahrheit" (*Eine Duplik*; XIII: 24) and disciplined by logic, it can work in the gaps of factual history and produce an *equivalent* certainty to the factual. It has a constructive role to play, for example, in discussion of the important issue of the dating of Lanfrancus's refutation of Berengarius. Firstly, the known fact: it was sent to Pope Alexander in 1070 or 1071. But this does not prove that it was written at such a late date:

> Es ist wahr, *Lanfrancus* schickte seine Widerlegung, nicht eher als 70 oder 71, an den Pabst *Alexander;* aber nicht darum, weil sie nicht eher fertig war; sondern darum, weil sie der Pabst nicht eher verlangt hatte. Oder schickte etwa jeder Mönch, der ein Buch geschrieben hatte, ein Exemplar sofort an den Pabst? *Alexander* ohnedem verfuhr mit dem *Berengarius* sehr säuberlich . . . Dieses wissen wir noch itzt: warum sollte es nicht auch damals *Lanfrancus* gewußt haben? Und wußte er es, so wird er sich gewiß nicht übereilt haben, sein heftiges verketzerndes Buch eher an den gelinden Pabst zu senden, als er es ausdrücklich von ihm verlangte (XI: 90).

This passage is a mixture of "Wahrheit" and supposition, yet Lessing moves between the two modes without any indication, in the verbs, for example, that some parts contain less certainty than others. "Verlangt hatte" and "verlangte" have the same status as "schickte" and "verfuhr". And it is interesting to note that it is in the argumentative section that we first feel the breath of historical life, that we sense the psychological reality of the "mild" Pope, and of the monk who is so keen to make a heretic. There is the germ here, at least, of a dramatisation.

Lessing stands on the periphery of history and is drawn into such "dramatic" visualisation only when it is required by argument.

Otherwise, whatever the material, he can narrate as drily and dustily as any contemporary academic. Yet ironically enough, as Nicholas Saul has shown, it was precisely this kind of visualisation—with a recognition of its "dramatic" nature— that was entering the historiographical theory of the Enlightenment as the influence of Lord Kames, with his "dramatic understanding" of the imagination and its capacity to induce an "ideal presence,"[9] asserted itself. The historian should narrate graphically ("anschauend erzählen"), to quote Gatterer,[10] so that he and the reader become spectators themselves. Saul tends to play down the historical imagination in Lessing,[11] but while he is entirely right to resist romanticising interpretation, and while his analyses of the theory of history deducible from the *Abhandlungen über die Fabel* and the *Erziehung des Menschengeschlechts* are impeccable, there are other aspects of Lessing's work which make us wish, albeit within a narrow compass, to temper his negative judgement somewhat.

Lessing seems to speak in Kamesian tones when, in the seventy-seventh section of the *Hamburgische Dramaturgie*, he describes the dramatic mode as that of "gegenwärtige Anschauung." Admittedly, he explicitly associates narrative with the rendering of past actions ("nicht als vergangen, das ist, in der erzählenden Form"), but there are relativities within narrative and in any case, the essentially *debating* stance which Lessing assumes in those sections of his work in which *historical* dramatisation takes place, creates something approaching an equivalent within history for the *theatrically* dramatic present. He does not, it is true, create a vivid "ideal presence." But there is more of Gatterer's "ideale Gegenwart der Begebenheiten"[12] here than in the more formally "dramatic," but contrived and stilted dialogue of, for instance, *Ernst und Falk*.

We have seen how supposition could engender conviction in the case of Lanfrancus and Pope Alexander. In his *Theophilus Presbyter* essay, Lessing can even conjure a narrative event out of a speculative possibility. He has given the medieval monk the honour of the invention of oil-painting, and is left with a loose end, the figure of the traditional inventor, now dispossessed, Jan van Eyck. He feels the need not only to compensate the Flemish artist, but also to account for the undeniable fact of the tradition itself. So he posits a secondary discovery by van Eyck and in the process of making his case, brings him on stage as an actor. It is instructive to watch conviction gradually gaining in strength as the action is sketched out. The speculative questioning form, "Wie, wenn . . .?" gives way to the more positive "Dieses Angenommen" and at the psychologically appropriate moment, wrapped in a garment of probability, the artist himself appears, acting out Lessing's supposition: "Wahrscheinlich trocknete er also schon dergleichen Farben an der Sonne, und der Unfall, der ihm begegnete, brachte ihn nur darauf, seine Oelfarben

mit etwas zu versetzen, um der gefährlichen Sonne weniger zu be-
dürffen" (XII: 171). We see it happen; we are almost lulled into for-
getting that the "accident" and the "danger" referred to are not factual, but speculative.

To take up once more, very briefly, our comparison with Scott,
we miss in Lessing the eye for and response to the potentially exciting or poetically effective scene in history (conceived *as* history)
which is so characteristic of the later narrative writer. Not that Lessing is slow to recognise the theatrical potential of such moments.
"Strong" scenes have an attraction for him; this surely, must have
been the genesis of *Emilia Galotti*. In the notes for a projected book
on Sophocles, we find the following comment on the lost *Thyestes
in Sicyon*, in which Tyestes will have committed incest with his
daughter in order to beget Aegisthus : "Die Verzweiflung einer ge-
schändeten Prinzessin. Von einem Unbekannten! In welchem sie
endlich ihren Vater erkennet! Eine von ihrem Vater geschändete
Tochter! Und aus Rache geschändet! Geschändet, einen Mörder zu
gebähren! Welche Situation! Welche Scenen!" (XIV: 262). In the historical context, however, such situations do not appeal for their own
sake. An exception can prove the rule. In his review of Gebauer's
book, Lessing comes to the intrinsically exciting material of the
mysterious disappearance of King Sebastian and the stories of the
subsequent pretenders to the Portuguese throne. He is interested
primarily in the fourth pretender, and in particular in the period in
Venice when the tribunal of the *dieci*, under pressure from the
Spaniards to reject him, investigate his claim. Should a body with
such a fearsome reputation fail to find grounds for rejection, this
would obviously provide an argument in his favour and to bolster
the argument. Lessing suddenly assumes a tone reminiscent of *Der
Geisterseher* and *Götz von Berlichingen:* "Er ist in den Händen der
Dieci . . . Sie kennen diesen strengen politischen Gerichtshof, dieses
erschreckliche Fehmgerichte, dessen erste Regel es ist: *correre alla
pena prima di essaminar la colpa*" (VIII: 152).

Discussion is the life-blood of Lessing's writing and it contains its
own dramatic potentialities. He is at his best in arguing a case, with
an opponent or before an imaginary court, and in rescuing the reputation of the maligned, when victims need to be shown as victims
and, above all, villains as villains, used characterisation as a form of
argument. We shall take three examples, the rehabilitions of Lemnius, Berengarius and Neuser (with his unfortunate fellow-sufferer,
Sylvanus). The villains are several: Luther and Melanchthon in the
first case, Lanfrancus, Humbert, Pope Leo and the King of France in
the second, and the Calvinist theologians and the Elector Palatine in
the third.

Lemnius had incurred Luther's wrath through a number of epigrams in which he discharged a debt of gratitude to a patron (the

Elector Albrecht of Mainz) who was a theological opponent of the
great man. In the letters often referred to as the *Rettung des Lemnius*, Lessing argues the case for his rehabilitation, reconstructing
the likely course of events and in the process, creating two very distinct characters, a mild, pliable Melanchthon and a fiery, domineer-
ing, rather spiteful Luther. Much of the story, it must be confessed,
makes rather dull reading, for Lessing is interested in what happened only when it is a subject for argument. The crucial issue is the
letter in which Melanchthon denounced the epigrams, denying that
he had given them his approval. Lessing, in a *tour-de-force* of the
kind at which he is so expert, sets out to show that this document in
fact proves the exact opposite. The letter reads like "das Gewäsche
eines Mannes, der sich gedrungen entschuldiget." It fits much better
into a scenario in which Melanchthon will in fact have read the epigrams prior to publication and found nothing objectionable in them.
Writing to the Elector, however, who will meantime have been
briefed by an irate Luther, he is now trying to wash his hands of
Lemnius. How could a hero of the Reformation, the type of the hon-
est scholar, do such a thing? It is here that character comes into
play:

> Ich darf Ihnen den Charakter des *Melanchthon* nicht lang schildern
> . . . Ein sanftmüthiger, ehrlicher Mann, der mit sich anfangen ließ was
> man wollte und den besonders *Luther* lenken konnte, wie er es nur im-
> mer wünschte. Sein Feuer verhielt sich zu *Luthers* Feuer, wie *Luthers*
> Gelehrsamkeit zu seiner Gelehrsamkeit . . . *Luthers* Augen waren ihm
> glaubwürdiger als seine eigene. Sie sehen es hier. Er ließ sich nicht
> allein Schmähungen wider seinen Landesherrn in den unschuldigen
> Sinnschriften von ihm weisen, sondern ließ sich so gar überreden, daß
> *Lemnius* auch ihn selbst nicht verschonet habe (V: 52).

Melanchthon's letter being disposed of, there remains the dam-
aging fact of Lemnius's flight. This gives rise to another piece of dramatic characterisation: "Ein aufgebrachter *Luther* war alles zu thun
vermögend" (V: 53). This Luther, who has already been posited as
having "thundered verbally, and in writing," is an imagined Luther,
but one who is very much alive. We note once more that Lessing's
conviction (or perhaps his sense of the need to convince) has made
the form of the statement an assertive, rather than a speculative
one, and that the same process has occurred in the description of
Melanchthon. From the phrase "Sie sehen es hier," the passage swit-
ches from generalised description to speculation as to the
character's actions. Yet there is no corresponding shift from the positive narrative imperfect to a mode implying conditionality.

The Berengarius treatise can be subdivided into narrative, documentation and commentary and it is in the last of these that history

begins to come to life, as the known facts are developed into an historical "drama" of persecution, vilification and rehabilitation. They do, arguably, in themselves contain such a drama, but it is Lessing who vividly, and sometimes rhetorically, brings it out. In this history-as-supposition (history as narrative here is an episodic framework only, a means, not an end), Lanfrancus features as chief villain, ably abetted by Humbert. The most highly "dramatised" episode is probably that of the Council of Rome (XI: 145 ff.). Berengarius has had an ally in Hildebrand, but somehow, the latter lost his influence on events and the enemy triumphed. Lessing freely admits that he does not know, as fact, how this happened. But from what is factually known, the inclination of the minor clergy to fractiousness and the past actions of Humbert, he can construct a set of psychological conditions and a sequence of events which has as much certainty for him as if he had been there himself, and seen it all. Lanfrancus was present at the Council. He had come to vilify Berengarius and if possible, to bury him and he "mochte seinen Mann an dem *Humbertus* bald kennen lernen." Humbert had shown his true colours in Constantinople: "Auf das Lermen, das Toben, das Verdammen, das Nothzwingen," asks Lessing rhetorically, "wer verstand sich besser, als *Humbertus?*" His past record gives rise to conviction as to his behaviour in Rome and once again, Lessing glides easily from the mode of speculation ("mochte . . . kennen lernen") into that of direct narrative assertion: "Was ihm da mit dem *Nicetas Pectoratus* gelungen war, das glaubte er, könne ihm mit dem *Berengarius* nicht fehlen" (XI: 148).

Humbert, "der stolze, häßliche Mann," is then characterised at length as a quarrelsome, bullying, intellectually limited bigot. Just as Bach, without robbing the Passion of its character as an historical event, realises it in terms of high drama, so Lessing dramatises Berengarius's mini-martyrdom and in Humbert, he has a perfect High Priest. But we should never forget the element of advocacy which makes this episode stand out like an oasis in an arid plain. All this is done so that Berengarius shall be shown to be innocent. In the case of Pope Leo (IX), Lessing is quite frank as to the purpose of his historical realisation: "Es ist mir hier bloß um den Character des Pabstes zu thun, welcher so unbesonnen seyn konnte, den *Berengarius* unverhörter Sache zu verdammen" (XI: 120). Had the condemnation stemmed from a Pope of a sounder moral character, it would have constituted a powerful argument against Berengarius. For the same reason, the King of Fance has to be shown as an arbitrary tyrant. His imprisonment of Berengarius explains the latter's absence from Vercelli, but there must be no hint of collusion ("So mitleidig grausam war der König nicht": XI: 124).

It is commentary rather than narrative history which dominates in *Von Adam Neusern. Einige authentische Nachrichten.* For the most part, the commentary is interesting as an exercise in historical scholarship, but hardly gripping, and certainly devoid of "dramatic" presence. Then suddenly, in the fifth and following "Anmerkungen," Lessing finds a trial scene and a fine set of villains. The fine dust of antiquity which scholarship did nothing to disturb, flies off and the whole story comes to life. Neuser, as apostate and a pronouncedly flawed "hero," suddenly changes into "ein unglücklicher Mann, den man aus der Christenheit verfolget hat" (XII: 236–7) and Sylvanus, who was unable to escape and forfeited his life, even more the innocent victim of the Heidelberg theologians, witchhunting dogmatists who "verlangten Blut, durchaus Blut" (238), and of the Elector Palatine, Friedrich III. Lessing conducts a re-trial, with himself as defending counsel, and in which the former prosecutors find themselves in the dock. Out of the evidence available, he conjures up vivid portraits of cruel fanatics on the one hand and of a shifty monarch, on the other, who wishes to appear just and free in his judgements, but is in fact driven by "the Holy Spirit which blows from Geneva" (XII: 240). The atmosphere of a "Ketzergericht" (239) is rendered in lively fashion and out of the theologians' memorial, Lessing fashions a phrase which could stand beside the Patriarch's "Der Jude wird verbrannt" in *Nathan der Weise*: "Also: nur erst den Kopf ab; mit der Besserung wird es sich schon finden, so Gott will!" (239). Neuser is, for Lessing, a "case," and the crux is the motivation of his flight to the Turks. What happened afterwards in that exotic oriental milieu is of minor interest only, and is described in correspondingly unexciting prose.

Having spoken so often of "dramatic" history, I should give some consideration also to the question of historical drama. And in this field, we find confirmation of the fact that Lessing is not interested in history for its own sake. In *Emilia Galotti*, an ancient theme is dragged remorselessly into modernity. In *Nathan*, where it cannot be entirely avoided, the historicising element is perfunctory in the extreme. It is in fact in the context of theoretical and critical discussion that the theme arises, and the thread can be traced through several sections of the *Hamburgische Dramaturgie*. Lessing follows Aristotle in seeing historical truth as particular and contingent, and the dramatic variety as general and philosophical. Dramatic characters, comic as well as tragic,[13] are general in nature and it is the task of historical drama to present universal situations and types, rather than individual events and persons. Dramatic truth, in these as in other plays, depends, not on factual authenticity, but on the natural probability of an action abstracted from past events as they are known, and taking place in a similarly abstracted dramatic present. The psychology of a drama of the Enlightenment, historical or not, is that of the Enlightenment. Lessing sees the motivation behind the actions of characters in Cronegk's *Olint und Sophronia* as being "superstitious:" the fact that the play is set in an age when such motivation was regarded as sufficient is irrelevant for him. He does not imagine that either the author or the audience have any interest in recreating the spirit of the past: "Denn er schrieb sein Trauerspiel eben so wenig für jene Zeiten als er es bestimmte, in Böhmen oder Spanien gespielt zu werden" (IX: 188). Regnard is quite right to portray Democritus as if he were a citizen of modern Paris: "Diese Schilderung ist das Hauptwerk des komischen Dichters, und nicht die historische Wahrheit" (IX: 255).

Fidelity to historical fact is necessary only in so far as it is required for fidelity to "character." The sayings and doings of a dramatic character must fit into a coherent and probable conception, and historical fact acquires *dramatic* truth when it becomes an established part of a "character," in this sense, attached to a known personality. To attach to historically familiar persons attributes which do not "fit" ("bekannten Personen nicht zukommende Charaktere andichten": Stück 33; IX: 323) is a sin against the principle of consistency.[14] But probability is the decisive criterion and since the historical record can contain inconsistencies ("Das historisch Wahre ist nicht immer wahrscheinlich"[15]), parts of it can and must be disregarded. In the sixty-third *Literaturbrief*, Wieland is condemned for having taken, "raw from history," certain details into *Lady Johanna Gray* which undermine the consistency of his characters (cf. VIII: 170). Joseph Banks's Essex may be true to "history," but not to nature as defined for poetic purposes: "Banks hat ihn zu sehr nach dem Leben geschildert. Ein Charakter, der sich so leicht vergißt, ist kein Charakter" (X: 21). We are not, of course, dealing with two separate truths. The truth of drama is for Lessing simply what the truth of history would be, if the historian were capable of the kind of omniscience which the dramatist can, and must have and which, one assumes, would dispel the "improbabilities" in historical "Wahrheit" to which we have seen Lessing refer.

One of the most instructive of the occasions in the *Hamburgische Dramaturgie* on which Lessing discusses the relation of drama to history is the prolonged *examen* to which he subjects Corneille's *Rodogune*, a useful corrective to the complacency of the one written by the great and good dramatist himself. In the process of thus indulging his critical bent, Lessing affords us valuable insights into his own tastes and principles. He illustrates his own idea of a dramatic action founded on an historical base. He abstracts from the "Geschichte" as Corneille found it in Appianus Alexandrinus one of a number of possible plots, namely the Cleopatra-action, which satisfies his criteria by matching character to event in a necessary chain of cause and effect. The bare facts, in his historical "narratio," are devoid of dramatic life but as his critical mind plays upon them, a "dramatisation" similar to that which we observed in the more strictly historical treatises begins to emerge. The mode, we should remember, is still that of history. Lessing gives us the story twice, once as "trockene Facta", and then as a "dramatised" historical narrative. The difference is most striking and instructive. We compare here the sections dealing with Cleopatra's double murder, first of her husband Demetrius, then of her son Seleucus. As a simple historical reporter, Lessing puts it thus:

> Demetrius, nachdem er wieder in sein Reich gekehret war, ward von seiner Gemahlinn, Cleopatra, aus Haß gegen die Rodogune, umgebracht . . . Sie hatte von dem Demetrius zwey Söhne, wovon sie den ältesten, mit Namen Seleucus, der nach dem Tode seines Vaters den Thron bestieg, eigenhändig mit einem Pfeile erschoß; es sey nun, weil sie besorgte, er möchte den Tod seines Vaters an ihr rächen, oder weil sie sonst ihre grausame Gemüthsart dazu veranlasste (Stück 29; IX: 305–6).

We note the uncertainty as to motive which goes together with the dry and factual style of reporting in this extract. There is no such uncertainty in the second, interpretive and argumentative, and therefore "dramatised" vesion: "Ohne Zweifel folgte ein Verbrechen aus dem andern und sie hatten alle im Grunde nur eine und dieselbe Quelle. Wenigstens läßt es sich mit Wahrscheinlichkeit annehmen, daß die einzige Eifersucht ein wüthendes Eheweib zu einer so wüthenden Mutter machte."

This is by way of introduction, as a summary statement of the view at which the critical historian has arrived, through rational speculation on the basis of the known facts. There follows a narrative whose function is essentially to underpin that judgement:

> Demetrius muß nicht leben, weil er für Cleopatra nicht allein leben will. Der schuldige Gemahl fällt; aber in ihm fällt auch ein Vater, der rächende Söhne hinterläßt. An diese hatte die Mutter in der Hitze ihrer Leidenschaft nicht gedacht, oder nur als an Ihre Söhne gedacht, von deren Ergebenheit sie versichert sey . . . Sie fand es aber so nicht; der Sohn ward König und der König sahe in der Cleopatra nicht die Mutter, sondern die Königsmörderinn. Sie hatte alles von ihm zu fürchten; und von dem Augenblicke an, er alles von ihr. Noch kochte die Eifersucht in ihrem Herzen; noch war der treulose Gemahl in seinen Söhnen übrig; sie fieng an, alles zu hassen, was sie erinnern mußte, ihn einmal geliebt zu haben; die Selbsterhaltung stärkte diesen Haß; die Mutter war fertiger als der Sohn, die Beleidigerinn fertiger, als der Beleidigte (Stück 30; IX: 307–8).

The context, certainly, is dramatic criticism, the style an urgent, rhetorically charged historic present, but the mode is still history.

Our final example, the story of Elizabeth and Essex, differs from the foregoing one in that the figures concerned have kept much more of their historical profile and particularity. It is harder, therefore, to play fast and loose with historical detail in their case than it might have been in that of Lady Jane Gray. Lessing is quite clear, however, that a significant degree of abstraction is desirable. The aim of the dramatist who adapts this story, he says, must be to produce "das poetische Ideal von dem wahren Charakter" (Stück 24; IX: 281). He says this in connection with the version of Thomas Corneille, which had been recently put on in Hamburg. But it is not the play itself, nor in the first instance the interest of the historical personages that attracts Lessing's attention. He has been stirred into activity by the intervention of his favourite sparring-partner, Voltaire.

It was in his capacity as an historian that Voltaire descended from his Olympus on the unfortunate Corneille, in order to expose the inaccuracies and improbabilities, as he saw them, in the presentation of the Elizabeth-Essex story. And it is in order to refute Voltaire that Lessing defends the dramatist, whose role in the affair is essentially that of a shuttlecock. The two approaches to historical material which we have dealt with previously in succession, are combined in this example, though they are not confused. Lessing speaks first as an historical, then as a dramatic critic.

The historical dispute is caused by Voltaire's assertion that the supposed love of the Queen for her obstreperous subject is inherently improbable. She was sixty-eight years old at the time; how could love have been a major motivating factor in the events which the play presents? In arguing against Voltaire, Lessing characterises the Queen and her court, first in a series of rhetorical questions, then with a learned quotation from Hume, and finally launches into a peroration in which argument becomes progressively merged in a lively narrative reconstruction:

> Warum sollte Elisabeth nicht noch in ihrem acht und sechzigsten Jahre geliebt haben, sie, die sich so gern lieben ließ? Sie, der es so sehr schmeichelte, wenn man ihre Schönheit rühmte? Sie, die es so wohl aufnahm, wenn man ihre Kette zu tragen schien? Die Welt muß in diesem Stücke keine eitlere Frau jemals gesehen haben. Ihre Höflinge stellten sich daher alle in sie verliebt, und bedienten sich gegen Ihro Majestät, mit allem Anschein des Ernstes, des Styls der lächerlichsten Galanterie. Als Raleigh in Ungnade fiel, schrieb er an seinen Freund Cecil einen Brief, ohne Zweifel damit er ihn weisen sollte, in welchem die Königinn eine Venus, eine Diane, und ich weiß nicht was, war. Gleichwohl war diese Göttinn damals schon sechzig Jahr alt. Fünf Jahr darauf führte Heinrich Unton, Ihr Abgesandter in Frankreich, die nehmliche Sprache mit ihr. Kurz, Corneille ist hinlänglich berechtiget gewesen, ihr alle die verliebte Schwachheit beyzulegen, durch die er das zärtliche Weib mit der stolzen Königinn in einen so interessanten Streit bringet (Stück 23; IX: 278–9).

All this detail of Elizabeth's character is, of course, argumentative in its function and based on the law of probability. The impulse to

dramatise detail to make it more effective as argument is percepti-
ble even in the initial triad of questions, which rise to a climax in a
lively evocation of Elizabethan *galanterie*. It is not set free, however, until Lessing has delivered himself of his magisterial dictum
as to Elizabeth's vanity. This, one might have thought, represents
the point well and truly made, but in fact it acts as the signal for a
witty and sprightly vignette of life at court, culminating in the story
of Raleigh's letter. At this point, Lessing begins to rein back, revert-
ing in the subsequent narrative sentence to the un-dramatic bread-
and-butter prose of historical reporting. Finally, to bring himself
back to the path of dramatic theory, he employs the formula ("Kurz
...") with which he so often seeks to extricate himself from such
self-made difficulties.

Lessing had a talent for historical portraiture, but whether he
would have been willing, or even able to deploy it outside the context of argument, is questionable. What we were given, in the
passage just quoted, was much more than a mere abstract poetic
"ideal." Safely back inside the framework of dramatic theory, however, Lessing speaks a different language:

> Wenn der Charakter der Elisabeth des Corneille das poetische Ideal
> von dem wahren Charakter ist, den die Geschichte der Königinn
> dieses Namens beylegt; wenn wir in ihr die Unentschlüßigkeit, die
> Widersprüche, die Beängstigung, die Reue, die Verzweiflung, in die ein
> stolzes und zärtliches Herz, wie das Herz der Elisabeth, ich will nicht
> sagen, bey diesen und jenen Umständen wirklich verfallen ist, sondern
> auch nur verfallen zu können vermuthen lassen, mit wahren Farben
> geschildert finden; so hat der Dichter alles gethan, was ihm als
> Dichter zu thun obliegt (Stück 24; IX: 281).

In spite of the attempt to enliven this passage rhetorically, Lessing reveals in its highly abstract vocabulary and in the convoluted
formula in which he speaks of a character (and one involved in high
passion), not as a living human being, but as an animated human
possibility, the extent to which his underlying conception is
generalised, and the gap which lies between the realities of the historical past and the dramatic present. The individual nature of the
former is not, in fact, inherently attractive to him. It is the needs of
the present (and historical arguments are present issues, after all)
that send him back to enliven the past, and the fundamental principles for which he undertakes his historical investigations are the rationalistic law of probability and a generalised, a-historical psychology. Even so, he is able to demonstrate, in history as in other fields,
that these principles contain the seeds of a particular kind of critical
creativity.

Newcastle upon Tyne

1 Lessing, *Sämtliche Schriften*, ed. Karl Lachmann, revised by Franz Muncker, reprint (Berlin: W. de Gruyter, 1968), vol XVIII, p. 60. References will be to this edition and will normally be given after quotations, in the text.
2 Hermann Hettner, *Geschichte der deutschen Literatur im achtzehnten Jahrhundert*, revised by G. Erler (Berlin: Aufbau Verlag, 1961), vol. I, p. 228.
3 Erich Schmidt, *Lessing*, 4th edition (Berlin 1923), vol. I, p. 226.
4 See the "Erläuterungen" to *Theologisch-philosophische Schriften (Schriften II)* in *Lessings Werke*, ed. K. Wölfel (Frankfurt: Insel, 1967), p. 615.
5 Ernst Cassirer, *The Philosophy of the Enlightenment*, translated by F. Koelln and J. Pettegrove (Boston: Beacon Press, 1955), pp. 230–1.
6 Nicholas Saul, *History and Poetry in Novalis and in the Tradition of the German Enlightenment* (London: Institute of Germanic Studies, 1984), p. 29.
7 See Cassirer, *op. cit.*, pp. 204 and 209.
8 Cf. Schmidt, *op. cit.*, vol. I, p. 223: Lessing, in the Lemnius-letters, seeks "den Weg geschichtlicher Unbefangenheit . . . wie das schon Bayle im Artikel 'Luther' anstrebt."
9 Saul, *op. cit.*, pp. 23 and ff.
10 Ibid., p. 23.
11 Ibid., pp. 25ff.
12 Ibid., p. 23.
13 See the discussion of Diderot, *Hamburgische Dramaturgie* Stücke 87 *et seqq.*, and in particular, Stück 91 (X: 171).
14 In saying this, Lessing is following Horace (*Ad Pisones* 119–121: "Aut faman sequere aut sibi convenientia finge . . . etc").
15 See *Abhandlungen über die Fabel; Sämtliche Schriften* V: 446.

Unterdrückt und rehabilitiert:
Zur Theatergeschichte von Lessings
Nathan der Weise
von den zwanziger Jahren bis zur Gegenwart

Ferdinand Piedmont

Die Anfeindungen gegen Lessings *Nathan* reichen bis in die Zeit seiner Entstehung zurück; sie rekrutierten sich aus den verschiedensten weltanschaulichen und ideologischen Lagern. Einwände gegen die Liberalität von Lessings Stück erfolgten bekanntlich aus christlich-kirchlicher, nationalistischer, antisemitischer und schließlich völkisch-faschistischer Sicht. Sie zogen sich durch das 19. Jahrhundert hin und gipfelten im 20. darin, daß das Drama 12 Jahre lang von 1933 bis 1945 in Deutschland weder auf dem Theater aufgeführt noch in den Schulen gelesen werden durfte.

Ich möchte im folgenden einen Überblick über die Aufführungsgeschichte des *Nathan* von den zwanziger Jahren, also kurz vor dem Aufführungsverbot, bis in unsere Gegenwart unter den Gesichtspunkten der Anfeindung, Unterdrückung und Rehabilitation des Stücks im Bereich des Theaters geben. Doch möchte ich zuvor die Theaterrezeption des Dramas im 18. und 19. Jahrhundert wenigstens kurz skizzieren.

Lessings *Nathan* war im Vergleich mit *Minna von Barnhelm* und *Emilia Galotti* kein ausgesprochner Theatererfolg. Immerhin wurde das Stück—wenn auch zögernd—von den großen Bühnen der Zeit rezipiert, in Berlin durch Döbbelin und später Iffland, in Weimar durch Schillers Bearbeitung, und Goethes viel zitierter Glückwunsch, "Wir können unserm Theater Glück wünschen, wenn ein solches Stück darauf bleiben und öfters wiederholt werden kann",[1] begleitete den *Nathan* durch das 19. Jahrhundert. Doch scheint es symptomatisch für die Einstellung der Zeit zu Lessings Stück, wenn Theodor Fontane einhundert Jahre nach dessen Entstehung eine Berliner Theateraufführung des *Nathan* wie folgt kommentiert:

Das Haus [. . .] folgte [. . .] mit mehr Interesse als Beifall. Die dritte Galerie lärmte zwar mit den Händen, aber das war nicht Beifall, sondern Störung. Im Parkett herrschte vorwiegend Schweigen, [. . .] in dem sich, bewußt oder unbewußt, eine Verwunderung aussprechen

Lessing Yearbook, 1987, Vol. XIX, pp. 85–94.
Copyright © Wayne State University Press, 1988.

mochte. Seit hundert Jahren lebt nun dieses Evangelium der Toleranz
[. . .]—und was ist das Resultat?[2]

Das Resultat? Offenbar museales Interesse im Theater auf der einen
Seite und uneingelöste Toleranzforderungen in der Gesellschaft der
achtziger Jahre auf der anderen. Fontanes Kritik fällt in eine Zeit, als
der Antisemitismus des deutschnationalen Besitzbürgertums sich
zu Schmähungen Lessings als eines "judenhaften" Schriftstellers
versteigen und der Philosoph Eugen Dühring öffentlich behaupten
konnte, eine Aufführung des *Nathan* könne "nicht mehr als Kunst-
akt, sondern nur als eine jüdische Demonstration gelten".[3]
Man mag es als Reaktion auf die Empfindlichkeiten des Publikums aber auch auf die gehobene Langeweile traditioneller *Nathan*-
Aufführungen ansehen, wenn sich zu Beginn des 20. Jahrhunderts
ein neuer "*Nathan*-Stil" durchzusetzen begann, der das Stück auf
seine komödiantische Dimension festlegte und die gewohnte Ver-
kündigung eines Toleranzevangeliums in den Hintergrund drängte.
Dabei kam bezeichnenderweise der Betonung realistisch-jüdischer
Züge in der Nathan-Figur besondere Bedeutung zu. Von einer Inszenierung an Max Reinhardts Berliner Kammerspielen 1911 wird
berichtet, daß die ganze Aufführung darauf eingestellt gewesen sei,
"den heiteren Ausgang des Dramas wahrscheinlicher zu machen",
wobei der berühmte Albert Bassermann einen "Handelsjuden ohne
innere Größe" dargestellt und aus der Titelrolle so etwas wie eine
Nathanparodie gemacht habe.[4] Am Münchner Nationaltheater sah
man 1918 einen Nathan, der—den Berichten zweier Kritiker zufolge
—wie ein "zahmer Shylock" auftrat, "von klassischer Strenge weit
entfernt, aber trotz der Shylock-Maske doch 'Nathan der Gemütliche'." Diese Identifikation mit dem äußeren Habitus der Shylock-
Figur zeigt, wie weit die Rolle theatralisiert, ja verharmlost und
dadurch ihrer traditionellen Verkünder-Funktion entfremdet
wurde.[5]
Diese Verkündungsfunktion des Lessingschen Dramas kommt
jedoch nach dem ersten Weltkrieg auf dem Theater zu neuen Ehren,
und zwar als Mahnung zur Toleranz und Menschlichkeit im Streit
der um die politische Neuordnung Deutschlands sich mühenden
Parteien und weltanschaulichen Lager. So wundert sich der Kritiker
Ludwig Davidsohn anläßlich einer *Nathan*-Inszenierung am Berliner Staatstheater 1925,

> [. . .] wie unheimlich aktuell die Tendenz des 150 Jahre alten
> Versdramas heute wieder wirkt. [. . .] Keine Nation litt zu irgendeiner
> Zeit und leidet gegenwärtig wie die deutsche an dem Gift der gegensei-
> tigen bösartigen Verhetzung, des Sich-nicht-verstehen-Wollens und
> -Könnens der politischen Gegner und überhaupt Andersmeinender.[6]

Aber man könne sich, so meint der Kritiker, wenn der Vorhang
"unter stummer Wiederholung allseitiger Umarmungen" falle, eben

eines schwermütigen Lächelns nicht erwehren angesichts der Tatsache, wie sehr Lessings Ideen "bis auf den heutigen Tag fromme Utopien geblieben" seien. Folge dieser neuen Betonung einer Botschaft des Dramas für die Menschen der Zeit war natürlich die Zurücknahme der Nathan-Darstellung vom Realistisch-Jüdischen und Gemütlich-Komödiantischen auf das zeitlose Bild vom wahren Menschentum. Die Verkörperung der Hauptrolle in dieser Berliner Inszenierung durch Arthur Krausneck zeigte einen Nathan, der, wie es heißt, "Würde mit Herzensgüte" zu vereinen wußte. Symptomatisch für die Inszenierungstendenz scheint mir auch das vom Kritiker besonders hervorgehobene Bühnenbild der Aufführung gewesen zu sein: eine Anhöhe vor Jerusalem mit dem Blick auf die "im Tale ruhende Märchenstadt mit den vielen von der scheidenden Sonne vergoldeten Kuppeln". So wurde Lessings Jerusalem zum Utopia liberaler, um vernünftigen Ausgleich zwischen den Extremen bemühter Kreise im Deutschland der Weimarer Republik.

Genau gegen diese Inanspruchnahme Lessings durch ein liberal gesinntes Theater und Publikum wendeten sich jedoch die Angriffe rechtsnationaler und völkischer Kreise während der zwanziger Jahre. Sie waren bestens vorbereitet durch das bereits 1918 erschienene Buch *Lessing und die Juden* des völkischen Schriftstellers und Literarhistorikers Adolf Bartels, der mit diesem Pamphlet eine Art antisemitische Lessing-Legende aufgestellt hatte. Der *Nathan* — so Bartels — sei zu seiner Zeit als "Duldungspredigt" ein nützliches Stück gewesen, es sei aber heute in seiner geistigen Substanz rückständig, da die historische Entwicklung das Judentum in ganz anderem Licht erscheinen lasse, als Lessing es in seiner "merkwürdigen Leichtgläubigkeit" habe kennen können. Bartels sieht "einen jüdischen Edelmutsdunstkreis über das ganze Stück ausgebreitet" und findet etwas typisch Jüdisches in der übertriebenen Betonung von edlen Gesinnungen und rührseligen Anwandlungen in fast allen Figuren des Stücks. Es sei deshalb auch falsch, den Nathan auf der Bühne als rassisch nicht definierten Weltweisen darzustellen. Der Schauspieler müsse im Gegenteil den Juden in Nathan kräftig herausstellen; denn ohne den Juden zu zeigen, sei er nicht in der Lage, "die Weisheit Nathans so zu treffen, wie eben Nathan weise ist".[7]

Es ist leicht zu verstehen, wie durch solch abwertende Betonung des Jüdischen nicht nur der Gestalt, sondern auch der Botschaft der Nathan-Figur der Boden für das Verbot des Stücks durch das Hitler-Regime vorbereitet wurde. Daß sie ein solches Verbot beabsichtigten, daran ließen die Nationalsozialisten schon im Lessingjahr 1929 keinen Zweifel. In den "Nationalsozialistischen Briefen", dem Schulungsorgan der Partei, ließ deren Herausgeber, Otto Strasser, in einem Beitrag zu den Lessing-Feiern verlauten, der *Nathan* habe "seit etwa 30 Jahren verheerend gewirkt". Das Stück sei "zur Bibel des Liberalismus geworden, [...] die gebildete Ausrede des

deutschen Spießers, der allem, was da kreucht und fleucht Daseins-
berechtigung zuspricht".[8]

Fast grotesk, aber auch symptomatisch für das Zusammengehen
weltanschaulich getrennter Lager zum Schutz des "gesunden Volks-
empfindens" mutet ein Protest an, der im gleichen Jahr 1929 von der
katholischen Kirche gegen Schüleraufführungen des *Nathan* in
Frankfurt am Main erhoben wurde. Es tönt wie ein spätes Echo
kirchlicher Attacken des 19. Jahrhunderts gegen das Stück, wenn
sich dieser Protest auf den berühmt-berüchtigten Satz aus einem
Brief Lessings an seinen Bruder (18.4.1779) beruft, in dem der
Dichter bemerkt, er werde zufrieden sein, wenn "unter tausend
Lesern nur einer [. . .] an der Evidenz und Allgemeinheit seiner
Religion zweifeln" lerne.[9]

Die Verbannung des *Nathan* aus Theater und Schule, die sofort
nach der Machtübernahme Hitlers 1933 durch ein auch öffentlich
bekanntgegebenes Dekret erfolgte,[10] war kaum eine Überraschung.
Sie wurde nicht nur von den öffentlichen Kulturinstitutionen, sondern auch von Vertretern des literaturwissenschaftlichen Fachs mit
beschämender Selbstverständlichkeit hingenommen. So erklärte
Elisabeth Frenzel in einer Studie über *Judengestalten auf der
deutschen Bühne*, Lessing habe in der Figur des Nathan zwar einen
Idealmenschen im Sinne der aufklärerischen Moralphilosphie dargestellt, doch sobald diese Figur heute auf der Bühne erscheine,
müsse "alles Wissen um Anlaß und Absicht [Lessings] vor einem
eindeutig projüdischen Dialog und Handlungsaufbau [des Stücks]
verblassen." Das mache "die Aufführung des *Nathan* heute zur Un-
möglichkeit."[11]

Ähnlich dem Schicksal der deutschen Juden war das Bühnen-
schicksal von Lessings *Nathan* in den folgenden 12 Jahren der Hit-
lerdiktatur von Getto-Existenz und Emigration gekennzeichnet. Es
wirkt wie eine Ehrenrettung des von den öffentlichen Bühnen
Deutschlands verbannten Stücks, wenn es im selben Jahr seines
Verbots, im Oktober 1933, für die Eröffnungspremiere des Theaters
des Jüdischen Kulturbundes in Berlin inszeniert wurde. Dieser
speziell für die kulturellen Belange der jüdischen Bevölkerung Berlins und später ganz Deutschlands im Juni 1933 gegründete Kultur-
bund, der von den Nazis kontrolliert wurde und bis 1942 bestand,
setzte mit der *Nathan*-Inszenierung ein mahnendes Zeichen. Dies
jedoch nicht im Sinne einer kulturpolitischen Demonstration, die
man sogar ausdrücklich vermeiden wollte, weil man sich dazu nicht
legitimiert fühlte.[12] Gemeint war wohl eher ein Zeichen der exi-
stenziellen Identifizierung mit dem Außenseiterschicksal, das man
nicht nur in der Verbannung des Stücks aus dem Theater, sondern
auch in der Nathan-Figur selbst verkörpert fand. Bezeichnenderweise ließ der Regisseur Karl Loewenberg den Nathan-Darsteller
(Kurt Katsch) am Ende nicht in die Festlichkeit der Familienver-
einigung einbezogen, sondern einsam und fast tragisch umdüstert

in sein Haus zu seinem Betpult zurückkehren. "In diesem Schluß ist wirklich etwas vom Judenschicksal angedeutet," meinte der Kritiker der "Jüdischen Rundschau" zu diesem Regieeinfall.[13] Überdies schien sich noch eine andere Erfahrung in diesem Stückschluß artikulieren zu wollen, nämlich die Desillusionierung eines Großteils der gebildeten Juden Deutschlands, deren Emanzipations-und Assimilationsbestrebungen über ein Jahrhundert lang gerade in der Toleranzidee von Lessings *Nathan* Hoffnung und Rückhalt gefunden hatten.

Lessings *Nathan* blieb eine Zeitlang im Repertoire des jüdischen Theaters, wurde aber später nicht neu inszeniert, was wohl mit dem Verbot der Aufführung deutscher Dramatiker auf jüdischen Bühnen zusammenhing, aber auch die wachsende Distanz der unterdrückten Juden zu Lessings Toleranzstück reflektiert haben mag.

Als Stationen der *Nathan*-Emigration sind Wien und New York zu nennen, wo das Stück 1936 bzw. 1942 inszeniert wurde. Für die Wiener Inszenierung (mit dem gealtert-abgeklärten Albert Bassermann in der Titelrolle) bearbeitete Ernst Lothar den Berichten zufolge das Drama in der Weise, daß er "den Vorgängen ihre Spitze, ihre Schärfe [nahm], indem er sie in eine Atmosphäre sonnigen Frohsinns taucht[e]" und dadurch die "Gefahr des Abgleitens in allzu politisch gefärbte Diskussion bannt[e]".[14] Eine verständliche Rückkehr zum "entschärften Nathan" aus politischen Rücksichten. Dagegen setzte der Emigrant Erwin Piscator im Jahre 1942 mit einer *Nathan*-Inszenierung seines "New York Studio Theater of the New School of Social Research" bewußt einen politischen Akzent. Textgrundlage war eine englische Übersetzung und Bearbeitung durch den ebenfalls emigrierten Dramatiker Ferdinand Bruckner, eine geschickt verkürzte Version des Stücks ohne die verwickelte Familiengeschichte, ganz auf das zentrale Thema der Toleranz zwischen den Rassen und Religionen zugeschnitten. Zwar wurde den nicht verschwisterten jungen Leuten Rahel (Recha) und Tempelherr ein un-lessingsches Heirats-happy-end beschert, aber es wurde auch ein neuer wichtiger Akzent dadurch gesetzt, daß Saladin die Rolle des weisen Richters erhielt, vor dem der Streit zwischen Nathan und dem Templer über Rahels Erziehung beigelegt wurde. Nathan erhielt dabei ein neues, über das Stück hinaus bedeutsames Schlußwort:

> You are indeed that wiser judge, although the thousand years have not yet passed and never will, for every day they start anew. Here and anywhere, today, tomorrow in our blackest hopelessness will always rise a wiser judge and give us life again as long as we, we all, we millions, do not frustrate the power of the magic ring which is our heart.[15]

Die Inszenierung unter der Regie von James Light mit dem deutschen Emigranten Herbert Berghof in der Titelrolle wurde ein für

New York beachtlicher Theatererfolg, der dazu führte, daß die Aufführung aus dem Studio Theater an den Broadway übersiedelte, wo sie etwa einen Monat lang im Belasco Theatre gezeigt wurde.[16]
     Die Rehabilitierung des *Nathan* in Deutschland, West und Ost, setzte unmittelbar nach dem 2. Weltkrieg ein. Sie stand zunächst ganz im Zeichen der Wiedergutmachung an einem geschmähten Kulturdenkmal und—auf persönlicher Ebene—auch an verfolgten jüdischen Künstlern, die sich als Regisseure und Schauspieler auf besondere Weise für dieses Stück engagierten. Viele Theater wurden mit Inszenierungen des *Nathan* wiedereröffnet, und zusammen mit Goethes *Iphigenie* und Schillers *Don Carlos* gehörte das Stück zu den meistgespielten klassischen Dramen der Nachkriegszeit.
     Wie begegnete man dem aus der Verbannung zurückgekehrten Stück, das mit seinen dunklen Stellen, vor allem der Pogrom-Erzählung Nathans an die furchtbaren Ereignisse der unmittelbaren Vergangenheit erinnerte? Es ist bezeichnend für die Bewußtseins-verdrängung, die im Deutschland dieser Nachkriegszeit weithin praktiziert wurde, daß die erste *Nathan*-Inszenierung des Jahres 1945, mit der das renommierte Deutsche Theater im Ostsektor Berlins wiedereröffnet wurde, jeden Gegenwartsbezug vermied, in-dem sie das Stück in einer unwirklich-schönen orientalischen Welt ansiedelte und in der Art einer Märchenkomödie darstellen ließ. Regie führte Fritz Wisten, der jahrelang am Theater des jüdischen Kulturbundes gearbeitet und das Konzentrationslager überlebt hatte, und in der Titelrolle sah man Paul Wegener als einen wür-digen, gleichwohl listigverschmitzten Nathan, fernab von Hoheit oder lehrhaftem Pathos. Nathan kam wie aus einer anderen, heilen Welt zurück in das zerstörte Deutschland.
     In den Theaterkritiken zu dieser Inszenierung ist von der Ergrif-fenheit des Publikums die Rede, auch von der Dankbarkeit, die man empfand, nach Jahren der Zerstörung gerade dieses Stück in einem unzerstörten, traditionsreichen Theater wiederzusehen. Es scheint in der Absicht der Inszenierung gelegen zu haben, die schändliche unmittelbare Vergangenheit bewußt zu übergehen in dem Bemühen, an eine rühmliche, weiter zurückliegende Vergangenheit, die glanzvolle Ära des Deutschen Theaters unter Max Reinhardt, der die beiden prominentesten Darsteller, Paul Wegener (Nathan) und Eduard von Winterstein (Klosterbruder) entstammten, wieder anzuknüpfen. Immerhin beanstandete ein Kritiker den mangelnden Gegenwartsbezug dieses ersten deutschen Nachkriegs-*Nathan*:

> Spürt man im Deutschen Theater die grimmige Aktualität? Hört man
> die zornige Mahnung, die uns über mehr als hundertfünfzig Jahre
> hinweg mitten ins Zentrum unseres Gewissens trifft? Ein- zweimal
> freilich geht es wie ein Ruck durch die Zuschauer: Scham schlägt sich
> rot ins Gesicht nieder bei dem schauerlichen Refrain: "Der Jude wird

verbrannt", oder bei Nathans erschütternder Schilderung von der
Hinschlachtung seiner ganzen Familie. Doch im großen ganzen ist die
Aufführung unter Fritz Wistens sauberer Regie auf mildes Märchen-
spiel gestellt.[17]

Den auf Erschütterung, Mahnung und Läuterung zielenden Bezug
zur unmittelbaren Vergangenheit leisteten dann vor allem die wie-
derholten Inszenierungen des *Nathan* in den fünfziger und sechziger
Jahren mit dem remigrierten Schauspieler Ernst Deutsch, der die
Titelrolle aus persönlicher Leiderfahrung gestaltete. Der Kritiker
Friedrich Luft schrieb über ihn anläßlich einer Berliner Inszenierung von 1955:

> Schön ist er anzusehen in der weisen Besorgnis seines Alters. Mühelos
> gliedert er die Verse, unmerklich legt er eine Schicht weiser Heiterkeit
> in die Worte. Die Ringerzählung läßt er so wunderbar fließen, ohne
> den didaktischen Zeigefinger Lessings je hervorlugen zu lassen, daß
> man dieses Kunstwerk rezitatorischer Mühelosigkeit schon sehr
> genießt. Unvergeßlich aber, wie er die Pogromschilderung gibt. Leise,
> von einer erschrockenen Gehemmtheit, als taste er an Unsagbarem,
> beginnt er. Die blutige Vision wird dann bestürzend dicht. Und die Ab-
> sage an Haß und Vergeltung, die diese Worte krönt, setzt er mit einer
> heiligen Sicherheit, mit einer so kämpferischen Entschlossenheit zur
> Güte, daß man dies kaum wieder so hören wird.[18]

Die kathartische Wirkung, die der Nathan in Ernst Deutschs Interpretation auf das Publikum ausübte, beruhte jedoch vorwiegend auf
der verehrenden Identifizierung mit dem Schauspieler und seiner
Kunst. Ernst Deutsch erschütterte, aber er absolvierte auch zugleich
von möglichen Schuldgefühlen durch das exemplarische Bekenntnis zur Überwindung und Versöhnung, das von ihm als einem nach
Deutschland zurückgekehrten jüdischen Schauspieler in der Kunst-
gestalt des Nathan abgelegt wurde. Der kathartischen Wirkung, die
durch seine Darstellung im Publikum ausgelöst wurde, fehlte die
selbstkritische Komponente, weil die Inszenierung an sich jeden
historischen Bezug vermied und damit der Auseinandersetzung mit
den Bedingungen der antisemitischen Intoleranz der jüngsten
deutschen Vergangenheit auswich.[19]

Direkter, aufrüttelnder, ja anklagender wollte demgegenüber Erwin Piscator nach seiner Rückkehr aus dem amerikanischen Exil
den *Nathan* seinem deutschen Publikum vor Augen führen. Seine
Marburger Inszenierung von 1952 im Stil des "Zeige- und Raum-
theaters" strebte durch Transparente, Projektionen, Toneinblen-
dungen und Einbeziehung des Zuschauerraums in die Bühnenak-
tion einen stärkeren Gegenwarts- und Publikumsbezug an. So be-
wegten sich beispielsweise die Schauspieler auf Laufstegen durch
das Publikum, erschienen bedeutende Textstellen, bevor sie ge-

sprochen wurden, als Projektionen auf einem die Bühne überspan-
nenden Leinwandsegel, wurden aus den sieben Söhnen, die Nathan
beim Pogrom verlor, auf der Leinwand 70 - 700 - 7000 - 700000, und
zur visuellen Einschärfung trat die akustische hinzu, indem andere
Textstellen, nachdem sie gesprochen waren, durch Gongschläge
hervorgehoben wurden. Daß das Publikum diese Mittel des propa-
gandistischen Theaters richtig einzuschätzen wußte, bezeugt der
Bericht eines Kritikers:

> Interessant war die Reaktion des Publikums: es empfand die
> filmischen Unterbrechungen, die doch das Wort zerrissen, nicht als
> Störung, sondern war von der ungewöhnlichen Regie so sehr gebannt,
> daß minutenlanger, nicht endenwollender Beifall Piscator und seine
> Schauspieler feierte.[20]

Allerdings blieb Piscators *Nathan*-Inszenierung im restaurativen
Klima der Adenauerzeit ohne überregionale Resonanz, wie überhaupt Piscators aktualisierendes, propagandistisch-provozierendes
"Bekenntnistheater"—schon in den zwanziger Jahren voll entfaltet
—erst in den späten sechziger und in den siebziger Jahren seinen
Einfluß auf ein neues, sich vor allem auch politisch verstehendes
Klassiker-Theater in der Bundesrepublik auswirken konnte.
    Die *Nathan*-Inszenierungen mit Ernst Deutsch, die auch im Aus-
land (Oslo, London, New York, Moskau, Jerusalem) gezeigt wurden,
und Piscators Marburger Inszenierung erscheinen im Rückblick als
die vielleicht bedeutendsten Positionen im Bemühen des Theaters
der Bundesrepublik um eine Rehabilitation des Lessingschen Stücks
nach dem 2. Weltkrieg. In den sechziger und siebziger Jahren ver-
lagerte sich die Tendenz der *Nathan*-Darstellungen vom "Hohen
Lied der Menschlichkeit" immer mehr zu einer realistischen und
wieder mehr komödiantischen Rolleninterpretation. Charakteri-
sierungen der verschiedenen Spielauffassungen durch Etiketts wie
"Nathan der Gute," "Nathan der Gemütliche", "Nathan der Lustige"
mögen als Andeutungen genügen.
    Heiter bis zur Fröhlichkeit ging es vordergründig auch in Claus
Peymanns Bochumer Inszenierung von 1981 zu, in der die Personen
insgesamt verkleinert, der Gegenwart angenähert waren und das
Thema der Toleranz als ein Problem unseres Alltags anvisiert
wurde. Peymann versuchte mit Lessings *Nathan* zugleich "die In-
stabilität von Toleranz" darzustellen, "die als geistige Haltung vom
Verstand akzeptiert, im alltäglichen Umgang mit Andersdenken-
den, mit Outsidern und Minderheiten keineswegs stark genug ist."[21]
Nathan (Traugott Buhre), in schlichtem Schwarz mit Hut und
Hirtenstab, erschien friedlich, sympathisch, tüchtig und blieb doch,
vom Templer mit Stern und Kofferaufschrift ("Jud' ist Jude") be-
schmiert, als Außenseiter gekennzeichnet. Er stiftete am Ende zwar
das von Lessing vorgeschriebene und hier operettenhaft ausgespielte

Glück der Familienzusammenführung, ging dann aber—und hier setzte Peymann über Lessing hinausgehend seinen stärksten Akzent—über einen Laufsteg durch den Zuschauerraum über den Köpfen des Publikums zu einer lebensgroßen Lessing-Figur, die in leidender Haltung mit erhobener Schreibfeder der Bühne gegenübersaß. Umarmungen auf der Bühne—ein alleingelassener Nathan— ein leidender Lessing: Ob das Publikum den Sinn dieses Arrangements erfaßt hat, erfassen konnte oder wollte, muß den Berichten zufolge bezweifelt werden.[22] Als "Bühnentext" aber bleibt es befragbar und deutbar.

Im Rahmen der längst über Wiedergutmachung und Rehabilitation hinausgewachsenen Theaterbemühungen um eine zeitgemäße Auseinandersetzung mit Lessings *Nathan* erscheint Peymanns Konzept besonders überzeugend, weil es den Bruch zwischen der "realen Utopie" Lessings und der realen Alltagswirklichkeit seiner/unserer Zeit mitinszenierte. Zugleich schlug er mit seiner Inszenierung Brücken zu früheren Stationen der *"Nathan"*-Rezeption des Theaters—zu Piscators Demonstration mit den Mitteln des "Zeigetheaters" ebenso wie zum dunkel-pessimistischen Schluß der *Nathan*-Inszenierung des jüdischen Theaters von 1933. Dies wissend, kann man Peymanns Schlußarrangement noch eine weitere Deutung abgewinnen. In ihm wurde nicht nur die eigene Bochumer Inszenierung, sondern ein Stück Theatergeschichte, und zwar der durch Anfeindung und Unterdrückung belastete Umgang des deutschen Theaters mit dem *Nathan* vor das Tribunal des stummen Kritikers Lessing gestellt, der aus dem Zuschauerraum wie aus dem Dunkel der Vergangenheit in die Gegenwart hinüberblickte.

Indiana University Bloomington

1 "Weimarisches Hoftheater" 1802. *Sämtliche Werke*. Jubiläumsausgabe (Stuttgart und Berlin 1902–07), Bd. 36, S. 190.

2 *Vossische Zeitung*, Februar 1980. Abdruck in: Horst Steinmetz, Hrsg., *Lessing— ein unpoetischer Dichter*. (Frankfurt 1969), S. 382.

3 Eugen Dühring, *Die Judenfrage als Frage der Racenschädlichkeit* (sic!) *für Existenz, Sitte und Kultur der Völker*, 1881. Auszug in: Steinmetz (Anm. 2) S. 390–96, Zitat S. 394.

4 Zitate aus anonymen Berliner Zeitungskritiken aus dem Jahre 1911. Archiv des Theatermuseums Köln.

5 Vg. Willehad Paul Eckert, " 'Nathan der Weise' und die Juden". In: *Lessings "Nathan" und jüdische Emanzipation im Lande Braunschweig*. Hrsg. v.d. Lessing-Akademie Wolfenbüttel, 1981, S. 36–37.

6 Berliner Zeitungskritik vom 15.1.1925. Archiv des Theatermuseums Köln.

7 Adolf Bartels, *Lessing und die Juden*. 2. Auflage (Leipzig 1934). Zitate S. 141 und 151.

8 Zitiert in: Günter Hartung, "Die drei Ringe. Thesen zur Rezeptionsgeschichte des 'Nathan' ". In: Hans-Georg Werner, Hrsg., *Bausteine zu einer Wirkungsgeschichte: Gotthold Ephraim Lessing* (Berlin 1984), S. 173.

9 "Der gefährliche Nathan". Frankfurter Zeitungsnotiz vom März 1929. Archiv des Theatermuseums Köln.

10 Vg. Ilse Pietsch, "Das Theater als politisch-publizistisches Führungsmittel im Dritten Reich". Diss. Münster 1952, S. 213.

11 *Judengestalten auf der deutschen Bühne. Ein notwendiger Querschnitt durch 700 Jahre Rollengeschichte.* München o. J. (1937?) S. 60.

12 Vgl. Herbert Freeden, *Jüdisches Theater in Nazideutschland* (Tübingen 1964), S. 27.

13 Freeden, S. 29.

14 Erwin Rieger, "Der neue 'Nathan' ". Wiener Zeitungskritik vom 18.3.1936. Archiv des Theatermuseums Köln.

15 Vgl. Edwin Roedder, "Lessings 'Nathan' auf der englishen Bühne". *Monatshefte*, 34 (1942), S. 235–240. Zitat S. 237.

16 Piscator hat das Stück noch einmal im Februar/März 1944 in New York aufführen lassen als Beitrag zu einer Veranstaltungsreihe, die als Protest gegen den wachsenden Antisemitismus in den USA geplant war. Vgl. dazu Thea Kirfel-Lenk, *Erwin Piscator im Exil in den USA 1939–1951* (Berlin 1984), S. 178.

17 Werner Fiedler in: *Die neue Zeit*, Berlin 1945. Zitiert in: Henning Rischbieter, "Berlin, September 1945: 'Nathan' - als Märchen". *Theater heute*, 3 (1983), S. 29.

18 *Die Welt*, 21.4.1955. Abdruck in: Diedrich Diederichsen und Bärbel Rudin, Hrsg., *Lessing im Spiegel der Theaterkritik 1945–1979* (Berlin 1980), S. 203–204.

19 Vgl. Gerhard Stadelmaier, *Lessing auf der Bühne. Ein Klassiker im Theateralltag (1968–1974)* (Tübingen 1980), S. 101.

20 Egon Vietta, *Darmstädter Echo*, 17.5.1952. Abdruck in: Diederichsen/Rudin (Anm. 18), S. 197–98.

21 C. Bernd Sucher, "Komödie über den alltäglichen Pessimismus". *Süddeutsche Zeitung*, 18.3.1981.

22 Vgl. C. Bernd Sucher (Anm. 21).

Lessing and Aura of Censorship:
Implications for *Emilia Galotti*

John Stickler

It is not surprising that after the vexations of staging *Minna von Barnhelm*, the collapse of the national theater project, a failed attempt to go into publishing with J. J. Bode, and dire financial straits, Lessing felt compelled to leave Hamburg in 1769. He thought he could do no worse in Rome or perhaps in Vienna, where there were plans to establish an academy of arts and sciences (see Hildebrandt 322).[1] His friend Friedrich Nicolai, writing from Berlin, chided him for the notion of going to Vienna, saying that he hoped that along with the academy "auch zugleich Freyheit zu denken daselbst eingeführt werde" (*Schriften* XIX: 270). This remark elicited from Lessing the often-quoted response which is one of the harshest he ever made about the intellectual climate in Berlin, and he might have applied it to other parts of Germany at the time, as well:

> Wien mag sein, wie es will, der deutschen Literatur verspreche ich dort immer noch mehr Glück, als in Eurem französierten Berlin . . . Sagen Sie mir von Ihrer Berlinischen Freiheit zu denken und zu schreiben ja nichts. Sie reduziert sich einzig und allein auf die Freiheit, gegen die Religion so viel Sottisen zu Markte zu bringen, als man will. Und dieser Freiheit muß sich der rechtliche Mann nun bald zu bedienen schämen. Lassen Sie es aber doch einmal einen in Berlin versuchen, über andere Dinge so frei zu schreiben, als Sonnenfels in Wien geschrieben hat; lassen Sie ihn versuchen, dem vornehmen Hofpöbel so die Wahrheit zu sagen, als dieser sie ihm gesagt hat; lassen Sie einen in Berlin auftreten, der für die Rechte der Untertanen, der gegen Aussaugung und Despotismus seine Stimme erheben wollte, wie es itzt sogar in Frankreich und Dänemark geschieht: und Sie werden bald die Erfahrung haben, welches Land bis auf den heutigen Tag das sklavischte Land von Europa ist (Rilla IX, 326–327).

Throwing off the mantle of French literary and cultural domination had of course occupied Lessing's thoughts throughout the writing of the *Hamburgischen Dramaturgie*, but a Frenchified Berlin

Lessing Yearbook, 1987, Vol. XIX, pp. 95–112.

was still not as repressive an atmosphere for literature and theater as Maria Theresia's Austria. Censorship historian H. H. Houben observes that Austria lived in intellectual isolation during her reign: "Die Absperrmaßregeln gegen die im Reich, besonders in Preußen, herrschende Cholera der Aufklärung waren großzügig organisiert — kein Wunder, daß Österreichs Entwicklung um Jahrhunderte zurückblieb" (*Der ewige Zensor* 23).

Censorship, or the threat of it, was most evident in Austria, but it was widespread in both Germany and Austria under 18th-century absolutism. All aspects of publishing were regulated and scrutinized. All who were engaged in publishing and theater were at risk, if matters of religion, morals and the state were not dealt with in the expected innocuous tones. In a period when Enlightenment thought encouraged people to develop their intellectual capabilities in the pursuit of knowledge, there were limits set to the range of their inquiry, especially regarding the questioning of norms and traditional authority. The damper placed upon freer public inquiry and more open exchange did not help to enhance the possibilities of a truly enlightened society. Lessing and others had to be mindful of the reception of what they wrote and of how critical they could be and still get published.[2]

This article reviews the nature and scope of censorship as practiced in 18th-century Germany. The subject of censorship during the Enlightenment period has recently begun to occupy scholars more prominently. I propose to examine the foundations of censorship in Germany in those areas where Lessing was most active. Lessing's experience can stand for that of many of his contemporaries and can provide insights into the general condition of the writer under the system of absolutism.

Although the most visible and well-known instance of censorship for Lessing occurred during the face-off with Pastor Goeze of Hamburg over religious questions, equally significant aspects of censorship were involved in the writing of Lessing's most political drama, *Emilia Galotti*, which was ultimately *not* forbidden to be staged.

Censorship in Lessing's time was the product of three centuries of imperial and territorial edicts dating from 1485 (Kiesel/Münch 106f.). A veritable institution became established which often made the printed word forbidden fruit and forestalled the dissemination of opinions and ideas considered by "Zensurbehörden" to be a menace to good order. One edict was based upon another, so that a continuum of law became ingrained and traditional in the Empire. In addition to reaffirming existing censorship regulations, the edict issued by Kaiser Karl VI in 1715 (virtually the final edict, because it was validated to the end of the century by his successors), announced specifically that the state would act decisively against any unseemly political expression, thereby indicating reaction to what the authorities perceived as an increasing tendency toward making literary publications a forum for the airing of current political and social concerns (Kiesel/Münch 106–113).

Whether the primary impetus for censorship was to maintain the security of the state and the good order of the community or whether it was to assure norms of decorum and acceptability will not be investigated here. But as a practical matter the following statement by Dian Schefold succinctly describes the prevailing situation:

> Objekt der Zensur wurden . . . besonders die Pamphlete, Libelle und Pasquille, auch soweit sie nicht religiösen Inhalts waren. Dazu kam mit der Entwicklung einer sich autonom verstehenden bürgerlichen Gesellschaft einerseits, der Herausbildung absolutistischer Züge in der Territorialherrschaft des 17./18. Jahrhunderts andererseits eine stärkere Betonung der Gesichtspunkte der Stattssicherheit, der Staatsräson und außenpolitischer Rücksichten durch Landesherrn, die den Bereich ihrer Herrschaft als Areenum vor publizistischer Erörterung abschirmen wollten (293).

The absolute state could make virtually anything subject to the censor's examination. The State Archives in Dresden lists for "Büchersachen" (1740–1779) an incredible breadth of items requiring official review before publication: "Bücher, Gedichte, Landkarten, Konzessionen, Möbel-, Bücher-, und Auktionskataloge, Programme, Tabellen, Ordnungen, Register, Bibeln, Psalmen, Gesangbücher, Kalender, Gratulationen, Neujahrszettel und Abdankungen" (qtd. in Kobuch 255). Printers balked at some of the things on the list for "Vorzensur" which they understandably considered trifles: "Rechnungstabellen, Fracht- und Wechselbriefe, Assignationen, Notariatsscheine und Protests, Kurs-, Waren-, Logis- und Packzettel, Preiskuranten, Kaufmannsbriefe und Oblationen, Konzert- und Komödienanzeigen und Musikalien" (qtd. in Kobuch 255–256). But there was little room for protest, and there were significant penalties for unauthorized publication.

The common procedure was to submit drafts for printing to the censor ("Vorzensur"). If approved and printed, five copies in the case of books, and 18 if newspapers, were to be delivered to the "Reichshofrat." Should something offensive come to light after publication and distribution through further inspection ("Nachzensur"), the books or newspapers would be confiscated and all involved with the publication—author, printer, publisher—were punished either through fines, imprisonment or some kind of dishonoring (Kiesel-Münch 114).

Johann Heinrich Zedler's *Großes Vollständiges Universal-Lexikon* (1732–1754) defined the literary censor, in particular, as an

"Aufseher, der ein Buch oder Schrifft, so gedruckt werden soll, zuvor durchlieset und approbiret, damit nichts der Religion und dem Staat nachtheiliges darinne gelassen werde," and "Censur" was accordingly, "eine solche Beurtheilung und vorsichtige Durchlesung eines Buchs oder Schrifft" (V: 1817). Zedler himself became a case in point. Incessant interference by censors in Halle finally led to his financial ruin (Breuer 141).

Some of course published anonymously. Lessing wrote sympathetically of these unnamed authors in *Rettung des Inepti Religiosi:*

> [Ich] halte besonders diejenigen für auserlesene Bücher, welche ohne Namen des Verfassers heraus kommen, und auch keinen Ort des Drucks angeben, es müßte denn etwa eine Stadt in Utopien sein. In solchen Büchern wirst du Schätze antreffen, weil sie meistenteils von witzigen und wahrheitliebenden Männern kommen. Die Welt ist sehr undankbar, daß sie dergleichen Schriften verbieten, oder sie nicht frei verkaufen lassen will (*Schriften* V: 342).[3]

A very dramatic public treatment of forbidden publications were the bookburnings, which like all censorship, were calculated to make an example of the individual transgressor. These were staged all over Germany from early until late in the century (Breuer 91). Whether they had the desired effect is debatable. Goethe tells of the public bookburning he witnessed in Frankfurt in 1765, when the edition of a French comic novel went up in flames before an excited and curious crowd. It was a novel, he writes, "der zwar den Staat, nicht aber Religion und Sitten schonte . . . Auch wir ruhten nicht, bis wir ein Exemplar auftrieben, und es waren nicht wenige, die sich das verbotne Vergnügen gleichfalls zu verschaffen wußten. Ja, wenn es dem Autor um Publizität zu tun war, so hatte er selbst nicht besser dafür sorgen können" (Trunz IX: 150–151).

But however such a spectacle might have affected the popularity of a book, certainly the more important consideration is the reminder that the state had the power to deny certain books to a still small but growing middle class readership which had come to understand something about its own ability to sift through ideas and opinions of the day and draw its own conclusions about them. Breuer defines the position of author and public in part when he writes:

> . . . täuschen wir uns nicht, diese Zensurentscheidungen stellten stets auch die realen Machtverhältnisse klar, wirkten oft genug über den Tag hinaus restriktiv nach, gerade bei den lesenden Bewohnern der 'wohlbestellten' kleinen Städte . . . sie zwangen Autor und Publikum zur Entscheidung für Anpassung oder Widerstand, setzten jedenfalls die Selbstzensur in Gang (92).

In Lessing's Saxony the "Bücherpolizei" was assigned to control the spread of forbidden books among the population by bookshops, antiquaries, book auctions or colportage. In the name of security, peace and order, they snooped in the bookstores, arrested peddlers of pamphlets, and in the 1760s kept a watchful eye on the recently established lending libraries and reading circles (Kobuch 257).

Censorship policies announced by edict in Vienna were not always uniformly applied throughout the Empire. It was ultimately the individual princes of the many political entities who usually determined the extent and intensity to which censorship was imposed. Yet the edicts remained a guide, and a commonality of purpose prevailed among the heads of state. That purpose was primarily to assure public tranquillity and guarantee stability of institutional authority.

In Austria, for example, Empress Maria Theresia fought relentlessly against the Enlightenment. Any publications imported into Austria received careful scrutiny by the "Zensurkommission" in Vienna. There were long lists of forbidden titles, eventually comprising the *Catalogus librorum prohibitorum* which was itself finally censored as one of the most dangerous of all books (Houben, *Der ewige Zensor*, 25–26; Breuer 100). The first two volumes of Lessing's writings published in 1753 were included in this catalog.[4] Late in his life Lessing commented to Nicolai in a letter about banned books, saying: ". . . daß ein Buch, welches die Kaiserliche Bücherkommission verbiete, durchaus kein denkender Kopf so behandeln müsse. Es sei zuverlässig gut; und zuverlässig zur Aufklärung gewisser Menschen zuträglich; eben weil es in gewissen Ländern verboten werde . . ." (Rilla IX: 828).[5]

In the territories of the north of course different conditions prevailed regarding religion, but both the Catholic and Protestant states became more and more insistent on control of political expression in the 18th century. It is important to note here with Goldfriedrich that the manner of political censorship being referred to is not one which calls forth images of violence and upheaval which characterizes other later periods; at this time it was more subtle, yet of constant presence (3:461).

That is generally how it was in Prussia during the reign of Frederick the Great (1740–1786). Frederick had a reputation for "Toleranz" and for liberal attitudes toward the press. Perhaps this reputation is noteworthy at a time when censorship was an enduring tool of absolutism, but on closer inspection it does not seem so well deserved. Shortly after he ascended the throne the young king Frederick II authorized freedom from censorship for the one newspaper in Berlin at that time, the *Berlinische Priviligirte* (later Voßische)

Zeitung, saying, "daß Gazetten, wenn sie interessant seyn solten nicht geniret werden müßten" (qtd. in Houben, *Der ewige Zensor* 7). This "Zensurfreiheit" extended only to the local part of the news, but it was an improvement from earlier, when nothing ("keine Zeitungsnotiz") could be printed without the prior approval of the official censor. Such exemption from censorship could be hazardous, however. A newspaper editor found guilty of overstepping the bounds permitted was subject to stern penalties of prohibition and fine. Such measures were more difficult to bear than the severest preventive censorship because writers and publishers were at least freed from any further responsibility when an article was rejected by the official censor. An obvious mentality develops from such a situation as this. An editor or writer becomes cautious or anticipative. A remark by Houben extends the scope and implications of literary censorship for present purposes when he writes: "Dieselbe 'Behuetsamkeit' war es, die bis zum Jahre 1918 allen Theaterdirektoren mit wenigen Ausnahmen eine dankbare Liebe fur die Theaterpräventivzensur eingeflößt hat" (*Der ewige Zensor* 7). the "unumschränkte Freyheit" (qtd. in Goldfriedrich 3:409) promised by Frederick did not last long. Probably in reaction to the coming of the Silesian Wars, Frederick restricted news of current events to the reports that he personally authorized for the newspapers (there was now a second paper in Berlin, the *Berlinischen Nachrichten,* later called the *Spenerschen Zeitung*), and in 1743 he revoked the freedom of the newspapers to print local news without censorship. Even the new feuilleton feature, called "Von gelehrten Sachen" was severely curtailed. The publisher Haude complained about this, but for the most part there was little protest shown by the journalists (Houben 8–9). The newspapers and political commentary of any kind were hereafter closely monitored for the least infractions (Goldfriedrich 3: 410; Breuer 96).

Elsewhere in the Protestant part of the Empire the basic purposes of censorship paralleled those in the Prussia of Frederick the Great, but as noted above, enforcement of existing laws of the Empire or the territory depended on the personal attitudes of the monarch of the particular state. Exemplary for its liberalism and enlightenment was the tiny principality of Sachse-Weimar under the rule of the widowed Duchess Anna Amalia and her son Carl August. Here the literary luminaries Wieland, Herder, Goethe and Schiller were undisturbed by censorship or "Schreibverbot." Wieland's literary journal *Der Teutsche Merkur* was permitted to appear there but was banned in many other German states (Breuer 115).

The worst abuse of absolute power regarding censorship during this period occurred in the case of the poet and musician Christian Friedrich Daniel Schubart (1739–1791), whose outspoken political and social criticisms in his *Deutschen Chronik* were more than his "Landesvater" Karl Eugen of Württemberg would tolerate. In particular, an article in the issue of 19 June 1775 entitled "Zeichen der Zeit" takes absolute princes to task for their squelching of meaningful reporting of current events in the journals and newspapers (385–387). Schubart would like to see newspapers question the wrongdoings of church and state and their abuses of authority, and he expresses these revolutionary ideas in a pungent satirical style. Such challenge to authority did not go unanswered for long. When he was eventually arrested in 1777, Schubart was imprisoned for his crime for ten years in the fortress of Hohenasperg (Breuer 133–139).

Lack of uniformity in the individual territories led a publisher, Perthes, to write in 1814: "Deutschland hatte immer die vollständigste Preßfreiheit, der Sache und der Tat nach, denn was in Preußen nicht gedruckt werden durfte, das durfte es in Württemberg, was in Hamburg nicht, zehn Schritte davon in Altona. Kein Buch blieb ungedruckt, keines unverbreitet" (*AGDB* 8: 323). That may be statistically true (Breuer 140–141), but in the case of a Schubart or Schiller, say, it could mean never returning to the home state without taking a chance of arrest. And although the main thing for any author was of course to publish, these individual cases represent a frustration of the writer's opportunity to reach the public unhampered and cite the necessity for him to seek out areas where he will find approval.

Real outspokenness about political and social repression was not to begin until 1775 at the earliest, according to Jost Hermand, with Lessing's *Emilia Galotti* seen as a forerunner of political unrest. There was a dearth of political commentary in the early 1770s, he says, "wo die Tyrannei der Zensur noch keine Schranken kannte" (9–12).

Johann Goldfriedrich concludes his chapter on "Zensurverhältnisse" by saying that censorship in Germany was from the first mostly an annoyance only, a mistreatment of individual writers; and while sometimes perhaps it caused difficulties for printers and publishers and interfered with a brisker book trade and larger distribution of the periodical press, it did not mean a "Verstümmelung" of German literature (3: 432). He concedes, however, that there was toward censorship to the end of the century "eine Erbitterung in der Schriftstellerwelt . . . von ganzem Herzen und von ganzer Seele; und der Kampfruf, der von ihr damals gegen sie erhoben wurde, ist entwicklungsgeschichtlich von tiefer Bedeutung" (433).

Although Goldfriedrich is apparently concerned to account for difficulties of the publishing industry and believes that censorship was a hindrance to its development, he appears to minimize the cumulative effects of censorship exercised against a selected few as

an instrument of social and political control. One can share Breuer's
view when he points out that even if publishing thrives, that does
not in and of itself tell anything about whether writers are free to express themselves as they wish, and further, "Eher läßt dieser Befund
auf eine fortgeschrittene Selbstzensur der Autoren im Interesse der
Marktgerechtigkeit schließen, und ebendies ist ja ein längerfristiges
Ziel jeder Zensurgesetzgebung" (87). It is precisely self-censorship
which can account for the significant absence of controversial
writings challenging the political system, religious dogma and
social norms. If over time a people can be conditioned to place
restraints on their inclinations to question, reprove and reproach
those in authority or the society at large, then censorship will have
had the desired effect. There can be no more forceful law than one
that has become traditional. Breuer extends this conditioning factor
to the present day: "Je weiter die Selbstzensur fortgeschritten ist,
desto mehr erübrigt sich die staatliche Zensur, und der Buchhandel
kann auch dann florieren, wenn die Verleger sozusagen zu Funk-
tionsträgern des Staates geworden sind und interne Zensur üben,
wie dies etwa nach 1848 der Fall war und, wie man sagt, auch in den
deutschen Staaten der Gegenwart der Fall ist" (87).[6]

Self-censorship means that an author has amended part or parts of
a work or even suppressed an entire work because he realizes that it
would have offended established norms as originally conceived. No
authority has imposed a ban in this case, rather the author writes
with the vision of censorship before him. Such censorship is prov-
able only by something the author has uttered or written beyond the
work itself ("werkexterne") and by variants of an original text (Kanzog 1001). Such concrete evidence may not always exist, however.
There may be no conclusive indications or an original manuscript
might have been lost. In addition, "fremde Normen können allerdings schon so weit internalisiert sein, daß sie keine Varianten-
spuren hinterlassen, dann fehlt das entscheidende Textkriterium
für die Annahme oder Behauptung einer Selbstzensur" (Kanzog
1000–1002). In the case of Lessing, there is a frustrating paucity of
clear-cut statements on his attitudes toward censorship and self-
censorship. Even with friends he was not prone to express himself
unequivocally on matters political, and thus the arguments that follow depend to some degree on interpretation and speculation.

Lessing encountered censorship both directly and indirectly
throughout his life, becoming first acquainted with the term itself
in its school-related applications. At the "Fürstenschule" St. Afra in
Meissen which Lessing attended from 1741–1746, "Censur" was a
weekly assembly of students and teachers at which a kind of hearing
took place concerning school activities; apparently its purpose was
to assure student adherence to decorum and order (Daunicht No. 8:

11). Also several "Zensurbefehle" were mildly reproaching of the young Lessing for his behavior, e.g., "So wollen Wir jedoch nicht zweifeln, ihr werdet . . . endlich . . . Gotthold Ephraim Leßingen . . . zu einem wohlgesitteten Wandel, williger Annehmung guter Zucht, und zu allen schuldigen Gehorsam ernstlich anzuermahnen unvergeßen sein" (Daunicht No. 9). Of course these uses of the term have no connection with censorship as suppression of public expression, but in a young schoolboy's mind the very word "Censur" must have been associated with admonishing authority from early on.

Of more consequence were the instances of literary censorship that involved people with whom he was later closely allied. His distant cousin, Christlob Mylius, who wrote and edited for both the *Voßische Zeitung* and its literary supplement, *Der Wahrsager*, felt the stringent measure of "Schreibverbot" imposed personally by Frederick II (Houben, *Hier Zensur—Wer dort?* 14–15). Lessing had contributed to these also. And the famous *Literaturbriefe*, published by Friedrich Nicolai in Berlin for more than three years "unter vorschriftmäßiger Zensur," were suddenly summarily prohibited on 18 March 1762, and Geheimer Rat Uhden was commissioned to bring suit against the publisher. Nicolai was eventually able to learn that an overzealous minister of Frederick II had acted on bad information, and the *Literaturbriefe* were subsequently reinstated (Houben, *Hier Zensur—Wer Dort?* 22).

Lessing had long since left Berlin and the project with Nicolai and Mendelssohn when this happened. He had taken the position of military secretary to General Tauentzien in Breslau in 1760 and was therefore not affected by this incident, but it represents an early near-contact with the machinery of the state and a reminder to Lessing of its capacity to interfere with the community of writers.

His own direct encounter with censorship occurred a few years later when he sought to stage *Minna von Barnhelm* in Hamburg in 1767. Anticipating that perhaps the barbs directed at the Prussian government contained in the play would offend Frederick II (see Barner *et al.* 263–264), the Prussian envoy in Hamburg, Johann Julius von Hecht, took it upon himself to prohibit the play from being presented. Lessing, at the time dramaturge of the newly founded "Nationaltheater," wrote a letter of inquiry to Berlin and learned that the responsible minister von Finkenstein had made no such directive to Hecht (*Schriften* 17: 235). Hecht then wrote to Finkenstein himself, asking about permission for performance, but no answer was forthcoming. Lessing, growing impatient, appealed directly to the Hamburg Senate for permission, but the Senate, now on its guard and not being at all familiar with the play, refused. Finally, after several weeks of waiting, Lessing received word from Minister Finkenstein via Hecht that the ban on the play had been lifted. The Hamburg Senate followed suit. Finkenstein expressed his gratitude to the Senate for its careful attention in the matter. *Minna von Barnhelm* was finally allowed to be present on stage in Hamburg on 30 September 1767 (Dyck 215–217).

Why Berlin ultimately decided to approve the staging of the play is not entirely clear. Dyck concludes that the decision rested upon "klugem Kalkül," that is, given that the play would be presented in other cities, it was better not to sensitize the public to criticisms contained in it that might not otherwise be noticed (217). If that was the strategy, it worked quite well. While the political implications did not go entirely unnoticed and while there was some tampering with the script, the reception by critics and audiences alike focussed more upon the characters than upon political actualities (Dyck 218–219).[7]

Evidently Lessing was not so surprised at what happened with *Minna*. Shortly after the "Verbot" of Herrn von Hecht he wrote to Nicolai, who had had misgivings about how *Minna* would be received even before it was printed (see Daunicht, No. 233): "Bei Gelegenheit des Aufführens — habe ich nun nicht recht, daß man meine Minna nicht aufzuführen wagen würde? . . . Der Zufall [des Aufführungsverbots] ist mir im Grunde recht lieb; er hilft mir eine Lust ersticken, die mich leicht hätte zu weit führen können" (*Schriften* 17: 235f.).

Lessing realized he was testing the waters with *Minna* by portraying actual and recent events and by intending to show to a theater audience such things as the plight of a loyal officer left in the lurch by his king, a destitute widow, a greedy innkeeper acting as a spy for Frederick. It was both unique and daring for Lessing to risk censorship and perhaps severe reprisal with this play. The remarks to Nicolai indicate that he would like to have gone further; that he did not, means that he either cut out certain details from an earlier version, or he simply imposed an internal censoring of his own while composing. There are not variants to show the former, therefore the latter is most compelling.

That *Minna* had been in print some six months before the first performance in Hamburg reinforces the fact that the theater was watched more closely than the other media, including the newspapers, because of the belief that large numbers of people could be stirred emotionally and that there could be an immediate and spontaneous reaction to drama (Conolly 175–177).

Successive performances elsewhere — in Berlin, Frankfurt, Leipzig, Vienna — were marked by alterations of the text or some difficulties with the censor. In Vienna and Leipzig, for example, the morally and politically objectionable passages were simply cut out (Barner 263–264). In Berlin, as Karl Lessing wrote to his brother on 22 March 1768, there were initial problems, but they were eventually ironed out: "Alle Einwendungen gegen die Aufführung liefen dahin aus: Man könne zwar über Gott räsonniren und dramatisieren, aber nicht über Regierung und Polizey" (*Schriften* XIX: 248–251). The fact that the word "Hure" got by the censor in Berlin but was considered quite offensive by the actors, actresses and public, is an indication that the audiences also had a role in regulating what could be portrayed. Lessing insisted that it was right for the context and refused to strike it out (Dehlke 1: 422).

We can make note concerning this experience, as Lessing must have too, that for one like him, it was very risky indeed to attempt to make the stage a contemporary forum for religious, moral, and especially political questions of the day. To what extent Lessing resented the intrusions of authorities into his creative processes is not completely known. Helmuth Kiesel believes that statements made by Lessing in chapter two of *Laokoon* (published in 1766) make quite clear his position toward censorship. He explains (quoting Lessing): "Im Bereich der 'Wissenschaften', deren "Endzweck [. . .] Wahrheit' ist, lehnt Lessing 'den geringsten Zwang' durch bürgerliche Gesetze als unerträgliche 'Tyrannei' ab. Im Bereich der Künste jedoch, die als 'Vergnügen [. . .] entbehrlich' sind, its wegen ihrer vielfältigen Wirkungen 'die nähere Aufsicht des Gesetzes' nötig" (76). And from this passage Kiesel concludes: "Lessing vertritt damit die im 18. Jahrhundert übliche Ansicht, wonach die Zensur nicht als Einschränkung eines Freiheitsrechtes galt, sondern als ein ethisches und moralisches Gebot" (Kiesel, in Barner *et al.* 76). Under discussion in chapter two is the nature of beauty and the insistence of the ancients that beauty must be the supreme law of the visual arts, also that everything must be compatible with this principle. Lessing is not really addressing 18th-century censorship (he does not use the word "Zensur"), and he is talking primarily about the plastic arts in this section. His attitudes toward censorship are more accurately reflected in the remarks cited above. Moreover, *Laokoon* was written at a time when his own most serious confrontations with censorship and "Schreibverbot" still lay in the future.

Lessing had wanted to publish the papers of the deceased Hamburg scholar Hermann Samuel Reimarus for some time. In 1771, while on a trip to Berlin from Wolfenbüttel, he had tried to get them published without prior approval of the censor. As a member of the Prussian Academy of Sciences since 1760 Lessing was exempted from the usual requirements of "Vorzensur." But the publisher he was negotiating with was not willing to chance "Nachzensur," nor would the theological censor in Berlin give his stamp of approval, so Lessing decided to feign that the *Fragmente* had been found in the Wolfenbüttel Library and had them printed along with the *Wolfenbüttler Beiträgen* of 1774 and 1777. One of the fragments, *Von dem Zwecke Jesu und seiner Jünger*, which Lessing published in Braunschweig as a book in 1778, brought forth from the conservative Lutheran Pastor Goeze in Hamburg a stiff reminder to Herzog Karl von

Braunschweig—Wolfenbüttel of his duty as an officer of the Empire: "Von mir hat er [Lessing] kein Inquisitions-Verhör zu besorgen, ob solches aber nicht von denen erfolgen möchte, deren Amt es mit sich bringet, *die Reichsgesetze wider die Publication gotteslästerlicher Schriften*, aufrecht zu erhalten, das ist eine andere Frage" (Goeze 169). Local theologians also pressed Herzog Karl to act against Lessing, and Karl himself was weary of this feud which seemed to be going on interminably and was receiving attention all over Germany. It was Lessing who had allowed this religious argument with Pastor Goeze to come to public notice, and now Herzog Karl was compelled to act as defender of public law, in particular as protector of both church and state, in this age of "Staatskirchentum." He was heard to say several times: "Warum schreiben denn diese Leute ihre Sachen nicht in lateinischer Sprache, damit dieses Aergerniß nicht allgemein verbreitet werde?" (Daunicht No. 776). Herzog Karl withdrew the "Zensurfreiheit" granted to Lessing earlier and charged him with having published writings which threatened the very foundations of the Christian religion and which held religion up to scorn and ridicule (*Werke* VIII: 614). The Reimarus *Fragmente* were confiscated, and Lessing was forbidden to publish anything without prior approval in or outside of Braunschweig-Wolfenbüttel. This order also shut down further distribution of the *Anti-goezischen Blätter* which had been appearing since the controversy over the publication of the fragments began.[8]

Appeals to Herzog Karl for reinstatement were futile, and Lessing was thinking of leaving Wolfenbüttel if the "Schreibverbot" continued (Houben, *Verbotene Literatur* 511). Incensed, he was determined that the 12th of the *Anti-goezischen Blätter* was going to be published and boldly sent the manuscript off to both Hamburg and Berlin for that purpose. Not only was he defying the expressed orders of the "Fürstlichen Ministeriums" in doing this, but he sent a copy of the finished pamphlet (*Nöthige Antwort gegen Goeze*) to Herzog Karl. At the least he might have been fined for such audacity, but nothing of the sort happened, and he retained his post. In Saxony his *Anti-Goeze* was forbidden on penalty of 50 Thaler fine (Danzel II: 452).

The fact that no punitive measures were taken against Lessing as a result of the controversy can be counted a victory of sorts, but the censorship *was* imposed after all, and "Vorzensur" was maintained thereafter. His attempts to air important religious questions having been frustrated in one medium, Lessing finally turned to another, to his old pulpit, the theater.[9]

Although the "Goeze-Streit" represents Lessing's most dramatic and overt encounter with censorship, it is also important to regard instances where the censoring power was not specifically applied but could have been. That was the case, above all, with *Emilia*

Galotti. The whole history of this piece from its origins to its reception is a most curious one, and the aura of censorship can partly explain why the play was composed as it was.

Lessing's active interest in Livy's story of Virginia dates from 1754, when he translated Hermilly's summary of the drama by Augustin Montiano y Luyando. This was followed by a review of Johann Samuel Patzke's *Virginia* in 1755 and a partial translation of Henry Samuel Crisp's *Virginia* at about the same time (J-D. Müller 44). Therefore when he started to plan his own version of the tragedy in 1757, Lessing had an intimate knowledge of the main model (Livy) and the truly international tradition which developed after it (see J-D Müller 34). He must have been aware from early on that the "zwei Handlungen"—the fate of Virginia and the liberation of Rome —were going to present special problems. Livy's account shows a clear political antagonism between the patricians and the plebians. Appius Claudius' ravaging of justice and the desperate act of Virginius in killing his own daughter to save her honor, is coupled directly with the subsequent upheaval which results in the overthrow of the decemvirs and the suicide of Appius. These events all take place within an explosive atmosphere and in view of an aware and angry public. They are closely bound together, and the outcome seems a logical culmination.

Could Lessing have portrayed similar conditions in his play? Did he want to? *Emilia Galotti* was to be, he wrote to Friedrich Nicolai, "eine bürgerliche Virginia," and he would depart from Livy's story by eliminating political aspects, believing, "daß das Schicksal einer Tochter, die von ihrem Vater umgebracht wird, dem ihre Tugend werther ist, als ihr Leben, für sich schon tragisch genug, und fähig genug sey, die ganze Seele zu erschüttern, wenn auch gleich kein Umsturz der ganzen Staatsverfassung darauf folgte" (*Schriften* XVII: 133). Why did he find it sufficient to omit such a fundamental element of the basic story and yet not abandon it completely? He could have left it a fragment as he did so many other things, including some with political weight,[10] and found another subject for a tragedy whose focus would bear with intensity upon the virtue and honor of a young middle class girl. In solidifying the plot he would also have been following an Aristotelian imperative for good drama. The commitment to continue *Emilia Galotti* was always accompanied by the disclaimer to others, including finally Herzog Karl, "daß es weiter nichts, als eine modernisirte, von allem Staatsinteresse befreyete Virginia seyn soll' (*Schriften* XVIII: 20–22). Lessing recognized that if *Emilia Galotti* were going to be staged at all, its outcome could not follow that of Livy, and any political criticism contained in the play would have to be softened or disguised. If he were to portray the legend in the spirit of the original, then he had either to create a role for the "Volksmenge" and show the subsequent

demise of Prince Hettore Gonzaga or, in the absence of public
awareness of the egregious acts of the Prince, he would have had to
cause Odoardo to stab the prince to death. Either alternative would
have been out of the question. Such inflammatory stuff would never
have been allowed to play anywhere in Germany in the 1770s, even
in the court theater of his rather liberal "Dienstherr" in Braunschweig.

That Lessing was mindful of the possibility of censorship of
Emilia Galotti — all or in part — seems obvious. In his circumstances
he had no choice but to exercise circumspection where matters of
morality, religion and the state were concerned. He needed to work
out the basic theme in such a way that it would not infer revolutionary sentiments. Such envisioning of what is acceptable, what is
not, and composing accordingly, defines self-censorship.

There is little that can tell us definitely Lessing's intentions with
Emilia Galotti. Correspondence with his brother Karl suggests that
Lessing was anxious to have Karl's reaction to the play before it
should be presented (*Schriften* XVIII: 10). And to Christian Friedrich
Voß, his friend and publisher in Berlin, for example, he wrote: "Ich
habe Ihnen eine neue Tragödie versprochen, aber wie gut oder wie
schlecht — davon habe ich nichts gesagt. Je näher ich gegen das Ende
komme, je unzufriedener bin ich selbst damit" (*Schriften* XVIII: 11).
If his brother and his friend had felt the play would elicit rejection or
rebuke, they certainly would have told Lessing.

As far as is known no such fears were expressed, but Karl's remarks about the play in a letter to Lessing show that he did not
understand what Lessing intended very well either. Among other
things, Lessing pointed out to Karl in his letter of 10 February 1771
that the emphasis of the tragedy did not fall upon the title character:
"Weil das Stück Emilia heißt, ist es darum mein Vorsatz gewesen,
Emilien zu dem hervorstechendsten, oder auch nur zu einem her-
vorstechenden Charakter zu machen? Ganz und gar nicht." And he
was especially interested to know what Karl thought of the violent
and fiery character Orsina (*Schriften* XVIII: 18f.), who screams: "Der
Prinz ist ein Mörder!" (IV, 5) and who supplies Odoardo with the
dagger and encourages him to use it against the prince (IV, 8).

Lessing was obliged to submit the play for "Vorzensur," and he
dutifully wrote to Herzog Karl for the required permission, but he
sent the Herzog only the first four acts for prior approval on the pre-
text that the manuscript was not yet completely printed (Breuer
141). Once again Lessing described the tragedy by saying the whole
thing was "weiter nichts als die alte Römische Geschichte der
Virginia in einer modernen Einkleidung . . ." (*Schriften XVIII: 22f.*).[11]
Having declared this repeatedly, one presumes that the Virginia-
legend must have been familiar to many, including perhaps the Herzog, who even without the 5th act in hand, could assume that the

piece ends as Livy's story did. Either Herzog Karl did not know the "zwei Handlungen" or, if he did, he believed Lessing's assurance that the whole thing was harmless. That Herzog Karl would not have been concerned one way or the other seems only a remote possibility, given his later reactions to the Goeze feud.

As for the members of the audience, both immediate and potential, Lessing could have presumed that many of them too would have known the Virginia-legend and have understood that he did not dare suggest anything seditious on stage. Yet it is not unreasonable to think that this man who was known for his feistiness might at least have desired to send a subtle signal to those in the audience who were attuned to receive it.[12]

It appears that Lessing was tinkering with the ending right up to the last minute. He was late in sending the final scenes to Döbbelin, whose company was to give the first performance, and a copy of the complete play was not handed to the Herzogin until the day of the performance (Danzel II: 306).[13]

Emilia Galotti was subsequently censored nowhere in Germany except in Gotha, where it was at first decisively forbidden, "weil die Fürsten in der Emilia übel behandelt wären" (qtd in Danzel II: 326), which in my opinion is the very reaction Lessing was most concerned about. And "In Hessen-Kassel war diese Tragödie natürlich verboten, aus denselben Gründen wie Schillers *Kabale und Liebe* . . . " (Houben, *Verbotene Literatur* 513).[14] Wulf Rüskamp believes that *Emilia Galotti*, unlike *Minna von Barnhelm*, was not censored, "nicht, weil die politische Kritik hier gar zu offen träte, sondern weil die Zensur diesen umfassenden politischen Zugriff des Stücks gar nicht sah; schon bei *Minna von Barnhelm* ging es um klar identifizierbare Aussagen innerhalb des Dramas, nicht aber um die gesamte Tendenz" (141). Joachim Müller is of the opinion that the authorities of the various states did not dare to forbid *Emilia Galotti* because that would have been an admission to their people that the political criticism did in fact apply to them (53). But if most of the princes did not ban it, then they did not feel overly threatened by it. Lessing was skillful in muting the potentially offensive features in his portrayal of a despotic, yet human, prince living in another place at another time and still allowing the total negative impression of absolutism and absolute power to remain.

Whether Lessing was consciously attempting to reproach his countrymen about their complacency or "Gelassenheit" (cf. Heitner 487) or "Unmündigkeit" before absolute rulers, or whether he really did mean to portray "eine modernisierte, von allem Staatsinteresse befreyete Virginia" finds no general agreement. It is reasonable to conclude, without entirely accounting for his motives, that Lessing could not have followed the Roman story of Livy and expect to see his own tragedy staged and therefore had to be his own censor. In this he was similar to Wieland, whose situation as a writer is described by John A. McCarthy:

> Die Freiheit zu veröffentlichen, was man denkt und glaubt, war im späten 18. Jahrhundert noch keine traditionell garantierte Freiheit. Sie hing noch von der Willkür der Obrigkeitsinstanzen ab. Daher riet Wieland zur Mäßigung und Vorsicht. Es gibt, wie er meint, eine Zeit zu reden und eine Zeit zu schweigen. Schweigen ist dann sogar nützlicher, wenn man sich zu stark ausdrückt und mehr sagt, als man verantworten kann. Die Muse muß gelegentlich im Zaune gehalten werden, um nicht über das Ziel hinauszuschießen (458).

Self-censorship should not imply subservience on Lessing's part — his whole life refutes that — but rather it exhibits practicability and perhaps a willingness to gamble in a time when absolute authority was impinging more and more.

The consequences of the aura of censorship for German literature is well summarized by Kiesel and Münch: "Die dauernde 'Purgierung' der Literatur durch die Zensur und der konsequente Verzicht der Autoren auf zensurgefährdete Inhalte und Ausdrücke, ließen langfristig beim Publikum und bei Vermittlungsinstanzen wie Theater und Literaturkritik Schicklichkeitsvorstellungen üblich werden, die von den Autoren kaum mehr durchbrochen werden konnten, auch wenn die Zensur ihre Vorstöße nicht blockierte" (120).

The ending Lessing provided for *Emilia Galotti* was a necessary compromise in the face of the powers that prevailed at the time. Not even the author himself seemed contented with it, and forever after it struck many observers that it was somehow just not right within a tragedy which was otherwise to beautifully constructed. But what he was attempting was exceptional and weighing the effect of it all and remembering the conditions under which he worked, Lessing went about as far as he could.

Bowling Green State University

Notes

1 Citations made parenthetically in the text are keyed to the research materials listed under "Works Cited." *Schriften* refers to Lessing's works in the Lachmann/Muncker edition.
2 Houben cites numerous cases of censorship from Lessing's time and beyond, in *Verbotene Literatur von der klassischen Zeit bis zur Gegenwart.* See "Works Cited."
3 Lessing later circumvented the censor himself when he published the first three conversations of *Ernst und Falk* anonymously in September 1778 and gave the place of publication as Wolfenbüttel instead of the actual place, Göttingen.

4 The satirical fable *Der Eremit* was found particularly offensive; other rejected items were the poem "Die Religion," some epigrams, and parts of an untranslated Latin lampoon of Lemnius involving the marriage of priests (see Houben, *Verbotene Literatur* 514f.).

5 Although Joseph II made Lessing's recognition possible in Austria because of his influence upon the censorship board, his liberal reforms could be realized only very slowly, since he did not come into independent reign until the death of his mother, Maria Theresa, in 1780. Even under Joseph, however, there was no loosening of the watch kept upon certain theatrical productions. All comedies were subject to pre-censoring, and extemporaneous performances were expressly forbidden. Joseph's reforms were shortlived anyway. When he died in 1790 there was reversion to earlier policies. Likewise Lessing, whose name was always in the *Catalog of Forbidden Books*, did not enjoy the previous acceptability (see Houben, *Verbotene Literatur* 512–514 & see Breuer for censorship in Austria, 99–113).

6 Jan Thorn-Prikker uses similar language to describe self-censorship in the "Bundesrepublik": "Traditionelle Zensur wird so mehr und mehr zum Ausnahmefall. Konforme Meinung ist die gelungene Form der zensierten Kritik, die keiner weiteren Zensur mehr bedarf. Es handelt sich um die Verlängerung eines historischen Prozesses der Marginalisierung der Opposition in Deutschland, der nie aufgehört hat zu wirken" (281).

7 Dieter Hildebrandt believes the Prussian authorities may have associated Tellheim's fate at the end of the war with that of porcellan manufacturer J. C. Gotzkowsky, who went bankrupt, and thus *Minna* was seen as the stage version of the severe economic collapse of 1763.

8 The details of the controversay are well covered in Danzel, 4. Buch, Kapitel 1–10, 368–459.

9 Lessing's *Nathan der Weise* was banned for a long time in Austria, where any debate about "Atheisten, Freidenkern, Deisten, Juden oder Quäkern" was not permitted on the "Hofbühne." It was presented for the first time in the Burgtheater in January, 1819. For a time, sale of the printed *Nathan* was forbidden in Saxony and in Frankfurt a.M. (Houben, *Verbotene Literatur* 515 and 517).

10 For example, the fragments or plans for *Samuel Henzi, Spartacus* and *Massaniello*.

11 In the same letter to Herzog Karl, Lessing acknowledges that a tragedy would perhaps not be fitting for such a festive occasion as the Duchess' birthday celebration and that he would be glad to substitute something else. Also, there were rumors at court that *Emilia Galotti* was a *drama à clef* which equated Herzog Karl with Hettore Gonzaga and Karl's mistress, the Marquise Branconi, with Orsina (see Danzel II: 307 and Oehlke II: 152).

12 Joachim Müller's confidence that the political significance of the play was well understood by contemporaries goes too far, however.

13 A rumor later circulated in Berlin that Lessing had altered the ending. Voß, his publisher, was anxious to get this revision before issuing a second edition. Lessing denied changing the ending (Danzel II: 314).

14 *Emilia Galotti* was later performed in Gotha (once in 1774; twice in 1775) and in Kassel (once each in the years 1781, 1785, 1787 and 1789) (see Ursula Schulz 216–217; 222–223).

Works Cited

Archiv für Geschichte des Deutschen Buchhandels (AGDB). Hrsg. von der Historischen Commission des Börsenvereins der Deutschen Buchhändler. 20 Bde. Leipzig, 1878–1898.

Barner, Wilfried, Gunter Grimm, Helmut Kiesel, Martin Kramer. *Lessing. Epoche - Werk - Wirkung.* 4. Auflage. München: Beck, 1981.

Conolly, L. W. *The Censorship of English Drama 1737–1824.* San Marino: The Huntington Library, 1976.

Danzel, Theodor W., Gottschalk E. Guhrauer. *Gotthold Ephraim Lessing. Sein Leben und seine Werke.* Zweite berichtigte und vermehrte Auflage, hrsg. v. Wendelin von Mahltzahn und Robert Boxberger. 2 Bde. Berlin: Verlag von Theodor Hofmann, 1880–1881.

Daunicht, Richard. *Lessing im Gespräch. Berichte und Urteile von Freunden und Zeitgenossen.* München: Wilhelm Fink Verlag, 1971.

Dyck, Joachim. *Minna von Barnhelm oder Die Kosten des Glücks.* Berlin: Verlag Klaus Wagenbach, 1981.

Goeze, Johann Melchior. *Streitschriften gegen Lessing.* Hrsg. von Erich Schmidt. Stuttgart, 1893.

Goldfriedrich, Johann. *Geschichte des Deutschen Buchhandels vom Beginn der klassischen Litteraturperiode bis zum Beginn der Fremdherrschaft (1740–1804).* Leipzig: Verlag des Börsenvereins der Deutschen Buchhändler, 1909. Band III der *Geschichte des Deutschen Buchhandels.* Fotomechanischer Nachdruck Leipzig, 1970.

Heitner, Robert R. "*Emilia Galotti:* An Indictment of Bourgeois Passivity." *The Journal of English and Germanic Philology* 52 (1953): 480–490.

Hermand, Jost. *Von deutscher Republik 1775–1795.* 2 Bde. Frankfurt a. M.: Insel Verlag, 1968.

Hildebrandt, Dieter. *Lessing. Biographie einer Emanzipation.* München: Hanser Verlag, 1979.

Houben, Heinrich H. *Der ewige Zensor. Längs- und Querschnitte durch die Geschichte der Buch- und Theaterzensur* (1926). Reprogr. Nachdruck. Kronberg: Athenäum Verlag, 1978.

————. *Hier Zensur - Wer dort? Leipzig:* F. A. Brockhaus, 1918. *Verbotene Literatur von der klassischen Zeit bis zur Gegenwart. Ein kritisch-historisches Lexikon über verbotene Bücher, Zeitschriften und Theaterstücke, Schriftsteller und Verleger.* 2 Bde. Berlin, 1924. Reprogr. Nachdruck. Hildesheim: Olmsverlag, 1965.

————. *Verbotene Literatur von der klassischen Zeit bis zur Gegenwart.* 2 Bde. Berlin, 1924. Reprogr. Nachdruck. Hildesheim: Olms, 1965.

Kanzog, Klaus. "Zensur, literarische." *Reallexikon der deutschen Literaturgeschichte.* 4 Bde. Bd. 4 Hrsg. von Klaus Kanzog und Achim Masser. Berlin: Walter de Gruyter, 1984.

Kiesel, Helmuth und Paul Münch. *Gesellschaft und Literatur im 18. Jahrhundert. Voraussetzungen und Entstehung des literarischen Markts in Deutschland.* München: Beck, 1977.

Kobuch, Agatha. "Aspekte des aufgeklärten bürgerlichen Denkens in Kursachsen in der ersten Hälfte des 18. Jahrhunderts im Lichte der Bücherzensur." *Jahrbuch für Geschichte* (DDR) 19 (1979): 251–293.

Lessing, Gotthold Ephraim. *Gesammelte Werke.* Hrsg. von Paul Rilla. 10 Bde. Berlin: Aufbau Verlag, 1954–1958.

————. *Sämtliche Schriften.* Hrsg. von Karl Lachmann. Dritte, aufs neue durchgesehene und vermehrte Auflage, besorgt durch Franz Muncker. 23 Bde. Stuttgart und Leipzig 1886–1924. Nachdruck Berlin, 1968.

————. *Werke.* In Zusammenarbeit mit Karl Eibl, Helmut Göbel, Karl S. Guthke, Gerd Hillen, Albert von Schirnding und Jörg Schönert. Hrsg. von Herbert G. Göpfert. 8 vols. München: Carl Hanser Verlag, 1970–1979.

McCarthy, John A. "Die gefesselte Muse? Wieland und die Pressefreiheit." *MLN* 99 (1984): 437–460.

Müller, Jan-Dirk. *Gotthold Ephraim Lessing: Emilia Galotti. Erläuterungen und Dokumente.* Stuttgart: Reclam, 1978.

Müller, Joachim. *Wirklichkeit und Klassik. Beiträge zur deutschen Literaturge-schichte von Lessing bis Heine.* Berlin: Verlag der Nation, 1955.

Oehlke, Waldemar. *Lessing und seine Zeit.* 2 Bde. 2. Aufl. München: C. H. Beck, 1919.

Rüskamp, Wulf. *Dramaturgie ohne Publikum. Lessings Dramentheorie und die zeit-genössische Rezeption von "Minna von Barnhelm" und "Emilia Galotti." Ein Beitrag zur Geschichte des deutschen Theaters und seines Publikums.* Bd. 18, *Kölner Germanistische Studien. begr. von Paul Böckmann.* Köln: Böhlau Verlag, 1984.

Schefold, Dian. "Zur Geschichte von Meinungsfreiheit, Zensur und Meinungslen-kung." *Literaturwissenschaft: Grundkurs 1 & 2.* Hrsg. von Helmut Brackert und Jörn Stückrath in Verbindung mit Eberhard Lämmert. Reinbek bei Ham-burg: Rowohlt Taschenbuch Verlag, 1981.

Schubart, Christian Friedrich Daniel. *Deutsche Chronik.* Reprograph. Nachdruck. Hrsg. von A. Henkel. Heidelberg, 1975.

Schulz, Ursula. *Lessing auf der Bühne: Chronik der Theateraufführungen 1748–1789.* Bremen: Jacobi Verlag, 1977.

Thorn-Prikker, Jan. "Zensur! Zensur? Sprachregelungen oder das gesprächige Schwei-gen der Demokratie." *Literaturbetrieb in der BRD. Ein kritisches Handbuch.* Hrsg. von Heinz Ludwig Arnold. 2. völlig veränderte Auflage. München: edi-tion + kritik, 1981. 260–283.

Trunz, Erich, ed. *Goethes Werke.* Hamburger Ausgabe in 14 Bänden. Bd. IX. 7. über-arbeitete Auflage. München: Beck, 1974.

Zedler, Johann Heinrich. *Großes vollständiges Universallexikon aller Wissenschaf-ten und Künste* ... 64 Bde. nebst 4 Suppl. Halle und Leipzig, 1731–1754. Graz, 1961.

"Handlung" as the "Geist" of Lessing's Aesthetic Thinking

Leonard P. Wessell, Jr.

"Leibnizens Begriffe von der Wahrheit waren so beschaffen, daß er nicht vertragen konnte, wann man ihr zu enge Schranken setzte. Aus dieser Denkungsart sind viele Behauptungen geflossen, und es ist, bei dem größten Scharfsinne, oft sehr schwer, seine eigentliche Meinung zu entdecken. Eben darum halt ich ihn so wert; ich meine, wegen dieser Art zu denken; und nicht, wegen dieser oder jener Meinung, die er nur zu haben schien, oder denn auch würklich hatte."[1] — Lessing

Some years ago I undertook, with what now appears to me as scholarly foolishness if not hubris, the task of determining the "systematic structure of Lessing's aesthetics."[2] I only completed and published the first part of the intended three-part essay. Perhaps due to the ill will of the Fates or to the simple absurdity of existence, parts two and three as originally conceived will not be completed and published in the foreseeable future. The frustration of my originally planned opus is not, however, without some advantage, as I now consider it in principle wrong to write about a general "aesthetics" in Lessing, let alone about the systematic structure of such an aesthetics. I do however consider it valid to write about Lessing as an aesthetic thinker and, in this context, to attempt to ascertain something systematic in this thinking. The distinction I am making will, hopefully, become clear in the ensuing discussion.

The current essay is, nevertheless, an attempt to present the essential idea originally scheduled for part three of my scholarly foolishness. Because of the highly schematic and brief form of presentation and without the benefit of part two, I believe that a certain amount of explanatory background is necessary on my part if the reader is not to misunderstand me and to conclude that I did indeed attempt to present the systematic structure of Lessing's aesthetics, that I produced just another schematization of the truly dynamic nature of Lessing's thinking on aesthetic matters. After having con-

Lessing Yearbook, 1987, Vol. XIX, pp. 113–136.

fessed my foolishness, I do not wish to have now written something foolish.

The form of my ensuing presentation of "Handlung" as the "Geist" of Lessing's aesthetic thinking evinces the following features: 1) I have gathered together relatively abstract and theoretical statements by Lessing on drama, the poetic arts, and the plastic arts, mainly from the *Laokoon* and the *Hamburgische Dramaturgie*, though from a number of other sources. 2) Such theoretical statements are investigated so as to reveal a "deeper" and hence more systematic level—but only to a certain point. The penetration to a deep structure could have been far more complete. 3) I have organized them in a systematic manner nowhere to be found in what Lessing actually did write. I am claiming that my analysis of Lessing's statements and my ordering of them do reveal something "true" about the "Geist" of Lessing's aesthetic thinking. 4) The necessary result is that my presentation will manifest a particularly schematic form—a schematization that could well strike the connoisseur of Lessing as distorting and mislead the noviate into believing that *the* truth has been found. Above I quoted Lessing concerning his view of Leibniz' concept of truth. Substitute Lessing for Leibniz and we have, I contend, an adequate statement about Lessing's concept of truth. "Lessings Begriffe von der Wahrheit waren so beschaffen, daß er nicht vertragen konnte, wann man ihr zu enge Schranken setzte." I do not wish by means of the schematic form of my discussion to set Lessing's thinking into too narrow of limits. Such a procedure strikes me as almost—not entirely—to be the irradicable error of Lessing scholarship, particularly regarding the "system" of Lessing's theology. This is an error so great and all encompassing that I think that Hume's recommendation concerning books on metaphysics would well function as a regulative principle for the treatment of much—not all—scholarly babble on Lessing. In a limited manner I will outline what I hold to be this "metaphysical" error in Lessing scholarship and then try to order my ensuing analysis in opposition to such an error—hopefully thereby justifying my scheme as, paradoxically, more historically faithful to Lessing than a "profound," seemingly neverending ontologification (pardon the stylistic barbarity of such a term) of the "Geist" of Lessing's aesthetic thinking.

Because of the apparent contradictions in Lessing's statements—the historical "facts" to be interpreted—many scholars, basing themselves on some brief statements by Lessing concerning Leibniz' mode of thinking, have distinguished sharply between the *exoteric* or surface level of Lessing's thinking and the *esoteric* or deep level of said thinking. All interpretation must, of course, penetrate deeper into a given thinker than he/she proceeded if the interpretation is to be more than a regurgitation or introductory presentation of the said writer. This is binding on me as much as on others. However, the peculiarity of much Lessing scholarship has been to penetrate so deeply, to such a profound level, that the deep structure "found" is used to deny parts of the surface level. Lessing's statements, so to speak, as "pure" historical facts are at times even rejected as facts revealing Lessing's "true" thinking. Borrowing terms from linguistics, the diachronic flow of the surface level of Lessing's thinking is radically subordinated to synchronic conceptualization—thereby generating an ontologification of his thought.[3]

No doubt my statement in the last paragraph is a bit cryptic. I will articulate it somewhat. It is not my intent to present at this point a persuasive case against a mode of analysis, rather simply to indicate my problems in order to clarify the formative principle of my presentation of "Handlung" as the "Geist" of Lessing's aesthetic thinking. The key metaphor here is "sychronicity." The term comes, of course, from linguistics. A linguist, I will assume, may wish to construct the "deep structure" of a language, say, English as it is *now.* Now? This very second? If so, English is reduced to perhaps imperatives such as "Leave." Why? Simply because a sentence of, say, ten words necessitates a time period, e.g. 5 seconds, i.e. it durates. The formal description of English during a given period will result in what English *is.* A period of a few seconds is much too narrow. No linguist is so atomistic. No, we will take "modern" English. English of the last 200, 300, 400, etc. (?) years. That *is* the English for which we want to develop a structure—be it but a generative grammar— that can encompass and formally reduce English of a given period to a deep structure. But, alas, things are precarious. English of a 5 second or even a 1 second period may show deviance, change, and, shall we say, manifest novelty. In other words, English appears to flow temporally, to be a process, a "becomingness" (Whitehead), in short, diachronic. All elements of the process may not be reducible to a synchronic structure. Here is where problems begin. Some linguists—I believe it holds for Chomsky—begin discovering or postulating "ideal" structures, ideal classes which, theoretically, need contain no real members. Here is where the theoretical problem becomes tricky, especially when the subject matter is the thinking pattern of a creative mind. I would like to illustrate this problematic a bit further.

Let us take an all encompassing, i.e. synchronic, and yet generative system, that of Newton. If I examine a particular atom at 9 A.M. on a given morning and I know all its vectors and the vectors of all other relevant atoms, I can proceed scientifically, rationally, and deductively in the following manner indicated by Karl Popper: "Scientific theorems are universal statements." "Every application of science is based upon an inference from scientific hypotheses (which are universal) to singular cases: i.e. upon a deduction of singular predictions."[4] Based upon the systematic principles, upon the synchronic nature of Newtonian physics, the scientist can deduce from his principles exactly where the said atom will be at 11 A.M. It is possible that the atom has never been in that place before and will never be there again. In this sense Newton's synchronic science has generated a statement about and prediction of an apparently unique event. But such an event is correlatively nothing but a transformation and specification of the universal. The event is not novel, is not an expression of creativity, is not a puzzle. The synchronic, unchanging structure produces the articulation of the "is" of the atom in its universe. I have—I know at the risk of aggrevating some metaphysicians—adopted the hollowed term "ontology" as a designation for a synchronic systerm. I have also borrowed the terminology from Humberto Eco in his critical analysis of Lévy-Strauss' structuralism (See footnote 16 below).

Perhaps it would be wise to while a bit, meditating on Popper's contention concerning the deductive nature of science—and I remind my reader that Germans are brave, or foolish enough to designate themselves *Literaturwissenschaftler*. As Stephen Pepper noted years ago, all good science begins with a metaphor.[5] This is true also for Popper. "Theories are nets to cast to catch what we call 'the world': to rationalize, to explain, and to master it. We endeavor to make the mesh ever finer and finer."[6] And metaphorically speaking, what is the web of theory, of the theoretical net? Its deductive structure! A theory is deductive because all parts are but *relata* united under a structural whole. I suggest that an imaginative extrapolation of Popper's metaphor would lead him to embrace Parmenides, the *enfant terrible* of early Greek thought or Hegel, Popper's own *bête noire*. The fateful extrapolation is "to endeavor to make the mesh ever finer and finer" until . . .? Can the mesh, if not in practice, than in theory, be made so fine that it coalesces totally? If not, then on principle something in "the world" is not graspable by "scientific thinking". Something remains. Irrationality threatens Popper's "the world." I believe it was just such a predicament that led Heinrich Rickert to distinguish so sharply between *Naturwissenschaften* and *Kulturwissenschaften*.[7] Since, according to Rickert, science is always generalizing (i.e. deductive), and since cultural realities seem to possess an individuality not reducible to the general, a method is needed that can examine the culture in its individuality, not as a singularization of the universal. But I do not wish to pursue the problem of a possible irrationality any further. Suffice to note, it has brought Hans Glockner to include irrationality in the very foundation of "die Welt."[8]

No, let us take up the more fascinating possibility that the net can be meshed totally together. What would we have then? We would, I suggest, have a bag! We could then cast this bag on the sea of "the world" and have it all in the bag, we could simply (or complexly) bag "the world." And what is the deep structure of such a metaphor? The structure of the net having become a bag is the deductive form, the relational scheme. If all reality is, be it only in theory, reducible to a deductive system, what happens to the individual, to the temporal, to the changeable, to novelty? We can simply refuse to believe our eyes, deny what we see, deny we perceive change—and we become disciples of Parmenides. The diachronic is thereby reduced to illusion. Time is not a feature of the real, just an case of mistaken identity. But we are not the ancient Greeks, we are moderns, we do now believe our eyes—at least at times. There is individuality, there is change, and there is time, i.e. diachronicity. But it is now all in the bag, i.e. it can be fully assimilated to the relational, the deductive. Somehow the deductive system itself must unfold, must manifest itself, the idea must realize itself. With malice of forethought I have introduced Hegelian terminology here. Hegel, despite Popper's ravings against him, was a rationalist, a supreme rationalist. If the deductive bag is conceived as an evolving system, then the diachronic is assimilated by an unfolding deduction as a mere moment, phase, expression, etc. No novelty! Something *new* in the history of man may occur just as Newton's atom may occupy for one and only one time a new location in space—but no real novelty. As Georg Lukács asserts, dialectical theory "allots a higher place to the prevailing trends of the total development than to the facts of the empirical world."[9] Polemically formulated, the fact serves the theory and is a fact only in such service. I have pushed Popper's method to an extreme, not because I think all scholarship on Lessing, even on his theology, is purely abstract and deductive or dialectical. I only want to present in a pure form what the full synchronization of the diachronic can mean. The relative is subsumed by the absolute, the temporal by the synchronic, the fact by the theory. But what happens, should a *deviant* fact appear and thereby rip assunder the seamless "bag" of "the world"?

In order to make this clear and to bring the discussion back towards Lessing and an interpretation of his aesthetic thinking, I shall illustrate my meaning with an imaginary *Literaturwissenschaftler*. Let us say that the writer of *Who Done It?* mysteries, Agi Chri, has written 20 thrillers in which each time a woman is the murderer. Our *Literaturwissenschaftler*, filled with the spirit of Popper, casts his net (bag?) on the "world" of *Who Done It?* trivia. But, alas, he has only read the first 19 novels. Nevertheless, he is sharp and notes that all the women criminals show extreme trouble with their father and that this seems to be entailed in the motivation to murder. Our investigator reads up on the real life of Agi Chri and discovers that she had deep problems with her own father, went through Freudian psychoanalysis, and was conversant with the relevant psychological literature. Not too implausibly, our *Literatur-*

wissenschaftler proposes that Agi Chri's problems have influenced
the structuring of her female murderers and that the oedipus complex is a key motivational factor in the stories. But, alas, our scient-
tist reads novel number 20. The killer is a woman, but she has had
nothing but positive experience—some 100 pages worth—with her
father. Indeed, if the *Literaturwissenschaftler* had only read this
novel, he would have concluded, if anything relative to the father's
role must motivate murder, that a good, normal, healthy relationship is the cause. Patent nonsense! But the novel is an anomaly, it
does *not* fit the *nomos*, the synchronic structure of the previous
system of interpretation. Assume that our investigator is enthralled
by the system. So he begins to look for reasons for this deviation,
this unexpected deviation. One thing is sure, Agi Chri did *not* mean
what she wrote! The "trend" is more important than the empirical
fact. Well, perhaps Agi Chri wanted to join a prestigious men's
organization and she had to write a story favorable to men in order
to make the right impression. Yes, that must be the reason—the
esoteric reason for the exoteric deviation, a reason in accord with
the deep structure. If such a heuristic *ad hoc* does not hold up, well,
our scientist of literature can always find another deep reason for
the surface deviation from his bag-model. The model may have
begun as a hypothesis—plausibly grounded in much empirical evidence. It has now become a synchronicity that denies the reality of
diachronic novelty. This procedure is, in my judgment, validly
designated an ontologification—and is so typical of much Lessing research that I feel that Hume's suggestions concerning books on
metaphysics is quite relevant for such ontologifications—especially
since the weather has turned cold.

In my opinion, scholars on Lessing, especially in the field of
theology, have been confronted with conflicting "empirical fact,"
with all too sparse and ambiguous evidence to substantiate theories
about what Lessing actually meant, and often play off their particular deep structure against the surface level, i.e. begin to proscribe to
their readers what Lessing should have meant and hence did mean.
In other words, the empirical surface looses its facticity and
becomes itself but a deductive *relatum* in the deep structure. A fact
is a fact only in so far as it exemplifies the theory, and not the reverse! Such a procedure can be designated the exoteric/esoteric
method. The "esoteric" Lessing—and he alone—is the *true* Lessing.
All other Lessings are exoteric. This experience has rendered me
highly sceptical of all too systematic analyses of Lessing's "aesthetic
system." I have a phobia relative to any possible ontologification of
Lessing's aesthetic thinking as a "system." I do not wish to become
another Lessing-metaphysician. As a transition back to Lessing, let
me briefly outline—without trying to argue the case—the results of
my experience with secondary literature on Lessing's theological
"system."

For instance, let Lessing in the *Erziehung des Menschenge-schlechts* use metaphorically a comparison of revelation to education and develop this metaphor in a manner that clearly equates God with an educator—separate from man and entering into man's historical existence as a "Richtungstoß"—and man, specifically the "chosen people," as the student; and scholars leaning to a more rationalistic interpretation of Lessing—and with considerable statements by Lessing as historical facts for a rationalistic interpretation—begin the process of synchronic transformation. Education in the form of educator and student lends itself too easily to a "transcendent" or Christian interpretation of such an "exoteric" metaphor, *ergo:* Lessing really meant *self*-education. But such a metaphorical base is still too vague. What Lessing really meant was development or "Entwicklung" immanent in the historical development of man. Indeed, if the interpreter is sufficiently brave, he will even suggest the notion of "evolution" as the true esoteric core of Lessing's theorizing. At this point, the interpreter need but develop the structure contained in the notion of "evolution" and thereby generate a systematic structure, i.e. what I have dubbed the ontologification of Lessing's thought.

Once the systematic core of the deep structure of Lessing's system has been worked out, it is but child's play to return to the surface and reveal what Lessing really meant with his surface statements, with his exoteric musings—even if the revelation be that Lessing really meant nothing with any exoteric statements that might contradict the deep structure. Thus F. Loofs, perhaps the first to formulate explicitly the synchronic treatment of Lessing as the exoteric/esoteric method, could in all certainty maintain that Lessing categorically rejected orthodoxy and neology and therefore "alles, was in den theologischen Streitschriften und in der 'Erziehung des Menschengeschlechts' dem [Lessing's supposed rejection of revelation] widerspricht, gehört dem 'exoterischen Vortrage' an."[10] Although Loofs as a fine and forthright scholar admitted he knew little or nothing about the true esoteric core of Lessing's systems, most scholarship on Lessing's theology has not shown itself to be so modest and ever new systems are generated, ever new ontologies are advanced—none of which Lessing ever explicitly formulated. In reading much Lessing scholarship I often have the feeling: "If only Lessing had written that, it would all be so logical." But Lessing did not write such an esoterics and things are not so logical, so synchronic; but rather confused, flowing and diachronic. In a well known letter to Mendelssohn, Lessing asked his friend to rethink the "Geist meines Systems." Scholarship has all too often placed too much emphasis on the word "System" and reduced Lessing's "Geist" to a system, rather than seeking the system of his "Geist."

Scholarship on Lessing's dramaturgy, poetics, and actual works of art is not so given to the exoteric/esoteric model as scholarship on

Lessing's theology. Nevertheless, I hold there is a certain amount evident. Be that as it may, any attempt to find the esoteric deep structure of Lessing's aesthetics, particularly in analogy to Lessing's supposed theology, is *formally* doomed to failure. Any such attempt must reveal a supposed deep level in Lessing's aesthetic thinking that is literally, nowhere to be encountered as a historical fact, i.e. as something actually stated by Lessing. Such an interpretation of the "Geist" of Lessing's system should strike those acquainted with Lessing as repugnantly as did Baumgarten's *Aesthetica* strike Lessing. In part one of my intended essay on Lessing's aesthetics and elsewhere I have sought to locate Lessing as a thinker caught on the horns of the cognitive crisis only resolved by Kant's *Kritik der reinen Vernunft*.[11] John Herman Randall has contended, German philosophers of the Enlightenment were "tossed back and forth between the conflicting currents of rationalism and empiricism."[12] Lessing, too, I have contended was "tossed back and forth" upon this sea of theoretical conflict. Indeed, it belongs to the outer ring of the "Geist" of Lessing's system to be embroiled within the confines of a crisis period. The unity of Lessing's thought is the unity peculiar to a theoretician seeking new unity to replace the obvious breakdown of previous systems. If this thesis holds, all attempts to reach back in time and equate the "Geist" of Lessing's thinking with a Leibniz or a Spinoza or forward in time and identify this "Geist" as a proto-form of, say, a Hegel, as has been done, is *formally* misconceived. It represents an attempt to re-introduce the systematic core of thinkers who did, both exoterically and esoterically, possess a relatively closed system. For that matter, the creative invention of any relatively closed system by a scholar is, I hold, historically falsifying of Lessing. That Lessing sought a new synthesis, a new integration, in a sense, a new "system," I accept. It is inherent in the theoretic process itself to seek, teleologically, systematic completion. But such a system was but an ideal limit, an asymptoptic goal for Lessing—nothing he actually approached in any manner. However, it is not enough to state that Lessing was "tossed back and forth" between conflicting positions. This holds true for many thinkers of the period, say, 1760 to 1781. The principle specific to Lessing and determinate of his mode of thinking, in the case of this essay, of his aesthetic thinking, must be determined if Lessing's statements are not to appear as a chaotic mess of historical facts simply to be registered and chronologically ordered. Certainly, the diachronicity of Lessing's thinking, even if it possesses no final synchronicity, must involve more than a positivistic ascertainment of "pure" facts. Lessing's aesthetic ratiocinations may, indeed, be but "Kollektanea zu einem Buch," as Lessing noted in his *Laokoon*, but they are ordered "zu einem Buch" which I will interprete here as allegorical for a system or, at least, systematic treatment. The "Geist" of Lessing's "system" must be determined in some manner. This demand I accept as theoretically fair and unavoidable. I shall try to suggest an answer and relate it to my analysis of the "Geist" of Lessing's "system."

Does not the attempt to determine, however circumspect, the "Geist" of Lessing's aesthetic thinking reintroduce the same old problem of the "system," does not it entail a *salto mortale* on my part? Hopefully not! Lessing, as any other theorist, was not just interested in registering "facts," e.g. that the position of the mouth of Laokoon does not indicate a scream or that Winkelmann interpreted this fact in such and such a manner. Lessing did and had to ask: Why? As Bernard J. F. Lonergan has masterfully shown, this primordial drive to know *why* leads to the development of insights that lead to the development of ever higher, more comprehensive viewpoints, i.e. to systems.[13] Indeed, my schematic presentation has as its purpose to outline just such a higher viewpoint. However, a "why" has two faces, is Janus-faced. When it successfully generates an answer it can, so to speak, look back at the material for which it wanted an insight, and explanation. When such a looking back is complete and comprehensive, a system has been generated. This system does not have to be of the esoteric/exoteric model; it will, nevertheless, pivot between the particular and the universal, the conceptual and the empirical if it is not to become an ontologification. But a "why" can look forward to encompassing new information, i.e. the answer generated for a particular problem can in turn suggest new problems, new interpretations, new insights. In this way the "why" is not just a static, synchronic structure, but the generative force of diachronic, dynamic development. Concerning his dramatic theory in the *Hamburgische Dramaturgie*, Lessing cautions his readers against attempts unduly to systematize him. "Ich erinnere hier meine Leser, daß diese Blätter nichts weniger als ein dramatisches System enthalten sollen. Ich bin also nicht verpflichtet, alle die Schwierigkeiten aufzulösen, die ich mache. Meine Gedanken mögen immer sich weniger verbinden, ja wohl sich zu widersprechen scheinen: wenn es denn nur Gedanken sind, bei welchen sie Stoff finden, selbst zu denken. Hier will ich nichts als *Fermenta cognitionis* ausstreuen."[14] Lessing has, perhaps inadvertantly, answered the question he put to Mendelssohn years before concerning the "Geist" of his system. It lies in creating *fermenta cognitionis*.

I shall risk a definitional determination of the "Geist" of Lessing's "system". Lessing's "system" evinces the following features: 1) it possesses no comprehensive and contradiction-free totality; 2) it is caught on the horns of the cognitive dilemma of the Enlightment; 3) Lessing seeks to solve the crisis; 4) Lessing turns to paradigms from any source, be they rationalistic, empiricistic, or Aristotelian; 5) anything in order to generate questions and answers, to formulate a "why" for the most concrete of "facts"; and 6) the "why-insight" unity is not conceived as rendering a final deep structure, rather as suggesting new questions, new perspectives, in short, keeping the intellectual chase in motion. The formulation of answers to questions concerning at time minituae, teleologically ordered to suggesting ever new questions, is the most typical feature of Lessing's *ars cogitandi* in general and of the "Geist" of his aesthetic thinking. The "Geist" of his "system" is not just a formal feature but also a generative principle. Therefore, any analysis of Lessing's theorizing that erects in effect a closure, an illusion of having reached the "deep structure," the synchronic core of his theory, is necessarily misleading if not falsifying. It is certainly *historically* unfaithful to Lessing. All such would-be deep structures, such universal features, simply transform Lessing into what he was not, i.e. a "Systematiker."

In part two of my originally planned essay I had hoped to acquaint the reader with the ever suggestive manner of Lessing's generation of ever more *fermenta cognitionis*. Instead I have to be content with the above given summary. In the ensuing analysis I have sought to do two things by means of the schematic expository form used. 1) I have attempted to ascertain a relatively "higher viewpoint" by Lessing, an inchoate synchronic conceptualization of the aesthetic core at the level of a "Handlung." In other words, "Handlung" is the "Geist" of Lessing's aesthetic thinking, such as the concept was developed, such as it produced a higher viewpoint, be this viewpoint but my discovery. 2) I have endeavored to avoid unduly systematizing Lessing by purposely limiting my exposition to the point of schematization. I hope to provoke the following reaction from the knowledgeable reader: "Yes, I recognize Lessing in the author's presentation. The author's analysis of Lessing's concepts and his ordering of such concepts do indeed reflect the surface level of Lessing's thinking. But, this or that concept could use more penetration. The ordering could be more systematic. More material could have been incorporated. Most importantly, an insight into Lessing, if not into a 'Handlung' itself, has been established, but it needs *much* more development and here is how I suggest that it be done . . . ." My schematic form has had the purpose of suggesting to the reader possibilities of deeper insights, to leave him/her dissatisfied relative to the "why." If I have succeeded in doing this, I believe that I have been *historically* faithful to Lessing's *ars cogitandi*, to the "Geist" of his system, and to what he actually did think. I will have avoided the pitfalls of the exoteric/esoteric reductionism so marring of Lessing scholarship. If I have failed, if I have produced just another schematized ontology, then Hume's advice holds also for my efforts. If I have been successful in revealing the suggestive possibilities of Lessing's use of "Handlung" as a central concept in his aesthetic thinking, I also believe I have revealed that part of his thinking that was suggestive and provocative historically for the coming generation of romanticists.

NOTE: Before turning to my concrete analysis, I should like to suggest a project to the world of Lessing scholarship. Xavier Zubiri at the end of his study of such disparate philosophers such as Aristotle, Kant, Husserl, Dilthey, Heidegger, and Bergson, concludes that, although philosophers do not agree as to the philosophical truth, they do understand each other because they are well aware of the task, of what they have to treat.[15] At times I wonder seriously if Lessing scholars understand each other. Lessing himself was clearly bothered by the very facticity of facts. Not only was history a problem for Lessing, but also the very historicity of the "facts" used to make sense of history. What can be derived from a historical fact, how is such a thing to be ascertained? As a theologian Lessing wrote relatively little about theology. Even less was written of a clearly abstract or general nature. After reviewing scholarship on Lessing's theology — scholarship extending more than 100 years, I found myself astounded and confounded by the following "fact": Scholars of brilliance would (and I suppose still do) trot out the same set of quotations which purportedly and so triumphantly prove the most divergent of interpretations! Lessing has, I contend, become an historical problem! Somewhere, I remember, Voltaire once noted that history is a pack of tricks played on the dead by the living. I wonder if that does not describe much scholarship on Lessing. (Lest my reader think I am being presumptuous and self-excepting, I am not. I often doubt the historical validity of my own efforts. Perhaps it does not matter what Lessing really said so long as we scholars enjoy the chase after the "Geist" of Lessing's system.) I would suggest that an international conference on the matter is needed (hopefully sponsored by the *Lessing Society*) and a publication of discussions (perhaps in the *Lessing Yearbook* or as a special volume). Lessing as a historical problem could have various aspects, namely the dichotomies of esoteric/exoteric, deep structure/surface manifestation, interpretation/fact, synchronicity/diachronicity, etc. Above all reflection should not just be aimed at Lessing, but at the "Geist" of our "modern" system(s) of viewing Lessing. For after all, someday we too will become an historical problem. In this way, we as a community would be honoring Lessing in the most high manner, i.e. using Lessing's very thinking as a *suggestion,* as *fermenta cognitionis* for understanding how we ourselves view our historical predecessors and hence what is the "Geist" of our own system.[16] If some clarification is not brought into the picture, I doubt that Lessing scholars will understand each other in way that Zubiri's philosophers do and guess that we will go on playing ever new and more brilliant tricks on Lessing.

Lessing's Insight into Aesthetic Matters

Lessing frequently asserts "Vergnügen" as the "Endzweck" of art. For instance, Lessing reminds his readers: "Der einzige unverzeihliche Fehler eines tragischen Dichters ist dieser, daß er uns kalt läßt."[17] Accordingly, Lessing pays attention to the psychological and, indeed, physiological effects of a work of art upon the perceiving subject. However, pleasure is not the last and only end of art. This would be to reduce art to mere subjectivity, to the mere momentariness of individual wants. The critic for Lessing is not without standards beyond the peculiarities of the individual. "Der Kunstrichter muß night bloß das Vergnügen, er muß vornehmlich die "Bestimmung der Kunst vor Augen haben." (V, 331) Let us examine the notion of "Bestimmung" in Lessing's ruminations on aesthetic matters, for it connects him not only with his rationalistic heritage, but also with the Aristotelian tradition of imitation. Art does not constitute a realm isolated in its self-sufficiency, rather it has a function within the "real" life of man, namely to improve man, to bring him nearer to his moral destiny. Thus the final goal of art stands outside of art in the general scheme of things. In other words, art has as its highest "Bestimmung" a theodician task.[18] An artistic genius "sollte ein Ganzes machen, das völlig sich rundet, wo eines aus dem andern sich völlig erkläret . . . das Ganze dieses sterblichen Schöpfers sollte ein Schattenriß von dem Ganzen des ewigen Schöpfers sein; sollte uns an den Gedanken gewöhnen, wie sich in ihm alles zum besten auflöse." (VI, 402)[19] The totality presented by the genius encompasses man and his moral relation to the universe.[20] In this sense, the real object of art, of artistic imitation, is for a Lessing man. I would suggest that Aristotle had an influence upon Lessing concerning the concept of imitation. The object of aesthetic imitation for Aristotle is primarily man.[21] At any rate, the doctrine of imitation enabled Lessing to obtain a higher viewpoint.[22]

However, the artistic genius simply does not present nature photographically, "Natur" is only a "Schauspiel" for God. "Um endliche Geister an dem Genusse [dieses unendlichen Schauspiels] Anteil nehmen zu lassen, mußten diese das Vermögen erhalten, [der Natur] Schranken zu geben, die sie nicht hat; das Vermögen abzusondern, und ihre Aufmerksamkeit nach Gutdünken lenken zu können." (VI, 359) Art thereby has a "Bestimmung." "Die Bestimmung der Kunst ist, uns in dem Reich des Schönen . . . die Fixierung unserer Aufmerksamkeit zu erleichtern." (VI, 359) In other words, the genius presents his audience with a fictional world whose structure reflects or, more accurately, imitates the structure of the universe as a whole, as it is a unified "Schauspiel" for God. Now what typifies divine creativity? God creates with a purpose, namely to manifest and actualize perfection. Similarly, a genius imitates God (and thereby creates a fictional universe imitative of nature) when he too creates with a purpose in mind. "Mit Absicht handeln ist das, was den Menschen über geringere Geschöpfe erhebt. Mit Absicht dichten, mit Absicht nachahmen, ist das, was das Genie von den kleinen Künstlern unterscheidet . . . " (VI, 164) When the finite genius, the artist, is able to embody his own internal purpose into an aesthetic manifold and to focus the attention of the audience upon the resultant whole, he has created the "Welt eines Genies, das—(es sei mir erlaubt), den Schöpfer ohne Namen durch sein edelstes Geschöpf zu bezeichnen!) das, sage ich, um das höchste Genie im Kleinen nachzuahmen, die Teile der gegenwärtigen Welt versetzt, vertauscht, verringert, vermehret, um sich ein eigenes Ganze daraus zu machen, mit dem es seine eigene Absichten verbindet." (VI, 175) The creation *in micro* of a universe analogously structured to the divine universe *in macro* constitutes the essence of Lessing's doctrine of imitation. Now the universe so constructed is one inhabited by man. Hence, it is man and his universe that is the object of imitation. When the genius has created a fictional "Schauspiel" for man such that man is improved, i.e. integrated with reality, with nature, the genius has created with "Absicht."

But what typifies man? What is the nature of man? Man like all beings in Lessing's rationalistic world seeks perfection. Humans have hopes, longings, and goals that they *pursue*—and I emphasize the notion of pursuit.[23] For this dynamic element is a constitutive feature of what is to be imitated for Lessing. In order to grasp this, let us take a closer look at Lessing's theory of *Nachahmung*.

"[J]ede nachahmende Kunst [soll] vornehmlich durch die eigene Trefflichkeit des nachgeahmten Gegenstandes gefallen und rühren." (V, 237) In this last sentence Lessing was talking about the object of imitation as opposed to the media of imitation. Painting has a different medium than the poetic arts, though both, as imitating arts, share common principles relative to the object of imitation. "Es ist wahr, beydes, sind nachahmende Künste; und sie haben alle die Regeln gemein, welche aus dem Begriffe der Nachahmung, und aus dieser Verschiedenheit fließen die besondern Regeln für eine jede." (V, 219) At this point in my presentation I will attempt an unusual approach to Lessing's aesthetics. I will now focus upon the common features that pertain to the object of artistic imitation independent of the media of imitation. This object (or if one will, theoretical construct) *I designate* as the "deep object" of imitation. Its properties are hereby designated as "objectual features." In other words, the "deep object" with its "objectual features" constitutes the "Trefflichkeit" of the imitated object prior to the differentiations introduced by the media of imitation.

At this point I must introduce a break in the exposition of Lessing's higher viewpoint in order to reflect upon the analytical principles directing my exposition. I do this in order to avoid constructing —however much against my will—an ontologification of Lessing's aesthetic reflections, or proposing an "esoteric" core. Up to this point I have stayed within Lessing's own terminology. I have sought to reveal a dee*per* structure implicit in the actual theses presented by Lessing. I do not think I have effected an esoteric core. My interpretation can be checked by the "empirical facts" of what Lessing did actually write. However, I believe that I have discovered inklings of a *novel* insight into a higher viewpoint in Lessing's aesthetic ruminations. This "object" is distinct from Lessing's vocabulary, i.e. has mainly only an implicit reality. Somehow I must identify it, use it, without introducing an ontologication, a final *deep* structure into the diachronic flow of Lessing's "Geist." This object is "something" distinct from the real, empirical, aesthetic object, it is *deeper* than the real properties of space and time as real ingredients in any aesthetic reality, e.g. in a statue or a drama. It is nevertheless an explanatory principle of what Lessing does "see" while contemplating, let us say, the Laocoon. Lessing gave no name to it. I must do so. That this "something" is implied, is generative in Lessing's analysis, can only be proven in the ensuant discussion of it. My first step is to identify this "something." This I have done by designating it an "object." I use the term at this point in a manner similar to the use of the term "entity" by A.N. Whitehead.[24] It refers to any discriminate content of experience, not just to a "real" physical object. In this sense my use is also similar to Hans Glockner's theory of "Gegenständlichkeit."[25]

But this first semantic level is not sufficient to grasp what Lessing was putatively seeking. Lessing clearly thought within the categorical scheme*s* of pre-Kantian Enlightenment categories. Something ontological is intended, is implied. But what? More importantly, how can I designate this "object" without smuggling in an ontology foreign to Lessing's possible meaning?

Originally I designated this object as the "transcendental object of imitation." The term is out of the Kantian/neo-Kantian tradition and certainly has its virtues. However, the introduction of such a term would have produced a *salto mortale* on my part. Along with the term "transcendental" comes other notions such as "a priori," "category," "pure intuition," etc. If the dee*per* structure is burdened with transcendental concepts, I run the risk, intended or not, of identifying Lessing's thinking with a tradition that came to be after his death! And I am upset with a scholar who finds proto-Hegelian features in Lessing? This I wish to avoid. But what should I call it, this "something" generative in Lessing's aesthetic thinking? The "object of imitation" represents a dee*per*, though only inchoate, insight into the *being* of the aesthetic object. It is clear that I am not treating Lessing's method as a type of nominalism. I see no real reason to believe that Lessing was not seeking the *being* of an aesthetic object. Out of frustration and lack of philosophical imagination I have des-

ignated this "deeper insight" as the *deep object.*" The properties
constituting it as *being,* as object, are designated as the "objectual
features."[26] These objectual features are structurally prior to, I claim,
the differentiation of the aesthetic object into real spatial or temporal objects. I claim that they articulate the meaning contained in
Lessing's designation "Trefflichkeit." "Trefflichkeit" is constituted
by the objectual features of the deep object. The ensuing exposition
is an attempt to ascertain what the objectual features are and how
they are specified by the media of space and time into the two broad
categories of art, namely, plastic and verbal art. My analysis is non-
esoteric, does not constitute an ontologification—it rests or falls in
my ability to render the invented term of "deep object of imitation"
as implicitly contained in the actual statements—the empirical
facts—made by Lessing. Let me now take up the argument again.

Once again, what is the object of imitation? The human world
shows man in pursuit of perfection, man as an active being, man in
his *Handlungen.* The category of *Handlung* is, I contend, a fundamental category in Lessing's aesthetic theorizing (and one not
without ambiguities). Indeed, the form of a *Handlung* constitutes
the structure of the deep object of imitation and its specification
will reveal the objectual features of said object. A *Handlung* presup-
poses space and, particularly, time as its necessary conditions. One
cannot—and Lessing did not—talk about a *Handlung* without explicitly or implicitly entailing reference to space and time. It is obvious
that space and time render any object concrete and individual. The
manner in which space and time receive form in Lessing's aesthetic
thought determines how he was able to integrate and differentiate
the poetic and pictorial arts.

Lessing's concept of *Handlung* which manifest the objectual features has at least three meanings. Let us take up these meanings.

> Eine *Handlung* nenne ich *eine Folge von Veränderungen, die zusam-
> men ein Ganzes ausmachen.*
> Diese *Einheit des Ganzen* beruhet auf der *Übereinstimmung aller
> Teile zu einem Endzweck.* (IV, 24)[27]

1) At this point I only wish to focus upon the fact that a *Handlung* represents a series of changes in time, i.e., *Bewegungen, Veränderungen.* Furthermore, such changes are the changes of one or
more objects. They represent the contents, the facts, of the *Handlung.*[28]

2) But a *Handlung* does not simply consist of a series of atomistic
events. Instead, all the parts of the manifold must agree in a principle of unity. The rationalistic doctrine of perfection is evident here.
As G. Fr. Meier had noted: "[D]ie Uebereinstimmung des mannigfal-
tigen zu [einem] Zweck" is a key feature of beauty.[29] A *Handlung* in

order to be *viz.* to take place must have its principle of sufficient reason, its *Grund*. Consequently, the principle of unity of every *Handlung* entails causality. "Jede dieser augenblicklichen Erscheinungen und Verbindungen [einer Handlung] hat die Wirkung einer vorhergehenden, und kann die Ursache einer folgenden und so nach gleichsam das Centrum einer Handlung seyn." (V, 226)[30] Because the unity of *Handlung* is causally determined, the temporal parts of its development, namely, *before, now* and *after*, or *past, present* and *future*, are not external to each other, not simply next to each other. The contents of the *before, now* and *after*, cannot be shifted around, rather they reflect the internal development of the dynamic object itself. The temporal phases are causally linked and this linkage structures their time. In short, aesthetic time evinces the form of causality. Moreover, this form is immanent in time, not external to it. Time is not the Newtonian container in which something occurs, rather it is the Leibnizian formal relationship of the compatibility and incompatibility of the elements of causally ordered events.[31]

3) The heart of a *Handlung* is not, however, activity itself, even causally ordered activity. All parts of the manifold agree in an "Endzweck." This metaphysical structure of a *Handlung* transforms change into the connexial order of a teleological process. But what constitutes the "Zweck" of human activity? Humans are motivated to realize life goals, to seek perfection. This motivation *causes* humans to strive after goals and hence imparts a teleological structure to their activity as the object of imitation.

> Es hat [einigen Kritikern] nie beifallen wollen, daß auch jeder innere Kampf von Leidenschaften, jede Folge von verschiedenen Gedanken, wo eine die andere aufhebt, eine Handlung sei . . . (IV, 31)
> Handlungen sind um so viel vollkommener, je mehrere, je verschiedenere, und wider einander selbst arbeitende Triebfedern darin wirksam sind. (V, 237)

The empirical contents that occur in aesthetic time, e.g. in a drama, thus take on the temporal qualities of the human self as it strives after perfection and enters into interaction, into conflict, with other human selves. The static structure of space and the successive structure of time do not constitute an endless being *next-to-each-other* of indifferent spaces or an endless *after-one-another* of indifferent moments, rather they reflect the spatial and temporal shape of a teleological process of qualitatively distinct locations and phases, i.e. they manifest poetic time.[32] This relational *form* is that, relative to which, the empirical contents and their ordering find meaning and hence aesthetic unity. The principle of form, of aesthetic universe has its reason, its why, its *Grund*, in the pursuit of perfection and the obstacles encountered. Such a pursuit and the *form* it generates are immanent in the contents of a *Handlung*. Indeed, the *Handlung* is but the expression, the expressive form, of human needs, of human action. Consequently, its form is not derived externally, *a priori*, and perscriptively to the contents. Moreover, the contents as the specifics brought about by the striving after perfection, only receive reality as they represent a manifold unified in a goal, teleologically ordered. Indeed, this teleological unity is now the form of the content-striving after perfection, actualized temporally and spatially. The form of the empirical contents now reflects, mediates the spatial—temporal structure of the deep object of imitation. Indeed, it constitutes the very realized "Trefflichkeit" of this object. Gottsched had insisted in a one-to-one imitation of real time and real space. A poet may choose whatever time and space he will as that to be presented on a specific stage at a specific time. Once this act of freedom has been realized the poet is, prescriptively required, to treat poetic time as but an extension of real time, and poetic space as an extension of real space. Hence Gottsched's version of the unities. Lessing's concept of poetic time, of aesthetic time,—more in his theory than in his practice—allows the poet to select times and spaces expressive of the dramatic exigencies of a specific *Handlung*. Here Lessing did in the formalistic aesthetics so dominant in much previous German theory.

Thus far I have discussed the nature of the aesthetic object as the deep object independent of the medium of imitation. I will now seek most briefly to relate the poetic and plastic media to this aesthetic object. In that way a general overview of Lessing's aesthetic projection can be generated *in nuce*.

Aesthetic media possess *per se* three common features:

1) Media become aesthetic only insofar as they fulfill a presentative function, i.e. they are signs for the aesthetic object. A medium can be a natural sign.[33] For instance, a painted face on a canvas is the natural sign of the individual represented. A natural sign clearly resembles what is imitated. A sign can also be arbitrary. For instance, the words of a poem, as words, are convention. They do not look like the object verbally designated. However, arbitrary signs, namely words, can be transformed into natural signs when, poetically structured in tone, position, and as metaphor, they produce a lively, vivid engrossing experience.[34]

2) Artistic media possess the feature of being sensate, empirical. The goal of the artist is then the following: "Poesie und Mahlerey, beyde sind nachahmende Künste, beyder Endzweck ist, von ihren Vorwürfen, die lebhaftesten sinnlichsten Vorstellungen in uns zu erwecken." (V, 225) Media differ in the degree of vividity, or, to speak with Susanne Langer, in the degree of presentational immediacy, that they can manifest.[35]

3) Media as signs possess their own being, their own physical reality. Painting, for instance, consists of colors and lines on a flat

surface. The words of a poem are tones sequentially ordered in time. In their own reality, media entail *real* spatial and/or temporal features. This means that the aesthetic unity of a medium can have falls under the limits of its own properties of space and time.

How then are aesthetic media with their three basic features to be integrated with the deep object of aesthetic imitation, i.e. transform the deep object into a concrete, specific object of art? According to Lessing, an aesthetic medium must have "ein bequemes Verhältnis zu den Bezeichneten." (V, 115) In other words, the specific properties of a medium must correspond to and communicate the relational and spatial-temporal structure of the deep object of imitation. The objectual features must be assimilated by each medium according to the limits and possibilities of its reality. Each medium, because of its own reality, requires different "rules" of imitation. This introduces differentiation into the deep object and thereby mediates to it concrete specifications of a generic type. Lessing's theory of *Gattungen* reflects this differentiation.

We can now specify Lessing's principle for determining the rules basic to each *Gattung*. "Die Mahlerey braucht Figuren und Farben in dem Raume. Die Dichtkunst artikulirte Töne in der Zeit. Jener Zeichen sind natürlich, dieser ihre sind willkürlich. Und dieses sind die beyden Quellen, aus welchen die besondern Regeln für jede herzuleiten." (V, 219) Poetic art imitates the deep object with words or, better, by means of words. Now words are in their reality sound. · Consequently, the material of the poetic arts are sounds ordered serially. Now the form of this order is time. Consequently the three objectual features of the deep object as the core of the aesthetic object are imparted to poetic art through the serial order of real sound. The plastic arts, on the other hand, imitate the aesthetic object with lines and shapes. Consequently, the material of the plastic arts is ordered as juxtaposed figures. Now the form of such figures is space. Hence the three objectual features of the deep object are imparted to the plastic arts through spatial configurations or simply space. In short, aesthetic imitation has two large fields: "Die Zeitfolge ist das Gebiet des Dichters; der Raum das Gebiet des Mahlers." (V, 234) The rules pertaining to each medium can be derived by showing how each medium can mediate awareness of the objectual features or *form* of the aesthetic object, namely awareness of the spatial-temporal structure of a *Handlung*. Now a *Handlung*, as just shown, 1) entails physical change; 2) represents motion as causally united, and 3) presents motion causally determined by the motivations to actualize value. Let us take up each of these objectual features and indicate how the respective plastic and poetic medium can transmit them.

1) *Handlung* as physical change: Each medium has materially certain limits—limits arising out of its very material reality. The

plastic medium consists of lines and figures in space and the poetic medium of words ordered in time. What can the plastic and poetic media imitate?

> So können neben einander geordnete Zeichen auch nur Gegenstände, die neben einander, oder deren Teile neben einander existiernen, auf einander folgende Zeichen aber auch nur Gegenstände ausdrücken, die auf einander, oder deren Teile auf einander folgen.
>
> Gegenstände, die neben einander oder deren Teile neben einander existieren, heißen Körper. Folglich sind Körper mit ihren sichtbaren Eigenschaften die eigentlichen Gegenstände der Malerei.
>
> Gegenstände, die auf einander, oder deren Teile auf einanderfolgen, heißen überhaupt Handlungen. Folglich sind Handlungen der eigentliche Gegenstand der Poesie. . . .[D]ie Malerei [kann] auch Handlungen nachahmen, aber nur andeutungsweise durch Körper. (V, 115)

2) *Handlung* as causality: A cause is the sufficient reason that unites the manifold of an action into a whole. The greater the unity of a manifold, the greater will be the perfection and hence reality of the imitation. Now as has been shown, the plastic arts can only hint at motion, because they can only present a body in one position. But what position should be chosen? The answer: "Die Malerei kann ihren koexistierenden Kompositionen nur einen einzigen Augenblick der Handlung nutzen, und muß den prägnantesten wählen, aus welchen das Vorhergehende und Folgende am begreiflichsten wird." (V, 115–116)

Poetry, on the other hand, seeks to present action as the "Ideal der moralischen Vollkommenheit." (V, 262). Lessing used the term "moralisch" as Baumgarten and others had, to refer to the notion of "Sittlichkeit", i.e., human actions are those that seek to actualize value judgments. Causal activity ordered to attaining a goal has its own form in the poetic arts. [M]an [soll] . . . auf dem Ideal in den Handlungen denken. Das ideal der Handlungen bestehet 1, in der Verkürzung der Zeit, 2, in der Erhöhung der Triebfedern, und Ausschließung des Zufalls, 3, in der Erregung der Leidenschaften." (V, 262) The ideal just presented borders on Lessing's notion of *Handlung* as the organizational principle of drama. This is no accident. The drama is, of all art forms, the one whose form is closest to that of the aesthetic object in general.

3) *Handlung* as motivation: There is no aesthetic action if the action is not humanly motivated, i.e., if value is not pursued. However, the desired goal of action can represent a highly agitated state of mind or represent a relatively calm feeling of self-possession. The more motivation to act, the more likely the aesthetic object will manifest the transitory. The plastic arts can only hint at the transitory. Consequently, the plastic artist cannot represent in a frozen position that which in itself is transitory without, that is, distorting

the representation. A movement which is charming dynamically will appear in statuary as a grimace. A scream which is momentary is unnatural frozen forever. "Daher die *Ruhe, die stille Grösse,* in Stellung und Ausdruck." (V, 237) Winckelmann had been right in applauding the sculptor of the Laokoon group for presenting the hero as not screaming, but not because of the "stille Grösse" as a moral value, rather because only a self-composed attitude is proper to the medium of plastic representation.

Poetry, on the other hand, most properly presents that which is in motion because the connected words themselves require time. Therefore, the ideal of the poet "erfordert keine Ruhe; sondern gerade das Gegenteil von Ruhe. Denn er mahlt Handlungen und nicht Körper." (V, 237) Since poetry represents actions caused by motivations, the more conflict, the more motivation, and hence the more dramatic an action is, the more poetic will be its imitation. Indeed, the highest form of poetic art is drama itself. In a letter to Nicolai, 1769, Lessing asserts: "Daß dramatische Poesie die höchste, ja die einzige Poesie ist, hat schon Aristoteles gesagt, und er gibt der Epopee nur insofern die zweite Stelle, als sie größtenteils dramatisch ist oder sein kann." (IX, 320)

With Lessing's reflections on the preeminence of drama, I close my brief exposition of the structure of his "system." I remind my reader that the exposited "system" represents an *implicit* higher viewpoint encompassing more aesthetic phenomena but by no means constituting a strict system. What the "Geist" of Lessing's aesthetic thinking has constructed are but relatively abstract or general *fermenta cognitionis.* Such theoretical projects have their ultimate meaning not in what they enclose or close off, rather in furthering the theoretical chase after "truth," after the truth of poetic and plastic arts. All because of the "historical" fact that the statue of Laocoon is apparently not screaming—so the position of the mouth would *suggest*—and because of the "historical" fact that Winkelmann had misinterpreted the first fact, Lessing, in ever more refined observations of such facts, is able to derive a tentative and *suggestive* structure relating the poetic to the plastic, a relationship far more penetrating than the efforts of Lessing's contemporaries and still challenging today. Lessing in no way sought an esoteric level in opposition to the exoteric manifestation, rather one implicitly contained in the empirical level. As sort of a schematization of a schematization, I offer below a diagram of Lessing's synchronic-diachronic conceptualization of the relationship between literature and the plastic arts. As in everything, I believe, in Lessing's thinking, the diagram should be viewed with a measure of irony.

University of Colorado, Boulder

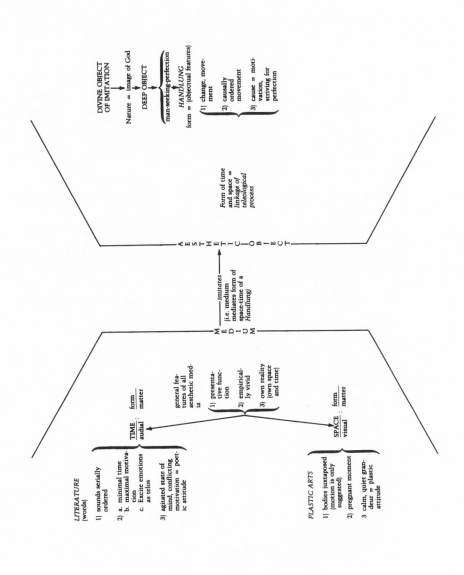

I should like to thank the American Philosophical Society and especially the Council on Research and Creative Work of the University of Colorado for financial aid enabling the research for this investigation.

1 Cf. "F.H. Jacobi über seine Gespräche mit Lessing" in *Gesammelte Werke,* ed. Paul Rilla (Berlin, 1954–1958), VIII, 623.

2 Cf. "Lessing as an Aesthetic Thinker: An Essay on the Systematic Structure of Lessing's Aesthetics. Part I, The Philosophical Background," *Lessing Yearbook* XV (1983), 177–211.

3 For my analysis of Lessing's theological reflections and an evaluation of the critical literature see my *G.E. Lessing's Theory: A Reinterpretation. A Study in the Problematic Nature of the Enlightenment* (The Hague/ Paris, 1977). Only late in writing my book did I become fully aware of the implications of the esoteric/exoteric model. If I had realized the meaning from the beginning, I would not have simply indicated limitations and inadequacies of the critical literature, but rather have mounted a frontal attack against most of it as formally and methodologically wrong. As the book was published, I only inchoately began such a critical confrontation, mainly in the footnotes.

4 Cf. *The Logic of Scientific Discovery* (London, 1959), 59 and 61.

5 Cf. *World Hypotheses* (Berkeley, 1961), 77.

6 Cf. Popper, *The Logic,* 59.

7 Cf. *Kulturwissenschaft und Naturwissenschaft* (Tübingen, 1926).

8 For Glockner's discussion of the relationship between generality and individuality see *Gegenständlichkeit und Freiheit. I, Metaphysische Meditationen zur Fundamentalphilosophie* (Bonn, 1963), 50–244. Also of importance would be Xavier Zubiri, *Vom Wesen,* trans. Hans Gerd Rötzer (München, 1968), 111–210.

9 Cf. *History and Class Consciousness: Studies in Marxist Dialectics,* trans. Rodney Livingstone (Cambridge, 1972), 100.

10 Cf. "Lessings Stellung zum Christentum," *Theologische Studien und Kritiken* (1913), 58.

11 Cf. My *G. E. Lessing's Theology,* 79–98 and "Lessing as an Aesthetic Thinker," 177–183.

12 Cf. *The Career of Philosophy* (New York, 1970), II, 77.

13 Cf. *Insight. A Study of Human Understanding* (New York / London, 1978), 3–19.

14 *Hamburgische Dramaturgie* in *G. W.,* VI, 479.

15 Cf. *Cinco lecciones da filosofía* (Madrid, 1980), 275–276.

16 Such a problematic is not only found in historical studies, particularly of an interpretative nature, but in most fields dealing with human phenomena. It is almost (scholarly) heart-rending to observe the intellectual and theoretical agony of Umberto Eco as he struggles between the synchronic and diachronic, the developmental and structural dimensions of semiotics, particularly in the context of his critical evaluation of the structuralism of Claude Lévi-Strauss and the ontological reflections of Heidegger. Cf. *La Estructura Ausente. Introducción a la semiótica,* trans. Francisco Serra Cantarell (Barcelona, 1968), 13–16 and 397–479.

17 *Hamburgische Dramaturgie, G. W.,* VI, 88. All further quotations from this edition will be given according to volume and page number and will be noted in the text. Works to be cited in text: *Abhandlungen über die Fabel,* IV, 5–86; *Laokoon,* V, 9–214; *Entwürfe zum Laokoon,* V, 219–346; *Hamburgische Dramaturgie,* VI, 5–534; and *Briefe,* IX.

18 Lessing's concept of theodicy and the relation of this concept to his aesthetic theorizing are closely connected to his idea on the dynamic structure of human consciousness. I will not deal with this important aspect in my present analysis, though strictly speaking, my argument rests upon my interpretation of Lessing at this point. I have attempted to outline the nature of thinking, of consciousness, for Lessing in relation to theology in *G. E. Lessing's Theology,* 207–220 and in relation to Lessing's dramaturgy in *"Geist* and *Buchstabe* as Creative Principles in Lessing's Dramaturgy," *Lessing Yearbook* V (1973), 107–146.

19 Cf. Michael J. Böhler, *Soziale Rolle und Ästhetische Vermittlung. Studien zur Lit-*
    eratursoziologie von A. G. Baumgarten bis F. Schiller (Bern/Frankfurt, 1975),
    157–184. Böhler contends that the purpose of drama for Lessing is to socialize
    man into society in general, not into any particular society. I am in effect general-
    izing Böhler's thesis. In my judgment, the theodicean function of art *per se* for
    Lessing is to socialize man, i.e. integrate him into the universal scheme of things,
    which includes human society. Each art form, each genre, does this in a manner
    particular to its own medium of artistic expression.
20 Lessing's notion of a genius evinces the probable influence of Leibniz. The rela-
    tionship of the genius to the divine creator for Lessing has similarities to the rela-
    tionship between finite monads and the divine monad in Leibniz's philosophy.
    For instance, Leibniz writes: "Entre autres differences qu'il y a entre les Ames or-
    dinaires et les Esprits . . . il y a encor cellecy, que les Ames en general sont des
    miroirs vivans ou images de l'univers des creatures, mais que les Esprits sont en-
    cor des images de la Divinité même, ou de l'Auteur même de la nature, capables
    de connoitre le systeme de l'Univers et d'en imiter quelque chose par des échantil-
    lons architectoniques, chaque esprit étant comme une petite divinité dans son
    departement." Cf. *La Mondadologie* in *Die philosophischen Schriften von Gott-*
    fried Wilhelm Liebniz ed. C. J. Gerbardt (Hildesheim, 1961), VI, 621. For sources
    on the concept of the genius in Germany with particular reference to the influ-
    ence of Leibniz see Pierre Grappin, *La théorie du génie dans le préclassicisme*
    allemand (Paris, 1952); B. Rosenthal, *Der Geniebegriff des Aufklärungszeitalters*
    (Lessing und die Popularphilosophen) (Berlin, 1933); and Hermann/Wolf, *Versuch*
    einer Geschichte des Geniebegriffs in der deutschen Ästhetik des 18. Jahrhun-
    derts. I. Band: Von Gottsched bis auf Lessing (Heidelberg, 1923).
21 Concerning the object of imitation for Aristotle, S. H. Butcher writes: "The actual
    objects of aesthetic imitation are threefold . . . : [1] the characteristic moral
    qualities, the permanent dispositions of the mind, which reveal a certain condi-
    tion of the will: . . . [2] the more transient emotions of the will: . . . [3] actions in
    their proper and inward sense. . . . The common original, then, from which all the
    arts draw is human life, — its mental processes, its spiritual movements, its out-
    ward acts issuing from deeper sources . . ." Cf. *Aristotle's Theory of Poetry and*
    Fine Arts with a Critical Text and Translation of The Poetics, 4th ed. (n.p., 1951),
    124–125. Not all interpreters would agree to a philosophical interpretation of
    Aristotle's *Poetics*, Cf. Walter Kaufman, *Tragedy and Philosophy* (Garden City,
    1969), 33–36. I do not think this position is tenable. Without placing Aristotle's
    Poetics in the framework of his philosophical writings, one cannot understand
    why Aristotle held that music is the most imitative of arts. Kaufman himself is
    lead to translate *mimesis* as "make-believing." Music is mimetic because it re-
    quires lots of make-believing that it refers to something. Such an insipid inter-
    pretation is hardly worth the mention.
22 For some considerations of the influence of Aristotle upon Lessing see Max Kom-
    merell, *Lessing und Aristotles. Untersuchung über die Theorie der Tragödie*
    (Frankfurt, 1940); Reinhart Meyer, *"Hamburgische Dramaturgie" und "Emilia*
    Galotti". Studie zu einer Methodik des wissenschaftlichen Zitierens entwickelt
    am Problem des Verhältnisses von Dramentheorie und Trauerspielpraxis bei Les-
    sing (Wiesbaden/Frankfurt, 1973), 59–125; and Victor Anthony Rudowski, *Les-*
    sing's Aesthetica in Nuce. An Analysis of the May 26, 1769, Letter to Nicolai
    (Chapel Hill, 1971). Still of some interest is Emil Gottschlich, *Lessing's*
    Aristotelische Studien und der Einfluss derselben auf seine Werke (Berlin, 1876).
23 Many interpreters have commented upon Lessing's dynamic concept of man. Ar-
    thur von Arx views the pursuit of perfection as in effect the "Bestimmung des
    Menschen" for Lessing. Cf. *Lessing und die geschichtliche Welt* (Frauenfeld/
    Leipzig, 1940), 140–154. Man's "Bestimmung" is, I contend, the ultimate "Bestim-
    mung" for artistic creativity. Peter Heller, in particular, has fastened upon and
    discussed the meaning of "movement" or of pursuit of perfection for Lessing. Cf.
    Dialectics and Nihilism: Essays on Lessing, Nietzsche, Mann, and Kafka (Am-

herst, 1966), 3–68. I have also developed the theme in "Lessing's Eschatology and the Death of God," *Lessing Yearbook* VI, (1974), 59–82.

24 Cf. *The Concept of Nature* (Cambridge, 1955), 11–13.

25 Cf. *Gegenständlichkeit und Freiheit*, 41–44.

26 My choice of the term "objectual" too has a source, namely Xavier Zubiri, *Inteligencia y razón* (Madrid, 1983), 174–186. Since Zubiri, alas, is hardly known outside of Spanish-speaking communities, I assume that problems are not attached to the term as they are with "transcendental."

27 In one of the "Entwürfe" to the second part of *Laokoon* Lessing repeats his definition. "Eine Reihe von Bewegungen, die auf einen Endzweck abziehen, heißen eine *Handlung*." (V, 311) This is the same definition as given in the *Abhandlungen über die Fabel* above. Thus Lessing's use of the term "Handlung" in the *Laokoon* is consistent with his earlier metaphysical use of it.

28 Here is a point of ambiguity both in Lessing's argumentation and in my exposition of it. Lessing refers to the mechanical succession of events, changes, etc. as "Handlungen". Moses Mendelssohn commented in a note: "Bewegungen heißen sie eigentlich . . ." (V, 226). A "Handlung" is readily identifiable as the activity of a human. This includes, of course, "Bewegungen." But "Bewegung" includes more types of change, has a greater extension than the term "Handlung." Consequently, "Bewegungen" can present more objects for imitation than "Handlungen." Lessing subsumes into one notion human and non-human activity, change. As will be shown, the heart of "Handlung" is human motivation and hence human activity. Interestingly, Mendelssohn himself illustrates his notion of "Handlung" only with references to human situations (e.g. a shepherd boy standing before his herd). Whether the term be interpreted widely or narrowly, "Handlung" refers to a teleologicially structured activity—and the best exemplar of this process is human activity.

29 Cf. Meier, *Anfangsgründe aller schönen Künste und Wissenschaften* (Halle, 1750), § 468.

30 Klaus Bohnen has contended that Lessing's proclivity to causality is a sign of his commitment to Newtonian natural science and of his rejection of school metaphysics. Cf. *Geist und Buchstabe. Zum Prinzip des kritischen Verfahrens in Lessings literarästhetischen und theologischen Schriften* (Wien, 1974), 28–29. Given the fact that Lessing continually made use of rationalistic terms and concepts (indeed, the definition of "Handlung" is Leibniz-Wolffian, not Newtonian) and given the fact that causality as the "Grund" of change has a dominant function in rationalistic thought, I see no need to assume a specific and special Newtonian influence.

31 Concerning Leibniz's concept of time within the framework of the compatibility and incompatibility of being, see Ruth Lydia Saw, *Leibniz* (n.p., 1954), 100–137.

32 For a fuller exposition of Lessing's concept of poetic time see my article, "Lessings Begriff der poetischen *Zeit* im Zusammenhang mit zeitgenössischen Zeitbegriffen," in *Nation und Gelehrtenrepublik. Lessing im europäischen Zusammenhang*, eds. W. Barner and A. Reh (Detroit/München, 1984), 185–192.

33 Concerning Lessing's theory of signs see Rudowski, *Lessing's Aesthetica in Nuce*, 1–33.

34 Lessing himself defines "die Illusion, das Täuschende" produced by poetic painting as "Enargie" which he claims is the term the ancients (Greeks) used to refer to phantasy, or "poetische Gemälde." (VI, 112, note #4) In other words, different art media achieve the vivid status of natural signs in different ways. The essence of this vividity is the forcefulness of the effect, of the "Enargie," called forth in the percipient.

35 Cf. Langer, *Philosophy in a New Key. A Study on the Symbolism of Reason, Rite, and Art* (New York, 1961), 75–93.

Lessing Als Philologe:
Seine Kenntnis und Wertung Mittelalterlicher Dichtungen und Texte

Albrecht Classen

Gotthold Ephraim Lessing, dessen Leistungen eher auf dem Gebiet des Dramas, der Fabel, der theologischen und philosophischen Streitschriften angesiedelt werden, verriet bereits einen Erkenntnisstand der mittelhochdeutschen Dichtung (von nun an abgekürzt als mhd), der weit über seine Zeit hinausreichte.

Obwohl er weder grundlegende Editionen erstellte oder die mhd Literatur in ihrer Fülle zu erkennen vermochte, so hatten ihm doch schon die Kriegslieder seines Freundes Gleim von 1753, die er ausführlich in der *Berlinischen Privilegierten Zeitung* besprach, und seine Studien für ein deutsches Wörterbuch von 1758/59/60 eine erste Vorstellung von der mittelalterlichen deutschen Dichtung vermittelt. Aber erst seine Anstellung als Bibliothekar zu Wolfenbüttel[1] wurde zum entscheidenden Ansporn, sich intensiver mit diesen Problemen auseinanderzusetzen. Dort sollten ihm die bedeutenden Manuskriptfunde gelingen, auf die sich seine ausgedehnten Mittelalter-Studien stütze. Die frühen Germanisten des 19. Jahrhunderts wie Lachmann oder Benecke knüpften jedoch nicht bei Lessing an und vernachlässigten ganz zu Unrecht dessen philologischen Leistungen. Solche knappen Verweise wie die Jacob Grimms auf seine Abhandlungen über Ulrich Boners *Der Edelstein* (ca. 1350) blieben ohne Wirkung für die Rezeptionsgeschichte.[2] Offensichtlich fehlt bei Benecke sogar jeglicher Bezug auf Lessing, obwohl dessen Studien erhebliche Vorarbeiten für die Erforschung des Traditionsgefüges um Boners Sammlung darstellt, die später von Benecke selbst herausgegeben wurde.[3]

Auch die Lessing-Forschung beachtete diesen Teil seines Werkes weniger, wenn er überhaupt flüchtig gestreift wurde. Allerdings widmete Karl Küster seine Programmschrift zu Siegen 1874 *Lessing als Philologen*, während H. W. Liepmann seine Dissertation von 1931 auf Lessings philologische Arbeitsweise richtete und dabei auch seine Behandlung der mhd Dichtung analysierte.

Lessing Yearbook, 1987, Vol. XIX, pp. 137–163.

Die umfassenderen geschichtlichen Darstellungen der deutschen Philologie von Rudolf von Raumer 1870,[4] Sigmund von Lempicki 1920,[5] Josef Dünninger 1957,[6] Christoph Schmid 1979[7] und Wolfgang Harms 1981[8] integrierten dagegen Lessing als Polyhistor oder Kritiker, doch blieben seine Beiträge zur Beschäftigung mit dem Mittelalter damit nur erwähnt. Die moderne Erforschung der Mittelalter-Rezeption dagegen hat bisher bloß die Romantik und Postromantik des 19. Jahrhunderts ins Auge gefaßt, aber leider scheint damit zugleich auch der Blick auf frühere Rezeptionsstufen versperrt zu sein, wie es 1979 das Rezeptions-Symposium in Salzburg (vom 16.2. bis 18.2. 1979) deutlich aufwies.[9]

Erst jüngst rückte dagegen Ursula Liebertz-Grün den Philologen Lessing in den Vordergrund, als sie vornehmlich seine Erkenntnisse über die *Armenbibel* behandelte. Dies erscheint als ein hilfreicher Schritt, der jedoch die Weite von Lessings Interessen und seine intensive Arbeit mit den in Wolfenbüttel vorhandenen Handschriften noch nicht deutlich werden läßt.[10] Unsere Aufmerksamkeit wird sich daher auf verschiedene Aspekte von Lessings Mittelalterrezeption zu richten haben. In gesonderten Abschnitten werden wir zunächst sein frühes Bardentum und seine Hinwendung zur mittelalterlichen Fabeltradition betrachten. Lessings gereifte Beobachtungsgabe wird sich dann in seinen Beschäftigungen mit mhd Dichtung und Sprache nachweisen lassen. Dem schließt sich eine Untersuchung seiner theologischen Studien an, die auch mittelalterliche Traditionen verfolgten. Zeitbedingte Beschränkungen zeigen sich jedoch vor allem in Hinsicht auf Lessings Haltung zur 'Volkspoesie', da ihm ein Gespür für lyrische Formen zu fehlen schien. Doch wird unsere Analyse letzlich bei dem Urteil bleiben dürfen, in Lessing einen frühen und ernsthaften Philologen zu entdecken, der erheblich zu unserer Kenntnis des deutschen und europäischen Mittelalters beizutragen in der Lage war (siehe mein Nachwort).

In direkter Auseinandersetzung mit den Schweizern Jacob Bodmer (1698–1783) und Johann Jakob Breitinger (1701–1776) entwickelte Lessing seine eigene Interpretationen der mhd Literatur und zugleich eine kritische Methode, die bei entsprechender Weiterführung nach seinem Tode zur wesentlich früheren Entwicklung der modernen Philologie geführt hätte.

Trotz umfassender Arbeiten der Schweizer Forscher, die 1743 zu ihrer *Sammlung Critischer, Poetischer, und anderer geistvollen Schriften*[12] mit der darin enthaltenen ersten Bekanntmachung der Pariser Handschrift der Manessischen Sammlung, 1748 zu ihren *Proben der Minnelieder*, 1753 zu der *Aufforderungsschrift* und schließlich zu der *Sammlung von Minnesingern aus dem Schwäbischen Zeitpunkte* von 1758 und 1759 führte,[13] blieb ihr Werk noch in den Kinderschuhen der Philologie stecken. Jegliche weiterfüh-

rende Glossare, Handschriftenbeschreibungen und Varianten-Ver-
zeichnisse blieben aus, obwohl Bodmers ansonst kritische Analyse
nicht unbeträchtlich dazu beitrug, einige zeitbedingte Beschränkungen zu überwinden. So führten ihn seine Studien zu der Einsicht,
daß die mhd Lyrik aus einem Beziehungsnetz der Mauren, der Trou-
badours und der deutschen Minnesänger[13] entstanden war, daß die
epische Dichtung nicht als Produkt der Volksseele, sondern als
Leistungen von individuellen Dichtern[15] und daß die Bardendichtung des Ossian als Kunstlyrik McPhersons anzusehen sei.[16]
Zudem öffnete er mit seinen Dante-und Tasso-Studien sowie der
Milton-Übersetzung bereits frühzeitig die Perspektive auf die
europäischen Verbindungen. Er schoß jedoch zugleich über sein Ziel
hinaus, insoweit als ihm die Verwandtschaft der *Ilias* mit dem von
Obereit entdeckten und 1782 in der vollständigen Fassung von
Christoph Heinrich Myller herausgegebenen *Nibelungenlied* sofort
als naheliegend erschien, wie es auch schon Blackwell in seiner
Homer-Abhandlung angedeutet hatte.[16]

Gerade die Dante-Arbeit weist in ihrer Argumentation auf ernst-
haftes philologisches Bemühen, da es ihm nicht um die Wiederbele-
bung der mittelalterlichen Literatur um der zeitgenössischen Mode
willen zu tun war, sondern darum, die alte Dichtung vor dem Ver-
fall zu bewahren.[17]

Bodmer erkannte jedoch deutlich, daß die Rezeption im Publikum weitgehend ausblieb, was sich bis zum frühen 19. Jahrhundert
nicht ändern sollte. Unter anderem begann die Wolfram-von-
Eschenbach-Forschung daher erst 1819 mit einem Vortrag von Karl
Lachmann, obwohl sowohl er wie auch Lessing dazu hatten Beobachtungen machen können. Das Fachinteresse stieß noch nicht auf
ein Publikumsinteresse.[18]

I. Lessings Frühes Bardentum

Als sich Lessing ebenfalls diesem Interesse an mittelalterlichen
Texten öffnete, wie wir es schon aus Andeutungen aus seinen
frühen lyrischen Werken entnehmen können, wie etwa in "An die
Leyer" von 1747 oder in "Auf das Heldengedicht Hermann" von
1753, setzte er sich noch vor allem mit der neumodischen Barden-
imitation auseinander. Seine entscheidende kritische Betrachtung
echter mittelalterlicher Texte sollte erst wesentlich später einset-
zen. Hier traf seine Ironie noch etwa das unsinnige Kriegsgeschrei
eines angeblichen Bardenstils ("An die Leyer"):

Wilde Krieger singen
Haß und Rach' und Blut
In die Laute singen
Ist nicht Lust, ist Wut.

Ebenso wertete er die Verdrängung griechischer Vorbilder durch
diesen Germanenkult ab, obwohl seine Freundschaft mit Gleim vor
allem in den frühen 50er Jahren nur verhaltene Kritik und Satire
erlaubte. Zwar pries er den Sänger des Herrmannsliedes ("Dem
Dichter, welcher uns den Herrmann hat gesungen/Ist wahrlich, G.
sagts, ein Meisterstück gelungen"), doch bat er schließlich um
Abänderung des Themas, ja sogar des Genres:

> Nur wünscht ich vom Geschick, noch eins von ihm zu sehen
> Und was? Ein Trauerspiel. Ein Trauerspiel? Wovon?
> Wenn mein Rath etwas gilt, so seys vom Phaeton.

Dieser ironische Ton sollte sich ganz verlieren, als Lessing 1758 und
1759 die Preußischen Kriegslieder seines Freundes rezensierte.
Sogar eine Ode "An Herrn Gleim" (1757) entstand, in der die helden-
hafte Dichtungsweise in einer fast unbedarften Weise als großartig
hingestellt wurde. Lessing scheint somit die Vorstellungen über das
Bardenwesen ziemlich unbedacht übernommen zu haben, da er sich
ohne jegliche historische Dokumentation als Grundlage die angeblichen konkreten Gegebenheiten der Skalden und Barden zu beschreiben getraut: "Beyede folgten ihren Herzogen und Königen in
den Krieg, und waren Augenzeugen von den Thaten ihres Volkes.
Selbst aus der Schlacht blieben sie nicht" (7, S. 119), und von daher
auch Bewertungskriterien für die moderne Bardendichtung zu gewinnen hoffte: "so ist man einigermassen fähig, über unsern neuen
preussischen Barden zu urtheilen" (7, S. 120). Zugleich wird dabei
die "schwäbische Dichtung", d.h. die Lyrik aus der *Manessischen
Liederhandschrift*, oberflächlich gestreift. Aber hier preist er sie
noch wegen "ihrer ursprünglich deutschen Denkungsart" (7, S. 120),
während er schon bald ganz gleichgültig darauf reagieren sollte, teils
indem er jene Lyrik kommentarlos bloß als Material für seine etymologischen Studien heranzog (14, S. 221f.), teils indem er sie in
Bezug auf seine literar-historischen Untersuchungen als "nichts-
würdige Kleinigkeiten" (17, S. 45) einstufte. Lessing schloß sich
selbst zeitweilig der Bewegung der Barden-Dichter an und begann
mit einer Sammlung: "Ich habe verschiedenes von den alten Kriegsliedern gesammelt, zwar ungleich mehr von den Kriegsliedern der
Barden und Skalden, als der Griechen" (17, S. 136 - Brief an Gleim).
Dieser Ton gegen die Griechen entsprach der allgemeinen Besinnung auf die altdeutsche Vergangenheit in Abkehr von der Anakre-
ontik und dem Griechentum: "Ich glaube aber auch, daß jene für uns
interessanter sind, und auch ein größeres Licht auf die Lieder
unseres neuen Skalden werfen" (17, S. 136).[19]
Verstärkt griff er in seinen Literaturbriefen auf die, wie er
meinte, den Bardenliedern zugrundeliegenden Volksliedern zurück,
denen er eine Echtheit des Gefühls und tiefe Empfindung zusprach,

wie er es in einem lappländischen Lied zu finden meinte: "wie unge-
künstelt, wie wahr ist alles, was der Lappländer spricht" bzw. "sie
sollten mit Vergnügen sehen, daß die Nachahmung eines solchen
Meisters [d.h. des Lappländers - AC] Verbesserungen sind" (8, S. 75).
Die Romantiker sollten dies gerade zu ihrem Zentralthema
erheben, wie es etwa Görres formulierte: "So reich war jene
vergangene Welt, sie ist versunken, die Fluten sind darüber hinweg-
gegangen, da und dort ragen die Trümmer noch hervor, und wenn
sich die Trübe der Zeitentiefe klärt, sehen wir am Grunde die
Schätze liegen". Der klare Unterschied zu Lessing, der letzlich doch
Aufklärer ist und bleibt, wird allerdings deutlich, liest man weiter
im Text: "Wir sehen aus großer Ferne in den wundervollen Abrund
nieder, wo alle Geheimnisse der Welt und des Lebens liegen . . .".[20]
Lessing war dagegen bloß bereit, die poetische Qualität auch bei den
"nicht zivilisierten Völkern" zu sehen. Seine Begeisterung ist die des
Philologen, der aus dem Dunkel der Vergangenheit literarische
Schätze zu retten bemüht ist: "Sie würden auch daraus lernen, daß
unter jedem Himmelstriche Dichter gebohren werden, und daß
lebhafte Empfindungen kein vorrecht gesitteter Völker ist" (8, S.
75).[21] Damit ergibt sich zumindest ein Berührungspunkt zwischen
der Romantik und der Aufklärung, als Lessing die "Preußischen
Kriegslieder" seines Freundes Gleims aus den Jahren 1756 und 1757
als "voll der erhabensten Gedanken" (7, S. 114) bezeichnet.
Indem er Gleim mit den alten Barden und Skalden vergleicht und
seine Gegenüberstellung mit den "Barden aus dem schwäbischen
Zeitalter (7, S. 120) fordert, wendet er sich gegen die neuere
französische Kritik, die die "naive Sprache, ihre ursprünglich
deutsche Denkungsart" nicht zu erkennen fähig sei. Doch auch ein
gewisser Spott und etwas Ironie über diesen an sich schon überstei-
gerten Kultus drängte sich durch, da bereits die Grabesschrift für
diesen kampferprobten Barden Gleim fertig sei (7, S. 120). Noch im
gleichen Jahr sagte Lessing: "Er ist nur ein Grenadier, aber vollkommen würdig, als ein zweiter Tyrtäus, vor den neuern bessern Spar-
tanern, mit der kriegerischen Laute einher zu ziehen" (7, S. 121), was
als Spitze gegen den heroischen Tonfall aufzufassen ist, besonders
da Lessing in seiner gespielten Empörung sich unangemessene
Kritik an Gleim verbat: "Nur muß er nicht zur Unzeit den
Kunstrichter dabey spielen wollen, und sich bey anscheinenden
Fehlern verweilen, die da, wo sie stehen, Schönheiten sind" (7, S.
121).

II. Lessings Untersuchung der Mittelalterlichen
Fabeltradition

Als ein ganz anderer erscheint uns jedoch Lessing, als er sich mit
der Fabeledition der Schweizer Forscher Bodmer und Breitinger aus-

einanderzusetzen begann. Zwar folgte er noch ihrer Vorstellung von
einer altschwäbischen Poesie und Dichtung, die rasch eng mit dem
Hohenstaufischen Königshaus in Verbindung gesetzt wurden, doch
gerade durch seine erste kritischere Untersuchung ihrer Ausgabe
entwickelte sich bei Lessing ein "wissenschaftliches" Interesse an
den überlieferten mittelalterlichen Texten, das ihn in seinen
Wolfenbütteler Jahren zu beträchtlichen philologischen Leistungen
führen sollte. Schon in seinen Briefen von 1758 an Mendelssohn
und Gleim warf er den Schweizern vor, völlig unkritischen Gebrauch von den Handschriften gemacht zu haben und blind an
anderen, die erheblich zur Klärung der Verhältnisse beigetragen hätten, vorgeigegangen zu sein. Aber erst während seiner Bibliothe-
karszeit konnte er seine Kritik an neuem Material überprüfen, lag
ihm doch dort u.a. ein Bamberger Druck von 1462 vor, von dem die
Schweizer nichts gewußt hatten.[22]

Hier greift nun Lessing korrigierend ein, indem er zunächst die
Irrtümer aufdeckt und dann die zusätzlichen Textzeugen vorführt.
Seine Betrachtungsweise ist vorsichtig, denn er stellt nur eine detaillierte Beschreibung des Bamberger Druckes im Vergleich mit
den zwei Wolfenbütteler Handschriften und der darin auftretenden
Schreiberhände und des Schreibmaterials an und bemüht sich bloß
annäherungsweise um eine Datierung. Zusätzlich zählt er die
Fabeln, vergleicht sie mit denen in Bodmers und Breitingers
Ausgabe von 1757 (11, S. 322) und verbessert nach seiner Meinung
unstimmige Worterklärungen mit Hilfe seines Bamberger Druckes
(16, S. 186). Mit zu seinen wesentlichsten Leistungen gehört aber,
daß er in dieser Sammlung die Zusammenfassung der beiden maß-
gebenden lateinischen Fabelcorpora des Anonymus Neveleti und
des Avians erkannte.[23]

In seiner Schrift *Über die sogenannten Fabeln aus den Zeiten der
Minnesinger. Zweyte Entdeckung* von 1781 legte er die philologischen Irrtümer der Schweizer dar, die in ihrer Zuschreibung der
Fabeln an den Burggraf von Rietenburg (14, S. 4) unbedacht Gottscheds Lesung gefolgt waren und nicht den eigentlichen Autor
Boner, bloß sechs Zeilen später im Epilog genannt, erkannt hatten.
In anderem Zusammenhang hatte er bereits die gleiche Beobachtung gemacht und deutlich zwischen 'Mäcen' und 'Dichter' unterschieden (16, S. 194ff. und 14, S. 5). Lessing vermag zudem mit Hilfe
eines durchaus modern anmutenden Handschriftenvergleichs zur
vollständigen Anzahl von 100 Fabeln zu gelangen und sie zu tabuli-
sieren, indem er die Zählung der Züricher Ausgabe mit dem Bamberger Druck und der zweiten Handschrift in Wolfenbüttel
vergleicht (14, S. 23ff.).

Vor allem aber seine literarhistorische Charakterisierung des
Textes wirft entscheidendes Licht auf Lessing, indem er eine eigene
Datierung versucht und von daher zu einer Beurteilung der Fabeln

gelangt. Während sich Bodmer noch auf die "Orthographie, die Einfälle, die Ausdrücke" des Verfassers stützte, um ihn "dem blühenden Alter der Schwäbischen Poesie" (14, S. 26) zuzuweisen, kritisiert Lessing, daß hier Geschmacksgründe als Beweisgründe genommen, "Facta durch Geschmack" (14, S. 26) ersetzt worden seien. Bodmer betonte, "ein Scribent von Friedrichs I. oder II. Zeiten habe nur mit der damahligen Sprache getreulich geschildert, was er gesehen, und empfunden, so muß sein Werk anmuthig und nachdrücklich seyn".[24] Lessing setzte dagegen seine wohlbegründete Skepsis, fragte nach dem Stil, bezweifelte die Möglichkeit, aus der Orthographie auf das Zeitalter des Textes schließen zu können (14, S. 27) und verglich die Ausdrucksweise des Fabeldichters mit der eines Hugos von Trimberg oder Hermanns von Sachsenheim (1365– 1458).

Seine Schlußfolgerung, Boner zeitlich nach Hugo zu setzen, ist schließlich auf den gründlichen Vergleich beider, dazu auf die Nichterwähnung des ersten bei dem letzteren in seiner Liste früherer Dichter, zuletzt auf die wesentlich größere Ausweitung der Fabeln bei Boner und dessen latinisierten Namen— Bonerius— gestützt, was ihn damit ins 14. Jahrhundert verwies (14, S. 32). Ohne sich auf die heute existierenden Kenntnisse von Palaeographie und Diplomatik stützen zu können, ist in ihm doch das Bedürfnis nach solchen historischen Hilfswissenschaften wach.[25] Doch enthält er sich wohlweislich weiterer Schlüsse aus der Handschriftenlage, da ihm die Problematik seines unvollkommenen Wissens bewußt ist.

Insbesondere solche Selbstbeschränkung zeugt von dem angemessenen Respekt vor dem mittelalterlichen Text und von der Einsicht in die Grundlagen der wissenschaftlichen Philologie, wie sie erst das 19 und 20. Jahrhundert entwickeln sollten.

Eine viel entscheidendere Kritik äußerte er an der Terminologie und damit an der ideologischen Zugrundelegung bei Bodmer. Jener hatte das Königshaus der Staufen als das tragende Element für die, wie er es sah, sich zur Freiheit und Natürlichkeit durchringenden Dichter[26] angesehen bzw. sie als die entscheidenden Förderer der staufischen Poesie bezeichnet und damit zugleich darin ganz zeitgemäß eine Beziehung zu Homers *Ilias*[27] erblickt, insoweit als all die Zeiten, in denen "Freyheit und Sclaverey mit einander um die Oberhand gestritten, der Welt gemeiniglich etwas vortreffliches von Werken des Geistes geliefert haben".[28]

Lessing läßt sich nicht weiter auf solche Argumentation ein, die ihm als abwegig erscheint: "Denn Gott weiß, ob die guten Schwäbischen Kayser um die damalige deutsche Poesie im geringsten mehr Verdienst haben, als der itzige König von Preussen um die gegenwärtige" (14, S. 26)—womit er auf das wohlbekannte Unverständnis Friedrichs des Großen für die deutsche Dichtung anspielte. Und obwohl er keineswegs vorausahnen konnte, wie dieser auf die ihm gewidmete Edition des *Nibelungenliedes* durch den Bodmer-Schüler Christoph Heinrich Myller reagieren würde, so traf doch gerade dies ein. Friedrich antwortete auf Myllers Schreiben kurz und bündig: "Meiner Einsicht nach sind solche [Gedichte aus dem 12. bis 14. Jahrhundert - AC] nicht einen Schuß Pulver wert und verdienten nicht aus dem Staub der Vergangenheit gezogen zu werden".[29]

III. Mittelalterliche Dichtungen und Sprachen

In seiner früheren Studie *Zur Geschichte der deutschen Sprache und Literatur von den Minnesängern bis auf Luther* von 1777 hatte sich Lessing noch deutlicher darüber geäußert, indem er sich die Frage vorlegte, welche Beziehung zwischen den 'Schwäbischen Kaisern' und den deutschen Dichtern bestanden habe. Dem Kritiker erscheint es zweifelhaft, die Geschichte der Literatur in solch simplifizierenden Kategorien zu erfassen, denen jegliche Beweisgrundlage ermangelte: "Aber es ist noch gar nicht erwiesen, daß ein Schwäbischer Kayser irgend etwas für Deutsche Dichter und Dichtkunst gethan habe, oder gar so viel gethan habe, daß der aufhörende Einfluß desselben in Deutschland so allgemeine Folgen hätte haben können" (16, S. 346). Lessings aufgeklärte historische Bewußtsein sträubte sich gegen solche monokausale Geschichtsdeutungen, und er forderte daher auf, sich um die Erkenntnis der komplexen literarhistorischen Verhältnisse zu bemühen. Abgesehen von der Rolle des Kaiserhauses zählte Lessing das Interregnum, die damit im Zusammenhang stehenden Unruhen sowie die seit 1260 aus Italien kommenden Geißelbrüder auf (16, S. 346).

Er entwickelte auch eine Vorstellung vom literarischen Prozeß, der erst in den 70er Jahren unseres Jahrhunderts durch die Arbeiten von W.C. McDonald und J. Bumke im Detail untersucht und unter dem Begriff 'Mäzenatentum' zusammengefasst worden ist.[30] Lessing gebraucht selbst das Wort in seiner Abhandlung über Boner: "daß er für den Verfasser den *Mäcen* [hervorgehoben von AC] des Verfassers, für den Dichter den vornehmen Mann genommen hat, dem zum Besten ersterer gedichtet oder übersetzt zu haben versichert" (14, S. 5).

Solche Differenzierung bedeutete Bereitschaft, grundsätzlich nicht von Volksdichtung bzw. von Barden- oder Skaldendichtung zu reden, obwohl ja Lessing in seinen früheren Jahren durchaus selbst solchen Interpretationen zugeneigt hatte. Lessing errichtete damit sichere Barrieren gegen jegliche Idealisierung des Mittelalters und vergegenwärtigte sich vielmehr die oftmals schwierige Lage jener Dichter, die nach der Gunst ihrer Herren strebten, um ihre Lebensgrundlage zu sichern.[31]

Ebenso kritisch und um Objektivität bemüht griff er die Aufgabe an, Hugos von Trimberg *Renner* (c. 1313) aus den drei zu Wolfenbüttel vorhandenen Handschriften zu edieren, indem er diese miteinander verglich, die Vorlagen kollationierte und ein Glossar anlegte. Er war aber so selbstkritisch, sofort seine Arbeit zu unterbrechen, als er während seines Hamburger Aufenthaltes im September und Oktober 1778 eine vierte Handschrift kennenlernte,[32] um sich der Qualität jener zu vergewissern. Dies entspricht durchaus der modernen philologischen Bearbeitung mittelalterlicher Handschriften, nur führte Lessings Unterbrechung seiner Arbeit zu ihrem gänzlichen Erliegen.[33]

Lessing schloß sich damit einer Moderichtung an, die dem *Renner* wegen seiner didaktischen Tendenz und moralischen Ausrichtung im 18. Jahrhundert besondere Aufmerksamkeit schenkte, so daß er wie Gottsched, Gellert und Herder unter den ersten Rezipienten zu finden ist.[34]

Weiterhin erstellte Lessing ein Wörterverzeichnis, eine Liste der im *Renner* zitierten Stellen aus dem *Freidank*, einen Katalog berichtigter Lesarten und verzeichnete seine allgemeinen Beobachtungen (16, S. 311ff.). In Anbetracht der heutigen erheblich angewachsenen wissenschaftlichen Apparate erscheint dies als rudimentäres Bemühen, zeugt aber von für seine Zeit beträchtlicher wissenschaftlicher Gewissenhaftigkeit.

So wie Lessing stets um kritische Stellungnahme bemüht war, wenn es um die Autorenschaft ging, so beobachtete er auch mit größter Sorgfalt die philologischen Leistungen seiner Zeitgenossen und ließ nichts ungeschoren passieren. Schon 1758 schrieb er an Mendelssohn, wie mangelhaft die Schweizer ihre Ausgabe der *Manessischen Liederhandschrift* und von *Krimhilds Rache* bereitet hätten: "Sie haben in ihren glossariis, die sie dem alten Dichter beygefügt, sehr grobe Fehler gemacht" (17, S. 146). Gleichermaßen hatte er sich gegenüber Gleim in seinem Kommentar zum *Heldenbuch*[35] geäußert: "Beyläufig habe ich aber auch gesehen, daß die Herren Schweizer eben nicht die geschicktesten sind, dergleichen Monumente der alten Sprache und Denkungsart herauszugeben. Sie haben unverantwortliche Fehler gemacht, und es ist ihr Glück, daß sich wenige von den heutigen Lesern in den Stand setzen werden, sie bemerken zu können" (17, S. 136).

Bereits in seiner Ausgabe der Werke Friedrichs von Logau wies Lessing auf dessen 'reinere' ältere Sprachform hin, die er den modernen Dichtern ebenfalls empfiehlt, weswegen auch ein Glossar aus seinem Werk erstellt wurde: "Und auf diese veralteten Wörter haben wir geglaubt, daß wir unser Augenmerk vornehmlich richten müßten" (7, S. 353). Was hier sich auf das Deutsche des 17. Jahrhunderts bezieht, gilt gleichermaßen für Lessings Beschäftigung mit einem deutschen Wörterbuch seit seiner Zeit in Breslau 1758, die sich bis in die ersten Jahre in Wolfenbüttel hinziehen sollte (16, S. 3ff.). Lessing strebte nach Vollkommenheit in seiner Wortanalyse

und den etymologischen Erklärungen und schrieb daher seine Anmerkungen zum Wörterbuch von Ch.E. Steinbach (16, S. 4ff.),
eigene *Beyträge zu einem Deutschen Glossarium* (16, S. 42ff.) und
seine *Vergleichung Deutscher Wörter und Redensarten mit fremden* (16, S. 65ff.). Insbesondere in den *Beyträgen* kam Lessing seine
Kenntnis mittelalterlicher Dichtungen zugute, da er etwa 'Amme',
'Aufgestabt', 'Dehein', 'slahte', 'Bracke' oder 'Folant' aus *Krimhild,
Das Heldenbuch* und anderen Werken abzuleiten vermochte.

IV. Theologische Aspekte der philologischen Studien Lessings

Ein anderer Aspekt von Lessings Beschäftigung mit dem Mittelalter ergibt sich aus seiner Arbeit über *Berengarius Turonensis,*
einem als Ketzer verkannten Theologen des 11. Jahrhunderts.
Berengar von Tours, wie sein verdeutschter Name lautet, war der
Leiter und Kanzler der Schule von Tours und der Archidiakon von
Anger. Seine theologischen Lehren wurden heftig von der Kirchen-
hierarchie angegriffen, da er der Dialektik Priorität vor der patristi-
schen Autorität einräumte, da er in seiner Eucharistielehre die We-
sensverwandlung des Herrenleibes Gottes leugnete und der
Eucharistie nur eine symbolisch-spiritualistische Bedeutung
zusprechen wollte. Für ihn war eine reale Trennung von Substanz
und Akzidenzien des Brotes und Weines nicht möglich, so daß die
Gegenwart des Herren im Sakrament negiert wurde. Diese Lehre,
die etwa seit 1044 entwickelt wurde und seit 1047 weitere
Publizität erhielt, wurde scharf von verschiedenen Synoden und
Päpsten verurteilt. Zwar legte Berengar wiederholt ein Treuebe-
kenntnis ab, so 1059 und 1079, widerrief sie jedoch stets und blieb
beharrlich bei seiner Lehre, bis er 1088 starb.[36]
Lessing vereinigte hier seine philologischen, historischen und
theologischen Kenntnisse, um einen durch die Benediktiner
etablierten Mythos um Berengar aufzulösen. Die Auseinandersetzungen zwischen ihm und Lanfrancus u.a., der sich offensichtlich
um dessen Verketzerung bemüht hatte: ". . . daß Lanfrancus in der
ausdrücklichen Absicht nach Rom gereiset, um den Berengarius der
Ketzerey anzuklagen." (11, S. 114), werden in dessen Schrift (einem
Unikat), die Lessing bald seit dem Beginn seiner Tätigkeit in der herzoglichen Bibliothek aufgespürte hatte, nachvollzogen. Lessing
beginnt mit der Verteidigung des angeblichen Ketzers, von dem er
weiß, "daß Berengarius auch noch in unserm Manuscripte die bit-
tersten Klagen über diese schreyende Ungerechtigkeit führet" (11, S.
115). Tatsächlich unternimmt er, Stück um Stück den ganzen Pro-
zess erneut aufzurollen und die Partien, die von den einzelnen
Machtträgern gespielt wurden, auf ihre Handlungen gegen Berengar
hin zu überprüfen. Daher greift er die "hämtückische" Art der

Gerichtsführung durch Papst Leo IX. offen an (11, S. 116ff.), wobei er sich aber stets auf die ihm vorliegende Handschrift stützt. Die historischen Ereignisse werden damit zum erstenmal von der Gegenseite, von der des Angeklagten, gesehen. Dabei wird deutlich, mit welcher Entschiedenheit sich Lessing gegen die Tendenz zur dogmatischen Ketzerverurteilung wehrte, die verdammte um des Verdammens willen: "... das läßt sich nicht anders, als aus einem alles überwiegenden Abscheu gegen Ketzer und Ketzerey erklären. Mag doch das eine und das andere verdammt seyn, wie es will: wenn es denn nur verdammt ist!" (11, S. 123). Dies ist der vorwiegende Tenor seiner Arbeit, da er bereits einleitend den 'Ketzer' folgendermaßen beschrieben hatte: "Es ist ein Mensch, der mit seinen eigenen Augen wenigstens sehen wollen ... Ja, in gewissen Jahrhunderten ist der Name Ketzer die größte Empfehlung, die von einem Gelehrten auf die Nachwelt gebracht werden können" (11, S. 62f.).

In der weiteren Verfolgung der historischen Vorgänge um Berengar und die Kirchenkonzilien vermag Lessing viele der geschichtlich tradierten Ungereimtheiten beiseite zu räumen und ein klareres Bild der tatsächlichen Ereignisse um diesen Kirchenmann zu gewinnen, dessen wahre Meinung nicht weiter als durch die Schriften Adelmanns, Lanfrancus', Guitmundus' und anderer überliefert worden war—"die sich alle trefflich mit dem armen Berengarius herumzanken" (11, S. 63). Die Auffindung der Handschrift ermöglichte Lessing, den Theologen selbst sprechen zu lassen und somit dessen historische Beurteilung zu korrigieren. So sei die Anzahl der Synoden erheblich kleiner gewesen als bei Lanfrancus angegeben; auf denen von Rom und Vercelli sei er nur in Abwesenheit verdammt worden, während Berengar auf der Versammlung von Tours von sich aus sein eigenes Glaubensbekenntnis abgegeben habe. In den folgenden unter Gregor VII. habe er erneut nach seiner Rechtfertigung gestrebt, sei aber zuletzt doch an der zu starken Opposition der Gegenpartei gescheitert (11, S. 152ff.).

Lessing argumentiert erfolgreich gegen die Mißdeutungen der Lehren Berengars durch die Theologen späterer Jahrhunderte, da er die erste bewußte Verfälschung bereits bei Lanfrancus vorbereitet findet: "Daher denn die häuffigen Klagen des Berengarius, daß es nur, um ihn verhaßt zu machen, geschehe, wenn Lanfrancus von ihm sage, daß er überhaupt von keiner Verwandelung des Brodes und Weines ... wissen wolle ..." (11, S. 160). Der eindeutige Textbeleg aus Berengars Text untermauert Lessings Interpretation, und dies ist auch der entscheidende Aspekt seiner Studie, daß er mit Hilfe seiner exakten philologischen Analyse und in Vertrauen auf die Verläßlichkeit seiner mittelalterlichen Quellen erhebliche Mißdeutungen und Irreführungen seitens der Kirche nachzuweisen in der Lage ist: "und mündlich, das Manuscript in der Hand, denke ich allen Schwierigkeiten begegnen zu können" (11, S. 160). Der

Hauptgegner Lanfrancus konnte also durch den Neufund des Berengar-Textes zurückgewiesen werden, da dessen Antworten nun die Aufassung widerlegten, "daß Berengarius durch die Schrift des Lanfrancius bekehret worden" (11, S. 95). Im Gegensatz zur Gelehrtengeschichte von Frankreich, verfaßt von Benediktinern, wies Lessing gerade durch seine Entdeckung der Handschrift nach, daß dessen angebliches Stillschweigen nicht die Bekehrung von seinen ketzerischen Lehren bedeutete (11, S. 73ff.).

Auch hier finden wir wieder den genau arbeitenden Philologen Lessing, der sich um eine präzise Handschriftenbeschreibung bemüht, eine ungefähre Datierung angibt und die unterschiedlichen Schreiberhände differenziert (11, S. 75). Gerade diese seine Leistung ist später mehrfach beobachtet worden, da sein Briefpartner C.H. Schmid, an den diese Studie gerichtet gewesen war, in seinem *Nekrolog oder Nachrichten von dem Leben der vornehmsten verstorbenen teutschen Dichter* (Berlin 1785) die hervorragende Leistung Lessings "in einem ganz fremden, und gewiß nicht reizendem Fache . . . glänzen zu sehen" rühmte,[37] während Herder 1801 in *Adrastea* (IV, 2) unterstrich, daß die "genialischen Blicke, die er indeß auf Streitigkeiten dieser Art überhaupt warf . . . , ein Erstes in ihrer Art, Gewinn und Regel für die kommende Zeiten" gewesen seien.[38]

Der Philologe Lessing siegt somit über die Tradition kirchlicher Dogmatik, und der moderne Aufklärer Lessing rettet für sich den Ketzer des 11. Jahrhunderts als Glaubensgenossen im Kampf um die Freiheit der Meinungsäußerung, so wie wir es in seinem 79. Satz der *Erziehung des Menschengeschlechts* finden: "Vielmehr sind dergleichen Speculationen [über Religion und Wahrheit - AC]—mögen sie . . . . doch ausfallen, wie sie wollen—unstreitig die schicklichsten Uebungen des menschlichen Verstandes überhaupt" (13, S. 432).

Wir können also beobachten, daß Lessings Interesse am Mittelalter von daher motiviert wird, daß es ihm ermöglichte, korrigierend in die wissenschaftliche Auseinandersetzung um die Texttradition einzugreifen und Gewinn für seine eigene Erkenntnis daraus zu ziehen.

Indem er in Berengarius einen Geistesverwandten aufspürte und ihn gegen die bewußt falsche Interpretation der Dogmatiker verteidigte, bereitete Lessing den Weg sowohl für die aufgeklärte Theologie wie auch für eine selbstkritische, um wissenschaftliche Erkenntnis bemühte Philologie vor, wie wir seit dem 19. Jahrhundert sie zu betrachten gewohnt sind. Lessings kritische Anmerkungen sind damit aus persönlichen Anliegen motiviert, Kritiker der Vergangenheit, totgeschwiegen im Verlauf der Jahrhunderte, zu rechtfertigen und ihre Stimmen neu hören zu lassen. Gleiches finden wir in seiner kurzen Notiz über Abaelard und seine ketzerischen Schriften.[39]

Zwar behandelt er vornehmlich dessen Namensableitung, doch ist er gleichermaßen an der Zensur seiner Werke interessiert und versucht, die in der Wolfenbütteler Handschrift Nr. 476 ausgelassenen Stellen zu rekonstruieren. Sein Spott über die Kleinkrämerei der Theologen entspricht seiner Analyse der Äußerungen des Berengarius, indem er kommentiert: "als die Theologen sowohl über die Werke des Abelard selbst, als über die Praef. Apolog. pro Abaelardo, die er ihnen vorgesetzt hatte, Lermen machten" (16, S. 213f.).

Wenn es ihm nicht um theologische Sätze oder die wahre Autorenschaft eines Werkes geht, dann strebt er darnach, im Vergleich die Authentizität der Aussagen der alten Autoren zu bekräftigen. Unser Beispiel hierfür sei seine Beschäftigung mit Marco Polo. Der Phantastik der Reisebeschreibung wegen war sie frühzeitig der exotischen und damit der fiktiven Dichtung zugeschrieben worden. Lessing ist mit zwei Handschriften vertraut, deren Text er nun mit neueren Reisebeschreibungen vergleicht und daher anerkennend von Marco Polo sagt: "[seine Schriften - AC] haben das besondere Lob, daß sie mit der Zeit immer mehr und mehr bestätigt werden" (12, S. 3). Zur Unterstützung seiner Vermutung zieht er einen anonymen Text heran, kontrastiert ihn mit der Ausgabe in lateinischer Fassung von Franciscus Pipinus in synoptischem Druck und behandelt kritisch die erwähnten historischen Fakten, um die Authentizität des anonymen Werkes und die Wahrheit von Marcos Bericht untermauern zu können. Mit Hilfe einer italienischen Übersetzung durch Ramusio und dessen Angaben gelangt er zu weitreichenden Folgerungen, die der modernen Polo-Forschung durchaus vertraut sind, "daß ein Genueser sie aus dem Munde des Marco Polo zuerst lateinisch aufgesetzt habe" (12, S. 28),[40] und beobachtet, daß die späteren Abweichungen durch Marcos eigene Veränderungen am Text entstanden sein können (12, S. 28f.). Es ist dabei irrelevant, ob Lessing tatsächlich in seinen Betrachtungen zu der korrekten Schlußfolgerung gelangt, denn wichtig für unser Verständnis seiner Grundanschauung des Mittelalters und seiner sauberen philologischen Arbeitsweise ist vielmehr, mit welcher Sorgfalt er eine kritisch-historische Analyse der in Wolfenbüttel vorhandenen Handschriften anstellte und den in ihnen vorfindbaren Gehalt auf seine Faktizität und Authentizität hin überprüfte.[41]

Lessing will weder notgedrungen sein Geschichtsbild noch irgendwelche Konzepte der mittelalterlichen Dichtung verfechten, wo er nicht zureichenden Grund für seine Annahmen direkt aus den Quellen schöpfen kann. Stets von dem gleichen Ethos getragen, zielt er auf objektive geschichtliche Darstellung[42] oder die unbestechliche philologische Bewertung der überlieferten mittelalterlichen Werke.

Er rät daher von voreiligen Interpunktionen in der Edition von Texten ab: "Freylich will und kann ich nicht behaupten, daß eine solche Behandlung verschiedner Handschriften mit der strengen Wahrheit übereinkomme; weil Zeiten und Mundarten dadurch verbunden werden, die vielleicht sehr weit verschieden sind. Auch wollte ich sie zu Dingen nicht anrathen, bey welchen es auf historische Gewißheit ankömmt, weil durch dergleichen Vermischung das ganze Monument verdächtig werden könnte" (14, S. 16).

V. Volkspoesie

In Vordeutung auf seine wissenschaftlich-philologische Arbeiten in Wolfenbüttel hatte sich aber Lessing schon in seinem *Laokoon*, dessen Konzeption in die Zeit seines Breslauer Aufenthaltes (1760–1765) fiel, und dessen erster Teil 1766 in Berlin erschien, in neuer Griechenbegeisterung von dem Bardenkult und der Pflege von Volksliedern abgewandt, da ihm von den Barbaren und ihrem Heroismus—trotz der später spezifizierten Zielrichtung auf die Trojaner schloß Lessing damit, wie seine eigenen Fußnoten anmerken, die skandinavischen und germanischen Völkern ein—"Nur Wildheit und Verhärtung" zu kommen schien, "eine helle fressende Flamme, die immer tobte und jede andere gute Eigenschaft in ihm verzehrte" (9, S. 9). Der Auftritt der Griechen wird dagegen als gesittet beschrieben, weil er "zugleich weinen und tapfer sein könne" (9, S. 9).

Nicht von ungefähr widerspricht ihm Herder sogleich, indem er die Haltlosigkeit solcher Behauptungen nachweist: "Ich kenne kein Poetisches Volk der Erde, welches große und sanfte Empfindungen, so sehr in Eine Gesinnung verbunden, und in Einer Seele den Heroismus des Helden—und Menschengefühls—so ganz gehabt hätte, als die alten Schotten, nach Maasgabe ihrer jetzt aufgefundenen Gesänge".[43]

Herders Kritik traf damit zwar keineswegs das zentrale Anliegen Lessings, jedoch eine Unstimmigkeit in seiner Studie, die mit seiner eigenen Beurteilung etwa der lappländischen und litauschen Dichtungen (8, S. 76–77) ganz im Widerspruch stand. Herders weitere Verteidigung, "Die meisten Stücke der Hersischen Dichtkunst kann ich nicht besser, als feierliche Trauergesänge nennen, an die nichts im Alterthume, und was diese Seite des Gefühls betrift, selbst nichts im Griechischen Alterthume reicht",[44] zielt auf die beginnende Romantik und ihre Idealisierung der Dichtung des deutschen Mittelalters,[45] von der Herden einmal als "Garten der feinsten Zucht und Sitte, der Ehre und Liebe" sprach, wo "jede Blume in der artigsten Sprache genannt und gepriesen wird"[46] bzw. als "dichterisches Zeitalter", das ein "Phänomenon in der deutschen Geschichte" blieb.[47]

Lessings frühe Begeisterung für die Barden und ihre Lieder schien dem Anliegen der Romantiker verwandt zu sein und war es wohl zum Teil auch, aber schon Äußerungen Herders in *Von deutscher*

Art und Kunst von 1773 hätten ihm nicht ferner stehen können: "Je entfernter von künstlicher, wißenschaftlicher Denkart, Sprache und Letternart das Volk ist: desto weniger müßten auch seine Lieder fürs Papier gemacht sein".[48]

Lessing reagierte äußerst kühl darauf, als er Herder schrieb: "Von Liedern habe ich bey unsern Alten wenig oder nichts gefunden, was der Erhaltung werth wäre . . . Dem poetischen Genie unserer Vorfahren Ehre zu machen, müßte man auch wohl mehr das erzählende und dogmatische als das lyrische Fach wählen" (18, S. 302). Dies entsprach ganz seinem didaktischen Temperament, wie es sich auch in seinen Fabeldichtungen und seiner Sammlung von Priameln, altdeutschen Reimen und Sprichwörtern sowie Redensarten[49] finden läßt, die er wegen ihres "moralischen Inhalts" (18, S. 302) zu schätzen wußte, obwohl sie ihm gelegentlich in ihrem Ausdruck als anstößig erschienen (18, S. 302).

Nur etwa ein Jahr später gab er zwar Herder zu: "Ihre Volkslieder sind mir lieb und werth" (18, S. 333 - Brief vom 25. Januar 1780), doch blieb dies sein einziger Kommentar in diesem Brief, fährt er doch sofort mit einem völlig anderem Thema fort. Solche Anerkennung blieb damit Höflichkeit und deutet nicht auf tieferes Verständnis seitens Lessings.

Auch auf Friedrich Nicolais' Absicht, in seinem *Almanach* alte Volkslieder zu sammeln—"Meine Hauptquellen sind die Bergkreyen, 1547 in Nürnberg gedruckt", reagierte Lessing etwas unwirsch und bezeichnete das Unternehmen als "Schnurre" (18, S. 243, An Nicolai 25. Mai 1777). Nicolai verfolgte jedoch eher satirische Absichten, um einem falschen Enthusiasmus über die alte Volkskunst entgegenzutreten, nach dem "alle Weisheit und Gelehrsamkeit nicht eines bißchen Mutterwitzes (das sie Genie taufen), und alle Poesie nicht der Lieder der Tyroler und Hechelträger werth wäre" (Nicolai an Lessing, 21, S. 167). Dennoch bemühte sich Lessing, der Bitte seines Freundes nach weiterem Material aus der Wolfenbütteler Bibliothek nachzukommen, ohne jedoch aus der Menge der ihm vorliegenden Lieder viele von echter Qualität zu finden. Lessing unterstrich die kräftigere Aussage älterer Trinklieder gegenüber den neueren (18, S. 250, An Nicolai 20. September 1777) und traf die interessante Unterscheidung von Liedern "des Pöbels und Volkes" (18, S. 251), d.h. er suchte trotz seiner skeptischen Einstellung zu dieser Gattung zu differenzieren und nicht alles kategorisch zu verwerfen. Nicolai war von seinem Scharfsinn beeindruckt, konnte aber seinen Spott nicht ganz unterdrücken: "Orsina kann nicht feiner distinguieren, als Sie die verschiedenen Arten der Volkslieder" (21, S. 174, An Lessing 10. Oktober 1777), aber er erkannte nicht das eigentliche Interesse Lessings, nämlich das des Philologen. So beklagte sich dieser über das Fehlen der Quellenverweise in Nicolais' *Almanach* und bat um ein Examplar, in dem "die

Quellen beygeschrieben sind" (18, S. 243). Weiterhin erschien es
ihm bei seiner Untersuchung der Lieder am bedauerlichsten, daß er
"die wenigsten ganz zusammen finden konnte" (18, S. 251). Er ließ
sich aber keineswegs von diesen lyrischen Werken bloß wegen ihres
Alters begeistern. So verwarf er nicht nur die sogenannten 'Pöbel-
lieder', sondern auch summarisch die Reimschmiedekunst der
Meistersinger des 14. und 15. Jahrhunderts (18, S. 251).

Damit erschöpfte sich die Diskussion um diesen Stoff, in der sich
Lessings Selbstverständnis als Philologe erneut bestätigt hatte, der
gerne Quellenstudien betrieb, sprachliche Untersuchungen anstellte oder das literarische Werk historisch einzuordnen suchte,
nicht aber diese Lieder um ihres dichterischen Wertes allein
schätzen wollte.

VI. Der Philologe Lessing

Er behielt trotz seiner intensiven Beschäftigung mit den mittelalterlichen Texten seine rationalistische und philologisch genaue
Behandlungsweise bei, was bei einer entsprechenden Rezeptions-
fähigkeit im deutschen Publikum, die eben noch nicht vorhanden
war, den Weg zu einer modernen Anschauung vom Mittelalter
geführt hätte.[50] Was seinen Zeitgenossen—vielleicht auch ihm
selbst—noch fehlte, war die Begabung, sowohl die genauesten historischen Forschungen über die altdeutsche Dichtung durchzuführen und doch das dichterische Element dabei nicht aus dem
Auge zu verlieren.

Lessing, der diese Problematik allerdings schon erkannte,
bemühte sich um die historische Aufarbeitung, aber die dichterische Komponente der von ihm erschlossenen oder diskutierten
Werke scheint er nicht gesehen zu haben. Somit könnte die folgende
Bemerkung von ihm durchaus auf ihn selbst gemünzt gewesen sein:
"Unsere schönen Geister sind selten Gelehrte, und unsere Gelehrte
selten schöne Geister. Jene wollen gar nicht lesen, gar nicht nachschlagen, gar nicht sammlen . . . , und diese wollen nichts, als das.
Jenen mangelt es am Stoffe, und diesen an der Geschicklichkeit
ihrem Stoffe eine Gestalt zu ertheilen" (8, S. 146).[51]

So wie die Historiker des guten Stiles bedürfen, so kann der Dichter nicht ohne das historische Material dichten. Indem Gleim, Klopstock, Gerstenberg, Kretschmann, Weiße, Denis und andere aus
dem Kreis des Göttinger Hain sofort zur Nachahmung und, wenn
dies nicht möglich war, zur Nachempfindung der Bardengesänge
schritten,[52] traf sie gerade dieser Vorwurf Lessings. Jener dagegen
beschränkte sich auf seine Forschungen, Korrekturen und Sammlungen und behauptete dennoch nicht mehr als Anerkennung seiner
Funde: "Ich bin nicht gelehrt—ich habe nie die Absicht gehabt
gelehrt zu werden—ich möchte nicht gelehrt seyn . . . Alles, wor-

nach ich ein wenig gestrebt habe, ist, im Falle der Noth ein gelehrtes
Buch brauchen zu können" (16, S. 535).

Indem Lessing durch seine Tätigkeit als Bibliothekar zu Wolfenbüttel eine polyhistorische Perspektive gewann, die sowohl die ita-
lienische wie deutsche, skandinavische wie englische Dichtung ein-
schloß, bekamen seine Arbeiten nie den kultur-patriotischen Tonfall,
wie dies deutlich bei Gottsched und Herder der Fall ist. Durch kritische Aufnahme der Werke Bodmers und seine darauf aufbauenden
philologisch-historischen Studien, durch seine Befürwortung der
Gedichte Gleims, aber Ablehnung bzw. gleichgültigen Haltung gegenüber der "schwäbischen Poesie" und der Volksdichtung bei Herder, gewinnt Lessing eine Mittelposition zwischen Aufklärung und
Romantik, so daß er bei allen Kontakten zu seinen Zeitgenossen
doch er selbst blieb und seine weiten Interessen auf die Fülle an
Überlieferungen aus dem Mittelalter werfen konnte, ohne sein
kritisches Bewußtsein durch vorgeformte Ideen zu verlieren. Die
beschränkten Hilfsmittel und die geringe Anzahl der zu seiner Zeit
bekannten mhd Werke verhinderten jedoch seine Entwicklung zu
einem Philologen vom Schlage Karl Lachmanns. Vielleicht hatte Jacob Grimm sogar im begrenzten Maße Recht, als er kritisch an-
merkte, daß Lessing "nur dem mageren theologischen gewinn, nicht
dem groszen sprachlichen" nachdachte, als er durch Knittel auf Ul-
filas Bibelübersetzung hingewiesen wurde; "diesen hellen, scharfen
geist lenkte seine vorliebe für fabel und spruch nur zu wenigen altdeutschen dichtern zweiten oder dritten rangs; häte er die besten je
gelesen, er würde auch mittel gefunden haben für sie zu
gewinnen".[53] Aber gerade seine Leistungen beweisen doch sein Vermögen, kritisch an die Überlieferung heranzutreten und vorbild-
hafte erste wissenschaftlich fundierte philologische Arbeit zu leisten. Vereinzelt scheint dies die Germanistik bisher beobachtet zu
haben, aber das Ausmaß seiner Studien und Interessen ist wohl
noch nicht erkannt worden. Es scheint dies neue Aspekte nicht nur
für die Lessing-Forschung zu öffnen, sondern auch für die Geschichte der deutschen Philologie. Lessings Interesse an der mittelalterlichen Dichtung entsprach vereinzelt noch dem Charakter des Poly-
histors, doch in seinen Analysen und wissenschaftlichen Methoden
erzielte er anerkennungswürdige Leistungen für die Philologie. Sein
Konzept von der deutschen Vergangenheit war noch nicht zu einem
geschlossenen Bild geworden, und große Teile, wie die Lyrik, ließ er
aus persönlichen Neigungen fast gänzlich außer Acht. Zwar interessierte er sich für die Ausgabe der *Sammlung von Minnesingern*,
1758 von Bodmer und Breitinger der Öffentlichkeit vorgelegt, und
versprach dem Herausgeber der *Bibliothek der schönen Wissenschaften*, Christian Felix Weiße, eine Rezension. Diese gedieh
jedoch nie über kurze genealogische Anmerkungen über die Dichter
hinaus (14, S. 245).

Doch dort, wo sein kritischer Geist zur Analyse ansetzte, gelang es ihm, den wissenschaftlichen Forschungsstand beträchtlich voranzutreiben. Lessing war nicht frei von Vorurteilen, da er z.B. überhaupt nicht auf das *Nibelungenlied* reagierte bzw. die *Manessische Liedersammlung* keiner weiteren Beachtung würdig hielt. Somit blieben seine Arbeiten sporadisch und manchmal dilettantisch, und doch waren sie gründlich genug, im Rahmen seiner Möglichkeiten neue Erkenntnisse für die Philologie zu gewinnen, die die moderne Forschung zu bestätigen gewußt hat. Gerade dieser sporadische Charakter bedingte wohl die Nichtbeachtung seiner philologischen Arbeiten, allerdings geschah dies ganz zu Unrecht und bedürfte weiterer Handschriften-Studien im Lessing-Archiv in Wolfenbüttel.

Zum Schluß bieten wir einen soweit wie bisher möglich vollständigen Überblick aller seiner Werke, in denen er sich entweder über die mhd Dichtung äußerte (Briefe und Rezensionen), diese selbst untersuchte *(Renner, Der Edelstein, Fenstergemälde Hirschaus)*, oder kommentierend den literar-historischen Tatbestand richtigzustellen bemüht war *(Marco Polo, Wolfram von Eschenbach, Teuerdank)*.

VII. Lessings Arbeiten zu mittelalterlichen Dichtungen, Texten, ihren Nachahmungen und zur Sprachgeschichte

Aus der Fülle der handschriftlichen Überlieferungen seines Werkes läßt sich bisher nur annähernd erschließen, bis zu welchem Umfang Lessing tatsächlich mit mittelalterlichen Werken vertraut war. Anmerkungen und Entwürfe deuten häufig nur noch an, daß sich seine philologischen Interessen überhaupt darauf bezogen. Verschiedentlich sind diese Marginalien gar nicht in die Lachmann/ Muncker Ausgabe mit aufgenommen worden. Da die Komplexe mittelalterlicher Texte und der entsprechenden Imitationen nicht auseinandergerissen werden sollen weist eine gesonderte Kategorie mit Abkürzungen darauf hin, welcher Rang den einzelnen Einträgen der Liste zukommt:

A   steht für Anmerkungen
E   steht für Entwurf
V   steht für Veröffentlichung
g.A. steht für geplante Ausgabe
m.T. steht für moderner Text.

Zur Fabel	Jahr	Band	Rang	Seite
1. Ueber Bodmers und Breitingers Sammlung von Minnesingern.	1759/60	14	A	245

2. Zur Geschichte der Aesopischen Fabel (Fragment)

2. Zur Geschichte der Aesopischen Fabel (Fragment)	*Lessing Yearbook 1987*		E	
3. Fabeln aus den Zeiten der Minnesinger.	1759–1777?	16	E	185–193
4. Ueber die sogenannten Fabeln aus den Zeiten der Minnesinger. Erste Entdeckung.	1773	11	E	322–351
5. Romulus und Rimicius.	1773	11	V	351–380
6. Ueber die sogenannten Fabeln aus den Zeiten der Minnesinger. Zweyte Entdeckung.	1781	14	V	3–33
7. Ueber den Anonymus des Nevelet.	1781	14	V	33–42

Bardengesang (Imitationen) und Volkslieder

1. An die Leyer.	1747	1	V, m.T.	61
2. Auf das Heldengedicht Herrmann.	1753	1	V. m.T.	36
3. An Herrn Gleim (Ode).	1757	1	E, m.T.	150–151
4. Ein Schlachtgesang und zwey Siegeslieder von einem Preussischen Grenadier. Nachricht.	1758	7	V, m.T.	114
5. Im Lager bey Prag, in: Bibliothek der schönen Wissenschaften und der freyen Künste.	1757	7	V, m.T.	81–84
6. Kriegs- und Sieges-Lieder der Preussen von einem Preussischen Grenadier.	1758	7	V, m.T.	115–116
7. Preussische Kriegslieder in den Feldzügen 1756 und 1757 von einem Grenadier. Mit Melodieen.	1758	7	V, m.T.	117–120
8. Aus: Berlinische privilegierte Zeitung.	1758	7	V, m.T.	121–124

9. Von dem Gedicht des Granadiers an die Kriegesmusen. 15. Brief die neueste Litteratur betreffend.	1759	8	V, m.T.	34–39
10. Laokoon oder über die Grenzen der Mahlerei und Poesie.	1766	9	V	8ff.
11. An Nicolai (Brief: 25.5.1777).	1777	18		242–244
12. An Nicolai (Brief: 20.9.1777).	1777	18		249–252
13. An Herder (Brief: 10.1.1779).	1779	18		301–304
14. An Herder (Brief: 25.1.1780).	1780	18		332–333

Mittelalterliche Dichtungen und Literarische Werke

1. Ueber das Heldenbuch.	1758	14	E	205–219
2. Anmerkungen zum Nibelungenlied.	1758	16	A	533
3. An Gleim (Brief: 6.2.1758).	1758	17		135–137
4. An Moses Mendelssohn (Brief: 2.4.1758).	1758	17		145–146
5. Bemerkungen über Burke's philosophische Untersuchungen unserer Begriffe vom Erhabenen und Schönen (Graf von Kilchberg).	ca. 1758–68	14	E	220–225
6. Ueber Bodmers und Breitingers Sammlung von Minnesingern.	1759/60	14	A	245
7. 16. Brief die neueste Litteratur betreffend. Von der Bibliothek der schönen Wissenschaften etc. von des Herrn Gottscheds nöthigem Vorrathe zur Geschichte der deutschen dramatischen Dichtkunst.	1759	8	V	39–41

8. Italienische Dichter. 332. Brief die neueste Lit- teratur betreffend. Von Meinhardts Versuchen über den Charakter und die Werke der besten ita- lienischen Dichter.	1765	8	V	280–285
9. Marco Polo.	1759–1777(?)	16	A	181–182
10. Wolfram von Eschen- bach.	1770er	16	E	223
11. Johan Mandevil.	1770er	16	E	229–230
12. Marco Polo.	1773	12	V	3–29
13. An Klopstock (Brief: 20.10.1776).	1776	18		205
14. Der Renner Haugs von Trimberg. Aus drey Handschriften der Herz. Bibliothek zu Wolfenbüt- tel wiederhergestellt mit: Wörterverzeichnis, Allge- meinere Bemerkungen, Im Renner zitierte Stellen des Freydanks, Berichtigte Lesarten, Sonstige Auf- zeichnungen.	ab 1776	16	g.A.	311–319
15. Der Renner.	ca. 1777–79	16	E	159–166
16. Henricus de Hassia (= 1397).	1777	16	g.A.	326
17. Ein alter Meister- gesang.	ca. 1777	16	A	331–344
18. Zur Geschichte der deutschen Sprache und Literatur.	1777	16	E	345–369
19. Entdeckung über das Lehrgedicht an Kaiser Maximilian und über die Geharnschte Venus.	1779	16	A	451
20. An Eschenburg (Brief: 28.6.1779).	1779	18		321
21. Altdeutscher Witz und Verstand.	1781	15	g.A.	462–483
25. Aus dem Willehalm Ulrichs von dem Türlin.	1781	16	Ab	320–321

Mittelalterliche Theologie

1. Besprechung: Joannis Wiclefi Dialogorum libri quatuor etc. Neudruck durch Ludwig Philipp Wirth.	1753	5	V	216–217
2. Berengarius Turonensis: oder Ankündigung eines wichtigen Werkes desselben, wovon in der Herzoglichen Bibliothek zu Wolfenbüttel ein Manuscript befindlich, welches bisher völlig unerkannt geblieben.	1770	11	V	57–162
3. Manuscripta latina theologica in Folio.	1771/72 oder 1777/78	16	E	196–210
4. Anmerkungen zur Gelehrten-Geschichte.	Anfang 1779er	16	E	211–215
5. Wiclef.	1778	16	E	441
6. Über eine Schrift des Nikolaus von Cusa.	1779	16	A	451

Deutsche Sprache und Sprachgeschichte

1. Ueber Aber und Sondern.	vor 1754	16	A	78–79
2. Vorarbeiten für ein deutsches Wörterbuch.	seit 1758	16	E	3
3. Ein gutes Französisches Sprich Wort.	ca. 1758/59	16	E	88
4. Beyträge zu einem Deutschen Glossarium.	1758/59–76(?)	16	E	42–65
5. Anmerkungen zu Ch. E. Steinbachs deutschem Wörterbuch.	1759/69	16	A	4–65
6. Vergleichung Deutscher Wörter und Redensarten mit fremden.	ca. 1760/1774	16	A	65–77
7. Von dem Ursprunge der verschiedenen Sprachen.	1766/67	15	E	119

8. Grammatisch-kritische Anmerkungen ueber das Wörtlein Thatsache.	?	16	E	77
9. Ueber das Plattdeutsche.	ca. seit 1770	16	E	81–83
10. Ueber Provinzialismen.	ca. in 1770er	16	E	84
11.Gelehrte Kretze von Thomas Traugott Feller. Vorrede.	1774	16	E	88–90
12. Anmerkungen über Adelungs Wörterbuch der Hochdeutschen Mundart.	1774	16	A	84–88
13. Bruchstücke eines Wörterbuchs zu Luther.	1774–1778	16	A/E	90–94
14. Die Endung Iren.	ca. 1778	16	A/E	78
15. Kleine gelegentliche Aufzeichnungen.	?	16	A/E	94–95

Varia

1. 52. Brief die neueste Litteratur betreffend. Von Herrn Gebauers Geschichte von Portugall. Anführung der Stellen von der Geschichte des unglücklichen Sebastian.	1759	8	V	145–158
2. Anmerkungen zu Kupferstichen und Holzschnitten in der Wolfenbütteler Bibliothek.	1771	15	A	501–502
3. Alte Deutsche Baukunst (Aeneas S. Piccolomini).	1771	15	E	508
4. Die Flandrische Chronike.	1773	12	V	29–38
5. Ehemalige Fenstergemälde im Kloster Hirschau (Armenbibel).	1773	12	V	38–55
6. Des Klosters Hirschau Gebäude, übrige Gemälde, Bibliothek und älteste Schriftsteller (Armenbibel).	1773	12	V	55–71

NACHWORT

Erst mit dem Abschluß dieser Arbeit erschien ein wichtiger Aufsatz zu dem gleichen Thema. Edith Welliver faßte die Ergebnisse ihrer Dissertation "Lessing's Image of the Middle Ages" (Washington University/St. Louis, 1982) als "Lessing's Approach to Medieval Literature" im *Lessing-Yearbook XVII* (1985) S. 121–132, zusammen. Die Autorin kommt in verschiedener Hinsicht zu ähnlichen Ergebnissen, wie etwa daß sich Lessing als gründlicher Wissenschaftler ein modernes Mittelalter-Bild aus seinen Quellen erschloß, oder daß Lessing ein bestimmtes ästhetisches Programm bei seinen Studien verfolgte. Auch die Bewertung der Berengar-Studie von Lessing fällt sowohl bei Welliver als auch hier weitgehend gleich aus, obwohl der von ihr gebrauchte Begriff "Rettungen" auf theologisch-philologisches Glatteis führt. Dazu war Lessing zu sehr um objektive Forschung bemüht und ein strenger Philologe, um sich nachträglich einer Ideologie um der Ideologiekritik willen anzuschließen. Welliver bleibt dabei jedoch weitgehend auf einer phänomenologischen Stufe stehen, die den Beginn einer kritischen Mittelalter-Rezeption seit Lessing nicht in der nötigen Schärfe erfaßt und wohl auch gar nicht so verstanden werden will. Vielmehr strebt sie danach, direkte Verbindungen zwischen Lessings Handschriften-Untersuchungen und seinen eigenen literarischen Werken *(Nathan der Weise)* nachzuweisen ("Lessing's ultimate recreation of the Middle Ages", S. 126). Unterlassen bleibt dagegen, inwieweit Lessing in der Tat moderne philologische Forschung durchzuführen in der Lage war. Dazu gehören insbesondere Lessings Rezeption und Analyse mhd Lyrik, seine frühe Beschäftigung mit dem Bardentum, die Auseinandersetzung mit der mittelalterlichen Fabel, die Rolle des Mäzenatentums und erste philologische Textkritik, wozu vor allem diese Arbeit Stellung nimmt. Wellivers abschließende Auflistung von dringenden Desiderata auf dem Gebiet von Lessings Mittelalter-Rezeption trifft jedoch genau die Schwachstellen der Forschung. Es bleibt daher zu hoffen, daß sowohl ihrer als auch dieser Aufsatz zur weiteren Beschäftigung mit dem Thema anregen werden.

University of Virginia

1 Die Anstellung wurde im Dezember 1769 ausgesprochen, Lessing trat aber erst seine Stellung im April 1770 an, cf. Gerd Hillen, *Lessing Chronik. Daten zu Leben und Werk* (München-Wien: Hanser, 1979), 58–60.
2 Jacob Grimm, *Kleinere Schriften*, Bd. VI, *Recensionen und vermischte Aufsätze* 3. Teil, ND der Ausgabe von 1882 (Hildesheim: Olms, 1965), 225.
3 Cf. Edward Dvoretzky, *Lessing. Dokumente zur Wirkungsgeschichte 1755–1968*, Teil I und II, Göppinger Arbeiten zur Germanistik 38, 39 (Göppingen: Kümmerle,

1972); Klaus Grubmüller, "Ulrich Boner", in: *Die deutsche Literatur des Mittelalters, Verfasserlexikon*, Bd. 1 (Berlin-New York: de Gruyter, 1978), Sp. 949.

4 Rudolf von Raumer, *Geschichte der Germanischen Philologie vorzugsweise in Deutschland*, Geschichte der Wiessenschaften in Deutschland Neuere Zeit 9 (München: Oldenburg, 1870).

5 Sigmund von Lempicki, Geschichte der deutschen Literaturwissenschaft bis zum Ende des 18. Jahrhunderts (Göttingen: Vandenhoeck & Ruprecht, 1968).

6 Josef Dünninger, "Geschichte der Deutschen Philologie", in: *Deutsche Philologie im Aufriß*, Bd. 1, hg. von Wolfgang Stammler (Berlin: Schmidt, 1957).

7 Christoph Schmid, *Die Mittelalterrezeption des 18. Jahrhunderts zwischen Aufklärung und Romantik*, Europäische Hochschulschriften I, Bd. 278 (Frankfurt a.M.-Bern-Las Vegas: Lang, 1979).

8 Wolfgang Harms, "Das Interesse an mittelalterlicher deutscher Literatur zwischen der Reformationszeit und der Frühromantik", in: *Akten des VI. Internationalen Germanisten-Kongresses Basel 1980*, Teil 1, hg. von H. Rupp und H.-G. Roloff, Jahrbuch für Germanistik Reihe A, 8 (Bern-Frankfurt a.M.-Las Vegas: Lang, 1981).

9 J. Kühnel, H.-D. Mück, U. Müller (Hgg.), *Mittelalter-Rezeption. Gesammelte Vorträge des Salzburger Symposions "Die Rezeption mittelalterlicher Dichter und ihrer Werke in Literatur, bildender Kunst und Musik des 19. und 20. Jahrhunderts"*, GAG 286 (Göppingen: Kümmerle, 1979).

10 Ursula Liebertz-Grün, "Gotthold Ephraim Lessing als Mediävist", In: *Euphorion* 77 (1983), 326–341.

11 Johann Jakob Bodmer und Johann Jakob Breitinger, *Schriften zur Literatur*, hg. von Volker Meid (Stuttgart: Reclam, 1980), 360; Raumer, 255.

12 Schon hier beklagten sie sich über die mangelnde Rezeptionsbereitschaft im deutschen Publikum.

13 Max Wehrli, *Johann Jakob Bodmer und die Geschichte der Literatur*, Wege zur Dichtung 27 (Frauenfeld-Leipzig: Huber, 1936), 87ff.

14 Wehrli, 95.

15 Wehrli, 127.

16 *Die Rache, ein Heldengedicht*, Meid p. 256, cf. Bodmer, *Von den vortrefflichen Umständen für die Poesie unter den Kaisern aus dem schwäbischen Hause* 1743, Meid, 227ff., cf. Schmid, 116.

17 Lempicki, 275.

18 Volker Schupp, "Monumentum aere prennius? Vom Fortleben mittelhochdeutscher Dichtung", in: *Freiburger Universitätsblätter* 83 (1984), 18; cf. Harms, 66f.

19 Dünningers Auffassung, daß Lessing diesem Kult recht kühl gegenübergestanden habe, da ihn vornehmlich die didaktische Dichtung der Fabel angezogen hätte, 129f., kann damit als widerlegt gelten.

20 Dünninger, 126; cf. Joseph Görres, Die teutschen Volksbücher, Heidelberg 1807, in: J.G., Gesammelte Schriften, hg. von Wilhelm Schellberger, Bd. 3 (Köln: Gilde, 1926), 179: "Jene anderen Gesänge aber, ihrer Natur nach mehr ruhend, bestimmt, mehr an das Bild als an den Tod gebunden und daher Zauberspiegeln gleich, in denen das Volk sich und seine Vergangenheit und seine Zukunft, und die andere Welt, und sein innerstes geheimstes Gemüth, und Alles was es sich selbst nicht nennen kann, deutlich und klar ausgesprochen vor sich sieht . . .".

21 Lessing bezieht sich hier auf litauische Lieder, sogenannte *Dainos*, von denen er zwei zum Abdruck bringt, 8, 76f.

22 Ca. 1779, als Lessing seinen zweiten Aufsatz über Boners Fabeln abfaßte.

23 Grubmüller, Sp. 949; bezeichnenderweise hat keiner der bedeutenden Germanisten des 19. Jahrhunderts darauf Bezug genommen, wie Dvoretzkys Quellensammlung überzeugend nachweist. Weder Lachmann, Benecke oder Wilhelm Grimm sind darin aufgeführt. Sie haben sich damit offensichtlich gründlich über Lessings Vorarbeiten ausgeschwiegen. Nur Jacob Grimm erwies Lessing eine

knappe, seinem eigentlichen Anliegen nicht gerechtwerdende Reverenz, cf. Dvoretzky, *Lessing. Dokumente zur Wirkungsgeschichte 1755–1968*, Teil I,176.

24 Von den vortrefflichen Umständen für die Poesie unter den Kaisern aus dem schwäbischen Hause 1743, Meid, 230.

25 Lessings Schriften 14, 27: "Wie wohl stünde es mit der Kenntnis der Handschriften, wenn es in irgend einer Sprache von irgend einer Zeit Buchstabenzüge gäbe, aus welchen sich bis auf ein halbes Jahrhundert das Alter derselben mit Zuverlässigkeit angeben liesse".

26 Bodmer, in Meid, 228.

27 Bodmer adaptierte Th. Blackwells Konzept, das dieser in *"An Enquiry onto the Life and Writing of Homer"* 1735 entwickelt hatte, cf. Bodmer, in Meid, 227.

28 Bodmer, in Meid, 227; Schupp beobachtete die Adaptation des *Nibelungenliedes* zu einem Nationalepos schon bei Goethe, Hegel und August Wilhelm Schlegel, 20.

29 Zitiert nach Harms, p. 66; cf. Erich Kästner, *Friedrich der Große und die deutsche Literatur. Die Erwiderung auf seine Schrift "De la littérature allemande"*, Studien zur Poetik und Geschichte der Literatur 21 (Stuttgart-Berlin-Köln-Mainz: Kohlhammer, 1972), (als Dissertation zuerst 1925), 20ff.

30 William C. McDonald, with the collaboration of Ulrich Goebel, *Medieval Literary Patronage from Charlemagne to Maximilian I. A Critical Commentary with Special Emphasis on Imperial Promotion of Literature*, Amsterdamer Publikationen zur Sprache und Literatur 10 (Amsterdam: Rodopi 1973); Joachim Bumke, *Mäzene im Mittelalter. Die Gönner und Auftraggeber der höfischen Literatur in Deutschland 1150–1300* (München: Beck, 1979); cf. Joachim Bumke (Hg.), *Literarisches Mäzenatentum. Ausgewählte Forschungen zur Rolle des Gönners und Auftraggebers in der Mittelalterlichen Literatur*, WdF 598 (Darmstadt: Wissenschaftliche Buchgesellschaft, 1982).

31 Sicherlich sah auch Lessing seine Lage als freier Schriftsteller darin gespiegelt, so daß er aus seiner prekären Situation heraus Empathie für seine mittelalterlichen Dichterkollegen empfinden konnte.

32 Cf. seinen Brief an Herder vom 10. Januar 1779 und an Eschenburg vom 2. August 1779.

33 Die erste wissenschaftliche, d.h. historisch-textkritische Ausgabe wurde daher erst von Gustav Ehrismann erstellt; Lessings Textbearbeitung reicht nur bis zum Vers 6326 nach seiner Zählung bzw. nach der des Bamberger Druckes bis Vers 6376; cf. Lessings Schriften 16, S. 311; in G. Ehrismanns Ausgabe *"Der Renner"* von Hugo von Trimberg, neu hg. von Günther Schweikle, Deutsche Neudrucke, Texte des Mittelalters (Berlin: Gruyter, 1970), Bd. IV., 307f., ist dies Vers 6317.

34 Schweikle, 307, weist die kontinuierliche Tradition des Werkes bis in 16. und 18. Jahrhundert nach, während die Germanisten des 19. Jahrhunderts das Interesse daran verloren.

35 Darunter verstehen wir heute die umfangreichen Sammelüberlieferungen überwiegend helden- oder epenhaften Inhalts; dazu gehören auch gleichartige Sammeleditionen; zusammenfassend Joachim Heinzle, "Heldenbücher," in: *Verfasserlexikon. Die deutsche Literatur des Mittelalters*, hg. von K. Ruh u.a. (Berlin-New York: de Gruyter, 1980), Sp. 947–956.

36 Cf. J.R. Geiselmann, "Berengar von Tours", in: *Lexikon für Theologie und Kirche*, 12. Auflage, hg. von Josef Höfer und Karl Rahner, 2. Bd. (Freiburg: Herder, 1958), 215; zur modernen Verurteilung siehe C.E. Sheedy, "Berengarius of Tours", in: *New Catholic Encyclopedia* Vol. II (New York-St. Louis et al.: McGraw-Hill, 1967), 320–321.

37 Dvoretzky, 59 und 589.

38 Dvoretzky, 120.

39 Veröffentlicht in *Zur Gelehrten-Geschichte und Literatur I. Anmerkungen zur Gelehrten-Geschichte*, Lessings Schriften 16, 212ff, was auf seine frühen Wolfenbütteler Jahre zurückgeht.

40 Cf. D. Ponchiroli, ed., *Il libro di Marco Polo detto Milione* (Torino: Einaudi, 1974).

41 Cf. dazu die Abhandlung *Die Flandrische Chronike beym Martene und Durand,* Lessings Schriften 12, 29ff., deren Lakunae er mit Hilfe eines Handschriftenvergleichs mit Wolfenbütteler Texten zu füllen in der Lage ist.

42 Cf. ebenda, wo er das subjektive-nationalistische Bild der Franzosen vom 100 jährigen Krieg auf Grund von sozialhistorischen und wirtschaftlichen Analysen zu korrigieren vermag, 12, 36.

43 Herder, Bd. 3, *Kritische Wälder,* 27, in: Herders Werke, hg. von B. Suphan (Berlin: Weidmann, 1877–1913). Herder weiß allerdings noch nicht, daß die Ossianischen Gesänge, mit denen er seit 1763 vertraut ist, eine Fälschung von McPherson sind, cf. Th. Matthias (Hg.), *Einleitung, Herders Werke,* 2 Bde. (Leipzig-Wien: Bibliographisches Institut o.J.).

44 Herder, Bd. 3, 27.

45 Schmid, 170; die Bardenrezeption verhalf zur Kreierung einer idealisierten urdeutschen Welt.

46 Herder, Bd. 16, *Andenken an einige ältere deutsche Dichter,* 3. Brief 1793, 212.

47 Herder, Bd. 16, 214.

48 Herder, Bd. 5, *Von deutscher Art und Kunst,* p. 164; dies kann auch als Motivation für seine Volksliedsammlung von 1778 und 1779 gelten.

49 Lessing, *Altdeutscher Witz und Verstand,* 15, 462ff., von 1781 und 1782, cf. seinen Brief an Mendelsohn vom 2. April 1758, 17, 145f.

50 Bodmer und Herder gehören zu den bekanntesten Gestalten, die wiederholt dieses mangelnde Interesse bei den Lesern beklagten.

51 *52. Literaturbrief* vom 23. Aug. 1759.

52 R. Hamel (Hg), *Einleitung, Klopstocks Werke,* 4. Teil, *Klopstocks "Hermanns Schlacht" und das Bardenwesen des 18. Jahrhunderts (Denis, Gerstenberg, Kretschmann),* Deutsche National-Litteratur. Historisch-kritische Ausgabe 48. Bd. (Berlin-Stuttgart o.J.).

53 Jacob Grimm, *Einleitung* zu: *Deutsches Wörterbuch von Jacob und Wilhelm Grimm,* Bd. 1, ND (München: Deutscher Taschenbuch Verlag 1984), Sp. Vf.; Dvoretzky, 261.

The Hermeneutics of Lichtenberg's Interpretation of Hogarth

Frederick Burwick

When Georg Christoph Lichtenberg returned to Göttingen from his second trip to England, a sojourn from September 1774 to December 1775, he was a dedicated Anglophile. He had wined and dined with British nobility, had frequent and intimate audience with George III and Queen Charlotte, access to David Garrick's private box at Drury Lane, and personal demonstrations in the laboratory of Joseph Priestley.[1] During the following twenty-five years of his career, David Hartley's doctrine of association took firm root in his methodology and permeated his analogical system.[2] The works of William Hogarth provided him a grand arena for an exposition of the manifold attributes of British life. In Hogarth's satirical realism, that "intermediate species of subject . . . between the sublime and the grotesque,"[3] Lichtenberg recognized a congenial temperament. With the *Göttinger Taschenkalender* of 1784, he began a series of commentaries that established his place in the first rank of Hogarth's critics and interpreters.[4] The *Taschenkalender* commentaries continued to appear annually until 1796, and from 1794 to 1799 Lichtenberg devoted his efforts to a more expansive independent edition, his *Ausführliche Erklärung der Hogarthischen Kupferstiche.*[5]

The calendar commentaries, it has been argued, provide a more vigorous, spontaneous, and witty example of Lichtenberg's prose mastery, whereas the *Ausführliche Erklärung* becomes tedious in the very attempt at comprehensiveness: spontaneity founders in a sea of pedantry, continuity gives way to digression, and totality is lost in the myriad of minute detail. It may well be, however, that much of the dissatisfaction with the *Ausführliche Erklärung* stems from a misapprehension of the purpose that Lichtenberg explicitly set forth, or from the problems generically inherent in the effort to translate from a visual to a verbal medium. In addressing Hogarth's works, Lichtenberg presented himself not as an art critic, but as a social commentator; he provided but a few remarks on Hogarth's

Lessing Yearbook, 1987, Vol. XIX, pp. 165–189.
Copyright © Wayne State University Press, 1988.

composition and virtually nothing at all about his burin work. Indeed, he was so disturbed by the left-right errors that, instead of copying the Hogarth plates, he commissioned Ernst Riepenhausen to make new engravings correcting the "mirrored" inversions.

In defining his purpose, Lichtenberg distinguished between a prosaic and a poetic method of interpretation: the prosaic method is no more than an *Auslegen,* the pedantic chore of identifying and listing the objects and details that contribute to Hogarth's story-telling exposition; the poetic method is a hermeneutic engagement and recreation, in which cultural context, satirical tone, as well as attentive response to narrative detail are re-presented in an artistic whole. In choosing the poetic method, Lichtenberg pledged himself to unify explication and interpretation (660–665). He would retain, too, the hermeneutic dialogue of his own process of inquiry. If he added something of his own, Lichtenberg promised, it would be a response in the proper spirit; he would strive to omit nothing. While he acknowledged the difficulties in explaining English prints to a German audience, and confessed the dangers of restricting multiple meanings in Hogarth's visual puns, his greatest problems lay in sustaining temporal and spatial metonymy.

Following the same assumptions Lessing expressed in *Laokoon oder Über die Grenzen der Malerei und Poesie* (1766), Lichtenberg considered literature a temporal and painting a spatial art: the writer is given a temporal medium in the very consecutive flux of words and sentences, and within that movement of time from word to word he may create the illusion of space; the artist, however, is given space and has in his task the possibility of creating an illusion of moving time. Both have recourse to the associational tricks of metonymy: the spatial reference of adjunct or attribute for subject, the temporal reference of effect for cause or antecedent for consequence.[6] Lichtenberg called attention to such devices in Hogarth, for example, in pointing out the parliamentary act against strolling actors placed upon the royal crown in the foreground of *Strolling Actresses Dressing in a Barn* and the falling sword in *Marriage à la Mode,* plate V. He not only attended to the function of metonymy in Hogarth's narrative art, he engaged metonymy himself as a means of holding on to the graphic whole while caught up in explicating its parts.

Although he was confident that "Truth finds interpreters in all times" (F, 785), he also observed that "not lies, but very clever false interpretations were what retarded the explication of truth" (F, 552). Especially suspicious of theological and juridical hermeneutics, he saw that understanding and interpretation could be manipulated through the cunning of sophistry or the force of authority. One might claim one's right, he stated as epigrammatic truth, either "with the sword or with hermeneutic skill" (C, 246). Thus, too, he pointed to the lawyer in *The Rake's Progress*, plate I, who takes advantage of Tom Rakewell's distraction to steal a share of the inheritance "with sly Hermeneutics in covert grasp" (827). Even though he chose to answer most aesthetic questions with his facile recourse to Horace's *Ars Poetica*, he was alert and responsive to the prevailing debate at Göttingen on the use of historical and cultural data. His own hermeneutic method, however indebted to the modern exegesis of Heyne and Michaelis and the Higher Criticism of Eichhorn,[7] also drew from Spinoza's "De interpretatione Scripturae" the principles of explicating ambiguous and obscure passages through historical context, and from his *Tractatus de Intellectus Emendatione* the principles of recognizing and explaining mythic and metaphorical discourse through experience and memory.[8] In 1742, Chladenius brought into literary hermeneutics the concept of the personal vantage of the reader *(Sehepunkt)*, the concern with deliberate ambiguity *(Sinnreiche)*, and the study of corroborative and referential "traces" *(Spuren)*. In 1757, G. F. Meier argued the importance of understanding language as a sign-system and of using semiotics to guide and structure hermeneutics.[9]

While Jacobi and Mendelssohn were waging their war over which of them had "completely understood" Lessing, specifically in determining a possible debt to Spinoza,[10] Lichtenberg observed, following Chladenius, that the "intent of the author" and the "intent of the work" could be resolved only in the response of the reader. Although he repeated the formula for sympathic identification with the author,[11] he also recognized the limitations of the hermeneutic circle:

> Every man has a circle of knowledge, within which he can find his way around much better than most philosophers can within their philosophies. . . . When one person wants to make something comprehensible to others, he must avail himself of examples out of their circles, and in return one can learn from this experience what one has to do in order to bring a specific science within his own circle. (D, 252)

Examples must be found, but Lichtenberg knew all too well that his best efforts at induction, deduction, or association, could sometimes fail to discover those examples necessary to illuminate the "dark passages" of a work.[12] He also knew that the larger his own circle grew, the easier the task became.[13] As he put it in another oft-quoted epigram: "A book is a mirror: if an ape looks into it, an apostle cannot peer out" (E, 214; F, 112).

Because he observed that visual, no less than verbal, discourse relied on communication through a system of signs, Lichtenberg himself saw nothing novel in applying hermeneutics to the Hogarth engravings. The visual language of signs is just as fallible as the verbal language. The reliability of any sign-system derives from its capacity to represent experience. As a sign departs from the particular or the familiar, it becomes ambiguous. Thus Chladenius and, more extensively, Meier attend to recognizing and reading ambiguous signs.[14] Lichtenberg repeats the arguments of contemporary hermeneutics, when, in confronting ambiguous signification, he advocates that *conjecturas variantes* as well as *lectiones variantes* may be left standing side-by-side.[15] In documenting Lichtenberg's concept of "the circle of language," J. P. Stern has emphasized that Lichtenberg did not resort to systematic nominalism; rather, that his distrust of verbal signs prompted him to develop "an acute language-consciousness."[16] The same point should be made concerning his hermeneutics of visual discourse, for visual signs, too, have meaning for Lichtenberg only to the extent that they may be referred to actual experience. Always resorting to experience, Stern admits, leads Lichtenberg in his commentary on Shakespeare to "an excessive amount motive-mongering" and profuse details on "English customs and institutions as an indispensible guide to their full appreciation." But the results, Stern adds, are more pragmatic and "on the whole more valid than the 'German transcendentalist' view of Shakespeare."[17]

Franz Mautner makes a similar point in summarizing the case against the *Ausführliche Erklärung*. Hogarth, he observes, relies on the baroque manner of eliciting illusions of depth through layers of space, and distributing light in various places in order to lead the eye from one episode to another and to discriminate dominant and subordinate action. Yet all is contained within a definite and compact frame and all is seen from one specific perspective. Lichtenberg, by contrast, indulges anecdotes and observations from every corner of knowledge. Even when he prepares a sound justification for his digression, he doesn't always find it easy to return. He may apologize with self-deprecating wit and grace, but the disjuncture leaves his composition inferior to Hogarth's. Lichtenberg provides an abundance of satirical detail, but he wants the informing power of Hogarth's satire. The deficiency Mautner attributes neither to the difference in the medium (i.e., a graphic work may be comprehended, spatially, in one act of beholding, while language may be comprehended only in the consecutive, temporal act of reading), nor to the difference in form (the one a satire, the other an interpretation). Mautner claims that the deficiency arises from the peculiarity of Lichtenberg's prose: his purpose requires comprehensive schemes and relationships, but his style delights in the subtleties of miniature, at once too pointed and too ponderous.[18]

This criticism is not unfair; indeed, Lichtenberg himself was well aware of the threat of fragmentation, mere miniatures instead of descriptive satirical mimesis. However it is simply not true that the visual observer has the overwhelming advantage. Hogarth's graphic work practically defies being comprehended in one act of beholding. For one reason, Hogarth himself indulged in miniatures in the very clutter of his narrative detail (witness, for example, the referential profusion of the miser's hoard in *The Rake's Progress*, plate I). For another reason, in such narrative sequences as *Marriage à la Mode*, with the complexity of anticipatory and reflective references, the observer does not have the work before his eyes all at once. In a given plate, to be sure, one may have constant reference and relation of part to whole, but the minute details must be attended to patiently and analyzed individually before the observer can intellectually reassemble the visual narrative.[19] Lichtenberg merely takes his reader through the process verbally, added his own affective excursions and satirical animadversions in accord with his associationist aesthetic. What is of interest here is the method of analysis he develops to overcome the metonymic problems and the dialogue he engages to provide a semblance of reference and relation, part to whole, and an illusion of resolution and totality.

In analyzing the kinetic temporality of Hogarth's "Laokoon moment," Lichtenberg sets forth three hermeneutic categories: *motion, activity*, and *action* (Bewegung, Tätigkeit, Handlung). *Motion* refers to the indications of physical and atmospheric movement (the cast of light, the flutter of wind, falling objects). *Activity* is interpreted in those gestures which reveal what a figure is immediately doing (eating, yawning, crying). *Action* not only involves a before and after, it also reveals deliberation and choice as in Aristotelian *praxis*. The opening plate of Marriage à la Mode establishes circumstances for three principle *actions*, all to be developed in the ensuing narrative: the marriage of the Earl's son to the merchant's daughter, the narcissistic indulgence of the Earl's son, and the seduction of the bride by the lawyer. Even what appears incidental and casual, as in the motion of insensate things, must be considered as integral and causal in Hogarth's narrative. Because, as Lichtenberg reminds us, the artist has deliberately chosen such details, apparent happenstance has a purpose (the *zufällig* imparts the *zweckmäßig*).

A few excerpts from his commentary on *The Harlot's Progress*, plate I, may serve to demonstrate how he uses these categories to account for the implicit temporal development in Hogarth's narrative. Moll Hackabout has arrived at the Bell Inn on the York to London coach. In the background the slash of light and shadow points down upon her with an impending darkness. Above, a washerwoman looks on as she hangs a pair of dripping hose to dry. Presuming that Hogarth thus rendered symbolic meaning with oblique irony, Lichtenberg tries to preserve a wry indirectness in deciphering its portent: "It will presumably drip somewhat, and this shower upon the passers-by she seems to regard with the hope of happy issue" (739).

The *activity* and *motion* behind Moll's back have a more direct and obvious relevance:

> The old Pastor reads the address from a letter of introduction: "To the Right Reverend Bishop—London." . . . This moment the horse puts to use in making up for what he missed during the journey, and he munches greedily on the packing straw from the earthen ware which has been set out for sale. Flower pots, bowls, and platters, and whatever else, *all empty*, tip and fall toward the hungry horse. Very ominous! (736–737)

The *activity* of the other figures Lichtenberg interprets as a language of gesture. The character at the inn door (Lichtenberg identifies him as Colonel Charters) gazes intently on Moll and reveals his lecherous thoughts with his anticipatory gesture: "the left hand upon his cane, and the right engaged in private business" (739). There is import, too, in the passive, receptive posture of Moll: "Her face . . . speaks with an eloquent silence, universally understandable, open to all, and needing no interpreter"; beneath her neckerchief, however, "where only conjecture is permitted, Flora has given an almost superfluous surity while concealing her rosebuds: the bloom of youth with innocence" (734). The gesture of the procuress, Mother Needham, lightly tickling Moll's chin, works a seductive evil:

> In order to bring her heart, through her finger tips, closer to the heart of the poor girl, she has removed her glove, for the oratorical figure whereby such intimacy may be expressed here, won't work through calfskin. And so the poor little bird sinks into a magnetic sleep, while one puts her into a cage as a supposed lady of society, which has a secret rear door to Charter's hedge, and so—all is lost! (746)

Causality in the artist's frozen moment is communicated almost exclusively through metonymy. Those graphic devices which involve the *action* lead Lichtenberg into more complex strategies of interpretation. To some degree, both *motion* and *activity* contribute to the before/after development: the falling pots are indeed ominous, and the sinister hands of Mother Needham and Colonel Charters are certainly anticipatory. Lichtenberg discusses the import for the expansive deliberation of *actions* evident in small details. Although it may seem a minor addition to the narrative, he deciphers Moll's doom in the dead goose and avoids leaving it as a detached miniature by making explicit the connection among the parts, *le tout ensemble:*

> Next to the baggage lies a poor goose, almost strangled with the address tied round its neck, (just as the poor preacher on horseback with

his address). It says: "To my lofing Cosen in Tems-stret in London."
New orthography in sisterly union with elder thoughtlessness, as
usual. Whither should this Pandemette[20] turn? For in Thames Street,
one of the most crowded and tumultuous streets in London, "lofing
Cosins," willing to take an unaddressed goose to heart and mouth,
dwell together by the thousands. The poor animal is thus just as properly addressed as you, little Mary, or as your poor Yorkshire travelling
companions there in the coach, who await a further destination and
who shall not lack "lofing Cosins" of their own! (747–748)

The connections he draws here are presented through a simple rhetorical play ("the address tied round its neck" referring to dead goose
and clergyman) and repetition ("the poor Preacher," "the poor animal," the "poor Yorkshire travelling companions"), which are intended to replicate Hogarth's visual puns and cross-references.
Amidst the welter of narrative details, he detects *motion, activity,
action* as specific categories in experiencing the implied temporality. In order to organize the experience, however, he realizes the need
for hermeneutic *organa* more systematic and analytical. Mere
rhetorical play is not adequate in sustaining the associational *ensemble*. The proper hermeneutic tools must be drawn from the
actual perceptual and cognitive encounter.[21] He identifies three
such tools for organizing spatial relationships: the *line of sight*, the
line of comparison, and the *grounds of comparison (Blick-Linie,
Vergleichungs-Linie, Vergleichungs-Gründe)*.

The aesthetic response to the line of sight is instinctive, almost
involuntary: we see a man looking up to the sky, and we crane our
heads and strain our eyes with him. The artist invites a like partici-
pation: where his figures point or peer, our eyes will follow. *The
Harlot's Progress*, plate II, ordains the *line of sight* of every figure. In
retracing these lines, Lichtenberg keeps up the satirical play with
his verbal imagery of money and military. Moll Hackabout is now
"the mistress of a Jew of the Portuguese Temple," who has unexpec-
tedly arrived for a "too early breakfast."

> The coffers are in a pitiable state. A lover, with whom one has spent
> the night, is still at hand, and must first be exchanged before one
> might dare to speak of payment. There in the back, scarcely into his
> britches, he slinks toward the door, which all for the worse opens to
> the *bad* side. His escape is aided by a chambermaid, who, to judge
> from her gaping mouth, is not yet well trained in this service. To cover
> this retreat (a manoeuver which the greatest generals consider virtual-
> ly twice as difficult as advancing in conquest), Molly calls her entire
> artillery into play and even explodes a mine. (750)

The chambermaid stares anxiously at the departing lover, who
cautiously eyes, in turn, the wealthy Jew, who, for his part, watches

in incredulous surprise and dismay as Molly lets loose "her entire artillery." The servant boy and the monkey both direct the *line of sight* to the shattering tea service. Molly looks upon her wealthy keeper with two different eyes; the *line of sight* is obvious, but Lichtenberg must relate, as well, the implicit paradox in *activity* and *action*:

> Greater impertinence in the eyes of a young girl, even in her toes, greater proficiency in all the arts of coquetry, with confidence of an even greater store, yet untested, waiting in reserve, would be difficult to express other than with just these efficient strokes. In the whole face not a wrinkle, not a distracting shadow, yet how eloquent! "See, my mousie, no more than this care I for you and your miserable plunder; there it lies"; and just how much she cares for the plunder is precisely measured with a snap of her fingers. . . . Her *right* eye has a look of indescribable derision. But the rogue has money, and that is an important article which the *left* eye clearly respects. The artifice is for us, I think, unmistakable. On the entire *right* wing of the young girl there is war, and on the *left*, peace, or at least the admission of error. (750)

Lichtenberg explains the associational presumptions of the *lines of comparison* and the *grounds of comparison* in his commentary to *The Harlot's Progress*, plate V. Molly is dying of venereal disease, while two doctors dispute over a cure and her landlady rifles her belongings to claim a share for rent due. The first *line of comparison* links the landlady with dying Molly:

> What the woman here is rummaging through, compared with what there in the armchair is being pilfered away by disease, has something which every man of feeling will recognize, something which lies much higher than Hogarth's genius usually aspires, yet which he nevertheless attains so ably that it would seem to lie easily within his *native* range of flight. (795–796)

The trunk, he reminds us, is the same that was placed next to the dead goose in plate I, and its contents provide an allegory of Molly's "Progress." The landlady has pulled forth the witch's hat, first seen in plate III "in the firmament of her bed's canopy, suspended beneath a comet." The comet is identified as "the pedagogical fascine or dustbroom of philanthropy" which has served as Molly's erotic instrument in satisfying her masochistic clients, a practice which Lichtenberg coyly declines to explain: "even the most loquacious *hermeneutic* is silenced, or at least pretends to be dumb and rings to the passer-by" (763). On the other hand, those bottles over Dr. Sacheverell's picture might alert a "passer-by" to ask what medicine Moll might need at her bedside: "Here the hermeneutic is ringing" (771).

In plate V, that hermeneutic ringing is explicitly resolved: the erotic masochism has viciously turned, and the sadistic mistress has become the suffering venereal victim. The domino and mask from some carnival gaiety of the past have also been removed from the trunk, and the *line of comparison* points "to the image of agony in the armchair":

> The *domino* she now wears, how limp, like a linen shroud, and how still, in contrast to the *domino* of rustling silk that spills forth from the trunk. The *mask* she now wears, ah! how white the cosmetics applied by the cold hand of death! and the dazzling light of the eyes how sunken down into endless, endless night! They see no more, and no more will be seen! Here is no masquerade. These eyes in a whitened face have been truly pierced by the earnest arrow of death; there, next to the blackened mask of voluptuous exuberance, lies a dagger worthy of such eyes, a folded fan. (796)

A second *line of comparison* is drawn from the seated doctor to the storage drum with its cuspidor, mercury pills, and other tokens of Molly's syphilitic decay. The *grounds of comparison*, as Lichtenberg explains, provide the rationale and give context and meaning to the association of scattered narrative elements:

> We previously spoke of a *line of comparison*, which may be drawn from the gallows-ripe quack and consort to this suspicious corner in the foreground. The *grounds of comparison* are the following: One has done everything possible to save the patient, but in vain. Now in the hour of death the ideas occur to both doctors of what might, if only it had been brought in time, have saved her. Each holds in his hand the saving potion. Naturally, each reckons the medicament of the other as one which could never be given too late. Both containers, glass and tin, remain unopened with the new medicine yet undispensed. As a result, the patient dies. But where are the previously prescribed medicines, and their results? And their results? They lie in part in the armchair near the fireplace and also—in this suspicious corner. In a word: this corner contains in manifold form the *grounds* for analyzing the process of medical distillation, and the wasting retort herself. (800)

The *grounds of comparison* provide a spatial correlative to the temporal *action*, the grounds which direct the analysis of narrative consequences.

Lichtenberg typically launches his hermeneutic dialogue with the question: What time is represented here, or what place? Why this time or place, rather than another? When he turns to "Morning," the first plate in *The Four Times of Day* (see ills. 1–4), he justly conjures the generic anticipation: floribund, vernal, pastoral. Hogarth, of course, has mocked the generic cliché.[22] His "Morning" is set midwinter in Covent Garden marketplace, 7:55 by the clock on St. Paul's. In "Night," from the same series, the question of time is equally crucial to Hogarth's meaning—not just a happenstance carousing in a London by-way, but a pointed satire on the pretenses celebrated on the anniversary of the Restoration of Charles II, May 29, the festivities indicated by the oak leaves and the statue of Charles I in the background. In *Midnight Modern Conversation*, he poses the question of time by indicating the irony of the title, for there is little conversation here, and the hour is long after midnight. The clock, which points to 4:00, is not to be trusted, for daylight shines through the window which we see reflected in the bottle now being poured by one muted conversationalist over the head of another.

Although Lichtenberg typically proceeds inductively, he may well begin with an apparently insignificant or trivial detail, or, as might any casual observer, he may pause first at the most obvious and eye-arresting feature. Both approaches are at work in his interpretation of *The Four Times of Day*. In "Morning," he frames his discussion with the question of time, beginning with attention to the clock and ending with its motto, "sic transit." After explaining the oak-leaf shaped footprints from ladies' pattens, he focuses on the "pretty pedestrian," the out-of-time, out-of-place old maid dressed in summery décolletage, baring her bony breast to the wintry chill: "We have here, in the year 1738, a mademoiselle, who wishes now, although presumably at the end of the previous century the time would have already been somewhat tardy, still to appear attractive" (704). Lichtenberg perceives the irony of temporal metonymy in Hogarth's satire: time is not out of kilter, but the central character vainly misconstrues her place in time. With this plate before us, we may easily trace Lichtenberg's associational sequence:

1) time as given by the clock on St. Paul's, five minutes before the 8:00 am. mass (703);

2) time as traces in the snow, the patten-prints of fine ladies (703);

3) time as the vain longing of age for lost youth, represented in the cosmetic beauty and ostentatious finery of the veteran vestal on her way to church (704–706);

4) time as the opportune moment of young lovers, who before the envious stare of the elegant spinster find warmth in the wanton *carpe diem, carpe osculum, carpe mammarum* (706);

5) time as the servant of the moment, unwarmed by his mistress's vanity, shod not in pattens but in household slippers, trying to warm his ungloved hands (707);

6) time oblivious to the moment, the battle in the profane sacristy, Tom King's Coffee House, contrasting with both the High Church ritual to the rear and the lascivious low-life to the fore (707–709);

7) time as a struggle for survival, as the beggar women warm themselves before the fire (709).

Morning (first state), William Hogarth. *The Four Times of Day* (paintings commissioned for Vauxhall Gardens, 1736; engraved May 1738). British Museum.

Noon (first state).

Evening (second state; engraved by B. Baron after Hogarth's painting).

Night (first state).

Lichtenberg's method of relating part and whole, cause and effect, is abundantly manifest: he relies on associational cross-reference. In discussing the beggar woman, for example, he asks "if she well may not see the beggar in livery?" He directs his reader's attention with *line of sight* and *line of comparison.* Thus he draws comparison and contrast as he progresses from the spiritual warmth at St. Paul's, the warmth of wrath in the skirmish at Tom King's, the warmth of lovers, the warmth of beggars. In like manner, he brings background matter into metonymic counter-action of cause-effect. A *line of sight* links the wistful spinster to the lovers' passion, and a *line of comparison* is extended rearwards to the marketplace quack hawking Dr. Rock's medicament for syphilis in metonymic association of effect and cause (709). The temporal movement is lightly touched as Lichtenberg calls our attention to the two schoolboys who tarry on their way to watch the hefty woman bearing her wares to market; then it is sharply underscored as he returns to his point of departure, following the *motion* of ephemeral steam from Tom King's up to the clock on St. Paul's, where he reads for us the thematic motto: "Sic transit gloria mundi" (709–710).

Just as in the interpretation of "Morning," Lichtenberg introduces "Noon" (ill. 2) through a nugatory detail from which he derives his symbolic clue to the whole. He found the meaning in "Morning" predominantly temporal; in "Noon" he considers the meaning presented in causal terms. His inductive clue is the dangling kite:

> This street [Hog Lane], as well as a part of the neighboring region, was occupied at the time almost exclusively by French refugees and their descendents. Thus the paper kite, dangling up there from the top of the church, has been taken to point to these people, who, driven by a religious storm, crossed the channel to find a secure refuge. But more of this kite later. (710)

The theme, however, is not "rising" but "falling," a *de casibus* burlesque. In addition to the portent of the dangling kite, Lichtenberg notes the downward pointing hands of the clock on the spire of St. Giles' (a sequential link to the clock on St. Paul's). Church service has ended, "the spiritual herd streams forth, laden with the *word.*" The dominant figures, the French dancing master and his mistress, possibly pregnant, receive abundant attention, for they represent the affectation, pride, and hypocrisy pertinent to the theme of the fall. Lichtenberg delights in the irony of contrasts—gaiety and sobriety, light and darkness—emphasized in Hogarth's pyramidal composition:

> Behind this light vanguard it looks very dark. The aged head, which above the youthful heads of the two lovers makes a somewhat blunt

pyramid, also provides a marvelous contrast. The expression seems to be a righteous indignation over such behavior so near the door of the holy fold, yet combined with an unrighteous indignation over a personal incapacity to do the same. All seven heads are true emblems of a closed-minded and iron-willed dogmatism, of an anointment that has eaten through to the bone. (712)

Apparently embittered in their piety, the seven down-mouthed members of the congregation spilling forth from the church contribute no less than the affected French pair to the theme of the fall. Here Lichtenberg returns to the kite to emphasize the thematic purport of *motion*.

Hanging from a Methodist prayer-house, where the sermon has just ended, the kite permits in this present context still another explanation. These enthusiasts, easily moved by the Spirit because of their great spiritual mobility, are lifted lightly by each little gust from the pulpit, and are blown heavenward to that Divinity with whose essence they believe to merge; they tremble and glow and hear inexpressible things; but no sooner does the little gust cease than they fall and are left hanging at the next street-corner. (714)

In relating the secular left-half to the ecclesiastical right-half of this vertically divided plate,[23] Lichtenberg suggests that the congregation has participated in the eucharist bread and wine. Thus a five-fold *falling* is reconciled with a five-fold *eating*. The metonymy of cause and effect is repeated in both. As *motion* or *activity*, falling on the right:

1) the dangling kite;
2) the descending congregation;

falling on the left:

3) the fight over food;
4) the fondled wench spilling her baked pudding;
5) the crying boy losing what remains on his broken plate;

then the references to eating:

1) the sign with the head of John the Baptist served up for Salome, inscribed, between teeth, "Good Eating" (the neighboring inn competes with the equally paradoxical device of "The Good [headless] Woman," neither more hungry nor more appetizing than John);
2) the fight over food;
3) the fondled wench spilling her pudding (Lichtenberg supposes the inscription "Good Eating" applies as well to her);[24]

4) the crying boy with his broken plate and the girl greedily feeding upon the spill;
5) the mangled cat in the street (a disgusting dessert in the satirical menu of "Good Eating").

In spite of the marked vertical division, Lichtenberg insists upon Hogarth's horizontal *lines of comparison:*

1) the decapitation signs (bodiless head and headless body) of the two inns;
2) the buxom wench and the flat-chested French mistress;
3) the unrestrained sensuality of the Moor and the pretentious affectation of the dancing master;
4) the healthy English street-urchin in rags and the crippled French boy in pompous array;
5) the three modes of affection:
    a) the voluptuous fondling and kissing;
    b) the mannered courtly grace;
    c) the pious kiss of beldames.

In the next plate, "Evening" (ill. 3), Lichtenberg pursues a more obvious delineation, beginning his interpretation with the central figures, the henpecked husband and the self-indulgent wife, and then, from their relationship, drawing in the peripheral detail. Here he observes the metonymy of subject and adjunct:

1) the milked cow, "an eloquent emblem of abundance," as adjunct to the adultrous, pregnant wife, "nourished somewhat beyond the boundaries of the Good and the Beautiful" (716–717);
2) the cow's horns as adjunct to the cuckolded husband (717–718);
3) the fan, depicting Venus with Amor detaining Adonis, as adjunct to the adulterous wife (717);
4) the contrastive adjunct (the man and wife have no curiosity about each other's actions) represented by the man smoking at the window while an inquisitive laundress eavesdrops in the courtyard (721).

Lichtenberg also finds a metonymy of cause and effect:

1) the causal disjuncture suggested by the blue hands of the dyer and the rosy breasts of his wife (716);[25]
2) the children re-enacting the domestic roles: the scolding sister (with fan, like her mother, not yet unfolded) demanding that her crying brother (with his father's cane as a hobby-horse) surrender his gingerbread-man (717);
3) the torn stocking of the child "as equally eloquent a testimony to the value of our love-goddess [adjunct: the Venus fan] as housewife, as the head-ornaments of the cow [adjunct to her husband] are to her merit as spouse (718);

4) the tavern sign of Sir Hugh Middleton, whose canal system brought water to London from the countryside, leaving these Islington residents at Sadlers Wells to quaff beer in his name (718).

The mock-pastoral atmosphere of "Evening" Lichtenberg describes as stifling and slow: "Everything is tired, languid, and heavy, and—oh! how warm!" In "Night" (ill. 4), turbulence and turmoil reign, and the nocturnal darkness is fired by light. Lichtenberg's associative construct holds together Hogarth's seething street-scene by following the sources of night-time illumination and untangling the major knots of cause-effect confusion. Here, at least, Lichtenberg endeavors to sustain Hogarth's baroque manner of suggesting depth by marking layers of space, and using light to prompt the eye from one visual episode to the next.[26] He begins by noting the eight sources of light:

1) the bonfire in the street;
2) the hand lantern;
3) the squib fired from the coach;
4) the torch of the linkboy under the window ledge, and the torch dropped in the street:
5) the candle on the brewer's barrel;
6) the barber's candlelit window in the foreground and the other bright windows behind the statue of Charles I;
7) the moonlit sky;
8) the rising flames from a burning house beyond Charing Cross.

The causality is manifold: "Nature, art, and accident lend here the artist their light" (722). The light contributes, as well, to the satirical context. King Charles' Restoration, May 29, is celebrated with bonfires, fireworks, and illuminations. The play of fire and light Lichtenberg brings in metonymic association to his commentary on the three major groups. In the foreground, assisted homeward by a lodge porter, the drunken freemason is ablaze with wine and bilious humour: "He glows all over, and might burn up, were he not extinguished by the imitation *Pisse-vache*[27] which by good fortune chances to flow from an upper storey" (723). Here the metonymy, adjunct for subject, is Lichtenberg's: by adding the drunken freemason to Hogarth's blazes, he has at the same time given the *grounds of comparison* for the chamber-pot deluge. Too, from this principle pyramidal grouping, he develops his *line of comparison* to other dramatic foci: the pouring of the pisse-vache and the pouring of the beer barrel;[28] the drunken, bleeding freemason and the drunken barber shaving his bleeding victim (with the apt advertisement, "Shaving, Bleeding, & Teeth Drawn with a Touch"). The third center of action, of course, is "The Salisbury Flying Coach," which has just suffered a crash. Lichtenberg unravels here a nexus of causal associations. The inventor of the flying coach, the Earl of Cardigan, is portrayed on the sign above: "in order that he might witness the execution directly below and at the same time serve as epitaph over the grave of his own work" (725). The coach horses have bolted, but in the background Hogarth depicts other horses drawing a wagon laden with household ware (Lichtenberg presumes the owners to be stealthily by night escaping a debt of lease) and still another horse, staid and stoney, supporting Charles I upon the pedestal. As probable perpetrator of the mishap of the flying coach, he points to the linkboy under the window lighting another squib with his torch.

Although Lichtenberg reminds us of the compositional continuity provided by the key pyramidal grouping in *The Four Times of Day*, he found little opportunity to suggest more than the attributes of light and atmosphere in relating the temporal continuity of the four plates. In the narrative series, *The Harlot's Progress, The Rake's Progress, Marriage à la Mode*, and *Idleness and Industry* he brought Hogarth's anticipatory and reflective details into his hermeneutic to explicate *action* in the sequence of engravings and to point out attributive associations in the narrative. The distracted clergyman and the lecherous colonel slyly fondling himself in plate I of *The Harlot's Progress*, for example, are re-cast in plate VI in the figure of the drunken and distracted clergyman being fondled by the fair mistress at his side. Lichtenberg had the advantage in making explicit the associations from plate to plate which mere memory might easily ignore in the multitude of Hogarth's visual detail. His disadvantage lies in the very limitations of language. Hogarth presents him with problems of interpretation which often baffle verbal resolution.

Let us recall some of the phrases already quoted from the *Ausführliche Erklärung*. From *The Harlot's Progress*, he states of Molly: "Her face . . . speaks with an eloquent silence [spricht mit beredtem Stillschweigen]" (734); of Mother Needham's caress: "the oratorical figure . . . won't work through calfskin [die oratorische Figur . . . wirkt nicht durch Kalbfell]" (746); of Molly again: "In the whole face not a wrinkle . . . yet how eloquent [Im ganzen Gesicht keine Falte . . . und doch wie sprechend!]." In the commentary to "Evening," he calls the milked cow "an eloquent emblem of abundance [ein redendes Sinnbild des Überflusses]," and the child's torn stocking as well the cow's horns provide "an eloquent testimony [ein redendes Zeugnis]" (718). Such phrases are frequent in the *Ausführliche Erklärung*. Again and again, Lichtenberg confronts the incongruity between word and picture as he tries to conjure language from Hogarth's "eloquent silence." He sometimes fails, sometimes he evades the endeavor — "even the most loquacious *hermeneutic* is silenced [die gesprächigste *Hermeneutik* verstummt]" (763).

Motion and *activity*, Lichtenberg finds, are usually communicated directly, but *action* is expressed in large part through symbols. Although explicating *action* requires greater attention, language af-

fords ready and suitable equivalents to the discourse of visual symbols. The representation of *activity* in Hogarth's "language of
gesture," however, makes the commentator lament "the poverty of
our individual language treasury" (792).[29] Thus, too, in *Marriage à la
Mode*, plate II, where the narrative is enacted in the contrasting gestures of the exhausted, dissipated Viscount Squanderfield, his flirta-
tious but neglected wife, and the shrugging chagrin of their exasper-
ated steward who cannot arouse them to financial responsibility,
Lichtenberg finds himself struggling with words:

> In regard to the head of the steward and to the meaning of his look and
> of the gesture of his hand, any attempt at a commentary in *written
> language* were indeed the most inexcusable misuse that could be
> made of writing. . . . we therefore confidently count on the pardon of
> the reader, if subsequently, instead of an explanation, nothing more
> should be said than: *videatur* the steward. (929)

This confession, we should remember, comes from a prose-master
who was especially interested in physiognomical portraits,[30] from
an author who had promised: "What the artist has *drawn* must now
be *said* just as he might have said it if he could have wielded the pen
as well as . . . the graving tool" (661). He has not surrendered in utter
abrogation, but he does find it necessary to appeal to *motion* and *action* in delineating the *activity* of facial expression and gesture. The
figure of the Viscount in plate II he ranks as a masterpiece: "The true
emblem of enervation after the wildest debaucheries of all sorts."
Reading the evidence of *motion* and *action*, Lichtenberg indicates
first the Viscount's lurching return: "Presumably he tripped over the
chair with the fragile Cremonas, then stumbled and broke his
sword." His present posture of debility, sedated rather than sedate, is
the extent, except for a reflexive grappling in his pockets for missing
coins, of his physical *activity.*

> No expression lingers of inner strength. The posture has been assum-
> ed merely through the action of gravity, through puppet-reaction and
> passive chair-form. . . . Where he kept his money, he now places empty
> hands, which seek and find nothing but a sad support for themselves
> and those long arms rendered supple with sleepless raptures. (926)

Lichtenberg traces the Viscount's *line of sight:* "*Outwards* it seems
to cease half-way toward the fallen chair, suspended in mid-air; *in-
wards* it retreats unusually deep on this particular domestic morning." In his brow, his sagging mouth, his vacant eyes, Lichtenberg
reads not only the remorse of a nagging headache, but also "a few
traces of a deeper heartache." Lady Squanderfield may not notice her
husband's infidelity, the proof for which is that "little perfumed bonnet" sniffed out by her lap-dog, but the Viscount finds reason to

worry about his domestic welfare. Not the steward's sheaf of unpaid bills, but the evidence of his wife's night-long frolic seems to disturb his still befogged mind.

With the painstaking scrutiny of a detective, Lichtenberg searches through the two rooms for each clue of a degraded marriage. The burnt and unburnt candles are revelatory; even the strange objects on the mantle and the paintings on the wall are aptly exhibited. He tarries before that naked foot protruding toward the three saints; the picture is apparently so obscene that it must be kept veiled: "If we had arrived earlier, while the young men were still here, then we would have seen all.—Oh! Madam! Madam!" (931). Madam, he grants, is perfectly healthy, "perhaps all too healthy": "Even her sleepy look is not without vitality and reveals, as does her whole posture, abundance in everything that her poor burnt-out spouse so utterly lacks" (928). Lichtenberg is concerned with penetrating her *activity* to reveal her *action*. He attends more to her gesture than her expression. Her stretching arms seem to give the Viscount the sign of horns, and her wide open thighs do not permit her dress to fold properly. To reinforce his interpretation, he simply points his *line of comparison* to the mantle where Hogarth has arrayed his symbols of veniality: "Very pregnant Chinese idols sit there, naked so that their dresses do not fold improperly, others have their hands directly on their shoulders as if they also want to make the sign of horns but cannot" (931). Rather than speculating and inventing his claims, he shows that the very furniture and decorations, even the meanest and seemingly trivial, contribute to the spatial and temporal associations. He finds something theatrical, like a play-within-play, in Hogarth's use of the picture-within-picture, both as it creates frames *(Schachtelung)* of interior space, adding dimensions of illusion vs. reality, and also as it relates to narrative *action*. That painting over the mantle, for example, is appropriately placed above the heads of this wedded pair, for it portrays a blighted Amor: "His temple is fallen, his bow has no string, his quiver no arrows; he has nothing left but a bagpipe, upon which he now fingers a droaning lament" (932).[31] Although Hogarth uses the painting-within-painting elsewhere, *Marriage à la Mode*, plates I, IV, V, VI, gave Lichtenberg rich opportunity to explore the metonymy of this playful stasis in visual narrative.

In extrapolating Lichtenberg's hermeneutics from his commentary on Hogarth, I have emphasized his recurrent attention to problems of metonymy. More should be said on causal sequences and *sorites*, such as he traces in *The Harlot's Progress*, or in *The Rake's Progress*. In *Midnight Modern Conversation*, for example, he tracks the incremental stages of inebriation around the circle of Hogarth's "diamond-ring composition" (689–702). To the illusion of *motion*—falling objects, blowing breezes, penetrating rays of light and reflection—one might also add the play of sound echo, and reverberating noise. Lichtenberg indicates such cause-effect lines of *motion* in his commentary to *Strolling Actresses Dressing in a Barn:*

> 1) light enters over the head of Juno, shining leftward across the scene;
> 2) wind lifts the veil of Aurora on the right and is still blowing gustily as it reaches the veil of Juno on the left;
> 3) the cat is yowling as its tail is snipped to draw blood for a gory scene, and one of the kittens in the foreground strikes a sympathetic note upon the lyre. (670–679)

The problems of metonymy which Lichtenberg could not solve, he attempted to circumvent with wit and ingenuity, often with stylistic shifts into subjunctive and conditional discourse.[32] The evaluation of Lichtenberg's accomplishment, Mautner declared, must depend on whether one appraises it for its wealth of information on Hogarth's engraving, for its display of Lichtenberg's intellect, or for its own aesthetic affect.[33] But Lichtenberg in his own hermeneutics opposes such prescinding of artist, work, and aesthetic experience. What Lichtenberg discovers in Hogarth's engravings, and how he presents the discovery, depend partly upon the associational play uniquely peculiar to his wit, wisdom, and reasoning. Yet his approach is directed by attention to the specific temporal categories of *motion, activity, action,* by reliance on the organizing spatial connections of *line of sight, line of comparison, grounds of comparison,* and by the persistent questions of time and place, before and after, with which he conducts his hermeneutic dialogue. Lichtenberg, in applying a hermeneutic discipline to the graphic arts, demonstrates the advantage of a historical and cultural perspective informed by his "poetic method" of intimate engagement and rhetorical imitation, *idem in alio,* of the satirical narrative. While it is true that his efforts at satirical mimesis, combined with close explication of the engravings, left him sometimes swaying awkwardly between the two, it is also true that his *Ausführliche Erklärung* is the first sustained attempt in literature not simply to describe a picture, but to enter into it completely and recreate it in language.[34]

University of California, Los Angeles

1 "Briefe aus England" (1775), *Georg Christoph Lichtenberg, Schriften und Briefe,* ed. Wolfgang Promies (Munich: Carl Hanser Verlag, 1967–1974), III, 326–367. *Georg Christoph Lichtenberg. London-Tagebuch,* ed. Hans Ludwig Gumbert (Hil-

desheim: Gerstenberg Verlag, 1979). *Lichtenberg in England: Dokumente einer Begegnung,* ed. Hans Ludwig Gumbert (Wiesbaden: Harrassowitz, 1977).

2 Franz H. Mautner documents Lichtenberg use of associationism under the heading "Beattie, Hartley und die Folgen," in *Lichtenberg, Geschichte seines Geistes* (Berlin: Walter de Gruyter, 1968), pp. 208–214.

3 William Hogarth, "Autobiographical Notes," in *The Analysis of Beauty,* ed. Joseph Burke (Oxford: Clarendon Press, 1955).

4 Lichtenberg provided a bibliography of Hogarth commentaries in his preface to *Ausführliche Erklärung der Hogarthischen Kupferstiche,* "Erste Lieferung" (Göttingen, May 1794), *Schriften,* III, 665–666; the most complete of these commentaries was John Ireland, *Hogarth Illustrated,* 2 vols. (London: J & J Boydell, 1791), published seven years after Lichtenberg had commenced his series on Hogarth in the *Göttinger Taschenkalendar* (1784 to 1796). In "Lichtenberg and Hogarth," *Foreign Quarterly Review,* XVI, no. 2 (Jan. 1836), 279–303, the anonymous reviewer praises the *Ausführliche Erklärung* as still "the most complete and fullest, and above all, the most truly Hogarthian commentary on the productions of our great English artists." Ronald Paulson, *Hogarth: His Life, Art and Times,* 2 vols. (New Haven: Yale University Press, 1965; rev. ed. 1970), calls Lichtenberg's analysis "rambling but often perceptive," I, 81.

5 *Schriften,* III, 675–1060. All references and quotations (my translations) are from this edition and are documented by page number parenthetically in the text; quotations (my translations) from the *Sudelbücher* are also from this edition, vol. I, and are documented by letter (notebook A, B, C etc.) and entry number. The need for precise word-equivalents, as well as the convenience of citing a standard critical edition, determined my decision not to use: *The World of Hogarth. Lichtenberg's Commentaries of Hogarth's Engravings,* trans. and ed. Innes and Gustav Herdan (Boston: Houghton, 1966); *Hogarth on High Life. The Marriage à la Mode series from Georg Christoph Lichtenberg's Commentaries,* trans. and ed. Arthur Wensinger with W. B. Coley (Middletown, Conn.: Wesleyan University Press, 1970); *The Lichtenberg Reader. Selected Writings,* trans. and ed. Henry Hatfield and Franz Mautner (Boston: Beacon, 1959).

6 On Lessing and Hogarth, see: E. M. Bately, "On the Nature and the Delineation of Beauty in Art and Philosophy: Lessing's Response to William Hogarth and Edmund Burke," in *Tradition and Creation,* ed. C. P. Magill, Brian A. Rowley, Christopher J. Smith (Leeds: Maney, 1977), pp. 30–45; Edmund Heier, "Lessing and Hogarth: The Empirical Concept of Beauty," in *Analecta Helvetica et Germanica,* ed. Achim Arnold, Hans Eichner, Edmund Heier, Sigfrid Hoefert (Bonn: Bouvier Verlag, 1979), pp. 77–98. For the concern with spatial/temporal construction in Schlegel and Schleiermacher and the rise of phenomenological hermeneutics, see: Willy Michel, *Ästhetische Hermeneutik und frühromantische Kritik* (Göttingen: Vandenhoeck & Ruprecht, 1982) and Manfred Frank, *Das individuelle Allgemeine. Textstrukturierung und -interpretation nach Schleiermacher* (Frankfurt/aM, 1977).

7 Christian Gottlob Heyne, especially the commentaries on Greek and Etruscan art in *Antiquarische Aufsätze* (1778–79) and *Opuscula Academica* (1785–1812); Johann David Michaelis, *Orientalische und exegetische Bibliothek* (24 vols. 1771–79; n.s. 8 vols. 1786–91), who "truly digresses in his theories and biblical interpretations, but even in all his foolery the great man shines through" (*Schriften* IV, 512); Johann Gottfried Eichhorn, *Einleitung in das alte Testament* (3 vols. 1780–83) as well as commentaries on the prophets, the apocrypha, and Revelations.

8 Baruch de Spinoza, *Tractatus Theologico-Politicus* (1670), ch. vii; on "fictiones [Erdichtungen]," *Tractatus de Intellectus Emendatione,* §§52–62, in *Opera. Werke* (Darmstadt: Wissenschaftliche Buchgesellschaft, 1979), I, 228–277; II, 36–46.

9 Johann Martin Chladenius, *Einleitung zur richtigen Auslegung vernünftiger Reden und Schriften* (Leipzig, 1742), "Vorrede" and "Über des Sinnreichen" §§176–177; "Was der Sehepunkt sei" §§309, 311; "Was Spuren Sind" §347. Georg Friedrich Meier, *Versuch einer allgemeinen Auslegungskunst* (Halle: Carl Hermann Hemmerde, 1757; repr. Düsseldrof: Stern-Verlag, 1965).

10 Friedrich Heinrich Jacobi, "Über die Lehre des Spinoza in Briefen an den Herrn Moses Mendelssohn" and "Wider Mendelssohns Beschuldigung in dessen Schreiben an die Freunde Lessings," in *Werke* ed. F. Roth and F. Köppen (Leipzig, 1812–25; repr. Darmstadt: Wissenschaftliche Buchgesellschaft, 1968), IV. Moses Mendelssohn, Brief an Jacobi (1 Aug 1784), "Erinnerungen [an die Freunde Lessings]," in *Gesammelte Schriften*, ed. G. B. Mendelssohn (Leipzig: Brockhaus, 1845), III, 16–24, V, 708–9; Lichtenberg, Brief an Ramberg (3 July 1786), *Schriften*, IV, 678–679.

11 *Göttinger Taschenkalender* (1784): "Whoever wishes to explain Hogarth, or any author, must know how to project himself completely into his frame of mind." *Gesammelte Werke*, ed. W. Grenzmann (Frankfurt/aM, 1949), I, 667. Cf. Chladenius, §2 and §155, pp. 2, 84.

12 *Schriften*, I, 505. As parallel to the discoveries in the other sciences (plants are named after botanists, comets after astronomers), Lichtenberg proposed that a "dark passage" should be named after the scholar who succeeded in explaining the crux (F, 318).

13 *Schriften*, I, 390. "A young man of 18 . . . might judge as follows: Tacitus is a difficult author who draws good characters and paints excellent scenes, but who affects obscurity and interrupts his narrative of events with annotation which do not explain much; one needs to know a lot of Latin to understand him. At 25 perhaps, presuming that he had done more than read, he would say: Tacitus is not the obscure author I once thought him to be; I find, however, that Latin is not the only thing one must know in order to understand him; one must bring a great deal of himself. And at 40, if he had gotten to know the world, he might perhaps say: Tacitus is the foremost writer that ever lived" (E, 197).

14 Chladenius, §179, pp. 96–103; Meier, §§1–3, pp. 1–2; Chladenius is concerned with resolving textual ambiguity (Texthermeneutik); Meier with deciphering signs (Zeichenhermeneutik).

15 Brief an Johann Joachim Eschenburg (13 June 1785), discussing problems in interpreting *The Harlot's Progress*; *Schriften*, IV, 639.

16 Joseph Peter Stern, *Lichtenberg: A Doctrine of Scattered Occasions* (Bloomington: Indiana University Press, 1959), on language, pp. 127–189; on Hogarth, pp. 137, 148–150. See also: Rudolf Jung, "Studien zur Sprachauffassung Georg Christoph Lichtenbergs" (Diss. J.-W.-Goethe-Universität, Frankfurt/aM, 1967).

17 Stern, p. 152.

18 Mautner, pp. 419–420. See also: Peter Klaus Schuster, "Kunsthistorisches zu Lichtenbergs Hogarherklärungen," *Deutsche Vierteljahrsschrift für Literaturwissenschaft und Geistesgeschichte*, IL (1972. Sonderheft), 138–148.

19 Robert R. Wark, "Hogarth's Narrative Method in Practice and Theory," in *England in the Restoration and Eighteenth Century: Essays on Culture and Society*, ed. H. T. Swedenberg (Berkeley: University of California Press, 1972), pp. 161–172.

20 *Schriften*, III, 747, explains the name: "From the Greek _____, belonging to all the people. Even those to whom such a name applies might find their lot more bearable, if they realize that there was a *Venus Pandemos* as well as a *Venus Urania*. The new mythology, indisputably the right one, offers many more excuses."

21 Chladenius, pp. 84–87, declares that the way to complete understanding is to be found in retracing in an author's words those rules whereby the reason awakens thought in our consciousness (§§155–156). Lichtenberg, too, argues that the completeness of explanation ("vollkommen zu verstehen" and "ausführlich zu erklären") depends on the thorough re-enactment of perception and cognition.

See: Heinz Gockel, *Individualisiertes Sprechen. Lichtenbergs Bemerkungen im Zusammenhang von Erkenntnistheorie und Sprachkritik* (Berlin/New York, 1973).

22 Sean Shesgreen, *Hogarth and the Times-of-the-Day Tradition* (Ithaca and London: Cornell University Press, 1983).

23 The vertical division and opposition is similar to Pieter Bruegel, *The Fight between Carnival and Lent* (1559), which belongs in turn to a tradition of satirical allegory no doubt familiar to Hogarth.

24 *Schriften*, III, 736–739, observes a similar function of signs in *The Harlot's Progress*, plate I: the dripping hose directly above the head of Moll; the tavern sign, the Bell, above the head of Mother Needham; and the spirit-tax sign, the checkerboard, above the head of Colonel Charters.

25 *Schriften*, III, 716, adds a note: "Hogarth had the peculiar whim, with the first prints from this plate, to color the hands of the man *blue*, the face and breast of the woman *red*." Authentic prints with this tinting, which Lichtenberg states can be confirmed by the type of paper, had already become expensive collector's items by the end of the century.

26 Mautner, p. 419.

27 *Schriften*, III, 723, defends the propriety of *Pisse-vache* as "the honorable name of a famous *natural* cascade in Switzerland."

28 *Schriften*, III, 722, provides further explication of this *line of comparison*. Ostensibly the brewer is simply filling a barrel with beer: "One is here prepared to give the people on this . . . joyful eve the treat of a barrel of strong beer." But the fact that he works by dark, plus the associational proximity to the *pisse-vache*, calls into question the purity of his mixture.

29 *Schriften*, III, 792, has an asterisk on "language treasury [Sprachschatz]": "the reader will excuse this expression, for even an *empty* treasury is still a *treasury*."

30 Lichtenberg's essays on physiognomy are numerous: *Über Physiognomik* (2nd ed. 1778), "Fragment von Schwänzen. Ein Beitrag zu den Physiognomischen Fragmenten" (1783), "Wider Physiognostik. Eine Apologie" (posthumous), "Bericht von den über die Abhandlung wider die Physiognomen entstandenen Streitigkeiten" (1779). Mautner, pp. 179–197, surveys Lichtenberg's ideas on physiognomy, antiphysiognomy, and pathognomy in his response to Lavater's theory; Mautner, pp. 253–257, also discusses "Vorschlag zu einem *Orbis pictus* für deutsche dramatische Schriftsteller, Roman-Dichter und Schauspieler" (1780) as Lichtenberg's first effort to introduce physiognomical theory into literary criticism. See also: Richard Detlev Loewenberg, "Der Streit um die Physiognomik zwischen Lavater und Lichtenberg," *Zeitschrift für Menschenkunde*, IX (1933), 15–33; Graeme Douglas Tytler, "Character Description and Physiognomy in the European Novel (1800–1860) in Relation to J. C. Lavater's *Physiognomische Fragmente*" (Diss. University of Illinois, 1970).

31 Hogarth may have known the traditional association of the bagpipe as the instrument of Mars and Venus; the *OED* cites Tryon, *The Way to Health* (1683), for the music of the bagpipe in love and war.

32 Albrecht Schöne, *Aufklärung aus dem Geist der Experimentalphysik. Lichtenbergsche Konjunktive* (Munich: C. H. Beck Verlag, 1982).

33 Mautner, p. 416.

34 Mautner, pp. 422–424; the attributes of "understanding and explaining" made the *Ausführliche Erklärung* the model for a new genre emerging in the Romantic period; few of his imitators, however, succeeded in grasping his hermeneutic method. See: Johannes Maassen, "Der Preis der Macht: Zu Günter Kunerts Fortsetzung von Georg Christoph Lichtenbergs *Ausführliche Erklärung* der Kupferstiche *Industry and Idleness* von William Hogarth," *Amsterdamer Beiträge zur neueren Germanistik*, VII (1977), 263–296.

Aberglaube und Apokalypse:
Zur Rezeption von Whistons Kometentheorie
in der deutschen Literatur des 18. Jahrhunderts

Rainer Baasner

"Die Pflicht eines Philosophen erfordert aber etwas
mehrers, als die bloße Erzehlung dessen, was die Erfahrung
von den Cometen lehret."—Martin Knutzen[1]

I.

Halleys Komet ist wieder einmal im Weltraum verschwunden.
Nichts wäre überflüssiger zu sagen, als daß es sein Namensgeber Edmond Halley war, der die Erdbevölkerung zu Beginn des Aufklä-
rungszeitalters über die wahre Bahn dieser Himmelskörper hatte
belehren können.[2] Seine Beobachtungen und Auswertungen historischer Zeugnisse belegten, daß jene Himmelskörper, welche die
zeitgenössische Naturphilosophie gerade zu planetenähnlichen
festen Gebilden erklärt hatte,[3] auch in ihren Bewegungen allgemeingültigen Gesetzen gehorchten. Diese Erkenntnis wurde zur
Speerspitze im Kampf gegen die alte abergläubische Anschauung
von den 'Schwanzsternen'.
Auch in Deutschland erkannte man Halleys Arbeit auf diesem
Gebiet große Bedeutung zu. Zuerst wurde sie hier in Christian
Wolffs Rezension in den Leipziger *Acta eruditorum*[4] gewürdigt.
Gleichzeitig allerdings pflegten die deutschen Gelehrten stets
darauf zu verweisen, daß eigentlich einer ihrer Landsleute die
Aufgabe, die sich Halley gestellt hatte, vorher gemeistert habe—
Samuel Dörfel: "Dörfel, ein Deutscher, hat dieses zuerst von dem
Cometen, der 1680 erschienen ist, gezeiget; und dargethan, daß sich
dieser Comet nach eben den Gesetzen beweget, die Kepler von den
Planeten erfunden . . ."[5] Letzten Endes aber half dieser Einwurf, so
oft er auch angebracht wurde, mehr dazu, Halleys Namen auch in
Deutschland zu popularisieren als Dörfel international ins rechte
Licht zu rücken.
Ob der Kometen-Aberglaube, die Kometomantie, nun—wie A.D.
White behauptet[6]—in den deutschen Staaten besonders ausgeprägt
war, sei einmal dahingestellt. Weit verbreitet und auf allen
Gebieten des öffentlichen Lebens als hochbedeutend erachtet war er

Lessing Yearbook, 1987, Vol. XIX, pp. 191–205.

sicherlich. Die antike Überlieferung, Kometen seien Himmelszeichen, die auf wichtige Ereignisse – gute wie schlechte – hindeuten sollten, fand seit dem 15. Jahrhundert im christlichen Europa eine einseitig negative Aufnahme: Kometen verkündeten als 'Zuchtruten Gottes' nichts als Tod, Krieg, Hunger und Pest. Die Folge war eine weit verbreitete große Furcht vor jeder Kometenerscheinung.

Ursprünglich war die Unterstellung, Kometen verkündeten etwas Zukünftiges, an das in der Antike und bis ins 17. Jahrhundert hinein dominierende kosmologische System des Geozentrismus gebunden. Nur als erdnahe Zusammenballungen leuchtender Dünste konnten die 'Schwanzsterne' als intentionale Botschaft f ü r die Erdbewohner gedeutet werden.[7] Denn nur wenn die Erde den Mittelpunkt der Welt bildet, kann überhaupt jede Himmelserscheinung auch als Zeichen für sie verstanden werden. Nachdem nun die kopernikanische Wende die Erde zu einem Himmelskörper unter ungezählten gleichartigen erklärte, trat die althergebrachte Deutung der himmlischen Zeichen in einen unüberwindbaren Widerspruch zur modernen Naturerkenntnis. Es blieb nicht länger eine Frage, was das Kometenorakel jeweils zu bedeuten hatte, vielmehr wurde es in allen seinen Grundlagen chimärisch. Die rationale Naturlehre hatte plötzlich ein Argument, dem keine gleichwertige Apologie der Kometomanten mehr entgegengesetzt werden konnte. Die heliozentrische Weltsicht und die Anerkennung der Kometen als Bestandteile der Planetensysteme schuf eine neue Ausgangsposition.

Da aber der abergläubische Mensch erstens nicht nach der naturphilosophischen Rechtfertigung seiner Kometenfurcht fragt und zweitens die Kirchen die Argumentation mit dem von Theologen weiterhin bekämpften kopernikanischen Weltsystem verpönten, lebte die Kometomantie trotz allem das ganze 18. Jahrhundert hindurch in vielen Enklaven fort.[8] Pierre Bayles Versicherung von 1682, mit der der Kampf gegen die Kometengläubigen einen ersten Höhepunkt erreicht hatte, wurde nicht immer akzeptiert: "Es ist falsch, daß nach der Erscheinung der Cometen mehr Unglück, als sonst, erfolgt sey."[9] Noch 1810 faßte Johann Peter Hebel resignierend in seiner – durchaus volksaufklärerisch gemeinten – Darstellung zur Himmelskunde zusammen: "Allein es geschieht auf dem weiten Erdenrund, irgendwo, diesseits oder jenseits des Meeres, alle Jahre so gewiß ein großes Unglück, daß diejenigen, welche aus einem Kometen Schlimmes prophezeihen, gewonnenes Spiel haben, er mag kommen, wann er will."[10]

Doch die beständigen Rückschläge im Kampf gegen den Kometenglauben spornten die Aufklärer umso mehr zu stetiger Überzeugungsarbeit an. Dazu leisteten neben den einschlägigen astronomischen Schriften [11] vor allem die Kompendien der Weltweisheit und die schöne Literatur einen bedeutenden Beitrag.[12] Auf verschiedene Weise wurde der Zeichencharakter der 'Schwanzsterne' darin zu widerlegen gesucht. In Christian Wolffs philosophischem System findet sich erstmalig für das deutsche Schrifttum die Aussage, Kometen seien als periodisch wiederkehrende Himmelskörper weder intentionale Schreckensboten, noch überhaupt Zeichen für die Erde, da sie integrierter Bestandteil des g a n z e n teleologisch organisierten Kosmos seien.[13] Doch diese Feststellung steht nicht einmal im Mittelpunkt der entsprechenden Abschnitte; Wolff, wie nach ihm Gottsched,[14] vertraut—stärker als auf eine reine Kritik am Aberglauben—auf die Überzeugungskraft des positiv vorgetragenen modernen Weltbildes.

Immer wieder jedoch wendet man sich auch weiterhin noch ausdrücklich gegen die Kometomanten. Gottsched beispielsweise gibt Bayles *Pensées diverses sur la comète* (1682) übersetzt heraus. Im Jahr des Erscheinens (1741) ist es noch notwendig, grundlegende Kritik ständig erneut zu wiederholen: "Wenn es auch wahr wäre, daß allemal auf die Erscheinung der Cometen unzählige Unglücksfälle erfolgt sind; so kann doch der Grund davon nirgends anders, als einzig und allein in der Beschaffenheit der irdischen Dinge zu finden seyn . . ."[15] Ein weiteres pragmatisches Argument bildet die Erklärung, daß "was an allen Orten gesehen wird . . . keinem gewissen Lande, noch auch einer gewissen Stadt etwas bedeuten"[16] könne. Abraham Gotthelf Kästner faßt in seinem den Zeitgenossen wohlbekannten *Philosophischen Gedichte von den Kometen* (1744) die ganze moderne Erkenntnis in folgendes poetische Bild zusammen:

> Und daß ein Ländchen nur sein künftig Unglück sieht,
> Schickt Gott nicht eine Welt, die dort am Himmel glüht.[17]

Abgesehen von den naturwissenschaftlichen Lehrgedichten im Stile der zitierten Kästnerschen Ode erlitt die Dichtung durch die Entmystifikation der 'Schwanzsterne' einen Verlust. Hatte man bis dahin poetische Vorausdeutungen unbekümmert durch das Bild eines Kometen vortragen können, so wurden solcherlei Metaphern nun von der rationalistischen Kritik entwertet. Gerade da man im 18. Jahrhundert großes Interesse am Kometen-Stoff entwickelte—in den Jahren 1680, 1682, 1742, 1744 erschienen deutlich sichtbare Exemplare, 1759 erwartete man erstmals 'Halley' zurück—suchten die Dichter häufig nach weniger 'trockenen' Möglichkeiten, Kometen darzustellen. Diese Annahme jedenfalls wird durch die Tatsache erhärtet, daß nicht die streng wissenschaftliche Bekämpfung der Kometomantie in der Literatur Raum griff, sondern das Kometenmotiv in einer ganz neuen spektakulären Ausprägung nachhaltige Berücksichtigung fand.

II.

'Nüchtern' blieb die Naturlehre der Aufklärungsepoche eben nicht immer. Philosophische Spekulationen über die Beschaffenheit und vor allem den Zweck der Himmelskörper mußten vorerst den — auch durch mangelhafte Fernrohrtechnik bedingten — geringen empirischen Kenntnisstand ausgleichen. Darüber hinaus waren sie gerade vom Systemdenken der Rationalisten gefördert: mit Hypothesen ließ sich ein vom Schöpfer angeblich teleologisch organisiertes Weltgebäude wesentlich 'philosophischer' belegen als mit stets widersprüchlichen Beobachtungsreihen. Das vorangestellte Motto von Martin Knutzen belegt diesen Ansatz für die Kometentheorie.

Gerade im Hinblick auf die Integration der astronomischen Kenntnisse in den theologisch interpretierten Schöpfungsplan gewannen Kometen besondere Bedeutung. Die Verbindung von Theologie und Naturforschung, unter dem Terminus 'Physikotheologie' als eigene Wissenschaft eingeführt, gehörte fest zum wissenschaftlichen Kanon der Aufklärung. Einer ihrer Vertreter, der die Rolle der Kometen und den Vorgang der Erdgenese betrachtete, war William Whiston. Er verband die Ämter eines Geistlichen und eines Physikprofessors in seiner Person. Im Jahre 1696 erschien sein Werk *A New Theory of the Earth, from its Original, to the Consummation of all Things*.[18] Es stellte jene Kometentheorie dar, die im 18. Jahrhundert die weiteste Verbreitung fand.

Grob umrissen vereinigt Whiston Grundlagen der Newtonschen Physik mit der biblischen Geschichte von der Genesis und der Apokalypse; er entwirft eine naturphilosophische Interpretation der biblischen Quellen über die Erdentwicklung. Zunächst sei der irdische Planetenkörper aus den Überresten eines alten Kometen entstanden, das sogenannte 'Urchaos' habe sich gebildet. Daraus wiederum sei schließlich die Erde in ihrer prädiluvialen Verfassung hervorgegangen. Die weitere Transformation sei ebenfalls durch Kometeneinflüsse zustande gekommen. Der Komet des Jahres 1680 inspirierte Whiston in diesem Zusammenhang: gerade er nämlich sei es, der bei einem früheren Auftauchen die Sintflut ausgelöst habe und der eines Tages der Erde die Apokalypse bescheren werde. Die Wasser des Diluviums seien aus dem wasserreichen Schweif hervorgegangen, den die Erde habe durchqueren müssen; das Feuer der Apokalypse aber bräche aus, wenn der Komet einst — selbst von der Sonne im Perihel entzündet — auf die Erde stürzen, sie entflammen und aus der Bahn werfen werde.

Whistons *New Theory* widmet sich in der Schilderung des oben knapp skizzierten Entwicklungsprozesses ausführlich jedem nur denkbaren Detail — sowohl was die zeitgenössischen Kenntnisse der Geologie als auch die biblische Überlieferung angeht. Auf diese

Weise enthielt die Theorie genug Stoff, um nicht allein eine Diskussion ihrer Grundzüge, sondern auch diverser Einzelheiten anzuregen. Whistons *New Theory*, die den Kometen das zurückgab, was die Kritik an der Kometomantie ausrotten wollte, nämlich Geheimnis und Schrecken, wurde zu einer der am meisten beachteten, begrüßten und bekämpften astronomischen Studien des 18. Jahrhunderts.[19]

Im deutschen Sprachraum fand die Whistonische Lehre allerdings erst einige Jahre nach der Erstveröffentlichung der *New Theory* breitere Resonanz. Die frühe referierende Arbeit Detlev Clüvers: *Geologia s. Philosophemata de genesi ac structura globi terrestri* (1700)[20] wurde kaum beachtet, Michael Swens erste Übersetzung von 1713 galt als stilistisch so unausgereift, daß man sie nicht lesen könne.[21] Erst 1753 wurde der vollständige Text von Whistons Buch in angemessener Form auf deutsch zugänglich.[22] Popularisiert jedoch wurden jene Grundzüge, über deren Kenntnis die meisten an der öffentlichen Diskussion Beteiligten ohnehin kaum hinauskamen, von Johann Christoph Gottsched in den *Ersten Gründen der gesamten Weltweisheit*.[23] In unterschiedlichen Kapiteln—"Von den Cometen und Fixsternen"[24] und "Von der Erdkugel"[25] —werden die Elemente der neuen Lehre als die wahrscheinlichste zeitgenössische Erklärung der Genesis und des Diluviums hier dargestellt. Gottsched beschäftigte sich bis zur Erscheinung des Kometen von 1744 weiterhin mit diesen Problemen, ab der 5. Auflage (1748) erweiterte er die entsprechenden Partien noch einmal und verteidigte sogar Whiston gegen die Kritik Buffons.[26] Einen eifrigen Nachfolger und Verfechter fand die Lehre 1742 in Johann Heyn, der in seinem von Gottsched selbst eingeleiteten Buch *Versuch einer Betrachtung über die Cometen, die Sündfluth und das Vorspiel des jüngsten Gerichts nach astronomischen Gründen und der heiligen Schrift*[27] die Spekulationen noch ausweitete, zugleich aber der wichtigsten "astronomischen Gründe" beraubte.

Gottscheds Einsatz für die Vermittlung der neuen Kometentheorie mag neben dem polyhistorischen besonders das Interesse der deutschen Dichter auf diesen Gegenstand gelenkt haben. Doch blieb es nicht bei dieser einen Person als Auslöser: Bodmer in Zürich entdeckte nur kurz nach Gottsched Whiston für seine eigene Schule.[28] Somit müssen 'überindividuelle' Gründe bei der Aufnahme des Stoffes in die Dichtung gewirkt haben. Einerseits forderte die rationalistische Dichtungsauffassung den Schriftsteller auf, die natürlichen Dinge in seine Kunst zu übernehmen und sie mittels der 'ars fingendi' in neue wahrscheinliche Zusammenhänge einzufügen.[29] Dies bereits gibt den Poeten natürlich das Recht, die faszinierendste Kometenlehre in den Vordergrund zu rücken. Dazu trat andererseits das individuelle Interesse der Autoren. Lessing beispielsweise bestätigte später: "Die neue Theorie des Whistons, und des Hugens

Kosmotheoros, hatten damals meine Einbildungskraft mit Begriffen und Bildern erfüllt, die mir desto reizender schienen, je neuer sie waren."[30] Die anregende Wirkung, die Whistons Spekulationen auf die Phantasie ausübten, machte sie zugleich für die ernsthafteren Naturforscher suspekt. Sie erachteten die Whistonische Lehre ohnehin eher als Spielwiese für Poeten. Kästner formulierte diese Abgrenzung in seinem Lehrgedicht mit folgenden Versen:

> Hier öffnet sich ein Feld, euch Dichtern, deren Geist
> So gern ins weite Reich der Möglichkeiten reist,
> Besingt die Wunder nur, die von Kometen stammen,
> Die Flut der ersten Welt, des letzten Tages Flammen,
> Was Whiston vorgebracht, was Clüver uns gelehrt,
> Und was der kühne Fleiß des muntern Heyn vermehrt.[31]

Die Zuordnung der Whistonischen Ideen zum Bereich der Dichtung stand also für viele Zeitgenossen außer Frage. Die Spannung, mit der das Publikum schon die ersten Andeutungen davon aufgenommen hatte, vergrößerte zusätzlich die Erfolgsaussicht bei Übernahme des Stoffes.

In den Werken deutscher Literaten zwischen 1735 und 1800 erscheinen Whistons Ideen, oder zumindest sein Name als Symbol der Lehre, mit großer Regelmäßigkeit. Dabei steht nicht immer die Ausgestaltung der Kometentheorie im Mittelpunkt, vielmehr erscheint der Name Whiston oft auch als beiläufige Metapher. Im folgenden seien aber einige ausdrückliche Darstellungen der Kometenlehre exemplarisch betrachtet. Bei der Lektüre ergibt sich, daß Gottscheds Einfluß stärker auf die (populär-)wissenschaftliche Auseinandersetzung mit dem Thema wirkte, während Bodmer mehr eine genuin poetische Bearbeitung förderte. So taucht in der Leipziger Schule der Stoff vornehmlich in den einschlägigen Lehrgedichten von Mylius, Kästner und Seidel[32] auf, in der Zürcher aber in verschiedenen Gattungen.

Christoph Martin Wieland eröffnete im Jahre 1751 mit *Die Natur der Dinge* die Folge der ausführlicheren Darstellungen der Whistonischen Lehre, die nicht im eigentlich astronomischen Zusammenhang stehen. Er schildert die Vergänglichkeit der Weltkörper als Zeichen der Hinfälligkeit alles Materiellen. Dabei stehen die Kometen im Vordergrund: "Schau dort, wie jener Stern erstaunten Welten dräut/ Und seine blut'ge Gluth ins Unermessne streut?"[33] In diesem Bild wird zugleich noch die traditionelle Komponente der 'blutig roten Zuchtrute' deutlich. Doch schon in den folgenden Versen erhält der poetische Vergänglichkeitsbote als Attribute die Konjekturen der modernen zeitgenössischen Naturkunde:

Wie unbegreiflich schnell durchfährt er jene Höhen?
So schnell fliegt kein Gedanke, ist gleich der Erde Drehen
Träg gegen seinen Flug, wie rauscht, wohin er schießt,
Die heisse Himmelsluft, die sprudelnd ihn umfliesst.

(V. 461–464)

Insgesamt schildert der junge Wieland in seiner versifizierten Abhandlung Elemente der Whistonischen Genesis, der Sintflut und der Apokalypse, also den gesamten Ablauf der Erdgeschichte. Er erweitert allerdings, darin über Whiston hinausgehend, diesen Prozeß auf "jenen Stern"—ein anonymes Element einer ganzen Klasse. Damit projiziert Wieland die Ideen des englischen Gelehrten als allgemeine Theorie der kosmischen Vorgänge auf alle Sonnensysteme. Die Erde ist nur noch ein Fall unter vielen: "So schwamm, nach W h i s t o n s Lehr', einst unser Erdenball" (V. 483). Neben der Verallgemeinerung unterscheidet besonders eine Durchbrechung des physikalisch plausiblen Ablaufes, welchen zu bewahren Whiston sich bemüht hatte, Wielands Darstellung von nicht-poetischen Kometenschriften. Es ist eine deutliche Qualitätsdifferenz in der fiktionalen Darstellung zu erkennen.

Im Gegensatz zu Wieland verwendet Bodmer die Kometentheorie in der *Noachide* (1752) nicht zu einem umfassenden Tableau der kosmischen Vergänglichkeit, sondern integriert sie in die Sintflut-Schilderung seines Versepos. Er folgt somit Whistons ursprünglichem Thema sehr viel enger, beschränkt außerdem den literarischen Anwendungsbereich im Vergleich zur Naturkunde, anstatt ihn wie Wieland zu entgrenzen. Trotzdem kleidet auch Bodmer die heraufkommende Sintflut in weitaus künstlerischere Bilder, als der Autor der *New Theory* sich hatte erlauben dürfen:

Aber izt zog ein andrer, unfestlicher Anblick die Augen
Auf sich. Ein neues Gestirn war fernher vom Ende des Nordens
Ueber den Inseln des Meers herauf gegangen; mit Eile
Lief es den vorbezeichneten Weg nach der Sonne; schon sah mans . . .[34]

Einerseits steckt in der "vorbezeichneten Bahn" ein klarer Hinweis auf die zeitgenössische Erkenntnis der astronomischen Wissenschaft, doch folgt sogleich der Rekurs auf die populärere Form der Whiston-Rezeption, auf die Kometen-Angst:

Fürchterlich war der Stern, er sät' in die Herzen der Menschen
Schrecken und irre Zweifel, woher er so späte gekommen[35]

Die Figuren der *Noachide* überwinden ihren Schrecken aber sofort und beginnen über "Krümmungen, die das Auge nicht mißt, die Zahl nicht bezeichnet"[36] nachzudenken: über die Bahn des Kometen also.

Sie folgen völlig ahistorisch der Auffassung des Aufklärungsjahrhunderts.

Die folgenden Strophen nun schildern das weitere Herannahen des Kometen und das Ausbrechen der Flut. Die Schilderung ist immer wieder von Reflexionen durchbrochen, der aktuelle naturphilosophische Ernst des Problems wird auf diese Weise hervorgehoben. Der siebte Gesang, in welchem diese Szenen enthalten sind, ragt aus dem gesamten Epos durch besondere Eindringlichkeit heraus. Daran läßt sich ablesen, in welchem Maße der Autor gerade diesem Teil des Stoffes seine Aufmerksamkeit gewidmet hat.

Das Publikum schien den ursächlichen Zusammenhang von Kometenerscheinung und Diluvium zum Zeitpunkt des Erstdrucks der *Noachide* so einleuchtend zu finden, daß man diese Erkenntnis sogar den vorsintflutlichen Gestalten des Epos ohne weiteres zutraute. Daß dies nicht nur aus mangelnder Sensibilität für die historische Distanz geschah, belegt eine Stellungnahme Wielands.[37] Er problematisiert diesen Zusammenhang, hält die Darstellung Bodmers dann aber für naheliegend: "Er [Sipha] erklärt ihnen, was Kometen sind, nach der Theorie der neuen Sternkündiger, welche so einfach und wahrscheinlich ist, daß sie dem Sipha, wenn seine Erkenntniß in die Geschichte der Natur vorausgesetzt wird, gar wohl bekannt sein mußte, und fügt hinzu, daß dieser Stern leicht ein Mittel, den Erdball zu strafen, sein könnte . . ."[38] Die Zweifel an der Explikationsleistung des Whistonischen Modells, welche die wissenschaftliche Diskussion beherrschten, sind hier zugunsten der rückhaltlosesten Anerkennung verworfen.

Als 'Komisches Gedicht' geplant war von vornherein Samuel Gotthold Langes Ode *Der Komet* (1770). Der Verfasser greift Bodmers Darstellung aus der *Noachide* auf—ein Beweis für deren schulebildende Funktion—und zitiert daraus ausführlich, um schließlich in einen überraschenden phantastischen Schluß überzugehen. Die Erwähnung der Whistonischen Partien der *Noachide* gipfelt zunächst noch einmal in der Ausweitung des Modells auf alle möglichen Planeten:

> So reist, an seinem jüngsten Tage,
> Ein Erdball, aus dem Punkt verrückt.
> So reist auch eine künftge Erde
> Als Chaos, daß sie Ordnung werde . . .[39]

Nach der Zusammenfassung des naturphilosophischen Teils aber ruft der Erzähler des Gedichts Medea herbei, damit sie den Kometen beschwöre und auf die Erde herabziehe! Die Zauberhandlung wird umfangreicher ausgeführt als die 'seriöse' Kometentheorie: am Ende setzt sich der personifizierte Komet tatsächlich nieder und gibt folgendermaßen Auskunft über sein Wesen:

Ich dichtete ehmals wie du.
Die kluge Welt prieß meine Lieder,
Und Echo brachte aus der Fern,
Mein Lob oft wiederholend wieder.
Ich war der ersten Größ' ein Stern.
Groß wollt ich seyn: jedoch alleine,
Wie Luna bey der Sterne Scheine,
Der Ruhm sollt auch durch mich allein
Den Dichtern zugemessen seyn.
Auch fuhr ich immer fort zu schreiben;
Da ward ich, statt ein Stern zu bleiben
Glanzlos, und zieh zu meiner Schmach,
Ein wäßrich Schwanzlicht hinten nach![40]

In dieser Bearbeitung verliert die Kometendiskussion ihren tiefen Ernst, der noch der poetischen Darstellung bei Wieland und Bodmer eignete. Der Aspekt des Zaubers und der Verharmlosung im Scherz relativiert den szientifischen Anspruch des ganzen Stoffes.

III.

Die dichterische Umsetzung der Kometendiskussion des 18. Jahrhunderts beschränkte sich nicht auf die Gattung der Gedichte. Ein sehr bekanntes, bislang als solches aber nicht gewürdigtes Beispiel bildet eines der großen klassischen Dramen. Darin findet man sogar noch einmal den ganzen Weg von der Kritik der Kometomantie bis hin zur Apologie der modernen Astronomie aufgezeichnet. Es handelt sich um Friedrich Schillers *Wallenstein*-Trilogie. Die Elemente der Kometendiskussion, die darin enthalten sind, sind lange Zeit unter falschen Prämissen der Rezeption verschüttet gewesen: jene Motivkette, die in der Schillerforschung vormals allgemein als "astrologisches Motiv" aufgefaßt wurde,[41] enthält viel mehr als eine Darstellung des Sternglaubens, wie er im 17. Jahrhundert das Feld noch behaupten konnte.

Der Aberglaube aus dem Zeitalter des Dreißigjährigen Krieges bildet allerdings den Hintergrund und Anfangspunkt in Schillers Darstellung. Zweifellos dient er auch dazu, das Zeitkolorit in *Wallensteins Lager* pointiert hervorzuheben.[42] Die Predigt des Kapuziners dort enthält exakt jene Elemente der Kometomantie, gegen welche die Aufklärer im Gefolge Bayles ihren Kampf führen mußten:

Es ist eine Zeit der Tränen und Not,
Am Himmel geschehen Zeichen und Wunder,
Und aus den Wolken, blutigrot,
Hängt der Herrgott den Kriegsmantel 'runter,
Den Kometen steckt er wie eine Rute
Drohend am Himmelsfenster aus . . . (*Lager*, V. 506–511)[43]

Dies ist aber nur der Auftakt zum sogenannten "astrologischen Motiv". Die Aussagen über die Sterne beschränken sich in der gesamten *Wallenstein*-Trilogie keineswegs auf jene astrologischen Formen, wie sie der historische Feldherr des 17. Jahrhunderts gekannt hat.

Im zweiten und dritten Teil der Trilogie wird—neben weiteren Allusionen auf astrologische Praktiken wie etwa dem Nativitäten-Stellen—auch auf das kopernikanische Weltbild verwiesen. Die Existenz mehrerer Welten, die Vergänglichkeit der Himmels-körper—derlei Ideen waren im Geozentrismus der barocken Astrologen noch nicht enthalten. Exemplifiziert werden die neuen Anschauungen unter anderem am Beispiel der Whistonischen Kometenlehre. Dabei treten die astronomischen Motive ebenso wie die astrologischen sowohl als Reflexionen über die Handlung, als auch in Form von Metaphern für einzelne Personen auf. Max bei-spielsweise sagt über Wallenstein:

> Denn dieser Königliche, wenn er fällt,
> Wird eine Welt im Sturze mit sich reißen *(Picc.*, V. 2639f.)

Dieses Bild ist nur verständlich, wenn die Kosmologie der Auf-klärung als Folie mitgedacht wird, "eine Welt" ist eine unverkennbar astronomische Metapher. Zugleich war keine naturkundliche Lehre vom 'Sturze einer Welt' so populär wie die Whistons. Später wird noch viel deutlicher, daß Schiller bei seinen Zuschauern die Kennt-nis der Hauptelemente der *New Theory* unterstellte. Wallenstein seinerseits nämlich sagt zu Max:

> Und wenn der Stern, auf dem du lebst und wohnst,
> Aus seinem Gleise tritt, sich brennend wirft
> Auf eine nächste Welt und sie entzündet,
> Du kannst nicht wählen ob du folgen willst,
> Fort reißt er dich in seines Schwunges Kraft . . .
>
>   *(Tod*, V. 2186–2190)

Die Anspielung auf Whistons Apokalypsen-These ist in diesem Fall evident. Eindrucksvoll ist sie zugleich: eine stärkere Metapher für die mögliche Katastrophe, die Wallenstein einkalkuliert, läßt sich in der Naturlehre des ausgehenden 18. Jahrhunderts nicht finden.

Man könnte die Fragen stellen, ob der Autor nicht das a s t r o l o g i s c h e Motiv nur um einige a s t r o n o m i s c h e Metaphern angereichert habe, im grunde also gar nicht die Grenze des traditionellen Sternenglaubens transzendieren wollte? Diese Version ist aber auszuschließen, da weitere astronomische Details vorkommen, die sicherlich nicht alle zufällige Aufnahme in den Text des Dramas gefunden haben. So identifiziert Wallenstein Max in der Fortsetzung der oben zitierten Stelle als Saturn "samt seinem Ring und allen seinen Monden" (*Tod*, V. 2191). Diese Monde aber sind erst nach dem Dreißigjährigen Krieg, nämlich 1655–1684, entdeckt worden. Ebenfalls unvereinbar mit dem alten Weltbild ist die Vorstellung mehrerer Sonnen:

> Die Sonnen also scheinen uns nicht mehr,
> Fortan muß eignes Feuer uns erleuchten. (*Picc.*, V. 685f.)

Diese Bestandsaufnahme des ehemals "astrologisch" genannten Motivs im Wallenstein offenbart eine eindeutige Auseinandersetzung mit der Astronomie, speziell mit dem Kometenbild der Aufklärung. Schiller beginnt zwar mit der Kometomantie, errichtet jedoch schnell ein Gegenbild, das unter anderem vom Whistonischen Gedankengut getragen wird. Es ist vorauszusetzen, daß ein großer Teil des zeitgenössischen Theaterpublikums diese Wandlung der Perspektive in der Trilogie bemerken mußte. Allein die Verbreitung des Kometenstoffs in den öffentlichen Medien spricht dafür. Somit erhebt sich in den Augen des Zuschauers aus der Verschiebung des Blickwinkels von der Kometomantie zur Aufklärungs-Astronomie eine immanente Kritik an der traditionellen Astrologie. Aus der Sicht der Figur Wallenstein hingegen entsteht keineswegs ein Widerspruch zu ihrer Sterngläubigkeit: in dem Maße, wie einige Zeitgenossen des 18. Jahrhunderts ebenfalls unbeirrt durch moderne Erkenntnisse an einem kindischen Glauben an die Sterne festhielten, kann dies auch der abergläubische Feldherr. Nur wird der Zuschauer die Vergeblichkeit der Hoffnung auf himmlische Zeichen sofort erkennen und somit das Dilemma Wallensteins besser beurteilen können.

IV.

Motive in der Dichtung pflegen eine Blütezeit zu haben, um anschließend umgeformt oder diffus geworden zwar noch Spuren zu hinterlassen, ernsthafte Bedeutung aber nicht mehr beanspruchen zu können. Ansätze zur Auflösung und Variation des ursprünglichen Motivs der Whistonischen Kometenlehre waren schon in Langes Gedicht von 1770 und in gewissen Grenzen auch bei Schillers *Wallenstein* zu beobachten; mit einem weiteren Drama, diesmal von Iffland, läßt sich aber darüber hinaus ein regelrechter Schlußstrich für die dichterische Bearbeitung des Gegenstandes ausmachen.

Zunächst aber dazu ein weiterer Rückgriff auf die entsprechende Entwicklung der wissenschaftlichen Grundlagen in der Aufklärungsastronomie: nachdem über ein halbes Säkulum die Diskussion um mögliche Annäherungen und Zusammenstöße zwischen

'Schwanzsternen' und der Erde die Kometentheorie bestimmt hatte, gewannen schließlich die Gegner einer solchen Kollisionshypothese die Oberhand. Französische Astronomen begannen als erste, systematisch alles vorhandene empirische Material auszuwerten, um die Wahrscheinlichkeit für potentielle Katastrophen im Whistonischen Sinne quantitativ zu bestimmen. DuSéjour gewann als erster die mathematisch—und nicht wie früher bei anderen Zeitgenossen: theologisch!—begründete Zuversicht, eine apokalyptische Kollision sei unmöglich. Lalande, berühmtester Astronom seiner Zeit in Europa, popularisierte diese Überzeugung in seiner Schrift *Réflexions sur les comètes* (1773). Lalandes Veröffentlichung wurde auch in Deutschland bekannt, weiter verbreitet jedoch wurde hier Olbers' 1810 gedruckte Abhandlung, die für einen Zusammenstoß zwischen der Erde und einem Kometen eine Wahrscheinlichkeit von einmal in 220 Millionen Jahren berechnete.[44]

Die Tatsache, daß nun die angesehensten Astronomen nacheinander auf die Linie DuSéjours und Lalandes einschwenkten, beschwichtigte viele Gemüter. Die allgemeine 'neue Kometenangst' des 18. Jahrhunderts begann abzuklingen. Auch die deutschen Dichter schlossen sich der neuen Erkenntnis teilweise an. Jean Paul etwa, der zuerst durchaus die Whistonische Theorie und das Aufsehen, das sie erregte, in Metaphern und Reflexionen ausgeschlachtet hatte, beschränkte sich im 1811 geschriebenen Vorwort zum *Komet:* "Ob ich gleich jetzo blos den K o m e t e n mit seinem unschuldigen Schweifchen liefern darf, das nach allen neuern Sternsehern niemand verbrennt, nicht einmal ersäuft . . . ."[45] Damit erlosch aber auch das Interesse der Dichter an dem Gegenstand.

Den oben angesprochenen Schlußstrich unter der Hauptströmung bildet Ifflands Lustspiel *Der Komet* (1799). Die von ihm gewählte Gattungsbezeichnung "eine Posse" ist bezeichnend: zu ernsthafter Darstellung taugte der Kometenstoff zu dem Zeitpunkt eigentlich nicht mehr. Das einaktige Drama parodiert die Whistonische Kometenangst; dabei wird ihr jeglicher Anspruch auf theologische oder naturwissenschaftliche Legitimation bestritten. Sie erscheint nurmehr als Inbegriff des Aberglaubens und der Dummheit.

In dem wenig bekannten Stück läßt sich ein zum schwärmerischen Tiefsinn neigender Buchbinder namens Balder vom verlotterten Chirurgus Krappe einreden, "am 18." gehe um zehn Uhr abends die Welt durch einen an die Erde stoßenden Kometen zugrunde. Die Figur Krappe schildert das bevorstehende Ereignis mit eindeutigen Bezügen zur Whistonischen Theorie. Die Absicht Krappes wird schnell klar, er überredet den leichtgläubigen Buchbinder zum Verprassen seiner Habe, da ja der Weltuntergang ohnehin alles vernichten werde. "Das habe ich ausgerechnet, daß eben heute das letzte Geld für eine Flasche Wein ausgegeben ist".[46] Mit disen Worten erklärt Balder dem Gerichtsdiener, der fällige Gebühren kassieren kommt, die Lage. Natürlich hat Krappe maßgeblichen Anteil am Genuß des Balderschen Geldes gehabt. Die Komik des Schauspiel entsteht daraus, daß außer Balder — und in Grenzen seine ihm gehorchende Frau und Tochter — niemand, weder die auftretenden Figuren noch die Zuschauer, an ein solches Weltende durch Kometeneinwirkung mehr glaubt. Alle jedoch wissen zur gleichen Zeit um die veraltete Theorie, nach der gerade eine derartige Apokalypse drohen sollte: umso deutlicher ist jedem Beteiligten, daß Krappe die Bedrohung nur scheinheilig und eigennützig vortäuscht. Diese Verwendung des Motivs der Whistonischen Kometenlehre stellt sie bereits im Jahre 1799 als das dar, als was sie den folgenden Generationen im Rückblick erschien: als "kühnes Phantasiestück in gelehrter Einkleidung."[47]

Rheinische Friedrich–Wilhelms Universität, Bonn

1 Martin Knutzen: *Vernünftige Gedanken von den Cometen* (Frankfurt und Leipzig 1744), S. 15.

2 Vgl. sein Hauptwerk: Edmond Halley: *Cometographia seu astronomiae cometicae synopsis* (Oxford 1705), engl. als *A Synopsis of the Astronomy of Comets* (London 1705).

3 Die wesentlichen Theorien hatten Descartes und Newton angeregt. Ersterer hielt Kometen für frei herumirrende ausgebrannte Sterne, letzterer hielt sie zwar für planetenähnliche Körper mit Bahnen um eine Sonne, doch seien sie weniger stabil als Planeten.

4 Vgl. Christian Wolff: *Cometicae synopsis.* In: *Acta eruditorum* (1707), S. 219ff.

5 Johann Christoph Gottsched: *Erste Gründe der gesamten Weltweisheit.* 1. Theil, 5. Auflage (Leipzig 1748), S. 295.

6 Andrew Dickson White: *Geschichte der Fehde zwischen Wissenschaft und Theologie in der Christenheit.* Deutsch v. C.M. Unruh. 1. Bd. (Leipzig 1911), S. 162.

7 So wurden Kometen von Aristoteles bis Hevel erklärt. Vgl. die Darstellung der Hauptströmungen der Theorie bei Wilhelm Seggewiss: *Geschichte der Kometenforschung.* In: *Die Physik des Sonnensystems und der Kometen.* Hg. v. Wolfgang Kundt (Bonn 1985), S. 111ff.

8 Das ist durch weitläufiges Schrifttum zu belegen. Vgl. etwa die Auslegungsschrift von Conrad Wolffhard Lycosthenes (Pseud.): *Die Wunder Gottes in der Natur, bey Entstehung der Cometen* (Frankfurt und Leipzig 1744) und Eberhard Christian Kindermann: *Wahre Betrachtung über den in diesem Jahr erscheinenden Cometen* (Rudolstadt 1744). Etliche weitere Beispiele nennt Johann Heinrich Mädler: *Geschichte der Himmelskunde von der ältesten bis auf die neueste Zeit.* Bd. 1 (Braunschweig 1873), S. 400ff. Eine umfassende Untersuchung der deutschen astrologischen Schriften existiert noch nicht.

9 *Herrn Peter Baylens verschiedene Gedanken bey Gelegenheit des Cometen, der im Christmonate 1680 erschienen, an einen Doctor der Sorbonne gerichtet* (Hamburg 1741), S. 76.

10 Peter Johann Hebel: *Die Kometen.* In: Ders.: *Erzählungen des Rheinischen Hausfreundes.* Bd. 1 (Frankfurt 1968), S. 311ff. Zitat S. 314.

11 In ähnlichem Maße, wie zuvor die Gattung der dem Aberglauben ergebenen Kometenschriften seit Erfindung des Buchdrucks floriert hatte, bestimmten nun zahlreiche aufgeklärte Untersuchungen das Feld. So zum Beispiel Daniel Gottlob Rudolph: *Untersuchung der Frage, ob man Ursache habe, sich vor Kometen zu fürchten?* (Leipzig 1760).

12 Die weitreichende literarische Beschäftigung mit modernen astronomischen Themen überhaupt belegen—mit nahezu erdrückender Stoffülle—Walter Schatzberg: *Scientific Themes in the Popular Literature and the Poetry of the German Enlightenment* (Berne 1973); Karl Richter: *Literatur und Naturwissenschaft* (München 1972); Uwe K. Ketelsen: *Die Naturpoesie der norddeutschen Frühaufklärung* (Stuttgart 1974).

13 Vgl. Christian Wolff: *Vernünftige Gedanken von den Würckungen der Natur* (Halle 1723), S. 252.

14 Vgl. Johann Christoph Gottsched: *Erste Gründe der gesamten Weltweisheit.* Theil 1, 1. Auflage (Leipzig 1733), S. 398ff.

15 Wie Anm. 9, S. 72.

16 Wie Anm. 13., S. 251.

17 Abraham Gotthelf Kästner: "Philosophisches Gedichte von den Kometen." In: *Belustigungen des Verstandes und des Witzes* (1744), S. 278ff. Zitat S. 279.

18 London 1696, ^{2}1708, ^{3}1722, ^{4}1725 etc.

19 Die meisten der unzähligen Kometenschriften der Jahre 1742, 1744, 1759, 1769 und späterer bezogen sich—ob fachastronomisch ausgerichtet oder nicht—ausdrücklich auf Whistons Lehrgebäude. D a ß eine Gefahr von einem potentiellen Zusammenstoß der Erde mit einem Kometen ausging, leugneten die wenigsten. Dafür wurde die N a t u r eines solchen Ereignisses—Apokalypse, lokales Unglück oder gar folgenloses Schauspiel—zum Streitpunkt für die Gelehrten. Vgl. einige exemplarische Abhandlungen: Pierre Moreau Maupertuis: *Lettre sur la comète* (Paris 1742); Johann Bernhard Wiedeburg: *Astronomisches Bedenken über die Frage, ob der bevorstehende Untergang der Welt natürlicherweise geschehen. Ins besondere durch Annäherung eines Cometen.* (Jena, 1. Auflage, 1743, 2. Aufl. 1744, 3. Aufl. 1746); Anonymus (d.i. Leonhard Euler): *Beantwortung verschiedener Fragen über die Beschaffenheit, Bewegung und Würckung der Cometen* (Berlin 1744).

20 Hamburg 1700.

21 Der von Swen gewählte Titel lautet: *Nova telluris theoria. Das ist: Neue Theorie der Erde* (Frankfurt 1713).

22 *Willhelm Whistons, berühmten Engelländers, gründlicher Beweis, daß die in der Offenbahrung befindliche Geschichte von der Schöpfung der Welt . . . mit der gesunden Vernunft keineswegs streite* (Wittenberg 1753). Vgl. dazu die Rezension Lessings in der *Berlinischen Privilegirten Zeitung* vom 30.10.1753. Wiederabgedruckt in: Gotthold Ephraim Lessing: *Werke.* 3. Bd. (München 1972), S. 187f.

23 Wie Anm. 14.

24 Ebd. S. 397ff. Änderungen wurden mit der 5. Auflage (wie Anm. 5) eingeführt.

25 Ebd. S. 410ff.

26 Johann Christoph Gottsched: *Erste Gründe der gesamten Weltweisheit.* 7. Auflage (Leipzig 1762), S. 357.

27 Berlin und Leipzig 1742, erneut bearbeitet als *Gesammlete Briefe von den Kometen* (Leipzig 1745).

28 Man muß Ibershoff wohl folgen, der einen unmittelbaren Einfluß Whistons auf Bodmer annimmt. Vgl. C. H. Ibershoff: "Whiston as a Source of Bodner's Noah." In: *Studies in Philology*, Bd. 22 (1925), S. 522ff.

29 Vgl. Joachim Krueger: *Christian Wolff und die Ästhetik.* (Berlin 1980), S. 36.

30 Gotthold Ephraim Lessing: *Werke.* 3. Bd. (München 1972), S. 293f. Angesprochen ist das Fragment *Gedicht über die Mehrheit der Welten.* In: Ebd., Bd. 1 (München 1970), S. 187.

31 Wie Anm. 17, S. 283.

32 Vgl. wie Anm. 17, ferner Christlob Mylius: "Lehrgedicht von den Bewohnern der Cometen." In: *Belustigungen des Verstandes und des Witzes* (1744), S. 383ff.; Samuel Seidel: *Ode über den im Jahr 1744 und vorher erschienenen Cometen* (Leipzig 1744).

33 Christoph Martin Wieland: "Die Natur der Dinge," V. 459–460. In: Ders.: *Sämtliche Werke.* Bd. 8. Reprint Hamburg 1984.

34 Johann Jacob Bodmer: *Die Noachide.* (Zürich ³1772), S. 153.

35 Ebd. S. 154.

36 Ebd.

37 Wielands Kenntnisse von Whistons Lehre gehen vielleicht, keineswegs aber "undoubtedly" auf Bodmers Einfluß zurück, wie Schatzberg (wie Anm. 12) S. 292 behauptet.

38 Christoph Martin Wieland: *Abhandlung von den Schönheiten des epischen Gedichts "Der Noah".* (1753) In: Ders.: *Werke* 40. Theil. (Berlin ohne Jahr), S. 325ff. Zitat S. 472.

39 Samuel Gotthold Lange: "Der Komet." In: *Almanach der deutschen Musen auf das Jahr 1770.* S. 209ff., Zitat S. 209.

40 Ebd. S. 216.

41 Folgende neuere Arbeiten widmeten sich zuletzt dem "astrologischen Motiv": Klaus F. Gille: "Das astrologische Motiv in Schillers Wallenstein." In: *Amsterdamer Beiträge zur neueren Germanistik,* Bd. 1 (1972), S. 103ff.; Harold C. Hill: "Astrology and Friendship: The Net of Commitment in Wallenstein." In: *Modern Language Notes,* Vol. 91 (1976), S. 467ff.

42 Kritisch zu dieser älteren These bereits Gille (wie Anm. 41), S. 103.

43 *Schillers Werke. Nationalausgabe.* 8. Bd. *Wallenstein.* Weimar 1949. Alle weiteren Versangaben zu Schiller beziehen sich auf diese Ausgabe.

44 Vgl. Wilhelm Olbers: "Ueber die Möglichkeit, dass ein Komet mit der Erde zusammenstossen könnte." Wieder abgedruckt in: Ders.: *Sein Leben und seine Werke.* Bd. 1 (Berlin 1894), S. 92ff. Vgl. besonders S. 103ff.

45 Jean Paul: *Sämtliche Werke.* Hg. v. Eduard Berend. 1. Abt., 15. Bd. (Weimar 1937), S. 7.

46 August Wilhelm Iffland: *Der Komet.* In: Ders.: *Theater.* 6. Bd., (Wien 1843), S. 21.

47 Otto Zöckler: *Geschichte der Beziehungen zwischen Theologie und Naturwissenschaft,* Bd. 2 (Gütersloh 1879), S. 154.

Das Wort "Volk" im Sprachgebrauch
Johann Gottfried Herders

Wulf Koepke

"Wir haben Beide
Uns unser Volk nicht auserlesen. Sind
Wir unser Volk? Was heißt denn Volk?"

Der weise Nathan überzeugt den Tempelherrn, daß es genüge,
"ein Mensch zu heißen". Sie finden sich am Ende in der großen
Familie des Menschengeschlechts zusammen, über die Trennungen
durch Religion, Herkunft, Sprache, Vorurteile hinweg. "Volk" bezog
sich hier vor allem auf Religion. Das jüdische "Volk" stand dem
christlichen und islamischen gegenüber. "Volk" scheint hier einfach
die Gruppe zu bedeuten, über deren Grenzen die Individuen hinaus-
streben. Aber "Was heißt denn Volk?" ist alles andere als eine rhetorische Frage. Die Unbestimmtheit der Antwort, die Vieldeutigkeit
des Begriffes hat bekanntlich genug Unheil angerichtet. In der Tat
hat das Wort eine Vielzahl von Bedeutungen und ist unglaublich
fruchtbar bei der Bildung von Komposita, wie bereits der Artikel
"Volk" im *Deutschen Wörterbuch*[1] hinreichend belegt. Die
sachliche und oft trockene Sprache des Wörterbuchs gibt allerdings
keinen Eindruck von den Emotionen, ja Leidenschaften, die sich mit
diesen Wörtern so oft verbunden haben.

Immer wieder wird auf Herders Volksbegriff im Rahmen der
Geschichte des Nationalismus hingewiesen[2]. Herder habe "Volk"
mit gemeinsamer Sprache und Kultur assoziiert und in der gemeinsamen Sehweise und Tradition die eigentliche Basis für eine "Nation" gesehen. Herder stehe am Anfang dessen, was dann die
"romantische" Auffassung vom Volk genannt wird. Wie weit eine
gerade Linie von Herder zu den nationalistischen Romantikern
geht, ist fraglich; aber seine Verbindung von Volkskultur und Nation braucht nicht mehr diskutiert zu werden. Ebenso ist genügsam
beschrieben worden, daß Herder die Quellen der nationalen Kultur
in den unteren Volksschichten, zumal in den ländlichen, suchte und
fand. Dabei wird eher Herders allgemeine Auffassung als spezifische
Formulierungen für die Interpretation seiner Ideen in Anspruch
genommen. Herder gilt oft als unbestimmt und vage im Wortgebrauch, weil er wenig ausdrückliche Definitionen liefert. So ist es
allerdings auch leichter bei ihm als bei anderen Autoren, bestimmte

Lessing Yearbook, 1987, Vol. XIX, pp. 207–219.
Copyright © Wayne State University Press, 1988.

Interpretationen durch herausgerissene Zitate scheinbar abzustützen.

Unter diesen Umständen scheint es nicht unnütz zu sein, seinem Wortgebrauch genauer nachzugehen. Da das von Hans Dietrich Irmscher gewünschte Herder-Wörterbuch[3] noch in weiter Ferne ist, sollte Herders reiches Vokabular wenigstens in Einzelfällen untersucht werden. Es ist erstaunlich, wie wenig solche Untersuchungen es gibt, nicht nur zum Wort "Volk"[4], sondern auch zu den verwandten Begriffen wie Nation, Stamm, Stand, Staat, Familie, Bürger, Mensch, Menschheit usw. Bei der hier folgenden Untersuchung zum Wort "Volk" geht es um ein spezifisches Ziel: die Konsequenz von Herders Wortgebrauch aufzuzeigen, und der Frage nachzugehen, wie weit die verschiedenen Bedeutungen des Wortes zu einer Grundbedeutung führen. Es braucht dabei nicht wiederholt zu werden, was über Herders Vorstellung von der Nation hinlänglich bekannt ist[5].

Es ist praktisch, bei der Untersuchung des so vieldeutigen Wortes von vier Bedeutungsgruppen auszugehen. Während die ursprüngliche Bedeutung "Eine Gruppe von Soldaten" weitgehend in Vergessenheit geraten ist, ist mit den folgenden vier zu rechnen:

1) Volk gleich Menge, eine unbestimmte Zahl von Menschen;

2) das gewöhnliche, gemeine Volk, die unteren Schichten der Gesellschaft;

3) Volk als Nation, als Gruppe von Mitgliedern einer nationalen Einheit;

4) ein Staatsvolk, die Einheit der Menschen, die einen Staat bilden ("Alle Regierung geht vom Volke aus.")

Besonders bei Zusammensetzungen ist oft unbestimmt und nach Wunsch zu interpetieren, welche der Bedeutungen tatsächlich gemeint ist. Was ist, um ein polemisches Beispiel zu nehmen, "Volkspolizei", Polizei als Repräsentant des "unteren" Volkes, der Nation, des Staates; ist Staat und Volk identisch gedacht?

Rudolf Große hat herausgearbeitet, daß die Bedeutungsgruppen 2) and 3) für Herder am wichtigsten sind[6]. Im übrigen ist methodisch anzumerken, daß Große Belege aus allen Werken Herders beibringt, also unterstellt, daß es keine wesentlichen Veränderungen im Wortgebrauch Herders gebe. Dem ist zuzustimmen. Es zeigt sich auch im Wortgebrauch eine erstaunliche Kontinuität im Denken und in der Sprache Herders. Man kann allenfalls gewisse Akzentuierungen bemerken, besonders für die Zeit nach der Französischen Revolution. In einzelnen Fällen, wie bei dem Wort "Revolution", sah Herder seinen Wortgebrauch Mißverständnissen ausgesetzt, so daß er nach einem Ersatz suchte. Er probierte dafür "Evolution" aus, wobei zu fragen ist, ob er damit zufrieden war[6a]. Wenn es also die hier postulierte Kontinuität im Sprachgebrauch Herders gab, wenn also seine wesentlichen Anschauungen schon früh feststanden, so

ist es nicht entscheidend, aus welcher Zeit in Herders Tätigkeit die
Belege stammen. Das ist jedenfalls im Bereich "Volk" und "Nation"
der Fall.

Bei der nun folgenden Untersuchung der oben definierten Bedeutungsgruppen 2) und 3) geht es ganz besonders um die Frage ihres
Zusammenhangs. Gibt es etwas wie eine gemeinsame Grundbedeutung, aus der die anderen Bedeutungen ausdifferenziert sind?
Übrigens gibt es entgegen Großes Feststellung eine keineswegs geringe Zahl an Belegen für die Bedeutung 1) und sogar die Wendung
"60.000 gewaffneter, wohlgeübter Völker" (XXIV, 23), die zeigt, daß
Herder die älteste Wortbedeutung nicht fremd war. Statistiken sind
bekanntlich mit Vorsicht zu gebrauchen; es liegt wahrscheinlich
bereits am Inhalt von Herders Schriften, daß "Nation" öfter
vorkommt als "untere Klassen" und gar als "Menge". Bereits der erste
Eindruck zeigt allerdings, daß "Staat", ja "Regierung", und "Volk"
selten als zusammengehörig betrachtet werden. "Volksregierung"
und "Volksherrschaft" beschreiben für Herder die Demokratie im
alten Griechenland[8]; doch er verwendet sie nicht für andere Staaten.
Die "Atheniensische Volksregierung" (XIV, 122, *Ideen zur
Philosophie der Geschichte der Menschheit*) war für Herder ein
besonderer, wenn nicht einmaliger Glücksfall. Bereits in der frühen
Rede *Haben wir noch jetzt das Publikum und Vaterland der Alten*
urteilte Herder, "daß nach dem heutigen Staatseinrichtungen keine
eigentliche Demokratie und Regierung des Volkes mehr möglich
ist" (I, 16). Nicht nur die "Art der Regierung" habe sich geändert, "ich
sezze hinzu: selbst das Volk ist nicht mehr dasselbe. Dort war dieser
Name ehrwürdig: er begriff alle Bürger, Rath und Priester
ausgenommen: jetzo ist er gemeiniglich so viel als Pöbel und
Canaille." (I, 18) Herder betont damit, daß die Bedeutung von "Volk"
sich in der Geschichte und durch die Geschichte gewandelt habe; er
sagt gleichfalls, daß "Volk" eine Abwertung erfahren habe, da sich
bei den Griechen "alle Bürger" als zum Volk zugehörig fühlten, dies
in der modernen Zeit jedoch nur noch ein negativer Ausdruck für
die unterste Schicht der Gesellschaft sei. Die scheinbar semantische
Frage hat mit der Schichtung der Gesellschaft zu tun: Herder sieht,
daß die moderne Gesellschaft Spezialisten erfordert, auch und
gerade in der Regierung und im Militär; daher ergibt sich eine
Klassentrennung.

Bei Herders Gebrauch des Wortes "Volk" in der Bedeutung 2) ist
zu beachten, daß er die Vorstellung einer Gemeinschaft im Sinne
hat und nicht spezifisch die einer sozialen Klasse, die anderen Klassen entgegengesetzt ist. Großes Feststellung, in der Bedeutung 2) sei
die Vorstellung der Arbeit und einer unter sozialem und politischem Druck stehenden Gruppe mitgedacht[9], ist schwer durch
Herders Wortgebrauch zu belegen. Herder war empört über die
Unterdrückung der unteren Schichten; aber sein Begriff "Volk"

zielte in eine andere Richtung. Hingegen steht die Idee der unmittelbaren sinnlichen Lebenserfahrung im Vordergrund, als Gegensatz zur Begrifflichkeit durch den abstrakten Verstand von Stubengelehrten[10]. Gegenüber der Gelehrtenexistenz schätzte Herder die sinnliche Erfahrung, den unmittelbaren Zugang zum tätigen Leben und sah hier die Quellen der Poesie und Künste im allgemeinen. Es fällt auf, daß Zusammensetzungen mit "Volk" als erstem Bestandteil sich durchweg auf die Bedeutung 2) beziehen. Das zeigt die folgende Liste von Beispielen:

> Volkslieder (V, 174), Volksstücke (V, 190), volksmäßig (V, 187), Volks- und Vaterlandscharakter (V, 218), Volkssage (VIII, 373), Volkssprache (VIII, 405), Volkswissenschaft (IX, 325), Volksglauben (IX, 525), Volksmeinungen und -sagen (IX, 525), Volksrührung (IX, 531), Volkserzählung (IX, 531), Volksnachricht (X, 160), Volksmelodie (X, 230), von ihren Jugend- und Volksempfindungen (X, 232), Volksbildungen (XI, 452), Volkscultur (XIV, 35), Volksstämme (XIV, 43), Volksrednerei (XIV, 123), Volksreligion (XIV, 485), Volkssprüche (XVI, 23), Volksschriften (XVI, 23), der erste Volks- und Sittenkatechismus (XVIII, 46), ganze Stände und Volksclassen (XVIII, 161), Volksschriftsteller (XVIII, 7), Volkserziehung (XVII, 392), Volksherrschaft (XVIII, 315), Volks-und Landestreue (XX, 145), Volks- und Landesfabel (XVIII, 230), Volkstradition (XVIII, 245), Volksrede (XXIII, 263), Volksstimme, Gottesstimme (XVIII, 271), die volksunwissenden Stubengelehrten (XXV, 9), Volkspoesie (XXV, 129), Volksdichterei (XXV, 308), volksartig (XXV, 313), Volksgeschichte (XXV, 314).

Bildungen wie "Volksstämme" bleiben Ausnahmen; normalerweise schreibt Herder "Völkerstämme"[11]. Auch hier bezieht sich "Volksherrschaft" auf die griechische Demokratie. "Volksclassen" muß wohl eher allgemein als "Gruppen des Volkes" verstanden werden und nicht so sehr präziß im heutigen Sinn. Die große Mehrzahl der Wörter hat mit dem zu tun, was das Volk zur Gemeinschaft macht: Volkskultur, Volksreligion, Volksglauben, Volksempfindungen; oder es ist schöpferische Leistung, die aus dem Volk kommt: Volkssage, Volkspoesie, Volksmelodie, Volkssprüche. In den meisten dieser Komposita ist das Volk Subjekt, es tut selbst etwas; allenfalls "Volkserziehung" sieht das Volk als Objekt.

Herder ist offensichtlich an einer Beschreibung des inneren Lebens des Volkes und seiner schöpferischen Leistungen interessiert, nicht an einer soziologisch-objektiven Beschreibung, was das Volk im Gegensatz zu anderen Teilen der Gesellschaft sein mag. Das stimmt zu dem bekannten Befund, daß bei Herder die "Denkart" oder "Sehart" eines Volkes[12] die Einheit schafft. Wenn nun gleichartiges Fühlen, Denken und Sprechen die Menschen zum Volk verbindet, dann geht diese Verbindung tief; sie betrifft frühe, elemen-

tare und weithin unbewußte Schichten der menschlichen Existenz.
"Früh" ist für Herder phylogenetisch wie ontogenetisch; diese Bindungen reichen in die Kindheit des einzelnen Menschen wie die der
Menschheit. Aus dieser Schicht kommen Mythen und Märchen, die
Sprache der Bilder, also Poesie hierher kommen Musik und Worte
der Volkslieder.

Wenn also Volk in der Bedeutung 2) nicht eigentlich die Vorstellung einer sozialen Klasse gegenüber anderen sozialen Klassen beinhaltet, sondern eine Gruppe gemeinsamer Kultur und Schöpferkraft, dann ergibt sich ein Übergang zur Bedeutung 3). Es ist
auffallend, daß Herder im Gebrauch des Wortes "Volk" und seiner
Komposita sehr konsequent ist, daß er jedoch die verschiedenen Bedeutungen je nach Zusammenhang abwechselnd benutzt und nicht
selten kurz nacheinander. Die Differenzierung muß ihm also ebenso deutlich gewesen sein wie die gemeinsame Wurzel dieser Bedeutungen.

Komposita mit "Volk" als zweitem Glied haben durchweg eine
anthropologische Bedeutung, die sich in die Gruppe (3) einordnet:
"Hirtenvolk", "Bergvolk", "Jagdvolk",[12a] Komposita mit der
Pluralform "Völker" als erstem Glied, Typ "Völkergeschichte",
nehmen das Wort "Volk" normalerweise in der Bedeutung 3), Nation. Quantitativ gesehen, ist Herder noch weit produktiver mit
dem Element "National-" Typ "Nationalsprache", als mit "Volks-"
und "Völker-". Von "Nationalgeist" und "nationalgefühl" bis
"Nationalreichthum" finden sich erstaunlich viele Belege[13].

"Nation" und "Volk" wird von Herder gleichbedeutend gebraucht,
ganz besonders die Pluralformen "Nationen" und "Völker". Oft
wechselt er mit diesen Wörtern in rascher Folge. Herder benutzt
und wiederholt gern Zweier- und Dreierformeln. So liebt er "Zeiten
and Völker"[14] oder auch "Länder und Völker"[15]. Eine Wendung wie
"Völker und Nationen unter seinen Schatten zu nehmen" (V, 500) ist
jedoch eine Ausnahme. Falls es nicht einfach eine Synonymenformel ist, muß wohl bei "Völker" mehr an die konkreten Individuen
gedacht werden, bei "Nationen" an eine abstraktere oder ideelle Einheit. Es muß vorerst offen bleiben, ob man diesen Unterschied für
die Fälle, wo sich ein Bedeutungsunterschied zeigt, verallgemeinern
kann[16]. Das ist auf jeden Fall bei dem folgenden Beispiel so, als
Herder feststellt,

daß der Teil von Literatur, der sich aufs Volk bezieht, volksmäßig
seyn muß, oder er ist klassische Luftblase. Doch bleibts immer und
ewig, daß wir kein Volk haben, wir kein Publikum, keine Nation,
keine Sprache und Dichtkunst haben, die unser sei, die in uns lebe und
wirke. (IX, 529, *Von Ähnlichkeit der mittlern englischen und deutschen Dichtkunst*)

"Volk" ist hier, von der Bedeutung 2) her, eine Einheit von Menschen, eine Gemeinschaft, während sich "Nation" auf etwas Ideelleres, auf eine Organisationsform vielleicht, beziehen muß. Herders Interesse lag bei der "Völkergeschichte" und nicht etwa der "Staatengeschichte"[17]. Herders Wortverbindungen mit "Völker-" betonen die Verbindungen der Völker untereinander, wie die folgende Liste zeigt:

> Völkerliebe, Völkerbekanntschaft, Völkerrecht (V, 493), Völkerverbindung (V, 520), Völkerfreiheit (V, 577), Menschen- und Völkerglückseligkeit (VIII, 336), Völkerkunde (IX, 532), Völkerwanderung (XI, 436), Völkerbildung (XI, 458), Völkermaterien (XII, 56), Völkerschaften (XIII, 220), ein völkerfeindliches Reich (XIV, 53), Völkerstamm (XIV, 267), Völkerverkehr (XIV, 490), Völkerdenkmale (XVI, 52), die Wege des Völker-Vereins und Völker-Verkehrs (XVI, 57), Völkergeschichte (XVIII, 255), Völkervereinigung (XX, 257), Völker-Historie (XXX, 397), Völkerregierung (XXX, 24).

Auch hier kommt neben der Verbindung der Völker untereinander die Idee des Geistes der Völker zum Ausdruck. Völker sind nicht etwas künstlich Hergestelltes, sie sind naturhaft. Herder betont, "ein Volk ist sowohl eine Pflanze der Natur, als eine Familie; nur jenes mit mehren Zweigen." (XIII, 384) Eine Familie wie auch ein Volk entsteht aus natürlichen Bedürfnissen: Schutz von Schwachen, gegenseitige Hilfe, Heilung von Kranken, Schlichtung von Streitigkeiten, Ordnung des Handels und Verkehrs. Ein Volk wie eine Familie ist damit also mit wenigen "natürlichen" Organisationsformen zufriedengestellt. "Die Natur erzieht Familien; der natürlichste Staat ist also auch *Ein* Volk, mit *Einem* Nationalcharakter." (XIII, 384, *Ideen*) An dieser Stelle der *Ideen* versucht Herder, eine Regierungsform zu definieren, die aus dem, was er "Volk" nennt, entspringt und seinen Bedürfnissen Rechnung trägt. Dieser natürliche Staat wäre nicht aggressiv, denn er hat ja seine von der Natur gegebene Gestalt und Ausdehnung und beruht nicht wie die meisten modernen Staaten auf Eroberung und anfechtbaren Grenzen. In einem wahren Volk dieser Art entsteht auch nicht die gefährliche Perversion des Nationalstolzes, der Nationalwahn oder auch Nationalstolz im negativen Sinn, Verirrungen, die aus der Unsicherheit über die nationale Identität stammen[18]. Herder geht also mit anderen Worten bei "Volk" und "Nation" nicht von objektiv existierenden Gebilden und Gruppen aus. Die Wörter bezeichnen eine innere Qualität, die eigentlich—nach Herder—in der Natur der Sache liegt, aber die keineswegs in der Gegenwart vorhanden sein muß. Ob es Völker und Nationen zur Zeit wirklich gibt, ist erst zu untersuchen. Herder sieht etwas wie Volk

durch gemeinsame Denkart, also Tradition und Kultur, vor allem
Sprache, bestimmt, aber der biologische Aspekt der "gemeinsamen
Abstammung" kümmert ihn kaum[19]. Die Metapher "Blut" im Zu-
sammenhang mit Volk oder Nation gebraucht er nicht, den Begriff
"Rasse", den etwa Kant gebraucht, findet er vage und unhandlich;
vielleicht gebe es vier oder fünf Rassen der Menschheit[20].

Das was Herder unter "Volk" versteht, findet er idealtypisch ausgeprägt in den frühen Stufen der Menschheit. Er verweist auf das
Israel des Alten Testaments, auf das frühe Griechenland Homers.
Naturgemäß verfolgt er die Idee der Volksmäßigkeit besonders in
der Kunst (und Religion), zumal in der Poesie. Die Genialität eines
Autors verbindet sich für ihn mit seiner Volksmäßigkeit. Goethe
und Shakespeare können für Herder ebenso Volkspoesie hervorbringen wie anonyme Dichter der unteren Schichten, den späteren
restriktiven Volksliedbegriff teilt Herder auf keinen Fall[21]. Aber es
sind nicht nur die schöpferischen Künstler, die im Geist eines
Volkes schaffen müssen, um wirklich relevant zu sein, es sind auch
die wahren Führer, die bewegenden Geister, die aus dem Volk hervorgehen und für das Volk sprechen; etwa Jesus Christus und Martin Luther[22].

Damit statuiert Herder eigentlich, daß "Volk" nicht eine Klasse
der Gesellschaft neben anderen Klassen sein darf: "Nur Ein Stand
existirt im Staate, *Volk* (nicht Pöbel), zu ihm gehört der König
sowohl als der Bauer, jeder auf seiner Stelle, in dem ihm bestimmten Kreise." (XVIII, 308, *Briefe zu Beförderung der Humanität*) Die
Individuen sind also nicht "gleich" im abstrakten Sinne; sie tun etwas Verschiedenes, sie haben verschiedenartige Verantwortung;
aber es gibt keine Trennung von "Ständen", wenn es "Volk" geben
soll. Herder gebraucht das negative Gegenwort "Pöbel", um die Ansicht der höheren Stände seiner Zeit zu charakterisieren, also er
gebraucht "Pöbel" meistens zitathaft, ironisch[23]. Er selbst findet ja
den Geist dessen, was er "Volk" nennt, am ehesten in diesen unteren
Schichten, die er natürlich aufgrund der wirtschaftlichen
Verhältnisse gewöhnlich auf dem Lande kennengelernt hat. Herder
weiß, daß "die Menschheit sowohl im Ganzen als in ihren einzelnen
Individuen, Gesellschaften und Nationen ein daurendes Natur-
system der vielfachsten Kräfte ist" (XIV, 226), also auf Wirkung und
Gegenwirkung, d.h. auf ein dynamisches Gleichgewicht angewiesen
ist. Durchlässigkeit und Dynamik, sowohl innerhalb einer Nation
als auch im Verkehr der Völker untereinander, sind daher unab-
dingbar.

Wie in Herders Geschichtsphilosophie im allgemeinen, so ist
auch bei seinem Volksbegriff im besonderen der Widerspruch zwischen der idealtypischen Konstruktion und der Beurteilung des gegenwärtigen Zeitalters deutlich. Dieser Widerspruch ist eine der

Quellen der mißbräuchlichen Interpretationen Herders, da seine
Ausleger Herders Ideale willkürlich mit einem existierenden Gebilde gleichgesetzt haben. Für Herder ist "Volk" eine Konstante, die
zwar nicht unveränderbar ist, sich aber im allgemeinen durchhält:

> Denn jedes Volk ist Volk; es hat seine National-Bildung, wie seine
> Sprache; zwar hat der Himmelsstrich über alle bald ein Gepräge, bald
> nur einen linden Schleier gebreitet, der aber das ursprüngliche Stamm-
> gebilde der Nation nicht zerstöret. (XIII, 258, *Ideen*)

Absolut ist das jedoch auch nicht zu nehmen. Herder kennt "An-
kömmlinge fremder Länder, die sich mit den Eingebohrenen zu na-
tionalisieren wußten" (XIII, 289); und natürlich ist "Volk" nie ein
letzter, abschließender Begriff: die Gemeinsamkeit der Menschheit,
der Menschlichkeit steht über allem.

Die modernen Staaten beeinträchtigen jedoch die Volksbildung
und sind dem wahren Nationalgeist entgegengesetzt. Dafür ist das
Reich der Deutschen ein eigentümliches Beispiel. Herder empfand
es als eine seiner Aufgaben, den nationalen Geist in Deutschland zu
erwecken und den Weg zu einer deutschen Literatur aus dem Volk
und für das Volk — die er "klassisch" genannt hätte — zu weisen; aber
er war sich der Trennung in viele Staatsgebilde und viele soziale
Gruppen schmerzlich bewußt. So vermeidet er auch die Wendung
"das deutsche Volk"; er gebraucht "die deutschen Völker", wobei
"deutsch" so viel wie "Germanisch" bedeuten kann[24]. Er sieht in der
Gegenwart nichts, was ein "deutsches Volk" oder eine "deutsche Nation" genannt werden könnte.

Es ist aber nicht nur Kritik an der speziellen deutschen Situation,
die das Gegenbild "Volk" und "Nation" provoziert, sondern Kritik an
der europäischen Zivilisation überhaupt. Diese Kritik richtet sich
ganz besonders auf den Begriff des Staates, den Herder im Sinne des
Absolutismus mit der Idee der Maschine charakterisiert. Bekanntlich stellt er der Maschine die Vorstellung des lebendigen Organis-
mus gegenüber[25]. Herders Staatskritik verbindet sich mit der Kul-
turkritik, der Kritik am Fortschrittsglauben: "Der Unterschied zwischen aufgeklärten und unaufgeklärten, zwischen cultivirten und
uncultivirten Völkern ist also nicht spezifisch; sondern nur Grad-
weise." (XIII, 352, *Ideen*) Und zwar verliert die Menschheit bei
jedem Fortschritt so viel wie sie gewinnt, es gibt eher Veränderung
als Höherentwicklung, wenn auch Herder insgesamt noch an die
Vervollkommnung der Menschheit glaubt. Auch diese Fragen sind
hier nicht zu diskutieren; vielmehr geht es darum, daß die
Aufklärung und Kultur den über die Individuen verfügenden künstlichen Staat hervorgebracht hat, und daß Herder diesen Staat für
überflüssig ansieht. Denn wenn Glückseligkeit das Ziel des Lebens
ist, so sieht Herder, "wie viele Völker auf der Erde wissen von kei-

nem Staat, die dennoch glücklicher sind, als mancher gekreuzigte Staatswohlthäter." (XIII, 340, *Ideen*)

Die Schwankung, die man Herders Wortgebrauch vorwerfen muß, ist nicht die vage Bedeutungsverschiebung und Unklarheit, sondern ein gewisses nicht immer deutliches Wechseln zwischen idealtypischer Verwendung von Begriffen und Bezeichnung existierender Verhältnisse. Zuweilen benutzt Herder "Staat" positiv als notwendige Organisationsform der Menschen, die ja "Kunstgeschöpfe" sind und sich mit Vernunft soziale Einrichtungen schaffen müssen. Meistens jedoch ist "Staat" polemisch gebraucht, das Gegenbild gegen das Ideal der freien Organisation und Gemeinschaft eines Volkes. Ebenso ist es mit "Volk" und "Nation". Zuweilen nimmt Herder diese Bezeichnungen einfach im herrschenden Wortgebrauch der Zeit und bezeichnet damit real existierende Gruppen; meistens jedoch denkt er an die Einheit von Staat, Kultur, Sprache, und Gesellschaft, die er im alten Israel und im frühen Griechenland, aber auch bei den "primitiven" Völkern Asiens und Amerikas in seiner eigenen Zeit fand.

Herder ist besonders bekümmert über den sich vertiefenden Gegensatz zwischen den Gebildeten und anderen Menschen der Gesellschaft. Bitter stellt er fest: "Ueberdem kommt bei uns das *Volk* in dem, was wir Sitten und Würkung der Dichtkunst auf Sitten nennen, gar nicht in Betracht; für sie existiert noch keine, als etwa die geistliche Dichtkunst." (VIII, 428, *Über die Würkung der Dichtkunst*) Die alte hebräische Poesie hingegen hatte einheitsbildende Kraft, national wie sozial: "das erwählte Volk zu seinem Volke, zu einem Volke Gottes zu bilden; das allein ist ihre große reine Absicht." (VIII, 344, *Über die Würkung*) Wenn Dichtung elitär, unanschaulich, gelehrt ist, dann wirkt sie nicht: "Das Volk verstand diese Sprache nicht, und aufs Volk konnte die Dichtkunst also nicht würken; der beste lebendige Zweck und Prüfstein der Güte ging also verlohren." (VIII, 407, *Über die Würkung*). In diesem Zusammenhang wird deutlich, daß Herder unter "Volk" die große Masse der Menschen einer Gesellschaft meint, die eine Gemeinschaft zu bilden versucht, und deren Geist sich vor allem in den unteren Schichten findet. Aus diesem Geist entsteht der Nationalgeist, der darauf beruht, daß sich "das Volk" als repräsentativ für die Gesamtheit ansehen kann.

"Volk" in seinem eigentlichen Sinn gibt es also nur, wenn der Staat auf der sprachlich-kulturell-geschichtlichen Einheit einer Nation beruht und wenn die Differenzierung der Gesellschaft nach Berufen und Funktionen nicht zu einer Klassentrennung geführt hat. Die Gleichsetzung von Volk und Nation, die Herder zugeschrieben wird, beruht also auf ganz bestimmten Voraussetzungen, die für ihn in der Gegenwart durchweg nicht gegeben sind. Die Gefahren dieser Konzeption liegen auf der Hand: Herder war sich bewußt, daß

"Volk" nicht mehr möglich war wie im homerischen Griechenland oder im jüdischen Volk; aber er schien eine Erneuerung gerade dieses Volksbegriffes gegenüber den künstlichen Staatengebilden seiner Zeit zu fordern. Das Heil konnte kaum von Staatsmännern, sondern nur von Reformatoren kommen, die in ihrer eigenen Zeit so unbeachtet wie Jesus Christus bleiben konnten. Herder erhoffte sich von kulturell geschlossenen und einheitlichen Nationen ein friedliches Zusammenleben von Völkern; aber er mußte auch daran denken, daß das nicht ohne tiefgreifende soziale Reformen, ja Revolutionen, möglich sein werde. Herders Vision scheint triadisch zu sein: von der frühen Intaktheit des Volkes über dessen Zerstörung zu seiner zukünftigen Wiederherstellung. Doch die Zukunftsvision bleibt unbestimmt, nicht zuletzt durch den Wortgebrauch, der das konkret Gegebene nicht deutlich genug vom Idealen unterscheidet.

Andere Zweifel melden sich natürlich ebenfalls, z.B.: Was bedeutet die Einheit und Tradition einer gemeinsamen Sprache, zumal bei den Deutschen, wo das gemeinsame Deutsch ohne Zweifel ein künstliches Gebilde im Vergleich zu den Dialekten war? Auch hier zeigt sich, wie Herder mit Idealtypen arbeitet.

Es ergibt sich, daß Herder dem aufgeklärten Absolutismus seiner Zeit ein ideales Gegenbild entgegenstellt: die freie Gemeinschaft von durch gemeinsame Sprache und Kultur verbundenen Menschen, die sich "natürlich", aus den gegebenen Bedürfnissen heraus, eine staatliche Organisationsform entwickeln, die beweglich bleiben muß, um sich jeweils den neuen Bedürfnissen anzupassen. Der Gemeinschaftsgeist einer solchen Gruppe würde ein Volk hervorbringen; ihre Einheit ließe sich als Nation bezeichnen. Der Gemeinschaftsgeist, der die Stände beseitigt, also die Bedeutung 2) von "Volk" in neuer Beleuchtung, bildet die eigentliche Grundlage für die Nationenbildung, die Bedeutung 3), und die mögliche Erweiterung der Bedeutung 4), der "Volksregierung", des Volksstaates[26]. Bei Völkern, die in Gebildete und "Pöbel" gespalten sind, wäre erst ein Prozeß der Veränderung und Erziehung nötig, um wieder von einem "Volk" sprechen zu können.

Daß Herders Begriff der Nation und des Volkes "kulturbestimmt" ist, gehört zum Gemeingut der Forschung; weniger deutlich ist bis jetzt, in welchem gegenseitigen Abhängigkeitsverhältnis die soziologischen und nationalen Faktoren stehen und bis zu welchem Grad Herder idealtypisch denkt. Herders Wirkung ist ebenso unbestritten wie problematisch. Da seine Fragestellungen nach wie vor relevant sind, ist sicherlich ein genaues Lesen seiner Texte nützlich.

Texas A & M University

1 *Deutsches Wörterbuch* XII, 2. Abt. (Leipzig, 1951), 453–515.
2 Vgl. z.B. Eugen Lemberg: *Geschichte des Nationalismus in Europa* (Stuttgart: Curt E. Schwab, 1950), 192–211; Lemberg spricht vom "herderischen oder romantischen Volksbegriff" (194). Einen starken Trennungsstrich zwischen Herder und der Romantik zieht Heinrich Meyer: "Volk — Von der Aufklärung zur Romantik", in: *Dichtung und Deutung*. Gedächtnisschrift für Hans M. Wolf, hrsg. v. Karl Guthke (Bern/München: Francke Verlag, 1961), 83–95, bes. 89; Robert Reinhold Ergang: *Herder and the Foundations of German Nationalism* (New York: Columbia University Press, 1931) bietet eine einseitig deutschnationalistische Perspektive. Holm Sundhaußen: *Der Einfluß der Herderschen Ideen auf die Nationsbildung bei den Völkern der Habsburger Monarchie* Buchreihe der Südostdeutschen Historischen Kommission Bd. 27 (München: R. Oldenbourg, 1973) bemüht sich um eine genauere Differenzierung des kulturellen und politischen Nationalismus; er weist nach, wie die slawische und ungarische Romantik Herder verstanden und vereinnahmt hat. Eine sorgfältige Untersuchung bietet Michael Zaremba: *Johann Gottfried Herders humanitäres Nations- und Volksverständnis. Ein Beitrag zur politischen Kultur der Bundesrepublik Deutschland* (Berlin: Peter Oberhofer, 1985), der die Nachwirkungen von Herders Volksbegriff und Nationalbewußtsein vor allem im 20. Jahrhundert analysiert.
3 Hans Dietrich Irmscher, "Probleme der Herder-Forschung", *DVjs* 37 (1963), 317.
4 Rudolf Große, "Zur Verwendung des Wortes 'Volk' bei Herder", *Herder-Kolloquium 1978*, hrsg. v. Walter Dietze *et al.* (Weimar: Böhlau, 1980), 304–314; Hugo Moser, "Volk, Volksgeist, Volkskultur. Die Auffassungen J. G. Herders in heutiger Sicht", *Zeitschrift für Volkskunde* 53 (1956/57), 127–40, geht nicht eigentlich auf den Wortgebrauch im einzelnen ein. Gute Ansätze finden sich in der Dissertation von Georgiana R. Simpson: *Herder's Conception of "Das Volk"* (Diss. University of Chicago, 1921) einer von Martin Schütze betreuten Arbeit. Sie unterscheidet folgende Bedeutungen: (1) Das Volk als Gegensatz zur Regierung bzw. zur regierenden Schicht; (2) Volk als gleichbedeutend mit Nation; (3) Volk als weniger kultivierter Teil der Menschen; (4) Volk als Gruppe "characterized by primitivism in various forms" (9); (5) Gruppe mit einem Mangel an Kultur. Drei dieser Bedeutungen zielen auf das "einfache", das "ursprüngliche" Volk hin, das später beschrieben wird. Simpson weist auf den Zusammenhang des Volksbegriffs mit Herders Vorstellung von Poesie hin und ebenso auf Zusammenhänge mit seiner Psychologie in *Vom Erkennen und Empfinden der menschlichen Seele*. Das wäre über die üblichen Feststellungen hinaus zu vertiefen. Zaremba (vgl. Anm. 2) beschränkt sein Interesse auf die Vorstellung der Nation.
5 Die differenzierteste Darstellung ist noch Frederick M. Barnard, *Herder's Social and Political Thought. From Enlightenment to Nationalism* (Oxford: Clarendon Press, 1965).
6 Große, op. cit.; Moser nennt neben "Nation" (127) und "vulgus" (128) die Bedeutung "Stamm" (128, 133), wo Volk als "Grundschicht" erscheint.
7 I, 504; IV, 356 (Großes Beispiel); V, 16; IX, 330; X, 195; X, 257; XII, 68; XIII, 383; XIV, 111; XIV, 162f.; XIV, 445; XXIII, 499; "Volksmenge": XII, 154; XIV, 455. Alle Zitate werden nach der Suphan-Ausgabe mit Band- und Seitenzahl angegeben.
8 "Regierung des Volkes", heißt es I, 16, "Volksregierung", XIV, 119 und XIV, 122; "Volksherrschaft", XVIII, 315.
9 Große, op. cit., 309–12. Ein seltener Beleg in Großes Sinn ist "das unterdrückte Landvolk" (XIV, 477, *Ideen*).
10 Die Wendung "das sinnliche Volk" kann sich auf Bedeutung 2) und 3) beziehen, häufiger auf 3). Belege: I, 263; V, 16; V, 160; VIII, 407; XI, 440; XIV, 81; XVI, 23; XXIV, 243. Herder kennt auch das rohe, wilde, kühne, sanfte, milde, kultivierte, gebildete witzige usw. Volk.

11 IX, 522; XI, 430; XIV, 267; XVI, 344; "Völkerschaften": XIII, 391; XIV, 259.
12 I, 298; I, 361; I, 383; III, 27; V, 72; V, 501f.; V, 520; VIII, 210; VIII, 302; Herder
    benutzt "Geist des Volkes" und "Geist der Nation", auch "Genius des Volkes",
    aber nicht "Volksgeist", jedoch "Nationalgeist" (IX, 529, *Von Ähnlichkeit der . . .
    Dichtkunst*).
12a "Hirten- und Ackervolk" (V, 507); "das Häuflein Christenvolk" (VII, 251); "Kunst-
    volk", "Heldenvolk" (X, 142); "Kriegsvolk" (XII, 127); "Bergvolk" (XII, 151); "Jagdna-
    tionen" (XIII, 37); "Miethvölker" (XIV, 73); "Ufervolk" (XIV, 272); "Stammvölker"
    (XIV, 96); "Hauptvolk" (XIV, 177); "Grenzvölker" (XIV, 272); "Kriegs- und Aben-
    theuervolk" (XIV, 277); "Negervölker" (XV, 537); "Lieblingsnation" (XVIII, 145);
    "Favoritvolk" (XVIII, 247); "Südvölker Europas" (XXIV, 287); "Hirten- oder Jagd-
    und Fisch- nationen" (XXX, 398). Bei "Christenvolk" und evtl. bei "Miethvölker"
    ist Bedeutung 1) anzusetzen; sonst bezeichnet das Wort die Umwelt oder den
    Charakter des Volkes.
13 Eine unvollständige Liste zeigt bereits über sechzig Wörter: "Nationalstolz" (I,
    254); "Nationalgesänge", "Nationalfeste" "Nationalwohlthaten", "Nationalgeist"
    (I, 262); "Nationalvorurtheile" (I, 263); "Nationalvortheile" (I, 265); "Na-
    tionallieder" (I, 266); "Nationallaune" (I, 337); "Nationalschriftsteller" (II, 283);
    "Nationalgefühl" (V, 73); "Nationaldenkart jedes Volks" (V, 501); "Na-
    tionalneigungen zu einer Nationalglückseligkeit" (V, 510); "Nationalbildungen"
    (V, 519); "National- und Säkulartugenden" (V, 558); "Nationalversammlung" (VII,
    297); "Nationalbeamten" (VII, 298); "Nationaldichtkunst" (VIII, 346); "National-
    psalmen" (VIII, 352); "Nationalglück" (VIII, 372); "Nationalwürkung" (VIII, 394);
    "Nationalkörper" (IX, 524); Nationalstücke" (IX, 530); "Nationalformen" (IX, 534);
    "Nationalsprache" (X, 12); "Nationalglaube" (XI, 406); "Nationalergötzlichkeit"
    (XII, 152); "National-Errettung" (XII, 155); "National-Sinn" (XII, 256); "Na-
    tionalwünsche" (XII, 296); "Nationalcharakter" (XIII, 384); "Nationalsagen" (XIV,
    97); "Nationalpflanze" (XIV, 84); "Nationalgottheiten" (XIV, 97); "Na-
    tionalumstände" (XIV, 144); "National-Geschmack" (XIV, 156); "Nationalruhm"
    (XIV, 228); "Nationalschätze" (XIV, 276); "National-Gottesdienste" (XIV, 294); Na-
    tionalbühne" (XV, 500); "National-Traditionen" (XVI, 389); "National-Wohlfarth"
    (XVI, 601); "National-Theater" (XVI, 608); National-Intereße" (XVI, 611); "Na-
    tionalwahn" (XVII, 230); "Nationalpublicum" (XVII, 286); "National-Heldin"
    (XVIII, 97); "Nationalruhm", "Nationalrang", "Nationalwohllüste" (XIX, 185); "Na-
    tionalehre und Nationalwissenschaft" (XIX, 289); "Nationalunterschied" (XXIII,
    158); "Nationalmährchen" (XXIII, 275); "National-Galerie" (XXIII, 466); "National-
    Religionen" (XXIV, 38); "Nationalzungen" (XXIV, 45); "Nationalreichthum", "Na-
    tionalbilligkeit" (XXV, 8); "Nationalehre" (XXV, 519).
14 IV, 360; V, 503; V, 567; XIII, 4; XIV, 231.
15 VIII, 189; "Reiche und Völker": XIV, 463.
16 Herder hat die Formel "Volk und Vaterland" (VII, 369 u.a.); schwer zu bestimmen
    ist "Nationaldenkart jedes Volks" (V, 503, *Auch eine Philosophie der Geschichte
    zur Bildung der Menschheit*).
17 "Völkergeschichte": XVIII, 255; XXX, 397; "Völker-Historie": XXX, 397; "Historie
    der Völker": IV, 378; "Naturgeschichte und Historie der Völker": XXX, 101;
    "Geschichte aller Zeiten und Völker": XVI, 41; "Geschichte der Nationen": XIII,
    309; XIII, 361.
18 XVII, 211; XVII, 230; XIX, 228; XXXII, 519.
19 Große, 309, nennt die "gemeinsame Abstammung" als eines der Merkmale bei
    der Bestimmung von "Volk"; dagegen Frank E. Manuel, *The Eighteenth Century
    Confronts the Gods* (Cambridge, Mass.: Harvard University Press, 1959): "*Volk*
    is a primeval historical concept, not a biological one, a crucial distinction." (291)
    G. Simpson ist weniger genau: "*Volk* is a race or a nation . . ." (14), wobei "race"
    Volksgruppe, Nationalität, also eine ethnisch-kulturelle Einheit sein kann und
    offen bleibt, wie weit biologische Kriterien gemeint sind. Bei Simpson wird die
    Idee des Volkes als "primitive" von der Kultur unverdorbene Gruppe wohl zu

einseitig betont; hier müßte nicht einfach ein Einfluß des Rousseauismus statuiert werden (vgl. 48–53), sondern genauer differenziert.

20   XIII, 258f.; Herder lehnt den Gebrauch des Begriffes "Rasse" ab.
21   Vgl. Heinrich Meyer, 85; Moser, 135, sieht darin eine Abweichung vom "wissenschaftlichen" Volksliedbegriff.
22   Jesus "lebte unter dem Volk und sprach zum Volk" (X, 243), vgl. überhaupt die *Briefe, das Studium der Theologie betreffend,* X, 238–46; er ist "ein Mann aus dem Volk" (*Ideen,* XIV, 293), das Christentum ist ein "Volksglaube", der "alle Völker zu Einem Volk machte" (XIV, 295); entsprechend auch in den "Christlichen Schriften".
23   I, 18; IV, 361; V, 510; VIII, 208; XIII, 389; XVI, 23; XVII, 81; XVIII, 508 u.a.
24   "die Völker Deutschlands" (I, 367); "Großes Reich, Reich von zehn Völkern, Deutschland" (IX, 530); "andre Deutsche Völker" (XIV, 203; XIV, 270); "zum sogenannten Vaterlande der Deutschen Völker" (XIV, 385); "Die Idee der Deutschen Völkerverfassung" (XIV, 395); "Die Sprache seiner Deutschen lobt er um des Volks willen" (XVI, 195)–"Volk" in der Bedeutung 2)!–; "da Deutschland ein Tummelplatz von Stämmen und ziehenden Völkern war" (XVI, 600); "die sämmtlichen Völker und Provinzen Deutschlands (XVI, 601); "alle Deutschen Völker" (XVIII, 29); "die Gemüthsart unsres Volks" (XVIII, 116); "ein gar absonderliches Volk sind wir Deutsche" (XVIII, 201). Nur der letzte Beleg aus den *Briefen zu Beförderung der Humanität* kann zweifelsfrei als Beweis für "das deutsche Volk" in der Bedeutung 3) gelten.
25   Dazu bes. Barnard, 72–87.
26   Barnard, 62–67; auch Barnard setzt allerdings "Volk" mit "nationality" gleich (57).

Wezelforschung in der DDR:
Miszellaneen, Material und Mutmaßungen aus Sondershausen und Leipzig[1]

Phillip S. McKnight

Wenn es mit der Wezel-Renaissance, auf die Albert R. Schmitt in seiner Rezension von Wolfgang Jansens Untersuchung über *Das Groteske in der deutschen Literatur der Spätaufklärung: Ein Versuch über das Erzählwerk Johann Carl Wezels* (Bonn: Grundmann, 1980) hinweist[2], auch langsamer als gehofft vorangeht, da aus der geplanten kritischen Gesamtausgabe seiner Werke vorerst wohl nichts werden wird[3], so wirken ihre Impulse zumindest in der DDR eindrucksvoll fort, wo das seit den 60er Jahren von Walter Dietze bekundete Interesse und Engagement für den einst völlig vergessenen Dichter Johann Karl Wezel (1747–1819; Abb. 1) aus Sondershausen zur endgültigen Legitimierung der Wezelforschung in der DDR geführt hat. Die dortigen Literaturwissenschaftler bemühen sich um Einzelausgaben, Werkinterpretationen und darum, mehr Licht in das verworrene Dunkel einer noch sehr unvollständigen und zum Teil verfälschten Biographie eines der verkanntesten unter den verkannten Genies des 18. Jahrhunderts zu bringen. Daß Wezel gelegentlich schon in den Schulunterricht einbezogen wird, zeugt für eine beachtliche Wirkung dieser Bemühungen.

Niemand beteiligt sich energischer an dieser Renaissance als der ehemalige Journalist Karl-Heinz Meyer, unter dessen Leitung der Johann Karl Wezel-Arbeitskreis des Kulturbundes der DDR in Sondershausen seit 1973 einen erstaunlichen Beitrag zur Wezelforschung geleistet hat—besonders was die Klärung bisher entstellter biographischer Angaben über Wezel betrifft. Außerdem wird das Interesse für Wezel durch jährlich stattfindende literarische und musikalische[4] Veranstaltungen in Sonderhausen gefördert, meistens zum Gedenken an seinen Geburtstag. Bescheidene Denkmalpflege, Bekanntgaben im Radio und Beiträge in verschiedenen Zeitungen[5], Briefwechsel mit Wezel-Spezialisten aus aller Welt und besonders die Broschüren *Neues aus der Wezel-Forschung*[6], auf die später noch ausführlich eingegangen werden muß,—sie alle tragen ihr Scherflein zum Gedeih der Wezel-Renaissance bei.

Lessing Yearbook, 1987, Vol. XIX, pp. 221–264.

Olla Potrida.

1784.

Erſtes Stück.

I. K. WEZEL.

Berlin,

in der Weverſchen Buchhandlung.

Abb. 1: Das Frontispiz zu der literarischen Zeitschrift *Olla Potrida* (hrsg. v. Heinrich August Ottokar Reichard, Berlin: Meyer, 1778–1797), gestochen von Christian Gottlieb Geyser, erschien mit Wezel nach rechts schauend auch im *Leipziger Musenalmanach auf das Jahr 1782* und zeigt Wezel im Alter von 33 Jahren.

Meyer, von 1948 bis 1981 Redakteur und Kulturredakteur der Zeitung *Das Volk* im Bezirk Erfurt, kam 1969 mit seiner inzwischen gleichfalls an Wezel interessierten Frau Änne[7] nach Sondershausen. Dort wurde er 1971 durch eine Leserzuschrift zum ersten Mal auf Wezel aufmerksam und fing an, sich intensiv mit Wezels Schriften zu beschäftigen. Seiner Anregung ist es zu danken, daß im November 1972 mit Vorträgen aus dem Werk des Schriftstellers die erste Veranstaltung zum Gedenken an Wezel in dessen Heimatstadt stattfand—225 Jahre nach seiner Geburt. Der Sondershäuser Arbeitskreis wurde am 26.1.1973 im Carl-Corbach-Klub gegründet, und schon im Oktober des gleichen Jahres konnte der Germanist Walter Dietze dort als erster Fachwissenschaftler einen Beitrag mit dem Vortrag "Wezel und die Nachwelt" leisten.

Seitdem sind mehrere Vorträge über neue Befunde und entstehende Ausgaben von Wezels Werken von den vier Spezialisten der Wezelforschung in der DDR, Gerhard Steiner, Hans Henning, Anneliesse Klingenberg und Dieter Pilling, sowie auch von anderen Interessenten und Studenten[8] gehalten worden.

Selbstverständlich ist Wezel, als der politisch radikalste—und waghalsigste—Dichter der Spätaufklärung, auf kulturpolitischem Gebiet für die DDR besonders interessant, und man sucht in der deutschen Literatur bis Georg Büchner, um Wezel mit dem ihm vielleicht am geistesverwandtesten Dichter zu vergleichen, wohl vergeblich nach einer derartigen literaturtheoretischen Polemisierung gegen Idealisierung und Ästhetisierung der Kunst, die, nach Wezel, ohne einen sachlichen Realitätsbezug nur leere Illusionen verbreiten können und, im Extremfall, noch dazu gefährliche Illusionen, die die Fähigkeit zu politischer Realitätserkenntnis und damit auch zu bürgerlicher Selbstverwirklichung stark behindern könnten. Als "hellsichtigem Beobachter" der gesellschaftlichen Situation im 18. Jahrhundert und harnäckigem Realisten machten Wezel die "Heuchelei, Unterdrückung und das Kuschen der Obrigkeit gegenüber es . . . offensichtlich unmöglich, die 'schöngeistige', idealistische Literatur zu schreiben, die ihm Respekt und Erfolg zu Lebzeiten und einen dauernden Platz im Kanon der Literatur gesichert hätte."[9]

Da wichtige Beiträge der DDR—Literaturwissenschaft zur Wezelforschung im Westen nicht genügend zur Kenntnis genommen werden (allerdings werden die westlichen Bemühungen um Wezel in der DDR auch wiederum nur zum Teil zur Kenntnis genommen), sollen hier, im Zusammenhang mit Ergebnissen eigener Forschung in Leipzig, die DDR Werkeditionen, die wichtigsten Beiträge der DDR-Literaturwissenschaft und neuere Entdeckungen und Mutmaßungen über Wezels Leben und Werk besprochen werden. ·

Nach Dietzes Neuausgabe von Wezels kontroversestem Roman *Belphegor, oder die wahrscheinlichste Geschichte unter der Sonne*

(Berlin: Rütten & Loening, 1965)[10] und Hans Hennings Neuausgabe von *Peter Marks* und *Die wilde Betty* (Leipzig: Edition Leipzig, 1969) blieb es in der DDR eine Zeitlang ruhig um Wezel[11], bis Dieter Pilling[12] dann Peter Marks in den verdienstvollen Band *Deutschsprachige Erzähler von Schubart bis Hebel* (Leipzig: Dieterich, 1976) aufnahm und Olaf Reinicke 1978 einen Auszug von etwa 30 Seiten aus *Wilhelmine Arend* für seine Sammlung *O Lust, allen alles zu sein. Deutsche Modelektüre um 1800* (Leipzig: Reclam, 1978) auswählte.

Seitdem erscheint in der DDR in fast regelmäßigen Abständen ein Werk nach dem anderen. Um mit dem zuletzt erschienen zu beginnen: Hans Henning machte Wezels *Kakerlak, oder Geschichte eines Rosenkreuzers aus dem vorigen Jahrhundert* (Berlin: Rütten & Loening, 1984 und Freiburg: Eulen Verlag, 1985) in einer schönen, illustrierten Ausgabe wieder zugänglich. Leider gibt es keinen ausführlichen Kommentar. Schade, denn die zahlreichen literarischen Anspielungen in diesem Buch bedürfen der Entschlüsselung, und ein Spezialist für die Goethezeit wie Henning wäre besonders fähig dazu. Wie dem auch sei, Wezels *Kakerlak* wartet noch immer darauf, von der Literaturwissenschaft wieder richtig "entdeckt" zu werden. Dazu braucht man aber einen Entschlüsselungsapparat, denn Kakerlak, der wie Faust das Bücherstudium zugunsten seines unbändigen Tatendrangs verwirft—die vom Brocken stammenden Hexen Tausendschön und Schabernack leisten ihm dabei Hilfestellung—der dann jedoch von der weiten Welt gründlich desillusioniert wird und so am Ende wieder zu seinen Büchern zurückkehrt, bietet mit seiner Weltfahrt eine umfangreiche Satire des "Zeitgeists" im Deutschland des späten 18. Jahrhunderts. Außer meinem Hinweis auf eine satirische Persiflage von Wielands *Oberon*[13] und Kurt Adels Bewertung des *Kakerlak* als Feenmärchen und Faustdichtung[14], ist dieses geistreiche und ungewöhnlichste Werk Wezels in der Forschung der Goethezeit unverständlicherweise völlig unbeachtet geblieben. Bereits zum Druck eingereicht ist eine Darstellung von Henning zu *Kakerlak*, die im geplanten dritten Heft *Neues aus der Wezel-Forschung* erscheinen soll. Außerdem erscheint ein umfangreicher Beitrag Hennings mit dem Titel "Satire, Aufklärung und Philosophie bei Wezel" im *Goethe-Jahrbuch* 1987.

Genau 200 Jahre nach der Erstausgabe erschien Wezels bedeutender antiutopischer Roman *Robinson Krusoe* mit einem ausführlichen Nachwort von Anneliese Klingenberg (Berlin: Rütten & Loening, 1979)[15]. Gleichzeitig mit Wezels Übersetzung des ersten Teils erschien auch eine Übersetzung des *Robinson Crusoe* von Joachim Heinrich Campe. Wezel und Campe, die sich beide für anthropologisch orientierte Erkenntnistheorien und erziehungstheoretische Neuerungen interessierten, hatten sich in Johann Bernhard

Basedows "Philanthropinum" kennengelernt. Die Frage jedoch, wem
von ihnen eigentlich das Recht zustünde, Defoes Werk ins Deutsche
zu übersetzen, ließ sie öffentlich aneinander gehen. Dabei unterscheiden sich ihre Übersetzungen deutlich hinsichtlich des jeweils
zugrunde gelegten erzählerischen und inhaltlichen Konzepts.
Campes Buch, für Kinder geschrieben, erlebte zahllose Auflagen[16].
Für Wezel hingegen, der den zweiten Band mit einer von ihm selbst
weitergesponnenen stark antiutopischen Fortsetzung veröffentlichte (welche 1795 eine vom Verfasser nicht autorisierte zweite
Auflage erlebte), begannen mit *Robinson Krusoe* (Band II) die
Schwierigkeiten mit der Zensur, wie aus Klingenbergs Nachwort
hervorgeht. Die Vorrede zum zweiten Band verwickelte ihn in eine
Fehde mit dem Leipziger Professor und Zensor Johann Gottlob
Böhme. In der Vorrede erwähnt Wezel mit die religiöse Orthodoxie
verletzender Ironie, daß der verstorbene Rousseau sich auf einem
Fixstern aufhalte. Eine solch ketzerische Vorstellung von Rousseaus
Jenseits—weder Himmel noch Hölle—war natürlich religiös untrag-
bar für die Orthodoxie. Das war jedoch nur ein trivialer Vorwand,
das Vorwort zu streichen. Die eigentliche Zensur galt vielmehr der
ungehemmten Religionssatire und dem Antiutopismus des Buches.
Wezel begehrte auf und ließ die gestrichene Vorrede aus Trotz in
Halle drucken und in die nicht für Sachsen bestimmten Exemplare
einheften. Am 11. Juli 1780 sollten Wezel und sein Verleger Johann
Gottfried Dyk vor der Zensurkommission der Universität Leipzig
erscheinen. Wezel floh jedoch zu seinem Freund Friedrich Wilhelm
Gotter nach Gotha, wo er bis zu Böhmes Tod Ende 1780 an dem Roman *Wilhemine Arend* arbeitete, den er nicht bei Dyk, der sich allein vor der Kommission hatte verantworten müssen, sondern in
der "Buchhandlung der Gelehrten" zu Dessau erscheinen ließ[17].
  Im Rahmen ihrer biographischen Anmerkungen wirft Klingenberg auch Zweifel in der These auf, daß Wezel ein illegitimer Sproß
des Fürsten Heinrich I von Schwarzburg-Sondershausen sei. Zwar
halten Meyer und Steiner dies für möglich, doch darf man nicht
übersehen, daß es an einem sachlichen Beweis dafür noch fehlt.
Hier wie auch anderswo, besonders bei den sonst meist verdienstvollen, sehr anregenden und mühsam erarbeiteten Beiträgen
Meyers, muß man darauf achten, sorgfältig zwischen Faktum und
Mutmaßung zu unterscheiden. Sicher gibt es keinen Wezelforscher,
der nicht durch zeitgenössische Verfälschungen und sich
widersprechende Berichte irregeleitet worden und nun vorsichtiger
ist.
  Klingenberg hält es auch für aufschlußreich, daß Christian Garve
von 1767 bis 1768 ebenfalls Hausgenosse bei Christian Fürchtegott
Gellert war, bei dem Wezel seit 1765 eine Dachkammer bewohnte.
Obwohl Wezels Kontakt mit Garve nicht so eng gewesen sein dürfte
wie etwa mit Campe oder gar Gellert selber, sind das Themen, die

noch ausführlicher erforscht zu werden verdienen. Wie Wezel vertrat auch Garve John Lockes Sensualismus und setzte sich in seinen
populärwissenschaftlichen Schriften für Prinzipien der bürgerlichen Emanzipation ein. Während Garve aber religiös unangefoch-
ten blieb, machte Wezel nach Gellerts Ableben—und m.E. auch
gerade wegen des Todes des von ihm trotz seiner Hypochondrie sehr
verehrten Gellert[18]—eine Religionskrise durch, die ihn zum Agno-
stiker werden ließ und zum Skeptizismus führte. Dagegen blieb
Garve äußerst religiös, wie aus seinem längeren Briefwechsel mit
dem "wegen seiner Menschlichkeit und Toleranz in ganz Deutschland geehrten Prediger der Leipziger Reformisten Gemeinde"[19]
Georg Joachim Zollikofer deutlich hervorgeht.

Klingenberg hat auch zwei Briefe Zollikofers vom 14. und 20.
April 1778 aufgefunden, in denen er Wezel als Mitarbeiter am Des-
sauer "Philantropinum" empfiehlt. Diese Briefe bestätigen, daß
Wezel mit Zollikofer und wohl auch mit dessen Freundeskreis in
Leipzig in Verbindung stand. Darüber hinaus geben sie zu Fragen
Anlaß, auf die die Literaturwissenschaft weiter eingehen sollte. So
verdient Zollikofers Bedeutung in den literarischen Kreisen um
Leipzig näher untersucht zu werden. Sein Briefwechsel mit Garve
und Christian Felix Weiße[20] ist voll von Kommentaren und Bemerkungen über die deutsche und europäische Literatur der 70er und
80er Jahre. Zu seinen engsten Freunden gehörten neben Garve und
Weiße auch Ernesti, Lavater und Ernst Platner, mit dem Wezel
knapp ein Jahr nachdem Platner Ende 1780 die ordentliche Lehrstelle für Physiologie in Leipzig erhielt seinen bekannten Leibniz-
Streit führte, einen Streit, bei dem es sicher nicht zuletzt wegen
Wezels Fehden mit Campe sowie mit Böhme und der Bücherkommission sehr ausfällig zuging.

Weiterhin ist es Klingenbergs Verdienst, die Zeitschrift des
Dessauschen "Philanthropinums", die *Pädagogischen Unterhand-
lungen*, wieder aufgefunden und damit die dort abgedruckten vier
Aufsätze Wezels wieder ans Licht gebracht zu haben.[21] In diesen
Aufsätzen findet man nicht nur die Grundlagen von Wezels eigener
Auffassung über Erziehung und Pläne für ein eigenes Erziehungsin-
stitut[22], sie sind darüber hinaus auch für das Gesamtverständnis
von Wezels literarischer und philosophischer Produktion unentbehrlich. In ihnen gibt Wezel—und zwar in Form eines sokratischen
Dialogs zwischen ihm und Campe!—eine detaillierte Rechtfertigung
des "Ehrtriebs", wie Wezel und andere Aufklärer den menschlichen
Egoismus nannten, um dessen Zweckmäßigkeit als Erziehungs-und
Lebensprinzip verteidigen zu können. Wezel argumentiert nachdrücklich, daß Zöglinge nicht über die "schlechten" Seiten der Welt
hinweggetäuscht werden sollten, sondern daß sie im Gegenteil mit
der Realität in all ihren Aspekten konfrontiert werden müßten, ein
Thema, das auch in seinen Romanen ständig angeschlagen wird.

Dazu gehört, daß "die Subjeckte zu den durch die Verfassung errichteten Verhältnissen des bürgerlichen Lebens geschickter und passender"[23] erzogen werden. Das Ziel ist nichts anderes als dem Subjekt innerhalb der gegebenen politischen Bedingungen der deutschen Staatsverfassung eine realistische Durchsetzungsfähigkeit zu vermitteln, d.h., anstatt unerreichbare Vollkommenheitsideale und Utopien zu propagieren, soll die Gefahr einer psychischen Desillusion durch die pragmatische Anerkennung der politischen Realität bekämpft werden. Die Auffassung, daß Ideale teilweise kompromittiert werden müssen, um eine solche Durchsetzungsfähigkeit zu verwirklichen, liegt als zentrales Thema seinem Roman *Herrmann und Ulrike* zugrunde.

Daß aber irgendeine Erziehungsform die Widersprüche zwischen individualistischer und politischer Vollkommenheit überwinden kann, ist ein Problem, "dessen Auflösung Basedow finden wollte", und das "vielleicht unsre Kindeskinder erst ganz finden werden"[24]. Auf die auffallenden Ähnlichkeiten zwischen Wezels Gedanken über die eindimensionale Erziehung, über die stufenweise Entsagungslehre und die Schlußmaxime: "Leiden und thun! das sind die zwei großen Geschäfte der Menschheit,"[25] und den von Goethe 50 Jahre später in *Wilhelm Meisters Wanderjahre* vertretenen Anschauungen hat Klingenberg auch hingewiesen.

Ein weiterer und sehr wichtiger Fund Klingenbergs ist der Brief Wezels vom 1. Januar 1788 von Leipzig nach Dessau, mit dem Wezel —offenbar finanziell gedrängt—sich dort um eine Stelle bewarb und sich mit einem ungewöhnlich geringen Lohn zufriedengeben wollte[26]. Dieser Brief bestätigt auch die Zensurschwierigkeiten, die er mit seinem *Versuch über die Kenntniß des Menschen* (1784–1785) erlebte, was auch aus einem anderen Brief vom 8. September 1787 an Nicolai hervorgeht[27], und stellt damit den wichtigsten Grund für Wezels Umsiedlung nach Sondershausen und sein zurückgezogenes Leben daselbst ganz richtig fest. Obwohl das Datum seines endgültigen Umzugs von Leipzig nach Sondershausen noch umstritten ist—Meyer glaubt auf Grund des Artikels über Wezel von Ernst Ludwig Gerber[28], daß Wezel erst ab 1793 in Sondershausen geblieben ist—kann man aus diesem Brief ersehen, daß Wezel zumindest 1788 noch in der Peterstraße beim Bäcker Böhner[29] in Leipzig wohnte. Nach dem *Leipziger gelehrten Taschenbuch* (1780–1802) kehrte Wezel 1784 aus Wien zurück und zog 1789 von Leipzig nach Sondershausen[30]. Der Herausgeber des *Taschenbuches* war Gellerts Nachfolger Johann Georg Eck (1745–1808), Leiter des Bücherkommissariats, der laut Wezels Brief eine entscheidende Rolle bei der Zensur seines *Versuchs* spielte. In seinem 1983 in Sondershausen gehaltenen Vortrag "Wezel und Leipzig: Fakten und Mutmaßungen" stellt Dieter Pilling fest, daß Eck den Willen der lutherischen Orthodoxie vollstreckte, "welche den Feudalstaat gegen neue Ideen verteidigte"[31], womit Eck die Tradition der Leipziger Professoren und Zensoren Böhme und Ernesti fortsetzte.

An dieser Stelle ist es aufschlußreich, anhand zeitgenössischer Berichte einen Blick auf die Umstände zu werfen, mit denen Wezel sich konfrontiert sah. 1784 schrieb der Leipziger Historiker Johann Gottlob Schulz folgendes über die Bücherkommission:

> Dieses Kollegium hängt unmittelbar von dem Kirchenrathe in Dresden ab, und besteht aus zween Kommissarien, einem von der Universität, und einem von dem sitzenden Rathe, und einem Bücher-Inspektor. Sie ist im Jahre 1687 gestiftet; vorher wurde nur dann und wann bey wichtigen Vorfällen im Bücherwesen eine Kommission niedergesezt, und alsdenn wieder aufgehoben. Die erste Absicht dieser Anstalt ist erstlich, daß keine Bücher ohne Censur gedruckt, und keine verbotenen Bücher verkauft werden; dieserwegen hat sie auch das Recht, alle verbotenen und verdächtigen Bücher, welche sie in Buchdruckereyen und Buchläden findet, wegzunehmen, und den Verkäufer derselben nach Willkühr zu bestrafen. Die zwote ist die Insinuation der Landesherrlichen Bücherprivelegien, weswegen man sich sowohl in als Außer den Messen bey dem Bücher-Inspektor meiden kann: und die Aufsicht, daß denselben nicht zuwider gehandelt werde . . . Die Bücher-Censur geschieht in Leipzig durch die Dekanen jeder Fakultät, in welche das Buch einschlägt; bei der philosophischen Fakultät hat jeder Professor sein eigen Fach.[32]

Aus Schulz' Bemerkungen geht sehr klar hervor, daß die Leipziger Professoren in Sachen der Zensur das entscheidende Wort hatten. Um die sich daraus ergebenden Folgen einmal zu dokumentieren, zitiere ich aus dem 1783 erschienen *Tableau von Leipzig:*

> Die Leipziger Censoren sind bekanntermaßen wackre Leute, denn manche davon, als Stützen, Grundsäulen, Besten, Handhaben, Beschützer der Orthodoxie, haben sich wider alles was gesundes Denken und Philosophie heißt, verschworen. Wer wollte verlangen, daß sie meineidig wurden? Es fragt sich nur, was uns zu der Schande verdammt, die Pressefreiheit in Sachsen so eingeschränkt zu wissen, da in sonst aufgeklärten Landen man jetzt anfängt besser zu verfahren, und wie wir, die sonst andern ein Beyspiel der Aufklärung gaben, mit Fug und Recht das ihrige befolgen können, ehe man uns sagt, wir sänken in die Barbarey zurück.[33]

Auf Grund solcher Bemerkungen, die sich häufig wiederholen, und auf Grund der neueren von Klingenberg, Steiner, Pilling und Meyer erarbeiteten Forschungsergebnisse läßt es sich jetzt besser ermessen, wie sehr Wezel sich mit seiner Fehde mit dem Leipziger Professor Ernst Platner schadete. Bis zu dem Zeitpunkt muß der heterodox-liberale Zollikofer-Garve-Platner-Kreis Wezel einen festen Halt geboten haben. Diese Beziehungen wurden wahrscheinlich durch die *Robinson Krusoe*-Affaire strapaziert und geschwächt, und er verlor vielleicht sogar wegen des bitteren Platner-Streits die Unterstützung dieses Kreises. Wie dem auch sei, mit Zollikofers Tod löste sich der Kreis 1788 auf, was ein weiterer Beweggrund für Wezel gewesen sein mag, daß er nicht länger in Leipzig blieb.

Doch damit erschöpfen sich Klingenbergs Beiträge zur Wezelforschung noch nicht. 1983 machte sie Wezels *Satirische Erzählungen* wieder zugänglich (Berlin: Rütten & Loening). In den Anmerkungen zu diesem Werk druckte sie auch Wezels "Schreiben an Herrn Meißner in Dresden"[34] ab, in dem Wezel seine satirische Methode verteidigt, einzelne Begebenheiten bzw. Personen als Stoffquelle zu benutzen, um typische Mißverhältnisse zu karikieren, ohne dabei jedoch spezifische Pasquillen intendiert zu haben.

Klingenbergs höchst interessanter Aufsatz über Wezels Erstlingsroman *Tobias Knaut*, "Herder, Wieland oder ein gewisser Wezel? Zu Wezels Roman *Tobias Knaut*"[35], dient zugleich als Ankündigung ihrer geplanten Neuausgabe des *Tobias Knaut* (Berlin: Rütten & Loening, 1987) die Viktor Langes verdienstvolle Ausgabe von 1971 um manches neue wissenschaftliche Material bereichern dürfte. Wie sie es darstellt, geht Wezel in diesem Roman von Prämissen des Sozialdeterminismus aus. Seine satirische Methode besteht darin, daß er Helden mit "falschem Bewußtsein" schafft und sie dann mit der gegebenen Realität konfrontiert, um ihr falsches Bewußtsein zu enthüllen und ad absurdum zu führen. Dazu erscheint auch 1987 von Klingenberg "Romantheorie bei Johann Karl Wezel" im geplanten *Festschrift für Klaus Kräger*, hrsg. vom Lehrstuhl für Literaturtheorie der Karl-Marx-Universität Leipzig.

Ebenfalls zum Jubiläum seines ersten Erscheinens gab Gerhard Steiner Wezels *Herrmann and Ulrike* neu heraus, den ersten deutschen realistischen Entwicklungsroman, der oft als Wezels Meisterwerk angesehen wird. Mit der Fortsetzung einiger Grundgedanken aus *Tobias Knaut* und aus der Vorrede zu *Robinson Krusoe*—auch in Anlehnung an den französischen Materialismus und den Lock'schen Sensualismus—ließ Wezel mit seiner Charaktergestaltung in diesem Roman die innere Entwicklung des Menschen direkt aus Erziehung und Erfahrungen in der Welt hervorgehen. Die Wechselwirkung von Welt und Ich bestimmt Denken und Verhaltensweisen der Charaktere. An diesem ihrem Weltverhältnis läßt sich ihr Grad an erreichter menschlicher Selbstverwirklichung ablesen.

Abgesehen von einigen kleineren Fehlern[36] ist Steiners ausführliches Nachwort für die Wezelforschung in Ost und West unentbehrlich, zumal es die bisher vollständigste Wezel-Biographie enthält. Im Laufe der letzten fünf Jahre hat Steiner sehr viel Neues aufgespürt, darunter die Akten über die *Robinson Krusoe*-Universitätszensur im Stadtarchiv Leipzig. Steiner brachte ebenfalls Wezels frühestes Gedicht ans Licht, "Aus dem Lobgesange, mit welchem Irene bei ihrem feierlichen Aufzüge zur Besitzergreifung von der Erde empfangen wird", das Wezel mit 15 Jahren verfaßt hatte und das sein Lehrer und Förderer Nikolaus Dietrich Giseke einem Brief vom 2.11.1763 an Johann Ludwig Gleim beigelegt hatte. Im Gleimhaus in Halberstadt, das sich als reiche Fundgrube an Material zu literarischen Strömungen im 18. Jahrhundert erwiesen hat, fand Steiner auch Wezels erstes gedrucktes Werk, die Operette *Filibert und Theodosia* (Leipzig: Hilscher, 1772), das einzige bisher aufgefundene Exemplar[37].

In der zweiten Wezel-Broschüre hat Steiner acht völlig unbekannte Briefe Wezels aus den Jahren 1778–1781 an Heinrich Christian Boie und einen Brief Wezels an Leopold Friedrich Günther Goeckingk vom 16.4.1780 veröffentlicht[38]. Diese Briefe geben näheren Aufschluß über Wezels Tätigkeit am *Deutschen Museum*, über Wezels Versuche, die durch Christian Wilhelm von Dohms Berufung nach Berlin im Jahre 1779 frei gewordene Lehrstelle an der Ritterakademie in Kassel zu bekommen[39], über Wezels Aufenthalt in Gotha bei Friedrich Wilhelm Gotter, mit dem Wezel für Dyks *Komisches Theater der Franzosen für die Deutschen*[40] zusammengearbeitet hatte, über seine Arbeit an *Wilhelmine Arend* in Gotha und seine Pränumerationsbewerbungen für diesen Roman, den Wezel, wie erwähnt, in der experimentellen "Buchhandlung der Gelehrten" zu Dessau drucken ließ[41], und nicht zuletzt über Wezels Interesse an einer Zusammenarbeit mit Goeckingk, die auf eine Reform der deutschen Sprache hinzielte, die aber dann nicht zustande kam[42].

Steiners Entdeckungen haben die Wezel-Bestände nicht nur wesentlich erweitert, sondern auch um ein Werk gekürzt. Als Steiner 1981 die Neuausgabe der *Briefe eines Reisenden an Herrn Drost von LB*[43] vorbereitete, wurde er im letzten Augenblick auf einen Brief Goeckingks an Gottfried August Bürger vom 21. März 1779 aufmerksam gemacht, in dem Goeckingk bekennt, er selbst sei der Verfasser der *Briefe eines Reisenden*, doch habe er sie absichtlich mit der irreführenden Unterschrift "Wz" unterzeichnet und veröffentlicht[44]. Das war weder das erste noch das letzte Mal, daß man sich Wezels Namen für eigene Produkte anmaßte. Die Motive für ein solches Vorgehen Goeckingks hat Steiner bisher nicht erhellen können. Boie und Bürger haben auf Goeckingks Bitte hin die Sache auf sich beruhen lassen.

Im folgenden Jahr gab Steiner eine kleine Rarität heraus, Wezels Übersetzung aus dem Englischen einer Geschichte von Elisabeth Craven, *Anekdote aus der alten Familie der Kinkvervänkotsdärspräkengotschderns. Ein Weihnachtsmärchen* (Berlin: Eulengpiegel, 1982)[45]. Lady Craven, Tochter des Earl of Berkeley und, nach ihrer

Scheidung von Lord Craven, Markgräfin von Anspach, die später durch ihren Reisebericht *Journey through the Crimea to Constantinople* (1789) und durch ihre *Memoirs* (1826) in ganz Europa berühmt wurde, hielt sich an vielen europäischen Höfen auf und hielt mit ihrer Meinung über die dort herrschenden Zustände nicht hinter dem Berg. Desgleichen nahm sie in ihren Schriften ganz bewußt Stellung zu literarischen Ereignissen ihrer Zeit.

Wie Wezel dazu kam, diese Übersetzung zu schreiben, ist noch unklar, denn Lady Craven machte in der *Anekdote* aus ihrer Abneigung gegen die deutsche Sprache, die Wezel 1781 so eifrig verteidigte[46], durchaus keinen Hehl. Hätte Wezel Lady Craven später in Deutschland kennengelernt, so hätte er in ihr ein sehr geeignetes Vorbild für eine Romanfigur gefunden. Sie hatte sieben Kinder mit Lord Craven, der aber die Vaterschaft des dritten Sohns, Keppel, den Lady Craven allein von all ihren Kindern immer auf Reisen mitnahm, abstritt. Auf einer ihrer Reisen kam sie 1786 auch nach Deutschland, wo sie ihren Freund Christian Friedrich Karl Alexander, Markgraf von Brandenburg zu Anspach-Bayreuth besuchte. Karl Alexander lebte dort in einer unglücklichen, arrangierten Ehe mit Friederike Karoline aus Sachsen-Coburg. Lady Craven vertrieb seine Mätresse, die bekannte französische Schauspielerin Clairon, und überredete ihn, mit ihr nach England überzusiedeln. 1791, gleich nach dem Tode von Lord Craven, heiratete Lady Craven den Markgraf in Lissabon und zog mit ihm nach England. Die deutschen Berichte über Lady Craven werfen kein günstiges Licht auf sie. Auch in England wurde sie wegen ihrer skandalösen Heirat nicht mehr als salonfähig betrachtet: doch ihr literarisches Werk blieb auch weiterhin geschätzt[47]. Da die *Robinson Krusoe* Episode für Dyk, Wezels Verleger, ein gerichtliches Nachspiel hatte, ist es durchaus möglich, daß Wezel vorübergehend für Schwickert arbeitete, von dem er m.E. Übersetzungsaufträge erhielt, denn außer der Anekdote erschien im gleichen Jahr, 1781, Wezels Übersetzung von Oliver Goldsmiths *Citizen of the World* (1762) ebenfalls bei Schwickert. *Wilhelmine Arend* dagegen erschien in der "Buchhandlung der Gelehrten", konnte aber auch durch Schwickert bezogen werden.[48]

Steiner verwies auf Lady Cravens enge Bekanntschaft mit dem britischen Dramatiker und Freund Garricks, Miles Peter Andrews. Eine Andrew'sche Bearbeitung der *Anekdote, The Baron Kinkvervankotsdorsprakingatchdern. A New Musical Comedy* (London: Cadell, 1781) habe ich belegen können. Bei der Durchsicht der Werke Andrews stieß ich auch auf *Belphegor; or the Wishes. A Comic Opera: As it is acted at the Theatre-Royal* (Smoke-Ally, Dublin, 1778). Dieses Werk ist wahrscheinlich Marc Antoine Legrands *Belphegor, Comedie-Ballet* (1722) entlehnt. Ein anderes

Vorbild dafür wäre eine Werk des Wiener Schauspielers, Direktors und Theaterdichters Joseph Felix Freiherr von Kurz (1717–1784): *Der neue krumme Teufel. Eine Opera-Comique* (1752). Beide Werke sind Bearbeitungen von Machiavellis Novelle *Belfagor*. Obwohl Andrews Operette anscheinend nichts mit Wezels *Belphegor* zu tun hat, fragt man sich doch unwillkürlich, was für ungewöhnliche Zufälle hier im Spiel waren. Übrigens hat Peter Brenner nachzuweisen versucht, daß der Name 'Belphegor' "Schall und Rauch" bedeutet, und spricht ihm für Wezels Werk einen Zusammenhang mit Machiavellis Novelle *Belfagor* ab[49]. Gegen Brenners Argument läßt sich einwenden, daß Belphegor nicht nur als traditionelle Teufelsfigur im 18. Jahrhundert recht bekannt war, sondern auch, daß Wezel den Namen, nicht aber die Handlung von Machiavelli entlehnt hat. Was m.E. aber für das Gesamtverständnis von Wezels Werk noch wichtiger ist, ist die Beziehung zwischen *Belphegor* und Machiavellis staatsphilosophischem Denken überhaupt—besonders nachvollziehbar in der sorgfältig konstituierten Figur des Fromal.

Steiner hat noch zwei weitere Artikel über Wezel verfaßt, die die wenigen Fakten, die wir aus Wezels Leben kennen, beträchtlich erweitern. In seinem Aufsatz "Zerstörung einer Legende oder das wirkliche Leben Johann Karl Wezels"[50] nimmt Steiner zu biographischen Verfälschungen von Wezels "Wahnsinn" Stellung. Der Aufsatz wurde inhaltsgemäß größtenteils in seinem Nachwort zu *Herrmann und Ulrike* aufgenommen. Von ganz besonderem Interesse ist der zweite Artikel, "Johann Karl Wezels Behandlung durch Dr. Samuel Hahnemann"[51]. Hahnemann war als Begründer der Homöopathie bekannt und übernahm die Behandlung Wezels, nachdem der eigentlich dazu bestimmte und sehr angesehene Arzt Christoph Wilhelm Hufeland wegen Antritt einer neuen Stelle absagen mußte[52]. Steiner fand sehr ausführliche—wenn auch noch unbefriedigende—Berichte über diese Behandlung in Briefen Hahnemanns an Rudolph Zacharias Becker, der die Behandlung vermittelt hatte und der den *Reichsanzeiger* herausgab[53].

Trotz eines Vorfalls, bei dem der 53 jährige Wezel, nachdem man ihn elf Tage in einem dunklen Raum eingesperrt gehalten hatte, sich so fürchterlich austobte, daß vier starke Männer, die Hahnemann beauftragt hatte, Wezel zu einem Spaziergang im Hof zu zwingen, das aus Angst verweigerten, erklärte Hahnemann, daß Wezel ganz anders sei, als man ihn gemeinhin geschildert habe. Leider beschreibt Hahnemann nicht, wie er denn wirklich war, und seine Briefe lassen die Frage von Wezels Geisteszustand ungeklärt.

Ich möchte auch jetzt noch bei meiner früheren Vermutung bleiben, daß Wezels Krankheit physiologisch-neurologisch bedingt war und nichts mit "schizophrenem Größenwahn"[54] zu tun hatte. Daß seine Krankheit einen emotionellen Stabilitätsverlust bewirkte, ist wohl nicht abzustreiten. In diesem Zusammenhang sollte man sich doch endlich einmal fragen, warum wir uns denn eigentlich so sehr bemühen, Wezel vom Stigma des Wahnsinns zu befreien? Die Wezelforschung legt m.E. zuviel Gewicht darauf, Wezels Wahnsinn zu widerlegen, weil sie glaubt, dadurch der Wezel-Rezeption einen größeren Dienst erweisen zu können. Dies scheint allein schon deshalb angebracht, weil Wezels "Wahnsinn" wirklich ein determinierender Negativfaktor hinsichtlich seiner Rezeption gewesen ist, denn sein "Wahnsinn" ist erstaunlich oft als Resultat seiner Weltanschauung gesehen worden, besonders als Folge seiner Religionspolemiken, seiner positiven Einschätzung des "Ehrtriebs", seiner Ablehnung jeglicher Gefühlsduselei zugunsten des satirischen Angriffs, usw.

Ob Wezel wirklich wahnsinnig war oder nicht, ist ohne Belang im Vergleich zu dem Mißbrauch, den seine Zeitgenossen mit diesem "Wahnsinn" getrieben haben, den sie als "Beweis" bzw. "Strafe" für seine "moralisch verwerflichen" Ansichten auffassen. Die Wezelforschung in der DDR hat ganz richtig darauf hingewiesen, daß die biographischen Verfälschungen eben auf Grund eines vermeintlichen oder vorgegebenen Wahnsinns glaubwürdig gemacht worden sind. Gerade hier läge es bei der Literaturwissenschaft, einzugreifen und folgendes zu klären: Welche Implikationen hat die literaturgeschichtliche Übernahme eines gegebenen und beschränkten subjektiven Moralbegriffs, wenn dieser zum entscheidenden Kriterium und rezeptionsbestimmenden Element wird?

Das dichterische Werk eines Hölderlin, eines Lenz ist durch den Wahnsinn des Autors nicht im Wert gesunken: im Gegenteil, wir gewinnen dadurch neue Einsichten. Wezel selbst hatte bereits in *Tobias Knaut* mit der Figur des Stesichorographus das "verrückte Genie" karikiert; später aber, in seinem anthropologischem Roman *Wilhelmine Arend*, sah er eine sehr deutliche Verbindung zwischen Wahnsinn und Genie:

Personen, die ihre [Wilhelmines] Zeichnungen aus dieser Periode mit Aufmerksamkeit betrachtet haben, finden zwar sehr viel Nachläßigkeit und Unrichtigkeit darinne, aber einen Schwung der Einbildungskraft und Empfindung, der dem größten Meister Ehre machte, und den man an allen ihren vorhergehenden Arbeiten nicht bemerken kan, weil es entweder Kopien von Kupferstichen und Gemälden oder von einzelnen Gegenständen der Natur sind: in diesen lezten herrscht viel Fleiß, Genauigkeit und Mühe: in jenen selbsterfundenen hingegen wimmelt alles von Fehlern der Zeichnung, Unregelmäßigkeiten und Spüren des Genies. Das nähmliche läßt sich auch von ihren Briefen behaupten: sie wird in Bildern, Gedanken und Ausdruck immer mehr zur Dichterin, je höher der Grad ihrer Melancholie steigt.[55]

Wezel hat die Geisteskrankheit seiner Heldin nicht nur psychologisch, sondern auch physiologisch dargestellt: Anthropologie verstand man als das Studium des ganzen Menschen: Im 18. Jahrhundert bedeutete das sozusagen eine Verschmelzung der bisher historisch zumeist noch getrennten Begriffe von Geist und Körper, und damit die Aufhebung des Cartesischen Dualismus. Die Voraussetzungen für den physiologischen Teil in Wezels philosophisch-anthropologischem Werk *Versuch über die Kenntniß des Menschen* sind schon mit *Wilhelmine Arend* gegeben. Wezels intensive Beschäftigung mit der zeitgenössischen Medizin, besonders mit Samuel Tissot, Charles de Bonnet, Johann Friedrich Zückert, Johann Georg Zimmermann und Karl Franz von Irwing — der sicher das Vorbild für die Figur des Dr. Irwing in dem Roman abgibt — dürfte als weiterer Beleg dafür gesehen werden, daß Wezel sich selbst kurieren wollte. In den Briefen Hahnemanns und in der Diskussion im *Reichsanzeiger* wird Wezels übermäßig starker Unwille erwähnt, sich von einem Arzt behandeln zu lassen, als hätte er schon vor Hahnemann unter schädlichen Folgen ärztlicher Behandlung gelitten. Auch die kompetentesten Ärzte der Zeit unternahmen Heilversuche mit fragwürdigen Mitteln. Der erwähnte Hufeland, Verfasser der *Makrobiotik, oder Die Kunst, das menschliche Leben zu verlängern* (1796), dessen Schriften eine prominente Fachleserschaft genoß, und der Wezels Behandlung hätte übernehmen sollen, sah zeitweise ein Allheilmittel in Quecksilberpräparaten. Nach einigen Mißerfolgen war er jedoch von der Gefährlichkeit dieses Mittels überzeugt. Ob der arztscheue Wezel zu den Opfern solcher oder ähnlicher Praktiken zählt, ist nicht belegt, aber ein solcher Vorfall in seinem Leben wäre keineswegs auszuschließen.

Auf alle Fälle ersieht man aus einem Augenzeugenbericht über das Vorgehen des Biographie-Verfälschers Johann Nikolaus Becker[56], daß Wezel zumindest manchmal völlig bei Sinnen sein konnte. So lauerte Becker z.B. auf der Treppe, bis Wezel aus seinem Zimmer herunterkam, um seinen täglichen Schnaps im Hause zu holen, und blödelte ihn mal auf Lateinisch und mal auf Englisch an. Wezel antwortete kurz und abweisend, ging in seine Stube zurück und schlug die Tür hinter sich zu, worauf Becker, der diesem Bericht zufolge nie in Wezels Stube war, ihn auf Deutsch fragte, was er denn jetzt mache. Wezel antwortete: "Narren klug, wovon du der erste bist"[57].

Steiner hätte seine Beschreibung von Hahnemanns Behandlung mit den vier Artikeln über Wezel im *Reichsanzeiger* ergänzen können, denn dort werden die Behandlungspläne besprochen. Ich möchte hier nur noch auf zwei Hinweise aus diesen Dokumenten aufmerksam machen: Die auf die beiden von 1787 und 1788 erwähnten Briefe gestützte Annahme, daß Wezel sich nicht wegen

Geisteskrankheit, sondern wegen finanzieller Probleme und Zensurverbots nach Sondershausen zurückzog, wird durch die Aussage Friedrich David Gräters weitgehend erhärtet:

> Was nun Wezel's beklagenswerthem Zustand vorausgegangen ist, das mögen seine nähere Bekannten, und seine Vertrauten nicht gerade in Sondershausen, sondern die in Wien und Leipzig enthrätseln. Ohne Ursachen von Außen ward Wezel gewiß nicht so. Zwey Umständen scheinen indeßen aus den bisherigen Berichten sattsam zu erhellen: einmahl, Mangel an eigenem Vermögen und an bestimmten Einkünften, und zweytens unverhältnißmäßige Honorirung seiner Schriften. Beydes zusammengenommen aber ist noch nicht hinreichend, eine solche Wirkung hervorzubringen, wiewohl sie vorzubereiten. Und schon in dieser Hinsicht sollte unser Urtheil über seine scheinbaren Charakteräußerungen billiger gestimmt, und wenigstens ein Theil der Schuld seines Zustandes, wem? oder welcher Stadt oder welchem Publicum sie auch zufalle, nicht in Abrede gestellt werden.[58]

Nach Gräter fühlte Wezel sich zu sehr verletzt, um Hilfe anzunehmen: "Wezel, dünkt mich, wird eher Schuhsohlen essen, und wenn alles verkaufbare aufgezehrt ist, verhungern, als jemanden ansprechen. Er will niemanden etwas danken, . . . er will nun einmahl durch sich selbst existieren"[59].

Um Wezel aus seiner finanziellen Misere zu befreien, machte Gräter den sehr löblichen Vorschlag, daß Dyk, oder vielleicht sogar Göschen, eine Ausgabe seiner sämtlichen Schriften veranstalten sollte, um "dadurch das deutsche Publicum in den Stand zu setzen, Wezel'n die Gerechtigkeit, die es ihm nicht bezeigt hat, nachzuholen, und auch gegen ihn zu beweisen, daß die Deutschen so gut als die Ausländer das Verdienst des Witzes zu würdigen wissen"[60]. Gräter meinte, daß sich jetzt, im Jahre 1799, die Rezeptionsatmosphäre hinsichtlich Witz und Satire in Deutschland seit der Rezension von Wezels letztem Roman *Kakerlak* in der *Neuen Bibliothek der schönen Wissenschaften und der freyen Künste* von 1787 wohl doch geändert hätte. Dort wurde ironisch festgestellt, daß selbst Voltaire ein "unerhörter Name" geblieben wäre, "wenn ihn sein Unstern in Deutschland hätte geboren werden lassen"[61]. Der Rezensent bemerkt nachdrücklich, daß Änderungen im literarischen Geschmack während der 80er Jahre der Popularität eines Wezel, wie er sie in den 70er Jahren genossen hatte, sehr abträglich waren:

> Die Verfasser witziger Schriften . . . müssen sich (in Deutschland) bemühen, so viel als möglich unbekannt zu bleiben, wenn ihnen anders bürgerliche Existenz und ihr Glück am Herzen liegt, wenn sie sich nicht als leere Schöngeister und als höchst unnütze und zu ernsthaften und wichtigen Geschäften unbrauchbare Glieder des Staates

betrachtet sehen wollen. . . . In der That, es ist unbegreiflich, wie ein Deutscher es noch der Mühe werth achten kann, Witz zu haben oder Witz zu zeigen. Welche Aufmunterung hat er sich von irgendeiner Seite zu versprechen? Verachtung, Armuth und, wenn es recht glücklich geht, Arbeiten, die seinen Geist zu Boden drücken.[62]

Zum anderen sei hier noch auf eine Briefstelle Hahnemanns aufmerksam gemacht, in der er genauere Anweisungen gibt, wie Wezel zu ihm gebracht werden solle: "Sowie er in den Wagen geführt wird, müssen schnell alle in seiner Stube vorzüglich auf dem Tische umherliegenden, beschriebenen Papiere in einen Sack gesteckt und zu meiner Belehrung mit aufgebunden werden sodaß sie ja nicht verloren gehen"[63].

Aus dem obengenannten Brief an Nicolai aus dem Jahre 1787 wissen wir, daß Wezel das Manuskript für den dritten Band des *Versuchs über die Kenntniß des Menschen* von Dyk wegen des Zensurverbots zurückfordern mußte, und ihm den Vorschuß dafür zurückgab[64]. Es geht auch aus anderen Berichten hervor, daß Wezel mehrere Manuskripte bei sich in Sondershausen hatte. Kurz vor Gräters Aufsatz erschienen im *Reichsanzeiger* "Betrachtungen über die sicherste und leichteste Methode, die Geisteszerrüttung des unglücklichen Wezel's zu heben", von einem gewissen Dr. Vogel aus Arnstadt. Vogel meinte auch, daß "fehlgeschlagene Lieblingswünsche" Wezels Zustand mitbestimmt hätten, und betrachtete die "anständige Belohnung seiner schriftstellerischen Bemühungen" als "die Basis des Plans zu seiner Wiederherstellung". Dementsprechend schlug Vogel vor, daß 400 bis 600 Taler durch Vorschuß einer Buchhandlung oder durch Pränumeration des Publikums aufgebracht werden sollten. Ein geschickter Mann sollte dann Wezels Zutrauen und seine Freundschaft gewinnen und "ihm eins seiner Manuskripte abzuhandeln suchen". Ein solches Buch, dachte Vogel, "wenn es auch das Gepräge der Denkverworrenheit des großen Mannes an sich trüge, müßte nicht allein allgemein interessant, sondern sogar ein wichtiger Beytrag zur Aufhellung des psychologischen Dunkels seyn"[65]. Nach August von Blumröder gab sich einst tatsächlich jemand für einen Buchhändler bei Wezel aus und bat ihn um seine ungedruckten Schriften, "indem er zugleich Geld auf den Tisch zählte"; aber "der angebliche Buchhändler mußte sein Geld wieder einstecken, wenn nicht der stolze Autor seine Drohung, es zum Fenster hinauszuwerfen, wahr machen sollte"[66].

In einem zweiten Artikel vom 27. August 1799 schlug Vogel vor, daß derjenige, der Wezel die noch ungedruckten Manuskripte abhandeln solle, der ihn behandelnde Arzt selber sein sollte. Über die Manuskripte weiß Vogel auch folgendes zu berichten: "Überdies hat das schlechte Schicksal einiger derselben vorzüglich viel zur Verschlimmerung seines Wahnsinns beygetragen; ein besseres

Schicksal, daß einem dieser Mspt. begegnete, müßte wahrscheinlich auch das Mißgeschick seines Verfassers vortheilhaft verändern wenigstens beträchtlich vermindern"[67].

Wovon spricht Vogel hier? Was ist schon vor 1799 mit einigen Manuskripten Wezels geschehen? Haben Wezels "nähere Bekannten und Vertrauten in Leipzig und Wien" über das "schlechte Schicksal" seiner Manuskripte Bescheid gewußt?[68] Bezieht sich das auf den in der Wezel-Literatur mehrfach erwähnten Einbruch und Diebstahl bei Wezel, kurz bevor er von Leipzig wegging? Gelang es Becker während seines Besuchs in Sondershausen im September 1798 doch in Wezels Zimmer einzudringen? Es wird oft angenommen, daß Becker schon 1799 in seinem Bericht auf die Existenz einer Handschrift von *Gott Wezels Zuchtruthe des Menschengeschlechts. Werke des Wahnsinns von Wezel dem Gott-Menschen* (Erfurt: Henning, 1804) verwies. Diese Annahme beruht auf einem Irrtum, denn Becker, auch falls er in Wezels Stube gewesen sein sollte, beschreibt an einer der fragwürdigsten Stellen—*Werthers Leiden* liege auf dem Tisch, gerade an der Stelle aufgeschlagen, wo Werther von der albernen Gesellschaft in Wetzlar spricht—wie genau 32 Bücher in Wezels Zimmer herumlagen: "Auf der Rückseite des einen stand von Wezels Hand sehr leserlich geschrieben: 'Die Zuchtruthe des Menschengeschlechts'"[69]. Es kann also wohl kaum die Rede von einer menschenfeindlichen Haltung Wezels sein; vielmehr scheint es sich um einen beim Lesen gemachten Kommentar zu handeln. Wezels Verfasserschaft der *Zuchtruthe* wurde in der im übrigen positiven Rezension im *Freimüthigen*[70] angezweifelt und anderswo von Friedrich Carl Ludloff als eine "bloße Finanzspekulation" völlig abgelehnt:

> In einem Städchen wie Sondershausen, wo ein jeder 1/4 auf 1 Uhr weiß, was sein Nachbar um 12 Uhr gespeißt hat, würde niemanden entgehen, wenn ein Dr. G.. . . . Zutritt in Wezels Hause gehabt hätte und man muß wißen: daß Wezel seine Scripturen noch muthiger bewahrt und vertheidigt, als weyland der feuersprühende Drache das goldene Vließ zu Colchos; und kein Jason, geschweige denn ein Dr. G. . . . würde ihm nur ein Blättchen derselben zu entrücken vermögend seyn.[71]

Ludloff bezog sich auf eine Anzeige im *Reichsanzeiger* vom 20. Juni 1804, wo es heißt: "Seit einiger Zeit bemühte sich Dr. G.. . . , der in Wezels Hause Zutritt hatte, einige seiner Skripturen habhaft zu werden, um sie unter seinen Namen und zu seinem Vortheil bekannt zu machen". Bei dem erwähnten Manuskript soll es sich um *Gott Wezels Zuchtruthe* gehandelt haben. Die Verfasserschaft Gustav Teubners wurde meines Wissens nie faktisch belegt, und es ist noch verwirrender, in der Vorrede zu lesen, daß der Herausgeber

Wezel schon "vor zwanzig Jahren kannte", da Teubner, der 1809 Selbstmord beging, damals ungefähr fünf Jahre alt war. Die Frage nach der Verfasserschaft dieses Werkes möchte ich hiermit von neuem aufgeworfen haben, obgleich auch ich kein faktisches Material beibringen kann. Teubner scheint zwar abgesehen von der umstrittenen *Zuchtruthe* bei der Henningschen Verlagsbuchhandlung in Erfurt einige Werke publiziert zu haben, denn er war der vermutliche Verfasser des *Silbernen Kalbs* und 1806 auch eines merkwürdigen Werks, das in seiner grotesken Gestaltung an die *Nachtwachen des Bonaventura* erinnert: *Der silberne Schwann, ein humoristischer roman, Fortsetzung des silbernen Kalb's und Antipode des Titans: bloß herausgegeben vom Verfasser des silbernen Kalb's.* In der Nachschlageliteratur wird Teubner immer als "vermutlicher" Verfasser bzw. "Herausgeber" angegeben. Nun, um ganz hypothetisch zu verfahren, könnte man sagen, daß Friedrich David Gräter dieser D[oktor] G. gewesen sei. Der *Reichsanzeiger* kannte ihn als "Dr." Fr. D. Gräter und er hat den *Bardenalmanach der Teutschen für das Jahr 1802* nicht alleine herausgegeben, sondern zusammen mit Karl Ludwig August Heino, Freiherr von Münchhausen. Steiner hat uns Wezels Beziehung zur Familie Münchhausen einigermaßen erklärt: Wezel war 1776 in Berlin als Hofmeister bei Ernst Friedemann von Münchhausen tätig gewesen und könnte auch eine Bildungsreise mit dessen fünfzehnjährigen Sohn gemacht haben. Das ist zwar noch längst kein Beweis dafür, daß Wezel, Münchhausen und Gräter gut miteinander befreundet waren, aber diese Verbindung würde es plausibler machen, daß Gräter Zugang zu Wezel gewinnen konnte. Er war offenbar der einzige Autor im *Reichsanzeiger*, der über Wezels Verhältnisse näher Bescheid wußte, und sein Aufsatz läßt sehr wohl vermuten, daß er Wezel persönlich gekannt hat.

Leider basieren unsere Spekulationen nur allzuoft auf unzuverlässigen Berichten. Dennoch läßt sich die Frage nicht vermeiden, wie es zu so viel Verwirrung hinsichtlich der Tatsachen über Wezels Lebensumstände zwischen 1799 und 1805 kommen konnte. Weil sich die Erwähnung eines "Zuchtruthen-Manuskripts" bei Becker findet, sieht von Blumröder den "sogenannten Bürger Becker" als möglichen Autor an und meint, wie Ludloff, daß es sich bloß um eine "auf die Mystifikation des Publikums berechnete Finanzspekulation eines übrigens geistreichen Gelehrtens"[72] handle. In diesem Werk findet man, wie von Blumröder bemerkt, "neben treffendem Witze und einer Fülle komischer Zusammenstellungen wirklich auch den Wahnsinn, die schreckliche Schwermuth und den tiefen Menschenhaß des angeblichen Verfassers". Trotzdem weise aber die "Unähnlichkeit dieser Darstellung mit andern aus der Feder des wahnsinnigen Wezel geflossenen Aufsätzen" auf einen anderen Autor[73]. Indem er so Vermutungen und Tatsachen willkürlich ver-

mischt, läßt von Blumröder im Hinblick auf den möglichen Autor
zwar die Assoziation von Menschenhaß und Wezel bestehen,
spricht aber Wezel gleichwohl die Verfasserschaft ab! Von
Blumröder ist auch der einzige Wezel-Kommentator, der dem
Bericht des "Bürger Becker" Glauben schenkt. Abgesehen von einigen Übertreibungen, schreibt von Blumröder, war Beckers
Beschreibung

> im Ganzen . . . dem Charakter Wezel's vollkommen angemessen, und
> die angeführten, mit der Wirklichkeit übereinstimmenden That-
> sachen lassen den Verdacht nicht aufkommen, daß der Verfasser das
> Publicum durch eine bloße Erdichtung getäuscht habe. Auch ver-
> sichert ein Jugendfreund Wezel's, der selige Cannabich, der diese
> Schrift beurtheilt hat, daß der die derselben angehängten originellen
> Briefe Wezel's selbst im Manuskripte gesehen habe.[74]

Das Rätsel um die Entstehung der *Zuchtruthe* ist aber nur eine
der vielen Ungereimtheiten, wie sie für den Fall Wezel zwischen
1799 und 1804 charakteristisch sind. Auf Grund der Artikel im
Reichsanzeiger und der Berichte Steiners über Hahnemanns Behandlung steht fest, daß man Wezels Manuskripte liebend gern in
die Hand bekommen hätte, allein schon darum, weil man auf diese
Weise die Behandlungs-und Versorgungskosten für Wezel hätte
decken können. Nach Hahnemanns Brief vom 20.9.1800 an R.Z.
Becker, den Herausgeber des *Reichsanzeigers*, war Wezel "gerade
1 3/4 monat" bei ihm—also bis zum 1. September. Es ist auch keine
kurze Strecke von Sondershausen bis nach Hamburg und zurück,
wo man Wezel unter Bewachung hinbrachte. Man kann seiner Einbildungskraft die Zügel schießen lassen und sich die Szene
ausmalen, wie die Sondershäuser den menschenscheuen Wezel von
seiner Stube zum Wagen nach Hamburg eskortiert haben, mit *oder*
ohne von Hahnemann verlangten Manuskripten, die er ja bekanntlich wie der "feuersprühende Drache zu Colchos" verteidigte. Andererseits kann man sich nur sehr schwer vorstellen, daß man sein
Zimmer während seiner zweimonatigen Abwesenheit vollkommen
unangetastet ließ oder daß Hahnemann während der elf Tage, die
Wezel eingesperrt war, seine Papiere nicht durchsah, falls man sie
überhaupt mitgeschickt hatte.[75]
Zwei Monate reichen auch aus, manches abzuschreiben. Wenn
Wezel wirklich noch so viele Manuskripte in seinem Besitz hatte,
warum blieben dann nur eine Handvoll Abschriften von Wezels
Gedichten aus den Jahren 1795 und 1797 in Ludloffs Nachlaß übrig?
Denn das war anscheinend alles, was man bei seiner Umquartierung
am 8. März 1811, knapp sechs Monate vor dem Tode des 32. jähr-
igen Silberdieners Sohnes Gottlieb Gottfried Baer, "gefunden" hat.[76]
Die meisten dieser Gedichte gab man sogleich an die *Zeitung für die*

elegante Welt zum Druck.[77] Vielleicht waren die wertvolleren Manuskripte bis 1811 schon abhanden gekommen, oder Wezel konnte sie vielleicht noch mitnehmen. Auch von Blumröder, der als letzter Papiere und Briefe aus Wezels Nachlaß gesehen zu haben behauptet, kennt nur kürzere, wenn auch äußerst interessante Bruchstücke und Briefe. Wezels Biograph in der *ADB*, Anemüller, spricht von mehreren Manuskripten Wezels, die sich zusammen mit Ludloffs *Skizzen zu Wezels Leben* (1804) und Briefen Wezels an Gottfried Konrad Böttger in der fürstlichen Residenz in Sondershausen befinden sollen. Abschriften der Briefe an Böttger und Notizen Ludloffs für seine geplante *Skizze zu Wezels Leben* befinden sich in Ludloffs Nachlaß, der 1979 im Staatsarchiv Rudolstadt gefunden wurde und unter der Bezeichnung *Akte Z 475* geführt wird.

Nicht mehr in der *Akte Z 475* befinden sich Briefe Wielands an Wezel, weil von Ziegeler sie an Wieland zurückschickte und ihn fragte, ob er von diesen öffentlich Gebrauch machen dürfe, Wielands Antwortschreiben, datiert vom 22. April 1811, also sechs Wochen nach Wezels Umquartierung, enthält u.a. auch einige Reminiszensen über Wezel.[78] Wieland war überrascht zu erfahren, daß Wezel noch am Leben war. Er schrieb von Ziegeler, daß er es mit Wezel immer redlich gemeint hatte und äußerte den Wunsch, näher über dessen Zustand unterrichtet zu werden. Nicht lange danach, am 18. Februar 1812, erschien "Etwas über den jetzigen Zustand Wezels" in der *Zeitung für die elegante Welt*. Möglicherweise hat von Blumröder diesen Artikel geschrieben, nach Meyer, da er erst am 20. Februar 1812 mit einem Sondershäuser Truppenkontingent nach Hamburg gehen mußte.[79] Die beiden letzten Artikel vom 16. und 17. März des gleichen Jahres sind wahrscheinlich von dem Geheimrat von Ziegeler.

Nach dieser Umquartierung schien Wezel plötzlich wieder relativ gesund zu werden, offenbar weil man ihn mit sauberer Kleidung versorgte und ihm den Bart und die wilden langen Haare schneiden ließ.[80] Nicht nur hat man von Wezels gelegentlichen Spaziergängen profitiert, um ihm die Briefe von Wieland zu entwenden, sondern man fand "zuweilen bei seiner Abwesenheit . . . kleine Geschichten, Schauspielszenen, Fragmente von Gedichten"[81], usw. Einiges bekam man auch mit Wezels Wissen in die Hand, nämlich die vier Gedichte aus den Jahren 1795–1797, die der Autor des Artikels in der *ZeW* und seine Freunde schnell abschrieben. Es sind wahrscheinlich eben diese Abschriften, die sich im Ludloff-Nachlaß befinden und leider nicht die Originale. Sicher dürfte Wezels Handschrift sich wegen seines Nervenzuckens und seines fortgeschrittenen Alters verändert haben, aber der handschriftliche Unterschied zwischen seinen Briefen und diesen Manuskripten ist sehr stark. Außerdem war Wezel "sehr unruhig, bis er die Manuskripte wieder erhalten hatte"[82]. Wenn es stimmt, wie in den verschiedenen Berichten ange-

deutet wird, daß Wezel einige Manuskripte durch Betrug verlor, so
kann man diese Unruhe gut verstehen. Der Autor des Artikels in der *ZeW* hatte auch Gelegenheit,
Wezels Manuskripte durchzusehen und

> zu bemerken, daß sich darunter mehrere interessante, durch den
> Druck noch nicht bekannte Geistes-Produkte befinden z.b. der dritte
> Theil seines mit philosophischem Scharfsinne geschriebenen Ver-
> suchs über die Kenntniß des Menschen, eine Übersetzung der vier
> ersten Gesänge der Iliade, ingleichen verschiedene italienische, fran-
> zösische, lateinische und deutsche . . . dramatische Gedichte, . . .
> Bruchstücke eines Wörterbuchs, . . . den Entwurf einer allgemeinen
> Zeichensprache, überschrieben: "allgemeine Tonleiter der mensch-
> lichen Sprache", den Entwurf eines Plans zu einer Erziehungsanstalt
> und endlich mehrere rhapsodische Aufsätze und Briefe.[83]

Soweit der Nachlaß, wovon sich in der *Akte Z 475* außer dem
Brief Wezels an Platner vom 3.11.81 wahrscheinlich nichts von
Wezels eigener Hand befindet. Das ist der Brief, den Platner zusammen mit seiner Antwort herausgab, um seinen Streit mit Wezel an
die Öffentlichkeit zu bringen.[84] Wie Ludloff zu diesem Brief gekommen ist, wäre sehr interessant zu wissen. Wezels eigener Nachlaß
und mit ihm der dritte Teil des *Versuchs über die Kenntniß des
Menschen* scheint trotz eifrigen Interesses daran verloren gegangen
zu sein. Wezel schien seine Manuskripte nach 1811 nicht mehr so
hartnäckig zu verteidigen und man machte nach seinem Tode 1819
anscheinend keinen Gebrauch von seinen hinterlassenen Papieren.
In seinem Bericht über Schwarzburg erwähnte Karl Julius Weber
1828 Wezels Nachlaß in Sondershausen, einen "stoß Papiere mit der
Anschrift, Opera Dei Wezelii ab a 1786 usque [huc]"[85]. Diese Bezeichnung hatte Weber von Becker übernommen.[86] Hermann Müller, Mitglied des Arbeitskreises Johann Karl Wezel des Kulturbundes der DDR, 1984 verstorben, hat bereits in den sechziger
Jahren eine von Nottnagel angefertigte Silberstiftzeichnung des 60.
jährigen Wezels im Sondershäuser Heimat- und Schloßmuseum
gefunden, die Meyer in der ersten Wezelbroschüre abdruckte. Nach
einem Brief aus der *Akte Z 475* hat der Maler ihn 1807 "durch ein
Loch in Wezels Tür, das von außen mit einem Schieber versehen
war"[87] porträtiert (Abb. 2). Wezel wird mit einem Manuskript in der
herabhängenden Hand dargestellt, dessen gut lesbaren Titel "Opera
dei Wezelii" natürlich auf Beckers Bericht zurückgeht. Das Gerücht,
daß Wezel sich für einen Gott hielt, verbreitete sich schließlich aufgrund von Beckers fingiertem Bericht. In Wezels eigenen Briefen
und Schriften taucht diese Bezeichnung nirgends auf. Die Idee war
anscheinend sehr reizvoll und in Sondershausen wollte man offenbar auch ein gewisses Bild von Wezel perpetuieren, das vielleicht

Abb. 2: Diese bemerkenswerte Silberstiftzeichnung des 60jährigen Wezels von Nottnagel wird hier mit der freundlichen Genehmigung des Johann-Karl-Wezel-Arbeitskreises des Kulturbundes der DDR abgedruckt.

Werke aus seinem Nachlaß—echt oder gefälscht—besser verkaufbar machen würde. Die oft zitierte etymologische Selbstdeutung seines Namens, wonach Wezel sich für einen Gott halten sollte, zeigt keinen hybrisbesessenen Menschen, sondern vielmehr einen Verzweifelten:

> Die Erde wurde von zwei Dämonen beherrscht, von denen einer *Wez*, der andere *El* hieß.—Wez ist hebräisch und bedeutet am Holze; El bedeutet Gott.—Die erste Bedeutung ist etwas rätselhaft; vermutlich war das Feuer damit gemeint, weil es am Holze ist. Denn Wez war ganz Feuer, El ganz Licht. Lang ausgestreckt lag Wez in seiner finsteren Hütte, zur Rechten stand der Schmerz, zur Linken die Langeweile, über ihm schwebte die Furcht.[88]

Weber schien ähnlich wie Gräter über Wezel gut informiert zu sein, wie man aus dem folgenden Zitat herauslesen kann:

> Unter unglücklichen, unerwarteten Verhältnissen, getäuscht von unedlen Menschen, denen er sich mit vollem Vertrauen hingab, und von erbärmlichen Missgebürten, denen er es aber doch nicht sagen durfte—umlagert—bei erlittenen Unrecht und der selbst gemachten Erfahrung: "Freunde in der Noth, gehn zehn auf ein Loth", in langen Kämpfen mit großen Egoisten oder ganz demoralisirten Schurken, erhalten Seines Gleichen, die in der Regel noch mit grosser Reizbarkeit und einer guten Dosis Stolz versehen sind, am allerehesten—den Narrenorden![89]

Gräter und Weber—und sicher auch andere—haben genau gewußt, was Wezel in Leipzig und Wien widerfahren war und warum er sich verbittert zurückgezogen hatte. Frustrierend bleibt es aber, daß niemand Einzelheiten dieser Vorfälle erwähnet: ja, alle Information darüber wurde verschwiegen und wir wissen—dank Meyer, Pilling, Steiner und Klingenberg—zwar einiges über seine Zensurschwierigkeiten, aber nichts über "Betrug und Diebstahl".

Webers Aussage läßt einen abermals an Manuskriptbetrug denken, auch wenn das wieder Salz in die Spekulationssuppe werfen heißt. Um 1786 geschah etwas, was Wezel dazu veranlaßte, Leipzig endgültig den Rücken zu kehren: und Betrug, Diebstahl und Zensurverbot waren sicher einige der Gründe. Eine Zeitlang versuchte er offenbar ohne Erfolg, seine Schriften anderswo zu publizieren. Um 1800 besteht die sehr wahrscheinliche Möglichkeit, daß man Wezels Manuskripte eingesehen hatte. Um 1811 steht ebenfalls fest, daß man Wezels Manuskripte, oder zumindest einige davon, eingesehen hatte. Trotz der Behauptung, daß der dritte Teil des bekanntesten und wichtigsten seiner Manuskripte, des *Versuchs über die Kenntniß des Menschen*, noch 1811 bei Wezel und noch 1828 in Sondershausen vorhanden war, hat man bis heute noch keine Spur davon entdeckt. Die Abschriften in der *Akte Z 475* sind nicht aus dem Manuskript des dritten Teils, sondern aus dem gedruckten Werk.

Die Annahme, daß Wezels Manuskripte vor seinem Tode in andere Hände geraten sind, führt zwangsläufig zu subjektiven Vermutungen. Um seine Hypothese zu untermauern, daß Wezel der Autor der ebenfalls 1804 erschienenen *Nachtwachen des Bonaventura* ist, hat Meyer sich in seinen Untersuchungen auf viele zufällige Übereinstimmungen und Assoziationen verlassen müssen. Die Beweisführung in Meyers Artikel, "Johann Karl Wezel und die Nachtwachen von Bonaventura"[90], hat er durch einen zweiten Aufsatz, "Johann Karl Wezels Arbeiten in den zwei letzten Jahrzehnten seines Lebens in Sondershausen"[91], ergänzt, der bisher jedoch nur in einem Offsetdruck vorliegt. Meyer führt eine erhebliche Anzahl von Fakten, aber auch von Vermutungen ins Feld. Obwohl seine Angaben zuweilen recht irreführend sein können, sind sie von erheblicher Bedeutung für die Ergänzung von Wezels Biographie, da sie uns weitere Einsichten in die sozio-politischen Bedingungen seines Daseins vermitteln.

Wie bei anderen Bonaventura-Forschern ist auch Meyers Hypothese nicht unanfechtbar. Trotzdem findet Hertha Perez Meyers These "sehr überzeugend", weil Meyer sich auf "eine genaue Kenntnis des Wezelschen Lebens und Werkes" stützt.[92] Es kann sich heute aber leider niemand auf eine genaue Kenntnis des Wezelschen Lebens stützen, denn trotz Steiners neuer Biographie und trotz aller Bemühungen Meyers und Klingenbergs wissen wir immer noch herzlich wenig über Wezels Leben und fast gar nichts über die Periode seiner Zurückgezogenheit in Sondershausen von 1789 bis zu seinem Tode im Jahre 1819. Wir wissen, daß er wegen der ständigen Zensurschwierigkeiten verbittert war, daß er etwas Erschütterndes erlebt hatte, daß er krank war; wir wissen aber nicht, ob diese Krankheit wirklich als klinischer Wahnsinn bezeichnet werden kann. Wir wissen, daß er lange Zeit ein sehr geselliger Mensch war, daß er aber später menschenscheu wurde, daß er in Sondershausen äußerst elend und arm war, daß er dort von aufdringlichen Opportunisten besucht wurde, die er samt und sonders zurückwies. Wir wissen, daß er 1811 umgezogen ist. Wir wissen ferner, daß er von Hahnemann auf Geistesgestörtheit behandelt wurde, aber nicht wie, und wir haben keine Ahnung, wie es ihm unmittelbar danach ging. Belegt ist auch ein einziger Konzertbesuch in hohem Alter. Die Details allerdings lassen stets zu wünschen übrig.

Auch Gerhart Hoffmeister fand Meyers Theorie ansprechend, und zwar auch wieder auf Grund von Umständen aus Wezels damaliger Situation, die mit einigen Elementen in den *Nachtwachen* assoziativ übereinstimmen.[93] Wer aber diese Hypothese weiterverfolgen möchte, muß Gerhard Steiners Aufsatz, "Unverblümte Glossen zur Bonaventura-Wezel-Diskussion, oder über die Schwierigkeiten der Enthüllung anonymer Autoren", heranziehen, der bei Meyer im Offsetdruck erhältlich ist. Steiner lehnt Wezel als Verfasser der *Nachtwachen* ab, indem er alle auf Einzelheiten der lokalen Bezüge fußenden Assoziation in Frage stellt, dem Autor der *Nachtwachen* mehr als genug "Phantasie und Gestaltungskraft" zugesteht, "daß er seinem Dichter Kreuzgang ein eigenes Leben hinzaubern kann", ohne eine bloße Autobiographie geschrieben zu haben. Viele andere Feststellungen Meyers hält er für Mutmaßungen. Steiner präsentiert ein beispielhaftes Argument für Karl Friedrich Ludwig Sickler (1772–1836), ohne ihn aber als Verfasser der *Nachtwachen* gelten zu lassen, da es auch in seinem Falle an unwiderlegbaren Beweisen fehlt.

Obwohl zwischen Wezels und "Bonaventuras" Gesinnung unzweifelhaft große Ähnlichkeiten bestehen, und obwohl Wezels Gesamtwerk in völlig neuem Licht bewertet werden müßte, wenn er die *Nachtwachen* geschrieben hätte, überlasse ich die Bonaventura-Frage — auch ob Wezel ernsthaft in die Diskussion einbezogen zu werden verdient — lieber den seit kurzem wieder sehr aktiven Bonaventura-Kennern. Auf die Möglichkeit, daß Wezels Manuskripte abhanden kamen, habe ich hier wenigstens hinzuweisen versucht. Wenn das auch eine undokumentierte Vermutung meinerseits bleibt, so scheint es induktiv gesehen nicht nur möglich, sondern auch sehr wahrscheinlich, daß einiges von Wezels Spätwerk in Druck gegeben wurde. Deshalb braucht man aber nicht unbedingt gleich die *Nachtwachen* ins Spiel zu bringen. Es wäre sicher besser, sich auf den *Versuch über die Kenntniß des Menschen* zu konzentrieren und sich zu fragen, wieso dieses Manuskript unauffindbar bleibt.

In diesem Zusammenhang gibt es auch verführerische Spekulations-Möglichkeiten. Der Ausgangspunkt bildet ein sehr bizarrer Vorfall, der in all seiner rätselhaften Zufälligkeit viele neue Fragen aufwirft, aber keine Antworten gibt. Gegen Ende von Wezels Leipziger Aufenthalt kam ein gewisser Johann Carl Wötzel aus Groß-Helmsdorf in Leipzig an und immatrikulierte sich am 25. September 1788 an der Universität, die er am 6. März 1794 mit dem Grad eines *magister artium* absolvierte.[94] Angaben im Goedeke und in Wurzbachs *Biographischem Lexikon des Kaiserthums Oesterreich* (Wien, 1887) bieten unvollständige und z.T. unzuverlässige Angaben über Wötzel — manchmal wird er mit unserem Wezel verwechselt — und es hält schwer, ein völlig akkurates Bild von diesem Schriftsteller zu gewinnen.

Nach Abschluß seines Studiums begann Wötzel eine buntscheckige Karriere als Vielschreiber von erstaunlich dicken pseudolphilosophischen und pseudopsychologischen Büchern, wobei er den Verlag noch öfter wechselte als den eigenen Namen. In seiner Stellungnahme zu einem viel diskutierten Werk von ihm im *Reichsanzeiger*

1804 erklärte er: "Seit Erlernung der polnischen Sprache habe ich
meinen Namen, der eigentlich Wötzel geschrieben wird, nach dem
polnischen . . . oft Wezel geschrieben"[95]. Das *Leipziger gelehrte
Tagebuch* weist seine erste Namensänderung für das Jahr 1800
nach, gerade zu der Zeit als im Leserpublikum Wezels Name durch
Becker, durch die Artikel im *Reichsanzeiger*, durch Hahnemanns
Behandlung, usw. großes, ja sogar sensationelles Aufsehen erregte.[96]
Wötzel gab sich auch den Doktortitel und schrieb seinen Namen
Carl dann mit "K". Von seinen zahlreichen zwischen 1800 und 1805
erschienen Werken unter dem Verfassernamen D. Johann Karl
Wezel sollen hier einige ausgewählte Titel genannt sein:

1) *Kurze historische Darstellung der gesamten kritischen Philosophie nach ihren Hauptresultaten für Anfänger und Freunde der
Philosophie* (Leipzig: Küchler, 1801). Nach seiner Vorrede sei er
bloß der Herausgeber dieser "genetischen Darstellung Kants *Kritik
der reinen Vernunft*". Zwar habe er selbst vor ungefähr zwölf Jahren
die Absicht gehabt, eine solche zu schreiben, habe es aber wegen
anderer Beschäftigungen und literarischer Arbeiten verdrängt, auf-
gegeben und vergessen. Der Zeitpunkt "vor zwölf Jahren" fällt mit
dem Anfang seines Studiums in Leipzig und dem Abschied Wezels
von Leipzig zusammen.

2) Bei Breitkopf und Härtel in Leipzig ließ er dann 1802 zwei
dicke Wälzer erscheinen, einmal seinen *Grundriß der einzig zweck-
mäßigen Propädeutik zum gründlichen, richtigen und fruchtbaren
Studio der Metaphysik oder der Transcendentalphilosophie, als der
Grundlage, des Kerns und Geistes aller wahren Philosophie*, in dem
er den deutschen Idealismus und besonders die Popularphilosophen
verteidigt, und zum anderen ein den in diesem Buch gemachten
Ausführungen widersprechendes Werk, *Versuch der einzig zweck-
mäßigen Propädeutik zum richtigen, gründlichen und fruchtbaren
Studio der Vernunftlehre oder der Logik*, in dem sein Kommentar
z.B. über die Wechselwirkung zwischen Leib und Geist (S. 76) oder
über Jähzorn, Rachbegierde und Eigenliebe (S. 400–401) Anklänge
an die materialistische Philosophie in Wezels *Versuch über die
Kenntniß des Menschen* aufweist.

3) Im nächsten Jahr, 1803, erschien dann von Wötzel bei einem
dritten Verlag in Leipzig, Johann Gottfried Gräff (oder Graffé): *Versuch einer zweckmäßig vollständigen Vorbereitungswissenschaft
zum richtigen Studio und gründlichen Bearbeiten der Metaphysik
oder der transcendentalen Fundamentalphilosophie.*

4) Auffallend ist an den nächsten drei Bänden, daß sie erstaun-
licherweise ausgerechnet bei Wezels Freund und Verleger Dyk erschienen. Man fragt sich unwillkürlich was der alte Dyk, der ja 1786
das Manuskript zum dritten Teil des *Versuchs über die Kenntniß
des Menschen* zurückgeben mußte, dann Wezel 1788 öffentlich ge-
beten hatte, es wieder einzureichen,[97] und der um 1800 zweifellos

den Aufruhr um Wezel zur Kenntnis nahm, und, wie viele andere Leser, die sich um Wezel "kümmerten", gern den dritten Teil des *Versuchs* gedruckt gesehen hätte, sich für Gedanken machte, als er 1803 den ersten Band der anthropologisch-physiologischen Somatologie dieses "D. Johann Karl Wezels" unter folgendem Titel druckte: *System der empirischen Anthropologie oder der ganzen Erfahrungsmenschenlehre.* Der erste Band (612 Seiten) führte den Untertitel. "System der anthropologisch-physiologischen Somatologie oder Naturlehre des thierisch-menschlichen Körpers und Lebens, nebst einer allgemeinen Einleitung in die Anthropologie überhaupt und in die empirische ins besondere. Erster, analytischer Theil der Somatologie". Trotz Wötzels langatmigen, bombastischen Titels ist der Inhalt erheblich ordentlicher aufgebaut, als sonst bei Wötzel, und man könnte versucht sein, den ersten Band, teilweise oder gänzlich, als den verlorenen dritten Teil von Wezels *Versuch* zu betrachten. Der zweite Band (787 Seiten), "synthetischer Theil" betitelt, erschien 1804 bei Dyk. In der Vorrede zum zweiten Band, datiert: Leipzig, am 1. Juni 1803, erwähnt Wötzel die "langwierige und bereits tödliche Krankheit meiner theuern Gattin", die, wie wir aus einer anderen Quelle erfahren, kurz danach, am 16. Juli um 7 Uhr 30 starb.

5) Wötzels unerschöpfliche Schreibkraft ruhte auch im Jahre 1804 nicht, dem Erscheinungsjahr von *Gott Wezels Zuchtruthe des Menschengeschlechts,* denn bei Dyk erschien noch der erste Teil (664 Seiten) seines *Grundriß eines eigentlichen Systems der anthropologischen Psychologie überhaupt und der empirischen insbesonderes*[98].

6) Dann erschien, ebenfalls im Jahre 1804, in Chemnitz in der Jacobäerschen Buchhandlung Wötzels merkwürdigstes Werk: *Meiner Gattin wirkliche Erscheinung nach ihrem Tode. Eine wahre unlängst erfolgte Geschichte für jedermann zur Beherzigung und vorzüglich für Psychologen zur unpartheiischen und sorgfältigen Prüfung dargestellt.* Der Autor wurde nur mit den Anfangsbuchstaben seines Namens angeführt, D.J.K.W. Dieses Werk, dessen dritte, "durchaus verbesserte und mit neuen Aufschlüssen vermehrte" Auflage 1805 erschien, löste eine heftige Reaktion aus, die zur Entlarvung Wötzels als eines Scharlatans und Plagiators führte und gleichzeitig eine mysteriöse Verbindung zwischen Wötzel und Sondershausen aufdeckte.

Den Anzeigen im *Reichsanzeiger* nach waren die beiden Bände der *Somatologie* schon im Januar erhältlich und der *Grundriß* war in der Dykschen Verlagsbuchhandlung seit der Ostermesse verfügbar[99]. Wötzels *Gattin* wurde im September angezeigt[100]. Es sei in diesem Zusammenhang auch daran erinnert, daß die Ankündigung von Gott Wezels *Zuchtruthe des Menschengeschlechts,* die bloß aus einem Auszug aus dem Vorwort besteht, im *Reichsanzeiger* vom 20.

Juni 1804 erschien, also in unmittelbar zeitlicher Nähe zu den Anzeigen vom *Grundriß* und anderen Werken Wötzels.

Wötzels Verkaufsstrategie schloß eine vermutlich von ihm selbst
fingierte Rezension der *Gattin* im *Reichsanzeiger* im November
1804 ein, für die ein "Landdrost und Kammerherr, G. von Kamptz",
verantwortlich gezeichnet ist[101]. Auf diese freundliche Rezension
antwortete Wötzel selbst mit "wärmsten Dank" und der Versicherung, er habe bei einem hochlöblichen Concilio der Universität in Leipzig um gerichtliche Abnehmung des über diesen Vorfall
zu leistenden Eides gebührend nachgesucht[102]. In dieser Rezension
erklärte er endlich die polnische Schreibweise seines Namens,
unterschrieb sich aber zum ersten mal mit Wötzel und blieb seitdem bei dieser Schreibweise, bis er später in Wien auftauchte und
dort publizierte. Aber bald fühlte sich Wötzel von den nicht enden
wollenden Besprechungen, Satiren und Rezensionen seines Buchs
von fast allen Seiten bedrängt und verspottet.

In der von Goethe geretteten bzw. neubegründeten *Jenaischen
Allgemeinen Literatur Zeitung (JALZ)* wird am 5. Februar 1805 es in
einer mit "e" unterzeichneten Rezension von Wötzels *Grundriß* und
seiner *Gattin* mit dem Spott ziemlich ernst. Der Autor kannte
Wötzels vor kurzem erschienene Erklärung zur Schreibweise seines
Namens und auch seine Behauptung, ein "wahrheitsliebender
Gegner alles Aberglaubens und aller Vorurtheile" zu sein[103]. Sein
aufschlußreicher Kommentar über Wötzel soll hier eingehend
zitiert werden:

> Das Eigenthümliche des Vf. besteht da, wo noch irgend einiges in die-
> sem Buche vorhanden ist, lediglich in—*Worten*, womit die wenigen
> anderswo entlehnten Gedanken nicht nur überströmt, sondern worin
> diese so gänzlich ersäuft sind, daß auch alle Merkmale ihres geistigen,
> lebendigen Ursprungs verschwinden müssen. Doch selbst diese ge-
> ringe Mühe, fremde Gedanken in ein selbstgewebtes, wenn auch noch
> so schlechtes und verunstaltendes Gewand einzukleiden, war für
> einen solchen Buchschreiber viel zu groß. Inhalt und Form der
> grösseren Abschnitte verathen, wenn man diese auch nur flüchtig
> unter sich selbst vergleicht, durch den auffallenden Contrast mit
> Gehalt und Gestalt derjenigen wenigen Stellen, woran noch etwas
> anderes als die Finger des Vf. unleugbaren Antheil haben, eine rohe,
> bloss mechanische Composition des Ganzen aus Bogenlangen Stellen
> fremder, nicht einmal dankbar angeführter, Werke. In diesen abge-
> schriebenen oder auch nur abgedruckten Stellen, hat der sogenannte
> Vf. hin und wieder nur ein und das andere Wort abgeändert, und da,
> wo er von dem einen entwendeten Stücke zu dem andern übergeht,
> hat derselbe einige unbedeutende eigene Worte oder Zeilen
> eingeschaltet, um dem ganzen Fingerwerke wenigstens den äusseren
> Schein von einigem Zusammenhänge zu geben. Mit Zuziehung
> einiger wenigen Bücher, z.B. von *Abichts* psychologischer Anthropo-

logie, *Kants* Anthropologie, *Hennings* Geschichte von der Seele, *Bouterwecks* Anleitung zur Philosophie der Naturwissenschaft, *Schmids* empirischer Psychologie usw. könnten wir daher ohne Schwierigkeit fast das ganze Wötzelsche sogenannte System von Wort zu Wort construieren, wenn es nicht an einem und dem andern Beyspiele genug wäre, zu zeigen, mit welcher grenzenlosen Unverschämtheit Hr. W. zu Werke geht, um (wie er es in der Vorr. S. XXXII zu nennen beliebt) alles Brauchbare der über die Psychologie vorhandenen Schriften als Materialien für sein System *zweckmässig zu benutzen.* Aus *Schmids empirischer Psychologie* sind z.B. wörtlich entlehnt S. 28, 29, beide Noten S. 356–375; S. 410 die Anmerkung; S. 412–424; S. 430–461; S. 468, 469; S. 478–485; S. 491–555; S. 565–571; S. 576–619; S. 624–662; also ohngefähr *zweyhundert und sechzehn Seiten,* das ist, beynahe ein Drittheil des ganzen Buches. Hrn. Bouterweck gehört S. 67–75. Kants Anthropologie ist abgeschrieben S. 425–430. So begegnen nun dem Leser überall alte Bekannte, und begleiten ihn weite Strecken hindurch. Und einem so unredlichen und schamlosen Manne, der das Publicum auf eine so plumpe Weise in *irdischen* Dingen zu täuschen sucht, wo der Betrug zo leicht zu entdecken ist, einem solchen Plagiar, soll man wohl glauben, wenn er uns von überirdischen Dingen, von Erscheinungen abgeschiedener Geister vorerzählt?

Der Rezensent erklärte, daß Wötzels ganzes pseudophilosophisches Werk nur als Vorbereitung auf die *Gattin* diente. Darauf folgt in derselben Rezension eine herabwürdigende und spottende Kritik der *Gattin.* Wötzel hatte das große Pech gehabt, daß sein Buch gerade einem der Autoren in die Hände geriet, den er plagiiert hatte und der sein eigenes Werk in Wötzels Buch leicht wieder erkennen konnte, den "e" ist niemand anders als Karl Christian Erhard Schmid, seit 1793 ordentlicher Professor in Jena, der über Kant, Logik und Psychologie publizierte und zufällig auch der Verfasser der *Empirischen Psychologie* (Jena, 1791) war, die ein Drittel von Wötzels *Grundriß* ausmacht[104].

Wötzel gab aber noch nicht auf, sondern kündigte seine Antwort darauf im *Reichsanzeiger* 44 (1805) vom 15. Februar an, die dann tatsächlich noch 1805 in der Jacobäerschen Buchhandlung—diesmal in Leipzig statt in Chemnitz—erschien: *D. Johann Karl Wötzels Nähere Erklärung und Aufschlüsse über seine Schrift: Meiner Gattin wirkliche Erscheinung nach ihrem Tode.* Aus leicht zu erratenden Gründen traute er sich nicht mehr, sich "Wezel" zu schreiben.

Je weiter man die Quellen verfolgt, desto mehr läßt sich feststellen, daß der Wötzelirrgarten kein Ende hat. Obwohl Schmid spottenderweise den Fall der *Gattin* nicht als Plagiat, sondern als eigenes Produkt Wötzels charakterisierte, führen die Angaben in der *ADB* über Hennings zu dem Verdacht, daß nicht einmal die Idee der Auferstehung in dieser Form als Originalidee Wötzels gelten kann.

Wie Wötzel nahm auch Hennings den Kampf gegen Aberglauben und Vorurteile auf, zunächst mit rationalistischen Erklärungen, aber er sprach "daneben doch in theologischer Befangenheit z.B. von übernatürlichen Träumen" und versuchte in zahlreichen Schriften "die Auferstehung der Leiber zu erklären und zu begründen"[105]. Offenbar war Friedrich Nicolai nicht der einzige geistersehende Aufklärer der damaligen Zeit. Und eben auf Nicolais Vortrag vor der Akademie der Wissenschaften (1799) über die Geister Lebender und Toten, die er selbst gesehen hatte—wofür ihn Goethe im Faust in der Figur des Proktophantasmist verewigte—berief sich Wötzel in der *näheren Erklärung*, um sein Argument zu unterstreichen.

Aber in der am 26. Februar 1805 geschriebenen Vorrede befindet sich außerdem ein überaschender Hinweis auf Wezels Bekanntenkreis in Sondershausen. Etwas unbehaglich gibt Wötzel zu, daß Schmids Rezensionsergebnisse stimmen, auch daß er abgeschrieben hat, sucht sich aber trotzdem mit irrelevanten Tautologien zu verteidigen und schreibt: "Doch gegen diesen Rec. sticht sehr vortheilhaft ab der unbefangene und humane Herr Kirchenrath und Superintendent H[err]. G. Cannabich zu Sondershausen, dessen Einwendungen in diesem Nachtrage zugleich gehoben werden"[106]. Gottfried Christian Cannabich (1745–1830), Vater eines damals bekannten Geographen, wurde in Sondershausen geboren, blieb nach einem Theologiestudium in Jena in Sondershausen ansäßig, wo er 1754 bis 1809 Superintendent mit dem Titel Kirchenrat war. Nach Beckers Bericht besuchte "unser Superintendent" mit dem Konrektor Böttger Wezel am Anfang seiner Zurückgezogenheit. Die beiden schieden aber immer in "Hader und Zank" von ihm, "denn auf die Geistlichen scheint er nichts zu halten"[107]. Wezel und Cannabich kannten einander seit ihrer Kindheit, auch wenn ihre Freundschaft brüchig geworden war. Auch von Blumröder nennt ihn einen Jugendfreund Wezels. Von Blumröder wandte sich während der Zeit, in der er sich mit Wezel beschäftigte, an Cannabich und fand in dem Kirchenrat einen besonders engen Freund, der ihn in seiner Beurteilung von Beckers Buch bestärkte und erklärte, daß die Beschreibung dort dem Charakter Wezels im ganzen angemessen sei[1.8]. Wie erwähnt, hat Cannabich die im Anhang angeführten Briefe für authentische Wezelbriefe erklärt. In dem ersten Brief spricht Wezel u.a. von seinen vielen Manuskripten, "die heute noch in die Druckerei kommen können. Sobald mir Jemand dafür bezahlt, was ich in Leipzig für meine Schriften bekommen habe, so stehen sie ihm zu Diensten"[109].

Cannabichs freundlichgesinntes Buch trägt den Titel *Meine Gedanken über die menschliche Seele, deren Fortdauer und Erscheinung nach dem Tode, veranlaßt durch die Schrift: Meiner Gattin wirkliche Erscheinung nach ihrem Tode* (Leipzig, 1805). Leider konnten weder Herr Meyer noch ich ein Exemplar desselben ausfin-

dig machen. Hier ist auch nicht der Ort, dieses ganze Rätsel zu ent-
wirren, sondern hier wird nur versucht, auf den roten Faden zu
verweisen, der sich von Doktor Wezels *Somatologie* über D.J.K.W.s
Gattin zur D. Johann Karl Wötzels *Nähere Erklärung* hinzieht und
daraufhinzuweisen, daß es hier wohl nicht mit rechten Dingen zuging. Ob eine nähere Verbindung zwischen Wötzel, Cannabich und
Becker bestand, ist unklar. Bei dieser Gelegenheit stellt sich die
Frage, wie der alte Wieland in seinem Brief vom 22. April 1811 an
von Ziegeler schreiben konnte, Wezels Name sei ihm seit Ende der
70er Jahre völlig aus dem Gedächtnis geschwunden, wiewohl er
selbst zu den zahlreichen Schriftstellern zählte, die sich 1805
freudig an der Diskussion über Wötzel alias D. Wezel und dessen
Schriften beteiligten. Von Wieland erschien *Euthanasia. Drey
Gedichte über das Leben nach dem Tode. Veranlaßt durch D. J. K.
W + + ls Geschichte der wirklichen Erscheinung seiner Gattin
nach ihrem Tode* (Leipzig: Goschen, 1805)[110].

Zumindestens geht aus dieser ganzen Diskussion hervor, daß der
opportunistische Wötzel die Schreibweise seines Namens deswegen
änderte, um von der Publicity um Wezel profitieren zu können.
Möglicherweise hat er in der *Somatologie* aus Wezels *Versuch*, den
er selbst erwähnt, abgeschrieben. Im schlimmsten Fall—oder
vielleicht im besten—könnte er sogar Manuskripte aus Wezels
Haus erhalten haben, die er dann abschrieb. Das ist schon etwas
weithergeholt, und auch wenn es möglich gewesen ist, dann kommt
nur die *Somatologie* in Frage, in deren langer Vorrede ähnliche
Gesichtspunkte vertreten werden wie in Wezels *Versuch über die
Kenntniß des Menschen*, wie etwa: "Da nun beide Hauptobjeckte
der Anthropologie (Leib und Seele des Menschen) miteinander unzertrennlich vereinigt sind; so können sie auch, von einander ganz
abgesondert, nie gründlich erforscht und studirt werden"[111]. In der
Vorrede entschuldigt sich Wötzel im voraus, daß er gelegentlich zur
Übersicht manche Werke anderer Autoren zitiert, ohne den Text
mit Quellenangaben zu belasten[112]. Wötzels erklärte Arbeits-
methode, die Untersuchung des Menschen im Rahmen der Unzer-
trennlichkeit und der gegenseitigen Wechselwirkung von Körper
und Geist, entspricht zwar Wezels lebenslanger Anschauung, doch
hat der Inhalt der *Somatologie* sehr wenig mit Wezels Angaben über
den geplanten Inhalt der fehlenden Bände des *Versuchs* zu tun, wie
aus der Vorrede zum ersten Band des *Versuchs* hervorgeht. Wezels
Vorhaben schloß eine Diskussion über folgende Begriffe ein: "Empfindungen, Ideen, Wollen und Tun des Menschen mit Betrachtungen über gewissen anomalische Zustände (Träume, Narrheit,
Schwärmerei), dann historische Hypothesen und spekulative Probleme in der Philosophie des Menschen"[113]. Die Randbemerkung in
der *Akte Z 475* zu der Abschrift aus dieser Vorrede zeigt, wie sehr
man immer wieder das Gesamtkonzept bei Wezel ignorierte, um auf

dem zu beharren, womit man Wezels Konzepte durch das *argumentum ad hominem* ablehnen konnte: "schade, daß wir nicht in Hinsicht auf Wezels eigene Narrheit, diesen Teil noch erhalten haben".

Übereinstimmungen zwischen Wötzel und Wezel in der *Somatologie* muß man sehr vorsichtig abwägen, denn Wötzel schrieb überall ganz wahllos aus den verschiedensten Texten ab. Nach seinem Fiasko in Leipzig ging er nach Wien, wo er 1814 unter seinem richtigen Namen, Johann Carl Wötzel, zwei dicke Bände über Deklamation erscheinen ließ, deren Druckkosten er selber trug, und zuletzt unter dem Decknamen Ferdinand Walter ein *Handbuch einer allseitigen Universaltheorie, oder einer wirklich pragmatischer Menschheit* veröffentlichte. Er starb 1836 in Jena.

Die zwei Bände von Wezels *Versuch über die Kenntniß des Menschen* (1784–1785), für die seine Verfasserschaft feststeht, erlebten in der DDR zum ersten mal seit ihrer ersten Auflage eine eingehende Würdigung. Hans Hennings Artikel, "Johann Karl Wezels Versuch über die Kenntniß des Menschen"[114] verweist nicht nur auf Wezels Quellen aus dem französischen mechanischen Materialismus, besonders LaMettrie *(L'homme machine*, 1748)[115], sondern er bespricht Wezels Weltanschauung im Zusammenhang mit den philosophischen Strömungen in Deutschland, wie sie bei Herder, Lessing, Kant und Schiller zum Ausdruck kommen. Nach Henning standen Fragen über das Verhältnis des Physiologischem zum Psychologischem im Menschen im Mittelpunkt der philosophischen Diskussion, denn sie waren von besonderer Bedeutung für die Bewußtseinsbildung der Aufklärungszeit: "Dieser psychologisch-philosophische Versuch handelt vom Menschen, seinen psychischen Elementen und seinem philosophischen Verständnis. In der Geschichte der Philosophie liegt damit der Ansatz zu einer Anthropologie von großer Potenz vor"[116].

Wezels durchaus anthropomorphische Erklärung von Gott als einer kulturbedingten Vorstellungsart des Menschen—"so schaffen wir uns ein Ideal von ihm, das eigentlich nichts als das Bild des vollkommensten Menschen ist, wie wir uns ihn nach unsern jedesmaligen Begriffen denken müssen"[117]—nimmt den materialistischen Standpunkt Ludwig Feuerbachs (*Das Wesen des Christentums*, 1841) schon fünfzig Jahre vorher vorweg. Der vormarxistische Kern von Wezels Einstellung enthüllt sich in seiner ausdrücklichen Trennung von Philosophie und Theologie. Die philosophische Betrachtung des Menschen, der Seele, der Welt und der Götter war die traditionelle Domäne der Theologen, "und man mußte ihre Begriffe und Vorstellungsarten annehmen, weil sich diese Herren den ausschließenden Besitz der Wahrheit und ein Zwangsrecht anmaßten, das mit Feuer und Schwert, mit Bedrückungen oder mit Schimpfnamen geltend machten"[118]. Ergänzend zitiert Henning noch folgendes aus Wezels Vorrede:

Es wurde endlich bey manchem Philosophen zum Verbrechen, wenn Jemand den mechanischen Veränderungen einigen Einfluß auf Denken und Wollen zuschrieb: sie schrien gleich über Materialisterey und glaubten, daß die Seele schlechterdings zu einem Stück Materie, wie Hände und Füße, werden müßte, wenn man zugäbe, daß materielle Dinge durch Mittelursachen etwas über geistige Wirkungen vermögen[119].

Trotz der im wesentlichen positiven Rezensionen des *Versuchs*, die Henning bespricht, sind Wezels Zensurschwierigkeiten im orthodoxen Sachsen damit schon deutlich genug erkennbar.[120].

Henning erwähnt Wezels "Ablösung von Leibnizens Denkgebäude"[121], ein Thema, auf das Walter Dietze und Albert Schmitt ausführlich eingehen, und das für die Wezelrezeption der Zeitgenossen bekanntlich sehr problematisch war. Ich möchte diesen Aufsatz mit einem Zitat Wezels über Leibniz schließen, das aus einer bisher völlig übersehenen und unbekannten Schrift Wezels stammt, seiner *Untersuchung über das Platnersche Verfahren gegen J.K. Wezel und gegen sein Urteil von Leibnitzen* (Leipzig: Schneider, 1781). Es erhellt Wezels philosophische, politische und literarische Anschauung, und auch seine geistige Verwandschaft mit dem Materialismus eines Georg Büchners sehr gut. Auf Ernst Platners Kritik an Wezel, er habe Leibnizens Werk arm an Raisonnement genannt, welches doch bekanntlich die halbe Welt mit deutlichen Begriffen über die Natur und Entstehung des Übels und mit durchdachten Beweisen der Vorsehung und Güte Gottes bereichert habe, reagierte Wezel folgendermaßen:

Das ist erstlich *in facto* nicht richtig: mehr als die halbe Welt weis nichts von den Leibnitzischen Begriffen und Beweisen, und unter den paar tausend Menschen, die vielleicht bey der Erscheinung der Theodicee etwas davon erfuhren, und unter den wenigen hunderten, die itzo etwas davon wissen, nimmt sie der kleinste Theil an: denn die Begriffe dieses Mannes von der Natur und Entstehung des Uebels hängen unzertrennlich mit seinem Sistem von der besten Welt und der prästabilierten Harmonie zusammen, oder fließen vielmehr daraus: wer glaubt aber itzo noch an diese baufällige Hypothesen? Man erkennt die lezte für eine schwerfällige Träumerey, und die erste kan von den Wenigsten so gefaßt oder verstanden werden, daß sie daraus Trostgründe nur für den Schmerz einer lahmen Zehe oder wider ein anderes, noch so kleines moralisches und phisisches Uebel herzuleiten vermöchten. Der Unglückliche, den der Bankerut eines reichen Verschwenders in Mangel stürzte, dem sein Haus mit allen Habseligkeiten verbrannte, der Sieche, der von den ersten Jahren an darben und betteln mußte, ohne sich sein Brod durch Arbeit verdienen zu können—alle diese werden ihr Unglück und ihren Schmerz nicht weniger fühlen oder sich darüber beruhigen, wenn man sie zum Troste aus der *Theodicee* belehrt, daß sie nicht durch den vorhergehenden,

sondern nachfolgenden Willen Gottes glücklich sind: und wer sein
Geld verspielt oder vertrunken hat und nun schmachtet, den wird es
nicht sehr trösten, wenn er hört, daß Gott unter allen möglichen
Welten die beste aussuchte, worinne Leute, die sich arm trinken oder
spielen, kein Objekt des hervorbringenden, sondern nur des zulassen-
den göttlichen Willens und eine *conditio sina qua non* für die Wein-
händler oder Spieler sind, die reich werden sollen. — Zweitens wenn
auch das Faktum richtig wäre, so bewiese es doch nichts zur streitigen
Sache; denn ich sage nicht, daß die *Theodicee* arm an Raisonnement,
sondern ärmer oder weniger reich an Raisonnement als Gelehrsamkeit ist.[122]

University of Kentucky

1 Der Autor dankt dem International Research Exchange Board (IREX) und der
   University of Kentucky für ihre großzügige Unterstützung und den Mitarbeitern
   der Universitätsbibliothek der Karl-Marx-Universität in Leipzig, wie auch zahlreichen anderen Wezelinteressenten in Leipzig, Sondershausen, Weimar, Rudolstadt, Halberstadt und Berlin (DDR) für ihre freundliche Hilfsbereitschaft,
   wichtige Bestände ausfindig zu machen, mir Manuskripte zugänglich zu
   machen und unschätzbare Hinweise zu geben.
2 Schmitts Rezension erschien in: *The German Quarterly* 55(1982)1, S. 117. Dort
   führt er auch die wichtigsten bibliographischen Angaben zur Wezelforschung
   an, die seit meinem *Versuch einer Gesamtbibiliographie über Johann Karl
   Wezel* (Stuttgart: Metzler, 1971) erschienen sind. Außer Schmitts Angaben sind
   u.a. noch zu erwähnen Dietrich Naumann, *Politik und Moral. Studien zur
   Utopie der deutschen Aufklärung* (Heidelberg: Winter, 1977), Kap. 4: "Utopie
   und Kritik der Utopie" (zu *Belphegor*), S. 247–267; Hildburg G. Herbst, "Fruehe
   Formen der deutschen Novelle im achtzehnten Jahrhundert (Diss. 1979), zu
   Wezels *Peter Marks*, S. 121–133; Pierre Chevalier, "Quelques emplois du mot
   'Revolution' dans l'oevre de Johann Karl Wezel", in: *Etudes Germaniques*
   38(1983), S. 229–233; Detlef Kremer, *Wezel. Über die Nachtseite der Aufklärung. Skeptische Lebensphilosophie zwischen Spätaufklärung und Frühromantik* (München: Fink, 1984); und Phillip McKnight, "Folgenreiche Weichenstel-
   lung: Weimars Nichtrezeption der Dichtungs- und Gesellschaftskritik J. K.
   Wezels", in: *Verlorene Klassik?* hrsg. v. Wolfgang Wittkowski (Tübingen: Niemeyer, 1986), S. 131–143, eine Ergänzung zu Schmitts "Wezel und Wieland", in:
   *Christoph Martin Wieland. Nordamerikanische Forschungsbeiträge anläßlich
   der 250. Wiederkehr seines Geburtstages* (Tübingen: Niemeyer, 1984), S.
   251–275. Zu Schmitts wichtigen und grundlegenden Arbeiten über Wezel siehe
   auch Anm. 9 und Anm. 50.
3 Meine letzten Bemühungen im Sommer 1983 und 1984, eine Zusammenarbeit
   USA-BRD-DDR für eine Wezel-Ausgabe mit kritischem Apparat zu organisie-
   ren, die Schmitt schon 1981 angekündigt hatte, blieben trotz enthusiastischer
   Bereitschaft der Teilnehmer ohne Erfolg, da der Aufbau Verlag wegen anderer
   Prioritäten ausschlug.
4 Wezel war auch ein begabter Violinist und schrieb das musikalische Schauspiel
   Zelmor und Ermide (Leipzig: Dyk, 1779), dessen Vorrede einen wesentlichen
   theoretischen Beitrag zu dieser Gattung enthält. Zu Wezel als Musiker vgl. auch
   das in manchem allerdings unzuverläßige Werk von Ernst Ludwig Gerber,
   Neues historisch-biographisches Lexikon der Tonkünstler (Leipzig: Kühnel,
   1812–1814), Bd. 4, S. 561–565.

5 Darunter auch in der wichtigen DDR Kulturzeitung *Sonntag*, Nr. 24, am 12.6.1983, S. 9.

6 Hrsg. v. Meyer und dem Arbeitskreis Johann Karl Wezel des Kulturbundes der DDR. Die beiden Hefte erschienen 1980 und 1984. 1986 erschien eine Zweite Auflage des ersten Hefts. In Vorbereitung ist auch ein drittes Heft.

7 Neben ihrer Teilnahme am Aufarbeiten der Wezelbiographie ist es Änne Meyers besonderer Verdienst, Texte aus dem Ludloff-Nachlaß mühsam in eine leserliche Schrift übertragen zu haben.

8 Darunter besonders "Die Darstellung der Eheproblematik in Romanen der deutschen Aufklärung", 1978 von Nadia Mohammed Abd El Hamid Metwally aus Kairo, die an der Karl-Marx-Universität mit einer Doktorarbeit gleichen Titels promovierte. Ein Verzeichnis der Sondershäuser Vorträge findet man in der ersten Broschüre, in dem Sonderheft, "Zehn Jahre Arbeitskreis Johann Karl Wezel des Kulturbundes der DDR": auch per Anfrage bei Meyer, DDR-5400 Sondershausen, Kyffhäuserstr. 17 erhältlich.

9 Albert R. Schmitt, "Englische Einflüsse in den Schriften Johann Karl Wezels", in: *Neues aus der Wezel-Forschung* II(1984), S. 31–40, Zitat S. 32. Der Aufsatz erschien zuerst in: *Wissenschaftliche Zeitschrift der Wilhelm-Pieck-Universität Rostock* 31(1982), Gesellschaftswissenschaftliche Reihe, Heft 1, S. 23–29 und erschien ebenfalls in englischer Fassung in: *Modern Language Studies* XV(1985)1, S. 69–79.

10 Dietzes Nachwort gilt immer noch als das Grundlegendste zu *Belphegor*. Hubert Gerschs Ausgabe von *Belphegor* (Frankfurt/M.: Insel, 1965) erschien 1984 in der Insel Taschenbücher Serie ohne Erweiterung des Nachworts oder Ergänzung der allzu spärlichen Anmerkungen. Siehe auch Lenz Prüttings Neuausgabe (Frankfurt/M.: Verlag 2001, 1978), besonders die dritte Auflage 1984 mit umfangreicher "Bibliographischen Nachbemerkung". Leider ist diese Auflage nicht mehr einzeln zu beziehen. Sie befindet sich in der Serie der "Lieblingsbücher" Arno Schmidts, Haidnische Alterthümer, hrsg. v. Hans Michael Bock. 1986 erschien in der Krater Bibliothek auch eine Neuausgabe des *Belphegor* (Nördlingen: Franz Greno). Dazu erschien im ersten *Almanach der Krater Bibliothek*, hrsg. v. Karl Clausberg (Nördlingen: Greno, 1986), "Collage von Karl Clausberg zu Johann Karl Wezel", S. 226–255, in der er u.a. ohne die einschlägige Literatur über Wezel zur Kenntnis zu nehmen die alten Behauptungen über Wezels Wahnsinn leider dadurch fortsetzt, irrelevante schriftliche Bemerkungen über Geisteskrankheiten aus den Jahren 1865/1866 und 1838 neben den bekanntlich unzuverlässigen Aussagen von Hess, Becker und von Blumröder zum Vergleich abzudrucken.

11 Dagegen erschienen in der BRD ein fotomechanischer Reprint von *Wilhelmine Arend, oder die Gefahren der Empfindsamkeit* (Frankfurt/M.: Minerva, 1970) ohne Apparat und zum damals besonders unverschämten Preis von DM 140,—; *Lebensgeschichte Tobias Knauts des Weisen, sonst der Stammler genannt*, hrsg. v. Viktor Lange (Stuttgart: Metzler, 1971): *Kritische Schriften*, hrsg. v. Albert R. Schmitt, mit der zuvor erwähnten *Wezel-Bibliographie* (Stuttgart: Metzler, Bd. I u. II 1971, Bd. III 1975): *Herrmann und Ulrike*, hrsg. v. Eva Becker (Stuttgart: Metzler, 1971) und der fotomechanische Reprint von Wezels *Versuch über die Kenntniß des Menschen* (Frankfurt/M.: Athenäum, 1971), auch ohne Apparat oder Herausgeber. Außerdem wären gelegentliche Auszüge zu erwähnen, wie etwa Wezels Vorrede zu *Herrmann und Ulrike*, in: *Romantheorie. Dokumente ihrer Geschichte in Deutschland 1620–1880*, hrsg. v. Eberhard Lämmert, et al (Köln/Berlin: Kiepenheuer & Witsch, 1971), S. 160–163. Etwas aus dem Rahmen fällt Einar Schleefs Schauspiel *Wezel* (Frankfurt/M.: Suhrkamp, 1983) mit seinem Auszug über Wezel aus Jonas Ludwig von Hess, *Durchflüge durch Deutschland, die Niederlande und Frankreich* (Hamburg: Bachmann & Gundermann, 1793–1805), Bd. I, S. 190–194. Schleef nimmt nicht zur Kenntnis, daß dieser kleine Auszug zum Anlaß für die zeitgenössische Verfälschung von Wezels Biographie wurde.

12 Pillings sehr ergiebige Vorträge über Wezel in Leipzig und über Wezels letztes
   poetisches Werk, die antiklerikale und komische Erzählung *Prinz Edmund*
   (1780, 1785) sind leider noch nicht im Druck erschienen. Dies wäre besonders
   im letzteren Fall wünschenswert, da Pilling auf Wezels satirische Bloßstellung
   der Verbindung zwischen Kirche und Adel im feudalabsolutistischen System
   eingeht. Zum Thema *Peter Marks* und *Die wilde Betty* gibt es eine kleine
   Rarität: Johann Karl Wetzel [sic], *Die wilde Betty* (Zürich: Hürlimann, 1971), ein
   hübsches Büchlein von 10 Seiten, das einen Auszug aus Wezels Ehestandsge-
   schichten bietet.
13 Vgl. Phillip McKnight, *The Novels of Johann Karl Wezel. Satire, Realism and
   Social Criticism in Late 18th Century Literature* (Bern/Frankfurt/M./ Las Vegas:
   Lang, 1981), S. 78–84, "Kakerlak and Oberon."
14 Kurt Adel, *Johann Karl Wezel. Ein Beitrag zur Geschichte der Goethezeit* (Wien:
   Notring, 1968), S. 114–137.
15 Siehe auch die westdeutsche Neuausgabe, hrsg. v. Rolf Strube (Berlin: Freitag,
   1982).
16 Siehe auch die Neuausgabe von Campe, *Robinson der Jüngere*, hrsg. v. Alwin
   Binder und Heinrich Richartz (Stuttgart: Reclam, 1981).
17 Vgl. Klingenbergs Nachwort, S. 273–274 und Steiners Nachwort zu *Herrmann
   und Ulrike* (Leipzig: Insel, 1980), S. 855–856.
18 Vgl. McKnight, *The Novels of Johann Karl Wezel*, S. 156ff. Mit dem Charakter
   des Selmann in *Tobias Knaut* errichtete Wezel Gellert, seinem Mentor, den er
   nachher wegen seines Skeptizismus verleugnen mußte, ein liebevolles Denkmal.
19 Klingenberg, S. 270. Zu Wezel und Garve vgl. auch die jetzt leider schon etwas
   veraltete Untersuchung von Monika Ammermann, *Gemeines Leben: Gewand-
   ter Naturbegriff und literarische Spätaufklärung. Lichtenberg, Wezel, Garve*
   (Bonn: Bouvier, 1978). Zu Wezel und Zollikofer: Siehe Wezels kleines Gedicht,
   "Epistel an Madam Z[ollikofer] in Leipzig über das Neujahrsgratulieren", in:
   Taschenbuch für Dichter und Dichterfreunde, hrsg. v. Christian Heinrich
   Schmid und Johann Gottfried Dyk, 1774–1781. Das Gedicht wurde am 4. Januar
   in Dresden geschrieben und erschien in *TDD* X(1779), S. 1–23. Zollikofers erste
   Frau (geb. LeRoy) starb am 19.8.1779. Das humoristische Gedicht erschien dann
   1784 nochmals im Einzeldruck, aber Zollikofer war schon seit 1781 wieder
   verheiratet (geb. Sechehay). Wezels genaue Intention ist nicht ganz klar.
20 *Briefwechsel zwischen Christian Garve und Georg Joachim Zollikofer, nebst
   einigen Briefen des ersten an andere Freunde* [M.A. Thümmel und C.F. Weiße]
   (Breslau: Korn, 1804). Die Diskussion über Diderots Aufenthalt in Leipzig ist
   besonders wertvoll.
21 Siehe Klingenberg, "Johann Karl Wezels pädagogische Bestrebungen im Kontext
   der Aufklärungsbewegung", in: *Neues aus der Wezel-Forschung* I, S. 19–24. Es
   handelt sich um die vier Aufsätze, die ich in meiner *Wezel-Bibliographie*
   angegeben habe, ohne daß ich sie damals habe belegen können. Eine Ausgabe der
   wichtigen Dessauer Aufsätze Wezels ist von Klingenberg voraussichtlich für
   1988 geplant.
22 Vgl. Wezel, "Ankündigung einer Privatanstalt für den Unterricht und die Erziehung junger Leute vom 12. bis 18. Jahre", in: *Deutsches Museum* (1780)1, S.
   291–296 und ebda. (1780)2, S. 286–288. Wezel entfernte sich von Basedows Ansichten, besonders von der Betonung der körperlichen Erziehung, insofern dies
   auf Kosten der politischen Erziehung geschah, und entschloß sich lieber eine
   eigene Anstalt zu eröffnen, die aber nie zustande kam.
23 Wezel, "Präliminarien über deutsche Erziehung", in: *Pädagogische Unterhandlungen* (1778)1, S. 63.
24 Ebda.
25 Wezel, "Welche Seite der Welt soll man jungen Leuten zeigen", in: *Pädagogische
   Unterhandlungen* (1778)1, S. 63.

26 Der Brief ist in Klingenbergs Nachwort, S. 278–280 wiederabgedruckt. Siehe auch *Neue Jahrbücher für Philologie und Pädagogik*, Bd. 148, Abt. 2, hrsg. v. Richard Richter (Leipzig: Teubner, 1893), S. 637–638, wo der Brief ohne modernisierte Orthographie wiederabgedruckt wurde. Dort ist das Datum irrtümlicherweise mit 1783 angegeben. Vgl. auch S. 488–489, Isaac Iselins Brief vom 19.7.1776 an Basedow, in dem er das Angebot, dort als Direktor des "Philanthropinums" tätig zu werden, ablehnt und Zollikofer empfiehlt. Dazu siehe S. 541–542, Zollikofers Brief an Basedow vom 4.12.1776, in dem er die Bewerbung des Kraftapostels Christoph Kaufmann unterstützt!

27 Dieser Brief wurde teilweise wiederabgedruckt in McKnight, *The Novels of Johann Karl Wezel*, S. 37–38 und S. 107, Anm. 35 und dann in Steiners Nachwort zu *Herrmann und Ulrike*, S. 851ff.

28 Vgl. *Archiv für Litteraturgeschichte*, hrsg. v. R. Gosche und Franz Schnorr von Carolsfeld, Bd. XIV (1886), S. 175–177.

29 Ich lese den Namen in der Handschrift Böhner, nicht Böhme, wie es bei Klingenberg steht.

30 *Leipziger gelehrtes Taschenbuch* (1784), S. 106 und (1789), S. 134.

31 Zitiert nach dem Manuskript, S. 3. Vgl. auch Steiner, "Nachwort", S. 853.

32 Johann Gottlob Schulz, *Beschreibung der Stadt Leipzig* (Leipzig: Adam Friedrich Böhme, 1784), S. 198–199.

33 Heidecke, Benjamin, *Tableau von Leipzig im Jahr 1783* (Leipzig: o.V., 1784), S. 180–181.

34 Erstdruck im *Deutschen Museum* (1779)1, S. 87–92.

35 In *Neues aus der Wezelforschung* II, S. 13–17.

36 Vgl. auch Klingenbergs Rezension in: *Deutsche Literaturzeitung für Kritik der internationalen Wissenschaft* 104(1983)2, Sp. 108–110.

37 Eingehend zitiert und kommentiert von Steiner, "Die ersten poetischen Arbeiten Johann Karl Wezels", in: *Neues aus der Wezel-Forschung* I, S. 9–18.

38 Steiner, "Johann Karl Wezel und Heinrich Christian Boie. Bisher ungedruckte Briefe mit Erläuterungen", in: *Neues aus der Wezel-Forschung* II, S. 48–58.

39 Ebda., siehe S. 51. Dohm ging Ende 1779 als Kriegsrat und Sekretär am Geheimen Archiv nach Berlin. Steiner vermutet, Boies Freund in Kassel, durch den er erwirken wollte, daß Wezel die Stelle bekäme, sei Georg Forster gewesen, der Wezels Werk auch gut kannte.

40 In 10 Bänden, hrsg. v. Dyk (Leipzig: Dyk, 1777–1786).

41 Die "Buchhandlung der Gelehrten" wurde von einigen deutschen Autoren begründet, die sich von der übermäßigem Profitgier der Verleger befreien wollten. Man mußte aber die Druckkosten vorauszahlen und die Pränumerationssammlungen entsprachen fast nie den Erwartungen. Außerdem gab es andere Schwierigkeiten: *Wilhelmine Arend*, z.B. erschien sofort in einem Schmieder Nachdruck.

42 Wezel, der sich diesbezüglich mit der *Appellation der Vokalen an das Publikum* (Frankfurt und Leipzig: o.V., 1778) engagiert hatte, ging seinen eigenen Weg mit der ausführlichsten deutschen Antwort auf Friedrich des Großen Schrift, *De la Littératur Allemande* (1780): *Ueber Sprache, Wissenschaft und Geschmack der Teutschen* (Leipzig: Dyk, 1781).

43 Erschien als Serie in sieben Nummern des *Deutschen Museums*, 1778–1779.

44 Steiners Ausgabe erschien im Insel-Verlag Leipzig, 1981. Siehe besonders das Nachwort, S. 100–109.

45 Urspr. *Modern Anecdote of the Ancient Family of the Kinkvervankotsdarsprakengotchderns. A Tale of Christmas*. Dedicated to the Honorable Horace Walpole (London: Davenhill, 1779). Wezels Übersetzung erschien 1781 bei Schwickert in Leipzig. Walpoles *Castle of Otranto* (1764) war das Vorbild des romantischen Schauerromans. Durch ihre Freundschaft mit Walpole kam Lady Craven in Verbindung mit anderen britischen Schriftstellern.

46 Siehe Anm. 42.

47 Vgl. Hans Ley, *Die litterarische Tätigkeit der Lady Craven, der letzten Markgräfin von Ansbach-Bayreuth* (Erlangen: Junge, 1904).

48 Wezels Werke erschienen bis 1778 bei Siegfried Leberecht Crusius und danach bei seinem Freund Dyk. Engelhard Benjamin Schwickert, der von etwa 1762 bis 1767 bei Dyks Mutter Buchhandlungsdiener war, steckte hinter der fingierten Firma, Dodsley & Compagnie von London, die wegen eines Nachdrucks seiner *Hamburgischen Dramaturgie* in Streit mit Lessing geriet. Madam Dyk gab Schwickert ihre Zusage dazu, wohl um Lessing entgegenzukommen, weil er "der heimliche Planer eines umfassenden Selbstverlagsinstituts der führenden Geister Deutschlands" war. Siehe Johann Goldfriedrich, *Geschichte des deutschen Buchhandels*, Bd. III, Vom Beginn der klassischen Litteraturperiode bis zum Beginn der Fremdherrschaft 1740–1804 (Leipzig: Verlag des Börsenvereins der deutschen Buchhändler, 1909), S. 135.

49 Peter Brenner, "Name ist Schall und Rauch", in: *DVjs* 55 (1981), S. 161–164.

50 Erschien in: *Sinn und Form* 31 (1979) 3, S. 699–710. Dazu siehe auch Schmitt, "Paralipomena zu Gerhard Steiners Wezel-Aufsatz", in: *Sinn und Form* 32 (1980) 2, S. 492–497; McKnight, *The Novels of Johann Karl Wezel*, S. 178–180; und Karl-Heinz Meyer, "Die Lüge vom wahnsinnigen Wezel", in: *Neues aus der Wezel-Forschung* I, S. 29–34.

51 In: *Jahrbuch der deutschen Schillergesellschaft* 25 (1981), S. 229–237.

52 Vgl. die *Allgemeine Literatur Zeitung*, Intelligenzblatt 42 (1799), Sp. 336, wo Hufeland bekanntmachte, daß er "von einer Gesellschaft edler Menschenfreunde aus Regensburg 15 Louisd'or und 1 Dukaten zur Unterstützung, und wo möglich Wiederherstellung des unglücklichen Wetzels [sic] zu Sondershausen . . . erhalten" hatte.

53 *Der Reichs-Anzeiger. Oder Allgemeines Intelligenz-Blatt zum Behuf der Justiz, der Polizey und der bürgerlichen Gewerbe im Teutschen Reiche wie auch zur öffentlichen Unterhaltung der Leser über gemeinnützige Gegenstände aller Art* (Gotha, ab 1791). Diese heute selten beachtete aber damals vielgelesene Zeitschrift ist als Zeitdokument außerordentlich ergiebig.

54 Kurt Adel, *Johann Karl Wezel. Ein Beitrag zur Geschichte der Goethezeit* (Wien: Notring, 1968), S. 15.

55 Wezel, *Wilhelmine Arend*, Bd. II, S. 362–363.

56 Beckers Schrift, *Wezel seit seines Aufenthaltes in Sondershausen. Ein Nachtrag zu Herrn von Hessens Durchflügen durch Deutschland und eine Aufforderung an alle Freunde der schönen Literatur, die eines der trefflichsten deutschen Genies nicht länger in unwürdiger Abgeschiedenheit schmachten lassen wollen* (Erfurt: Neumann, 1799), verbreitete einen irreführenden Kommentar über Wezels Zustand und veranlaßte die lebhafte Diskussion über Wezel um die Jahrhundertwende.

57 *Reischsanzeiger* 105(1799), 9. Mai, Sp. 1215.

58 *Reichsanzeiger* 154(1799), 8. Juli Sp. 1778–1799. Gräter war zu der Zeit Herausgeber einiger Zeitschriften, darunter: *Bragur. Ein litterarisches Magazin der deutschen und nordischen Vorzeit* (Leipzig: Gräff, 1791–1792) und des *Barden-Almanach der Teutschen für das Jahr 1802* (Neu-Strelitz: Albanus).

59 Ebda.

60 Ebda., Sp. 1780–1781.

61 Ebda., Sp. 1781. Gräter zitierte nicht immer ganz korrekt. Vgl. *NB* 33 (1787) 1, S. 19: Voltaire wäre "an unseren meisten Höfen ein unerhörter Name geblieben" (Bet. von mir).

62 Ebda., Sp. 1781. Hier zitiert aus: *NB* 33 (1787) 1, S. 19–20.

63 Steiner, "Wezels Behandlung", S. 232.

64 Ob Dyk bis zu diesem Zeitpunkt eine Abschrift oder gar einen Satz machen ließ, ob Wezel mit ihm darüber genauer korrespondierte, wie es überhaupt zu Dyks zweiter Auflage von Wezels *Robinson Krusoe* im Jahre 1795 kam und ob bei Dyk auch nähere Auskünfte über Wezel zu finden wären, wird leider nicht zu vermit-

teln sein, da das Staatsarchiv Leipzig im Dimitroff-Museum mir über Dyks Nachfolger (Alexander Kirbach und, ab 1883, Gerhard Martin Demmering in der Lindenstr. 16) berichtete, es gäbe dort keinen Nachlaß des Verlags, weil er wie die meisten Bestände der Druckereien und Verlagsgeschäftsstellen zum Kriegsverlust zähle.

65 *Reichsanzeiger* 118 (1799), 27. Mai, Sp. 1373–1375. Vgl. auch August von Blumröder, "Johann Karl Wezel. Fragmente über sein Leben und seinen Wahnsinn", in: *Zeitgenossen. Ein biographisches Magazin für die Geschichte unserer Zeit,* hrsg. v. F.C.A. Hasse (Leipzig: Brockhaus, 1833), Bd. 4, S. 141–172.

66 Von Blumröder, "Johann Karl Wezel", S. 156. In der Wezelforschung ist von Blumröder neben Becker der notorischste Verfälscher von Wezels Biographie. Hier, z.B., schreibt er den ganzen Vorfall automatisch Wezels "Stolzheit" zu, ohne sich zu fragen, ob Wezel, der sich im Verlagswesen gut auskannte, die ganze Schikanerie nicht durchschaute.

67 *Reichsanzeiger* 197 (1799), Sp. 2257.

68 Vielleicht spielt hier ein von mir immer noch nicht belegtes Werk eine Rolle: *Teufeleyen, Mönchereyen und Miscellanien aus Wien. Zum Druck gegeben von Tobias Knaut* (Wien: Hartl, 1783–1784). Wezel war bis 1784 noch am Hof Joseph des II. Wahrscheinlich war Leopold Alois Hoffmann der Autor.

69 Becker, *Wezel seit seines Aufenthaltes in Sondershausen,* S. 33.

70 *Der Freimüthige, oder Ernst und Scherz. Ein Unterhaltungsblatt,* hrsg. v. August v. Kotzebue u. Garlieb Merkel (Berlin: Frölich, 1805), Nr. 28, 8. Februar.

71 Zitate aus Ludloffs schwer zugänglichem Bericht, "Wezel als Schriftsteller", in: *Gemeinnützige Blätter für Schwarsburg* (1808), Nr. 26–31 sind einer Abschrift entnommen, die mir Karl-Heinz Meyer freundlicherweise zur Verfügung stellte. Vgl. auch Günther von Ziegeler, "Wezel zu Sondershausen", in: *Zeitung für die elegante Welt* 49 (1805), Sp. 387. Nach von Ziegeler haben Wezels Wirtsleute (die Familie David Baer) ganz fest behauptet, daß "kein D. B. jemals bei Wezeln gewesen sei, noch weniger ein Manuskript von ihm erhalten habe". Das ist sicherlich ein Druckfehler und gemeint sein dürfte "D. G.", d.i., "Dr. G."

72 Von Blumröder, "Johann Karl Wezel", S. 161. Auch in Ludloff, "Wezel als Schriftsteller", Meyers Abschrift, S. 10.

73 Von Blumröder, S. 161.

74 Ebda., S. 160. In den drei Briefen versucht Wezel eine Buchhandlung und eine Bank unter seiner Leitung in Sondershausen zu stiften. Da der zweite Brief eine Antwort auf einen Brief des Empfängers seines ersten Briefes ist, erklärt Becker nicht, wieso Wezel diese drei Briefe im Original besaß, um sie dann freundlicherweise Becker zu übergeben, wie er auf S. 10 behauptet. Das wäre doch wohl nur möglich, wenn Wezel Duplikate seiner Briefe angefertigt hätte. Zu Cannabich siehe unten.

75 Steiner, "Wezels Behandlung", S. 234.

76 Wezel wurde aus dreckigen und elenden Zuständen in Baers Haus in der Hauptstraße 72 in die Hauptstraße 33 — jetzt Wilhelm-Pieck-Straße — umquartiert. Das Sterbehaus Wezels stand unter Denkmalschutz. Um seine Erhaltung bzw. eine Rekonstruktion an Ort und Stelle waren das Heimat- und Schloßmuseum Sondershausen, das Institut für Denkmalpflege, Arbeitsstelle Erfurt, und der Arbeitskreis des Kulturbundes der DDR bemüht. Trotz dieser Bemühungen wurde das Haus unerwartet 1986 abgerissen.

77 *ZeW* 55(1812), 17. März, S. 434–435. Wiederabgedruckt in *Neues aus der Wezel-Forschung* II, S. 4–6.

78 Wielands Brief ist wieder abgedruckt in Karl Schüddekopf, "Klassische Findlinge", in: *Freundesgaben für C.A.H. Burkhard* (Weimar: Böhlau, 1900), S. 107. Dieser Brief wird ferner zitiert und kommentiert von Schmitt, in: "Wezel und Wieland". Nach Schüddekopf korrespondierte Wieland mit von Blumröder, wie in der Wezelforschung immer angenommen wurde. Dagegen vgl. den Brief von Ziegelers vom 29.11.1814 an Ludloff, zitiert hier nach Günther Lutze, "Ein

vergessener Dichter", in: *Aus Sondershausens Vergangenheit*, Bd. II (Sondershausen: Eupel, 1909), S. 205: Ew. Wohlgeboren gebe ich mir die Ehre, anbey zu überschicken, was ich von und über Wezel besitze. Ich habe die Sachen immer einmal ordnen wollen, es ist aber nicht dazu gekommen. Die Wieland'schen Briefe werden Sie gewiß mit Interesse lesen. Ich schickte sie Wielanden und erhielt von diesem in Abschrift beiliegende verbindliche Antwort. Diese sowohl, als die Originalbriefe Wielands habe ich dessen Sohne zugeschickt, der dazu öffentlich aufforderte.

Vor einiger Zeit schrieb ich an Wezel, machte ihm ein Geschenk mit den Gedichten des Obristleutnants v. Bl. und offerierte ihm mehrere Bücher, worauf ich durch inliegende originelle Antwort erfreut wurde ("Für das überschickte Buch danke ich. Von den Anerbieten, mir Bücher zu senden, kann ich keinen Gebrauch machen, weil ich keine Zeit dazu habe. Wezel".) Wegen des Verzeichnisses der Wezelschen Manuskripte haben Sie die Güte, sich an den Sekretär Vollrath zu wenden. Unpäßlichkeit fesselt mich an das Zimmer, sonst wollte ich selbst Ihren Wunsch erfüllen. – Vielleicht hat die Durchsicht der anliegenden kurzen Lebensbeschreibung Schwarzb. Gelehrten einiger Interesse für Sie. Sie werden darin mehrere finden, die in dem mitkommenden Verzeichnisse nicht genannt sind. Nehmen Sie die Versicherung vorzüglicher Hochachtung nicht als ein Compliment auf von usw.

Die Unterschrift fehlt aber Lutzes Anmerkung legt den Verfasser fest: "Andere Briefe v. Ziegelers, welche ihre Besitzerin, Frau Staatsminister von Gerber, zu einer Vergleichung der Handschrift mir gütigst überließ, zeigen unverkennbar, daß ihr Großonkel obigen Brief geschrieben hat".

79 Siehe Meyer, "Johann Karl Wezels Arbeiten in den zwei letzten Jahrzehnten seines Lebens in Sondershausen", Offsetdruck, S. 6. Der Artikel in der *ZeW* ist den 8. Februar datiert.

80 Vgl. *ZeW* 54(1812), 16. März. Siehe auch die von Hermann Müller aufgefundene Silberstiftzeichnung des 60jährigen Wezel in der ersten Wezel-Broschüre.

81 *ZeW* 35(1812), 18. Februar, S. 278. Vgl. auch *ZeW* 55(1812), 17. März, S. 433–435.

82 *ZeW* 55(1812), 17. März, S. 433.

83 *ZeW* 54(1812), 16. März, S. 429. Vgl. auch Günter Lutze, "Ein vergessener Dichter", S. 202.

84 In: "Papiere von Johann Karl Wezel wider D. Ernst Platnern", von letztem nebst einem Vorbericht herausgegeben (Leipzig: Böhm, 1781). Wiederabgedruckt in Hermann T. Schletter, *Kriegsscenen aus der Leipziger Literaturgeschichte 1781/1782* (Leipzig: Polz, 1846).

85 Karl Julius Weber, *Deutschland oder Briefe eines in Deutschland reisenden Deutschen* (Stuttgart: Franckh, ²1834), S. 376.

86 Siehe Becker, *Wezel seit seines Aufenthaltes in Sondershausen*, S. 54.

87 Darüber siehe Meyer, "Die Lüge von wahnsinnigen Wezel", S. 33.

88 Ebda., S. 34.

89 Weber, S. 377.

90 In: *Neues aus der Wezel-Forschung II*, S. 62–86.

91 Vortrag vom 28. Oktober 1983 in Sondershausen. In diesem zweiten Teil vermutet Meyer auch, daß von Blumröders Werk, *Der verhüllte Bote aus der Heimat* (Sondershausen und Nordhausen: Voigt, 1822) nichts anders als eine Abschrift von Blumröders aus Wezels Manuskripten ist. Ein kleiner Auszug aus diesem Roman ließ Meyer in der Unterhaltungszeitschrift *Das Magazin* 11 (1985), S. 21–22 veröffentlichen. Im *Magazin* wurde Wezel auch 7 (1980), S. 12, 6 (1982), S. 46 und 9 (1983), S. 11 vorgestellt.

92 Hertha Perez, "Eine neue Verfasserhypothese", in: *Études Germaniques* 39(1984), S. 282–283.

93 Gerhart Hoffmeister, Rez. "Neues aus der Wezel-Forschung Heft I und II", in: *The German Quarterly* 58 (1985), S. 115–118. Hoffmeister rezensierte die anderen Artikel in den beiden Heften nicht.

94 Die jüngere Matrikel der Universität Leipzig 1559–1809. Als Personen-und Orts-register bearbeitet und durch Nachträge aus dem Promotionslisten ergänzt. Hrsg. v. Georg Erler. Bd. II, Die Immatrikulationen vom Wintersemester 1709 bis zum Sommersemester 1809 (Leipzig: Giesecke und Devrient, 1909), S. 467.
95 Reichsanzeiger 335 (1804), 11. Dezember.
96 Hrsg. v. J. G. Eck (Leipzig: Breitkopf, 1780–1802), S. 138 der Ausgabe 1801.
97 Neue Bibliothek der schöen Wissenschaften und der freyen Künste XXXV, 2 (1788), S. 235–262.
98 Vgl. das Gesamt-Verlags-Katalog des Deutschen Buchhandels. Ein Bild deut-scher Geistesarbeit und Cultur. Vollständig bis Ende 1880 (Münster i/W.: Russell, 1880 und Leipzig: Steinecker, 1881), Bd. VII (Leipzig), S. 1176–1177, wo man in der Liste der Dykschen Buchhandlung zwischen dem Werk Johann Karl Wezels und Dr. Johann Karl Wezel unterscheidet und beide getrennt anführt. Laut Gesammt-Verlags-Katalog erschien der zweite Teil des Grundriß 1805 unter dem Titel Empirische Psychologie. Das konnte ich jedoch nicht belegen.
99 Siehe Reichsanzeiger 10 (1804), 11. Januar und 183 (1804), 11 Juli.
100 Im Reichsanzeiger 260 (1804), 26. September.
101 Dazu siehe Wötzels "Schuldige Bekanntmachung und Bitte", in: Reichsanzeiger 44 (1805), 15. Februar, wo er sich gegen Behauptungen wehrt, Kramptz' Beitrag wäre von ihm selbst oder von seinen Freunden erdichtet. Er, Wötzel, habe eine eidesstattliche Erklärung für die Echtheit von Kramptz' Beitrag bei einem D. J.F. Hennicke in Weimar und Eisenach abgegeben und der Redaktion übergeben. Vgl. dazu auch Reichsanzeiger 61 (1805), 4. März, 62 (1805), 5. März, und 95 (1805), 8. April. Laut Angabe der Redaktion durfte nach diesem letzten Beitrag, "Einige Gedanken über D. Wötzels Erscheinung seiner Gattin nach ihrem Tode", im Reichsanzeiger nichts mehr abgedruckt werden, auch nicht Wötzels Ant-worten auf Nr. 61 und 62, die zurückgesandt wurden.
102 Reichsanzeiger 335 (1804), 11. Dezember.
103 Ebda.
104 Siehe Karl Bulling, Die Rezensenten der Jenaischen Allgemeinen Literaturzei-tung im ersten Jahrzehnt ihres Bestehens 1804–1813 (Weimar: Hermann Böhlaus Nachfolger, 1962), S. 74. Bulling gibt keine Vornamen an, aber mit Hilfe der ADB und von Meusels gelehrtem Teutschland lassen die anderen sich leicht aufschlüsseln: Friedrich Bouterweck (1766–1828), bekannter Schriftsteller und seit 1797 außerordentlicher Professor der Philosophie in Göttingen, Anleitung zur Philosophie der Naturwissenschaft (Göttingen, 1803); Johann Heinrich Abicht (1762–1816), seit 1790 Prof. Phil. in Erlangen, Psychologische An-thropologie (1801); Justus Christian Hennings (1731–1815), ordentlicher Prof. Phil. in Jena, Geschichte von der Seele der Menschen und Thiere, pragmatisch entworfen (Halle, 1774). Kants Anthropologie in pragmatischer Hinsicht, die auf seinen 1772 begonnenen Vorlesungen basiert, wurde 1798 gedruckt.
105 ADB, Bd. 11, S. 781.
106 Wötzel, Nähere Erklärung, Vorrede, S. xxiv.
107 Becker, Wezel seit seines Aufenthaltes in Sondershausen, S. 5.
108 Vgl. von Blumröder, Meine Erlebnisse in Krieg und Frieden, in der großen Welt und in der kleinen Welt meines Gemüths (Sondershausen: Eupel, 1857), S. 116–117.
109 Becker, S. 71.
110 Kurt Adel, Johann Karl Wezel, S. 63, weist auf Wötzels Reaktion auf Wielands Satire hin: D. Johann Karl Wötzel's abgenöthigte Antwort auf das an ihn gerichtete Sendschreiben des Herrn Superintendenten Johann Heinrich Helmuth's, nebst gebührender Abfertigung des Herrn Hofrath Wieland's und Consorten (Leipzig, 1805). Dieses Werk konnte ich nicht belegen. Zu diesem unerschöpflichen Thema wäre noch zu erwähnen: G. H. Heinse, Meiner Katze wirkliche Erscheinung nach ihrem Tode, eine wahre ohnlängst erfolgte Geschichte für jedermann zur Beherzigung und vorzüglich für alte Weiber. Zur unparteiischen und sorgfältigen Prüfung dargestellt von Susanna Eierkuchen,

einer 60jährigen Jungfrau. [vorgeblich] Zehnte Auflage. Schilda, bei Thomas Immanuel Spaßvogel [Joh. Wilh. Schmidt in Berlin], 1805.

111 Wötzel, *Somatologie*, Bd. I, Vorrede, S. xix–xx.

112 Vgl. Ebda., S. xliv–xlv und die Anm. S. xlv.

113 Wezel, *Versuch über die Kenntniß des Menschen*, Bd. I, S. 5–6.

114 Hennings Artikel erschien in: *Arcadia* 15[1980]3, S. 258–277. Von Henning ist auch ein Neudruck des *Versuchs* mit Kommentar geplant.

115 Zum französischen Materialismus in Wezels Werken vgl. auch Hans Peter Thurn, *Der Roman der unaufgeklärten Gesellschaft. Untersuchung zum Prosawerk Johann Karl Wezels* [Berlin/Köln/Mainz: Kohlhammer, 1973].

116 Henning, S. 270.

117 Wezel, *Versuch über die Kenntniß des Menschen* I, S. 54–55.

118 Ebda., S. 24. Das erinnert natürlich an Kants Aufsatz, "Was ist Aufklärung", der im Dezember, 1784 erschien. Der erste Band von Wezels *Versuch* erschien vorher, auch im Jahre 1784, und lag Ende 1781 fertig vor.

119 Ebda., S. 8–9.

120 Der Rezensent in der *Neuen Bibliothek der schönen Wissenschaften und der freyen Künste* 35[1788]2, S. 235–262, war nicht Christian Felix Weiße, wie Henning vermutet, sondern Dyk. Weiße war ab 1783–1784 nicht mehr der Herausgeber der *NB*. Dyk schrieb die Rezension wohl u.a. in der Hoffnung, Wezel könnte Bd. III wieder in Druck geben.

121 Henning, S. 260.

122 Wezel, "Untersuchung über das Platnersche Verfahren", S. 26–27. Vgl. die Wezel-Bibliographie, S. 828, wo diese Angabe Wezel nicht zugeschrieben wurde.

ANHANG

A. Neues aus der Wezel-Forschung: INHALTSVERZEICHNIS

Heft I

Hans Henning, "Gedanken zum 230. Geburtstag Wezels", 5–8.

Gerhard Steiner, "Die ersten poetischen Arbeiten Johann Karl Wezels", 9–18.

Anneliese Klingenberg, "Johann Karl Wezels pädagogische Bestrebungen im Kontext der Aufklärungsbewegung", 19–24.

Marie Tronskaja, "Die Satire in Wezels Roman Robinson Krusoe", 25–27.

Karl-Heinz Meyer, "Die Lüge vom wahnsinnigen Wezel", 29–35.

Heft II

Johann Karl Wezel, Gedichte aus dem Jahre 1797, 4–6.

Marie Tronskaja, "Johann Karl Wezel und die deutsche Prosasatire der Aufklärung", 7–12.

Anneliese Klingenberg, "Herder, Wieland oder ein gewisser Wezel? Zu Wezels Roman *Tobias Knaut*", 13–17.

Hans Henning, "Wezels Beitrag zur Aufklärungsphilosophie. Der *Versuch über die Kenntniß des Menschen* 1784–1785", 18–30.

Albert R. Schmitt, "Englische Einflüsse in den Schriften Johann Karl Wezels", 31–40.

Pierre Chevalier, "Voltaire und Wezel", 41–47.

Gerhard Steiner, "Johann Karl Wezel und Heinrich Christian Boie. Bisher ungedruckte Briefe mit Erläuterungen", 48–58.

Karl-Heinz Meyer, "Johann Karl Wezel und die *Nachtwachen von Bonaventura* Der erste Teil einer Beweisführung", 62–86.

Im Offsetdruck

"Zehn Jahre Arbeitskreis Johann Karl Wezels des Kulturbundes der DDR. Berichte, Briefe, Entdeckungen", 1982.

Karl-Heinz Meyer, "Die Jugend des Dichters. Versuch einer Deutung literarischer und anderer Dokumente", 1982.

Karl-Heinz Meyer, "Johann Karl Wezels Arbeiten in den zwei letzten Jahrzehnten seines Lebens in Sondershausen. Der zweite Teil einer Beweisführung in Ergänzung des Beitrages 'Johann Karl Wezel und die *Nachtwachen von Bonaventura*' ", 1983.

Karl-Heinz Meyer, Einige Bemerkungen über Johann Karl Wezel, seinen *Robinson Krusoe* und zur Zeichnung des wahren Wezel-Bildes durch die marxistische Literaturwissenschaft", 1983.

ECHO zur WEZEL-BONAVENTURA-HYPOTHESE und zu "Johann Karl Wezel und die *Nachtwachen von Bonaventura*" in *Neues aus der Wezel-Forschung* II, mit Beitrag Gerhard Steiners, "Unverblümte Glossen zur Bonaventura-Wezel-Diskussion oder über die Schwierigkeiten der Enthüllung anonymer Autoren" sowie weiterer Meinungen (Auszügen) zur Wezel-Bonaventurea-Hypothese von Steffen Dietzsch, Hertha Perez, Joachim Müller, Maria Tronskaja, Egon Schmidt, Wolfgang Paulsen, Mitteilungen der E.T.A. Hoffmann-Gesellschaft Bamberg und Gerhart Hoffmeister.

Karl-Heinz Meyer, "Der Mann, der vergessen werden sollte", In: *Sondershausen Information* 10 (Oktober, 1985), S. 10–11, 12 (Dezember, 1985), S. 10–12, 1 (Januar, 1986), S. 10–11, 3 (März, 1986), S. 10–11, 5 (Mai, 1986), S. 11–13.

B. *Akte Z 475 des Staatsarchiv Rudolstadt:* "Wezels Leben/ C. Ludloff": INHALTS-ÜBERBLICK (zusammengestellt von Karl-Heinz Meyer)

Die *Akte Z 475* umfaßt 00078 numerierte Blätter mit verschiedenen Handschriften, ferner zwei Nummern der *Erholung, Ein thüringisches Unterhaltungsblatt für Gebildete* vom 23. und 27. April 1814, die in diese Numerierung einbezogen sind.

1. Blatt 00001–00007: Die Akte trägt auf dem zweiten Außenblatt die Aufschrift, "Wezel 1805", darunter einige Notizen über erschienene Werke und Artikel Wezels. Auszüge aus den folgenden Briefen Wezels an Böttger sind abgeschrieben:
   a) Leipzig, 29.6.1765
   b) Leipzig,   28.10.1768
   c) Leipzig, 11.3.1769
   d) Trattlau, 7.8.1769
   e) Bautzen, 19.10.1770
   f) Bautzen, 12.2.1773
   g) Bautzen, 13.2.1774 (hier findet sich nichts außer dem Datum)
   h) Leipzig, 16.1.1776
   i) Leipzig, 8.3.1776

2. Blatt 00008–00009: Eine Vorbemerkung Ludloffs, in der er die Absicht bekundet, eine Zusammenstellung sämtlicher Werke Wezels und ihrer Beurteilung vorzunehmen. Er schließt mit einer Anekdote als Beweis dafür, mit welcher "Ignoranz und Dreistigkeit" manche Leute in Ludloffs Vaterstadt noch zu Lebzeiten des Dichters sprachen, ohne die Werke Wezels überhaupt gelesen bzw. verstanden zu haben.

3. Blatt 00010–00011: Offenbar ein Originalbrief Gotth. Gottfrd. Baers vom 7. Oktober 1804, in dem dieser auf einige Anfragen Ludloffs antwortet, die dieser im Zusammenhang mit der beabsichtigten Wezelbiographie an Baer richtete.

4. Blatt 00012–00013: Eine von Ludloff verfaßte Ode, "Wezel, Mann mit der Jammergestalt".

5. Blatt 00014–00063: Materialien mit der Überschrift, "Wetzel als Schriftsteller, von C. L. . . . ff, 1801", z.T. wohl als Material für die Schrift, "Über Wezel, den Schriftsteller, 1804" und "Skizzen zu Wezels Leben, 1804" gesammelt.
   a) Blatt 00015—00016: Abschrift eines Briefes Wezels an Böttger, Leipzig, 8.3.1776.
   b) Blatt 00017–00026: Abschrift von Ludwig Gerbers Artikel über Wezel.
   c) Blatt 00027: Einleitung eines Artikels von Wezel an das *Deutsche Museum* aus Wien vom 15.12.1782, die kaiserliche Bildergalerie betreffend.
   d) Blatt 00027 (Rückseite)–00030: Brief Wezels an Platner, Leipzig, 3.11.81.
   e) Blatt 00030 (Rückseite).00032: "Eine Probe von der Aufklärung des achtzehnten Jahrhunderts", öffentliche Antwort Wezels auf einen Brief.
   f) Blatt 00032 (Rückseite)—00036: von Ziegelers Artikel für die *Zeitung für die elegante Welt*, 1805.
   g) Blatt 00036 (Rückseite)–00044: Abschrift aus Wezels Haushaltsführung vom 31.12.1793 bis 30.12 1794, d.h. seinen Einkäufen für den Lebensunterhalt.
   h) Blatt 00045–00046: Vorbericht Ludloffs für seine Wezelbiographie.
   i) Blatt 00047–00048: Könnte der erste Entwurf der Ode auf Wezel sein.
   j) Blatt 00049–00061: Fast vollständige Abschrift der Arbeit von J. N. Becker, *Wezel seit seines Aufenthaltes in Sondershausen*.
   k) *Blatt 00062*–00063: Bemerkungen zu und Abschriften aus dem Inhaltsverzeichnis von Wezels *Versuch über die Kenntniß des Menschen*.

6. Blatt 00064–00069: Materialien unter der Überschrift, "Skizze zu Wezels Leben" von Carl Ludloff.

7. Blatt 00070–00073: Zwei Exemplare der *Erholungen, Ein thüringisches Unterhaltungsblatt für Gebildete*, Erfurt, vom 23. April 1814 (Nr. 7) und vom 27. April (Nr. 8). In der Nr. 7 ist zu lesen, daß Wezel "wieder zur Besonnenheit gebracht worden" ist.

8. Blatt 00074–00075: Abschrift von Wezels Gedichten in deutscher und lateinischer Fassung aus den Jahren 1795–1797.

9. Blatt 00076–00077: Brieflicher Bericht über Nottnagels Silberstiftzeichnung von Wezel.

10. Blatt 00078: Die Ankündigung von *Gott Wezels Zuchtruthe des Menschen-Geschlechts*.

Berthold Auerbach's *Dichter und Kaufmann:* Enlightenment Thought and Jewish Identity

Irene Stocksieker Di Maio

When Berthold Auerbach is included in the literary canon at all, it is primarily as the author of *Dorfgeschichten* (Sengle II, 722, 864–65; III, 895; Martini 232, 459, 463–67). Jeffrey L. Sammons, however, considers Auerbach to be the most important German-Jewish writer of the mid-nineteenth century.[1] Of late we find an Auerbach revival in which scholars have begun to address Auerbach's liberal humanism and his Jewish identity (Kaiser, Katz, Pazi, Walker).[2] In an informative study David Sorkin argues that Auerbach was "equally a Jew as writer and as man and . . . the Jewish identity embodied in his work was in fact emblematic of an entire invisible community of acculturating German Jews who perpetuated distinct cultural forms within the majority culture" (102). Sorkin correctly points out that despite Auerbach having rejected the previous generation's notion of emancipation based on *Bildung,* he "essentially became a second-generation exponent of the ideology, combining political liberalism (emancipation as a question of 'law') with regeneration (emancipation as a question of 'education and humanity')" (106). Sorkin maintains that Auerbach's first two novels—*Spinoza. Ein Denkerleben* (1837) and *Dichter und Kaufmann. Ein Lebensgemälde aus der Zeit Moses Mendelssohns* (1840) —failed because the Jewish community "could not sustain the characters;" the main protagonists of each work "had broken with the only community available to them" (107).[3] But *Dichter und Kaufmann* in particular is of interest precisely because it depicts Jewish life at a time when Jews were breaking away from the confines of the Orthodox Jewish community and yet had not gained complete rights and privileges of citizenship or acceptance into German society.

In his early pamphlet *Das Judenthum und die neueste deutsche Literatur* (1836), written in refutation of Menzel's attack on the Young Germans, Auerbach traces the history of religion and the state, treats satirically prejudice against Jews, and points out the

Lessing Yearbook, 1987, Vol. XIX, pp. 265–283.

contribution of contemporary Jews to German life. He puts distance between himself and the Young Germans, especially Heine, whose works display an unhealthy sensualist radicalism. Nancy A. Kaiser explains, "The sensualistic posturing which Auerbach so strongly censured in the Young Germans was for him atavistic, and therefore incompatible with a progressive historical dialectic" (410). Although Auerbach claims that Heine is not even representative of contemporary Jews because he converted, the biographical novels *Spinoza* and *Dichter und Kaufmann* seem in part an effort to counteract the negative attitude toward Jews which the Young Germans unwittingly may have reinforced. These novels present Jews in a positive light. A letter to his friend Jakob Auerbach suggests that the novels reflect Auerbach's own struggle with his identity: "was ich innerlich erlebt und auch das Meiste, was ich äusserlich erlebt, wirst du darin *[Dichter und Kaufmann]* finden" (*Briefe* I, 8 May 1839, 35–36). But the many explanations in the novel about Jewish ritual and custom lead me to believe that the novels were intended to familiarize the reading public with Jewish life — its accomplishments and problems — so that an understanding of the Jews might lead more readily to their complete integration into German society. Thus the two historical novels are actually *Zeitromane*. Auerbach writes to his friend:

> Du weißt, ich lebe sehr, vielleicht zu sehr mit der Gegenwart, Alles was ich poetisch verarbeite oder als Ereigniß oder als Denken in mich aufnehme und in mir ausbilde, alles das findet meist den Anfangs- und Ausgangspunkt in dem Kreise, in dem ich mich gerade bewege, und dort stelle ich es auch dar. . . . (*Briefe* I, 20 Feb. 1840, 37)

The concept underlying both novels is: "Sittenschilderungen aus dem innern Leben der Juden in verschiedenen Jahrhunderten und Ländern an die Entwicklungsgeschichte einzelner Charaktere anzuknüpfen, und so das Eigenthümliche des allgemein geschichtlichen und individuellen Lebens zu veranschaulichen" (*Berthold Auerbach's gesammelte Schriften*, XII, v).[4] But the main protagonists of each work are at opposite ends of the pole, for Spinoza had a successful life, whereas the epigrammatic poet, Ephraim Moses Kuh, the first Jewish poet to write verse in German, lived in essence a failed life. Although both novels share common features — genre scenes of Jewish life, obligatory, if unconvincing, love stories, and the rendering of oeuvres and thought, *Dichter und Kaufmann* is the more intriguing work, for in it Auerbach recreates the period of the Enlightenment from the perspective of Jewish history and vividly represents the characters' attitude toward their Jewish identity during a time of tremendous upheaval in Jewish life. These characters, ranging from the exemplary Jew, Moses Mendelssohn, to the most debased toll collector, express a broad spectrum of opinion on religion, conversion, and equality.

Auerbach skillfully incorporates the known biographical facts about Ephraim Moses Kuh (1731-1790) into the novel. According to M. Kayserling and Hans Rhotert, Kuh's biographers, the epigrammatic poet was the son of a merchant in Breslau who wanted him to prepare for the rabbinate, but, partially because of the influence of his teacher, a disenchanted rabbi, Ephraim begged his father to join the family business instead. He studied calligraphy with Petzhold, became acquainted with Lessing, and read voraciously. Later he joined his uncle Veitel Ephraim at the Berlin gold and silver mint. Veitel, along with Daniel Itzig, was one of the most prominent Berlin Jews. A false friend cheated Kuh out of his money and caused discord between him and his uncle by spreading the rumor that Kuh had revealed trade secrets to a rival firm. After packing all his books, Ephraim wandered through parts of Europe for three years. Little is known about this time, except that he had difficulty with the tolls. Impoverished and despondent, Ephraim returned to the care of relatives in Breslau. There he ran into difficulties with the Orthodox Jews for criticizing superstitious practices and was subjected to a hearing for breaking the fast on the day commemorating the destruction of the temple. He tried to widen his circle of associates, but was angered by the attempt of a Christian pastor to convert him. In his final years Ephraim suffered bouts of insanity, although he continued to write and took pleasure in the publication of his poems in Dohm's *Deutsches Museum*.

The novel's subtitle, *Ein Lebensgemälde aus der Zeit Moses Mendelssohns*, reveals not only Auerbach's intent to recreate an historical period but also complements Kant's designation of that process of enlightenment as the age of Frederick the Great. Auerbach pays tribute to Mendelssohn in two chapters, "De amicitia" and "Ein Abend bei Moses Mendelssohn."[5] As a bridge to the chapter on friendship Ephraim is shown carrying a letter from Lessing to Mendelssohn. Auerbach quotes verbatim the opening paragraph of the actual letter dated April 17, 1763, which begins: "Auch Herr Kuh reist nach Berlin und erbietet sich, mir einen Brief an Sie mitzunehmen" (XII, 200). After Lessing's playful opening, the narrator summarizes briefly the letter's content—Lessing disagrees with Mendelssohn's attempt (of the "Erstes philosophisches Gespräch") to reconcile Spinoza's concept of the relationship between mind and body with that of Leibniz. The narrator characterizes the friendship between Lessing and Mendelssohn as a combination of free and open intimacy and elevated philosophical exchange. The letter fortuitously brings with it reverberations of philosophical activity without the long philosophical passages which mar the *Spinoza* novel, namely, Mendelssohn's theologically tricky attempt to view

Spinoza, whom he admired as a brilliant philosopher of Jewish origin, as a precursor of Leibniz, who laid the foundation of Enlightenment thought.[6] And Auerbach links Spinoza with Mendelssohn—two giants in the modern history of the Jewish people. Not stopping at these explicit and implicit comparisons, the narrator then lumps together Kuh, Frederick the Great, and Mendelssohn. They all supposedly share the view, characteristic of the Enlightenment that philosophy is primarily "Welt- oder Lebensweisheit" (XII, 200), a debatable statement with respect to Mendelssohn. When Auerbach himself dealt with philosophical concepts, it was primarily for historical and political reasons—thus this view might be regarded as projection. Finally, this scene not only evokes Enlightenment ideals but also underscores Kuh's disaffection from the real world of his origins. He recalls a lovely Jewish custom whereby a traveler about to undertake a difficult journey is entrusted with a gift which he is to give to a needy person upon reaching his destination; thus the *Tugendbote* is protected from dark forces. Yet no Jew dared to entrust the *Freidenker* Ephraim with such a gift. That is left to Lessing, the model of Enlightenment tolerance. In Auerbach's later studies—*Epilog zur Lessing-Feier, Studien und Anmerkungen zu Lessing's "Nathan der Weise"*, and *Die Genesis des Nathan*— Lessing remains unrivaled. Auerbach praises the founder of a new German literature for his sense of the necessity of constant renewal and development in religious matters and for his ideals of tolerance, friendship, and humanity.[7]

In "De amicitia," the chapter immediately following the letter scene, Mendelssohn is depicted as a Jewish Socrates, the popular epithet for him in his day (Altmann 140). His face is a mixture of classical and rabbinical features; in his room the Jewish Misrach hangs next to a bust of Socrates. Mendelssohn engages the guests— the doctors Bloch and Gumperz [sic], the mathematician Wolf, Nikolai [sic], Ramler, and Maimon—prominent figures of the Enlightenment of both confessions—in a Socratic dialogue using a Talmudic strategy of argument in the attempt to define the nature of friendship. Mendelssohn introduces, guides, and synthesizes the main ideas of the discussion: only like-minded, independent people with genuine affection and interest in each other's well-being can share friendship. Above all, friendship exists only among equals. For Ephraim the discussion is heady stuff—the life of the Academy seems to have appeared before his eyes. To sustain the balance between Hellenic and Judaic tradition, Mendelssohn pulls out the Bible to show that Judaism, too, valued friendship. He concludes the discussion with Lessing's *Sinnspruch* on friendship: "Wer Freunde sucht, ist sie zu finden werth; / Wer keinen hat, hat keinen noch begehrt" (XII, 219). Gumperz comments that the two intellectual heroes, Lessing and Mendelssohn, can be added to the list of friends in antiquity; it is not in vain that these two men of different confessions stand together at the portals of a new age. But the author does not leave off with this optimistic chord. There is an ironic note at the end of the chapter when Ephraim befriends Trevirano, the Christian who will so unscrupulously betray him.

In his book *Germans and Jews beyond Judaism*, George L. Mosse, using Sorkin's description of *Bildung* for his own analysis of the concept (ix), explains that German Jews reached for *Bildung* in order to integrate themselves into German society. He states, "The eighteenth century cult of friendship in Germany was part of the ideal of *Bildung* itself—differences of personality and character must be recognized and then submerged in a common effort at self-cultivation" (10). Noting Moritz Oppenheim's 1856 painting of Lavater, Lessing, and Mendelssohn as well as the scene from *Dichter und Kaufmann* discussed above, Mosse explains that the cult of friendship went hand in hand with the emancipatory process (10).[8]

Almost at the center of the novel is the second scene at Mendelssohn's home. Kuh, Bloch, Gleim, Nikolai, Wolf, Maimon, die Karschin, and Lavater join Mendelssohn, his wife, and his sister-in-law, Recha. Dispensing with literary chronology, Auerbach presents Lessing and Mendelssohn engaged in friendly debate over the role of religion in the development of mankind. But first there is a general discussion about Frederick the Great, followed by Lavater's attempt to convert Mendelssohn.

Frederick II, the chief representative of the state, does not fare well in this novel. His most meritorious deed is the introduction of the potato to Silesia. Upon entering Berlin Ephraim remarks the ill effects of war, and in a passage of Lessing's real letter born by Kuh but not cited in the novel, the king cuts less than an heroic figure. Lessing describes how he would have portrayed the King on a coin commemorating the First Silesian War:

> Auf der andern Seite hätte man um das Brustbild des Kaisers gelesen: *Deus ex machina.* Denn was war der unglückliche Mann anders, als ein armseliger Tritagonist, ausersehen in der Larve eines Gottes den ungeschickten Knoten eines blutigen Schauspiels zu zerschneiden? Er spielt seine Rolle so so, und fährt wieder hinter die Scene und ist vergessen (*L-M* XVII, 196).

The author of *Dichter und Kaufmann* agrees. Even such an enlightened act as the abolition of torture is not as praiseworthy a deed as it might seem. Since the abolition of torture was kept a secret from the people, they still were terrorized by its threat. Prior to the evening at Mendelssohn's, the narrator states that King Frederick rejected Mendelssohn's teachings and influence. Lessing now implies it is in retribution for Mendelssohn's criticism of his poems. During the course of the evening Nikolai, Wolf, and Lessing speak of Frederick as an irreligious misogynist with no appreciation for German literature. Auerbach himself was a great patriot of German letters. In *Die Genesis des Nathan* he claims that only the Germans could have created a Faust or Nathan (23). Furthermore, Lessing maintains that the regime of this "enlightened" ruler is still in essence despotic: "Lassen Sie hier in dem französisierten Berlin Einen auftreten, der für die Rechte der Untertanen, der gegen Aussaugung und Despotismus seine Stimme erheben wollte, und sie werden bald sehen, welches land das sklavistische von Europa ist" (XIII, 30). With the exception of the description of Berlin as being frenchified (a reflection of Auerbach's nationalism) and the elimination of the comparison of France and Denmark to Prussia, Lessing's statement that Prussia is the most enslaved state in Europe follows closely the words of his letter to Friedrich Nicolai (*L-M* XVII, 25 Aug. 1769, 298). Therefore it is odd that Auerbach then makes Lessing a devil's advocate through his assertion that he reveres the king for living his life unegotistically for the greater good. This may be a reflection of the ambiguity of Lessing's attitude toward the King, which has been pointed out by M. K. Torbruegge. Torbruegge concludes, "Since Lessing has little to say about his relations with Frederick's court, much must be read between the lines or remain conjecture" (307). More likely the author wishes to create spirited debate between Lessing and Mendelssohn. Mendelssohn replies that Frederick acts justly not out of nobility of spirit or love for humanity, but out of a sense of duty. Experiencing no love as a child, and having the friend of his youth brutally executed by his father, Frederick is actually contemptuous of humanity. This passage touches upon an idea more fully developed in *Jerusalem* that it is better that humanity act justly out of education and good example than through coercion: "Heil dem Staate, dem es gelingt, das Volk durch die Erziehung selbst zu regieren. . . ." (*Jubiläumsausgabe*, VIII, 110). Mendelssohn concludes that only one who has experienced family life, an institution in which duty and the exigencies of nature are combined, should speak about art, scholarship, and the struggle for justice and reason. In this part of the conversation, then, family life, which has sometimes been regarded as detrimental to Jewish integration into greater society, because of its isolationist tendencies, is viewed as the very foundation of that society's ideals.

During Lavater's infamous attempt to convert Mendelssohn, the philosopher maintains that Christians and Jews have their humanity in common, but each should adhere to their own religion. There are also echoes of Lessing's *Nathan* in Mendelssohn's contention that a revelation claiming exclusivity is not the true one. In this scene, Lavater is depicted as an unctuous *Schwärmer*, whereas

Mendelssohn, despite being physically and psychically taxed by the challenge, maintains a calm demeanor and expounds his beliefs in a logical fashion. Maimon's witticisms are a welcome tonic to Lavater's insinuating manner. His presence adds a further dimension to the issue of Jewish identity, for this disciple of Kant rejects both Christianity and Judaism, convinced that reason alone will help him achieve the ideal of humanity.

Finally, Lessing voices the thesis stated in *Über die Erziehung des Menschengeschlechts* that God only gradually reveals his plan for mankind, but Lessing can envision a new age with a new gospel superceding the elementary books. Mendelssohn's refutation is quoted almost verbatim and at length from *Jerusalem (Jubiläumsausgabe,* VIII, 162–63)—individuals may develop, but mankind remains the same. Michael Meyer explains that Mendelssohn had to reject Lessing's thesis: "If one revelation is succeeded by another bearing a higher degree of truth, then the permanent value of the Torah, and hence Judaism, is destroyed" (55).

In the manner of Goeze, Lavater rebukes Lessing for questioning the divinity of the Bible and of Christ. Lessing distinguishes between Christ's religion and the Christian religion, drawing upon the moral of the Ring Parable that ultimately deeds will reveal the true religion. Somewhat clumsily on Auerbach's part, Mendelssohn brings up the Leibniz-Spinoza debate by gently chiding Lessing for his Spinozistic view of a collective, that is, unified humanity. He also points out that Lessing contradicts himself in stating that mankind strives to discover absolute truth, be relativizes this goal by maintaining that truth is unknowable. After Lessing's final remark that we must patiently await the future, the discussion is broken off by die Karschin's arrival. It is fitting that Lessing has the last word here, for Auerbach's own beliefs with respect to a progressive historical development of religion are far more in keeping with Lessing than with Mendelssohn.

Ephraim, swept up during the discussion on conversion by the lofty thoughts of his two heroes, and by Recha's presence, voices his own position on conversion:

> Abgesehen von allem Andern . . . könnte ich kein Christ werden, wie ich als Deutscher kein Franzose oder Engländer werden kann, wenn ich auch diese Völker für mächtiger und glücklicher hielte; ich könnte auch meine innere Sprachreligion nicht ändern; ich muß ein Deutscher bleiben und ich bin ein Jude, und würde ich ein Ausreißer aus dem Judenthum, meine Lebenswurzeln wären mir zerschnitten und ausgerissen. (XIII, 42)[9]

Since Ephraim's earlier statement that the position of the Jews is the barometer of humanity is repeated in Auerbach's 1858 *Studien und*

Anmerkungen, (XIX, 256), we can assume that the above quotation also reflects Auerbach's sentiments. Herewith Auerbach maintains that one must adhere to one's national and religious identities. By implication they are separate but equal identities.

Despite Auerbach's assertion in *Das Judenthum und die neueste Literatur,* "Sie nennen uns 'Volk,' und ärgern sich nur ein wenig, wenn wir ihnen die richtige Behauptung entgegenstellen, daß wir schon längst nur Confession sind" (22), to him Judaism was both more and less than a religious creed. The above statement must be understood in context. In this pamphlet Auerbach argues against the exclusion of Jews from the life of the German state (still a theoretical one) on the grounds that they had the interests of a "Jewish state" at heart, interests which conflicted with those of the state where they resided. Such diverse Jewish thinkers as Mendelssohn and Maimon had already shown that with the fall of the Jewish state, religion and the state were separated. Gabriel Riesser, whose early works Auerbach summarizes in *Gallerie der ausgezeichnetsten Israeliten,* stressed that Judaism was a *confession;* with respect to national identity, German Jews were *Germans.* What Auerbach emphasizes here is that Jews should not be denied full rights and privileges as citizens on the basis of the nefarious argument that the interests of Jews were somehow different from those of other citizens. In those instances where religious practice conflicted with the social and economic patterns of the majority of the population, for example, worship on the Sabbath, accommodation should certainly be made. Furthermore, Auerbach constantly points out that Judaism, as always, is in a process of development: "*Das Judenthum* hat begonnen, sich zeitgemäß aus dem Kerne seiner Ursprünglichkeit, an der Hand der Geschichte zu entwickeln . . ." (51), although Auerbach will not presume what forms Judaism will take. I am not convinced that Auerbach was not at a loss to envision these forms and find it telling that he never states in detail what Jews are—he just presents how the other perceives the Jew.

It has been pointed out that Auerbach later became disaffected from the life of the synagogue. His attendance was erratic and seemed motivated by the desire to maintain a sense of religious fellowship (Katz 225). A radical example of the extent to which Auerbach found himself in conflict with this community is his refusal to circumcise his second son, despite his insistence that the son be registered as a Jew. In place of the celebration of circumcision, Auerbach arranged for a feast of *Menschenerklärung* (Katz 224). Yet Auerbach felt himself to be a Jew and advocated on their behalf to the end of his life. Therefore, despite some protestation to the contrary, being a Jew meant to Auerbach not only adherence to the creed and rituals of Judaism but also rootedness in a specific group with its own cultural and religious history. Finally, though we feel great discomfort today in associating physical characteristics with a certain ethnic group, particularly the Jews, this was not the case with Auerbach or other German-Jewish contemporaries like Heine or Fanny Lewald. Descriptions of Jewish characters in the novels, albeit not always detailed, indicate that for Auerbach Jews also had a physiognomic identity.

The two salon scenes present the main ideas of the Enlightenment in their religious, political and social context. With respect to the Prussian state, people are far from enjoying any equality under the law. Humanity is even further removed from that ideal condition in which human behavior will be governed by justice for its own sake rather than by religious or legal prohibition. And yet, amidst intolerance, be it expressed through religious zealotry or political oppression, it is possible for people, with all their unique differences of origin, custom, and belief, to live together in harmony, in a spirit of tolerance and friendship.

Mendelssohn and Lessing are shown in the roles of philosopher, theologian, and political and social thinker in these scenes. Whereas Mendelssohn maintains a sublime serenity in debate, Lessing is the fiery polemicist. Because Auerbach does not want to be bound by chronological historical accuracy, he often presents Mendelssohn's and Lessing's thoughts without naming the works in which they appear. With respect to Mendelssohn, Auerbach focuses on the ideas of the "Erstes philosophisches Gespräch" (the attempt to reconcile Spinoza with Leibniz) and *Jerusalem* (the discussion of the rights of the citizen versus the state). Sometimes Mendelssohn comes across as Lessing's dramatization of him in *Nathan der Weise.* Of interest is Auerbach's omission of an actual controversy involving Mendelssohn and Ephraim Kuh. Kuh sent a copy of his ode "Lob Gottes nach einem Donnerwetter" to Mendelssohn, who amended, expanded, and then published it under his own name. Kuh felt this was an injustice (Kayserling 29–31). It would have run counter to Auerbach's intent to include any episode which might detract from Mendelssohn's character. Lessing is seen as the author of two works advocating religious tolerance: *Die Juden* (mentioned in a previous chapter) and, by implication, *Nathan der Weise.* Beyond that, Lessing is the writer of letters criticizing Frederick II, an epigrammatic poet lauding friendship, and, above all, the author of *Über die Erziehung des Menschengeschlechts,* a work that envisions a dialectic away from the three positive religions. Lessing emerges as a creative writer only in passing in an earlier scene when Ephraim introduces him to Veilchen as "ein Bruder in Apoll."[10]

The real life of the Jewish people in German lands during the second half of the eighteenth century is far more complex and difficult than the idealized relationships depicted in the salon scenes. Auerbach shows the Jewish community in primarily a positive light, yet there is also much conflict as the old values come into question, and the members wrestle with the problem of whether to assimilate into German society, a process which, practically, still only can be brought about by conversion. Ephraim Kuh himself is the prime example of the Jew who, having grown up in a closed Jewish community, confronts societal changes and suffers a crisis of identity.

The opening chapter, which takes place during Ephraim's childhood, describes the homeless, wandering Jews: "Durch die endlosen Judenvertreibungen und Verfolgungen waren unzählige jüdische Familien in die Nothwendigkeit versetzt, mitten im civilisierten Europa, gleich ihren Vorfahren in der Arabischen Wüste, ein Nomadenleben zu führen" (XII, 1).[11] We see the strife, discord, and physical abuse caused by poverty. With the advent of the Sabbath, however, the Jews demonstrate communal responsibility; even the poorest has a place to stay on this day of rest. The narrator describes the Sabbath in loving detail—the decorations, the Menorah, the abundant food, and the solemn rituals at home and in the synagogue. Parables, Jewish lore, and even superstitions are recounted.

The Jewish characters come from all levels of society. Circumstance, intellect, and temperament cause them to respond to their Jewishness in different ways. Auerbach places Mendelssohn, the exemplary Jew, at the core of the novel, but he overlooks neither the Jewish peddler who proudly wears the yellow rag wrapped around his arm nor the debased Jewish toll collector. In Rabbi Chananel we see the dilemma of the Jew who has acquired a broader education and rebels against the confining practices laid down by the Talmud. His solution to the problem is a cynical one, for he betrays the trust which Ephraim's father placed in him. Years later, having vacillated between enlightened conviction and hypocritical practice, he comes to a gruesome end. The gypsy Schnauzerle, a Polish Jew, lost wife and children as he wandered across Europe in the struggle to eke out an existence. Though his life is brushed by tragedy, he is a plucky survivor who, through rather forced turns of plot, assists Ephraim in times of need. Mendel Felluhzer, the marriage broker, provides a bit of humor as he describes his clients. How close these characters must have been to Auerbach is demonstrated in that the synagogue sexton, Krumm Meierle, is named after the sexton upon whom Auerbach and a friend played a youthful prank (Bettelheim 25).

Pazi sees in Auerbach's description of Veitel Ephraim "for the first and last time the self-hatred so often observed in the 'enlightened' Jew" ("Auerbach and Hartmann" 204). It is true that the negative stereotype:

> Schlaff und runzelig schlotterte die weißgelbe Haut seines blattnarbigen und wie wurmstichigen Gesichtes, die Augen waren wie von unersättlicher Gier weit aus ihren Höhlen getrieben, die zurückgedruckte

hohe Stirne, die aufgeworfenen bläulichen Lippen schienen Versch-
lagenheit und sklavische Unterwürfigkeit zu verrathen . . . (XII, 141)

underscores greed and degradation, but Lessing later says that people like Veitel are found in all faiths. Furthermore, Auerbach treats
with some sympathy pragmatic Uncle Veitel's attempt to establish
himself in German society. Unlike the idealistic cousin Emanuel,
whose appeal that King Frederick Wilhelm liberate the Jews was
rudely rebuffed and who then was robbed of his money before he
could emigrate to America, Veitel, the often denigrated commercial
Jew, had set about acquiring enough wealth to guarantee security for
his family. Yet at his moment of triumph, when he leaves for Berlin,
a letter of freedom from Frederick the Great in hand, peasants in the
tavern bombard him with insults. He is allowed no more dignity
than Schmul, the *Trödeljude*, demonstrating that just treatment
through the privilege of exception is not true justice. Even the optimistic Veitel despairs at the status of the Jews: "Man muß viel Prast
und Sorgen in dieser Welt ertragen; wenn man nicht seine Kinder
und seine Familie hätt, möchte man oft lieber gestorben sein" (XII,
198).

Ephraim's father, Moses Daniel, is the dignified family patriarch
who finds deep joy in Judaic tradition and views the Enlightenment
as a threat to the Jewish people. His death is brought about prema-
turely through being framed for killing a Christian and using his
blood in the Passover ceremony. Jews were falsely accused of this
practice since medieval times, and Heine depicts a similar "blood-
libel" in *Rabbi von Bacharach*. Moses Daniel is threatened with torture, but has done nothing to which he can confess.[12] Although the
true murderer is exposed, Moses Daniel is a broken man. Lessing's
Ring Parable is echoed in reverse, for the father dies without leaving
his talisman to any of his children, signifying a rupture in the faith.
One month after his death three of his four sons appear in the synagogue with pigtails, a sign of acculturation. By the end of the novel
two sons have converted, and Moses Daniel's wish that God call
him before he would have to experience the apostasy of his children
is fulfilled. Yet since the talisman not passed on is a symbolic one—
the poetic refrain "auch gut" uttered resignedly whenever misfortune befalls a Jew—one can regard this breech as the end of passive
acceptance to injustice.

The issue of conversion is discussed among Moses Daniel's
children as they divide up their inheritance. Dull-witted and spine-
less Chajem simply lets himself be led by his silly wife, Täubchen-
Theodolinde, a Jewish Mrs. Malaprop who misuses both French and
German words. Täubchen's later conversion is merely an extension
of her ongoing effort to keep up with fashion. Perceiving Christianity to be both a more joyous and a more inwardly directed religion,

Veilchen sometimes yearns to be a Christian. She also favors Christianity to Judaism with respect to the place of women in the worship service, although orthodoxy is oppressive to both sexes:

> Ein jüdisches Fest, das die Männer nur in den feuchten Mauern der Synagoge, und die Frauen nur in der Küche begehen, wie eng und gedrückt ist das! ... O Gott, warum hast du mir keine Kirche gegeben, in der ich dich in tiefer Zerknirschung anbeten und mich zu dir erheben darf. Was kümmern mich die Satzungen der Priester, warum hast du mir selber die Pforten deiner Synagoge verschlossen? (XII, 116)

Nathan, who does not set much store by religion, voices the most common reason Jews of his day converted—to be in the mainstream of society. Ephraim expresses the Mendelssohnian idea that he will remain in Judaism because within it, just as well as any other religion, he will be able to prepare for the religion of reason. Scoffing, Nathan maintains that religion and reason are a contradiction in terms. Furthermore, "diese neue Religion mit der doppelten Buchhaltung ist noch nicht da" (XII, 112). Wanting to be in keeping with the times, Nathan uses the analogy of timepieces. Even if he had a pocketwatch which was more accurate than the clock on the church tower, he would go by the latter to keep in step with every one else. Only Maier is deeply shaken that his siblings are even discussing conversion. He finds it a desecration of their father's memory and goes off to pray a kaddish.

Through its portrayal of three different women, the chapter "Frauenleben" also touches on the issues of identity, emancipation, and self-determination. It is now commonly accepted that those staunch Enlightenment advocates of emancipation, with few exceptions, had in mind equality among *men*. But by Auerbach's time that had changed. The Romantics, the Saint-Simonists, and especially the reformers of the *Vormärz*, however diverse their concept of woman's role might be, were conscious of her need for self-realization *(Frauenemanzipation* 4–7). Although Auerbach does not specifically address this matter in his non-fictional work, there is evidence in the novel that he felt the need for reform.

Sensitive, reflective, responsive to God and the world with her heart, Ephraim's sister Veilchen, as her name suggests, resembles the heroine of an *Empfindsamkeit* novel. Since her father has not seen to her education, Ephraim teaches her to read and write. Here the novel reflects a significant change transpiring in the lives of a limited number of women toward the end of the eighteenth century. Inadvertently, Veilchen's new knowledge becomes the cause of her unhappiness: "Das ganze spätere Lebensgeschick Veilchens findet seinen Ursprung in der unschuldigen Tatsache, daß sie Deutsch lesen und schreiben konnte" (XII, 84). Lessing's drama *Die Juden* served as Veilchen's primer, so when Lessing calls on Ephraim, Veilchen inevitably falls in love with the brilliant, handsome, and noble-spirited author. Upon realizing the emotions he has stirred in Veilchen, Lessing quickly withdraws, but she continues to pine for him. Ironically, Veilchen's ability to read increases her desirability as a marriage prospect; she is a valuable commodity. Seeing no possibility of self-fulfillment, Veilchen resigns herself to the marriage to a Jewish merchant arranged by Onkel Veitel. *Entsagung,* the renunciation of personal wishes and desires to achieve a "greater good," was a positive value in the literature of the period Auerbach treats. For a woman this renunciation often meant the denial of feeling and resignation to a marriage arranged by the family. But by Auerbach's time such marriages of convenience were increasingly called into question in the literature of the *Vormärz.* During preparations for the wedding ceremony, Veilchen feels she is surrendering a part of herself: "Als Veilchen . . . von den Frauen eingekleidet wurde, fiel es ihr auf, daß diese Ceremonie der Einkleidung einer Nonne glich" (XII, 148). She is moved to tears when her hair is cut off ruthlessly. Gazing into the mirror, Veilchen cannot recognize herself; it is as if she had been violated. The narrator's pointed statement that this custom was prescribed by the Babylonian Talmudists implies that it is antiquated. Further on in the novel both Veilchen and her husband suffer under the conditions of this mismatch, and the narrator indicts arranged marriages. Auerbach, lonely as he sometimes was in early manhood, believed that one only should enter marriage joyously and completely. He wrote Jakob Auerbach, "ich werde nie heirathen, wenn ich es nicht mit ungetheilter, freudiger Seele kann" (*Briefe* I, 21 Nov. 1846, 57).

In depicting the unfortunate consequences of Veilchen's learning, Auerbach surely does not mean to imply that women should not be educated. Rather, Veilchen's situation demonstrates that knowledge opens up new vistas and presents more choices. If one is forced to make a choice not in keeping with one's inclinations, unhappiness ensues. In Veilchen's case, the strictures of religious practice and social convention collude to inhibit her development.

The impoverished Karschin appears at Veilchen's wedding reception and, for a pittance, entertains with impromptu verse. Die Karschin, too, is unhappy in her second unfortunate marriage. When later she arrives at the Mendelssohn's home, it is clear that even though her lot has improved somewhat—she has become a conversation piece at the nobility's soirées—the King will not help her, not only because she is a *German* writer but also because she is a woman.

The chapter ends with an analysis of the relationship between Ephraim and the young girl Philippine. Feeling at loose ends about his emotional life and his career, Ephraim takes it as a providential sign when the thirteen year old appears after he has prayed that God will keep him off an errant path and find him a suitable bride. In a reflective passage the narrator analyzes the psychological motives of men choosing girls for brides—hidden cowardice, self-indulgence, and narcissism:

> Man ist hier seines Sieges so gewiss; das Streben nach der unmittelbarsten Uebermacht, gebaut auf ein angewohntes Abhängigkeitsverhältnis, ist nicht selten die geheime Triebfeder jener kinderlieben Männer. Nur zwei gleich entwickelte Geister, die auf einer entsprechenden Stufe der Reife stehen, können sich in echter und fester Liebe erfassen; daß aber jene höhere Gleichheit, die zugleich die wahre Einheit ist, in der Liebe wie in der Ehe herrschen müsse, dazu mögen sich nur wenige Männer erheben. (XII, 160)

If marriage is the foundation of society, then it would behoove society that a marriage be one of equals. Unfortunately, most men are not capable of "lifting themselves up" to this state of equality. Here Auerbach shows astute psychological insight. People's own inadequacies of character, their own dependencies, drive them to wield power over others. The issue at hand is marriage. But such motives could be impugned to any relationship in which one person or one group tries to subjugate the other.

The counterpoint to these women is Recha, Mendelssohn's sister-in-law. Calm, self-possessed, trained by Mendelssohn to closely scrutinize every facet of an issue, she easily holds her own during the discussion at Mendelssohn's home. Indeed, she is the only one who seems to stump Mendelssohn with her question whether Christianity had not improved the status of women. Mendelssohn replies that is difficult to determine to what extent revelation is eternal and to what extent it is still in need of perfection. Since the destruction of the Jewish state, Judaism must let other nations, here Germany, decide political matters such as the position of women. Mendelssohn never addressed the legal rights of women except for putting down Jewish law in *Ritualgesetze der Juden*. In *Jerusalem* Mendelssohn does treat the powers of church and state with respect to social contracts, maintaining that the state—he means a state whose citizens are primarily of the Christian faith, so that the laws may be biased on behalf of Christianity—has no power to legislate *Gesinnungen*. The specific example he uses is the case of a Jewish married couple in which the man converted to Christianity yet wanted to keep his wife. Marriage in Judaism, Mendelssohn points out, is a social contract. When both parties entered into the marriage it was with the understanding that the household would be run under Jewish regulations. The wife could not be forced to remain in the marriage and live in conditions counter to her beliefs.

The state does not have the right to use coercion in these matters *(Jubiläumsausgabe* VIII, 119–20).[13] But in this passage Auerbach, through Mendelssohn, implies that the laws of the state will have to supercede religious law to bring about equality.

Recha herself does not seem much interested in marriage; Wolf quips that even if God were to ask for her hand, she would mull it over for three days. For Ephraim and, I believe, Auerbach, Recha typifies the enlightened Jewish woman whose exclusion from the activities of mainstream society has intensified and sharpened her intellectual endeavors.

In Auerbach's previous novel, *Spinoza,* the fact that the philosopher also mastered a craft was considered a sign of balance, of harmony. But dual occupations in *Dichter und Kaufmann* — Mendelssohn as philosopher and manager of a silk factory, Frederick II as king and philosopher, Kuh as poet and merchant — are seen as indicative of the discord *(Zwiespaltigkeit)* of the age. Ephraim muses, "Vielleicht liegt es im Charakter unserer Zeit . . . daß Niemand ganz eins sein soll" (XII, 168).

Although the social changes brought about by the Enlightenment were positive, increased opportunity and mobility also caused individuals confusion about where they belonged in society. For the Jews emerging from the ghetto the conflicts were particularly pressing, leading Ephraim to remark, "Ein Jude steht in einer Welt voller Kontraste" (XIII, 69). Ephraim's Jewish identity does not cause all his problems, but it certainly aggravates them. As Nathan tells Ephraim, "Das Judenthum ist darum eine so schwere Last, weil es gar nicht aus dem Widerspruch mit der Welt herauskommen läßt" (XIII, 193). Ephraim, despite his resolve to hold on to his heritage, takes decisive steps which cut him off from the Jewish community — he learns calligraphy, he learns German, and he reads profane books. The orthodox community resists such changes. The narrator explains that the exclusion of the Jews from the life of the people as a whole *(Völkerleben)* caused the Jews to close themselves off, too. Orthodoxy put a religious stamp on it.

But German society is not yet ready to accept Ephraim. After Ephraim leaves Berlin he is vilified at the court and on the street for being a Jew. In his agitated and physically debilitated state upon his return home, he does not know where he belongs. First he seeks the company of women relatives, for they accept him as he is. Then he restricts himself to the company of strangers because they do not probe too deeply. The advent of the publication *Der Sammler* revives Ephraim's interest in Hebrew, the Bible, the Talmud, and Jewish customs. Maimon introduces him to life in the tavern, which brings about the attempt of the Orthodox to ban him. Later on he seeks out the Christians until he is infuriated by an attempt to convert him.

Ephraim's vagaries demonstrate that not everyone had the strength of a Mendelssohn to overcome the dichotomies of his time. Two incidents highlight Ephraim's struggle with his identity. When Ephraim leaves Berlin, he secures a false passport, assuming the identity of an Italian count. For once he wants the freedom of not being a Jew. Casanova introduces him to the court. At the masked ball Ephraim assumes a third identity disguised as a crusader, that is, someone who fought for the Christian faith. At the moment when he is furthest removed from his roots, if only through the contrivance of mask, Ephraim mentally transposes himself into his past world. Suddenly the figure of his father greets him, "Massel tov, Rabbi Ephraim!" Schnauzerle, disguised as the father, functions as Ephraim's conscience and confronts him with his true identity.

Later in Breslau, Ephraim spends hours gazing into the mirror. Unlike his sister-in-law, Philippina, who enjoys looking into the mirror to see how she appears to society—that is, she views herself in relationship to others—Ephraim wants to lose his individuality, to dissolve into a realm of pure *Sein*. When he goes totally mad, Ephraim flails at the mirror, ranting against "the second Ephraim," until it is shattered.

The symptoms of Kuh's mental illness—hallucinations with persecutory content—are classic symptoms of paranoid schizophrenia.[14] His illness is an actual and a metaphoric crisis of identity, reflecting the schizophrenic position of the Jew in Germany during an era of attempted emancipation. Ephraim's bouts of insanity are ameliorated only by his stroke. His last days are spent in the care of his family, reading the Psalms and browsing through his book of poetry. But then the calm state of resignation on the private level is interrupted by news of the storming of the Bastille. The Germans most of all, according to the narrator, welcome the fact that philosophy and humanity have been elevated to law. Ephraim murmers the words of the prophet Zacharias, "Und am Abend wird es Licht" (XIII, 223). At the time Auerbach wrote the novel, the ideals of the Enlightenment had not yet been transformed into law in German lands. Through this work Auerbach exhorts the Germans to make these ideals a new reality.

Louisiana State University

---

1 My reading of Auerbach began in Jeffrey L. Sammons's 1985 NEH Summer Seminar: *Germans and Jews: The Literary Experience*. To Professor Sammons I am indebted for many insights underlying this study.
2 M. I. Zwick was an early critic to recognize that Auerbach's Jewishness was central to his life and work even though it was at times expressed only indirectly. Zwick also understood the historical context which gave impetus to Auerbach's

early writings—the restoration and reaction that set in after the initial reforms brought about by the French Revolution and Napoleonic occupation.

3 Anton Bettelheim, Auerbach's biographer, also considers *Dichter und Kaufmann* to be a failed novel: "Den Zwiespalt zwischen gemütlichen Familienüberlieferung und schonungsloser Glaubenskritik schlichtet und richtet der Erzähler so wenig wie sein schwächlicher Held. So hat Auerbach im Grunde weder den echten Ghettoroman ausgeführt, noch den modernen Judenroman der Übergangszeit geahnt, der 'Das entfesselte Ghetto' heißen und zeigen müßte" (127). In the almost eighty years which have passed since this biography was written, readers no longer expect dichotomies to be smoothed over. Auerbach's novel is nothing other than a study of the life of Jews who are beginning to emerge from the ghetto. I would agree with Bettelheim's criticism of the silly love scenes and Auerbach's high-handed treatment of some of the representatives of the Enlightenment, particularly when they are drawn into a love story. Furthermore, Bettelheim's biography is an invaluable source for many details on Auerbach's life. Finally, I would like to point out, as has Rhotert, that Kuh's early biographer, Kayserling, was also guilty of fabricating love stories for Kuh solely on the basis of his poems.

4 Further citations from *Berthold Auerbach's gesammelte Schriften* are identified in the text by volume and page number only.

5 Auerbach planned to write a biography of Mendelssohn to accompany an edition of Mendelssohn's collected works. This plan was not carried out *(Briefe* I, 29 Oct. 1837, 31–32). He did write biographies of Spinoza, Frederick II, and Kuh.

6 See Altmann 35.

7 Compare Kaiser 410–12.

8 A passage from Gabriel Riesser's essay "Einige Worte über Lessing's Denkmal an die Israeliten Deutschlands gerichtet" (1838) is a further example of the belief that the ideal of humanity, as embodied in the friendship between Lessing and Mendelssohn, is just as important as law in overcoming injustice and hatred: "Wie dieser Sieg zu gewinnen, auch dafür bedürfen wir eines Vorbildes . . . Wo aber fänden wir ein solches Vorbild reiner und erhabener, als in der Freundschaft *Lessing's* und *Mendelssohn's*" (IV, 18).

9 These words reflect the thought of other Jewish advocates of equality who were contemporaries of Auerbach. In a letter to Alexander Kunzel dated May 12, 1837, Johann Jacoby maintained: "Wie ich selbst Jude und Deutscher *zugleich* bin, so kann in *mir* der Jude nicht frei werden ohne den Deutschen und der Deutsche nicht ohne den Juden; wie ich mich selbst nicht trennen kann, ebensowenig vermag ich in mir die Freiheit des einen von der des anderen zu trennen" *(Johann Jacoby Briefwechsel 1816–1849*, 56–57).

10 In his study "Lessing in Drama," Guy Stern observes that during Lessing's lifetime and for about sixty years thereafter, Lessing was received as both *Denker* and *Dichter* (345–46); those dramas published between the middle of the nineteenth to the middle of the twentieth centuries treat 1) "interesting episodes from Lessing's life; 2) Lessing as a polemicist . . ." (247). Stern attributes this diminished interest in Lessing as a creative writer to the predominance of the Romantic aesthetic which had taken hold by the mid-century. Chronologically, Auerbach's *Dichter und Kaufmann* falls into the first period, but Auerbach focuses on the thought of Lessing's works, rather than on their creative aesthetic, because at this point in his literary career he regarded the novel primarily as a vehicle for political and social reform. In this respect he was no different from other novelists of the *Vormärz*.

11 The specter of Jews as nomads was deeply disturbing to Auerbach. Both Pazi ("Auerbach and Hartmann" 213) and Katz (229–30) discuss Auerbach's strong opposition to the suggestion in 1872 that there be a mass emigration to America of Rumanian Jews who were suffering persecution. Auerbach wrote to his friend Jakob, "Durch diesen Gedanken der Massenauswanderung wird etwas Zigeunerisches in die Stelle der Juden gebracht. . . . Wir sind in das eingewurzelt, wo unsere Eltern und Vorfahren im Grabe ruhen" *(Briefe* II, 6 Oct. 1872, 123).

12 Auerbach incorporates several anecdotes from Maimon's autobiography into his novel: the slap Maimon received from his father when he questioned a Biblical interpretation, his meetings with Mendelssohn and Kuh, and his divorce, as well as the character of Heyman Lisse. Maimon's grandfather was also accused of killing a Christian and letting his blood for the Passover ceremony. Twice he withstood torture without confessing. Maimon's grandfather, then, may have been the model for Moses Daniel.
13 See Altmann 528.
14 *DSM III* 103–107. I wish to thank Susanne M. Jensen for her gracious assistance in diagnosing Kuh's symptoms.

Works Cited

Altmann, Alexander. *Moses Mendelssohn: A Biographical Study.* University, Alabama: U of Alabama P, 1973.

Auerbach, Berthold. *Briefe an seinen Freund Jakob Auerbach.* 2 vols. Frankfurt a.M.: Rütten & Loening, 1884.

_____. *Epilog zur Lessing-Feier.* Dresden: Arnoldische Buchhandlung, 1850.

_____. *Gesammelte Schriften.* 2nd ed. Stuttgart: J. G. Cotta, 1864.

_____. *Die Genesis des Nathan: Gedenkworte zu Lessing's 100-jährigem Todestag.* Berlin: Aug. Berth. Auerbach, 1881.

_____. *Das Judenthum und die neueste Literatur.* Stuttgart: Fr. Brodhag'sche Buchhandlung, 1836.

_____. "Gabriel Riesser." *Gallerie der ausgezeichnetsten Israeliten aller Jahrhunderte, ihre Portraits und Biographien.* Eds. N. Frankfurter and Berthold Auerbach. Stuttgart: Fr. Brodhag'sche Buchhandlung, 1836, 5–42.

Bettelheim, Anton. *Berthold Auerbach: Der Mann—Sein Werk—Sein Nachlaß.* Stuttgart: J. G. Cotta'sche Buchhandlung Nachfolger, 1907.

Frauenemanzipation im deutschen Vormärz: Texte und Dokumente. Ed. Renate Möhrmann. Stuttgart: Reclam, 1978.

Johann Jacoby Briefwechsel 1816–1849. Ed. Edmund Silberner. Hannover: Fackelträger, 1974.

Kaiser, Nancy A. "Berthold Auerbach: The Dilemma of the Jewish Humanist from *Vormärz* to Empire." *German Studies Review.* 6.3 (1983): 399–419.

Katz, Jacob. "Berthold Auerbach's Anticipation of the Jewish Tragedy." *Hebrew Union College Annual.* 53 (1982): 215–40.

Kayserling, M. *Der Dichter Ephraim Kuh.* Berlin: J. Springer, 1864.

Lessing, Gotthold Ephraim. *Gotthold Ephraim Lessings sämtliche Schriften.* 3rd ed. Ed. Franz Muncker. 22 v. in 24. Stuttgart: G. J. Göschen, 1886–1924.

Maimon, Salomon. *Lebensgeschichte.* Ed. K. P. Moritz. 2 vols. Berlin: Vieweg, 1792.

Martini, Fritz. *Deutsche Literatur im bürgerlichen Realismus 1848–1898.* Stuttgart: Metzler, 1974.

ckckieker Di Maio285285ntation

Mendelssohn, Moses. *Schriften zum Judentum II.* Ed. Alexander Altmann. Vol. 8 of *Gesammelte Schriften. Jubiläumsausgabe.* Stuttgart: Friedrich Frommann, 1981.

Meyer, Michael A. *The Origins of the Modern Jew: Jewish Identity and European Culture in Germany, 1749–1824.* Detroit: Wayne State, 1967.

Mosse, George L. *German Jews Beyond Judaism.* Bloomington: Indiana UP; Cincinnati: Hebrew Union College, 1985.

Pazi, Margarita. "Berthold Auerbach - dem jüdischen Autor der deutschen Dorfgeschichte zum 100. Todestage." *Neue deutsche Hefte.* 29 (1982): 95–109.

_____. "Berthold Auerbach and Moritz Hartmann: Two Jewish Writers of the Nineteenth Century." *Leo Baeck Institute Year Book* 18 (1973): 201–18.

_____. "Revolution und Demokratie im Leben und Werk von Berthold Auerbach." *Revolution und Demokratie in Geschichte und Literatur: Zum 60. Geburtstag von Walter Grab.* Ed. Julius H. Schoeps. Duisburg: Walter Braun, 1979.

Present Diagnostic and Statistical Manual of the American Psychological Association (DSMIII). Washington: APA, 1980.

Rhotert, Hans. *Ephraim Moses Kuh.* Diss. München, 1927.

Riesser, Gabriel. *Gabriel Riesser's Gesammelte Schriften.* Ed. M. Isler. 4 vols. Frankfurt/Main: Verlag der Riesser-Stiftung, 1867–68.

Sengle, Friedrich. *Biedermeierzeit: Deutsche Literatur im Spannungsfeld zwischen Restauration und Revolution 1815–1848.* 3 vols. Stuttgart: Metzler, 1971–1980.

Sorkin, David. "The Invisible Community: Emancipation, Secular Culture, and Jewish Identity in the Writings of Berthold Auerbach." *The Jewish Response to German Culture.* Ed. Jehuda Reinharz and Walter Schatzberg. Hanover and London: UP New England, 1985.

Stern, Guy. "Lessing in Drama." *Nation und Gelehrtenrepublik. Lessing im europäischen Zusammenhang.* Ed. Wilfried Barner and Albert M. Reh. Detroit: Wayne State UP, 1984.

Torbruegge, M. K. "On Lessing, Mendelssohn and the Ruling Powers." *Humanität und Dialog. Lessing und Mendelssohn in neuer Sicht.* Ed. Ehrhard Bahr, Edward P. Harris and Lawrence Lyon. Detroit: Wayne State UP, 1982.

Zwick, M.I. *Berthold Auerbachs sozialpolitischer und ethischer Liberalismus.* Stuttgart: Kohlhammer, 1933.

Walker, Colin. "Berthold Auerbach." *Neglected German Progressive Writers (1). Galway Colloquium 1984.* Galway: German Department/University College, 1984.

Nachträge und Ergänzungen zur Wieland-Bibliographie 4

Hansjörg Schelle

Vorbemerkung

Bei den "Editionen" sind zu unterscheiden: (a) Werke u. (b) Übersetzungen Wielands, (c) von Wieland hrsg. bzw. eingeleitete Schriften und (d) Teildrucke Wielandscher Schriften in Sammlungen. Das Verzeichnis der Forschungsliteratur enthält unter *Wieland Halberstadt* als Nachlese zum Gedenkjahr 1983 die Beiträge zum Halberstadter Kolloquium (vgl. Höhle.). Die "Dokumente zu Wirkung und Nachwirkung" sind wie folgt gegliedert: (a) Gedenkfeiern u. -schriften; (b) Abrisse; (c) Gedenkstätten; (d) Pressestimmen zur "Hamburger Reprintausgabe"; (e) Verlagsprospekte; (f) Wieland in Dichtung und Belletristik; (g) Wieland in der bildenden Kunst und (h) Behandlung in der Schule.

Wiederum hat die Leiterin des Wieland-Museums in Biberach an der Riß, Frau Diplombibliothekarin Viia Ottenbacher, die Erarbeitung des Verzeichnisses durch laufende Mitteilung der Neuerwerbungen des Wieland-Archivs wesentlich erleichtert. Ihr, Frau Holde Borcherts, M. A. L. S., Wissenschaftliche Auskunft der University of Michigan Harlan Hatcher Graduate Library, sowie Herrn Kollegen Prof. Dr. Werner Grilk sei für ihre erneute Hilfe herzlich gedankt.

Ann Arbor, Michigan, November 1986.

Editionen

1985

a   Wieland, Christoph Martin. *Koxkox und Kikequetzel: Eine Mexikanische Geschichte.* Delphi, 1023. Nördlingen: Franz Greno:95 S., xvi Farbtafeln auf Kunstdruckpapier. [Format 22x30,5 cm; Ergänzung des Vortitels (S. 1): ". . . Ein Beytrag zur Naturgeschichte des sittlichen Menschen"; Hans Radspieler, "Nachbemerkung," 89–93; Faksimile des Textes von C^4 Bd. 14(1796):5–88, nach einem Exemplar des Wieland-Museums Biberach an der Riß; Titelkupfer von C^4 Bd. 14(S. 2): "H. Ramberg

Lessing Yearbook, 1987, Vol. XIX, pp. 285–292.
Copyright © Wayne State University Press, 1988.

invenit et delin. 1794. J. S. Klauber Sculp. Aug./ Kikequetzal/ Die Erfinderin der Musik"; "sechzehn Farbtafeln nach Chromolithographien aus Meyer's Konversations-Lexikon, 1890" (Angaben des Verlagsprospektes), naturwissenschaftliche und anthropologische Darstellungen ohne direkte Beziehung zu Wielands Text.]

———. *Peregrinus Proteus.* Mit einem Essay von Karl Mickel. Leipzig: Insel-Verlag Anton Kippenberg; München: C. H. Beck:411 S. [Text, 5–333; Anhang: Karl Mickel, "Peregrinus Proteus oder die Nachtseite der pädagogischen Revolution," 337–64 (vorher in *SuF* 35 [1983]:814–35; "Zu dieser Ausgabe," 365; "Anmerkungen," 366–98; "Zeittafel zu Leben und Werk Christoph Martin Wielands," 399–410; "Inhalt," 411.]

———. *Peregrinus Proteus.* Eine "Unterredung zwischen zwey Geistern von nicht gemeinem Schlage," aufgeschrieben "zu dem unschuldigen Zweck, Menschenkunde und Menschenliebe zu befördern." C. M. Wieland, *Werke in Einzelausgaben.* Hrsg. Jan Philipp Reemtsma. Nördlingen: Franz Greno:xxiii, 479 S. [Jan Philipp Reemtsma, "Vorrede zu dieser Ausgabe," v–vi; Hans Radspieler, "Notizen zum Text," 472–77.]

b   Lukian von Samosata. *Lügengeschichten und Dialoge.* Aus dem Griechischen übersetzt und mit Anmerkungen und Erläuterungen versehen von Christoph Martin Wieland. Die Andere Bibliothek. Hrsg. Hans Magnus Enzensberger, 1. Nördlingen: Franz Greno:625 S. ["Der Text dieser Auswahl folgt dem Wortlaut des Erstdrucks": Leipzig: Weidmann, 1788–1789; Textredaktion: Hans Radspieler; Revision u. Übersetzung der altsprachlichen Zitate: Hans Ohm. Druck der Werkstatt Franz Greno in Korpus Neo Didot Monotype auf holzfreiem Werkdruckpapier, Pappband; daneben numerierte Vorzugsausgabe auf Subskription in Lederschuber, handgebunden.]

Horazens Satiren aus dem Lateinischen übersetzt und mit Einleitungen und erläuternden Anmerkungen versehen von C. M. Wieland. Hrsg. Hans Radspieler. Revision des lateinischen Textes und Übersetzung der altsprachlichen Zitate: Hans Ohm. Horaz, 1. Nördlingen: Franz Greno:551 S. [Text, 5–531; "Abkürzungen," 532–33; Hans Radspieler, "Notizen zum Text," 535–44; "Inhalt," 545–48.]

c   La Roche, Sophie von. *Geschichte des Fräuleins von Sternheim.* [Herausgegeben von C. M. Wieland.] dtv klassik, 2144. München: Deutscher Taschenbuch Verlag. ["Vollständiger Text nach der Erstausgabe von 1771. Textredaktion von Marlies Korfsmeyer. Mit einem Nachwort, einer Zeittafel u. Literaturhinweisen hrsg. v. Günter Häntzschel." (Rpt. der Ausgabe: Die Fundgrube, 56. München: Winkler Verlag, 1976.)]

Schiller, Friedrich. *Geschichte des Dreißigjährigen Kriegs.* Vollständiger Nachdruck der Erstfassung aus dem *Historischen Calendar für Damen für die Jahre 1791–1793.* Mit der Vorrede von Christoph Martin Wieland von 1791 und den Kupferstichen von D. Chodowiecki, H. Lips und J. Penzel, nebst den dazugehörenden Erläuterungen. Mit einem Nachwort von Golo Mann. Manesse Bibliothek der Weltgeschichte. Zürich: Manesse Verlag. [Christoph Martin Wieland, "Vorrede," 6–22.]

d   Faessler, Peter, Hrsg. *Bodensee und Alpen: Die Entdeckung einer Landschaft in der Literatur.* Sigmaringen: Jan Thorbecke Verlag:373 S. [IX: "Die Alpen —Eine literarische Entdeckung des 18. Jahrhunderts" . . . Christoph Martin Wieland, "Szenen einer freieren Natur" (Auszüge aus Briefen an Zellweger, Zürich, 27. 6. 1753, u. an Zellweger, Bodmer, Breitinger, Hess, Zürich, 5. 7. 1755), 98; "Hütte und Palast" (Auszug aus dem Brief an Zellweger, Winterthur, 4. 8. 1757), 100.]

Wieland, Christoph Martin. "Der Kalender sagt dem Danischmende im Vertrauen, was er von der menschlichen Gattung denke." *Der Rabe: Magazin für jede Art von Literatur.* Hrsg. Gerd Haffmans. Nr. 9:81–82, 213. [Kap. 13, *Geschichte des Weisen Danischmend und der drey Kalender.*

_____. *Die Philosophie*. Klassiker im Kontainer: Lessing, Lichtenberg, Wieland, Wezel, Schubart. Zürich: Edition Moderne: 16 unbez. S. ["Philosophie als Kunst zu leben und Heilkunst der Seele betrachtet," 7 S.; "Die Abderiten, (1. Buch), 3. Kapitel," 4 S.; 1 S. Kommentar.]

Wissenschaftliche Literatur

1985

Albrecht, Wolfgang. "Die milde Humanität des Priesters der Musen: Zu Wielands Dichtungsverständnis nach 1780." *Wieland Halberstadt*:228–40.

Beutin, Heidi, "Jutta Heckers *Wieland:* Zur Problematik des 'Dichter-Helden'." *Wieland Halberstadt*:282–88.

Beutin, Wolfgang. " 'Der Junker . . . schwenkt/ nicht faul/ sich auf des Fräuleins Maul': Alte Wortbedeutungen im Werk Wielands: Eine Forschungsaufgabe." *Wieland Halberstadt*:241–48.

Böhm, Hans. " 'Wenige haben das menschliche Herz besser gekannt und aufgedeckt als er . . . ': Zu Wielands Shakespeare-Rezeption." *Wieland Halberstadt*:154–84.

_____. Dasselbe. *Impulse* 8:43–68. [Überarbeitete Fassung.]

Breuer, Dieter. "Origines im 18. Jahrhundert in Deutschland." *Seminar* 21:1–30. [Wieland, *Die Natur der Dinge*, 11–12, 25–26.]

Carvill, Barbara Maria. *Der verführte Leser: Johann Karl August Musäus' Romane und Romankritiken*. CSGLL, 31. New York, Bern, Frankfurt a.M.: Peter Lang. ["Anhang: Briefe von Johann Karl August Musäus an Nicolai und andere Zeitgenossen," 231–342; Wieland, passim.]

Dahnke, Hans-Dietrich. "Die Götter im Negligé: Zu Wielands *Göttergesprächen*." *Wieland Halberstadt*:103–16.

Freitag, Egon. "Zur 'Völker- und Menschenkunde' im Schaffen Christoph Martin Wielands." *Wieland Halberstadt*:289–303.

Freydank, Dietrich. "Wieland in Rußland: Eine annotierte Bibliographie." *Wieland Halberstadt*:200–03.

Friedrich, Cäcilia. "Zur Idee von Liebe und Ehe in Wielands *Oberon*." *Wieland Halberstadt*:85–100.

Handrick, Willy. "Bildnis Seumes im Goethe-Nationalmuseum." *Impulse* 8:327–30 u. Abb. 25. [Wieland, passim.]

Hartung, Günter. "Wielands Beitrag zur philosophischen Kultur in Deutschland." *Wieland Halberstadt*:7–28.

Herbst, Hildburg. *Frühe Formen der deutschen Novelle im 18. Jahrhundert*. PSuQ, 112. Berlin: Erich Schmidt Verlag:170 S. [Wieland u. *TM*, passim. Überarbeitete Fassung der Diss. Princeton U. 1979.]

Höhle, Thomas, Hrsg. *Wieland-Kolloquium Halberstadt 1983.* [= *Wieland Halber-stadt.*] Protokoll des wissenschaftlichen Kolloquiums in Halberstadt vom 29. bis 30. September 1983 aus Anlaß des 250. Geburtstages von Christoph Martin Wieland. Kongreß- und Tagungsberichte der Martin-Luther-Universität Halle-Wittenberg; Wissenschaftliche Beiträge, 12: Halle (Saale): Wissenschaftspublizistik der Martin-Luther-Universität: 306 S. ["Vorwort," 3; Beiträge von Günter Hartung, Klaus Schaefer, Thomas Höhle, Hans-Georg Werner, Cäcilia Friedrich, Hans-Dietrich Dahnke, Renate Scholz, Heidi Zeilinger, Siegfried Scheibe, Charlotte Köppe, Hans Böhm, K.-H. Schwabe, Horst Höhne, Dietrich Freydank, Werner Schubert, Wolfgang Stellmacher, Wilfried Rudolph, Wolfgang Albrecht, Wolfgang Beutin, Heike Steinhorst, Asta Richter, Hans-Jürgen Ketzer, Erika Tunner, Heidi Beutin, Egon Freitag.]

Höhle, Thomas. "Wieland und die verpönte Gattung des Staatsromans. *Wieland Halberstadt:*41–60.

Höhne, Horst. "Zur Rezeption Wielands durch die englische Romantik." *Wieland Halberstadt:*190–99.

Ketzer, Hans-Jürgen. "Einige Bemerkungen zu Wielands Rousseau-Aneignung und deren Beurteilung durch die Stürmer und Dränger." *Wieland Halberstadt:*267–72.

Klotz, Volker. *Das europäische Kunstmärchen: Fünfundzwanzig Kapitel seiner Geschichte von der Renaissance bis zur Moderne.* Stuttgart: J. B. Metzlersche Verlagsbuchhandlung. ["Christoph Martin Wieland," 94–106, 378 u. Wieland, passim.]

———. "Dahergelaufene und Davongekommene: Ironisierte Abenteurer in Märchen von Musäus, Wieland und Goethe." *Euphorion* 79:322–84. ["Wieland" ("Die Salamandrin und die Bildsäule" aus *Dschinnistan).* 328–30 u. passim.]

Köppe, Charlotte. "Christoph Martin Wielands Beziehungen zur Antike in der Verserzählung *Musarion* (1768)." *Wieland Halberstadt:*143–53.

Kurth-Voigt, Lieselotte E. "Existence after Death: Changing Views in Wieland's Writings." *LY* 17:153–76.

Maurer, Michael. "Das Gute und das Schöne: Sophie von La Roche (1730–1807) wiederentdecken?" *Euphorion* 79:111–38. [Wieland, passim.]

Menhennet, Alan. "From Biberach to Bath: Wieland, Jane Austen, and Ann Radcliffe." *Quinquereme* 8:62–73.

Miyashita, Keizo. "Wieland: Der undeutsche Klassiker." [Japan.] *Gete Nenkan—Goethe-Jahrbuch* 17:1–15 u. 1 [+] [Dt. Zus.fassung].

Perez, Hertha. "Personengestaltung bei Christoph Martin Wieland." *EG* 40:161–74.

Plachta, Bodo. "Die Sage von der schönen Rosamunde und das literarische Umfeld des Droste-Gedichts 'Rosamunde'." *MSG* 11:34–49. [Wielands Singspiel *Rosamunde,* 37–40 u. passim.]

Pons, G. "La correspondance de Wieland de septembre 1772 à décembre 1777." *EG* 40:69–76. [Beruht auf *Wielands Briefwechsel,* Bd. 5(1983).]

Ratz, Alfred E. "Krieg und Frieden bei Christoph Martin Wieland." *Seminar* 21:192–206.

Richter, Asta. "Das Bild Wielands in den *Briefen, die neueste Literatur betreffend.*" *Wieland Halberstadt*:259–66.

Rudolph, Wilfried. "Abderitismus und Aufklärung in Wielands Roman *Geschichte der Abderiten.*" *Wieland Halberstadt*:222–27.

Saariluoma, Liisa. *Die Erzählstruktur des frühen deutschen Bildungsromans: Wielands* Geschichte des Agathon, *Goethes* Wilhelm Meisters Lehrjahre. AASF, 42. Helsinki: Suomalainen Tiedeakatemia:461 S.

Sang, Jürgen. *Der Gebrauch öffentlicher Meinung: Voraussetzungen des Lavater-Blanckenburg-Nicolai-Streites 1786.* Hildesheim, Zürich, New York: Georg Olms Verlag. [Wieland, passim.]

Schaefer, Klaus. " '. . . nur dem einzelnen Menschen, nicht der Menschheit sind Grenzen gesetzt': Zu einigen Aspekten von Christoph Martin Wielands Gesellschafts- und Geschichtsbild zwischen 1789 und 1800." *Impulse* 8:190–202.

_____. "Zwischen Höhepunkt und Krise: Zu Wielands poetischer Konzeption um 1770." *Wieland Halberstadt*:29–40.

Scheibe, Siegfried. "Über Wielands Briefe und über die Edition des 'Briefwechsels Wielands'." *Wieland Halberstadt*:134–42.

Schelle, Hansjörg. "C. M. Wielands Briefwechsel mit Friedrich Vieweg: 3. Teil." *MLN* 100:632–37.

_____. "Nachträge und Ergänzungen zur Wieland-Bibliographie 2." *LY* 17:209–15.

_____. "S. C. A. Lütkemüller in seinen Beziehungen zu C. M. Wieland." *JJPG* 20:127–200. [4. "Lütkemüllers Briefe an Wieland," 164–99.]

_____. "Wielands Briefwechsel mit Christian Friedrich von Blanckenburg und zwei Briefe Wielands an Göschen." *LY* 17:177–208.

Schenck zu Schweinsberg, Karen, Hrsg. *"Meine Seele ist bey euch geblieben": Briefe Sophie Brentanos an Henriette von Arnstein.* Acta humaniora. Weinheim: VCH Verlagsgesellschaft mbH. [Wieland, passim.]

Scholz, Renate. "Christoph Martin Wielands 'Sendschreiben an Herrn Professor Eggers in Kiel' (1792) als Beitrag zur politischen Standpunktbildung." *Wieland Halberstadt*:117–28.

Schubert, Werner. "Geträumte Wirklichkeit: Zu Christoph Martin Wielands frühen Erzählungen." *Wieland Halberstadt*:204–12.

Schwabe, K.-H. "Bemerkungen zur Wirkung Shaftesburys auf C. M. Wieland." *Wieland Halberstadt*:185–89.

Steinhorst, Heike. "Christoph Martin Wielands Auffassungen von der Funktion und Produktion des Romans in seinen theoretischen Schriften vor der Französischen Revolution." Diss. Pädagogische Hochschule "Erich Weinert" Magdeburg:248 S.

_____. "Zum Problem der Nationalliteratur in Wielands *Teutschem Merkur* vor der Französischen Revolution." *Wieland Halberstadt*:249–58.

Stellmacher, Wolfgang. "Wieland und das Singspiel." *Wieland Halberstadt*:213–21.

Tismar, Jens. "Herakles als Leitfigur bei Wieland, Goethe und Hölderlin." *T&K* 13.1:37–48.

Tunner, Erika. "Der 'alte Wieland und Signor Clemente': Zu Wieland und Clemens Brentano." *Wieland Halberstadt*:273–81.

Werner, Hans-Georg. "Literatur für die 'policirte' Gesellschaft: Über Wielands Konzept bei der Herausgabe der ersten Jahrgänge des *Teutschen Merkur.*" *Wieland Halberstadt*:61–84.

Werner, Jürgen. " 'Wenn du dir aus dem Messkatalog einiges aussuchst, so vergiß Wielands Lukian nicht'." *Philologus* 129:121–32.

Wilson, W. Daniel. "Wielands Bild von Friedrich II. und die 'Selbstzensur' des *Teutschen Merkur.*" *JDSG* 29:22–47.

Yuill, W[illiam] E[dward]. " 'A peom far too little known': Wieland's *Oberon* Revisited." *PEGS* N.S. 54:123–47.

Zeilinger, Heidi. "Zur internationalen *Wieland-Bibliographie.*" *Wieland Halberstadt*:129–33.

Dokumente zu Wirkung und Nachwirkung

1984–1985

a   Radczun, Evelyn. "Christoph Martin Wielands Bedeutung und Wirkung im 18. Jahrhundert: Wissenschaftliche Konferenz in Halberstadt am 29. und 30. September 1983." *ZG* 6(1985):91–94.

Schlichting, Reiner. "Aus der Arbeit der N[ationalen] F[orschungsund] G[edenkstätten der klassischen deutschen Literatur in Weimar]." *Impulse* 8(1985):331–36. [Veranstaltungen zur 250. Wiederkehr von Wielands Geburtstag am 5. 9. 1983; Umgestaltung des Wieland-Museums im Wittumspalais; Renovierung der Wieland-Gedenkstätte und Rekonstruktion des Gutsparks Oßmannstedt (333–34); *Wieland-Bibliographie;* überarbeitete Neuauflage der vierbändigen Wieland-Ausgabe in der "Bibliothek deutscher Klassiker"; Kupferstiche zur Gruberschen Göschen-Ausgabe von *Wielands sämtlichen Werken* (1818–1828) im Neudruck; Plakette nach dem Porträt von Gerhard von Kügelgen (335–36).

b   Berner, Felix. "Die Gunst der Grazien: Christoph Martin Wieland: 1733–1813." In F. B., *Baden-Württembergische Portraits: Gestalten aus tausend Jahren: 800–*1800. Stuttgart: Deutsche Verlags-Anstalt, 1985:231–38.

Dedecius, Karl. "Wieland, Horaz und wir: Grenzüberschreitungen oder: Vom Handwerk des Übersetzens." *Frankfurter Allgemeine Zeitung,* "Bilder und Zeiten" (Frankfurt, 16. Nov. 1985).

c   Radspieler, Hans. *Wieland-Museum Biberach an der Riß 1905–1985.* Hrsg. vom Wieland-Museum . . . Biberach an der Riß . . . in Zusammenarbeit mit Werner Friedrich Allmann, Biberach. Biberach, 1985:31 S. [Gleichzeitig erschienen als: *Biberacher*

Hefte: Beiträge zur Kulturgeschichte 1(Juli 1985):1–31. Hrsg. von Werner Friedrich Allmann . . . In Zusammenarbeit mit dem Wieland-Museum.]

[Stadt Biberach an der Riß.] *Gärten in Wielands Welt.* Dauerausstellung in Wielands Gartenhaus, 7950 Biberach/Riß, Saudengasse 10/1 . . . [Biberach an der Riß, 1985]:7 unbez. S. [Führer durch die Ausstellung mit den Themen "Biberach," "Warthausen," "Pegnesischer Blumenorden," "Sanspareil," "Weimar," "Oßmannstedt."]

Freitag, Egon. *Wieland-Gedenkstätte Oßmannstedt.* Weimar: Nationale Forschungs- und Gedenkstätten der klassischen deutschen Literatur, 1985:12 unbez. S. Faltblatt. [Kartenzeichnung: Detlef Fiedler; Aufnahmen: Sigrid Geske.]

Gothe, Rosalinde. "Wo Wieland als Gutsherr saß: Gut und Gemeinde Oßmannstedt am Ende des 18. Jahrhunderts." *Impulse* 8(1985):203–30.

d   Dittberner, Hugo. "Über Wielands Auferstehung: Schmökern im Gesamtwerk eines verdrängten Klassikers." *Frankfurter Rundschau,* Jg. 41, Nr. 64/11 (Frankfurt, 16. März 1985):ZB3.

K., P. " 'Beweis der Achtung und Zuneigung': Christoph Martin Wieland: Reprint der Göschen-Volksausgabe." *Staatsanzeiger für Baden-Württemburg,* Jg. 33, Nr. 99(Stuttgart, 12. Dez. 1984):2.

Martini, Fritz. "*Sämmtliche Werke* von C. M. Wieland als Nachdruck." *Die Welt,* Nr. 27(Hamburg, 17. Nov. 1984):21.

Ueding, Gert. "Ein literarischer Kontinent ist wieder zu entdecken: Christoph Martin Wielands *Sämmtliche Werke* in der Hamburger Reprintausgabe." *Frankfurter Allgemeine Zeitung,* "Bilder und Zeiten," Nr. 34/6 (Frankfurt, 9. Febr. 1985).

Vollmann, Rolf. "Erst ein Rinnsal, dann ein Flüßchen, dann ein Fluß: Christoph Martin Wielands gigantisches Lebenswerk —Zu einem wichtigen Reprint." *Stuttgarter Zeitung,* Jg. 40, Nr. 264(Stuttgart, 13. Nov. 1984) Beilage "Buchwochen":II.

Vormweg, Heinrich. "Wiederentdeckung vieler neuer Bilder: Über den jüngsten Versuch, die Deutschen an ihren Klassiker Christoph Martin Wieland zu erinnern." *Süddeutsche Zeitung,* Nr. 194(München, 24.–25. Aug. 1985):94.

Am Abend vorgestellt: Der wiederaufgelegte Wieland. Eine Sendung . . . aus Anlaß des Nachdrucks seiner *Sämmtlichen Werke* letzter Hand. Verf. Bernd Weyergraf. Westdeutscher Rundfunk, Köln. 3. Programm. Mittwoch, 24. 4. 1985:15 S. masch. schriftl. Mskpt.

e   [Greno Verlagsgesellschaft mbH.] *Christoph Martin Wieland.* Nördlingen: Franz Greno, 1985:12 S. [Verlagsprospekt über die im Verlag Greno erschienenen und geplanten Wieland-Ausgaben.]

[Greno Verlagsgesellschaft m.b.H.] *Lukian. Magazin* 1(1985) *der Anderen Bibliothek* [Hrsg. Hans Magnus Enzensberger] zu: Lukian von Samosata, *Lügengeschichten und Dialoge.* Aus dem Griechischen übersetzt . . . von Christoph Martin Wieland. Nördlingen: Greno Verlagsgesellschaft m.b.H., 1985:31 S.

f   Grunenberg, Dorothea. Die Geschichte des Fräuleins von Sternheim *oder Wie sich eine edle Seele in bösen Lebenslagen gut benimmt: Informationsgespräch über den ersten deutschen Frauenroman.* Stuttgart: Paul Eckhardt, 1985. [Wieland, passim.]

Reemtsma, Jan Philipp. "An einen Leser." *Der Rabe: Magazin für jede Art von Literatur.* Hrsg. Gerd Haffmans. Nr. 9(1985):76–80, 211.

Sachs, Jetta. *Sophie La Roche: Jugendliebe Wielands und erste Frau, die einen deutschen Roman schrieb.* Heilbronn: Eugen Salzer Verlag, 1985:384 S.

g   Eberlein, Klaus. "Original-Farblinolschnitt zu C. M. Wieland, Aristipps Briefe, An Kleonidas: Sämmtliche Werke, Drey und Dreyssigster Band, Georg Joachim Göschen, Leipzig, 1800." Beilage zu *Illustration 63* 22.1(1985):1 S. Text, 1 Blatt Dreifarbenlinolschnitt. [Format 12,7 x 20,5 cm (ohne Rand); 19,5 x 28,2 cm (mit Rand). "Text in der 12 Punkt magere Koch Antiqua, Handsatz der Fuchstaler Presse, Druck: Märkel, München"; Auszug aus *Aristipp und einige seiner Zeitgenossen,* 1. Buch, 3. "An Kleonidas"; C^1 Bd. 33(1800):11–14.]

Hermanowski, Georg, Hrsg. *Kupfertafeln zum Werk C. M. Wielands: Sammlung J. G. Gruber.* Nach den Originalen der Wieland-Ausgabe von 1824–1826: Repro-Fotos von Anno Hermanowski. Stiftung Mitteldeutscher Kulturrat. Reihe Bild- und Wortessays, 4; Dümmlerbuch, 9111. Bonn: Ferd. Dümmlers Verlag 1985:67 unbez. S. ["Wielands Portrait" (nach Jagemann), Titelbildnis; Georg Hermanowski, Vorwort, 2 S.; 52 Tafeln; J(ohann) G(ottfried) Gruber, "Wieland im Elysium," 8 S.]

h   Bantel, Otto, Heinrich Bock, Eberhard Göpfert, Ernst Jung u. Wolfgang Specker. *Wieland — zwischen Reichsstadt und Fürstenhof. Die deutsche Frage im Unterricht* H. 5(März 1985):53 S.

The University of Michigan, Ann Arbor

Book Reviews

edited by Richard E. Schade

The section is arranged as follows:
I. Books on and editions of Gotthold E. Lessing,
II. Books on and editions of 18th-century authors,
III. Books on general topics.

I.

BOHNEN, KLAUS, ed. *Lessings "Nathan der Weise."* Wege der Forschung, 587. Darmstadt: Wissenschaftliche Buchgesellschaft (1984). vii + 491 pp.

The new volume of *Wege der Forschung* follows a well-established pattern. The specific criteria for the selection and arrangement of the articles or chapters of books included are stated in the introduction. Since there is already a volume (CCXI) in the same series devoted to *Gotthold Ephraim Lessing* (ed. by Gerhard and Sibylle Bauer. Darmstadt, 1968) and since there are other pertinent collections such as *Lessing in heutiger Sicht. Beiträge zur Internationalen Lessing-Konferenz Cincinnati, Ohio, 1976* (ed. by Edward P. Harris and Richard E. Schade. Bremen and Wolfenbüttel, 1977), certain *Nathan* interpretations were not included in order to avoid duplication. Klaus Bohnen's goal was to bring together scholarly contributions to a better understanding of the play. He arranged them chronologically and according to thematic and methodological considerations.

In the following I will mention the authors of every one of the selections included in the volume so as to give an idea of its scope. The editor has divided the essays into four sections. The first contains essays that approach the play as being a mouthpiece of Lessing's religious views. The rather traditional essays are by David Friedrich Strauß, Wilhelm Dilthey, Gottfried Fittbogen, Ernst Cassirer, Hans Leisegang, and Benno von Wiese. Of these, Ernst Cassirer, who deals not so much with *Nathan* as with Lessing and Mendelssohn in general, is especially impressive. In a second section various aesthetic aspects of the play are stressed: Stuart Atkins (translated), Peter Demetz, Peter Heller (also translated), Helmut Göbel, Jürgen Schröder, and Hendrik Birus are the authors chosen by the editor. The article by Hendrik Birus was written specifically for the volume; he has also published a book on the same subject (*Poetische Namengebung. Zur Bedeutung der Namen in Lessings "Nathan der Weise"* [Göttingen, 1978]). The article shows how a thorough analysis of a single aspect can lead to far-reaching conclusions about the meaning of a work. The third section is devoted to social issues with contributions by Cesare Cases (translated from the Italian), Paul Hernadi (whose piece appeared first in the *LY* in 1971, here augmented by a brief *Nachtrag*), Hans Mayer, and Klaus Bohnen. Paul Hernadi rightly points out the importance of Nathan as a merchant and an enlightened citizen while Hans Mayer objects to Lessing's implied idea that Jews would need to give up their "nationality" to gain equality (but would Christians not be assumed to do the same?). Klaus Bohnen in a somewhat heavy-handed manner sees the unity of nature and reason as the base of Lessing's social utopia. Pedagogical considerations inform the contributions by Harold Lenz, Meno Spann, Dominik von König (first published in the

LY in 1974), and Josef Schnell. Of these, the controversy between the first two scholars—is the realm of reason that Nathan represents a feasible ideal that students should be exposed to?—makes a fascinating document for anyone teaching the play.

The editor has not changed the original wording of the contributions except to indicate references to publications that are included in the volume, omitting one such occurrence on p. 122 (which goes back to p. 90). The consequence of such faithful reproduction is that a number of quotes are inaccurate and that different editions of Lessing's works are used. The volume is rounded out by a bibliography of 179 items and an index of names. One must be thankful to the editor for having brought together these trend-setting interpretations of *Nathan der Weise*.

University of North Carolina, Chapel Hill   *Christoph E. Schweitzer*

FRATZKE, DIETER, ed., *Erbepflege in Kamenz*. Schriftenreihe des Lessing-Museums, Hefte 1-6. Kamenz: Lessing-Museum, 1981–1986.

Dieter Fratzke, the engaged and engaging director of the Lessing-Museum in Kamenz, outlined his understanding of proper *Lessingrezeption* in an informative article published in *Lessing Yearbook XII*(1980), 31–42. He concluded his article with a look to the future, stating that "Der planmäßige Ausbau des Lessingmuseums und die langfristige Weiterentwicklung der gesamtgesellschaftlichen Lessingpflege, vor allem der traditionellen Lessingtage, sind in der Geburtsstadt des Dichters für die Zukunft ein wichtiger Beitrag zur Entwicklung einer sozialistischen Lebensweise, die humanistische Ideale und kulturelle Werte fördert" (40–41). Anyone who has visited Kamenz, who has viewed the well-conceived displays on the poet, his times, and on theater history (with a large-scale model of the Hamburg *Nationaltheater*), recognizes that here Lessing is not to be considered the stuff of legends. He is presented to the great number of visitors as a critical mind formulating the basis for the future. (In this context it bears emphasis that a more solely literary Lessing reveals himself to the visitor to the Wolfenbüttel *Lessinghaus*.) Since Lessing's future is the present, in every sense of the phrase, the Kamenz *Lessingtage* make it their task to keep Lessing and his significance up front. It is on this annual occasion (in the days between Lessing's birth and death dates), for example, that the Lessing Prize of the German Democratic Republic is awarded. It is then that the *Lessingfreundeskreis* and the museum invite speakers, actors, and others to critically deal with Lessing. The niveau of the presentations is both high and *publikumsnah*, a combination so essential to the pedagogical goals of *Erbepflege* per se.

In connection with the above-named activities, then, it is not coincidental that the library has over the past years published six attractive volumes, whose titles are cited, in order to document the range of *Erbepflege in Kamenz*:

> 1. Heft: *Dialog in Briefen und andere ausgewählte Dokumente zum Leben Gotthold Ephraim Lessings mit Eva Catharina König.* 96 pp.

The *Heft* is the result of the bicentennial *Lessingehrung* and publishes the text of a dramatic reading from the letters, a production which was so well received that it subsequently appeared as a television program.

> 2. Heft: *Wissenschaftler aus dem Ausland sprechen über Erfahrungen und Probleme der Lessingrezeption.* 60 pp.

During the span 1979–1981, 5 speakers held papers in Kamenz, focusing on the history of Lessing's reception in the Soviet Union (G. M. Friedländer), United States (R.E. Schade), Canada (A. Scott-Prelorentzos), Poland (O. Dobijanka-Witczakowa), and in Czechoslovakia (E. Terray). A critical evaluation of the papers would reveal many similarities, particularly that the reception of Lessing acts as an historical barometer for the political situation in the given countries.

3. Heft: *Gotthold Ephraim Lessing in Kamenz.* 64 pp.

This attractively illustrated volume is designed to serve the visitor to Kamenz with historical photographs of *Lessingstätten* in the small Lusatian *Sechsstadt*, with an annotated *Stadtrundgang*, and with historical information on Lessing's family and the city's educational institutions. A helpful bibliography by E. Schnapphauf informs the researcher of printed sources housed in the museum library (one of some value, for it houses the historical *Ratsbibliothek*).

4. Heft: *Kinderzeichnungen zu Lessing-Fabeln.* 72 pp.

This richly illustrated publication documents the creative results of a competition for children sponsored by the museum. The fantasy which comes into play as well as the often sophisticated composition of the drawings and prints, reveals the inherent meaningfulness of Lessing's tales to young minds. It is significant to note that the exhibition toured widely in eastern Europe, thereby transmitting Lessing's teachings through a medium not dependent on the written word.

5. Heft: *Heiteres und Besinnliches von Lessing.* Commentary by Wolfgang Albrecht. 72 pp.

Again, Lessing's work is brought closer to the reader through prints, in combination with wood engravings by the popular Werner Klemke and Wolfgang Würfel. It is the poetry of Lessing which is featured, those often frivolous verses which inspired the artists to playful representations of the lighter side of life and love. This too is Lessing. (See following review.)

6. Heft: *Festvorträge der 22. bis 24. Kamenzer Lessingtage.* Coedited Fratzke and Wolfgang Albrecht. 75 pp.

Like the second number of the series, this one reprints speeches by visiting scholars: R. Weimann on Lessing and Luther, A.-G. Kuckhoff on Lessing and Shakespeare, and R. Münz on Lessing and Schiller. The recipients of the Lessing Prize offer their thanks and the volume is rounded out by photographs of activities from the years 1983 (the *Lutherjahr*) through 1985.

Taken as a group, then, the six *Hefte* mirror the variety of *Erbepflege in Kamenz*, to repeat the title. There is much to be learned here about a creative *Umgang* with Lessing the person and literary artist. The work of Dieter Fratzke and his colleagues deserves the attention of Lessing researchers, for it neatly balances the practical and conceptual expectations of *Erbaneignung* with respectable Lessing scholarship. What the director writes about the mission of the *Lessing-Museum* might be said to hold true for the series just reviewed: "Als wissenschaftliche Konsultationsstätte erschließt es in Zusammenarbeit mit Hochschulen und Universitäten museumsspezifische Mittel und Methoden, die das Verständnis der Leistungen Lessings im historischen Umfeld sowie in ihrer Dialektik von Geschichtlichkeit und Gegenwärtigem fördern. Auf diese Weise will es mithelfen, zum Nachdenken über aktuelle Wirkungsmöglichkeiten des Lessingschen Schaffens anzuregen" (Heft 1, p. 5). Those interested in receiving any number of the series may contact the *Lessing-Museum* directly (DDR-829 Kamenz, Lessingplatz 3).

University of Cincinnati   *Richard Erich Schade*

FRATZKE, DIETER, Hrsg. *Heiteres und Besinnliches von Lessing.*
Teil 1. Eine Lesestunde mit Sinngedichten, Liedern, Oden, Fabeln
und Erzählungen. Erläuterungen: Wolfgang Albrecht. Schriftenreihe
des Lessing-Museums, 5. Jahresheft (Kamenz 1985). 72 S.

Die Schriftenreihe *Erbepflege in Kamenz* ist im Buchhandel nicht erhältlich und
erscheint in verhältnismässig kleinen Auflagen auf einfachem Papier in wenig halt-
barer Bindung. Offensichtlich dazu bestimmt, Lessing einem an wissenschaftlichen
Fragen weniger interessierten Publikum zugänglich zu machen ohne jedoch ihren
Anspruch auf Wissenschaftlichkeit aufzugeben, konzentriert sich die Reihe auf
Randthemen der Lessingforschung wie etwa *Lessing in Kamenz* (1983) oder "Briefe
und Dokumente zum Leben Lessings mit Eva König." Der uns vorliegende 5. Band der
Schriftenreihe enthält eine Auswahl von Sinngedichten, Liedern, Oden, sowie Fabeln
und Erzählungen mit Holzstichen von Werner Klemke und Wolfgang Würfel, und
mit Vignetten von Hans Mütze. Die Qualität der Textwahl zeugt von Kenntnis und
Geschmack. Soweit aus der Einführung zu ersehen ist, erschienen die Holzstiche
zum erstenmal in zwei Graphikmappen zum 250. Geburtstag des Dichters im Jahre
1979.
 Lessings *Kleinigkeiten* (Titel seiner Liedersammlung von 1751) verdienen es,
einem breiteren Publikum zugänglich gemacht zu werden. Ihre Themen bewegen
sich selbstverständlich hauptsächlich im anakreontischen Bereich von Wein, Weib
und Gesang, besingen aber gleichzeitig auch die erstaunliche Vielfalt menschlicher
Schwächen, im Besonderen der Dummheit. Obwohl immer wieder darauf hingewiesen wird, daß sie einer langen Tradition der Epigramm- und Schäferdichtung verpflichtet und deshalb möglicherweise Lessings nicht würdig seien, bestechen sie
nichtsdestoweniger durch Witz und sprachliche Schlagfertigkeit, die man in dieser
Art in der deutschen Literatur sonst nur bei Wilhelm Busch und gelegentlich bei
Heine findet. Daß man, wenn unbedingt notwendig, in den Gedichten außerdem eine
Veranschaulichung des "schwierigen Weges der antifeudalen Dichter vom bürgerlichen Leben zur bürgerlichen Literatursprache" (Fratzke, S.4) finden kann, zeugt von
der außerordentlichen Biegsamkeit der kleinen Lessingschen Werke.
 Der Charm der *Kleinigkeiten* beruht nicht zuletzt auf Lessings Gabe, immer pointiert zu schreiben und fast immer eine Pointe von bleibendem, allgemeinem Interesse
zu finden. Es war offensichtlich diese Gabe für pointierte Kritik, die den Kupferstecher Daniel Chodowiecki dazu bewegte, sich in den 1780er Jahren Lessings *Kleinigkeiten* als Illustrationsobjekt vorzunehmen. Ein Sinngedicht, eine Fabel oder kleine
Erzählung mit unverkennbarer Pointe enthält bereits den für den bildenden Künstler
so wichtigen prägnantesten Augenblick des ganzen Geschehens und erlaubt dem
Zeichner, diesen Augenblick durch Verstärkung, Verminderung, leichte Verdrehung
darzustellen und zu kommentieren. Chodowiecki war sich seiner Aufgabe als Illus-
trator jederzeit bewußt und schuf eine Serie von teilweise großartigen Stichen, die
noch heute gern betrachtet werden. Es scheint mir unwahrscheinlich, daß man die
meisten der kürzlich entstandenen Illustrationen in *Heiteres und Besinnliches von
Lessing* in einigen Jahren noch anschauen möchte. Hans Mützes Vignetten sind
weder bemerkenswert noch störend. Einige der 14 Holzstiche dagegen empfindet
man in ihrer niedlichen Albernheit als ausgesprochen aufdringlich. Prof. Werner
Klemke, mit neun Illustrationen vertreten, scheint seine Mitbürger in die Disney-
Technik der Hollywood Märchenverfilmungen einführen zu wollen. Das Konkrete in
Lessings Gedichten wird durch hübsche Rundungen (Waden, Bäuche, Busen und
Krinolinen) verniedlicht; kritischer Scharfsinn durch Blümchen, Herzen und Bänder
zu unerträglicher Albernheit reduziert. Der sich anbietende prägnanteste Augenblick
findet entweder gar keine oder nur zufällige Beachtung. Witz und Schlagfertigkeit
müssen gähnender Langeweile weichen.

Die restlichen fünf Stiche von Wolfgang Würfel sind in jeder Hinsicht ausgezeichnet. Technisch fehlerlos bestechen sie durch ihre genaue Kenntnisnahme der Lessingschen Worte und die eigenwillige Transformation des Wörtlichen ins Bildliche. Das Hauptthema von fünf Lessingschen Trinkliedern ist in den Würfelschen Illustrationen in Form eines Weinglases vertreten, das, mehr oder weniger prominent, alle anderen bedeutsamen Ereignisse eines Gedichts in nachahmender oder symbolischer Darstellung umschließt. Würfels Illustrationen versetzen den Leser der aufgeklärten Lessingschen *Kleinigkeiten* in eine neuerdings wieder leicht verschlüsselte, von Salvador Dali beeinflußte Welt der bildenden Kunst, die zweifelsohne zu erneutem Lesen der Lessingschen Gedichte anregt.

Connecticut College										*Rita Terras*

HARRISON, ROBIN, *Lessing*. Minna von Barnhelm. *Critical Guides to German Texts*. No. 4, ed. Martin Swales (London: Grant & Cutler, 1985). 67 pp.

One would no doubt expect this "Critical Guide"—one of a new British series of commentaries on German literature written "for university students . . . and non-specialists" (p. 7)—to be yet another primer on Lessing's play. But it is nothing of the sort. It is, rather, a brilliant, cogently written and tightly packed analysis of *Minna von Barnhelm*—assimilating major criticism, to be sure, yet with original insights of its own—which the expert can read with profit.

The first chapter, "The Times: War and Peace," after several pages of rather conventional introduction (biographical sketch of Lessing, historical background on the Seven Years' War), plunges into the question of the play's reception. *Minna von Barnhelm* is neither a glorification of war and Frederick the Great (19th-century critics), nor is it a scathing indictment of these (Mehring and his followers). Instead, Lessing strikes a balance between the negative and the positive, and balance of opposites is, according to Harrison, the salient feature of the play as a whole.

We have been shown in recent years that Lessing's preoccupation if not obsession with pecuniary matters is reflected in his dramas. This insight underlies chapter two ("The Themes: Money and Honour") where the major motifs of the play are discussed: not love and honour, according to the conventional wisdom, but *money* and honour. (For Tellheim there can be no love without his honour, and no honour without his money.) In showing how in Tellheim's case money and honour are linked, Harrison is able to come to grips with an old question about the major's character: Does Minna change him as Goethe says? Harrison's answer is No. The predominant feature of Tellheim's makeup is his "desire to give but reluctance to take" (p. 26). And this "lack of balance" (p. 28) remains constant throughout the play, Minna's efforts notwithstanding: "For we can feel certain that, once Minna revealed that her misfortune was invented, Tellheim would not have been prepared to marry her if the King's letter had not restored him his money. The conflict between them arising from his refusal to take from her is, therefore, not solved through her changing him; it is, rather, dissolved through a change in the circumstances" (p. 26).

(Although Harrison is very well aware that Tellheim's loss of honour does not lie, as has so often been said, in his discharge from the army—he would have been disbanded in any case—but in his being under suspicion of having taken a bribe, Harrison nevertheless nods on page 30, where the unfortunate phrase "Tellheim's discharge with dishonour from the army" occurs.)

Chapter three, "The Structure: Balance and Centrality," scrutinizes the structure of the play as it comments on rather than merely retelling the course of the action.

While the author's penchant for detail in showing with what great care Lessing crafted his play sometimes makes for tedious reading, in this the book's longest chapter, the conclusions of Harrison's investigation of how *Minna von Barnhelm* is put together are significant: "[T]here is an all-embracing aspect of the play's organization which has been overlooked—the balanced architecture that sustains the play as a whole, each act, and two of the major scenes. This symmetrical structure is a further example of the principle of balance which pervades the play; but it also has a specific function, for in every case it centres on a part of the play which is not just structurally but also thematically central" (p. 37).

Harrison is able to use structural arguments in the last chapter ("The Genre: Comedy and Tragedy") to refute those who see Minna effecting a change in her fiancé. Such an interpretation, Harrison argues, "is completely inconsistent with the thematic emphasis given to Tellheim's explanation of the accusation of corruption through its structural centrality in IV,6, and to the King's letter through its centrality in Act V" (p. 57). But if Minna fails to change Tellheim, to "cure" him of his comic flaw (the "imbalance" referred to above), then the comedy, in which traditionally the protagonist "sees the light," (and Minna's ploy is very much in the tradition of *sächsische Komödie*) is a failure. Harrison rejects, however, the thesis put forward by Steinmetz and others that the failure of traditional comedy is the subject of the play. This becomes apparent if we return to the idea of balance as the keynote of the piece. Corresponding to the failure of comedy, of course, is the failure of tragedy in *Minna von Barnhelm*. The subject of the play is thus "an actual balance of comedy and tragedy themselves—a balance which could be realized only by neutralizing each of them" (p. 58).

Not content to rest here, Harrison goes on to ask what the significance is of this, the play's ultimate balance. The answer is that it is "an expression of Lessing's view of the world" (p. 63). We are shown that Minna's subterfuge was unnecessary, and that so was Tellheim's potentially "tragic" rejection of Minna: although they do not (yet) know it, he had been exonerated by the king even before Minna's arrival in Berlin! All is for the best if only we would not be so blind: "In the last resort . . . Lessing aims in this play at a vision of reality which looks far beyond a portrayal of the contemporary situation at the end of the Seven Years War to a depiction of events designed to reveal the providential order of the cosmos itself" (p. 64).

University of Waterloo   *John Whiton*

JACOBS, JÜRGEN, *Lessing*. München und Zürich: Artemis Verlag (1986). 137 pp.

"Daß man sich im Respekt und in der Bewunderung für Lessing so einig war, hat zu einem Bild dieses Autors geführt, das simplifizert, indem es idealisiert." (9) As the first task of his new contribution to the *Artemis Einführungen*, Jacobs provides a concise introduction not only to Lessing's stature as an Enlightenment figure and his unswerving devotion to tolerance and the search for truth, but also to his impulsive, sometimes irritable, often contradictory and turbulent character. In this manner Jacobs offers a balanced and objective view of the psychological complexities of the essayist and poet Lessing without neglecting his contributions to German literature and thought.

In the forward Jacobs outlines quite succinctly the objectives of his introduction to Lessing's life and works. Each chapter reviews significant biographical facts from a particular epoch of Lessing's life and turns thereafter to a short discussion of the "most important works" produced during that period. Most lesser known works such as *Damon oder die wahre Freundschaft* or *Der Misogyn* are not dealt with in Jacobs' introduction and to this extent it is more limited in scope than two earlier introductory handbooks by F. Andrew Brown, *Gotthold Ephraim Lessing*, New York: Twayne

Publishers, Inc., 1971 and Karl S. Guthke, *Gotthold Ephraim Lessing*, 3. Auflage, Stuttgart: J.B. Metzlersche Verlagsbuchhandlung, 1979. Like Brown, Jacobs concentrates on the introduction and interpretation of Lessing's theological, aesthetic and poetic works. In contrast to Brown, Jacobs considers newer trends in Lessing research and comments more thoroughly on Lessing's interest in and production of epigrams and fables. While Guthke's accounts of Lessing's life and his bibliography of Lessing scholarship up to 1979 are much more extensive, Jacobs refers necessarily to more recent secondary literature.

As Jacobs points out, his annotated bibliography provides "nur eine knappe und vorläufige Orientierung." Inspite of its shortness, however, it foregrounds quite nicely several of the major directions that Lessing criticism has taken in the 70's and 80's (newer marxist, sociological and linguistic studies for instance) and includes some of the most seminal works of earlier periods. While Jacobs ordinarily cites at least a few secondary sources for each work discussed, he offers no bibliographical references for *Samuel Henzi*. On the other hand, Jacobs does refer his readers to several important bibliographies of Lessing's works to include Siegfried Seiffert's *Lessing-Bibliographie*, Berlin/Weimar 1973, and Karl S. Guthke's "Lessing Forschung 1932–1962," *DVjs*, 1964 and "Lessing-Literatur 1963–1968," *Lessing Yearbook*, 1969.

Jacobs' insightful comments on Lessing's poetic and aesthetic writings focus on both their historical significance and the interpretations forwarded in recent criticism. In his discussion of *Emilia Galotti*, for example, Jacobs is critical of attempts to characterize Emilia as a "in Unmündigkeit gehaltene Opfer einer unterdrückenden Erziehung und einer sinnenfeindlichen Moral" (102) or a "wahre Erziehungsleiche" (103) and rejects the notion that "Lessing habe mit Emilias Selbstopfer die bürgerliche Tugendvorstellung ad absurdum geführt." (102) Equally unacceptable are the assertions that Odoardo is a "bornierter Familiendespot" (103) or "der blindwütige Sachwalter eines inhuman gewordenen und damit pervertierten Sittengesetzes" (102) and that his reference to divine justice at the end of the play is merely a "Bemäntelung bürgerlicher Passivität." (102) Such interpretations, Jacobs avers, disregard Lessing's historical position and his poetic intentions as outlined in the *Hamburgische Dramaturgie* where it is clear that "der Zuschauer dem Tragödienhelden mit sympathisierender Einfühlung und mitleidender Identifikation begegnen solle." (103) Throughout his book, Jacobs offers similar cogent summaries of recent scholarship and his own critical observations on Lessing's theological, aesthetic and poetic writings.

Jacobs' book, in addition to its other merits, is well written and a pleasure to read. In an introductory work which is "zur Kürze und Übersichtlichkeit verpflichtet," Jacobs has produced an excellent handbook for students of Lessing.

University of Cincinnati   *Susan E. Gustafson*

MÜLLER, KLAUS-DETLEF, Hrsg., Lessing, Gotthold Ephraim, *Das Theater des Herrn Diderot*. Stuttgart: Reclam (1986). 456 S.

Fünf Jahre nach der von Wolfgang Stellmacher betreuten Leipziger Reclam-Ausgabe (s. meine Rezension im *Lessing Yearbook XVI*, S. 276 f.) ist nun auch ein entsprechender westdeutscher Band erschienen. Es liegt nahe, die beiden parallelen Ausgaben zu vergleichen, und in jeder lassen sich unschwer sowohl Vorzüge als auch Nachteile der anderen gegenüber aufzeigen. Während Stellmacher sich für die aus der *Hamburgischen Dramaturgie* zitierten Texte auf Rillas Ausgabe bezieht und in Einleitung und Anmerkungen teilweise verwirrende Seitenhinweise gibt, benutzt Müller durchweg die Lessing-Edition von Petersen-Olshausen, die allerdings nicht immer zuverlässig ist. In Aufbau und Apparat sind die beiden Reclam-Bändchen durchaus vergleichbar. Beide bieten Lessings Übersetzungen des "Natürlichen Sohnes" und der "Unterredungen" darüber, seine Version des "Hausvaters" und der

Betrachtung Diderots "Von der dramatischen Dichtkunst". Beide Herausgeber zeigen durch umfangreiche Anmerkungen ihr Bemühen, einem größeren Publikum den Zugang zu dem Werk zu erleichtern, und das Nachwort Müllers entspricht der Einleitung Stellmachers. Allerdings verzichtet Müller auf den Wiederabdruck der Teile der *Hamburgischen Dramaturgie* (84. bis 95. Stück) in denen sich Lessing mit Diderots Schaffen auseinandersetzt, doch fällt das kaum ins Gewicht, da dieser Text ja jedem Leser leicht zugänglich ist.

In ihrem Vor- bzw. Nachwort verfolgen beide Herausgeber nicht ganz das gleiche Ziel. Zwar zitieren sowohl Stellmacher als auch Müller die Stelle aus dem berühmten 81. "Literaturbrief", in der Lessing klagt: "Und welcher Sprung von den Franzosen auf den Deutschen! Der Franzose hat doch wenigstens eine Bühne; da der Deutsche kaum Buden hat." Beide Herausgeber betonen auch Diderots Bedeutung für die Entwicklung des dramatischen Werkes von Lenz und Schiller (wobei Stellmacher den jungen Goethe mit heranzieht, während Müller auf *Emilia Galotti* hinweist). Aber der ostdeutsche Wissenschaftler sieht Diderot stärker im Hinblick auf künftige Entwicklungen in der Geschichte des Dramas, während der westdeutsche ihn in erster Linie vor den Hintergrund seiner eigenen Zeit stellt und betont, im Gegensatz zu seinem Schüler Louis Sebastien Mercier gehe es Diderot um ein realistisches bürgerliches Sittengemälde, nicht um eine revolutionäre Kritik der politischen Ordnung (S. 437). Doch Müllers einleitenden Sätze würden sicherlich auch Stellmachers Zustimmung finden: "Als Dramatiker und Theoretiker des Dramas hat Denis Diderot in Deutschland eine sehr viel breitere und intensivere Wirkung gehabt als in Frankreich." Müller erkennt richtig das Ungewöhnliche einer solchen Konstellation, die "aus einer Reihe von Ursachen, die im Zusammenhang mit der Gattungsgeschichte des bürgerlichen Trauerspiels stehen", erklärbar ist. "Diese sozialgeschichtlich begründete Dramaturgie mit starken ideologischen Implikationen", so meint Müller, habe "eigenartigerweise in den rückständigen deutschen Verhältnissen viel nachhaltiger als in England und Frankreich" gewirkt (S.425).

Jedem an der Geschichte der deutschen Literatur, am Studium der vergleichenden Literaturgeschichte oder auch an Übersetzungsproblemen Interessierten sollte die handliche und preiswerte Reclam-Ausgabe Müllers willkommen sein. Die abschließenden Sätze des Nachworts fassen diese Gesichtspunkte zusammen: "Die Diderotsche Dramatik und der von ihm propagierte Typus des ernsten Familiendramas hat sich nur für kurze Zeit behaupten können, wobei der Erfolg in Deutschland einen Sonderfall der Rezeption darstellt, der jedoch schon am Ende des 18. Jahrhunderts in die Trivialform der Hausväterdramatik mündet. Gleichwohl sind die beiden Dramen zusammen mit der ihnen zugeordneten Theorie ein wichtiges Zeugnis für die Dramatik der Aufklärung. Es erscheint sinnvoll, sie in jener Gestalt wieder zugänglich zu machen, in der sie im 18. Jahrhundert gewirkt haben, zumal die Übersetzung Lessings darüber hinaus auch hohe Qualität besitzt." (S. 455 f.) Von dieser "hohen Qualität" kann sich jetzt jeder Leser, ob im Osten oder Westen, wesentlich leichter selbst überzeugen.

Allegheny College   *Dieter P. Lotze*

SCHULZ, GÜNTER, Hrsg., *Lessing und der Kreis seiner Freunde.* Wolfenbütteler Studien zur Aufklärung. Bd. 8. Heidelberg: Verlag Lambert Schneider (1985). 303 S.

Es ist gewiß keine Übertreibung zu behaupten, daß Freundschaft für Lessing eine Lebensnotwendigkeit war. Das Medium, in dem sich diese Freundschaft realisierte, der Disput, galt ihm als Tummelplatz, auf dem sich die Freiheit des Denkens bewähren konnte: im Disputieren erprobte Lessing sich an anderen und andere an sich. Für ihn war Disputieren ein Spiel, in dem es nicht um die starr dogmatische Verteidigung der eigenen Positionen ging, sondern darum, sich nicht in Widersprüche zur eigenen Sache verwickeln zu lassen. Die Einhaltung der Spielregeln wurde dabei großgeschrieben: kam im Disput den Kontrahenten die Fähigkeit abhanden, das Ganze als Spiel zu relativieren, so war das Endergebnis nicht Freundschaft auf der Basis gegenseitiger Anerkennung, sondern eine regelrechte Fehde, wie Lessing sie etwa mit Vertretern der Orthodoxie auszufechten hatte. Die Tragweite der so verstandenen Freundschaftsverhältnisse, die Lessing mit Zeitgenossen verbanden, im einzelnen auszuloten, ihre konkrete Bedeutung für beide Seiten zu bestimmen und ihre Auswirkungen aufzuzeigen, haben sich die zwölf Aufsätze, die der vorliegende Band vereint, zur Aufgabe gemacht. Sie gehen auf Referate zurück, die Ende 1977 während eines Symposiums in Wolfenbüttel gehalten wurden.

Zehn der hier veröffentlichten Beiträge gehen den Beziehungen Lessings zu Einzelpersonen oder, allgemeiner, seiner Bedeutung für solche nach. Ihnen vorangestellt ist ein programmatischer Aufsatz von Heinrich Mettler, der vor allem aus Lessings Korrespondenz dessen Auffassung von Freundschaft und vom Disput als Experiment, aus dem hervorgehen soll, "inwiefern einer in bezug auf den andern sich selber und damit auch die Gemeinschaft durchhält" (27), zu erschließen versucht, und der so im Grunde den Rahmen skizziert, innerhalb dessen die übrigen Untersuchungen, die abschließende, von Werner Kohlschmidt, ausgenommen, anzusetzen sind.

Zwei recht anspruchsvolle Beiträge befassen sich vor allem mit Lessings Stellung innerhalb der philosophisch-theologischen Auseinandersetzungen der Zeit, und zwar insbesondere mit seinem Verhältnis zu Leibniz' Auffassungen und zum Spinozismus. Dominique Bourel beleuchtet in diesem Zusammenhang ein relativ unbekanntes Kapitel aus der durchweg harmonischen Beziehung von Lessing und Moses Mendelssohn: ihre Kontroverse über die Lehre von der Ewigkeit der Höllenstrafen in der Leibnizschen Philosophie. Lessing vertritt hier im Kampf gegen die Neologie die Ansicht, daß Leibniz hinsichtlich dieser Frage mit einer exoterischen sowie mit einer esoterischen Theorie operiert habe, die besagen, daß die Sünder ewig in ihrer Sündigkeit beharren bzw. daß nichts in der Welt ohne ewige Folge sei, und daß deshalb die Auffassung von der Ewigkeit fest in Leibniz' Denken verankert sei. Mendelssohn dagegen lehnte die Theorie von der Ewigkeit der Höllenstrafen ab und wollte höchstens den Folgen der Sünden Ewigkeitscharakter zugestehen, womit er nur den esoterischen Aspekt der Leibnizschen Auffassung übernimmt. Der Gegensatz blieb unüberbrückbar, ohne jedoch die Freundschaft zu trüben. Ähnliches gilt für Lessings Auseinandersetzung mit Friedrich Heinrich Jacobi über Spinozas Gottesbegriff, der Klaus Hammacher eine grundlegende Darstellung widmet, dabei basierend auf Jacobis Bericht von einem Gespräch, das dieser 1780 über das Thema mit Lessing führte und das die einzige Quelle ist, aus der sich die unterschiedlichen Positionen rekonstruieren lassen. Jacobis Auffassung, daß der persönliche Gott nicht durch kausale Erklärung der Natur gefunden werden könne, kollidierte hier mit Lessings spinozistisch-pantheistisch angehauchter Vorstellung, daß Gott vielleicht allein im Einfügen in die übergeordnete Einheit der Natur erkennbar werde. Die komplizierte Diskussion bezieht über die Thematik der immanenten Ursache auch die Problematik der Willensfreiheit mit ein und führt am Ende nicht zu einer Einigung, wenn auch, wie Hammacher betont, die beiden in der Philosophie sehr wenig auseinander waren, und nur im Glauben verschieden.

In den übrigen Aufsätzen geht es nicht so sehr um Exkurse ins Reich der Philosophie und der Theologie; im allgemeinen stehen hier eher Realien im Mittelpunkt. Das gilt allerdings nicht vorbehaltlos für die Ausführungen von Werner Kohlschmidt und Günter Schulz zum Verhältnis Herder - Lessing bzw. Goethe - Lessing; im ersten Fall wird wenig Konkretes geboten, im zweiten wirken die Darlegungen nicht selten allzu spekulativ. Das Dilemma, vor das sich beide Verfasser gestellt sahen, ist offenkundig; einerseits durften in einer Übersicht der Lessingschen Freundschaftsbeziehungen die beiden großen Zeitgenossen Goethe und Herder nicht fehlen, andererseits gab das Material zu wenig her. Beide Male wird daher auch kaum Neuland betreten. Bisher weitgehend Unbekanntes fördern dagegen durchaus andere Beiträge zutage. Wolfgang Milde ermittelt in mühevoller Detailarbeit den Umfang der Kontakte Lessings mit seinem Göttinger bibliothekarischen Kollegen Christian Gottlob Heyne, bei denen es vor allem um gegenseitige Hilfe bei der Forschungsarbeit ging. Das Leben von Johann Albrecht Hinrich Reimarus, dem der Nachwelt zumeist unbekannten Bruder der Elise, der allerdings nur mit Einschränkung als Freund Lessings zu bezeichnen wäre, über diesen jedoch Mendelssohn und Jacobi kennen- und schätzen lernte, wird von Gerhard Alexander erstmals ausführlicher geschildert. In einer überraschend ergiebigen Interpretation von Matthias Claudius' *Nachricht meiner Audienz beim Kaiser von Japan*, die 1778 im dritten Band des *Asmus* erschien, erbringt Karl Heinrich Rengstorf den Nachweis, daß der Verfasser hier zugunsten Lessings Stellung nahm. Die Geschichte der Freundschaft von Lessing und Johann Heinrich Campe, dem Erzieher, Publizisten und Verleger, die vor allem zeige, "daß die Aufklärung ein ständiger Prozeß, ein dauernder Kampf für mehr Vernunft, Menschlichkeit und Toleranz war und ist" (224), beschreibt Franklin Kopitzsch, während Jörg-Ulrich Fechner aus einem Brief von Helfrich Peter Sturz an Gerstenberg aus dem Jahre 1767 die persönliche Bekanntschaft des Absenders mit Lessing dokumentiert, zugleich aber zeigt, daß Sturz Lessing auch mit Kritik zu kommen wagte. Was Edward P. Harris an Erkenntnissen gewinnt über Johann Friedrich Schinks Begeisterung für Lessing, gehört schon in den Bereich der Lessing-Rezeption durch die nachfolgende Generation; erscheint Schink doch in erster Linie als der zweifellos größte Lessing-Kenner seiner Zeit, der aber als Theaterkritiker an sein großes Vorbild nicht heranreicht. Der Schlußbeitrag, der zweite Aufsatz, den Werner Kohlschmidt beisteuert, fällt aus dem eigentlichen Rahmen der Sammlung heraus. Es ist eine aufschlußreiche Interpretation von Lessings dramatischem Schaffen, die unverkennbar neue Akzente setzt, die aber kaum noch etwas mit dem Rahmenthema der Freundschaft zu tun hat, sondern sich mit dem Verhältnis von Ehre, Vernunft und Humanität in Lessings Bühnendichtungen, besonders in *Minna von Barnhelm* und im *Nathan* befaßt.

Der vorliegende Band zeichnet ein eindrucksvolles Bild des Geflechts von freundschaftlichen Beziehungen, deren Mittelpunkt Lessing war. Die Sammlung belegt zudem, wie sehr Lessing Freundschaft schätzte, wie sehr er sich ihrer Pflege annahm und wie sehr er aus ihr für Denken und Dichten schöpfte, seinerseits aber wiederum andern Anreger und Vorbild war. Vollständigkeit im Sinne einer umfassenden, systematischen Darstellung des geistigen Umfelds Lessings, wie es sich in Freundschaften konkretisierte, ist hier freilich nicht zu erwarten; sie wurde überhaupt nicht angestrebt. Der in der Vorbemerkung prononcierten Absicht, sichtbar werden zu lassen, "wie durch die Korrelation zu der Persönlichkeit Lessings andere, sonst im Schatten wirkende Zeitgenossen zu Figuren werden", ist jedoch vollauf genügt worden: der Band ist alles in allem zu einem Denkmal für den großen Dichter, Denker, aber vor allem für den großen Menschen Lessing geworden. Einige sinnentstellende Druckfehler, die sich eingeschlichen haben (S. 28: "Am 8. Mai 1775" statt "1776"; S. 122: wohl "am 14.1.1778" statt '1787'), können dem keinen Abbruch tun, genausowenig wie das Qualitätsgefälle, das sich vereinzelt von einem Beitrag zum andern bemerkbar macht.

Nijmegen/Niederlande   *Guillaume van Gemert*

WILD, HENK DE, *Tradition und Neubeginn.*
Lessings Orientierung an der europäischen Tradition.
Amsterdamer Publikationen zur Sprache und Literatur, Bd. 67.
Amsterdam: Rodopi (1986). VIII, 326 S.

Vor dem Hintergrund der alten Diskussion um Lessings "Plagiate" will de Wild die vorliegende Arbeit, die 1986 von der Universität Leiden als Dissertation angenommen wurde, zunächst einmal verstanden wissen. Dabei geht es ihm selbstverständlich nicht darum, Lessing zu diskreditieren, wie Paul Albrecht es im ausgehenden 19. Jahrhundert versuchte, indem er für jede Lessing-Zeile eine ältere Vorlage ermitteln wollte. Vielmehr soll gerade der Aspekt betont werden, den Albrecht und seinesgleichen außer Acht ließen, die originäre Leistung Lessings in der Verwertung der Vorlagen. De Wild beschränkt sich dabei auf den Dramentheoretiker in dessen Auseinandersetzung mit der französischen und der englischen Tradition. Es wäre gewiß ungerecht, de Wilds Buch als eine Art Ehrenrettung Lessings anzusehen; einer solchen bedarf es ja längst nicht mehr. Der unkritische Enthusiasmus, mit dem sich Ehrenrettungen häufig paaren, würde obendrein schlecht passen zu de Wilds solidem Bemühen, in das Dickicht der europäischen Poetologie des 17. und 18. Jahrhunderts einzudringen und dort die Wurzeln von Lessings Dramentheorie freizulegen.

De Wild holt weit aus. Das erste Kapitel, das vom Umfang her gesehen, nahezu die Hälfte des ingesamt drei Kapitel umfassenden Buches ausmacht, ist eine großangelegte Skizze der Entwicklung der europäischen Poetik bis etwa 1750. Für Frankreich wird die allmähliche Akzentverlagerung von der Vernunftbetonung und der Hervorhebung der *bienséance* bei Chapelain, über Corneille, der dem *delectare* zu einem Eigenrecht verhilft und die Wahrscheinlichkeitsforderung auf die Gestaltung des Gegenstandes statt auf den Gegenstand selber bezieht, bis hin zum Sensualismus von Dubos aufgezeigt. Als Exponenten der englischen Situation müssen Davenant mit seiner freieren Haltung der Antike gegenüber, Hobbes, der das Wahrscheinlichkeitspostulat relativiert und die Einbildungskraft rehabilitiert, weiter die unterschiedlichen Positionen in der frühen Auseinandersetzung mit dem französischen Klassizismus, wie sie Cowley, Flecknoe, Howard sowie Shadwell vertreten, und schließlich Dryden mit seinen Auffassungen über den Reim und das *delectare* sowie seiner Ablehnung des Geschmacks als beurteilender Instanz herhalten. Aus der Vor-Lessingschen poetologischen Diskussion im deutschen Sprachraum werden die Ansichten Gottscheds und der Schweizer herausgegriffen, besonders insofern sie um eine Abgrenzung von Begriffen wie Geschmack, Wahrheit, Wahrscheinlichkeit und um eine Präzisierung der Funktion des Wunderbaren in der Dichtung bemüht sind. Trotz de Wilds ständigem Rekurs auf die Quellen und bei all seiner Gewissenhaftigkeit im Umgang mit ihnen fragt man sich nach der Lektüre des Kapitels, ob der Ertrag soviel Aufwand rechtfertigt. Zu viel von dem, was hier präsentiert wird, ist längst gesicherter Besitz der Forschung, wenn vielleicht auch weniger der germanistischen, so daß an manchen Stellen, mögen sie an sich recht interessant zu lesen sein, unter verstärkter Bezugnahme auf die bereits vorhandene Sekundärliteratur gehörig hätte gekürzt werden können. Das wäre der Ausgewogenheit und der Konsistenz der Untersuchung als Ganzes durchaus förderlich gewesen. Die Darstellung der Tradition darf ja nicht Selbstzweck sein, in dem Sinne, daß sie die Analyse von Lessings dramentheoretischen Auffassungen überwuchert.

Das zweite Kapitel verspricht mehr Aufschlüsse über Lessing. Zunächst aber verbreitet de Wild sich weitläufig über J. E. Schlegel, der sich in der Forderung eines dem jeweiligen Nationalcharakter entsprechenden Schauspiels und in der Befürwortung Shakespeares mit Lessing berührt. Erst dann wird, vor allem von der Geistesverwandtschaft zwischen Lessing und Voltaire her, die gängige Auffassung vom Bild, das ersterer sich von der französischen Literatur machte, revidiert: es sei weniger ungünstig gewesen, als man im allgemeinen annimmt; da sich seine Auseinandersetzung mit dem Pedantismus Gottscheds großenteils auf den von dem Leipziger Professor so prononciert verfochtenen Vorbildwert Frankreichs zuspitzte, mußte Lessings Rezeption der französischen Literatur einfach von vornherein unter negativen Vorzeichen stehen. Die dadurch letztendlich implizierte Hinwendung zur englischen Literatur vollzog sich in *Miß Sara Sampson* und verdichtete sich in der Herausgabe der Übersetzung von Thomsons Dramen, die in Lessings Augen, auch an den Griechen gemessen, regelmäßiger wären als die Werke der Franzosen, und im Interesse für Dryden, der ihm Shakespeare als Naturgenie näherbrachte und Material lieferte im Streit um den Reim. Das Figurieren innerhalb eines derartigen Traditionszusammenhangs tue Lessings Originalität, so de Wild, keinen Abbruch. Diese sei allerdings anderswo zu suchen, als die bisherige Forschung häufig angenommen habe; sie liege vor allem in seiner Suche nach der Lösung, in seinem dynamischen Denken.

Als Spezimen dieses dynamischen Denkens, das sich vorzüglich im Dialog realisierte, wird im dritten Kapitel der Briefwechsel über das Trauerspiel analysiert, an dem sich neben Lessing Moses Mendelssohn und Friedrich Nicolai beteiligten. Obwohl Nicolai bloß Auslöser war, und es sich daher bei diesem Briefwechsel im Grunde um ein Zwiegespräch zwischen Mendelssohn und Lessing handelt, wobei dieser vom Kontrahenten zu immer genauerer Präzisierung seines Standpunkts gezwungen wird, läßt De Wild es sich nicht nehmen, vorher Nicolais Stellung in zeitgenössischen Kontroversen sowie Baumgartens und Shaftesburys Anteil an der Entstehung einer eigenständigen deutschen Ästhetik zu erörtern. Erst dann dringt er zu der zentralen Problematik des Briefwechsels, dem tragischen Mitleid und dessen Verhältnis zu 'Schrecken' und 'Furcht', vor. Daß Lessing hier Elemente aus Mendelssohns Denken zu übernehmen bereit ist, stelle, so tut de Wild dar, dessen dynamisches Denken unter Beweis. Die mit einem derartigen Denken notwendigerweise einhergehende Präponderanz des Fragmentarischen bestätige zudem, daß Lessing sich bewußt gewesen sei, daß "seine Beiträge zu einer dem deutschen Volkscharakter und dem Stand des deutschen Kulturlebens entsprechenden Tragödientheorie von vornherein befristet" (287/288) sein mußten.

De Wilds Arbeit kennzeichnet sich vor allem durch Solidität in der kritischen Sichtung von Bekanntem; weniger durch Originalität im Ansatz und Konsistenz in der Anwendung von übergreifenden Darstellungsprinzipien. Von der massiven Wucht der Schilderung der europäischen dramentheoretischen Entwicklungen wird das eigentliche Thema, Lessing, zusehr an die Peripherie gedrängt. Bei aller Akribie und de Wilds profunden Sachkenntnissen zum Trotz erleidet die Darstellung vereinzelt geringfügige Einbußen durch unklare Formulierungen (Dryden etwa wäre "alles weniger als ein Dogmatiker" [87], während genau das Gegenteil gemeint ist) und offensichtliche Fehler ("Tiros de Mohina" [93] für "Tirso de Molina"). Bei allem Respekt für de Wilds Leistung hätte man sich am Ende ein bißchen weniger "Tradition" und etwas mehr "Neubeginn" gewünscht. Für die Germanistik wird de Wilds Untersuchung zweifellos ihren Gebrauchswert als Übersichtsdarstellung und also Nachschlagewerk erweisen, wobei sich allerdings das Fehlen eines Registers schmerzlich bemerkbar machen dürfte.

Katholieke Universiteit Nijmegen/Niederlande   *Guillaume van Gemert*

II.

BÖNING, HOLGER, *Ulrich Bräker. Der arme Mann aus dem Toggenburg. Leben, Werk und Zeitgeschichte.* Königstein: Athenäum (1985). 228 S.

Einem ganzen Menschenleben auf gut 200 Seiten Gerechtigkeit anzutun und dabei den Leser nicht zu langweilen, ist keineswegs eine leichte Aufgabe. Daß dabei nicht einfach Fakten und Lebensdaten aneinandergereiht werden, muß vorausgesetzt werden. Vielmehr muß eine Biographie den jeweiligen historischen Kontext miteinbeziehen und dem Leser Lebensumstände und Lebensgefühl eines Zeitalters vor Augen führen, wie es Dieter Kühn in seiner Oswald von Wolkenstein-Biographie so überzeugend getan hat. Dem Leser einer Biographie von Ulrich Bräker (1735–1798) muß also klar werden, was es bedeutet hat, im 18. Jahrhundert in einem ländlichen, voralpinen Gebiet gelebt zu haben.

Dieser Aufgabe ist Holger Böning voll und ganz gerecht geworden. An Bräkers Beispiel werden auch soziale, politische und wirtschaftliche Zustände aufgezeigt. Der

Autor bietet wissenschaftlich aufgearbeitetes Material, das dank der leichten Lesbarkeit nicht nur den Spezialisten zu fesseln vermag.

Die eigentliche Lebensgeschichte bringt wenig Neues zutage, was nicht schon aus Bräkers Autobiographie von 1789 und seinen (allerdings nur zu einem kleinen Teil veröffentlichten) Tagebüchern bekannt gewesen wäre. Bönings Leistung besteht vielmehr darin, ein für den modernen Leser leicht zugängliches, psychologisch differenzierendes Lebensbild—Mangel an väterlicher Zuneigung, mißlungene Ehe mit zänkischer Frau, verpaßte sexuelle Gelegenheiten, verständnislose Kinder—entworfen zu haben, das auch vor einer Deutung und Wertung von Ereignissen nicht zurückschreckt, wobei der Autor gelegentlich einem allzu unverbindlichen Plauderton verfällt. Mit besonderem Interesse verfolgt man die Diskussion von Bräkers sich wandelnder Einstellung zur Französischen Revolution und zu deren Auswirkungen auf die Schweiz bis hin zur Helvetischen Revolution in Bräkers Todesjahr.

Als kleiner Garnhändler und zuletzt gar Fabrikant ist Bräker ein typischer Vertreter einer neuen sozialen Schicht, die nur wenig später das wirtschaftliche Leben in der Schweiz dominieren wird. Mangel an ökonomischem Denken und an Rücksichtslosigkeit verwehren ihm aber den Erfolg, sodaß er zeitlebens von materieller Not bedrängt wird. Daß er in dieser Situation einen Teil seines Verdienstes in kostbare Bücher investiert und zu deren Lektüre wertvolle Zeit und teures Öl für die Leselampe aufwendet, stößt bei Familie und Freunden rundum auf Ablehnung. So wird er von seiner sozialen Umwelt zusehends entfremdet, ohne daß er aber—aufgrund seiner Herkunft—von seinen neuen, gebildeten Freunden voll akzeptiert worden wäre.

Zu recht hebt Böning hervor, daß sich Bräkers empfindsame Naturbeschreibungen durchaus neben denjenigen des jungen Goethe sehen lassen können; seine Shakespeare-Studien stehen neben denjenigen Herders. Umso mehr muß aus heutiger Sicht bedauert werden, daß sich Bräker selbst als armen und ungebildeten Mann bezeichnet, denn nur allzu gerne hat ihn die spätere, am Idealismus orientierte Literaturkritik beim Wort genommen. Eine Entrümpelung des Bräker-Bildes wäre also angezeigt: der Anfang ist gemacht.

University of Illinois at Urbana-Champaign/ *Peter Hess*
Austria-Illinois Exchange Program, Baden bei Wien

SCHENCK ZU SCHWEINSBERG, KAREN (Hrsg.), *"Meine Seele ist bey euch geblieben": Briefe Sophie Brentanos an Henriette von Arnstein.* Weinheim: Acta humaniora, VCH Verlagsgesellschaft mbH (1985). 6 unbez. + 227 S. (18 Tafeln im Text).

Sophie Marie Therese Brentano (geb. 15.8.1776, gest. 19.9.1800) entstammte der Ehe des Frankfurter Handelsherrn Peter Anton Brentano mit Maximiliane La Roche; sie war somit die Enkelin Sophie v. La Roches und die ältere Schwester von Clemens und Bettina Brentano. Henriette v. Arnstein (1780–1859), an welche die sechsundzwanzig Briefe gerichtet sind, war die Tochter des als Freiherr v. Arnstein in den österreichischen Adelsstand erhobenen jüdischen Bankiers Nathan Adam Arnsteiner und seiner aus Berlin stammenden Frau Fanny, geb. Itzig. Sophies Briefe wurden 1967 vom Freien Deutschen Hochstift erworben; die Gegenbriefe Henriettes fielem mit Sophies Nachlaß an deren seit 1804 mit dem Rechtslehrer Friedrich Karl v. Savigny verheiratete Schwester Gunda und gelangten später in denjenigen Teil des Savignyschen Nachlasses, der heute in der Staatsbibliothek der DDR liegt. Der ungekürzte Abdruck von Henriettes Briefen war, was man bedauern muß, offenbar nicht möglich, doch hatte die Hrsg. Einblick in die in Berlin liegenden, Sophie Brentano betreffenden Schriftstücke. Sie hat die ihr in verschiedenen Archiven zugänglichen Hand-

schriftenbestände—u.a. den Savigny-Nachlaß der UB Münster—eingesehen, ausge-
wertet und dabei auf neue Funde hingewiesen. Diese Quellenstudien erlaubten es ihr
z. B., die Veröffentlichung von S. Sudhof, *Sophie Brentano, Christoph Martin Wieland: Briefwechsel 1799–1800* (Frankfurt, a.M., 1980), zu ergänzen und in Einzelheiten zu berichtigen. Mit der Erschließung ungedruckter Zeugnisse und der Heran-
ziehung aller gedruckten Quellen hat die Hrsg. einen wertvollen Forschungsbeitrag
geleistet.

K. Schenck z. Schweinsberg bestimmt ihr Buch jedoch ausdrücklich "für den allgemeiner interessierten Leser." Sie beruft sich dabei in ihrer "Vorbemerkung" (5–7) auf
ein Referat von S. Sudhof, der eine "Form der Brief-Edition" gutheißt, in der "versucht
wird, durch Auswahl der Texte sowie der Erläuterungen das Bild einer Persönlichkeit
oder einer Zeitepoche zu entwerfen" (7).[1] So sind die Briefe "in eine erzählende Darstellung der letzten Lebensjahre Sophie Brentanos eingeordnet"; Auszüge aus Henriettes Briefen u.a. Hss. wurden in diesen verbindenden Zwischentext eingefügt. Der
Bestimmung des Buches entsprechen die bibliophile Ausstattung (resedagrüner
Leinenband mit Schutzumschlag und Kunstdruckpapier), die Tafeln mit den Porträts
von Persönlichkeiten und Ansichten von Stätten, die im Text erscheinen (173–91),
und schließlich die (durchwegs guten) Übersetzungen französischer Briefe und Briefstellen ins Deutsche (197–218). Auf den 1. Teil, "Einführung" (9–29), folgen im 2. Teil
"Die Briefe" Sophies an Henriette von Arnstein aus der Zeit zwischen dem 21.4.1798
und dem 12.8.1800 (31–105); ein 3. Teil, "Nachwirkungen" (107–34), enthält u.a. drei
in ihren letzten Oßmannstedter Wochen verfaßte Briefe Sophies an ihre Frankfurter
Freundin und engste Vertraute Charlotte Servière (1773–1862), Gunda Brentanos
letzten Brief an die Schwester (29.8.1800) und Auszüge aus Gundas Briefwechsel mit
Henriette v. Arnstein und mit Sophies zeitweiligem Verlobten Graf Herberstein
(1757–1816) aus den Monaten und Jahren nach dem Tod der Schwester. Sophie Brentano war im September 1797 mit einem Auftrag ihres Stiefbruders Franz und zusammen mit ihrer Stiefmutter Fritze von Frankfurt nach Wien gereist, und dieser Aufenthalt dehnte sich gegen den ursprünglichen Plan bis in den Sommer des nächsten Jahres aus. In den ersten Wiener Wochen litt Sophie zwar an der alten Verletzung, die ihr
als Vierjähriger das linke Auge gekostet hatte. Ende November aber, mit der Einführung bei den Arnsteins durch den Frankfurter Bankier Moritz Simon Bethmann
(1768–1826), trat sie mitten ins gesellschaftliche Leben Wiens, und es entstand eine
enge Freundschaft mit Henriette v. Arnstein. Ihr Briefwechsel begann, als Henriette
im April 1798 die Mutter nach Berlin begleitete, wo Fanny v. Arnstein ihre Schwester
Bella Salomon besuchte. (Deren Tochter Lea, Henriettes Base und Freundin, wurde
die Schwiegertochter Moses Mendelssohns und Felix Mendelsohn-Bartholdys Mutter.) Als die Arnsteinschen Damen im Juli nach Wien zurückkehrten, kam es nur zu
einem kurzen Wiedersehen, da Sophie Brentano Ende des Monats nach Frankfurt
abreiste. Unter ihren Briefen aus der Heimat u.a. Orten, wo sie sich aufhielt, sei der
vom 8.8.1799 aus Oßmannstedt hervorgehoben: Sie hatte ihre Großmutter La Roche
dorthin begleitet, wo sich eine Seelenfreundschaft zwischen Sophie Brentano und
Wieland entwickelte und wohin sie im Sommer 1800 zurückkehrte; ihr letzter Brief
an Henriette v. Arnstein ist von dort datiert.

Eine Veröffentlichung von Sophie Brentanos Briefwechsel bedarf keiner Rechtfertigung. Die Hrsg. wertet die Briefe zwar als "Jungmädchenbriefe, nicht eigentlich literarische Dokumente" (27), weist aber darauf hin, daß Sophies Briefe von den Empfän-
gern und ihren Freunden auch als literarische Zeugnisse hochgeschätzt wurden, und
sie nennt Sophie, von deren Schriftstellerei sie eine kleine Probe vorlegt ("Anhang 1,"
195), ein "beachtliches schriftstellerisches Talent" (15–16). Im weiteren Sinne beanspruchen die vorgelegten Dokumente zusammen mit dem Kommentar der Hrsg.
sozial- und kulturgeschichtliches Interesse. Man erhält u.a. Einblick in den Salon der
hochkultivierten Fanny v. Arnstein und somit in das liberale jüdische Großbürger-
tum, das eben damals in den österreichischen Adel Aufnahme gefunden hat —eine
Gesellschaft, in welcher die individulle Persönlichkeit sich frei entfalten durfte, in

der Sophie Brentano sich wohlfühlte. Daneben erscheint die Frankfurter Gesellschaft bürgerlich enger, und die Brentanos mit ihren gegensätzlichen Individualitäten geben den Eindruck einer Großfamilie, die damals, nach Maxes und Peter Antons Tod, auseinanderbrach. Vor allen Dingen interessiert die liebenswürdige Persönlichkeit der jungen Sophie Brentano selbst —eine Erscheinung, die von der Hrsg., was einstweilen dahingestellt sei, "noch völlig dem empfindsamen Zeitalter" zugeordnet wird (28). Sophies Erbe gab ihr äußere Sicherheit, ihre Sensibilität aber, durch ihr Handicap erhöht, machte sie verletzlich, und sie entbehrte den Beistand der Mutter, als sie über die innere Gefährdung selbst nicht mehr Herr werden konnte. Die Nervenkrankheit, der die erst Vierundzwanzigjährige bei Wieland in Oßmannstedt erlag und die noch nicht schlüssig diagnostiziert zu sein scheint, wurde u.a. durch ihre Enttäuschung über die beiden Männer gefördert, die jeder auf seine Art um sie warben. Herberstein, dessen Neigung sie erwiderte, war nicht Manns genug, seine Unsicherheit zu überwinden und sich über die Standesvorurteile seiner Familie und seiner Umgebung hinwegzusetzen, während Sophie sich im Falle des selbstsicheren, gröber organisierten Bethmann als ein bloßes Objekt der Eroberung empfinden mußte. Gerade auf diese Beziehungen, auf Sophie Brentanos letzte Lebensphase und ihren Tod, und wie er von ihrer Umgebung aufgenommen wurde, hat diese Quellenveröffentlichung neues Licht geworfen. Sie bebereichert unser Wissen zudem um eine Fülle von Einzelheiten, auf die hier nicht eingegangen werden kann, und sie weckt den Wunsch nach der Publikation weiterer Teile von Sophies Briefwechsel, vor allem ihrer Briefe an Charlotte Servière.

In der Ermessensfrage, wie man hs. Quellen darbieten soll, entscheidet sich Rez., wenn immer möglich, für die ungekürzte diplomatische Wiedergabe einer Hs. Abgesehen von dem vollständigen Abdruck der Gegenbriefe H. v. Arnsteins hätte man gewünscht, daß auch der Werbebrief Graf Herbersteins als Ganzes vorgelegt worden wäre, in welchem sich dieser in tagebuchartigen, vom 22.5 bis 8.7.1798 datierten Einträgen "Rechenschaft über sein Gefühl für Sophie zu geben und ihr das Ergebnis seiner Überlegungen, seiner Bedenken, Hoffnungen und Wünsche vorzulegen versuchte" (42). Auch hätte dieses psychologisch aufschlußreiche Dokument vielleicht unter dem Datum eingerückt werden sollen, unter welchem es Sophie Brentano empfangen hat, so wie es wohl wünschenswert gewesen wäre, (im 2. und zu Anfang des 3. Teils) konsequent die Sicht Sophies zu wählen und die Gegenbriefe, Ereignisse usf. an derjenigen chronologischen Stelle zu erörtern, an der sie ihr bekannt geworden sind. In der Meinung, daß Herausgeberkommentare gegenüber den Quellen zurücktreten sollten, hätte Rez. vorgeschlagen, die verbindenden Texte der Hrsg. im kleineren Druck der Anmerkungen wiederzugeben, so wie dies z.B. in der älteren Sammlung von Schellberg und Fuchs gelöst ist.[2] Auch hätte der Leser es zweifellos begrüßt, wenn er die Übersetzungen als Fußnoten unter dem entsprechenden Text vorgefunden hätte, statt hinten nachschlagen zu müssen, so wie es sinnvoll gewesen wäre, die beiden kurzen Texte von je knapp einer Seite (195 u. 196), die als besondere "Anhänge" untergebracht sind, in den Hauptteil oder in die Anmerkungen einzufügen. Der Zweckbestimmung des Bandes hätte es entsprochen, wenn die Hrsg. ihre Einführung, Zwischentexte und Anmerkungen (135–72) von Quellennachweisen freigehalten hätte, die nur den wissenschaftlichen Benutzer interessieren. Dem wäre durch ein Verzeichnis der Hss. (mit Besitzern und Signaturen) und einer Bibliographie abzuhelfen gewesen, auf die man durch Abkürzungen und Sigel hätte unauffällig verweisen können. Der Anhang hätte dann folgendes enthalten: Die Anmerkungen; die genealogische Aufstellung "Die Familie Brentano" über P. A. Brentanos drei Ehen und seine Kinder (219–20), die der genannten Quellenveröffentlichung S. Sudhofs entnommen ist; und schließlich die Verzeichnisse der Hss., Abb. und Druckwerke. Das Personenregister am Schluß des Bandes (221–27) nennt verdienstvollerweise auch jeweils das Geburts- und Todesjahr. Allerdings fehlen dort Sophie Brentano selbst und Henriette von Arnstein, und die La Roches findet man unter R und nicht, wie zu erwarten, unter L. Ein hartnäckiger

Fehler der La Roche-Literatur hat sich auch in dieses Buch eingeschlichen: Sophie
Gutermanns Geburtsjahr ist 1730 und nicht 1731.

The University of Michigan, Ann Arbor   Hansjörg Schelle

1 Siegfried Sudhof, "Brief und Gegenbrief als Problem der Brief-Edition," in Wolfgang
  Frühwald et al., Hrsg., *Probleme der Brief-Edition: Kolloquium der Deutschen Forschungsgemeinschaft Schloß Tutzing... 8.–11. Sept. 1975,* Referate u. Diskussionsbeiträge, Kommission f. germanistische Forschung, Mitteilung 2 (Boppard:
  Harald Boldt Verlag, 1977):27.
2 Wilhelm Schellberg u. Friedrich Fuchs, Hrsg., *Das unsterbliche Leben: Unbekannte Briefe von Clemens Brentano* (Jena: Eugen Diederichs Verlag, 1939).

DURACH, J[OHANN] B[APTIST], *Hellfried und Hulda. Ein Mährchen
aus den gräuelvollen Tagen der Vorwelt.* Faksimiledruck nach
der Auflage von 1792, Herausgegeben und eingeleitet von Michael
Hadley. Bern/Frankfurt am Main/New York: Peter Lang (1985).
130 +, 238 S.

Der Schauerroman als dunkles Pendant zum Licht der Aufklärung und als Tradition des Irrationalen gewinnt heutigentags an Aufmerksamkeit; ein Grund dafür ist
das Interesse der Forschung an populären Lesestoffen, die in ihrer Gleichzeitigkeit
mit der ästhetisch hochstehenden Literatur begriffen sein wollen. Die Zugänglich-
keit der Texte des Schauerromans ist begrenzt; vieles, was zeitgenössische Bücher-
verzeichnisse und Rezensionsorgane nennen, gilt als verschollen. Es ist zu begrüßen,
wenn solche Texte wieder verfügbar gemacht werden.
    Johann Baptist Durach (24.11.1766–18.10.1832) hat mehrere Schauerromane ge-
schrieben. Die Handlung des vorliegenden Romans, 1792 bei Fleischer in Leipzig erschienen, bestimmt sich durch Liebe, Trennung, allzu späte Wiedervereinigung und
Tod der Protagonisten Hellfried und Hulda. Diese beiden sind Objekt von Machtgier,
Lüge, Verrat und Intrige der anderen, deren Teufeleien und Grausamkeiten ein-
schließlich ihrer mindestens ebenso grausamen Bestrafung großen Raum einnehmen
und die Leserbedürfnisse befriedigen, die an das "Gräuelvolle" der Gattung Schauerroman geknüpft sind. Es fehlt keine Szenerie der Gattung vom Kirchhof bis zum Ker-
ker, kein Motiv von der bedrängten Unschuld bis zum Wiedererkennen der Totge-
glaubten, keine Figur vom geheimnisvollen Einsiedler bis zum ränkereichen Pfaffen,
es fehlt nicht der Geheimbund der "Wissenden" mit seinem heimlichen Gericht, dem
der schlimmste Schurke verfällt. Derselbe Roman, der eine phantastische ritterliche
Welt heraufbeschwört, ist zugleich eingebettet in die Realgeschichte, die Zeit des
dritten Kreuzzugs, und findet sogar inmitten aller "Gräuel" die Muße, den Tod Friedrich Barbarossas zu schildern (S. 112–116). Das Erscheinen des Typischen und des
Besonderen in dieser "Mischform" (S. 40 +) ist eine akzeptable Begründung für
Hadleys Edition.
    Die Einleitung zum Text enthält folgendes: Kap. I "Einleitung zum deutschen
Schauerroman" befaßt sich mit Eingrenzung und Entwicklung der Gattung und gibt
eine Kurzinterpretation des herausgegebenen Textes (S. 36 + –40 +); Kap. II "Der literarische Kontext" widmet sich der populären Romanliteratur im letzten Drittel des
18. Jahrhunderts und charakterisiert diese als Mittel zur "glücklichen Einfügung in
eine dankbare Dienstbarkeit im Sinne des Status quo" (S. 66 +); Kap. III "J. B. Durach:
Lebenslauf" trägt die spärlichen ermittelbaren Daten zusammen und stellt die Figur
des Geschichtslehrers als Verfassers von Unterhaltungsliteratur als zeittypisch dar;
Kap. IV "Das Erzählwerk: Ansätze zum Historischen Roman" gibt einen Überblick zu

Durachs Produktion, die nach einer Reihe von mäßig emanzipatorischen Texten schließlich "untypisch, reaktionär und weltfremd" (S. 116 +) wird; Kap. V verzeichnet Durachs Werke mit Bibliotheksnachweisen und Rezensionen sowie Sekundärliteratur.

Wertvoll an der Einleitung, die ein Drittel des ganzen Buchs ausmacht, erscheint mir die Primär-Bibliographie: Hadley präsentiert etwa doppelt so viele Texte wie Goedeke (Bd. 5,³1893, S. 518), darunter auch nicht-fiktionale. Zu den übrigen Teilen der Einleitung hege ich Bedenken: Den Experten wird zuviel Bekanntes geboten, den Nicht-Germanisten dagegen wären Worterklärungen zum Romantext dienlich gewesen, ein Inventar der Romanfiguren in Verbindung mit einer Skizze des Handlungsverlaufs hätte allen geholfen. Hadleys Gedankenführung ist manchmal schwer verständlich, so wird auf S. 23 + nicht deutlich, ob der Gegenstand der Argumentation das Schauerliche, das Erhabene oder das Schaudern ist; zahlreiche Druck- und Flüchtigkeitsfehler sowie sprachliche Ungenauigkeiten hemmen das Lesen. In der Bibliographie der Sekundärliteratur vermisse ich Wolfgang Trautwein, *Erlesene Angst. Schauerliteratur im 18. und 19. Jahrhundert* (München und Wien 1980); auf die Analysekategorien dieser Untersuchung, die vom Begriff "Schauer" ausgeht, sollte man nicht verzichten. Vielleicht verdient auch Durachs Sprache mehr Aufmerksamkeit. Bei der Darstellung seiner anderen Romane werden gelegentlich stilistische Aspekte angewandt (z. B. S. 111 +), zum vorliegenden Text jedoch nicht. *Hellfried und Hulda* bietet Gelegenheit zur Beobachtung gattungstypischer sprachlicher Phänomene, von denen ich nur drei nenne: die Placierung von Wörtern mit hohem Emotionswert (Wortfamilie und Wortfeld von "Knochen"), die - bereits an Richard Wagner erinnernde - Alliteration ("Traun, ein trotziger Schmied!" S. 76 "Will Dir lohnen Dein Lügenwerk." S. 195), die Inversion ("Zusammenfuhr' ich, als wäre der Himmel im Einsturz; abblaßte das Roth meiner Wangen; und sprechen konnt' ich fürder keine Silbe." S. 168). Der Rezensent in der "Neuen Allgemeinen Deutschen Bibliothek" (3, 1793, S. 568–570, hier: S. 569) hatte dafür ein gutes Auge: "An veralteten Wörtern [. . .], und dies neben einer Menge Neologismen, läßt er es nicht fehlen; nicht minder an possierlichen Inversionen, die unsern Romanenstyl zum abentheuerlichsten Gewäsch zu machen anfangen, und in die übrige Büchersprache übergetragen, solche gänzlich zu Grunde richten würden."

Kiel   *Wolfgang Biesterfeld*

TAURECK, BERNHARD (ed.), *Friedrich der Große und die Philosophie: Texte und Dokumente.* Stuttgart: Reclam (1986). 182 pp.

The 200th anniversary of the death of Frederick the Great in 1986 provided the opportunity for publication of this edition of his philosophical writings. This collection contains carefully selected passages from both the writings and the letters of Frederick, arranged topically. Topics include theoretical philosophy, ethics, political philosophy, philosophy of culture, and philosophical pedagogy. In addition, the last 26 pages are devoted to excerpts from other philosophers about Frederick the Great. Included here are comments from Diderot, Kant, Hegel, Lichtenberg, and Nietzsche, among others. Since the major accomplishment of the editor is the bringing together of Frederick the Great's philsophical writings, I will limit my discussion to these writings.

As may be expected, no systematic philosophical position emerges from the collected passages. Nevertheless, certain definite philosophical themes recur regularly enough to permit some generalizations about Frederick's philosophy. The abstractions of German rationalism held slight appeal to the earth-bound *roi philosophe*. For instance, in a letter to Voltaire he criticizes the followers of the Leibniz-Wolff tradition:

> Ich habe von Gott keine andere Vorstellung als die eines vollkommen guten Wesens. Ich weiß nicht, ob seine Freiheit einen Widerspruch mit dem Zureichenden Grund einschließt oder ob die mit seinem Dasein gleich ewigen Gesetze seine Handlungen notwendig und ihrer Determination unterworfen machen. Aber ich bin sehr überzeugt, daß alles in der Welt sehr gut ist und daß, wenn Gott aus uns Metaphysiker hätte machen wollen, er uns sicher einen höheren Grad von Einsicht und eine der unsrigen unendlichen überlegene Erkenntnis verliehen hätte. (p. 65)

Like most of his enlightenment contemporaries, Frederick was suspicious of speculative attempts to uncover absolute truths and saw the task of philosophy as better directed towards the discovery of the errors and limitations of the human mind. Even though human beings cannot attain Truth, it is, he tells us, nevertheless worthy of a thinking being to strive to approach it: "Und wenn man sich ernstlich darum bemüht, hat man zum mindesten den Gewinn, einer Unzahl von Irrtümern ledig zu werden." (p. 70) This taste for modesty in philosophical undertakings is also manifested in his preference for Locke's empiricism in the following passage: "Stets hält er [Locke] sich am Faden der Erfahrung, um sich in den Finsternissen der Metaphysik zurecht zufinden. Er ist vorsichtig, er ist verständlich, was ein großes Verdienst für einen Metaphysiker ist." (p. 72)

  Other themes which appear with some regularity include a defense of the empirical sciences (selections #13 and #56, for example), the problem of human freedom and determinism (#24 and #25), and the importance to Frederick of the stoic ethic (#36, #40 and #42). The student of enlightenment thought will find reflected in these texts paradigm 'enlightened' views, as both the strengths and weaknesses of this period are brought into sharp focus in this man's straightforward style. At one point, for example, Frederick cavalierly dismisses D'Holbach's critique of religion based on D'Holbach's moral outrage over religious persecution as "naive": "Sind dies nun Gründe, die Anschaungen von Philosophen zu bestimmen: Trägheit und Leidenschaften?" (p. 76) That emotion rather than the cool light of reason should play any role in philosophical argument was an anathema to the enlightened spirit.

  On the other hand, one finds from time to time in these pages examples of more carefully thought out arguments. Next to the weak attack on D'Holbach's atheism we also find a rather sophisticated compatibilist argument against D'Holbach's hard determinism. In selection #24, Frederick argues that although all human beings are limited by nature, they nevertheless are free to choose between their passions and the dictates of reason. If the objection is raised that even the decision to act rationally is determined, he responds:

> Strenggenommen mag das richtig sein; aber wer zwischen der Vernunft und seinen Leidenschaften wählt und sich entscheidet, ist, wie mir scheint, frei, oder ich weiß nicht mehr, welchen Begriff man mit dem Worte Freiheit verbindet. (p. 74)

Later, in response to a similar objection he adds: "Ganz gewiß geschieht nichts ohne Ursache, aber nicht jede Ursache ist notwendig." (p. 77)

  Passages such as those mentioned above—and there are many of them—make it clear that the editor's undertaking was a fruitful one. There is, of course, the danger that such a drastically edited version of Frederick's thought may give the impression of a deeper philosophical character than the ruler actually possessed. The reader would therefore do well to bear in mind the editor's comment that "die königlichen Schriften [sind] doch öfter weitschweifig und nur stellenweise philosophisch dicht." (p. 47) Apart from this rather minor *caveat*, however, the book is an important new resource and well worth adopting in any course which covers this period in German history, philosophy, or literature.

University of Cincinnati *Jane Kneller*

KOHNEN, JOSEPH, *Theodor Gottlieb von Hippel 1741–1796, L'homme et l'oeuvre.* Bern: Peter Lang (1983). 1,525 pp.

Kohnen has written what is destined to become the definitive work on Hippel for a long time to come. The only comparable effort is F. J. Schneider's 1911 biography of Hippel "in den Jahren von 1741–1781", a work which Kohnen properly acknowledges his debt to, but also a work which fails to deal with the last fifteen years of Hippel's life. Kohnen's title, in contrast, proclaims his intention to write a thorough, comprehensive, and complete account of Hippel's life and works. That this study can be described as pioneering only shows that Kohnen's work is long overdue.

Not only does Kohnen carry Schneider past 1781, he also fills in details and updates information for the earlier period. Hippel himself is, chiefly by default, the most reliable source on his youth, and yet we know enough to say that he is occasionally inaccurate and not above improving on the truth. This makes Kohnen's level-headed and informative characterization all the more of an achievement.

Kohnen shows a very nearly complete familiarity with the secondary works on Hippel and Königsberg, which is coupled with a knowledge of those few documents from Hippel's *Nachlass* that have survived and not been published. Among the difficulties confronting scholars who wish to do serious work on Hippel is, of course, the impossibility of doing research in Königsberg/Kaliningrad, though it also seems likely that there is little left there to do research on. To read Kohnen's account of Hippel's collection of paintings, his various dwellings, and the parks and other improvements he designed is to be continually confronted with the painful reminder of how much was lost in East Prussia in World War II. Kohnen, in any event, has scoured the libraries of Central Europe and turned up a number of interesting documents. One only wishes that these documents could have been included here in the form of transcriptions (as Schneider did) or reproductions or both. Perhaps the notorious difficulty of Hippel's handwriting played a role in the decision to omit them. Kohnen does provide useful information on their whereabouts in his bibliography. Nevertheless, one hopes that they (and additional illustrations) will be included in the German-language version of the book that Kohnen is now preparing.

Even the most comprehensive study is likely to have some gaps. Since the publication of this work, Kohnen himself has discovered a letter to Hippel's nephew written by Hippel shortly before his death (see *Recherches Germaniques*, Vol. 15 [1985], 195–206). It would not be surprising if further material of this kind exists in private hands and remains to be discovered. One secondary source Kohnen has overlooked in his otherwise extensive (and occasionally annotated) bibliography is one that, though published over sixty years ago, has only recently come to my attention: Paul Schwartz, *Der erste Kulturkampf in Preussen um Kirche und Schule (1788–1798)* (Berlin, 1925). Schwartz describes in detail Hippel's plan for a *Bürgerschule* in Königsberg, which was ultimately unsuccessful due to Woellner's lack of enthusiasm. If Kohnen made reference to Theodor Bach's biography of Hippel's nephew, which quotes from his uncle's correspondence with him, it escaped my notice.

Considering the inadequacy and inaccessibility of the sources, it is difficult enough just to get accurate biographical data on Hippel. Kohnen, however, not only provides this to the extent possible, he also seeks to elucidate Hippel's character. The result is that Kohnen has written a real biography, a balanced portrait that acknowledges the negative aspects of Hippel's character without allowing them to dominate his description. In a decided improvement over the efforts of earlier students of Hippel's personality, Kohnen is fair, avoids one-sidedness, and draws on some unusual sources for his evaluation, such as a close study of the portraits of Hippel and the houses he lived in.

On the biographical side, Kohnen is faced with the difficulty that in the last volume of the *Gesammelte Werke* (published in 1839) Hippel's letters break off in 1785. From this point on in the chronology, Kohnen devotes more attention to a discussion of topics. He is particularly good at placing Hippel in the context of the intellectual life of eighteenth-century Königsberg and describing his relationships with his contemporaries, including Kant, Herder, and Hamann. After Hippel's death, his reputation was damaged by his surviving friends and in particular by Scheffner. Kohnen is a sure guide through this situation made so difficult by the loss of the documents from Hippel's *Nachlass* on which Scheffner and the others based their opinions.

In his treatment of Hippel's works, the two novels of course receive their due. What makes Kohnen's study invaluable, though, is his judicious commentary on every published work by Hippel, with particular attention paid to his writings on women. Kohnen wisely decides to examine separately each version of *Ueber die Ehe* (it went through four editions over a nearly thirty year span), rather than treating it summarily as one work. Something that Kohnen only mentions in passing is a short work that Hippel never meant for publication and that he should never have written in the first place: an essay on the Jews in response to a request from his superior, the Prussian Minister von Schrötter. This work has been given the unfortunate title *Ueber die bürgerliche Verbesserung der Juden*, and has been excerpted in at least one anthology of anti-semitic writings. As distasteful as the task may be, this deserves fuller treatment, especially in light of Hippel's more enlightened views on women and, at least in the *Lebensläufe*, also on Jews.

Such an omission is, however, the exception rather than the rule. For virtually the first time anywhere, Kohnen examines the entirety (including items not in the *Gesammelte Werke*) of Hippel's poetry, letters, his autobiographical, dramatic, freemasonic, and legal works, with a separate chapter on his curious polemic *Zimmermann der I. und Friedrich der II*. He also summarizes and evaluates the reception of Hippel's works. The use of Kohnen's two-volume opus is made easier by the inclusion of an index.

All in all, Kohnen has successfully accomplished a task of daunting magnitude. Scholars who in future concern themselves with Hippel owe him a large debt, for he has made their work considerably easier.

Wabash College   *Hamilton Beck*

KANT, IMMANUEL, *Geographische und andere naturwissenschaftliche Schriften*. Hamburg: Felix Meiner Verlag (1985). XLIV + 202 S.

Wenn auch die Kantforschung in den letzten Jahrzehnten gezeigt hat, daß entgegen der von Kant selbst verbreiteten Behauptung eines Bruchs in seinem Denken, sehr viel mehr an Kontinuität, und das heißt, sehr viel mehr an "Kritischem" bereits im "vorkritischen" Kant steckt, so ist doch diese Erkenntnis noch immer kaum über die engen Grenzen der Fachphilosophie hinaus gedrungen. Diesem Mangel könnte der von Jürgen Zehbe herausgegebene Band mit Kants geographischen Schriften Abhilfe verschaffen.

Kant, so wird schon in den frühen Aufsätzen deutlich, war seit Beginn seiner Karriere als Schriftsteller viel zu sehr Philosoph als daß er als bloßer Wissenschaftler hätte abgetan werden können. Es ist nicht nur die Stimme des Aufklärers, die gefangen nimmt, sondern die bereits vorhandene Reflexion auf die Aufklärung, buchstäbliche Selbst-Reflexion. Wo Kant so von geographischen Phänomenen handelt, geht es ihm letztlich um die Besinnung auf die Bedingungen menschlicher Existenz überhaupt. Ob er von der Drehung der Erde, der Entstehung der Winde, der Monsune, dem ganz Europa in Unruhe versetzenden Erdbeben von Lissabon oder von den Vulkanen im Mond spricht, sie alle bedingen den "grossen Klumpen, den wir bewohnen" mit (44) und so unser Leben darauf. Die Herauslösung naturwissenschaftlicher Fragen aus dem Ganzen einer Weltbetrachtung, die sich noch immer unter dem Herrschaftsanspruch der Theologie befand und ihre Behandlung in Teiluntersuchungen, hat deshalb kein Sinndefizit zur Folge, weil sie auf dem Hintergrund eines sich Grund legenden Philosophierens steht, das sich zwar eben erst am Entwickeln ist, so aber eine rein wissenschaftliche Deskription des Gegebenen bereits kritisch zu transzendieren vermag. Erst in der Folge wird dieses zur Reflexion der Reflexion treibende Vermögen "Kritik" genannt werden. Vom "Richterstuhl der Vernunft" ist schon hier die Rede, vor den freilich sogar die Planeten gezogen zu werden, nicht ausgenommen werden (86).

Um Kant in seiner Bedeutung als Schriftsteller erkennen zu können, stellen diese, zerstreut in Königsberger Zeitungen erschienenen, Beiträge einen wichtigen Nachweis dar. Kant sah sich selbst von Anfang an selbst als Schriftsteller und versuchte publizistisch zu wirken. So fällt in der Folge auf den späten Kant als Publizisten ein neues Licht, wenn man diese Tätigkeit nicht als etwas Neues, sondern als integralen Teil seines Philosophierens begreift. Insbesondere der frühe Aufsatz aus dem Jahre 1754 "Die Frage, ob die Erde veralte, physikalisch erwogen." besticht durch sprachliche Meisterschaft, die mehr ist als nur Klarheit, Eleganz oder Schönheit allein, und die in Gebrauch der Metaphern als auch der Satzführung beispielhafte Prosa vor Augen führt. Sie evoziert eine meditative Ruhe, wie sie philosophischer Prosa eigen ist. Kants Prosa ist gleichwohl nicht aufs Kontemplative zu reduzieren, sondern intendiert Praktisches: Aufklärung in ihrem engagierten Sinn. Das heißt daß Naturbetrachtung zur Funktion der Emanzipation wird, indem sie die theologische Vorherrschaft aufkündigt, und gleichzeitig an die politischen Pflichten der weltlichen Herrscher erinnert. So stellt Kant die Frage nach dem Unglück in Lissabon in einen Zusammenhang, der nicht allein das Erdbeben von theologischer Konnotation frei schreibt, sondern es auch als Naturereignis in erdgeschichtlichen Zusammenhang stellt, um es als rein naturwissenschaftliches Phänomen zu begreifen. Als solches erhält es dann allerdings philosophische Relevanz, insofern Kant mit ihm sogar einen (nachträglichen) Nutzen verbindet, nachdem er ihm jede göttliche Absicht, die von uns zu verstehen sei, abspricht. So nimmt die Schlußbetrachtung seines Aufsatzes über das Erdbeben in Lissabon die plötzliche Wendung: "Ein Fürst, der durch ein edles Herz getrieben, sich diese Drangsale der menschlichen Geschlechts bewegen lässt, das Elend des Krieges von denen abzuwenden, welchen von allen Seiten überdem schwere Unglücksfälle drohen, ist ein wohlthätiges Werkzeug in der gütigen Hand Gottes und ein Geschenk, das er den Völkern der Erde macht, dessen Werth sie niemals nach seiner Grösse schätzen können." (79) Die Zuschreibung einer göttlichen Absicht desavouiert Kant als bloß hybride Selbstüberschätzung des Menschen, der den narzißistischen Schlag, nicht Mittelpunkt der Schöpfung zu sein, nicht verwinden kann, und eher sich von einem fingierten Willen züchtigen lassen will als sich die eigene Unbedeutendheit einzugestehen.

Die informativ gehaltene Einleitung von Jürgen Zehbe setzt die naturwissenschaftlichen Schriften in den größeren Zusammenhang von Kants Werk und kann so auch als unkonventionelle Einleitung in Kants Denken gelesen werden. So ist Kant, "der Begründer der Geographie als Wissenschaft" (Jürgen Zehbe) und "Vater der modernen Kosmologie" (S. Sambursky) grade wegen der philosophischen Perspektive, die er der Wissenschaft in kritischer Absicht einschreibt. Mag es zwar freilich auch etwas gewagt scheinen, den "eigenwillig-unbesorgten Prosaisten Kant" zuguterletzt dem *uomo universale* und dem Polyhistor des Barock an die Seite gestellt, ja ihn als "letzten Renaissancephilosophen" bezeichnet zu sehen, so ist das Herausarbeiten "der meditativen Art des Forschens" umso verdienstlicher. Daß etwa Goethe, wie er selbst bekannte, den Grundgedanken der Polarität alles Seienden der Naturwissenschaft Kants verdankte, sowie andere vernachläßigte Querverbindungen, illustrieren eindrücklich, wie sehr die ebenso tief- wie weitreichende Bedeutung Kants Denken aufzuarbeiten bleibt.

Harvard Universtiy   *Willi Goetschel*

HINSKE, NORBERT, *Kant-Index, Band I: Stellenindex und Konkordanz zu George Friedrich Meier "Auszug aus der Vernunftlehre".* Stuttgart-Bad Cannstatt: Fromann-Holzboog (1986). xlii–584 pp.

The choice of Kant's logical *corpus* as the starting point of this new *Kant-Index* grew out of a research project in progress at the University of Trier on the theme, "Kant's Logical Writings: Problems of Text-Analysis and Dating". The choice was actually an obvious one. Kant's Lectures on the Logic have come to us indirectly, i.e. through the lecture notes of his auditors and his own marginal notes added to the text-book from which he was lecturing. They are one part of the whole *corpus* for which there is a real problem of establishing, not only sources and lines of development, but even an authentic text, and for which the analytical data of the new Index can be of immediate help. Also obvious, although at first somewhat surprising, is that this first volume should be dedicated not to Kant himself, but to Georg Friedrich Maier's *Auszug aus der Vernunftlehre* of 1752. As it happens, this Wolffian text was the one that Kant used year after year as the basis of his lectures, and for this reason will have to serve as the reference point for the collation of the rest of the material. From all reports Kant used the book rather freely, more as a spring-board for his own ideas than as a text to be followed slavishly. Yet there is no doubt that it influenced at least Kant's terminology, as well as his choice of topics and the sequence in which he took them up. Maier's text is the visible point of contact between Kant's new transcendental thought and the older scholastic tradition.

There have been Kant-Indices before. *Kant-Wörterbücher* appeared as early as 1788 and 1797. We have then the 1893 Wegner's *Kant-Lexikon*, and the 1930 *Lexikon* of Eisler which is still easily available and will still remain, as I suspect, the work-horse of the average student and researcher of Kant. What is special about the new undertaking is the modern technology available to it. The advent of computers puts the new *Index* in a completely different category than anything attempted in the past. It also makes the task of the reviewer considerably different. The problem now is not to check the completeness and accuracy of the entries (no human mind can compete with computers on this score!) but to identify and appraise the criteria for selection chosen by the authors. Since this first volume sets the standards for the rest of the *Index*, it deserves a close look.

The fundamental decision was to build the *Index* around standardized word-forms, a method which in the opinion of the authors makes the *Index* more useful to the work of historical and conceptual interpretation for which it is intended. Carrying out the decision involved, besides the modernization and normalization of spelling, three basic steps: (1) the subsumption of every word to a *Wortform* (token), where by *Wortform* is meant any word unit that emerges from the separation of the text into its simplest parts, and persists throughout the further work of normalization (e.g. "a priori" constitutes a single *Wortform*, even though it is made up of two words); (2) the subsumption of every *Wortform* to one of eleven *Wortklassen* (types) as defined by the *Duden-Grammatik* (e.g. substantive, verb, adjective, etc.); (3) the subsumption of every *Wortform* to a *Grundform* or *lemma*, where by the latter is meant "die, 'einfachste' Form in der ein Wort auftreten kann. Alle Lemmata sind deshalb undekliniert bzw. nicht konjugiert; einige sind endungslos (wenn die endungslose Form auch als eigenständige Wortform auftreten kann - z.B. 'schön', 'gut', 'manch', 'solch', 'welch', 'all'), andere sind jedoch auch aus mehreren, durch Kommata getrennten Wörtern zusammengesetzt (z.B. 'der,die,das', 'ich,du,er,sie,es,wir,ihr,sie')." These basic steps are accompanied by a host of other rules (e.g. for handling homographs) which the authors spell out in the introduction. One important problem is to ensure that the anlysis of the text is exhaustive yet stays within the physical limits of a book, and that it be carried out on a purely mechanical basis, without human intervention over and above the establishment of the criteria of choice. The net result is as follows:

1. A main Index, in which every *lemma* is listed alphabetically, together with its associate *Wortklasse* and the number specifying its absolute and relative incidence (the relative incidence is the number of absolute occurrences of a *lemma* per 1000 words of the whole text); every *lemma* is followed by all the *Wortformen* subsumed under it, each accompanied by the absolute number of occurrences and the references to the *Akademie* edition where they are to be found (by volume, page and line number);

2. A Concordance listing alphabetically all the *lemmata* that belong to the classes of substance, verb or adjective; and including under each *lemma* all its actual occurrences, each accompanied by a *one line* context;

3. Ten special Indices, each devoted to a special category of words, e.g. Latin words, technical terms, homographs, etc.

This, in brief, is how this first volume of the new *Kant-Index* looks like. Since the scholars using the *Index* will much more likely be interested in the development of Kant's thought and the establishment of conceptual patterns than simply in a history of his language, the decision by the authors to lemmatize the entries seems perfectly reasonable. As of all indexes, and perhaps especially of this one because of its objectivity and exhaustiveness, its usefulness will ultimately depend on the imagination of the researchers working with it. Two points, however, seem clear to me. The first is that the "one line contexts" provided in the Concordance for every occurrence of a *lemma* is (if not always, certainly often enough) not very useful. For this reason I suspect that, unless one wants to work with the *Akademie* edition constantly at one's finger tips, the older Eisler *Lexikon* will still remain the common tool for the average student of Kant. And as for the more sophisticated type of research (this is the second point), any judgement on the usefulness of the *Index* will have to be based on actual experience. To know how often a word occurs, and where, *begins* indeed to tell us something. But it still does not say *very much*. In so far as problems of thought development and of conceptual sequences are concerned, it is the *clusters of words* that really count. And the task of identifying such clusters is still one that only the computer can do very effectively. I am suggesting, in other words, that in spite of its imposing conception and technical sophistication, this new *Index* hardly begins to tap the electronic resources that could (and *perhaps* should) be placed at the disposal of the researcher. Rather than a definitive product, it might prove to be only the beginning of a new breed of concordances, and be actually useful precisely to the extent that it will lead to this further step.

McGill University, Montréal   *George di Giovanni*

RITZEL, WOLFGANG, *Immanuel Kant. Eine Biographie*. Berlin/New York: Walter de Gruyter (1985). XIII/736 S.

Ritzels Werk stellt sich kritisch gegen die gängige Darstellungsweise, die Kants Leben traditionell als von seiner Lehre abtrennbar denkt und jenes, ohne ihm irgend theoretischen Wert beizumessen, unverbunden neben diese stellt. Über das landläufige Biographie-Verständnis hinausgehend, das biograpisches Material allein auf Lebensdaten reduziert, sucht Ritzel, auf Kants Denken als Teil eines Ganzen, als Ausdruck seines Lebens zu reflektieren.

Damit ist ein Standpunkt bezogen, der die Kant-Exegese transzendiert ohne ihr jedoch untreu zu werden. Ritzel räumt ein, daß sich dabei allerdings die Schwierigkeit ergibt, daß Kant selbst keinen Begriff des Individuums und so keinen individueller Biographie hat. Aber grade diese Umwendung und Einbettung von Kants Werk in den lebensumgreifenden Rahmen seiner Biographie könnte vielversprechend sein. Allein, wie Ritzels sehr zähflüßig geschriebener Durchgang durch Kants Leben zeigt, scheint die Sprödigkeit des Werks selbst sich dagegen zu sperren. Kant selbst hat seine Persönlichkeit immer in den Hintergrund zu stellen gewußt. Das "Ich denke", an das er die ganze Transzendentalphilosophie geheftet wissen wollte, war ihm kein individuelles, sondern ein unpersönliches allgemeiner Intersubjektivität. Daß aber Kant diese seine Lehre selbst lebte und in seinem Leben sein Philosophieren praktisch (im Sinne Kants) bewährte, ist bisher kaum in seiner grundlegenden Bedeutung erkannt worden. So drängt sich, wie Ritzel deutlich macht, von Kants Philosophie her eine *philosophische* Würdigung seiner Biographie auf, weil sie für das Philosophieren von unmittelbarer Relevanz ist. Dies zu zeigen ist das Anliegen dieser *Biographie*. Daß dabei ein Buch hochtheoretischer Narrativik entstanden ist, ist freilich ebenso verständlich wie irritierend. Enttäuschend aber bei allem, wie wenig die an sich so begrüßenswerte wie längst fällige Methode letztlich herausbringt.

Die "Dialektik der vernünftelnden ästhetischen Urteilskraft" hat sowohl ihren entscheidenden Ort in Kants Denken als ihre Berechtigung so als Rechtfertigung zu einer Biographie überhaupt. Und sie ist wahrscheinlich notwendig, um sich einer Lebensgestalt zu nähern. Darin hat sie auch einen ihr eigenen spezifischen Erkenntniswert, wie er das Spezifische von "Mutmassungen" ausmacht. Aber hier kann nur wiederum die ästhetische Urteilskraft selbst urteilen. Wir bewegen uns da in der Dialektik des Geschmacks. Mag angesichts der lang sich hinwindenden, erschöpfenden Gesamtdarstellung, sich bald Unlust melden, so kündigen sich nach Passagen ausgesuchter Trockenheit, auch wieder Einblicke an, die man nicht missen möchte. Dennoch : die Mimesis an die Kantische Sprache und Darstellung wäre nicht nötig gewesen. Gerade weil es um eine Biographie geht, hätte eine durch den Erzählerstandpunkt bedingte Distanz erwartet werden dürfen. Denn eine Biographie müßte das Kantische Philosophieren zwar von Innen her zur Darstellung bringen aber ohne sich dabei von der Gestaltungsübermacht der systematischen Denkungsart beherrschen zu lassen. Dessenungeachtet ist es das Verdienst dieser im Detail so gehaltreichen Darstellung, den zentralen Ort der Persönlichkeit Kants in seiner Philosophie aufgewiesen zu haben. Damit erfährt das Kantbild eine längst fällige Korrektur.

Harvard University   *Willi Goetschel*

O, mir entwischt nicht, was die Menschen fühlen. *Gedichte und Briefe von Anna Louisa Karschin.* Mit zeitgenössischen Illustrationen. Herausgegeben und mit einem Nachwort von Gerhard Wolf. Frankfurt a.M.: Fischer Taschenbuch Verlag (1982). 325 S.

Die Karschin (1722–1791), Viehhirtin und Magd aus Schlesien, die nie eine Schule besuchte, geschiedene Tuchwebersfrau, in 2. Ehe an einen alkoholsüchtigen und gewalttätigen Schneidergesellen gebunden, weiß bis zu ihrem 38. Lebensjahr meist nicht, wie sie sich und ihre 4 Kinder ernähren soll. Sie, deren Rechtschreibung unmöglich, deren Grammatik höchst fehlerhaft ist und die keine Zeichensetzung kennt, wird als Gelegenheitsdichterin berühmt. Pfarrer and Lehrer, Generale und Gelehrte reißen sich um ihre Verse, sie trägt sie begeisterten Grafen, Prinzen und

Prinzessinnen, und der preußischen Königin vor und wird reich belohnt; alle Berühmtheiten Deutschlands korrespondieren mit ihr (es haben sich weit über 2000 Briefe von ihr erhalten, in denen sich das reale Leben der Zeit, vor allem auch der unteren Stände, widerspiegelt, wie in keinem anderen Briefwechsel!); mit ihrer ersten Gedichtsammlung von 1763 verdient sie mehr, als je ein deutscher Dichter für irgendein Werk verdient hat und bis zum Ende des Jahrhunderts verdienen wird; Friedrich der Große bittet sie zur Audienz (die er nur noch zwei gelehrten Professoren, Gottsched und Gellert, gewährte), sein Nachfolger läßt für sie in Berlin ein Haus errichten, ihr Ruf erreichte England un Frankreich.

Eine gute moderne Auswahlausgabe der Gedichte und Briefe dieser interessantesten Frau der deutschen Literatur-, Kultur- und Sozialgeschichte des 18. Jahrhunderts, an der selbst die sonst so rührige Frauenliteraturbewegung bisher vorbeiging,[1] gehört wohl zu den dringlichstein Desiderata. Und auf den ersten Blick hat Wolfs Ausgabe, die zuerst im Ostberliner Buchverlag Der Morgen erschien, diese empfindliche Lücke auf vorbildliche Weise geschlossen. Sie bietet über 80 Gedichte aus allen Lebensperioden, meist nach zeitgenössischen Buchausgaben, deren Orthographie und Zeichensetzung beibehalten wurde; sie liefert eine Auswahl von etwa 20 Briefen (an Sulzer, Gleim, Michaelis, Goethe, wobei die Briefe an Gleim ungekürzt nach den Hss. des Gleimhauses zu Halberstadt wiedergegeben wurden) und Urteile von Zeitgenossen (Sulzer, Mendelssohn, Gerstenberg, Herder u. einen Nachruf von A.v.Arnim). Dann folgen ein 40 Seiten langes Nachwort, mehrere Bibliographien und eine Zeittafel zum Leben der Dichterin.

Wir sagten: auf den *ersten* Blick. Denn eine genauere Prüfung ergab, daß man den Leser vor dieser Ausgabe mit allem Nachdruck warnen muß. Daß die Bedeutung des auffälligen Titelzitates weder durch die Auswahl noch durch das Nachwort wirklich erhellt wird; daß es sich bei den groß angekündigten "zeitgenössischen Illustrationen" nur um 5 winzige Schlußvignettchen handelt (S.7, 37, 81, 115, 163); daß die Auswahl der Gedichte und deren kunterbunte Anordnung eher vom Zufall bestimmt sind als von einleuchtenden Prinzipien; daß die Stimmen der Zeitgenossen erheblich gekürzt wurden (von 20 Seiten bei Sulzer werden z.B.nur die ersten 6, von den 6 Briefen von Mendelssohn nur die ersten 2 auszugsweise mitgeteilt); daß das journalistische Nachwort mehr auf witzig-ironische Einfälle bedacht ist (S.270: Die Karschin, "weder Fräulein, weder schön"!) als auf eine solide und präzise Einführung in Leben und Werk dieser unbekannten Dichterin: alles das kann man noch hinnehmen. Schlimmer ist es schon, daß die bibliographischen Angaben fehlerhaft und teils unvollständig, teils ungereimt sind (Herder z.B. wird gleich nach 3 verschiedenen Ausgaben zitiert) und daß Vorspann, Nachwort und die Zeittafel zahlreiche grobe Fehler aufweisen, die im einzelnen hier aufzuführen viel zu viel Platz in Anspruch nehmen würde.

Wolf schreibt S.317, daß er die "ursprünglichen unsystematischen, teilweise kuriosen Anmerkungen" der Originalausgaben mit aufgenommen habe (durchaus nicht immer: schon die wirklich kuriose Originalanmerkung zum 1. Gedicht seiner Ausgabe fehlt!) und auf "einen eigenen Anmerkungsapparat zu historischen Ereignissen oder Personen, zur griechischen Mythologie oder zur anakreontischen Allegorik" verzichtet hätte. Das kann man nur beklagen. Denn dadurch bleiben zahllose Gedicht- und Briefstellen, wie auch Partien in den zeitgenössischen Urteilen dem heutigen Leser völlig unverständlich. Auf den Seiten 200, 201, 203, 214f., 217 u. 232 kann er sich dann doch einiger Erläuterungen zu den Briefen der Karschin nicht enthalten, die er auf S. 200 so einleitet: "diese und die folgenden Anmerkungen vom Hrsg.". Das aber entspricht nicht der Wahrheit. Die Anmerkungen auf S.200, 201, 203 u. 232 stammen, wie schon die auf S. 179, aus Wolfs Quelle (E.Hausmann. "Die Karschin. . . . Ein Leben in Briefen", 1933, s. dort S. 41, 147, 148, 194 u. 370). Von Wolf selbst stammen also nur 4 Erläuterungen. Wenn er auf S. 214f. die griechischen Bukoliker Bion und Mosches und den Berliner Verleger Winter (nicht "Wintter") kurz identifiziert, dann fragt man natürlich, warum er im gleichen Brief nicht auch etwa "meine liebe Knoblauch", "Gleminde", den "jungen Horst", "künftigen Michaelis", "Eberhard", "Dietrich", "Spalding", "Naiade", "Moses" (nicht per Prophet ist gemeint), "Ptolomais", "Berenice", "Welin" etc.pp. kurz erläutert? Die überraschendste Anmerkung Wolfs ist seine letzte auf S. 217. Die Karschin schreibt dort an Gleim, man glaubte, "Sie wären bei Ihrem Bruder zu Linum." Gleims Bruder lebte in Linum, einem Flecken in Brandenburg. Wolfs Kommentar: "Linus: der Sohn Appols." - Wir dürfen wohl dankbar sein, daß Herr Wolf auf einen eigenen Anmerkungsapparat verzichtete!

Daß dem Hrsg. die vier sehr langen, grundlegenden autobiographischen Briefe der Karschin an Sulzer "nicht zugänglich" waren, nimmt nicht Wunder, kennt er doch weder den genauen Titel noch die Jahreszahl der ersten und einzigen vollständigen Veröffentlichung, obwohl sie bei Goedeke (IV/1, 293) bibliographisch genau erfaßt ist, und die Zeitschrift, in der sie erschien, weit verbreitet war und in vielen Bibliotheken und Archiven zur Verfügung steht. So druckt Wolf (S. 165–190) diese wichtigen Briefe nach der völlig verstümmelten, teilweise sogar verfälschenden Fassung ab, wie sie bei E.Hausmann erschien (die sogar den 4. Brief ganz unterdrückte). Und nicht nur das. Wolfs Abschrift selbst enthält gegenüber dieser miserablen Vorlage zahlreiche weitere Fehler! Und damit sind wir beim wichtigsten Punkt unserer Kritik an der Wolfschen Ausgabe angelangt: bei der unglaublichen Fahrlässigkeit, mit der er seine Textvorlagen behandelt.

Obwohl der Hrsg. in Orthographie, Grammatik und Interpunktion den zeitgenössischen Drucken auf das Genaueste folgt, auch dort, wo sie völlig absurd sind oder es sich gar um eindeutige Druckfehler handeln muß (vgl. etwa S. 85: "Particken" muß natürlich "Praticken" heißen, nach franz. pratiques: Kniffe, Schliche), haben sich in die Wolfschen Texte Dutzende von sinnlosen Abweichungen eingeschlichen, die nur so zu erklären sind: dem modernen Setzer unterliefen Fehler, die vom Hrsg. nie korrigiert wurden! Darüber hinaus gibt es zahllose sinnent- oder verstellende Druckfehler (und nur solche führe ich unten an), wie Stichproben ergaben. Da wird aus einem richtigen "nicht" ein "nichts", aus "deinen Finger"/deine Finger, aus "kleiner"/keiner, aus "zitternd"/zittern, aus "seltner"/seiner, aus "er"/es, aus "Brustkern"/Krustkern, aus "mich"/mir, aus "Die"/Sie, aus "nun"/und, aus "find't"/sieht, aus "ich"/sie, aus "seine"/seinen, aus "meinem"/seinem, aus "fein"/sein, aus "Sing"/Ging, aus "sing"/fing, aus "hohlem"/hohem, aus "Bogen"/Boden, aus "ward"/war, aus "Luft"/Lust, aus "fährt"/führt, aus "Oderstrom"/Oberstrom, aus "Wuth"/Muth, aus "Wasserdrohn"/Wasserlohn, aus "Zank"/Zorn, aus "des"/der, aus "dringen"/bringen, aus "zum"/um, aus "Weiberlist"/Weiberlust, . . . und so geht es fort bis ins Nachwort hinein!! *Hier* wird vergessen, Absätze zu machen, *dort* werden Absätze gegen das Original erfunden, *hier* fehlen neue Stropheneinsätze, *dort* wird vergessen, einen neuen Vers abzuteilen, *hier* fehlt ein ganzer Vers, *dort* werden gegen die Metrik neue Silben eingefügt, hier *ganze Worte ausgelassen oder hinzugefügt, dort* fehlt das Datum eines Gedichtes, *hier* steht ein falsches Datum, dort fehlt gegen den Endreim das auslautende "e", *hier* wird eines gegen den Reim hinzuphantasiert. . . .

Genug! Diese preiswerte Taschenbuchausgabe ist selbst das wenige Geld nicht wert, das man dafür aus der Hosentasche klimpert! - Doch warum mit Kanonen auf Spatzen schießen? Es gibt zwei Gründe. Einmal mehren sich auf dem (Taschenbuch-) Büchermarkt solche editorischen Unmöglichkeiten in einem gefährlichen Maße und vermauern redlichen und soliden Editionen den Weg zur Veröffentlichung. Zum anderen handelt es sich hier um keinen Spatzen. G.Wolf ist zusammen mit Günter de Bruyn Herausgeber einer ganzen Reihe, zu der auch die verliegende Ausgabe gehört: "Märkischer Dichtergarten". Sie hat sich vorgenommen, "Schriftstellern aus der literarischen Tradition Berlins und der Mark Brandenburg", von den Hofpoeten des 17. bis zu den Realisten des 19.Jahrhunderts, herauszugeben. Mindestens 4 Bände sind bereits erschienen (Fougué, Heine in Berlin, Fr. W. Aug. Schmidt und Nicolai). Ich kenne diese Bände nicht, hege aber doch wohl berechtigte Befürchtungen nach der obigen Erfahrung. Daß der Buchverlag Der Morgen (vielleicht nur diesmal) nicht vor und während der Drucklegung scharf in die Partitur blickte, ist seine Sache. Der Fischer Taschenbuch Verlag aber sollte keine Ausgaben ohne sorgfältigste Prüfung in Lizenz übernehmen. Das ist er sich und seinem Rufe schuldig.

1 Von Barbara Beuys erschien allerding 1981 im Societäts-Verlag: "A.L.Karsch. Herzgedanken. Das Leben der 'deutschen Sappho' von ihr selbst erzählt." Die relativ

kurze Einleitung und einige Zwischentexte weisen moderne Züge auf. Im übrigen wird jedoch als einzige Textvorlage die philologisch völlig unzuverlässige doch immer noch unentbehrliche Ausgabe von Elisabeth Hausmann benutzt, aus der nur etwa ein Drittel der Briefe, zusammen natürlich mit allen Fehlern und Mängeln, übernommen wurde.

The City College, The Graduate School, CUNY   *Alfred Anger*

KLOPSTOCK, FRIEDRICH GOTTLIEB, *Werke und Briefe*, Historisch-kritische Ausgabe, begründet von Adolf Beck, et al. Abteilung Briefe: II, *Klopstock Briefe 1751–1752*, Hrsg. Rainer Schmidt. Berlin, New York: de Gruyter (1985). 562 pp.

This volume contains one hundred and eighty-four letters from and to Klopstock during the period 5 January 1751 to 19 December 1752. These two years were important for Klopstock both as a poet and as a private individual; they mark his acceptance of Frederick V's patronage and his subsequent removal from Zürich to Copenhagen (13 April 1751) and also the transference of his affections from Maria Sophia Schmidt ("Fanny") to Margareta Moller ("Cidli"), whom he met for the first time on 4 April 1751 in Hamburg. The editorial principles, employed by Horst Gronemeyer in the first volume of *Klopstock Briefe 1738–1750*, are adhered to by Rainer Schmidt with certain modifications. The latter are designed to reduce the size of the critical apparatus and commentary. Volume I contained one hundred and sixty-eight pages of letters and two hundred and sixty-eight pages of commentary, Volume II contains two hundred and thirty-three pages of letters and two hundred and sixty-nine pages of commentary. In the main these modifications concern technical details, the omission of which in no way affects our understanding of Klopstock's letters. The editor has also wisely reduced the scope of the biographical references and limited them, in so far as they are concerned with well-known personages, to those particular aspects which are of significance to Klopstock. The reduction is to be welcomed - v. my review of Volume I, *Lessing Yearbook XIII* 1981, pp. 305–306. The critical apparatus is supplemented by the admirable synoptical section *Briefübersicht/Lebensdaten* (pp. 518–543) which enables the reader to locate Klopstock's letters, along with the relevant commentary, and place them at a glance in the context of the poet's life and works. This section is distinguished by a clarity which is characteristic of the volume as a whole.

Of these one hundred and eighty-four letters fifty-nine were written by Klopstock to Meta Moller and fifty-three were written by her to him. The correspondence begins on 8 April 1751, after Klopstock had spent a few days in Hamburg in her company for the first time. During his second sojourn in Hamburg, 1 June to 15 July 1752, the couple became engaged and it is only after 15 July that the intimate form of address is used between them. Meta's interest in Klopstock had been roused initially by three of his early odes *(Salem, Der Abschied, Gott)* and by the Fourth Canto of *Der Messias*. As early as 27/28 May 1751 she writes of her ecstatic emotions on reading these poems and links these emotions to her own love for 'my sweet Klopstock'. In the same letter we can observe how she is already playing the role of confidante to Klopstock in his tortuous relationship with Fanny. As the love between Klopstock and Meta intensifies, Klopstock gradually becomes aware of an increasing estrangement between himself and his cousin in Langensalza. This awareness does not, however, come easily. As he familiarises Meta with the 'melancholy story' (p. 30) of his heart, she finds herself playing an ambivalent role: on the one hand, as Fanny's intercessor, and on the other, as Klopstock's beloved. It is not until 13 May 1752 that Klopstock can write: ". . . ich liebe Sie mehr, als ich Fanny geliebt habe" (p. 168). Eventually, he came to regard his unrequited and painful love for Fanny as a necessary prelude to his love for Meta: ". . . daß izt die Schmerzen meiner ersten Liebe ein süsser Gedanke für mich sind, weil sie mein Herz bildeten, eines Herzens, wie das Herz meiner Mollern ist, werth zu seyn" (pp. 129–130). In her letters to Klopstock Meta Moller emerges as a young woman of considerable character who, though flattered by the poet's interest in her, is not prepared to endure his whims silently. Thus, for example, in her third letter to him (14 May 1751) she chides him for not having the courage to ask her openly for her portrait and calls him "ein rechter kleiner Affe" (p. 38). Similarly, when he complains (26 February 1752) that she has neglected her correspondence with him in order to look after her sister during the latter's confinement, she does not mince her words: "Sie sind doch wol ein recht verzogenes Kind Klopstock!" (p. 138) and she warns him to curb his "Hümeürs" (p. 135) in future. Klopstock addresses Meta in various ways: she is his "Moller", his "Babet", his "Cecilie", his "Friederikchen" and above all, his "Clärchen" (p. 159f). This latter appellation is, of course, derived from Richardson's *Clarissa*, which he read—in German translation—for the first time during this period (p. 84). In the lover's parlance "Clärchen" becomes "Cläry" (p. 224) and even "meine Tläry" (p. 192f) and on one occasion, four months after he had started to learn English by reading Young (p. 143), he refers to her as "meine süsse, meine unaussprechlich süsse, my ever dear, my beloved Tläriss" (p. 181). This deliberate mispronunciation of the initial consonant is in emulation of the manner in which Meta's young niece and namesake (Meta Schmidt) referred to the poet: "Wenn jemand die Treppe herauf kam, so lief sie immer zur Thür and sagte: H. Tlopstot tömmt" (p. 191). The young Meta appears not to have been afflicted by this speech defect a year earlier, for then she is praised by the poet for pronouncing his "barbaric name" (p. 62) so "tenderly". The correspondence between Klopstock and Meta not only helps us to place the poems to Cidli in their biographical context, they also enable us to observe how the very language of these poems is coloured by this intense emotional experience. After their engagement, for example, Klopstock uses on several occasions the expression "mein Leben [hängt] an deinem Leben" (p. 181f) and "meine ganze Seele hängt an deiner Seele, mein Leben an deinem Leben" (p. 192). It is but a small step from the epistolary expression of this intense interdependence to the communion between the lovers which is celebrated so delicately in the poem *Das Rosenband*. This is not to suggest, of course, in any simplistic manner, that in Klopstock's case life and literature are one. It is equally illuminating to consider how much that is merely mundane in the letters, is omitted entirely from the poems. In the letter, from which I have just quoted, Klopstock also implores his beloved to put on her "Corsettchen!!' (p. 193) Elsewhere Meta recounts (20 August 1751) how she lost one of Klopstock's letters during a social gathering; when one of the some guests brought to her some fragments of paper, she realised that Klopstock's letter had been torn up and partly devoured by a dog. Not only does she curse the offending creature and express the wish that it might suffer indigestion as a consequence of its misdemeanour, but she confesses that her love for the canine kind has been transformed into hatred!

The highly personal tone of so many of the letters exchanged between Klopstock and Meta Moller should not obscure the fact that the lovers sought to share their love with their friends. Not only are the latter shown private letters and consulted about the relationship, but also they are invited to share in the writing of letters. Thus, for example, in a letter to Meta written between 7 and 11 August 1752 Klopstock informs his beloved that Gleim, Rammler and Sucro have read most of her previous letter to him. He then hands the quill over to Rammler who describes himself as a witness to Klopstock's ecstasies: "Ich bin Zeuge seiner Entzückungen und kenne gantz genau die Mine womit er an sein Clärchen denckt" (p. 205). These "Gemeinschaftsbriefe" testify to the cult of friendship which is celebrated so frequently by Klopstock in his odes. Shortly after his arrival in Denmark he even describes the Danish noblemen, Moltke and Bernstorff, as his friends (p. 34), and had not propriety dictated otherwise, no doubt the King himself would have been included. Klopstock describes Frederick V as "der beste und menschlichste Mann in Dännemark" (p. 34), and is greatly impressed by his interest in *Der Messias* and his enlightened patronage of genius which, the poet observes (p. 32), contrasts sharply with the situation in Saxony. At one of the King's smaller residences, Friedensburg, Klopstock partook of the pleasures of "all the peace and sweetness of rural life" (p. 34) during the spring and summer of 1751. It was in these idyllic surroundings, depicted in the ode *Friedensburg*, that he had often observed Queen Luise "in the distance amongst the flowers" (p. 116). The poet was "extraordinarily moved" (p. 116) by the untimely death of the young Queen in December 1751. Initially Klopstock felt unable to describe in words his emotions on the sight of the Queen in her coffin, alongside that of her seven month old son. By the beginning of February, however, he had paid tribute to the Queen in the ode, *Die Königin Luise*. From a literary point of view his comments on this ode, in a letter to Bodmer on 5 February, 1752, are amongst the most interesting in this volume: "Unter allen, was ich gemacht habe, ist mir diese Ode am schwersten vorgekommen. Ich habe für Kenner u halbe Kenner zugleich schreiben wollen. Ich weis es, das ist ein sonderliches Unternehmen, u, so viel ich bisher gemerkt habe, ist mirs auch nicht völlig gelungen." (p. 132)

Rainer Schmidt has carried out his editorial duties in an exemplary manner. His annotations contain a wealth of factual information which allows the material assembled in this volume to speak for itself.

University College of Wales, Aberystwyth   G. L. Jones

JOOST, ULRICH, (Hrsg.), *Der Briefwechsel zwischen Johann Christian Dieterich und Ludwig Christian Lichtenberg.* Abhandlungen der Akademie der Wissenschaften in Göttingen, Philologisch-historische Klasse, Dritte Folge, Nr. 146. Göttingen: Vandenhoeck & Ruprecht (1984). 121 S.

Georg Christoph Lichtenberg (1.7.1742–24.2.1799) steht im Mittelpunkt dieser Briefe, die zwischen seinem vier Jahre älteren Bruder, dem Gothaer Archivar Ludwig Christian Lichtenberg (1738–1813), und dem Göttinger Verleger Johann Christian Dieterich (1722–1800), Lichtenbergs Hausherrn und engstem Freund, gewechselt wurden. Ihr Briefwechsel enthält Aufschlüsse über G. C. Lichtenbergs Persönlichkeit, Lebensumstände und Tod, über seine Familie und seinen Nachlaß und nicht zuletzt über sein Schaffen und seine Schriften. Die Folge der chronologisch angeordneten 62 Briefe eröffnet L. C. Lichtenberg mit einem am 8.11.1798, also knapp vier Monate vor des Bruders Tod abgefaßten Schreiben; den Beschluß bildet ein Brief von Dieterichs ältestem Sohn Heinrich, den dieser am 14.8.1800 an Stelle seines zwei Monate vorher verstorbenen Vaters an L. C. Lichtenberg richtete (Nr. 62). Von zwei Ausnahmen (Nr. 5 u. 33) abgesehen sind die vorgelegten Handschriften 1961 als geschlossene Sammlung aus Familienbesitz in die Niedersächsische Staats- und Universitätsbibliothek in Göttingen gelangt. Mit 49 Briefen überwiegt der Anteil Dieterichs; nur ein einziger seiner Briefe aus diesem Zeitraum fehlt, während von L. C. Lichtenbergs Gegenbriefen wenigstens 13 verloren sind. Der Briefwechsel ergänzt die Göttinger Akademie-Ausgabe von Lichtenbergs *Briefwechsel*,[1] und er wurde von Ulrich Joost, der zusammen mit Albrecht Schöne die Akademie-Ausgabe besorgt, nach deren editorischen Grundsätzen dargeboten. Sein "Editorischer Bericht" gibt über die Wiedergabe der Texte Auskunft, die "in Orthographie und Interpunktion diplomatisch getreu geboten werden." Wie in Lichtenbergs *Briefwechsel* folgen die Erläuterungen mit Querverweisen dem jeweiligen Brieftext; ein auf die Briefnummern bezogenes "Personen- und Sachregister" erschließt z.B. auch Begriffe wie "Druckbogen" oder "Ernährungsweise/18. Jh." Weitere Dokumentation liefert ein Anhang, in welchem 1. biographische Daten über "Georg Christoph Lichtenbergs Kinder" zusammengestellt sind, 2. "Georg Christoph Lichtenbergs Testament" und 3. das von Dieterich erstellte Verzeichnis von "Georg Christoph Lichtenbergs Verlassenschaft" aus der Handschrift mitgeteilt werden; den Beschluß bildet 4. ein kritischer Bericht, "Quellenlage und Forschungsübersicht zu Dieterich."

Die von des Hrsg.s überlegener Sachkenntnis zeugende Veröffentlichung ist in jeder Hinsicht mustergültig zu nennen. Neben der editorischen Genauigkeit und der Zuverlässigkeit seiner Informationen sei als besonders wohltuend die anspruchslose Wissenschaftlichkeit von U. Joosts Darstellung und Stil hervorgehoben. In einer vorzüglichen Einleitung nimmt er vorweg, was an neuen Einsichten aus den vorgelegten Dokumenten zu gewinnen ist, die seiner Ansicht nach eine Bereicherung "außer für die Lichtenberg-Forschung" auch "für die allgemeine Kulturgeschichte, für die Buchhandels- und Verlagsgeschichte und . . . die deutsche Sprachgeschichte" bedeuten. Da die Briefe von keinen bekannten Autoren des Zeitalters, keinen bedeutenden Stilisten, keinen "Klassikern" der Briefkunst verfaßt wurden, glaubt der Hrsg. die auf sie verwendete Sorgfalt und ihre ungekürzte Wiedergabe rechtfertigen zu müssen. Es soll jedoch einer anderen Gelegenheit vorbehalten bleiben,[2] seine einschlägigen Überlegungen zu erörtern, die über den Sonderfall hinausführend von grundsätzlicher Bedeutung sind.

Ihre Schreibweise unterscheidet und charakterisiert die beiden Briefpartner. Die "grammatischen und stilistischen Eigenheiten" Dieterichs verraten den Autodidakten, dessen "Werdegang exemplarisch für einen aufstrebenden Bürger des 18. Jahrhunderts ist": seit 1768 in Göttingen ansässig, hatte Dieterich dort Handlung, Verlag und Druckerei aufgebaut, ein Mann, der nach Lichtenbergs Schilderung "gar keine Erziehung genossen, und doch . . . in den besten Gesellschafften verkehrt[e]." Seine Briefe zeigen ihn als eine warme, gefühlsbetonte Persönlichkeit, als einen Freund über den Tod hinaus, der die Interessen von Lichtenbergs Witwe und seiner fünf unmündigen Kinder selbstlos wahrnahm. Loyalität und Bewunderung mochten seine Aussagen über den toten Freund gefärbt haben; dennoch finden sich in Dieterichs Briefen "zahllose glaubwürdige Einzelheiten u. -informationen über Lichtenbergs Gemützstand, Lebensweise und Arbeit," die auf einem fast täglichen Umgang über drei Jahrzehnte hin beruhen. Dieterichs Zeugnis über die Niederschrift der Hogarth-Erklärungen z.B. bestätigt Lichtenbergs eigenes "gerade dort, wo man bislang immer Zweifel hatte haben müssen," und sein Bericht über Lichtenbergs Lebensende ist der einzige, von dem man bisher weiß. Verglichen mit denjenigen Dieterichs sind die Briefe L. C. Lichtenbergs von einer geschäftsmäßigen Nüchternheit. Es spricht aus ihnen der genaue und zuverlässige Beamte, dessen archivalischer Gewissenhaftigkeit man es zu danken hat, daß uns G. C. Lichtenbergs literarischer Nachlaß überhaupt erhalten blieb. In den stilistischen Unterschieden seiner Briefe zu denjenigen Dieterichs sieht U. Joost im Kleinen den Gegensatz des 18. Jahrhunderts von Rationalismus und Empfindsamkeit verwirklicht, den, wie er meint, auf der Stufe der literarisch bedeutenden Briefschreiber etwa Gottsched und Gellert vertreten. L. C. Lichtenberg war für den genialen jüngeren Bruder "der seltsamste Knauser, den [. . . er] gekannt habe," und zugleich "der ordentlichste Mensch von der Welt, treu und beliebt in seinem Dienst," und er betrachtete ihn als eine Art moralischer Instanz. Der ängstliche Junggeselle L. C. Lichtenberg war kritisch gegen des Jüngeren außerbürgerliche Existenz; er hatte Bedenken gegen die Legitimation der Beziehung zu Margarete Kellner gehabt. Dieterich jedoch nahm diesen Schritt seines verstorbenen Freundes ausdrücklich in Schutz, und er verteidigte dessen Witwe als das Muster einer treuen Gattin und aufopfernden Mutter. Skeptisch war der ältere Lichtenberg auch gegen die literarischen Pläne seines Bruders. Als Dieterich von einem Roman und einer Reisebeschreibung schrieb, die er im Nachlaß zu finden hoffte, bemerkte L. C. Lichtenberg und fand seine Vermutung später bestätigt: "Mir schiene es immer, als ob mein lieber Bruder Vieles anfinge und nichts vollendete, und so wird es dann auch leider wohl seyn" (Nr. 43 u. 47). Er hatte ihm dieser Arbeitsweise wegen Vorhaltungen gemacht, wir aber sind heute gerechter: Formen, die einen längeren Atem verlangen, und zumal die beiden genannten Gattungen sind nicht das Ausdrucksmittel des Aphoristikers.

Ein Hauptgegenstand des Briefwechsels ist die Vorbereitung der von L. C. Lichtenberg und dem Gothaer Physiker Friedrich Kries hrsg. 1. A. von Georg Christoph Lichtenbergs *Vermischten Schriften*, die zugleich das "letzte bedeutende Verlagsprodukt" Dieterichs darstellen. U. Joost hebt den Gewinn hervor, den die Literaturwissenschaft aus der Mitteilsamkeit des Verlegers ziehen kann, der ausführlich über eine Reihe von praktischen Fragen, Buchhandel und Büchermachen betreffend, unterrichtet. So ergebe sich z.B. aus seinen Hinweisen die Faustregel: "Bei angeblich gleichzeitigen Drucken (d.h. mit gleichem Erscheinungsjahr) ist in fast allen Fällen während des 18. Jahrhunderts derjenige der Erstdruck, der mehr Bogen hat," womit sich im Falle Lichtenbergs "auch gleich die Reihenfolge der bis zu sechs Auflagen von der *Ausführlichen Erklärung der Hogarthischen Kupferstiche* entscheidet." Der Ertrag, den der Briefwechsel Dieterichs in dieser Hinsicht abwirft—es ist "fast der einzige überlieferte geschlossene . . . und zugleich der umfänglichste private"—berechtigt den Hrsg. zu dem Vorwurf gegen seine Zunft: "Literarhistoriker verschmähen oft, sich mit diesen praktischen Voraussetzungen der Literatur philologisch und editorisch zu befassen."

The University of Michigan, Ann Arbor   *Hansjörg Schelle*

1 Georg Christoph Lichtenberg, Briefwechsel, im Auftrag der Akademie der Wissenschaften zu Göttingen hrsg. v. Ulrich Joost u. Albrecht Schöne, Bd. 1- (München: Verlag C. H. Beck, 1983–).
2 Einem Referat über "Probleme der kritischen Briefedition" an der Jahrestagung 1986 der Modern Language Association of America in New York City.

ALBRECHT, MICHAEL, *Moses Mendelssohn 1729–1786: Das Lebenswerk eines jüdischen Denkers der deutschen Aufklärung*, Ausstellung im Meißnerhaus der Herzog August Bibliothek Wolfenbüttel vom 4. bis 24. September 1986. Ausstellungskataloge der Herzog August Bibliothek 51. Weinheim: VCH Verlag (1986). 195pp.

This exhibition catalog is a great deal more than an illustrated enumeration of exhibits—although it is that also, listing 147 items. Not surprisingly, they include reproductions of portraits, manuscripts, and title pages of first editions, gathered from many parts of the world. They are, moreover, beautifully arranged to look aesthetically pleasing.

What makes this volume useful beyond its *raison d'être* is an unusual feature. The editors have generously provided explanations for each item listed. These notes, varying in length, are exceptionally informative, good humored and a model of clarity. Points of individual interest can easily be followed up on the basis of cited bibliographical references to editions of Mendelssohn's writings, to Alexander Altmann's biography and to a specialized literature. Particularly helpful, too, are cross-references within the catalog itself.

With these absorbing extras and incentives, the book could well be used in the preparation and conduct of adult education or high school classes not only about Mendelssohn, but about ancillary subjects like Enlightenment, or Jewish Emancipation.

A tripartite chronology, juxtaposing Mendelssohn's life, works and his broader historical setting is a most valuable and delightful aid (pp. 15–25). Who would have been aware that when Mendelssohn, silk merchant, had to cut back on the number of his looms, Mendelssohn, the thoughtful fighter for Jewish emancipation, wrote a preface to the German edition of Manasseh ben Israel's *Vindiciae Judaeorum*, in the very year of Rousseau's *Les Confessions* and Mozart's *Die Entführung aus dem Serail* (1782)?

Among those who worked with Michael Albrecht on the exhibition and its catalog were Eva Engel-Holland, Peter Ganz, Manuel Lichtwitz and Oswald Schönberg. Paul

Raabe wrote a Preface (p. 7) and the editor an Introduction (pp. 9–13). Their conscien-
tiously produced catalog may mollify the regret of those many people unable to visit
the exhibition itself.

Cincinnati   *Elizabeth Petuchowski*

MOSES MENDELSSOHN, *Schriften zum Judentum,* IV. Unter
Benutzung von teilweisen Vorarbeiten aus dem Nachlass von
Simon Rawidowicz. Bearbeitet von Werner Weinberg. Mit
Beiträgen von Alexander Altmann. Stuttgart - Bad Canstatt,
Friedrich Frommann Verlag (Günther Holzboog), 1985. 2 parts,
xciii + 323 and 329 pp. (= Moses Mendelssohn, *Gesammelte
Schriften, Jubiläumsausgabe.* Volumes 10,1 and 10,2.)

The resumed publication of the *Jubiläumsausgabe* of Moses Mendelssohn's collected works is proceeding apace. See *Lessing Yearbook,* XVII (1985), 242–244. The
volume under discussion here has been published in two parts, the first containing
Mendelssohn's own writings and the editor's and Alexander Altmann's introductions,
and the second containing variant readings and Notes. As in the previously published
volumes of this series, here, too, we find a standard of editing texts which overawes
the reader with its meticulous attention to detail and its awareness of the total setting in which a text has to be seen. The major task of editing this particular volume
was undertaken by Werner Weinberg.

The present volume contains Mendelssohn's German translations of the biblical
Book of Psalms, the Song of Songs, the Song of Deborah (= Judges, chapter 5), of some
medieval poetic and prose texts, and of various eighteenth-century Jewish liturgical
pieces for Prussian patriotic occasions. It also contains two sermons, which, as Altmann proves in his introduction to them, were actually written by Mendelssohn
himself, and not, as had been thought by some previous editors, merely translated by
Mendelssohn from somebody else's Hebrew. The remainder of this volume consists
of Mendelssohn's responsum against the government's interference in the Königsberg
Jewish worship services because of the alleged anti-Christian character of one of the
Jewish prayers (Mendelssohn endeavors to show that the prayer was of *pre*-Christian
origin, and could not, therefore, have an *anti*-Christian tendency), of the "Prayer of a
Worldly-Wise Sage" (which Mendelssohn had contributed to David Friedländer's 1771
primer for the Jewish Free School in Berlin), and of "Samples of Rabbinic Wisdom,"
consisting of Mendelssohn's paraphrases of selections from Rabbinic literature.

What most—though not all—of Mendelssohn's writings, contained in this volume,
have in common is that they were not primarily meant for Jewish consumption, but
rather as an attempt to introduce Judaic materials into the general philosophical and
aesthetic discussions of the time. That becomes particularly clear when one considers Mendelssohn's German translation of the biblical Book of Psalms, which takes up
the greater part of this volume. Unlike his German translation of the Pentateuch,
which was meant for the religious instruction of his own children and as a means of
introducing German-speaking Jews to the classical spirit of the Bible, transliterating,
in its first edition, the *Hochdeutsch* of the translation into Hebrew characters, the
German translation of the Book of Psalms was first published with the German in
German characters. Besides, quite a number of Psalms had been published by Mendelssohn *before* the Book of Psalms was published as a whole; and they were published in literary and aesthetic, not in theological journals.

It was, in fact, Mendelssohn's proclaimed endeavor to free the Psalms from the theological constraints which both Jewish and Christian exegesis had imposed upon
them, and to let them speak for themselves as examples both of an enlightened piety

and of the aesthetics of the ancient Hebrews. A translation of the Psalms inspired by such aims brought Mendelssohn positive as well as negative reactions. Interesting for readers of this *Yearbook* is what Karl Gotthelf Lessing wrote to his brother Gotthold Ephraim on April 17th, 1770, quoted here by Weinberg on page XVII; 'What is one to say about his (i.e., Mendelssohn's) interpretation of those Psalms which we Christians have thus far regarded as a prophecy about Jesus? It will be quite impossible to admit him into our heaven, as much as I like being with him.'

The introductions to the various pieces in this volume, the lists of variant readings, and the Notes tell the reader everything that could possibly be known about manuscripts, first and later editions, and eighteenth-century *Rezeptions- und Wirkungsgeschichte.* In the case of the Psalms translation, Weinberg even gives us a verse-by-verse analysis in terms of comparisons with medieval Jewish exegetes, Martin Luther (whom Mendelssohn followed quite frequently), Johann David Michaelis, Georg Christian Knapp, Johannes Andreas Cramer, Joseph Anton Cramer, and Johann Gottfried von Herder. The amount of work involved in this compilation is mind-boggling.

Curiously enough, in Mendelssohn's own time his Psalms translation was not nearly as highly regarded as he had hoped it would be. Even Felix Mendelssohn-Bartholdy did not utilize his grandfather's translation in contexts where it might have been expected. But after an interval of two hundred years (the translation of the whole Book of Psalms was first published in 1783), one occasionally encounters in it some remarkably refreshing renderings, which capture both the sense and the rhythm of the Hebrew original,—as, for example, the beginning of Psalm 29:

Hebrew	Mendelssohn
havu ladonai	Bringet dem Herrn
bené elim,	Söhne der Grossen!
havu ladonai	Bringet dem Herrn
kavod va'oz.	Ruhm und Triumph!
havu ladonai	Bringet dem Herrn
kevod shemo,	Ruhm seines Namens:
hishtaḥavu ladonai	Heilig geschmückt
behadrat kodesh.	Betet ihn an!

Hebrew Union College—Jewish Institute of Religion,   *Jakob J. Petuchowski*
Cincinnati, Ohio

REDEN-ESBECK, FRIEDRICH VON, *Caroline Neuber und ihre Zeitgenossen. Ein Beitrag zur deutschen Kultur- und Theatergeschichte.* Reprint der Originalausgabe 1881. Mit einem Nachwort und einer Ergänzungsbibliographie von Wolfram Günther. Leipzig: Zentralantiquariat der DDR (1985). XII, 358, 34 S.

Mit diesem Nachdruck ist ein wichtiges Standardwerk zur Theatergeschichte und zur Geschichte der Frau wieder zugänglich gemacht worden. Die Originalausgabe von 1881 dürfte, wie das von mir noch unlängst benutzte Exemplar, inzwischen zumeist in viele kleine Fetzen zerbröckelt sein. Nicht aber der Inhalt dieser "grundlegenden Arbeit über die Wegbereitern des bürgerlichen deutschen Theaters im 18. Jahrhunderts" (S. *5). Das Nachwort zu Reden-Esbecks Studie von Wolfram Günther bringt faktische Ergänzungen aufgrund archivalischer Studien, die die Neuberin-Biographie präzisieren, nicht aber das in der Biographie konzipierte Bild—das weitgehend Eduard Devrients *Geschichte der deutschen Schauspielkunst* von 1848 nachempfunden war—neu schreiben wollen.

Reden-Esbecks "Quellenwerk" besticht noch heute durch seine Fülle an Dokumenten, Ausführlichkeit, Genauigkeit und Zuverlässigkeit in der Darstellung und Detail-kenntnis, was Theatergeschichte und Praxis angehen. Friedrich Johann Freiherr von Reden-Esbeck (1842–1889) war selbst Opernsänger und Regisseur gewesen, als er zum gelehrten Privathistoriker im besten Sinne des positivistischen 19. Jahrhunderts wurde. (Und wo wären Theatergeschichte und Germanistik heute ohne die so oft belächelten und verachteten Positivisten des vergangenen Jahrhunderts?).

Die Biographie der Neuberin enthält einzigartiges Material zur Sozialgeschichte ihres Jahrhunderts. So hat Reden-Esbeck in "Die Jugendzeit [1697–1717]" seitenlange Dokumente abgedruckt, die das häusliche Leben in ihrer Kindheit ausführlich beschreiben, d.h. die brutale Mißhandlung von Mutter und Tochter durch Vater Weißenborn, Carolines Versuche wegzulaufen und den vom Vater angestrengten (und gewonnenen) Prozeß gegen seine "ungerhorsame" Tochter—sie war zwölf Monate in Gefängnishaft—dokumentieren. Die abgedruckten Verhöre und Prozeßakten zeigen eine redegewandte, selbstsichere und gehorsame Tochter, die alle Schuld auf sich nahm, um den Verlobten (und Amtsgehilfen des Vaters) sowie ihren Vater zu entlasten.

Reden-Esbeck hat die Theatertätigkeit der Neuberin in ihren vielen Stationen verfolgt und archilarisch aufgearbeitet, wobei besonders das abgedruckte Material bezüglich der Rollen, Spielpläne, Theaterzettel, schriftlichen Eingaben und erhaltenen Texte noch immer unersetzlich ist. Doch sind hier seit Reden-Esbecks Arbeit viele weitere Funde gemacht, einzelne Texte und Phasen vielfach von Lokalhistorikern seither vorgestellt worden. Gerade die Beziehung zu Gottsched und der Bruch, die Bemühungen der Neuberin um Theaterreform, ihre eigenen Texte—vom Brief bis zum Vorspiel—warten noch auf eine zusammenfassende Darstellung aus sozialgeschichtlicher Sicht.

Das Nachwort von Wolfram Günther leistet hier wichtige und ergiebige Vorarbeit, indem Günther alle seit 1881 erschienene Forschungsliteratur kurz referiert als Ergänzung zu Reden-Esbecks Darstellung. Günther beseitigt auch die Legende um das Begräbnis der Neuberin, daß nämlich die Bezeichnung "in der Stille beerdigt" 1760 — mitten im Siebenjährigen Krieg—bedeutete, daß die Neuberin wie fast die Hälfte aller Verstorbenen in dieser "einfachsten Begräbnisklasse" beigesetzt wurde. Die Neuberin hatte somit ein Armenbegräbnis, nicht aber war sie von Kirche oder Dorfbewohnern geächtet worden.

Die vielen kleinen und größeren Mosaiksteine in der faszinierenden Lebensgeschichte der Neuberin sollten zu einer neuen Biographie verarbeitet werden. Schon Hannah Sasse (geb. 1899 in Toledo, Ohio) hatte mit ihrer Freiburger Dissertation *Friedericke Caroline Neuber* (1939) eine beachtliche Neuwertung vorgelegt und während ihrer Tätigkeit am Vassar College an einer umfassenden Biographie gearbeitet, bis sie 1944 verstarb. Vielleicht regt der vorliegende Reprint dazu an, die dramatische und literarische Wirksamkeit der Neuberin neu darzustellen.

Ohio State University   *Barbara Becker-Cantarino*

BECKER-CANTARINO, BARBARA (Hrsg.), *Sophie von La Roche: Geschichte des Fräuleins von Sternheim.* Universal-Bibl., 7934(5). Stuttgart: Philipp Reclam jun. (1983). 416 S.

HÄNTZSCHEL, GÜNTER (Hrsg.), *Sophie von La Roche: Geschichte des Fräuleins von Sternheim.* dtv klassik, 2144. München: Deutscher Taschenbuch Verlag (1985). 343 + 2 unbez. S.

Das dtv-Bändchen erweist sich als ein Reprint der Ausgabe, die erstmals 1976 als 56. Bd. der Reihe Die Fundgrube im Winkler-Verlag München und 1983 in der Reihe

Winkler Weltliteratur, Werkdruck-Ausgaben, in Neuauflage erschienen ist. Daß die dtv-Ausgabe gegenüber der Reclamschen die ältere ist, zeigt auch das Nachwort der beiden Neudrucke: G. Häntzschel legt die Betonung auf die Stellung des Werkes in der Geschichte des Romans, während es B. Becker-Cantarino vor allem unter dem Gesichtspunkt des Feminismus betrachtet, so daß in der unterschiedlichen Akzentsetzung gewissermaßen eine Verschiebung des Forschungsinteresses zum Ausdruck kommt. Mit beiden Ausgaben soll der allgemeiner interessierte Leser wie der Studierende oder der Forscher angesprochen werden. Der Roman ist das einzige Werk der La Roche, das zu ihren Lebzeiten mehrere Auflagen und (zwischen 1774 u. 1776) Übersetzungen ins Französische, Englische und Holländische erlebt hat und das in unserem Jahrhundert schon zweimal neu aufgelegt worden war, 1907 als Bd. 113 der Deutschen Literaturdenkmale des 18. und 19. Jahrhunderts und 1938 als Bd. 14 der Reihe Aufklärung der Deutschen Literatur in Entwicklungsreihen; von beiden Neudrucken wurde (1968 u. 1964) zudem ein Reprint veranstaltet. Wie alle diese Ausgaben gehen die hier zu besprechenden auf einen der drei 1771 bei Weidmanns Erben und Reich in Leipzig erschienenen Drucke zurück, und dies mit gutem Grund: Es sind die einzigen rechtmäßigen Ausgaben mit dem authentischen Text, während es sich bei den von 1772 bis 1787 herausgekommenen um Raubdrucke fremder Verleger handelt. Überdies war es der Augenblick seines Erscheinens, in welchem das Werk bei den Zeitgenossen begeisterte Aufnahme fand und den Ruf der La Roche als Schriftstellerin begründete, den sie mit ihrem späteren umfangreichen Werk freilich nicht mehr aufrechterhalten konnte.

Die "Textredaktion" der Winkler- u. dtv-Ausgabe, über deren Grundsätze auf S. 343–44 unterrichtet wird, besorgte Marlies Korfsmeyer. G. Häntzschel, dem man auch den Art. "Sophie v. La Roche" in der *Neuen Deutschen Biographie* verdankt (13[1982]:640–41), hat als Hrsg. das "Nachwort" verfaßt (S. 301–36) und "Lebensdaten" (S. 337–39) u. "Literaturhinweise" (S. 340–42) zusammengestellt. Von seinen Vereinfachungen und Ungenauigkeiten seien vorwegnehmend folgende Daten berichtigt: S. 302 u. 337: das Geburtsjahr Sophie Gutermanns ist 1730 und lautet so auch in der *NDB*; S. 337: sie heiratete Georg Michael La Roche nicht im Jahre 1754, sondern am 27. 12. 1753 auf Schloß Warthausen, was auch in der *NDB* richtigzustellen wäre; dasselbe gilt für S. 303, 304 u. 337: Graf Stadion und in seinem Gefolge die La Roches übersiedelten schon 1761 von Mainz nach Warthausen. Die Flüchtigkeiten im Biographischen macht Häntzschel durch seine gattungs- und formgeschichtlichen Ausführungen wieder gut, die mit einem interessanten Urteil Julian Schmidts von 1884 beginnen. Der "Programmatiker des poetischen Realismus" nämlich schätzte die "in Feuilletons der Zeitungen und Monats- und Wochenschriften" seiner eigenen Zeit erscheinenden Novellen höher ein als den *Sternheim*-Roman; bei jenen aber handle es sich um das Werk von Epigonen, während dieser "ein neues Element" in die deutsche Literatur gebracht habe, und seine Autorin habe den Vorzug gehabt, "auf jungfräulichem Boden zu pflügen" —und genau in diesem Sinne, meint Häntzschel zu Recht, sei der Roman bei seinem Erscheinen aufgenommen worden (S. 301–02). Worin dieses Neue besteht, wird aus der Vorgeschichte der Gattung seit dem 17. Jahrhundert entwickelt (S. 308–15). Häntzschel stellt als einer der ersten die Rolle Wielands als Herausgeber positiv dar (S. 316–18), dessen Vorrede man "als äusserst diplomatisch und geschickt abgefaßte Empfehlung des Romans durchschauen" sollte (S. 316). Erörtert wird die Rezeption bei den Zeitgenossen (S. 319–23); es wird nachgewiesen, worin das Neue im Sprachstil der *Sternheim* besteht (S. 323–28), und schließlich kommt Häntzschel auf die Komposition des Romans und die in ihm geschilderten gesellschaftlichen Zustände zu sprechen (S. 328–34). Zum Schluß weist er u. a. darauf hin, daß das Buch als Modell für gewisse, häufig von Frauen geschriebene Trivialromane gewesen sei, daß man es andrerseits aber auch als "Vorläufer und Anreger" für Romandichtungen betrachten müsse, welche die "innere Geschichte eines Menschen" zum Gegenstand haben (S. 334).

B. Becker-Cantarino hat sich als Verf. oder Hrsg. durch eine Reihe von Veröffentlichungen ausgezeichnet, die im Geiste des Feminismus die gesellschaftliche Stellung der Frau und im besonderen der Schriftstellerin zum Gegenstand haben,[1] u.a. in dem

Aufsatz " 'Muse' und 'Kunstrichter': Sophie La Roche und Wieland," *MLN* 99(1984):
571–88, der sich z.T. mit ihrem Nachwort zur Reclam-Ausgabe deckt. Mit dieser
setzt Becker, wie sich schon in der Anlage des Buches zeigt, die Reihe der vorzüglichen Editionen in der Universal-Bibliothek des Stuttgarter Reclam-Verlages fort. Auf
das Titelblatt folgt zunächst das Porträt der La Roche (von Langenbeck?) aus den
Warthauser Jahren (S. 5), das der Entstehungszeit der Sternheim näher steht als ihr Ju-
gendbildnis von J. H. Tischbein d. Ä., von dem ein Ausschnitt auf dem Einband der
dtv-Ausgabe wiedergegeben ist. Dem Text beider Teile des Romans ist in Faksimile
das Titelblatt der Erstausgabe vorangestellt, aus welchem der in der dtv-Ausgabe nirgends genannte vollständige Titel (mit der Herausgeberfiktion der Autorin) und die
Herausgeberschaft Wielands hervorgehen (S. 7 u. 201). Aus den Bemerkungen "zur
Textgestalt und zum Sprachgebrauch der La Roche" (S. 351–55) erfährt man u.a.
—was in der dtv-Ausgabe nicht geschieht— welcher der Erstdrucke dem Reclam-
Text zugrundegelegt wurde; es ist der dritte, welcher die von der Autorin gewünschte
Verbesserung der "Druckfehler" enthält, die "nach heutigem Verständnis" eher "redak-
tionelle Änderungen" zu nennen seien. Die Hrsg. rechtfertigt die von ihr vorgenom-
mene "behutsame Modernisierung" von Orthographie und Interpunktion und erörtert
u.a. die Abweichung der von der La Roche gebrauchten obd., mda. und archaischen
Formen von der Norm des Nhd. sowie die sparsame Verwendung von Fremdwörtern,
die in der *Sternheim* vor allem aus dem Bereich des Hoflebens stammen; demgemäß
bringen die darauffolgenden "Anmerkungen" hauptsächlich Worterklärungen (S. 357–
61). Unter die "Dokumente zur Wirkungsgeschichte" (S. 363–76) hat die Hrsg. neben
den bekannten verdienstvoller Weise auch weniger bekannte wie zum Schluß das Urteil Eichendorffs von 1851 aufgenommen; an den Anfang stellt sie freilich das Selbst-
zeugnis der Autorin von 1791 zur *Entstehungs*geschichte mit dem nun oftzitierten
Wort vom "papiernen Mädchen," d.h. der Heldin des Romans, welche S. La Roche an-
stelle ihrer Töchter, die sie ins Internat weggeben mußte, erziehen wollte. Richtigzustellen ist der Verf. der umfangreichen Rezension in der *Allgemeinen deutschen
Bibliothek* 16.2(1772):469–79: es handelt sich nicht um Johann George Sulzer, wie B.
Becker aufgrund der Abkürzung "Sr" vermutet, sondern um Johann Karl August
Musäus.[2] Auch hier sind im "Nachwort" (S. 381–415) u.a. das Geburtsjahr (S. 382) und
das Jahr der Übersiedlung nach Warthausen (S. 385) zu berichten; beim Erscheinen
ihres Romans 1771 hieß die Autorin noch nicht *von* La Roche, obgleich sie sich z.B.
im Brief an Reich vom 26. 12. 1771 *"de la Roche"* unterschrieb und die Anrede des
Hrsg. Wieland an die Autorin in "An D[ie] F[rau] G[eheime] R[ätin] V[on La Roche]"
aufzulösen ist (S. 9 u. 359); in der heutigen Forschung wird im allgemeinen nicht
mehr bezweifelt, daß La Roche der natürliche Sohn des Grafen Friedrich v. Stadion
war (S. 384); den Hofstaat der Mainzer Kurfürsten wird man kaum als klein bezeichnen wollen (S. 385), wenn man z.B. Goethes Beschreibung von Emmerich Josephs spä-
terem Auftreten bei der Kaiserwahl in Frankfurt liest; auf S. 392 muß es *Allgemeine
Deutsche Biographie*, nicht *Bibliothek* lauten; den Briefwechsel mit Wieland führte
die La Roche von 1775 an auf deutsch, nicht mehr auf französisch (S. 395), was sich
aus Bd. 5 von *Wielands Briefwechsel: Briefe der Weimarer Zeit (21. Sept. 1772–31.
Dez. 1777)* (Berlin: Akademie-Verl., 1983) ergibt, den die Hrsg. für ihre Arbeit freilich
noch nicht heranziehen konnte, aber auch aus der älteren Sammlung von Franz
Horn, *C. M. Wieland's Briefe an Sophie von La Roche . . .* (Berlin, 1820), die in den
"Literaturhinweisen" der Reclam-Ausgabe (S. 377–80) fehlt; der älteste Sohn der La
Roche hieß Fritz, nicht Frank (S. 397) usf. Man muß über solche und andere Schön-
heitsfehler und eine Reihe von Druckfehlern hinwegsehen und sich an das halten,
was für B. Becker-Cantarino in den drei Kap. ihres Nachworts wesentlich ist. Der
Sternheim-Roman und seine Autorin helfen die "sozial- und kulturgeschichtliche
Rolle der Frau im 18. Jahrhundert" verstehen (S. 382); denn die La Roche mußte noch
mit dem Vorurteil rechnen, daß schriftstellerische Betätigung unweiblich sei (S. 392),
weshalb Wieland auch ihren Roman mit dessen Nutzen für das weibliche Geschlecht
rechtfertigte, als Frauenroman im doppelten Sinne: als das Buch einer Frau und für
Frauen (S. 396–99). Der Weg der Heldin führte "von der Eigenliebe zur Nächsten-

liebe," zur praktichen Ausübung der Tugend —"ein eminent christliches Thema in protestantischer Deutung" (S. 407). Da die La Roche die "Ständeordnung selbst nicht angreift," haben ihr männliche Interpreten des Romans in jüngster Zeit "mangelnde Gesellschaftskritik" vorgeworfen. Dagegen nimmt B. Becker ihre Autorin in Schutz, die, statt Kritik an den sozialen Zuständen zu üben, Pläne für ihre Verbesserung angeboten habe, "rudimentäre Anfänge eines Sozialprogramms" (S. 409). Im Gegensatz zu Basedows Forderung, "Die ganze Erziehung der Mädchen müsse auf den Ehestand ausgerichtet sein," ohne Rücksicht auf ihre Begabung, "macht Sophie von La Roche," darin ihrer Zeit weit vorauseilend, "je nach Stand und Umständen Unterschiede geltend" (S. 410), usf.

The University of Michigan, Ann Arbor   *Hansjörg Schelle*

1 *Die Frau von der Reformation zur Romantik: Die Situation der Frau vor dem Hintergrund der Literatur- und Sozialgeschichte*, Hrsg. Barbara Becker-Cantarino, 2.A., Modern German Studies, 7(Bonn: Bouvier Verlag Herbert Grundmann, 1982).
2 Die Auflösung des Zeichens "Sr" ergibt sich aus G. Parthey, *Die Mitarbeiter an Friedrich Nicolai's Allgemeiner Deutscher Bibliothek nach ihren Namen und Zeichen in zwei Registern geordnet . . .* (Berlin: Nicolaische Buchhandlung, 1842; Rpt. Hildesheim: Gerstenberg, 1973): 20 u. 50. Sulzer wird unter den Beiträgern der *AdB* nicht aufgeführt; zu Musäus als Verf. der Rezension vgl. jetzt Barbara Maria Carvill, *Der verführte Leser: Johann Karl August Musäus' Romane und Romankritiken*, CSGLL, 31(New York, Bern, Frankfurt a.M.: Peter Lang, 1985), bes. den Brief von Musäus an Nicolai, Weimar, 24. 2. 1772 (S. 255–57).

LA ROCHE, SOPHIE VON, *Niederrheinisches Tagebuch*. Hrsg. und eingel. von Günther Elbin. Edition Mercator. Duisburg: Mercator-Verlag (1985). 62 S.

Das Erscheinen des schmalen Bändchens ist insofern besonders zu begrüssen, als damit, sieht man vom *Sternheim*-Roman ab, so gut wie das erste Mal eine Schrift der La Roche nach ihrem Tod neu gedruckt wurde. (Vgl. lediglich Goedeke 4.1 [3.A. 1916]:592–93, Nr. 4a u. 20.) Michael Maurer, ein Anwalt auch der Autorin Sophie v. La Roche, sieht mit Recht im Fehlen greifbarer Neuausgaben ihres umfangreichen Werkes den Grund dafür, daß sie über den kleinen Kreis der Kenner hinaus in der Literaturgeschiche höchstens als Verfasserin der *Sternheim*, als Jugendfreundin Wielands oder als die Großmutter der Brentanos Beachtung findet ("Das Gute und das Schöne; Sophie von La Roche (1730–1807) wiederentdecken?" *Euphorion* 79[1985]: 111–38]. Die beim damaligen Lesepublikum beliebte und ihren schriftstellerischen Möglichkeiten angemessene offene Form der Reisebeschreibung entdeckte die La Roche in den achtziger Jahren, und sie unternahm ihre Reisen von vornherein im Hinblick auf deren, finanziellen Ertrag versprechende, literarische Auswertung (vgl. Maurer, 130–31). "Ich werde der Schwamm . . . sein, der alles in sich saugen wird," schrieb sie am 20. 7. 1786, vor der Reise nach Holland und England, und sie wünschte sich "eine gesunde Seele und Augen, um alles zu bemerken und wieder mitzuteilen." Freilich handelt es sich bei vorliegender Veröffentlichung nur um einen kurzen Auszug aus dem 740 S. umfassenden *Tagebuch einer Reise durch Holland und England von der Verfasserin von Rosaliens Briefen* (Offenbach am Main: Ulrich Weiß und Carl Ludwig Brede, 1788; 2. Aufl. 1791). (Die S. 18 u. 19–62 entsprechen den unbez. S. 3–4 u. den S. 26–58 des Erstdrucks mit drei, allerdings geringfügigen Auslassungen, die jedoch die Bemerkung des Hrsg. einschränken daß es sich um den "vollständig wieder vorgelegten Niederrheintext" handle [S. 13].)
Die Probe, die den Beginn der Reise den Rhein hinunter nach Holland hinein enthält, vermittelt jedoch eine gewisse Vorstellung von dem Charakter der Reisebe-

schreibungen Sophie v. La Roches, der von ihr angestrebten Vielseitigkeit des Mitgeteilten, ihren pädagogischen Absichten. Sie schreibt als reife Frau, welche die Fünfziger überschritten hat und immer wieder an persönliche Erinnerungen anknüpfen
kann; und sie wendet sich vor allem an Leserinnen, die nicht wie sie die Möglichkeit
zur reisen hatten. Sophie v. La Roche war nämlich "eine der ersten deutschen Frauen,
die exzessive Bildungsreisen verwirklichte und damit auch einen Bildungsanspruch
der Frau zur Geltung brachte" (Maurer, 119), und es ging ihr darum, die durch ihre
Reisen erworbene Bildung weiterzugeben. Unbefangen nimmt sie auf persönliche
Weise zu dem Gesehenen und Erlebten Stellung, aber von einem festen Standpunkt
aus, der in Aufklärung und Empfindsamkeit gleichermaßen wurzelt. Nicht zufällig
beruft sie sich auf Sterne (S. 18): Gute Taten werden gerühmt, und mit einem aufs
Praktische ausgerichteten Sinn werden nützliche Einrichtungen gelobt. Bei der Betrachtung einer Gegend z.B. fällt ihr die landwirtschaftliche Nutzung auf; beschreibt
sie den Besuch von Orten und Stätten, so versäumt sie es nicht, auf die mit ihnen
verknüpften historischen Ereignisse, Sagen und Legenden einzugehen. Besonders
aber interessieren sie die Menschen aller Gesellschaftsklassen, die Lebensbedingun-
gen auch der niederen Stände und das persönliche Schicksal derer, denen sie begegnet. Bildungsbeflissen sucht sie berühmte Persönlichkeiten auf oder kommt ins Gespräch mit interessanten Reisenden, und allezeit ist sie bemüht, ihre Kenntnisse auf
den verschiedensten Wissensgebieten zu bereichern. Schon der Auszug zeigt, daß die
Reisebeschreibungen Sophie v. La Roches, abgesehen von Ihrer Bedeutung als Frauen-
literatur, eine Fundgrube für historisches, kultur- u. sozialgeschichtliches, biographisches Detail usf. sind, und man wird den von M. Maurer ausgesprochenen Wunsch
nach Neuausgaben dieser Autorin auch für diesen Teil ihres Schaffens nachdrücklich
bekräftigen.

Der Teildruck *Niederrheinisches Tagebuch* ist für Liebhaber gedacht; sein Reiz
liegt in der bibliophilen Ausstattung: neben 6 Vignetten finden sich 11 Abbildungen
im Text, Veduten der beschriebenen Städte und Bauwerke, vorzügliche Reproduk-
tionen von Kupfer- u. Stahlstichen, Lithographien und Gemälden aus der ersten Hälfte des 19. Jahrhunderts; den Einband schmückt ein Aquarell von Schloß Jägerhof in
Düsseldorf. Das Vorwort von G. Elbin (S. 5–17) ist verdienstvoll, was die Erläuterungen zum Text betrifft; von den Ungenauigkeiten, die es enthält, seien folgende rich-
tiggestellt: Die Reise begann Anfang, nicht Ende August 1786; der erste Eintrag im
Original ist vom 9. August, die Auszüge des Neudrucks sind vom 13. bis 19. August
datiert (S. 5). Von den verschiedenen Porträts der La Roche meint der Verf. wohl das
Pastellgemälde im Freien Deutschen Hochstift, welches jedoch das Gegenstück zum
Porträt La Roches als kurtrierischen Kanzler bildet, somit aus den Siebziger Jahren
stammt (S. 8). Für die Eheschließung seiner Tochter Sophie mit dem Katholiken Bianconi macht Georg Friedrich v. Gutermann zur Bedingung, daß die Töchter, nicht aber
die Söhne, lutherisch erzogen werden (S. 9). Auch nach der Reise, auf der er zwanzig-
jährig seine Mutter begleitet hatte, studierte Carl v. La Roche zunächst noch in Berlin als preußischer Bergkadett; kgl. preußischer Bergrat und Assessor beim Salzamt in
Schönebeck wurde er 1788 (S. 11). Es muß Heinse, nicht Heine heißen (S. 13).

The University of Michigan, Ann Orbor   *Hansjörg Schelle*

MAURER, MICHAEL (Hrsg.), *"Ich bin mehr Herz als Kopf": Sophie
von La Roche: Ein Lebensbild in Briefen.* München: C. H. Beck
(1983). 464 S.

Der Band setzt die Reihe der im Verlag C. H. Beck erschienenen Briefausgaben fort,
die für den größeren Kreis des literarisch interessierten allgemeinen Lesepublikums
gedacht sind, und es ist dem gelungenen Band ein ähnlicher Verkaufserfolg zu wünschen, wie ihn die Ausgabe von Boies Briefwechsel mit Luise Mejer verzeichnen

konnte.[1] Das wesentlichste aber bei weitem nicht das einzige Verdienst des Buches für die Forschung sind 115 erstmals aus der Hs. mitgeteilte Briefe von und an Sophie (von) La Roche, geb. Gutermann v. Gutershofen (6. 12. 1730 – 18. 2. 1807); die übrigen 133 Briefe der Sammlung sind schon anderweitig veröffentlicht gewesen. Der Hrsg. hat jedoch mit Recht —es war das oberste Kriterium für seine Auswahl— unveröffentlichten Stücken den Vorzug gegeben. In den Anmerkungen und in der Abhandlung "Das Gute und das Schöne; Sophie von La Roche (1730–1807) wiederentdecken?" *Euphorion* 79(1985):111–38, weist M. Maurer auf weitere ungedruckte Briefe hin, die er nicht in den Band aufgenommen hat. Er schätzt die Gesamtzahl der "in irgendeiner Form erhaltenen Briefe von und an Sophie von La Roche . . . auf etwa 1600," die er "sämtliche einzusehen" bemüht war, "im Original in den Archiven, . . . auf dem Weg über Fotokopien oder Mikrofilmen" oder "in früheren Drucken." Veranlagung und Lebensumstände machten die La Roche zu einer der eifrigsten Briefschreiberinnen eines Jahrhunderts, welches als ein Zeitalter der Briefkultur gilt. Sie hatte das Bedürfnis, und sie entfaltete dabei ein bemerkenswertes Talent, mit den verschiedensten Persönlichkeiten, die in Gesellschaft und Geistesleben Rang und Namen hatten, bekannt zu werden, und sie pflegte diese Beziehungen durch ihre ausgedehnte Korrespondenz. Schon dadurch, daß auf diese Weise so viele Fäden bei ihr zusammenliefen, ist sie eine Art von Schlüsselfigur ihrer Zeit geworden. Man wäre M. Maurer zu Dank verpflichtet, wenn er seine umfassende Kenntnis dieser Korrespondenz für eine Epistolographie der La Roche verwertete, durch deren Veröffentlichung er eine Grundlage für die künftige La Roche-Forschung und darüber hinaus einen Beitrag zur Erforschung des 18. Jahrhunderts leisten würde. Als Hrsg. des Lebensbildes von Sophie v. La Roche war seine Absicht freilich nicht, die Vielfalt dieser Beziehungen durch eine Vielzahl von Korrespondenten zu dokumentieren. So weit wie möglich läßt Maurer in seiner Sammlung die La Roche selbst zu Wort kommen: Mit einer Ausnahme (Nr. 248) ist sie die Verf. aller hier erstmals gedruckten Briefe, die "aus 11 verschiedenen Archiven der Bundesrepublik Deutschland und der Schweiz" stammen. Von den 23 Adressaten dieser Briefe waren einige als Korrespondenten der La Roche schon bekannt; andere treten jetzt neu ins Gesichtsfeld. Nicht weniger als 37 der bisher ungedruckten Briefe (aus der Pfälzischen LB Speyer u. d. Stadtarchiv Offenbach) sind an die Vertraute ihrer späteren Jahre, die Gräfin Elise v. Solms-Laubach gerichtet; mit den 29 Briefen aus der ZB Zürich wandte sich Sophie v. La Roche an Zürcher Persönlichkeiten, darunter Bodmer, Johann Caspar Hirzel, Lavater und Leonhard Meister; Erstveröffentlichungen sind u. a. 16 Briefe an Johann Georg Jacobi (mit einer Ausnahme heute in der UB Freiburg i.Br.), 9 an Wolfgang Heribert v. Dalberg (Bayerische SB München) und 3 an Johannes von Müller (Stadtbibliothek Schaffhausen); Wieland, Blanckenburg, Knebel, Georg Forster und Clemens Brentano sind die Adressaten von je einem der erstmals vorgelegten Briefe usf.

Wie schon der Titel andeutet, ging es M. Maurer darum, an Hand der Briefe ein "Lebensbild" der La Roche zu entwerfen, d.h., sie nicht bloß auf die Rolle der Mittlerin, der Jugendfreundin und Muse Wielands, der Verfasserin eines von Wieland hrsg. Romans oder der Großmutter der Brentanos einzuschränken, sondern sie als eine eigenständige Persönlichkeit und als eine "Frau des 18. Jahrhunderts" vorzustellen. "Leben einer empfindsamen Aufklärerin" ist die Einleitung überschrieben (7), womit das Zitat im Titel des ganzen Buches erläutert wird. Auch die Titel der einzelnen Kapitel läßt der Hrsg. mit einem treffenden Zitat aus den Briefen beginnen und schafft damit einen wirkungsvollen Blickfang für die Liebhaber unter den Lesern. Auf sie ist die zuverlässig unterrichtende, ausgewogene "Einleitung" abgestimmt, die auf die Lektüre der Briefe vorbereiten soll (S. 7–33). Es seien zwei Kategorien von Frauen des 18. Jahrhunderts, einem von den Männern dominierten Zeitalter, deren Namen uns heute noch etwas sagen: entweder "Frauen zu bekannten Männern" oder "aus dem zwischen- und übergesellschaftlichen Bereich des Künstlerischen" (S. 7), wobei die La Roche unter beide Kategorien falle. Es wird auf ihre eigentümliche Stellung zwischen den Konfessionen, Ständen usf. hingewiesen (S. 24) und u.a. auch die "Anglophilie," der M. Maurers besonderes Forschungsinteresse gilt, als ein sie "prägendes Element" betont (S. 16–17 u. 32). Im Abschnitt "Kindheit und Jugend" nennt der Verf. einige

Faktoren, die für Sophie Gutermanns späteres Leben bedeutsam wurden: die Herkunft aus dem Bürgertum der schwäbischen Reichsstädte; ihre Stellung als die Älteste von mehreren Geschwistern; die von ihr erhoffte aber vom Vater versagte gelehrte Bildung; die gewaltsame Auflösung der Verlobung mit Bianconi usf. (S. 10–14). Die übrigen Abschnitte der Einleitung entsprechen jeweils den durch die Lebensperioden nahegelegten Kapiteln der Briefe, zunächst aus der Zeit "der Verlobung mit Wieland . . . (1750–1753)" (14–15, 35–58), "der Ehe mit La Roche im Kreise des Grafen Stadion . . . (1753–1771)" (15–19, 59–125) u. "des Salons in Koblenz-Ehrenbreitstein (1771–1780)" (19–25; 127–222). Dabei wird ab S. 194 der 1775 erfolgten Nobilitierung durch ein jeweiliges "von" vor dem Namen "La Roche" in den Überschriften der Briefe Rechnung getragen. Es folgen die Zeit "in Speyer nach dem Sturz La Roches [als einflußreichem kurtrierischem Kanzler] (1780–1786)" (25–29; 223–85) u. die Zeit "in Offenbach bis zum Tode des Sohnes Franz Wilhelm (1786–1791)" (29–30; 287–331). Sophie v. La Roches eigenen Gefühlen entspricht es, wenn der Hrsg. die Altersperiode, das Kap. "Die letzten Jahre in Offenbach (1791–1807)" (31–33, 333–89), nicht nach dem Tod des Gatten (1788), mit dem sie eine Vernunftehe geschlossen und geführt hatte, beginnen läßt, sondern nach dem Tod ihres jüngsten und Lieblingssohnes (1791). M. Maurer möchte das positive Bild einer Frau vermitteln, die sich innerhalb der ihr von den Zeitumständen gesetzten Grenzen als Mensch und als Autorin zu verwirklichen verstand —ein im Zeichen des heutigen Feminismus verdienstvolles Unternehmen.

Daß es dem Hrsg. in diesem Rahmen nicht darum zu tun sein konnte, Persönlichkeit und Schaffen der La Roche kritisch zu beleuchten, erklärt sich ebenso wie die —auf S. 393–97 begründete— "Briefauswahl" und "Textgestalt(ung)" aus der Bestimmung des Bandes für "ein breites Publikum" (S. 395). Vor allem was die Briefe der La Roche betrifft, die keiner Regel der Rechtschreibung folgt, deren Zeichensetzung "spontan, willkürlich und zufällig" ist (S. 396), hat Maurer um des leichteren Verständnisses und der Lesbarkeit willen den Text der heutigen Norm behutsam angeglichen, dabei jedoch, da seine Ausgabe "auch für Fachwissenschaftler Neues" bringe, einen, wie er meint, "vertretbaren Mittelweg" eingeschlagen (S. 395). Sämtliche franz. Briefe oder Briefteile sowie auch alle übrigen fremdsprachlichen Elemente hat er ins Deutsche übersetzt und sich dabei durchaus mit Erfolg bemüht, seine Sprache dem Stil der deutschen Briefe anzugleichen (S. 397); was Rez. in einigen wenigen Fällen anders übersetzt hätte, braucht in diesem Zusammenhang nicht erörtert zu werden. Freilich betreffen die Übersetzungen aus dem Franz. im wesentlichen den Briefwechsel mit Wieland, der im Original anderswo, z.T. schon in der Akademie-Ausgabe,[2] gedruckt vorliegt. In den Fällen aber, in denen bisher unveröffentlichte Briefe aus der Hs. wiedergegeben werden, muß es der Philologe, der Maurers Edition als Quelle benutzen möchte, bedauern, daß er keinen authentischen, sondern einen vereinheitlichten Text oder gar eine Übersetzung vor sich hat. Auch scheint man des Hrsg. erstes Prinzip der ungekürzten Wiedergabe aller Briefe nicht allzu wörtlich nehmen zu dürfen (S. 395); denn die Hs. des Briefes der La Roche v. 15. 7. 1770 and J. G. Jacobi (Nr. 35) enthält z.B. von ihrer Hand den Zusatz "unserem Jacobi" und einen weiteren Zusatz von der Hand Wielands. Beide aus einer Reihe von Gründen aufschlußreichen Zusätze fehlen bei Maurer im Text des Briefes (S. 109–10), und auch die Anm. zu Nr. 35 (S. 410) gibt darüber keinen Aufschluß. Von diesem Brief soll indessen an einer anderen Stelle des LY ausführlicher die Rede sein; hier lenkt er auf das Problem der "Anmerkungen zu den Briefen" (S. 399–452). Der Forscher wird es begrüßen, daß für jeden Brief die "Druckvorlage" nachgewiesen wird, und man wird es dem Hrsg., der aus der Fülle schöpfen konnte, zugute halten, daß er Briefe, deren Datierung oder Empfänger nicht gesichert sind, bis auf wenige Fälle beiseite ließ, so wie er ungelösten Fragen der La Roche-Forschung aus dem Wege ging. Das "Namenregister" (S. 413–64) führt zwar alle Personen auf, die in den Briefen bloß erwähnt aber in den Anmerkungen nicht erläutert werden, und M. Maurer scheint es sich bisweilen leicht gemacht zu haben, wenn er sich den Nachweis von Personen schenkt, die seiner Ansicht nach "weder im kulturellen noch im politischen Bereich jemals eine Rolle gespielt haben, die mit Sophie von La Roche nicht verwandt, verschwägert oder nahe bekannt waren und über die sich auf keine Weise etwas herausfinden ließ" (S. 399). So wird z.B. der auf S. 83 u. 87 (Nr. 20 u. 21) in Briefen Wielands vom Frühjahr 1767 genannte "Herr von Zell" nicht erläutert: es ist jedoch der damalige Bürgermeister Andreas Benedikt v. Zell, der in den für Wieland und die La Roche schmerzlichen Streitigkeiten zwischen Biberach und Warthausen eine undurchsichtige Rolle gespielt hatte; und bei dem von S. La Roche geretteten Famlienvater, von dem sie in dem erwähnten Brief an Jacobi schreibt, handelt es sich nach Wielands Brief vom 15. 7. 1771 um einen Angehörigen der Biberacher Patrizierfamilie v. Klock, die ihr offenbar persönlich nahestand. Versucht man andrerseits über eine bestimmte Person rasch Aufschluß zu erhalten, etwa über einen sonst nicht bekannten Georg Wilhelm Petersen, den Empfänger von 6 bisher unbekannten Briefen der La Roche (im FDH), so entdeckt man die gewünschte Auskunft, da solche Informationen jeweils nur an einer Stelle geboten werden, erst auf der letzten der im Namenregister verzeichneten Seiten, d.h. auf S. 432 (Nr. 135). Die Benutzer hätten es deshalb dem Hrsg. ohne Zweifel gedankt, wenn das Namenregister für jede Person Geburts- und Todesjahr und weitere kurze Angaben über ihre Stellung, Bedeutung usf. enthalten hätte, wie dies in vergleichbaren Veröffentlichungen, so in dem genannten Band mit dem Briefwechsel Boies, üblich ist; und ebenso hätte man ein Werkregister erwartet, zumal M. Maurer sich in seiner schon erwähnten Abhandlung zum warmen Fürsprecher des literarischen Schaffens von Sophie von La Roche macht.

Über solchen kritischen Bemerkungen aus der Sicht vor allem des philologischen Benutzers, die an grundsätzliche Fragen der Anlage einer solchen Briefedition rühren, soll der Ertrag des Buches gerade für die Forschung keineswegs übersehen, vielmehr nachdrücklich betont werden. Er besteht in der Fülle neuer Einzelheiten biographischer, sozial-, literar- und kulturhistorischer Natur usf., die sowohl aus den Briefen selbst als auch aus dem vom Hrsg. erarbeiteten Kommentar zu gewinnen sind. Auf Beispiele muß hier verzichtet werden, und ebenso muß die Auseinandersetzung mit einigen Zweifelsfragen an anderer Stelle erfolgen. Im folgenden können nur wenige Richtigstellungen im Hinblick auf eine 2. Aufl. empfohlen werden: S. 136 Zeile 5 muß es "Predigt" heissen. —S. 194 (Nr. 91): La Roche wurde kraft kaiserlicher Entschließung v. 31. 8. 1775 in den Reichsadelstand erhoben, weshalb es schon in der Überschrift zu Goethes Brief v. 11. 10. 1775 "an Sophie *von* La Roche" heißen müßte. —S. 411 ist umzustellen: Der Satz "Der Ausdruck ... deutet" (Nr. 37) gehört zu Nr. 38; stattdessen ist der Text von "Der letzte ..." bis "... 'Bleigebürge'" (Nr. 38) unter Nr. 37 einzufügen. —S. 204 u. 211: Der in S. v. La Roches Briefen vom 28. 1. u. 10. 3. 1779 an. W. H. v. Dalberg (Nr. 102 u. 107) gennante "Baron Gemmingen" ist Otto Heinrich Frhr. v. Gemmingen (1755–1836), der Verf. der *Mannheimer Dramaturgie für das Jahr 1779*, nicht der in Nr. 68, 124 u. 203 erwähnte Eberhard Friedrich Frhr. v. Gemmingen (1726–1791). —S. 403 (Nr. 6): Für das Todesjahr von Sophie Gutermanns Schwester Katharina Christine (Cateau) v. Hillern, das in den von Maurer benutzten Quellen mit 1800 angegeben wird, hat Hassencamp schon richtig 1793 ermittelt. Das Datum kann aufgrund der von Maurer vorgelegten Briefe der La Roche an Elise v. Solms-Laubach eingegrenzt werden: Am 10. 4. 1793 erwähnt sie die "an dem Krebs an der Brust sterbende Schwester in Augsburg" (S. 351, Nr. 218), am. 26. 6. 1793 nennt sie "die Anzeige des Endes der Leiden meiner Schwester" (S. 354, Nr. 200). Wieland schreibt vom Tod der "armen, unglücklichen H." in seinem Brief an S. v. La Roche vom 28. 10. 1793. Im Namenregister ist Cateau unter Gutermann zu finden; außer an den dort verzeichneten Stellen erscheint sie auf S. 72, 351 u. 354. —S. 405 (Nr. 18) u. 406 (Nr. 19): Der Familienname von Wielands Christine (Bibi) war Hogel, nicht Hagel. —Wo es sich im folgenden um Übersetzungen M. Maurers handelt, wird die Originalfassung des Zitats in *WBr* Bd. 4 jeweils in Klammer hinzugesetzt. S. 409 (Nr. 30): Die Bezeichnung der Gräfin Max" ("la Comtesse Max"), d.h. Maximiliane v. Stadion, als "Stadions Schwester" ist insofern zutreffend, als damals (1770) ihr Bruder Franz Konrad die Nachfolge seines verstorbenen Vaters Friedrich als regierender Graf Stadion angetreten hatte, insofern jedoch irreführend, als man im Zusammenhang mit den La Roches und Wieland zuerst an Friedrich v. Stadion, Maximilianes Vater, denkt. S. 412 (Nr. 42): "Frau von Schall" ("Md. de Schall"), d.h. Maria Anna Gräfin Schall zu Bell (1727–1783) war nicht die "Schwester des Grafen Friedrich von Stadion" sondern dessen älteste Tochter, wie es S. 404 (Nr. 13) auch richtig heißt. Dort wird ihr Todesjahr, wie in der Lit. allgemein üblich, mit 1783 angegeben, doch muß sie nach dem Brief der La Roche an Wieland v. 20. 5. 1790 damals noch in Genua gelebt haben. S. 406 (Nr. 19): "Reichsgräfin" ("Comtesse du S. Empire") wird auf Stadions zweite Tochter Theresia Sophie Reichsgräfin v. Spaur (1729–1797) bezogen, doch spricht der auf Spannungen deutende Zusammenhang für Gräfin Schall, die zu Graf Friedrichs Lebzeiten "first lady" auf Schloß Warthausen war und ihrer Umgebung, auch dem Vater, das Leben schwer machen konnte. Als unverheiratete Gräfin wird Maximiliane v. Stadion in den Briefen der La Roche an Wieland, die Maurer in seine Sammlung aufgenommen hat, im Original einmal "die Gräfin Max" u. dreimal "la Comtesse Max" oder — im Brief v. 9. 11. 1770— "la Comtesse max" genannt. S. 122 (Nr. 42) spricht S. La Roche jedoch von einer "Frau Gräfin" ("Md. la Comtesse"). Die für eine Verheiratete übliche Anrede und der Zusammenhang ergeben, daß es sich hier nicht um Maximiliane, wie Maurer annimmt (S. 412), sondern um Louise Johanna v. Stadion geb. Zobel v. Giebelstadt handelt, Friedrich v. Stadion Schwiegertochter und seit dessen Tod Schloßherrin auf Warthausen. —S. 409 (Nr. 29): Den Mainzer Kurfürsten vertrat in der Exklave Erfurt ein Statthalter. Unter Emmerich Joseph, Frhr. v. Breidbach-Bürresheim, 1763–1774 Erzbischof u. Kurfürst v. Mainz, war es zunächst dessen Neffe (Nepotismus!) Carl Wilhelm Joseph Adam Frhr. v. Breidbach-Bürresheim, der 1770 starb. Sein Nachfolger wurde Carl Theodor v. Dalberg (vgl. S. 413, Nr. 46), der sein Amt in Erfurt jedoch erst nach der im Sept. 1772 erfolgten Übersiedlung Wielands nach Weimar antrat. Zur Berufung ev. Professoren an die kath. Universität Erfurt vgl. jetzt *LY* 18(1986):209–14. —S. 411 (Nr. 41): "Prälat Kolborn und der Pfarrer von Warthausen" sind nicht identisch. Bei letzterem handelt es sich um Ignaz Valentin Heggelin (1738–1801), der 1764 als Pfarrer nach Oberwarthausen berufen wurde und dessen Biographie von dem in der Geistesgeschichte bekannten Regensburger Bischof Johann Michael Sailer verfaßt wurde.

The University of Michigan, Ann Arbor   *Hansjörg Schelle*

1 *"Ich war wohl klug, daß ich dich fand": Heinrich Christian Boies Briefwechsel mit Luise Meyer 1777–1785,* Hrsg. Ilse Schreiber, Beck'sche Sonderausgaben (München: Verlag C. H. Beck, 1975):524 S. —Nachdruck d. 2., durchgesehenen u. erweiterten Aufl. 1963; 1.A. München: Biederstein Verl., 1961. Vgl. Siegfried Sudhof, "Brief und Gegenbrief als Problem der Brief-Edition," in Wolfgang Frühwald et al., Hrsg., *Probleme der Brief-Edition: Kolloquium der Deutschen Forschungsgemeinschaft Schloß Tutzing . . . 8.–11. Sept. 1975,* Referate u. Diskussionsbeiträge, Kommission f. germanistische Forschung, Mitteilung 2 (Boppard: Harald Boldt Verlag, 1977):27.

2 *Wielands Briefwechsel,* hrsg. v. d. Deutschen Akademie d. Wissenschaften zu Berlin, Institut f. deutsche Sprache u. Literatur [durch Hans Werner Seiffert]; . . . Akademie d. Wissenschaften d. DDR, Zentralinstitut f. Literaturgeschichte; Bd. 1- (Berlin: Akademie-Verlag, 1963-). Zitiert *WBr.*

WACKENRODER, WILHELM HEINRICH. *Dichtung -Schriften -Briefe.* Ausgewählt, eingeleitet und kommentiert von Gerda Heinrich. Darmstadt: WBG (1984). 520 Seiten.

Da die Wackenroderausgabe in Rowohlts Klassikern (1968) zu klein und mangelhaft, die große von Lambert Schneider (1967) vergriffen ist, wird diese neue Ausgabe zunächst leider gegrüßt werden. Sie enthält die Reisebriefe, Gedichte u. literaturgeschichtliche Arbeiten, *Herzensergießungen* und *Phantasien* und den Briefwechsel mit Tieck. Wieso die Hg. bei dieser Reihenfolge der Texte von einer "chronologischen Anordnung" sprechen kann, bleibt ein Rätsel! - Der Anhang umfaßt: Editionsbericht, Zeittafel und Nachwort; das Personenregister und die Anmerkungen stützen sich v.a. auf H. Höhn[1] und O. Fambach[2]. Die bei Schneider enthaltenen Angaben zur Überlieferung der Texte, die Diskussion des Anteils von Tieck an den *Herzenzerg.* u. *Phantasien* sowie die Bibliographie blieben ausgeschlossen. - In der Text*auswahl* beschränkte sich die Hg. völlig auf die Ausgabe von Schneider: was dieser aufzunehmen verfehlte oder höchst unvollständig aufnahm, fehlt also auch hier; was an Briefen u. Dokumenten nach 1967 erschien (vgl. etwa *Jb. d. Freien Deutschen Hochstifts* 1972), blieb auch hier unberücksichtigt. Es handelt sich also nicht um eine selbständige Auswahl aus W.'s sämtlichen Schriften sondern um eine bloße Auswahl aus der Schneiderschen Ausgabe.

Die Hg. unterdrückt die Briefe an Sophie Tieck, wobei man v.a. das Fehlen des hochinteressanten 2. Briefes bedauern wird; sie schließt die Briefe an Erduin Julius Koch aus, was umso erstaunlicher ist, da sie in ihrem Nachwort ausführlich auf W.'s Beschäftigung mit der älteren dt. Lit. eingeht und betont, daß W.'s "literaturgeschichtliche Leistung" auf diesem Gebiet "bislang unterschätzt worden ist" (was nicht stimmt: vgl. *Hochstift* a.a.O.). Am bedauerlichsten ist jedoch, daß die Hg. den Briefwechsel mit Tieck arg verstümmelt: von 26 Briefen nimmt sie nur 16 auf und auch diese meist nur in Auszügen, obwohl sie selbst seitenlang auf die tatsächlich in jeder Hinsicht überragende Bedeutung gerade dieses Briefwechsels eingeht. - Die Hg. betont allerdings, daß ihre Edition nur als "Leseausgabe für einen breiten Interessentenkreis gedacht" ist. Doch für einen solchen Leserkreis hätten *ein* Reisebrief, eine Auswahl aus den Werken (unter Auslassung der zahlreichen Tieckschen Beiträge), wenige Briefe und ein Bruchteil der Erläuterungen genügt. In der vorliegenden Form gibt sich diese Edition ein gelehrtes Ansehen und wird damit keinem gerecht, weder dem interessierten Laien noch dem Studenten der dt. Literatur-, Geistes- und Sozialgeschichte.

Es ist bekannt, wie trostlos es um die Zuverlässigkeit der Texte *aller* größeren W.-Ausgaben bestellt ist und daß die letzte, die Schneidersche, in dieser Hinsicht die schlechteste war (*Monatshefte* LXII, 1970, 280 ff. und LXV, 1973, 92 ff.). Hocherfreut liest man deshalb im Editionsbericht (S.481): "Der Lautstand sämtlicher Texte blieb erhalten; die Schreibweise wurde behutsam den heute gültigen Regeln angeglichen. Die Interpunktion wurde nicht verändert, da sie skandierende Funktion hat, oder Redepausen andeuten soll. Die Hervorhebung von Werktiteln in den Reiseberichten und im Briefwechsel findet sich im Originaltext nicht; sie wurde um der besseren Lesbarkeit willen von der Herausgeberin veranlaßt. Alle anderen Hervorhebungen sind auch im Original vorhanden." Die Hg. ging also, wenn auch vielleicht nicht immer auf die schwer erreichbaren Hss., dann doch sicherlich auf die Erstdrucke zurück, was der Edition nun doch ein bleibendes Verdienst sichert, — gesichert hätte! Denn ein prüfender Blick führt zu einem bösen Erwachen. Unter "Original" und "Originaltext" versteht unsere naive Hg. immer nur die Schneidersche Ausgabe von 1967, die (neben Aberhunderten von Fehlern) ein *Nichts* vom ursprünglichen Lautstand, von ursprünglicher Grammatik, Rechtschreibung und Interpunktion, von den so charakteristischen Wortbetonungen (Sperrungen) u. Satzspiegeln bewahrte. Und selbst dieses Nichts wurde jetzt noch durch "behutsames" Modernisieren vermindert! Solche editorische Ahnungslosigkeit kann nur noch dadurch überboten werden, daß eine längere sinnentstellende Seitenvertauschung im Schneiderschen Druck des 1.Reisebriefes, auf die Schneider im Anhang (S.620 f.) ausdrücklich aufmerksam machte, von Frau Heinrich übersehen und deshalb nicht verbessert wurde (S. 14–17)!

Ganz so ahnungslos allerdings konnte selbst Frau Heinrich gegenüber den Schneiderschen Texten nicht gewesen sein. Denn ihr Text der *Herzenserg.* folgt der "von Oskar F. Walzel besorgten, Leipzig 1921 im Inselverlag erschienenen bibliophilen Ausgabe. Walzel lagen noch die Handschriften vor." Auch hier müssen wir korrigieren. Die Hss. der *Herzenserg.* und *Phantasien* gingen sehr früh verloren. Schon 1910 konnte v.d.Leyden in seiner 2bändigen W.-Ausgabe nur die Erstdrucke u. die Ausgabe von 1814 benutzen! - Es ist nun richtig, daß Walzel der Erstausgabe weit sorgfältiger folgte als Schneider. Doch auch er modernisierte den Text in jeder Hinsicht ganz erheblich. Viel gab es auch hier nicht mehr zu modernisieren, - es sei denn etwa ein richtiges "geseigert" bei Walzel in ein völlig falsches "gesteigert" (S.169) zu verwandeln! Doch genug! Empfehlen können wir diese neue Ausgabe, nach der hoffentlich niemand zitieren wird, nur solchen Lesern, die zu einem bei W. nur ganz flüchtig erwähnten "Poseidon" 7-, bei "Tantalus" 11-, bei "Sirenenstimmen" gar einen 13-zeiligen Auszug aus mythologischen Wörterbüchern erwarten u. benötigen.

Es ist kaum glaublich, daß ein Carl Hanser Verlag u. die Wissenschaftliche Buchgesellschaft Darmstadt eine solche editorische Fehlleistung, die zuerst 1983 im Union Verlag zu Ost-Berlin erschien, in Lizenz übernehmen konnten!

The City College, The Graduate School, CUNY   *Alfred Anger*

1 *W.H. Wackenroder: Reisebriefe. Mit Abbildungen, einer Einführung und Erläuterungen herausgegeben von Heinrich Höhn.* Berlin 1938. (Die Texte selbst sind sehr nachlässig behandelt worden, dafür sind die Erläuterungen reich u. im Ganzen wohl auch zuverlässig.)
2 Oskar Fambach, "Zum Briefwechsel W.H. Wackenroders mit Ludwig Tieck" in *Jb.d. Freien Deutschen Hochstifts*, 1968, S.256–282. (Neben dem wertvollen Kommentar bietet Fambach auch neue Datierungen zu manchen Briefen, die von der Hg. benutzt wurden.)

WIELAND, CHRISTOPH MARTIN, *Übersetzung des Horaz*, ed. Manfred Fuhrmann. Frankfurt am Main: Deutscher Klassiker Verlag (1986).

In a public lecture delivered in 1979, Walter Jens said that when Wieland translates an author he feels especially drawn to, the translation achieves a quality unsurpassed by later versions ("bis heute nicht überholt"). In Horace, Wieland found just this sympathy of spirit which he would enjoy translating into German. But, although in Jens' view, Wieland's Horace translations still read well today, recently they have not been easily accessible.

The full text of Wieland's translations of Horace's *Epistles* and *Satires* has not been available since the 'Akademie Ausgabe' volume of 1913. The five-volume Martini edition of Wieland (München: Hanser 1964–68) contains only Wieland's translation of the 'Ars Poetica' (Epistle 2.3), as does the three-volume Beissner edition (München: Winkler 1964–65). Gerhard Wirt edited the *Epistles* in 1963 (Hamburg: Rowohlt), but unfortunately he was not content to add his own commentary; he also severely reduces Wieland's introductions and notes and changes the layout of the text. In addition, Wirt has chosen the 1790 rather than the 1813 edition—the last one revised by Wieland himself. The Franz Greno Verlag in Nördlingen took an important step in 1985, publishing Wieland's translations of Horace's *Satires* in a form which adheres very faithfully to the 1804 edition, but without any extra critical apparatus.

The Deutscher Klassiker Verlag edition goes a lot further. Here we have both *Epistles* and *Satires* together in one volume; Wieland's introductions and footnotes have not been abbreviated and the layout of each page of the actual translation follows the original format—the top two-thirds of the page is German translation and the lower third is occupied by the Latin original. (It might have been better still if the publisher had agreed to use Gothic script to differentiate between the German and the Latin texts; we know from a letter to his publisher that Wieland saw the Gothic type face as quintessentially German and the *nonpareil* used for the Latin as expressive of a Classic simplicity). Fuhrmann has added a brief introduction of his own for each poem and the occasional line commentary as well as an index of proper names and specialised terms and translations for phrases Wieland quotes in the original only. There are also very good essays on Horace, his influence in the eighteenth century, Wieland's image of antiquity, his relationship to Horace and his principles as translator. Fuhrmann has given us the best of both worlds—he is scrupulously faithful to Wieland's text but he also provides us with thoughtful and analytical essays which ease the way into the worlds of both Horace and Wieland.

In this, Fuhrmann works very much within the Wielandian spirit; Wieland takes far greater trouble than any contemporary *translator* to introduce his reader gently to the reading of Horace. His introductions outline the personalities and historical circumstances which will be encountered in the poem and often prepare the reader still further by explaining the moral point of the poem or indicating an interpretation. More detailed notes follow each poem, leaving the reader to decide whether he wants this additional information. Sometimes Wieland refers to the commentators he consulted while preparing his translation, but he never speaks exclusively to the professional classical scholar. Wieland's classical learning (superior, in Mme de Staël's view, to Voltaire's) is never allowed to oppress the reader. This desire not to exclude any potential reader, this ambition to reach as wide a readership as possible, is evident throughout the work. This is why it was so important for the present edition to keep the original layout. Unlike some translators, Wieland wanted the original Latin text included with the translation, but more strikingly, both original and translation had to appear on every single page, rather than facing each other on opposite pages—a more common practice then, as now. Wieland aims at encouraging the semi-Latinate reader to tackle the Latin after reading the lively German version.

Fuhrman could have been a little more forceful in his own defence here; it is not simply that there is no reason to change Wieland's layout or even that often the commentary would make no sense if the text were set out differently. Wieland chooses an unusual layout precisely because his translation fits none of the conventional categories—he wants it read by scholars in their libraries and by women in their homes. He wants to introduce Horace and the reader, to set up a conversation between them. In a similar spirit, Fuhrmann helps us to read Wieland's version of Horace.

Two distinctive features of Wieland's translations are a respect for antiquity and a true poet's love for his own language. By avoiding rigid faithfulness to detail and by a generous expansion of Horace's terseness, Wieland approaches the lightness and urbanity which he loves in Horace and reproduces it in his own way.

> Wie das alles
> sich mit der Zeit geändert hat!
> Jetzt ist die Wut zu schreiben und zu verseln
> die allgemeine Krankheit unsers Volkes.
> *
> Mutavit mentem populus levis, et calet uno
> scribendi studio . . .
>
> Epistle 2.1 (. 108–9)

The sardonic tone expressed in a few words by Horace needs two extra lines to become clear in German. The exclamation is Wieland's favourite device for imparting liveliness to his translation. He then ensures that his reader should not miss Horace's scorn, with the derogatory diminutive "verseln" and his "die allgemeine Krankheit"—an enlargement and explication of "calet", 'warms to'. The translation is far from literal but Horace's theme is clear and the easy tone of Wieland's verse displays his skill as poet and as translator.

Fuhrmann is a Classical scholar who has produced a text useful for Classicists, Germanists and perhaps even for the general reader. He has made available again a lively German translation of Horace's hexameter poetry which can stand the test of time. We can look forward to his edition of Wieland's translation of Cicero's letters, to be published in the same series.

Hatfield College, Durham   *J.V. Curran*

WOLFF, CHRISTIAN, *Rede über die praktische Philosophie der Chinesen* (lateinisch - deutsch). Übs., eingel. und hrsg. von Michael Albrecht. Hamburg: Meiner (1985). 324 S.

Michael Albrecht legt mit diesem Band eine sorgfältig edierte Fassung des lateinischen Textes von Wolffs 1721 gehaltener Rektoratsrede in der Fassung und mit den Anmerkungen von 1726 vor, sowie - parallel dazu - eine neue Übersetzung dieses zentralen Dokuments der deutschen Aufklärung. Wolff stellt hierin die Kultur der Chinesen als vorbildlich hin, was ihm den Vorwurf des Atheismus einbrachte und in seiner Suspendierung und Vertreibung aus Halle resultierte.

Überzeugend argumentiert Albrecht, daß die Rede als Schlüsseltext für das Verständnis der Wolffschen praktischen Philosophie zu bewerten ist, indem Wolff in der (heidnischen) chinesischen Praxis eine Bestätigung seiner auf Vernunftgründen basierenden ethischen Theorie sieht. Zentrale Aspekte der Aufklärungsphilosophie werden von Wolff aufgegriffen und im Kontext der chinesischen Philosophie diskutiert. Die nur 35 Seiten lange Rede bietet sich somit als Einführungstext für den Unterricht an, wie sie—unter Hinzuziehung der umfangreichen Anmerkungen Wolffs (95 S.) vom Jahre 1726—auch als weiterführende Lektüre und Einführung in die praktische Philosophie Wolffs überhaupt betrachtet werden kann.

Als besonders wertvoll und hilfreich erweist sich Albrechts Einleitung, die wohl eher als Forschungsbericht zu bezeichnen wäre. Der Herausgeber geht den Ursprüngen der europäischen Beschäftigung mit China bei den Jesuiten und Leibniz nach, untersucht Wolffs Quellen, gibt eine Synopsis des Textes, verfolgt Wolffs Rezeption der chinesischen Philosophie und deren Niederschlag in seinem Werk vor und nach dem Vortrag der Rede, u.v.m. Eine beeindruckend große Anzahl von Literaturhinweisen des Herausgebers ermöglichen es, einzelne Themenbereiche weiterzuverfolgen. Ein Bericht zur Editionsgeschichte, Anmerkungen des Herausgebers sowie diverse Indices vervollständigen eine Ausgabe, die nichts zu wünschen übrig läßt.

Albrechts Übersetzung des lateinischen Textes, ein gewiß nicht einfaches Unterfangen, kann als durchweg gelungen bezeichnet werden. Als Übersetzung kenntlich, versucht sie, dem Original so nahe wie möglich zu bleiben und auch den zeitlichen Abstand nicht zu verbergen. Sie ist präzise und vermittelt den Eindruck von historischer Authentizität - bei einem Text dieser Art höchst angemessen.

Insgesamt eine hervorragende herausgeberische Leistung, mit der ein Text erneut verfügbar gemacht wird, der zu Unrecht in Vergessenheit geraten war.

Harvard University   *Karl-Heinz Finken*

III.

BENNINGHOVEN, FRIEDRICH, HELMUT BÖRSCH-SUPAN, ISELIN GUNDERMANN. *Friedrich der Grosse*. Ausstellung des Geheimen Staatsarchivs Preußischer Kulturbesitz anläßlich des 200. Todestages König Friedrichs II. von Preußen. Berlin: Geheimes Staatsarchiv Preußischer Kulturbesitz (1986). XXIV + 408 pp.

Young Lessing's laudatory verses on Friedrich are well known:

Unter das Bildniß des Königs von Preußen

Wer kennt ihn nicht?
Die hohe Mine spricht
Den Denkenden. Der Denkende allein
Kann Philosoph, kann Held, kann beydes seyn.
(*LM* I, 43)

Minerv', Apoll' und Mars vereinten sich,
Noch mächtiger zu seyn, und sind nun Friederich!
(*LM* I, 50)

Er ist der Fürsten Fürst, er ist der Held der Helden;
Er füllt die Welt und meine Brust.
(*LM* I, 147)

Finally, Lessing advises Gleim to join in the praise of the king:

Was hält Dich noch? Singe ihn, Deinen König! Deinen tapfern, doch
menschlichen; Deinen schlauen, doch edeldenkenden Friedrich!
(*LM* I, 151)

Lessing lauds Friedrich as an intellect, as *Philosoph* — with all that the term implies in the century. Indeed, Friederich's very physiognomy points to the heroic proportions of the king's mind. *Lessingforschung* has, of course, addressed the writer's admiration of and problematic relationship to Friederich, to absolutistic authority structures as such, and the exhibition catalogue under review brings the reader/viewer closer to the complex personality of Lessing's 'noblethinking' king.

The title of the catalogue (simply *Friedrich der Grosse*) indicates the focus of the volume. His portrait graces the cover, a face with understanding eyes and a skeptical turn to the lips. The exhibition is not so much an attempt to place the monarch in any socio-historical context (though it does that by implication), as it is to offer a biography of the legendary Prussian ruler: "Die Ausstellung bemüht sich, in beispielhaft ausgewählten Fällen auch der Legendenbildung bis zum Kern nachzugehen. Nicht um Legenden zu zerstören, die ohnehin weiterleben werden, weil sie für sich schon wieder ein Stück Geschichte sind." (XI) As such, the chapters of the catalogue are ordered chronologically:

I.   Der Kronprinz (1712–1740)
II.   Baumeister einer Großmacht (1740–1745)
III.   Die unbschwerten Jahre: Sans Souci (1745–1756)
IV.   Um Sein Oder Nichtstein: Der Siebenjährige Krieg (1756–1763)
V.   Bauen, Verwalten und Gestalten (1763–1778)
VI.   Roi Philosophe und "Alter Fritz" (1778–1786)
VII. Die Sterbestunde
VIII. Nachleben im Bild

This subdivision of Friedrich's life into the listed episodes is unsurprising and in each section the 'legends' are represented in illustrations and objects of display. The events surrounding the famed Leutnant von Katte decapitation, for example, receive full play in portraits of the protagonists, in those important drawings of Adolph Menzel (significant because they have colored our view of Friedrich's deeds ever since), in court protocols of the interrogations surrounding the judicial proceedings, and in letters from the incarcerated crown prince to his sister: "Ich beunruhige mich kaum über den Bann, der gegen mich ausgesprochen werden wird." Well he might have, however, for flight on the part of the Prussian heir, would have had farreaching implications, ones of which he became only gradually aware. Not only is this episode completely dealt with (25–29), but the issue of "Legendenbildung" receives its due later in the catalogue (341), a characteristic which holds equally for any number of other incidents in the reign of the Prussian king (for example, the miller Arnold decision made famous by Peter Hacks, 281–83).

As expected, the military exploits of Friedrich receive much attention. His uniform replete with bullethole is pictured (205), as is his life-preserving snuffbox, in which lead shot is embedded (206). Both items are surely nigh hagiographic relics, though the explanatory text documents the fact that both relics are from the disastrous battle of Kunersdorf (12 August 1759), an inglorious defeat which laid Berlin open to the enemies of Prussia. The commentary presents the facts in non-heroic fashion, while the items on display provide sustenance for those seeking signs of the king's military prowess and legendary status.

For those interested in Friedrich's tendencies towards 'enlightened' political measures, the catalogue provides information from decrees and other writings: "Unsere gröste Sorge wird dahin gerichtet seyn, das Wohl des Landes zur befördern," the inaugural speech states (28 June 1740), "und einen jeden unserer Unterthanen vergnügt und glücklich zu machen." (62) The realization of this ideal of 'life, liberty, and the pursuit of happiness' is, of course, another issue. Suffice it to say, pronouncements on religious tolerance, on judicial reform, on economic and pre-industrial concerns (from porcelain to potatoes) receive their due. The literary historian finds sections on Friedrich's views on literature and literati (Lessing 295–96), on philosophy, on music and the representational arts. The commentary on these topics is predictable, though appropriately informed—"Ein Denkmal für dieses Heer nach dem Siebenjährigen Kriege, als der Soldat auch in der Bevölkerung beliebter wurde (Aufkommen der ersten Bleisoldaten) war auf literarischem Gebiet Lessings 'Minna von Barnhelm', nach Goethes Urteil 'die wahrste Ausgeburt des Siebenjährigen Krieges, von vollkommen norddeutschen Nationalgehalt'." (272) It is, in short, not for new perspectives on the era's literature for which one visits the exhibition, but for facts and viewpoints which might assist in the interpretation of literary texts. It is not ungermane that the soldier-figure enjoyed some popularity in Prussia—if only in miniature form—at just the time that Tellheim sought to take the stage.

Friedrich der Grosse is, then, an informative guide to the personality and deeds of the Prussian king. It reads well from item to item, is copiously illustrated and closes with a helpful bibliography. It adds little to the legend, save objective commentary, and less than Lessing's intentionally admiring verses:

> Doch Botschaft auch von einem Lande,
> Wo Friedrich den weichen Zepter führt,
> Und Ruh und Glück, im schwesterlichen Bande,
> Die Schwellen seines Thrones ziert;
> Des Thrones ungewiß, ob ihn mehr Vorsicht schützt,
> Als Liebe stützt.

(LM I, 136)

University of Cincinnati   *Richard E. Schade*

CAZDEN, ROBERT E. *A Social History of the German Book Trade in America to the Civil War.* Columbia, South Carolina: Camden House, 1984. 801 pp.

While the title of the volume under review does not appear to be germane to the area of emphasis of the *Lessing Yearbook*, a glance at the index reveals numerous references to German 18th-century writers. Bürger, Gessner, Goethe, Gottsched, Gutzkow, Haller, Ewald von Kleist, Klopstock, Lessing, Schiller, and Wieland receive their due, as do numerous other "lesser lights." An exposition of Lessing's position in the German book trade makes the usefulness of Cazden's nigh polyhistorical study apparent.

In the opening chapter, "German Books in America during the Eighteenth Century-The Beginning of Transatlantic Ties" (3–31), the author outlines the international efforts on the part of both American and German booksellers to supply readers of German with appropriate fare. It was the "ties of religion" between Europe and the Colonies, which motivated the first shipments of German imprints (especially *Erbauungsliteratur*) to America, to pious "German children living on the borders of the civilized world." Such shipments would not have included the writings of Lessing, though long runs of various "Gelehrte Zeitungen" arrived, and it was not until after Lessing's death that his works went on sale in Philadelphia (12). It was not solely for altruistic reasons that the volumes were offered, rather out of a sense that a profit could be turned in the German-speaking city. (Though Benjamin Franklin might label his German neighbors "Palatine boors," he was not beyond printing for this significant portion of the population.) In 1786, *Emilia Galotti* is listed by title as for sale, along with works by Uz, Cramer, Gleim, Hagedorn and others, yet even such documentation does little to contradict the observation that "in the 1790s there was no culural *avant garde* eager to clasp Goethe, Schiller, and Lessing to its bosom . . ." (19).

Cazden terms the years 1800–1830 an era of uncertainty. There was a wave of philosophic Germanophilia afoot among the New England Transcendentalists "who have conspired to love everything Teutonic, from Dutch skates to German infidelity" (Parker as cited by Cazden 38; see also 92). Elsewhere, the growing number of German-Americans had a fanatic taste for Swedenborgian spiritualism, for Jung-Stilling's pieties, and for the boldness of the Hessian adventurer Schinderhannes (44). In an 80-page catalogue of books offered by Ritter in 1825 well after the restoration of trade with Europe after the Treaty of Vienna, pragmatic texts in German (religion, schoolbooks, medicine, agriculture) predominate: "Such pragmatism left little room for literature." Interestingly, however, Lessing is here represented by *Emilia Galotti*, the drama perhaps most appropriate to a young democracy, and the one translated serially in the "Democratic Review" (1848).

Cazden's informative discussion of the German book trade in the various centers of the old west prior to 1848 is fascinating. The role of Cincinnati's German-language periodical press (the *Volksblatt* was established as early as 1836) in the dissemination of information about the availability of German titles is emphasized: "From January through March 1841 *Der Wahrheits-Freund* printed Meyer's latest *Verzeichniß der Bücher* . . . This new selection was rich in literature and informational books including the German 'classics'—Klopstock, Lessing, Bürger, Hölty, Goethe, Schiller, Iffland, Theodor Körner—works of the Catholic publicist Görres, the Brockhaus *Conversations-Lexikon*, six volumes of the *Pfennig-Magazin* and four volumes of its cut-rate cousin the *Heller-Magazin*, Carl Gustav Carus's *Vorlesungen über Psychologie*, and translations of Shakespeare, Sir Charles Bell, Chateaubriand, and Jean-Baptiste Say." (136) The ideals of Lessing were surely not unimportant to the readers of the Protestant newspaper, but one is unable to determine their actual meaningfulness unless one goes beyond surface statistics. Did anyone respond to the advertisement? Did the newspaper itself espouse the ideals of Lessing in the same manner as in the Jewish periodical *Die Deborah* (see J. Smith, *Lessing Yearbook XIII*, 93–112)? Such are the intriguing questions spawned by Cazden's work.

In 1853, Friedrich W. Thomas began his American stereotype editions of German authors. The *Sämmtliche Werke* of Lessing in 2 volumes costs $2.75. In an essay on these series, Friedrich Kapp comments that "as poor and incorrect as these imprints were, they did have a good result, for Cotta knew how to meet this unexpected competition. He prepared special editions for the United States of Schiller, Goethe, and Lessing, which all together now cost only ten dollars, and have been distributed throughout the whole country . . ." (306–07). In the heyday of German immigration to the United States, the publishers fought their own battles, ones clearly informed by the monetary gains to be made by the dissemination of literary art in the era of easy reproduction: "In the laborer's home, in the farmer's blockhouse, are found the works of the classic writers, and even if not everything is understood or every book read, the measure of culture that has come forth from this literature is not to be lightly estimated . . ." (Essellen as cited by Cazden, 315). Perhaps not, but one cannot escape the opinion that the critical reception of Lessing's works among German-speaking Americans was neither particularly helped nor especially hindered by the entrepreneurship of the booksellers.

Cazden's important study, here barely touched on, poses questions of significance for the fate of Lessing and other German authors in America. The thoroughness of scholarship, the care evident in documentation, the clarity of style, and the rational organisation of a great deal of factual material make the volume the exemplary starting point for all future research by Germanists and historians of every ilk.

University of Cincinnati   *Richard E. Schade*

VAN DÜLMEN, RICHARD, *Die Gesellschaft der Aufklärer, Zur bürgerlichen Emanzipation und aufklärerischen Kultur in Deutschland.* Frankfurt a. M.: Fischer, (1986). 205 S.

Die wissenschaftliche Erforschung der aufgeklärt-reformerischen Vereinigungen des 18. Jahrhunderts hat seit dem vergangenen Jahrzehnt zu einer derartigen Fülle von Einzeluntersuchungen, Darstellungen bestimmter Sozietätstypen und Beiträgen zur Theorie geführt, daß dem einzelnen Betrachter des Phänomens allmählich der Überblick entschwindet. Umso nützlicher erscheinen daher die Versuche, das Sozietätswesen in geraffter Form in der Griff zu bekommen. So entwarf 1982 *Ulrich Im Hof* in seinem Buch "Das gesellige Jahrhundert, Gesellschaft und Gesellschaften im Zeitalter der Aufklärung" (München: Beck, 1982) ein Gesamtbild der Gesellschaftsbewegung in der damaligen europäischen Welt. Nun legt *Richard van Dülmen*, der schon 1977 in einem stark beachteten Aufsatz auf die Bedeutung der Aufklärungsgesellschaften hingewiesen hatte (Die Aufklärungsgesellschaften in Deutschland als Forschungsproblem, in: *Francia* 5, 1977, 251–275), eine knappe Übersicht über die deutsche Variante der von ihm vereinheitlichend "Gesellschaft der Aufklärer" genannten Form sozialer Organisation vor.

Nach kurzen Hinweisen zur Entstehung einer neuen sozialen Schicht innerhalb der traditionalen Lebensräume von Fürstenhof, Kirche, Ständen und dem "ganzen Haus" stellt van Dülmen in einzelnen Kapiteln die Gründung und weitere Entwicklung der Sozietäten in Deutschland als einen über eine lange Vorstufe vom 15. bis zum 17. und in drei hauptsächlichen Phasen durch das ganze 18. Jahrhundert bis in die Zeit der Französischen Revolution hinein verlaufenden Aufklärungsprozeß dar. Die frühesten Vereinigungen, die *humanistischen Sodalitäten*, die moralisch-ethisch und nationalpatriotisch gesinnten *Sprachgesellschaften* und die ersten *Akademien*, hatten bei sehr verschiedenartiger Organisationsform vorwiegend gelehrt-literarischen und mehr oder weniger geselligen Charakter. Die "eigentliche Geschichte der Aufklärungsgesellschaften als Medien frühbürgerlicher Selbstbestimmung und Kultur" (S. 29) und damit die erste Phase der Sozietätsbewegung begann aber erst mit den bedeutsamen theoretischen Entwürfen und praktischen Realisierungsversuchen von Leibniz im Falle des *gelehrten* und von Gottsched in jenem des *literarischen Gesellschaftstypus*. In der Folge wirkten die Berliner "Akademie der Wissenschaften" und die Leipziger "Deutsche Gesellschaft" als Vorbilder; neue experimentelle Wissenschaften und eine neue deutsche Sprache und Literatur waren die Gegenstände gehobener Unterhaltungen.

In der zweiten Phase wurde die Exklusivität dieser Gelehrtenzirkel durchbrochen zugunsten des grösseren Kreises von Gebildeten. Während die sich von England aus über ganz Europa verbreitenden *Freimaurer* nur innerhalb der geheimen Zusammenkünfte in ihren Logen ein rational-aufklärerisches Programm verfolgen wollten, strebten die etwas später, dann aber ebenso rasch überall auftretenden *patriotisch-gemeinnützigen Gesellschaften* danach, die Reformziele in die Praxis umzusetzen und direkt verändernd auf wirtschaftliche und soziale Zustände zu wirken. Die Fortsetzung, teilweise auch die Radikalisierung der bisherigen Tendenzen und vor allem die Häufung von Gesellschaftsgründungen kennzeichneten die dritte Phase dieses aufklärerischen Entfaltungsprozesses, der über die neuen Typen der *Lesegesellschaft* und der *politischen Gesellschaft* die meisten Anhänger der Aufklärung erreichte. Eine Sonderstellung nahm dabei der obrigkeitlich unterdrückte "Illuminatenorden" ein, der die bestehenden Sozietäten und die staatlichen Institutionen unterwandern wollte, nicht um die Staats- und Gesellschaftsordnung umzustürzen, sondern um sie von innen her im Sinne der Aufklärung zu "perfektionieren".

In einem abschließenden Kapitel trägt der Verfasser Aspekte zur Grundstruktur, zur Entwicklung und zur Bedeutung der Sozietäten thesenartig zusammen. Allen Vereinigungen gemeinsam war das Selbstverständnis, eine von Staat, Kirche und gegebenenfalls auch Universität unabhängige, frei sich konstituierende Versammlung selbständig denkender und handelnder Individuen zu bilden mit dem Zweck, "die Besserung ihrer Welt als eigene Aufgabe in die Hand zu nehmen" (S. 122). Der Beitritt zu den Gesellschaften stand grundsätzlich über die Standesgrenzen hinweg allen offen, faktisch jedoch waren Mittel- und Unterschichten und Frauen weitgehend ausgeschlossen. Im Verlaufe des 18. Jahrhunderts erweiterte sich die Trägerschaft stufenweise von den Gelehrten über adelige und bürgerliche Beamte zu einer breiteren gebildeten Elite von Männern, die am öffentlichen Leben teilnahmen. Mit der Gleichheit aller Mitglieder, der Einübung demokratischer Verfahrens- und Entscheidungsregeln und der Durchsetzung einer neuen Oeffentlichkeit gewannen die Sozietäten ihre hauptsächliche Bedeutung als Medien der bürgerlichen Emanzipation.

R. van Dülmen illustriert seine verallgemeinernden Aussagen zum Sozietätswesen mit der exemplarischen Beschreibung einzelner Gesellschaften und mit eingestreuten längeren Quellenzitaten; eine graphische Darstellung, Tabellen und Karten zu quantifizierenden Aspekten vervollständigen das Bild. An sich informativ ist die Zusammenstellung der bekannten Sozietäten mit Name, Ort und Gründungsdatum (Anhang S. 150–171); die dabei befolgten methodischen Grundsätze sind allerdings recht unklar, insbesondere was den Einbezug schweizerischer Organisationen betrifft. Obwohl die kosmopolitische Grundtendenz des "geselligen Jahrhunderts" (Im Hof) über die nationalstaatlichen Grenzen ja geradezu aufdrängt, geht es nicht an, die Schweiz nur als süddeutschen Sprachausläufer zu behandeln (völkerrechtlich war die Eidgenossenschaft seit 1648 nicht mehr Teil des deutschen Reichs). Sie wies—wenn auch mit etwas Verspätung—eine eigenständige, voll ausgestaltete Sozietätsbewegung auf, die in der vorliegenden Liste nicht sichtbar wird. Selbst wenn man nur die Deutschschweiz berücksichtigt, bleiben die Angaben sehr unvollständig; zum Teil sind sie auch ungenau oder falsch. Entsprechend lückenhaft ist die schweizerische Forschung im sonst sehr umfangreichen Literaturverzeichnis vertreten (vor allem nicht berücksichtigt ist die grundlegende Arbeit von Ulrich Im Hof/ François de Capitani, *Die Helvetische Gesellschaft, Spätaufklärung und Vorrevolution in der Schweiz.* 2 Bde. Frauenfeld und Stuttgart, Huber, 1983).

Trotz diesen Vorbehalten—aus schweizerischer Sicht—behält van Dülmens Buch seinen Wert als "strukturierter und zusammenfassender Problemabriß" (S. 8) und fördert nicht zuletzt wegen seiner wohlfeilen Aufmachung die Popularisierung der neuen Erkenntnisse über die aufgeklärten Reformgesellschaften des 18. Jahrhunderts.

Bern   *Emil Erne*

EWERS, HANS-HEIN, Hrsg., *Kinder- und Jugendliteratur der Aufklärung. Eine Textsammlung*. Stuttgart: Reclam 1980. 504 S.

Die vorliegende Anthologie zur Kinder- und Jugendliteratur der Aufklärung füllt ein bisher schmerzlich empfundenes Desiderat in einer Literaturgattung, die in den letzten Jahren zwar zunehmend in das Blickfeld literaturwissenschaftlicher Forschung geriet, deren Texterschließung indessen noch in den Anfängen steckte. Hier kann die Textsammlung nicht auf Anhieb alle Lücken schließen, was bei der jahrzehntelangen Vernachlässigung dieses Literaturzweiges auch nicht verwundern kann, hält jedoch Textauszüge sonst kaum oder nur schwer erreichbarer Bücher in einer Fülle bereit, die einen repräsentativen Überblick über aufklärerische Kinder- und Jugendbuchproduktion vermitteln und auch dem Spezialisten noch manch Neues entdecken. Der Schwerpunkt der Textrepräsentation liegt auf den moralisch-belehrenden und moralisch-unterhaltenden Schriften, wobei das Spektrum von Lesebüchern, Sittenbüchlein, Elementarbüchern und Enzyklopädien über Kinderlieder, Fabeln, moralische Erzählungen, Romane und Abenteuererzählungen bis zu Märchen, Schauspielen und Reisebeschreibungen reicht. Die ausgewählten Texte wollen, wie der Herausgeber angesichts der prinzipiellen Schwierigkeiten bei begrenzten Texteditionen betont, nicht für sich stehen, vielmehr den Blick auf das ganze Buch, dem sie entnommen sind, lenken. Und in der Tat regt der Band zu neuer Entdeckerlust und literarischen Streifzügen an. Ein einleitender Essay rückt den Textcorpus in den Zusammenhang aufklärerischer Pädagogik und ordnet die Texte in historischer wie sozialer Hinsicht, ohne dabei der durchaus (bei dem gegenwärtigen Forschungsstand) naheliegenden Gefahr der Pauschalisierung zu erliegen. Unter Kinder- und Jugendliteratur faßt der Herausgeber nur jene Literatur, die ausdrücklich für Kinder und Jugendliche verfaßt, bearbeitet, zusammengestellt oder herausgegeben wurde ("Intentionale Kinder- und Jugendliteratur"), was mindestens solange ein sinnvolles Auswahlkriterium darstellt, wie nicht durch interdisziplinäre Forschungsarbeiten gesichert davon auszugehen ist, was Kinder und Jugendliche denn nun *tatsächlich* gelesen haben.

Zusammen mit der Einführung, reichlichen Kommentaren, einem vorbildlichen Registerteil (durchaus immer noch nicht als selbstverständliches Hilfsmittel üblich) liegt mit dieser dankenswerterweise auch bebilderten Anthologie ein Buch bereit, das weit mehr als nur erste Orientierung bietet und sich insbesondere für Lehrveranstaltungen vorzüglich eignet.

Bremen   *Jörg-Dieter Kogel*

GNÜG, HILTRUD and RENATE MÖHRMANN, eds., *Frauen—Literatur — Geschichte: schreibende Frauen vom Mittelalter bis zur Gegenwart*. Stuttgart: Metzler (1985). 562 pp.

This collection of twenty-nine essays covers a remarkable breadth of women's writing, ranging from the Middle Ages to the present, and from Europe to Africa. The editors, who are to be highly commended for providing a forum for these thought-provoking articles, characterize their book as "ein erster Versuch . . . die literarische Produktion von Frauen in einem größeren Zusammenhang darzustellen und einer breiteren Öffentlichkeit bekanntzumachen" (vii). The editors purposely avoided classifying women writers and women's writing within such traditional categories as literary epochs, style, or national literatures, traditions in literary history which have notoriously led to the disregard of women authors, relegating them at best to peripheral status. Hiltrud Gnüg and Renate Möhrmann point out that since the history of women's literature is a history marked by "Brüche und Neuanfänge" (ix), the compilation of individual essays seemed to be the most appropriate expression of this state of affairs. The titles of the four divisions: "Klöster und Höfe — Räume literarischer Selbstentfaltung," "Anklage von Sklaverei und Unterdrückung," "Schreibende Frauen in der DDR," and "Feministische Aufbrüche," mirror the discontinuous shifts of focus from place to theme to person, shifts that occur from article to article even within one division. There is a danger that the reader might interpret the editorial decision to collect individual essays as an admission that such a disjointed collection is all that is possible, producing for the reader a fragmented picture of the history of women's writing. The history of women's literature is simply not done justice in this format, which fails to account adequately for the myriad connections among women writers, the mutual aid, the correspondence, indeed the patterns of influence — often spanning generations — prevalent since the middle of the eighteenth century. The volume's main fault, then, is its lack of cohesiveness. If, however, this volume is seen in terms of a collection of articles focusing on women writing, if the title is not misread as *Frauenliteraturgeschichte*, but read as *Frauen — Literatur — Geschichte*, then it becomes a most important collection.

Let me discuss briefly several articles of particular relevance to readers of the *Lessing Yearbook*. Renate Baader's article, "Die verlorene weibliche Aufklärung," concentrates on the women of the aristocratic French salons who used the salon as a "Fluchtraum" from which to examine the norms and *Leitbilder* governing the lives of women. Baader does an admirable job in linking the ideas and social institutions of the French Enlightenment with the lives and needs of the aristocratic women writers. Gert Mattenklott's article, "Romantische Frauenkultur: Bettina von Arnim zum Beispiel," also purports to look at a specific example of a *Frauenkultur*, but is really only a brief portrait of Bettina von Arnim. Mattenklott makes liberal use of passages from Bettina's correspondence to project his picture of this complex woman. The article falls short in that Mattenklott neither delves deeply enough into Bettina's psyche nor reveals sharply enough the ties that bound Bettina to her era, to the Romantic movement, and to other women.

Two most informative studies that concentrate on genre are Barbara Becker-Cantarino's "Leben als Text: Briefe als Ausdrucks- und Verständigungsmittel in der Briefkultur und Literatur des 18. Jahrhunderts" and Elke Frederiksen's "Der Blick in die Ferne: Zur Reiseliteratur von Frauen." Becker-Cantarino sketches the biographical profiles of representative women letter-writers; the styles and contents of their letters; the paths the letters took into the public arena; and the links between such letters, the "femininization" of literature, and the development of the epistolary novel. Becker-Cantarino succeeds in showing that the *Briefkultur* of the eighteenth century was formed in large part by women, giving them a vehicle to express themselves in writing. "Der Blick in die Ferne" provides the theoretical framework needed to investigate the substantial number of travel narratives written by women. Frederiksen, aided by Tamara Archibald, points to the necessity of reading women's travel literature in terms of the special standing that a journey afforded women, a status at odds with the stultifying conditions at home, a status which afforded the travellers a vantage point from which to reflect on their own position in the light of what was seen in the foreign lands. Kay Goodman's article, "Weibliche Autobiographien," also deserves special mention as a genre study which succeeds in linking genre, gender, and history.

The image of women contained in the novels of education written by European women is the topic of "Tugend — Opfer — Rebellion" by Antonie Schweitzer and Simone Sitte. Their article traces the changing view of woman and woman's role in society from the novels of Sophie von LaRoche to those of Luise Mühlbach. Schweitzer and Sitte never lose sight of the fact that the authors of these novels were women and that this fact influenced their authorial vision. In "Angst — Flucht — Hoffnung: Von der Gothic Novel zum utopischen Roman," Maria Porrmann also examines novels written by women. Porrmann, however, does not analyze in any substantial way the relationship between the visions of society contained in these novels and their authors' sex. To discuss, for example, Mary Shelley's *Frankenstein* without relating Shelley's creation to her gender—especially after the brilliant analyses by Gilbert and Gubar in *Madwoman in the Attic*—is distressing.

As Gnüg and Möhrmann point out, two particularly fruitful approaches when attempting to deal with women's literature are to investigate those genres open or closed to women at various times, as well as to investigate women's "Schreib-räume," those spaces (in both the concrete and spiritual sense) in which women could find the freedom necessary to create. The most successful articles tend to use these approaches, often introducing a theoretical framework for dealing with a specific genre in relationship to women or revealing the interplay between women authors and their socio-historical era. Less stimulating are the articles which provide a more positivistic overview of certain themes or authors writing in a particular era, articles reflecting what has come to be expected from a "traditional" literary history. Despite some unevenness that is perhaps unavoidable in an endeavor of this scope, the volume as a whole succeeds admirably in detailing some of the interrelationships among women, literature, and history. This collection will certainly serve as a stimulus for discussion and further research. It can be most highly recommended.

University of Kentucky   *Linda Kraus Worley*

HASAN-ROKEM, GALIT, and ALAN DUNDES (eds.), *The Wandering Jew: Essays in the Interpretation of a Legend:* Bloomington: Indiana University Press (1986). ix + 278 pp. Several illustrations.

The seventeen essays collected in this volume cover a wide range: a general introduction to the topic, its manifestations at various times and in various countries, comparative mythology, and psychological interpretations. The range of original dates of publication of the essays (all are reprints) is equally broad: 1869 to 1982; an interesting picture of the development of scholarly methodology in folklore emerges, for as the editors state, the book "is less concerned with the many literary manifestations than with the folkloristic or oral renderings of the story, along with the remarkable range of interpretations which have been proposed over the past century" (vii).

It is perhaps unfortunate—and not only from the parochial perspective of specialties represented by the readership of the *Lessing Yearbook*—that there is nothing specifically on German treatments, aside from an appropriate amount of attention to the *Volksbuch* of 1602 that launched the legend (or myth, or mythologem) in the form in which it has survived and evolved. Nevertheless these essays, collectively and in many cases individually, are at least of general interest to everyone, and the occasional references to German writers will stimulate the curiosity of Germanists (who will feel right at home when they note the absence of an index): Goethe (23, 25, 198, 218; parallels to the Faust theme are often drawn), Schubart (24, 198, 254), Heine (213), Keller (229), Arnim, Gutzkow, and Wedekind (198), and, yes, Lessing, who questioned "the identity of Cartaphilus and Ahasuerus . . . in a letter to his brother" (15).

University of Cincinnati   *Jerry Glenn*

HOHENDAHL, PETER UWE, ed. *Geschichte der deutschen Literaturkritik (1730–1980).* Stuttgart: Metzler (1985). VI, 375 pp.

The revolution(s) in literary studies in the past two decades have made an updating of René Wellek's *History of Literary Criticism, 1750–1950* (4 vols. 1955–65) a desideratum; here P. U. Hohendahl gathers a distinguished group of scholars to attempt such a history for German literature. (For readers of the *Lessing Yearbook* I shall discuss only the two essays treating literature from the Enlightenment through Romanticism, comprising about a third of the book.)

In a 65-page essay, Klaus L. Berghahn writes on the various trends "Von der klassizistischen zur klassischen Literaturkritik 1730–1806." Taking the work of Koselleck and Habermas as a point of departure, Berghahn understands literary criticism in the 18th century not merely as an "innerliterarisches Phänomen", but as a contribution to "bürgerliche Öffentlichkeit" (16), and distinguishes his study from Wellek's. He then outlines developments in literary life (rise in readership, development of freelance writers, importance of journals, etc.) that form a thread running through his whole essay; central to this theme is the century's concern with the tension between educating the public and following its taste. Admirably, Berghahn makes use of newer appreciations of Gottsched's accomplishments; he follows proponents of a view of Gottsched as a representative of the newer bourgeois "literarisch-kritische Öffentlichkeit" rather than as standing in the Baroque rhetorical tradition. Nevertheless, Berghahn is sometimes led to overestimate Gottsched's accomplishments, as when he asserts that in Gottschedian criticism traditional poetic rules are submitted to the judgement of reason; he overlooks the fact that the Aristotelean-Horatian tradition still manages to emerge from this judgement vindicated (a fact not affected at all by Gottsched's criticism of Homer's supposed sins against verisimilitude that Berghahn cites here as an example of the "Autoritätsverlust" of the ancients [24]; Homer is not Aristotle!). Nevertheless, Berghahn gives a balanced assessment of Gottsched and particularly of his confrontation with the debate on taste. Berghahn follows the contributions of Addison and Dubos to this debate, and shows how Germany was unable to take up these positions before about 1750 because it lacked high-quality literature, advanced literary criticism, and a developed reading public. This deficiency promoted the rise of aesthetics, and Berghahn summarizes this development up to Kant's declaration of the autonomy of art. There follows a rather traditional presentation of Lessing's accomplishments as a practical critic; in him "sensualistische Wirkungsästhetik" wins out over "klassizistische Regelpoetik" (38). In all of this, Berghahn might have profited more from an article by Peter Michelsen that he cites ("Der Kritiker des Details: Lessing in den *Briefen die neueste Literatur betreffend*", WSA 2 [1975]: 148–81), which shows the gap between Lessing's claims and his accomplishments as a critic; and a presentation of other figures (e.g., J. E. Schlegel) might have relativized the claim of Lessing's novelty. Above all, one might question Berghahn's assertion of the political relevance of Lessing's literary criticism; the only evidence he presents concerns Lessing's *religious* criticism (Goeze) and Justi's very obviously personally motivated baiting of the Prussian authorities against the *Literaturbriefe*. Surely if the resulting prohibition of the periodical was rescinded after only five days, *this* episode cannot show "für wie gefährlich man [the government?] die Kritik der Berliner Aufklärer hielt" (45), at least with respect to literary criticism. Berghahn should distinguish more clearly between what Habermas rightly calls "die literarische *Vorform* der politisch fungierenden Öffentlichkeit" (my emphasis; cited by Berghahn, 16) and actual "moralisch-politisch" criticism supposedly present "unter dem Deckmantel der Literaturkritik" of Lessing and others (44)—or at least he should give better examples. Elsewhere, too, Berghahn makes blanket statements about the permissibility of political criticism that ignores the lively political debate in periodicals of the 1780s: "Diese Grenze zur politischen Öffentlichkeit konnte im 18. Jahrhundert kein Schriftsteller ungestraft überschreiten" (57).—A welcome assessment of Friedrich Nicolai's importance for literary life follows, including a balanced presentation of his disputes with the aesthetic elitism of Weimar Classicism. The rise of a huge market for mediocre literature spelled the end of Nicolai's efforts at Enlightened formation of the reading public.—In his treatment of the *Sturm und Drang* Berghahn demonstrates Herder's affinities with Enlightenment critical principles, while not ignoring the novelty of Herder's empathetic, historical approach. (Unfortunately, Lenz's criticism is not treated here.) This historical approach finds its demise, of course, in Weimar Classicism. Berghahn presents lucidly and thoroughly Schiller's and Goethe's redefinition of criticism in tandem with the redefinition of art: "Da das autonome Kunstwerk vom Publikumsgeschmack und den Zeitinteressen gänzlich unabhängig ist, beschränkt sich die ästhetische Kritik auf verstehende Auslegung. . . . Die Kritik wird damit zu einem Kunstgespräch innerhalb einer literarischen Elite . . ." (69). This section closes a well-written essay that elucidates the many-faceted transformations in the relationship between criticism and audience; the treatment of Classicism in the same essay as the Enlightenment opens doors for an understanding of the affinities between these tendencies in literary history.

Jochen Schulte-Sasse's essay on "Der Begriff der Literaturkritik in der Romantik" (76–128) meshes remarkably well with the first chapter. Schulte-Sasse points out that the Romantics (i.e., the early Romantics) broke with history much more radically than did Schiller. He summarizes their tendency to separate negativist polemic against "lower" literature (a criticism which took on the role of social criticism) from positive, esoteric, genial and "divinatorisch" criticism, a move that distanced the "higher" critic from society. Schulte-Sasse shows that the Romantics rejected above all the instrumental reason lying at the bottom of Enlightenment criticism's postulate of the usefulness of art, and that this rejection was predicated on an attack on "aufgeklärter Zentralismus", the search for happiness through political measures. And Schulte-Sasse claims for this Romantic social criticism a utopian character. — The Romantics found themselves in the dilemma of championing a critical endeavor and yet denying its premise by insisting that art is an expression of organic individuality; the solution was to consider every work of art according to whether it attained "ein Höchstes in seiner Art, seiner Sphäre, seiner Welt" rather than "ein absolut Höchstes" (A. W. Schlegel; 102) — an attitude that meant criticism could be emptied of all critical analysis. However, as Schulte-Sasse points out, it was criticism itself, rather than the work of art, that was to become the central Romantic focus; critical analysis in the traditional sense was dependent on instrumental reason. Schulte-Sasse perhaps goes too far, however, when he argues (against Carl Schmitt, Politische Romantik [1919], and others) that "subjective occasionalism" does not constitute the core of the Romantic project, since the "flight from reality" was really a rebellion against such instrumental reason: "Phantasie, Reflexion, Ironie sind konstitutive Eigenschaften des kritischen Diskurses über Kunst, die dem Kritiker allererst erlauben, sich produktiv und befreit von instrumentell verkümmerter Vernunft auf Wirklichkeit zu beziehen" (115). After a fairly positive depiction of the Romantic concept of criticism (which cannot be sketched here in its entirety), Schulte-Sasse presents a condensed and cogent critique of Romanticism's failure to assess the invidiousness of material "Einschreibungen gesellschaftlicher Totalität," though he qualifies this with a positive note. However, the essay ends with a summary of the loss of socially critical potential in late Romanticism, partly as a result of the "uncriticizability" of Volksdichtung. — Schulte-Sasse's essay is regretfully devoid of description of Romantic criticism; however, his title does not promise this, and his depiction of the theoretical aspect is thorough and insightful, often making use of rarely used material. Taken together with the rest of the essays in this volume (by Hohendahl, Russell A. Berman, and Bernhard Zimmermann), these two contributions succeed in supplementing Wellek's sections on German criticism with a more modern perspective.

University of California, Berkeley   W. Daniel Wilson

JOERES, RUTH-ELLEN B. and MAYNES, M. J., eds., *German Women in the Eighteenth and Nineteenth Centuries. A Social and Literary History.* Bloomington: Indiana University Press (1986). 356 pp.

This book contains eighteen essays originally presented at the "International Conference on German Women in the 18th and 19th Centuries: Condition and Consciousness" held at the University of Minnesota in April of 1983. Taken together, they display a thematic unity rarely found in published conference proceedings. Since the conference was conceived as an interdisciplinary forum, the contributors are about equally divided between historians and literary scholars, all of whom show acute awareness of the virtues and limitations of their sources. In addition to sound methodology, each essay possesses a wealth of reliable documentation.

The theoretical premise on which the essays are based is the polarization of the public and private spheres in the late eighteenth century, and the effects of this on gender roles. Politics, the professions (despite what Kant says in his *Aufklärung* essay), education, and especially the acquisition and handling of money (paid labor) were declared "public activities" and reserved for men, while caring for the home and children (unpaid labor) was assigned to women. This sexual polarity had of course already been endowed with a "metaphysical" form in the early Enlightenment in the dichotomies active-passive, external-internal, thinking-feeling, etc. We need not, and the authors do not, dwell on this all-too-familiar cliché. What interests them is how the cliché functioned concretely in women's lives.

Articles in the first section of the book provide evidence of gross pay discrimination (the nineteenth century woman often received 50% of what a man got for identical work), and of widespread sexual exploitation that was demanded as "payment" for the right to work. But the point of this evidence is not the arousal of sentimental pathos. Instead, the authors want to reevaluate what women have actually contributed in the workplace and to the support of their families. Historical research, they suggest, has been colored—even by feminists themselves—by gender-specific work expectations. Hence, although written in some ways from a materialist perspective, the book is more concerned with the internalization by women of the myth of women's work as belonging exclusively to the private sphere. In a perceptive discussion of ambivalence towards work ("Women's Work as Portrayed in Women's Literature"), Renate Möhrmann notes that ambivalence was obviously a luxury of the middle and upper classes. An essay by Kay Goodman on the German reception of Ellen Key's regressive feminism elaborates this issue, and shows how class affiliation affected feminist consciousness. Of particular orginality and interest is an article by Catherine M. Prelinger that explains how women's professional aspirations and financial need entered into a curious symbiosis with existing notions of women's roles in the development of what might be called institutionalized motherhood, namely, the deaconessate. Here, as elsewhere in the volume, the integration of specific material with generalizing statements is excellent.

The term "internalization" implies that women absorbed something foreign to their character that damaged their well-being. The evidence is indeed overwhelming that men profitted both financially and psychologically from the hypostatization of "natural" gender roles. But we might also ask what price men paid for the power they acquired in this process. Although these essays are about women, they may inspire a reflection on the impoverishment of the male psyche brought about by the trivialization or devaluation of emotional experience as a supposedly feminine preoccupation. For human actions aren't always, and perhaps not even primarily, "rational," and social irresponsibility on a massive scale results when actions based on emotions are ignored or denied. By pointing out the gender-linked psychological implications of the public-private antithesis, this book could be a catalyst for some sorely needed research.

The essays are generally even in quality, except for an article on the author of travel literature Malwida von Meysenbug that, besides being cluttered with disruptive footnotes, is filled with quotation rather than analysis. It is more than compensated for, however, by an insightful discourse on "The Concept of Feminism" by historian Richard J. Evans. The only blemish on the book is the index, which is not at all complete. It captures, for example, a single reference in the text to an Anna Kuhnow, but fails to cite Büchner, Lessing, and Wieland, whose names, if my own count is correct, appear on two, three, and six pages respectively. All essays are devoid of jargon. One contribution, "Discipline and Daydreaming in the Works of . . . Fanny Lewald" by

Regula Venske, has some rough syntax because she chose to write it herself in English rather than having it translated. Yet she provides the most eloquent statement of the book's intention: "We should no longer search for Great Women in History, but investigate also the weakness and contradictions of women's histories" (190). No favor is done feminist studies by looking for saintly heroines and sentimental martyrs: "Max Horkheimer and Theodor Adorno saw women only as objects of rationalism; Fanny Lewald's example shows, however, that women were not only subjected to this historical development, but were also 'subjects,' participants, in the process" (189). In focusing so squarely and so brilliantly on the question of women's responsibility for their own victimization, Venske avoids the pitfall of reactionary feminism, i.e., the interpretation of women's lives strictly in terms of how women have been treated by men. Co-editor Ruth-Ellen B. Joeres adds, in a historically sensitive re-reading of Sophie von La Roche's *Sternheim*, that "we can no more . . . confine our study of the past to historical accounts of Great Men and Significant Events . . ." (139). What Joeres wants to see is not the depiction of "Great Women" as a belated *pendant* to existing heroizations of men, but the uncovering, quite simply, of how women lived and thought. This book deserves careful study by all those who view literature as the representation of experience.

Princeton University   *Jill Anne Kowalik*

KIMPEL, DIETER, ed. *Mehrsprachigkeit in der deutschen Aufklärung.* Hamburg: Felix Meiner Verlag, *(1985). (*= Studien zum achtzehnten Jahrhundert, 5.) [viii] + 239 pp.

There seems to be something happening here, although what that is, is not exactly clear. As is obvious from Jacques Derrida's "Languages and Institutions of Philosophy" (*Recherches Sémiotiques/ Semiotic Inquiry*, 1984, 91–154), the *languages* of the Enlightenment are at issue. Quite independently of Derrida, indeed without mentioning him, a group of German scholars discussed this in 1981. The original working title of the conference of the "Deutsche Gesellschaft für die Erforschung des 18. Jahrhunderts" was "Languages in the 18th Century." This was then recast into its present more limited form. The contributions present various approaches to the history of language use in what several of the authors carelessly persist in referring to as "Deutschland" (50, 133, 156, 178, 223). Others have learned the lesson of their own research, which is that the whole question of the "normative literary language" and its location on any map need much more investigation.

In a daunting theoretical introduction, Dieter Kimpel signals the difficulties in beginning this investigation, for language has the interest of various theories, including those of philosophers, poets, linguists, and literary historians. Reading the subsequent essays, one is not sure that all the discussants were talking about the same topic.

Helmut Henne wittily uses anecdotal evidence culled from contemporary 18th-century dictionaries to confirm the existence of different "languages" corresponding to social status. The evidence limits him to semantics and phonetics; he cannot or does not deal with the problems such as group-specific coherence strategies for discourse or varieties of metaphorizing. Similarly, Georg Objartel's examples of student communication styles are primarily lexical, although he does suggest, following M. A. K. Halliday, that student languages were "anti-languages" with social functions (group integration, outsider exclusion, public legitimation). The sketchiness of the presentation reflects the preliminary state of the research. By contrast, Wilfried Seibicke summarizes briefly the extensive and important work he and others have already done on "Fachsprache" in the 18th century. This again is a matter of recovering historical vocabularies which were not shared by everyone in a given community or region.

Five papers deal with quite a different aspect, namely the construction of normative languages which were to be imposed on various parts of the population. Horst Dieter Schlosser covers familiar ground on the language controversy between Gottsched and Bodmer/Breitinger, in which the Swiss-German writers had apparently already lost the case when they wrote their replies in Gottsched's literary German. This need not be the whole story, however, given that both Klopstock and Wieland began by sympathizing with the South. Jürgen Wilke and Alan Kirkness deal with two aspects of "Sprachreinigung". Wilke shows that while people deplored the use of foreign words in newspapers from the beginning of the medium, this was determined by the subject matter, and glossaries were developed for readers. Kirkness discusses Adelung's and Campe's attitudes to foreign words in their lexicographies, and sees the latter as relevant to the present. Günter Häntzschel examines Johann Heinrich Voß's Homer-translations in detail as evidence of how Voß was compelled to alter German syntax for poetic reasons. This is a paper which impinges upon one of the major problems in the history of "German", which is the continual adjustment towards an abstract ideal. The damage this did to the possibility of a German "conversation" (Michael Oakeshott, Richard Rorty) still needs to be assessed. When German poets were not scrambling syntax, philosophers were inventing programming languages as compensation for the deficiencies of language, as Jürgen Klein reports in a review of semiotics in Hobbes, Locke and Johann Heinrich Lambert.

The full political implications of language use are reflected in the competition between "German" and other languages. Joachim Gessinger argues that the bourgeoisie maintained Latin and Greek at schools as an instrument of social control. While this hypothesis needs further refinement, it is evident that options for French, discussed by Bernd Spillner and Edgar Mass, and then English, discussed by Bernhard Fabian, were motivated by economic and social concerns.

All in all the contributions in this well-edited and elegantly printed volume are stimulating and informative. There are many possibilities for further research, as Dieter Cherubim's summary also stresses. But two negative notes must be sounded. First, not one of the contributors is a woman, and there is absolutely no discussion of women's languages in the 18th century, although there is a fleeting reference to "Männersprache" (31). This is scandalous. Second, and even granting the need to limit conference size, etc., there is no discussion of either Hebrew or Yiddish, both of which must be part of any history of a multitude of tongues.

Carleton University, Canada *Arnd Bohm*

KREMER, DETLEF, *Wezel. Über die Nachtseite der Aufklärung.* Skeptische Lebensphilosophie zwischen Spätaufkärung und Frühromantik. München: Fink, o. J. (1984). 230 pp.

The subtitle of this disappointing book indicates the focus of the author's presentation, which consists of an analysis of skeptical discourse undertaken in conjunction with an effort to overcome dividing lines between literature and philosophy and between literature and psychology. He develops his point of departure with an abstraction of selected theories of discourse analysis in recent writings of Michel Foucault. Kremer departs, however, from Foucault's concepts "im engeren Sinne" for which "die Eingebundenheit in konkrete politische Machtverhältnisse" is the principal constructive factor for understanding discourse. Since, according to Kremer, the literary arena was generally weak in terms of political engagement, he disassociates "Macht/Wissen-Konstellationen" from the concept of discourse analysis: The object of his inquiry therefore is not to consider the "Grauzone *tatsächlicher* Wirkung diskursiver Systeme in historischen Lebenswelten oder für gesellschaftliche Praxis" but to indicate "im Rahmen einer historischen Semantik eher eine Konstruktionsweise für überliefertes Textmaterial" (27). The result is a composition which seldom deviates from the theoretical abstract and, in fact, repeatedly engages in forced abstractions of quoted text material which actually contain concrete political and social references. Most of the passages quoted demonstrate fairly clear implications of the particular author's strategy for reception within the context of historical relevancy. This aspect of the book plus a number of organizational shortcomings make it difficult to follow the continuity of Kremer's arguments.

It seems odd that Kremer would have chosen the likes of Wezel, Klinger and the author of the *Nachtwachen der Bonaventura* to test his theories. On the other hand the excellent constellation of authors selected is productive itself and provides Kremer with an opportunity to make some useful and interesting comparisons. In addition to the aforementioned there are notes on Novalis, Kleist and Kafka—under the intriguing but questionable heading "domestizierter Eros"—and on Hölderlin and Schlegel. The philosophical orientation spans ontological elements of early Enlightenment and "Geschichtsphilosophie" of late 18th century, with a transition to French Materialism, particularly as formulated by Condorcet and d'Holbach, which he uses to establish the principles of skeptical argumentation. Kremer gives very little consideration in this context to Wezel's *Versuch über die Kenntniß des Menschen*, which he apparently didn't examine closely enough to realize that the 1971 reprint consisted of two volumes rather than one, nor to other relevant works by the authors discussed. The most noticeable weakness in the book, in fact, is the lack of thorough research. This is a particularly shaky path to follow when employing speculative methodology, as Kremer does. It causes him to speculate, in his exercise on Wezel's so-called "insanity", that Wezel's eccentric isolation in Sondershausen "legt ein sozialpsychologisches Zeugnis darüber ab, wie die geforderte Selbstbehauptung in einer feindlichen Konkurrenzgesellschaft zu einer kaum mehr tragbaren Last wird" (144–145). Who knows, this could have been the case; and even though it's more appealing than the usual theories on Wezel's "insanity," it just can't be substantiated any more than several other forays into the speculative without proper evidence. Kremer didn't avail himself of either North American or GDR scholarship and clearly doesn't regard the latter very highly. More consideration of research published even before 1982, the date of his dissertation, from which the book follows, would have enabled the author to avoid the untenable situation of advancing his theory for Wezel's isolation on the basis of J. N. Becker's report, which has been shown to be mostly fiction. Other incorrect biographical information stated could also have easily been avoided. Perhaps the same could be said about Kremer's generalization of Kleist's suicide as a manifestation of his escape from the "Leistungszumutungen einer Konkurrenzgesellschaft," which he describes as Kleist's "letzten erotischen Akt" (177).

With regard to *Belphegor* Kremer pretty much follows the same line of reasoning as Volker-Ulrich Müller in 1976, seeing Fromal as the "Cheftheoretiker des Romans" (61). Most West German scholarship has continued to use Belphegor's single "transgression" as a disqualification of his point of view, in spite of Belphegor's constant readiness to stand up for what is right. If this point of view is futile, what is the alternative? To mind your own business and allow corruption and injustice to perpetrate itself unchallenged? It's difficult to accept this attitude as Wezel's point of view, especially in the larger context of his complete writings, which seldom are taken into account in discussions of *Belphegor*. It is, of course, Fromal's point of view. Fromal is a Machiavellian character whose behavior is consistently unscrupulous and self-serving. Kremer's traditional conclusion, while offering nothing particularly new, needs to be weighed against other conclusions—West and East—in order to see if Belphegor was not intended to be a demonstrative carricature (i.e. Belphegor's "transgression" illustrates that "power corrupts" even moral persons), the carrier of the satirical agitation so common to Wezel's works.

The issues raised in Kremer's book lead to some doubt in his methodology: interpretative analysis based on speculative discourse can lead to hypothetical conjecture if the facts aren't under control. The real "Grauzone" is not in "historischen Lebenswelten" or "gesellschaftlicher Praxis," but in superimposing an artificial "Konstruktionsweise" onto text excerpts which don't always match the theory. Skeptical discourse is an important component in many of the excerpts, but its significance is to be found in the "Macht/Wissen-Konstellation" more often than not.

University of Kentucky   *Phillip S. McKnight*

MATTENKLOTT, GERT, *Melancholie in der Dramatik des Sturm und Drang.* Erweiterte und durchgesehene Auflage. Königstein i. Ts.: Athenäum (1985). 204 S.

Mattenklotts Melancholiebuch erscheint in zweiter Auflage. Trotz der umfangreichen Forschung zum Thema, die inzwischen vorgelegt wurde (vgl. den Forschungsbericht Wolfram Mausers in *Lessing Yearbook* 13, S.253 ff.), ist der Text unverändert, lediglich erweitert um einen Essay "Über Schillers 'Räuber'. Für eine Inszenierung".
Wagt man es, die von Mattenklott dahingestreuten Gedankensplitter in einen diskursiven Stil zu übersetzen, so kann man seine Position vielleicht so zusammenfassen: Die Melancholie des Sturm und Drang entsteht aus der Langeweile des politisch wirkungslosen bürgerlichen Subjekts in einer Welt des Immergleichen. Es möchte sich ungehemmt entfalten und empfindet doch "Skrupel vor Gewalt" (18). Zugleich sperrt sich die Melancholie selbst gegen geschichtliche Veränderung, denn sie ist "ein Phänomen des Gedächtnisses, das zäh dem vergebens Ersehnten, Vereitelten, Mißlungenen die Treue hält." (11) Diese utopische Erinnerung ist mehr als ein Temperament, sie ist—auch wenn der Begriff selbst nicht fällt—eine Befindlichkeit. Als solche steht sie typisierendem, emblematischem Denken nahe. In ihr sind moralische Selbstreflexion und Temperament, Skrupel und Sinnlichkeit, miteinander verbunden, so daß sie den gefährdeten Zusammenhang von Leben und Sinn, Körper und Geist wiederherstellt. Allerdings um den Preis handlungslähmender Einsicht in die eigene Nichtigkeit, der wiederum eine besessene Einbildungskraft zugesellt ist. Der Melancholische wendet sich daher dem Theater zu, um dort experimentierend die Sinnlosigkeit wirklichkeitsverändernden Handelns darzustellen. Mit dieser Befindlichkeit ist das Sturm und Drang-Genie charakterisiert.
Mattenklott kommt zu seinem Melancholiebegriff nicht durch Gliederung eines umfangreichen Materials, das er soziologisch und psychologisch analysierte, um dann das Besondere der Epoche von dem zu scheiden, was sich über einen längeren Zeitraum identisch durchhält. Er arbeitet vielmehr mit einer intuitiven, allerdings auf großem Vorwissen beruhenden Phänomenologie, die auf dem Satz Walter Benjamins zu beruhen scheint: "Jedes Gefühl ist gebunden an einen apriorischen Gegenstand und dessen Darstellung seine Phänomenologie." (27) Der apriorische Gegenstand, die Melancholie als "Urphänomen" (10), wird intuitiv erfaßt; die Beschreibung einzelner Phänomene, aus einem verhältnismäßig schmalen Material herausgegriffen, wird verallgemeinert und als mimetisches Nachzeichnen von Dramenstrukturen vorgestellt, aus denen die "Psychologie des ossianischen Zeitalters" (57) hervorgehen soll. Der Bezug zwischen phänomenologischer Beschreibung und historischer Analyse bleibt dabei unreflektiert. Dem so entstehenden Melancholiebegriff fehlt es an innerem Zusammenhang. Die allzu schmale Materialbasis führt dazu, daß die kritischen Äußerungen des 18. Jahrhunderts zur Melancholie nicht genügend berücksichtigt werden. Der sozialhistorisch entscheidende Komplex, die

Selbstbewußtwerdung des freigesetzten Subjekts, das sich zugleich selbst entfalten und selbst disziplinieren soll, wird nur angeschnitten, nicht eingehend und schon gar nicht systematisch behandelt.

Dennoch kam der Untersuchung ursprünglich keine geringe Bedeutung zu. Mattenklott hat den Bezug zwischen Melancholie, Genie und Sturm und Drang-Ästhetik zum erstenmal detaillierter dargestellt und damit den Mythos vom Kraftgenie zerstört. Andeutungsweise hat er Wolf Lepenies' These von der Melancholie als Kompensation politischer Ohnmacht vorweggenommen und vorwegnehmend berichtigt. Heute aber—und das ist teilweise sein eigenes Verdienst—ist die Diskussion über den allgemeinen oder nur andeutenden Charakter dieser Einsichten hinaus. Im Licht der Gegenwart verschwindet das Neuartige des Buches; seine methodischen Schwächen treten umso deutlicher hervor. Die Tatsache allein, daß der Aspekt utopischer Erinnerung noch nicht genügend gewürdigt wurde—ihn hebt der Verfasser im Nachwort zur zweiten Auflage hervor—rechtfertigt keine unveränderte Neuausgabe. Bei seinem Versuch, zum zweitenmal über den Bodensee zu reiten, den Blick fest auf Walter Benjamin gerichtet, ist Mattenklott in den inzwischen wohlbekannten Strudeln und Strömungen untergegangen.

Hätte er sich in der Neuauflage mit Hans-Jürgen Schings' Darstellung der Melancholie im 18. Jahrhundert auseinandergesetzt, so hätte er nicht nur zu unterschiedlichen Typen der Melancholie und zum Bezug zwischen Melancholie- und Genietheorie, sondern vor allem zum Verhältnis von Melancholie und Aufklärung Stellung nehmen und damit das unausgesprochene Zentrum seiner eigenen Untersuchung reflektieren müssen: Deutlich genug hört man heute die Klage über die Kosten der Aufklärung heraus. Gerade deswegen ist die erneute Lektüre seines Buches aufschlußreich, weniger für die Melancholie des Sturm und Drang als für die eines Teils der Intelligenz von Achtundsechzig, für die Mattenklott hiermit einsteht.

Für Teile der achtundsechziger Bewegung gilt, daß ihr Wunsch, sich ungehemmt zu entfalten, von Skrupeln gehemmt war und in eine politische Kritik umgeformt wurde, der aber schon immer das Gefühl der Vereinzelung und das der Sinnlosigkeit aufklärenden politischen Handelns zugrunde lag. "Die Treue der Schwermut zum Ungewordenen" (11), von der Mattenklott schreibt, besteht tatsächlich wohl im Festhalten am noch unbefriedigten Wunsch, sich auszuleben. (Eigentlich: im Wunsch des marginalisierten Intellektuellen, sich wenn nicht als gesellschaftliches, so wenigstens als sinnliches, körperliches Wesen zu erfahren). Der Wunsch wird jetzt, in der zweiten Auflage des Buches, in der Befreiung von jedem Sinn symbolisch befriedigt. Wie viele andere auch, versucht Mattenklott, sich nicht mehr melancholisch, sondern lustvoll anarchisch in der Sinnlosigkeit einzurichten.

Das geschieht durch die Interpretation der *Räuber* als einer "typischen Studentenrevolte. Ihr historisches und aktuelles Grundmuster ist ein fiebriger Schüttelfrost; hin- und hergeworfen zwischen rebellischem Aktivismus und räsonnierender Melancholie." (170) Das ist weniger kritisch gemeint, als es klingt. Unausdrücklich zustimmend registriert Mattenklott die Überzeichnung der gesellschaftlichen Konflikte ins sinnlos Chaotische und den ästhetischen Rückzug aus der "Verderbtheit der Politik" (172). Der Rückzug führt in die Faszination vor dem Triebhaften, das zwar nicht ausgelebt, sondern von melancholieträchtiger "moralischer Reflexion" (177) gebremst wird, aber in ästhetischer Darstellung genossen und der bürgerlichen Gesellschaft kritisch entgegengehalten werden kann. Bei diesem Widerspruch möchte Mattenklott sich beruhigen, auch methodisch: Eine Interpretation, die nach der ästhetischen Einheit des Textes fragt, ist unangemessen, weil die Texte seit dem Ende normativer Ästhetik nur mehr "das Stimmengewirr der 'Botschaften'" enthalten (178). Der Kenner wird heraushören, wie Benjamin sich hier in Foucault verwandelt. "Dieser Verzicht auf künstlerischen Sinn ist die Verwirklichung der Anarchie" (179). Mattenklott meint damit den jungen Schiller und die Dichter des Sturm und Drang.

Wer Brüche und Dunkelheiten nicht scheut, mag sich mit Gewinn weiterhin an Mattenklotts Einzelinterpretationen halten, die den größten Teil des Buches ausmachen. In ihnen liegt seine Stärke. Hier werden seine Gedankensplitter nicht selten zu Gedankenblitzen, die immer noch schönste Aufklärung verheißen.

Universitetscenter Roskilde   *Wolf Wucherpfennig*

OSINSKI, JUTTA, *Über Vernunft und Wahnsinn: Studien zur literarischen Aufklärung in der Gegenwart und im 18. Jhdt.* Bonn: Bouvier Verlag Herbert Grundmann (1983). 338 S.

Die schwerwiegende These der Untersuchung lautet: "Die [heutige] paternalistische Selbstauffassung und soziale Rollenerfüllung des Psychiaters, seine Verfügungsgewalt über die Patienten, die soziale Ausgrenzung von Wahnsinnigen und der Institutionen selbst, [. . .] die Legitimation therapeutischer Praxis eher an umfassenden theoretischen Systemen als am Leiden oder Wohlbefinden der Patienten, die Verwechslung von Therapie und Moral, die ärztlichen Überzeugungen, immer zum Wohle der Patienten zu handeln—all dies [. . .] entspringt nicht nur, aber auch der Tradition der kritischen Vernunft vor 1800, die, immer neu und immer wesentlicher als   w a h r   legitimiert, sich die [. . .] Wirklichkeit unterzuordnen sucht, um diese als unbefriedigende mit dem Ziel eines allgemeinen Glücks in einer allgemeinen Harmonie zu verändern, statt den Wahrheitswert der dazu nötigen Gegenentwürfe in der beobachtbaren Wirklichkeit und an ihr zu relativieren." (S. 235)

Die Autorin geht von der Feststellung aus, daß die öffentliche Diskussion über Wesen und Ursachen des "Wahnsinns" und darüber, wie die von ihm befallenen Menschen zu behandeln sind, fast hoffnungslos verfahren ist, jedenfalls in der BRD. Im Zuge der antiautoritären Bewegungen der späten 1960er und 70er Jahre, besonders von seiten der Sozialwissenschaften her, entwickelte sich eine kritische "antipsychiatrische" Bewegung. Als inhuman und verfehlt prangerten ihre Anhänger die Behandlung der Geisteskranken durch Staat und Gesellschaft und vor allem durch psychiatrische Mediziner an, weil die seelischen Leiden von der Gesellschaft selbst und ihrem Produktionssystem verursacht seien. Psychiatrische Diagnose, Medikamentierung und Verwahrung würden u. a. auch politisch als einfache Mittel verwendet, um unbequeme Menschen zu entmündigen und als Außenseiter zu stigmatisieren, die radikal schon durch ihr Wesen Ziele und Ordnungsvorstellungen der Gesellschaft in Frage stellten.

Literarische Darstellungen psychischer Störungen, wie z. B. Ken Keseys *One Flew Over the Cuckoo's Nest*, Hannah Greens *I Never Promised You a Rose Garden*, Ernst Augustins *Raumlicht: Der Fall Evelyne B.* und Heiner Kipphardts *März* ließen zudem den Eindruck entstehen, es handle sich bei vielen Fällen vermeintlicher Geisteskrankheit vor allem um Repressionen an Menschen, die sich an eine enggefaßte Gesellschaftsnorm nicht anpassen wollten, oder um vorübergehende, soziogene Störungszustände. In den entsprechenden Romanen wurden diese behoben durch das kommunikative Einverständnis zwischen dem Patienten und dem Therapeutiker, der fähig ist, die besondere Botschaft des Wahnsinns zu begreifen und sie heilend dem Patienten wiederzuspiegeln.

Dieser Tendenz zur Betrachtung einer krankmachenden Gesellschaftsordnung durch die Augen ihrer letztlich gesunden psychischen Opfer wurde bedeutender Vorschub geleistet durch die Arbeiten französischer Theoretiker, vor allem Michel Foucaults *Wahnsinn und Gesellschaft* und *Der Wahnsinn, das abwesende Werk* und *Anti-Ödipus: Kapitalismus und Schizophrenie* von Gilles Deleuze und Félix Guattari. Nach Osinski propagierte Foucault eine Legitimierung des Wahnsinnigen als Medium einer besonderen, letztlich ästhetischen Wahrheit über das menschliche

Wesen, die den sozialisierten "Gesunden" nicht zugänglich ist. Besonders die "Entgrenzung" des ästhetischen Moments, sein Übergreifen auf die gesellschaftliche Ethik und speziell auf praktische Fragen der geistigen Gesundheit stellt Osinski als problematisch dar. Ein dilettantischer "Psychoboom", hauptsächlich kalifornischer Herkunft, in der Unterhaltungs- und popularwissenschaftlichen Literatur in der BRD der 70er Jahre trug weiter zu einer Verflachung und Vereinfachung des Bewußtseins im Publikum über psychische Störungen und Erkrankungen bei.

Psychiatrische Praktiker und Anstaltsärzte wandten gegen diese Entwicklungen ein, daß es sich bei den von der Antipsychiatrie angesprochenen Störungen höchstens um schwere Neurosen handelte und daß sich echte psychotische Zustände ihren Argumenten entziehen würden. Sie griffen ihre Gegner als fachlich unqualifiziert an, wurden häufig von diesen wiederum als durch politisches und kastenmäßiges Interesse Belastete ignoriert. So entstand auf beiden Seiten eine "Bunkermentalität", die keinen Dialog zur Klärung und Verbesserung der therapeutischen Vorstellungen zuließ, da in keinem Lager die Bereitschaft vorlag, die Argumente des anderen auch nur ernsthaft zu berücksichtigen.

Der größte Teil des Buches gilt nun dem Versuch, der Genese beider Haltungen zum Phänomen psychischer Erkrankungen im deutschen Geistesleben des späten 18. und frühen 19. Jahrhunderts, besonders in der frühen Geschichte der Psychiatrie, nachzuspüren. Dazu werden sowohl Dokumente zur Philosophie und psychiatrischen Literatur der Zeit verwendet, als auch eingehende Analysen literarischer Darstellungen verschiedenartiger Wahnzustände, z. B. in Wielands *Don Sylvio* oder Goethes *Die Leiden des jungen Werther*. Entscheidend bei der Entwicklung ist für Osinski die Inthronisierung der Vernunft vor allem durch Leibniz nicht nur als Kategorie der Erkenntnis, sondern auch als moralische Instanz. Demnach wird die geistige Tauglichkeit des Menschen im Hinblick auf den Anspruch beurteilt, daß das Subjekt zu seelischer Übereinstimmung mit einer als harmonisch postulierten objektiven Weltordnung hinstreben muß. Im sozialen und politischen Kontext des "aufgeklärten Absolutismus" führte diese Transzendenz des Rationalismus "die Verabsolutierung der Aufklärung" herbei (S. 84f.).

In Gegensatz zu den Entwicklungen in England und Frankreich, wo bereits gegen Mitte des 18. Jahrhunderts empirische Beschreibungen geistiger Erkrankungen und pragmatische Mittel zu ihrer Behandlung angestrebt wurden, entstand in Deutschland eine normative psychiatrische Praxis, die die Seele des Patienten, z. T. durch Folterungen, zum Widererlangen der Harmonie mit der Natur ermutigen wollte. Osinskis Analysen des frühen psychiatrischen Schrifttums, besonders der Werke von J. C. Reil, J. H. F. Autenrieth, C. F. Pockels und K. W. Ideler u. a. m. verleihen solchen Studien einen besonderen sozialhistorischen Wert. Sie zeigen nämlich überzeugend, wie nach Ansicht mancher dieser "Schreibtisch-Psychiater" dem "Seelenarzt" eine geradezu priesterhafte Rolle zuzuschreiben sei, sein Wirken eher dem intuitiven Eindringen des Künstlers in das Wesen der menschlichen Seele vergleichbar ist, als der Arbeit des Mediziners an physischen Erkrankungen. Gerade die Fähigkeit des Dichters, die Gemütszustände des Menschen in ihrer Entstehung und Veränderlichkeit zu begreifen, war manchem damaligen Psychologen vorbildlich, was nach Osinski die Tendenzen zur Ästhetisierung seelischer Probleme bedenklich förderte.

Dieser Ansatz, die reine Wissenschaftlichkeit der Psychiatrie in Frage zu stellen durch den Hinweis auf ihre möglichen ideologischen Vorfahren, ist schon wegen der Analyse des literarischen und sozialkundlichen Materials von großem Wert. Fraglich ist, ob die Beweisführung der Hypothese gelingt. Es ließe sich behaupten, daß sowohl dem Denken des 18. Jhdts. über den Wahnsinn, als auch dem heutigen weit ältere Strukturfaktoren zugrunde liegen, die die aufgezeigten Analogien entstehen lassen, ohne daß ein Kausalzusammenhang vorliegen müßte. Zudem sollte sich eine solche Fragestellung eingehender mit den Ideen von Freud, Jung und anderen Vorläufern der jüngsten Psychiatrie in bezug auf die Behandlung der Geisteskrankheiten befassen, damit beurteilt werden kann, inwiefern eine theoretische und für die heutige Praxis

verbindliche, falsch harmonisierende "Gesundheitsnorm" von ihnen entweder wei-
tertradiert oder von neuem begründet wurde.

State University of New York at Buffalo   *Michael M. Metzger*

PONGS, ULRICH, *Heinrich Heine: Sein Bild der Aufklärung und
dessen romantische Quellen.* Frankfurt am Main, Bern, New
York:Peter Lang (1985) 211 S.

Ein Studium der Quellen, ein genaues Lesen und Vergleichen von Texten führt zu
Entdeckungen, zu neuen Forschungsergebnissen, zerstört Mythen und hebt Vorurteile auf. Das Werk und die Person des Dichters werden besser verstanden und
gerechter beurteilt. Dies wird durch die Arbeit von Ulrich Pongs von neuem
bewiesen.

Im Gegensatz zu bisherigen Resultaten der Heine-Forschung, die Heines Lessing-
Rezeption in eine antiromantische Aufklärung einordnen und Heines Lessing-Bild als
sein eigenes werten, gelangt Pongs zu einer neuen Bestimmung von Heines Verhältnis zur Aufklärung und zur Romantik. Diese Bestimmung gründet sich nicht nur auf
genaue Studien der Texte, die zur Entdeckung von neuen Quellen führten, sondern
auch auf die Erkenntnis, der Ursprung von Heines Aufklärungsbegriff läßt sich nur in
Verbindung mit der Romantik, den beiden dominierenden Romantikern August Wilhelm und Friedrich Schlegel finden. Anregungen für diese Erkenntnis lieferten moderne Studien, die daraufhin wirkten, die Romantik vom Stigma der Reaktion zu befreien und ihre zukunftsorientierten Momente herauszubringen.

Pongs Arbeit knüpft nach kurzem Eingehen auf den Stand der Heine-Forschung, die
Ergebnisse der Quellenforschung, die Entwicklung des Aufklärungsbegriffes bei
Heine an eine ausgedehntere Charakterisierung Lessings an, der eine kürzere Kenn-
zeichnung Nicolais folgt, um sich dann auf die Ursprünge von Heines Aufklärungs-
verständnis bei den Brüdern Schlegel zu konzentrieren.

Der Autor definiert Heines Verhältnis zur Aufklärung dialektisch, eine Auffassung, die sich auch bei den Brüdern Schlegel findet. Zunächst negatives Signum für
die Feindschaft zum positiv gesehenen Mittelalter der Romantik, teilt sich Heines
Aufklärungsbegriff in den Aspekt einer historisch notwendigen zerstörerischen Aufklärung und den einer des historischen Unvermögens. Ebenso unterscheidet Heine
zwischen "echten" und "falschen" Aufklärern. Lessing verkörpere die wahre Aufklärung, welche Toleranz und Humanität einschließt. Nicolai stände für die "Aufklä-
rungssucht". Ebenso differenzierte bereits August Wilhelm Schlegel zwischen "wahren" und "falschen" Aufklärern in seiner einführenden ersten Bonner Vorlesung, die
auch von Heine, seinem Schüler, gehört wurde, wie Pongs aus den Briefen schließt.

Die literarhistorische Legitimation und Notwendigkeit der romantischen Schule
erwächst für Heine aus dem Niedergang der deutschen Literatur nach Lessing. Wenn
Literatur und Kunst einer Epoche versagen, haben sie ihr historisches Recht verloren
und werden von einer neuen Literatur und Kunst abgelöst. Wie die Vernunft der Aufklärung den Aberglauben des Mittelalters zerstört hat, so wird das Gefühl den Egoismus der neuen Gesellschaft zerstören. Pongs vermerkt, Heine spricht in seiner diffe-
renzierten literarhistorischen Beurteilung der romantischen Schule dem Gefühl der
Romantiker die gleiche historische Bedeutung zu wie der Vernunft der Aufklärer und
sieht damit beide Bewegungen, die Romantik wie die Aufklärung als notwendige Vorbereitung der modernen Revolution. Der Autor findet weiter, auch für August Wilhelm Schlegel ergibt sich eine offensichtliche Verbindung von Politik und Literatur
in seiner Forderung, die Muttersprache zu studieren, in der er einen Ersatz und Ausgleich für das fehlende einigende Element der Nation sieht. In einer Republik der

360   *Book Reviews*

Gelehrten erkennt der ältere Schlegel den unsichtbar wirkenden Mittelpunkt
Deutschlands. Er lehrte in der "Geschichte der deutschen Sprache und Poesie" eine
differenzierte Literatur-Politik-Relation. So wie Heine eine Traditionslinie Luther-
Lessing beobachtet, erhält die Reformation auch bei A.W. Schlegel einen emanzipatorischen Charakter. Vermittlung von Politik und Literatur, Zusammenschau von
Kunst und Gesellschaft durchziehen die Argumentationen seiner Vorlesungen, die
sein Schüler Heine übernahm, ohne die Herkunft seiner Auffassungen klarzuma-
chen. A. W. Schlegel konzipierte eine Geschichte der romantischen Literatur bewußt
als europäische Literaturgeschichte. Pongs erkennt, Heine dienten die von ihm positiv rezipierten literarhistorischen Positionen des älteren Schlegel später zur Kritik
der romantischen Schule mit ihrer Feindlichkeit dem französischen Wesen
gegenüber.

Ebenso wie August Wilhem wirkte Friedrich Schlegel auf Heine ein. Heine schöpfte sein Wissen über Lessing nicht nur aus einer zeitgenössischen Lessing-Darstellung
von Johann Friedrich Schink (1825), sondern besonders aus Friedrich Schlegels "Lessings Gedanken und Meinungen aus dessen Schriften" (1804). Dieses dreibändige
Werk ist von zentraler Bedeutung für Heines Lessing-Bild in der "Geschichte der Religion und Philosophie" wie auch der "Romantischen Schule". Schlegels Gegensatz von
Aufbauen und Zerstören dient Heine einerseits zur Charakterisierung Lessings in der
"Romantischen Schule", andererseits zur Bestimmung des Wesens der für ihn historisch wichtigen revolutionären Aufklärung. Friedrich Schlegel stellt der Aufklärungs-
sucht einen neuen positiv bewerteten Aufklärungsbegriff gegenüber, den Heine übernimmt, aber in eine zerstörerische, revolutionäre Aufklärung umwertet.

Nicht nur Einheiten der Lessing-Charakteristik, sondern auch wesentliche literarhistorische und ästhetisch-poetologische Momente der Schlegelschen Konzeption
fügt Heine seiner Geschichte der neueren deutschen Literatur bei. Ebenso knüpft
Heine in seinem Willen zur Veränderung bei dem jüngeren Schlegel an. Nur will
Friedrich Schlegel die Revolution der Intellektuellen, während Heine sie für das
ganze Volk erstrebt.

Zurecht weist der Autor dieser grundlegenden Studie, deren Anhang auch längere
Textstellen bringt, auf nötige Aufgaben der Forschung hin. Die Geschichte der deutschen Literatur ist in ihren leitenden Ideen noch nicht umfassend geschrieben. Die
August Wilhelm Schlegel-Forschung ist zurückgeblieben. Die Lessing-Rezeption sollte überprüft und neu beurteilt werden. Die Ergebnisse dieser Studie sollten ferner
auch anregend auf die DDR Literaturgeschichtsschreibung wirken.

Zu bemängeln sind die manchmal zu langen oder unvollständigen Sätze, die ein
flüssiges Lesen aufhalten.

Wichita State University   *Gisela F. Ritchie*

SCHULZ, GEORG-MICHAEL, ed., *Lustspiele der Aufklärung in einem
Akt.* Stuttgart: Reclam (1986). 262pp.

The Reclam Universal-Bibliothek volume (8350) anthologizes six one-act plays of
the German Enlightenment—L. A. V. Gottsched, *Der Witzling* (1745), J. E. Schlegel,
Die stumme Schönheit (1747), C. F. Gellert, *Die kranke Frau* (1747), J. C. Krüger,
Herzog Michel (ca. 1749), G. E. Lessing, *Der Schatz* (1750), and Christian F. Weiße,
Großmuth für Großmuth (1768). My own adventures in ferreting out printings of
some of these plays, causes me to applaud the editor and the publisher for their work.
The texts of the plays, arranged chronologically, take up the bulk of the volume
(217pp.) and are followed by an "Anhang" including explanatory notes, biographies of
the respective playwrights, selective bibliographies (Anglo-American research included), and an interpretive essay on the genre generally, each play specifically. Not
only is each of the works made accessible, but their publication in a single volume of
such quality makes a very neat package for classroom and research purposes.

Einakter were written and produced long before their heyday in the 18th century. While it would be invalid to compare the interludes *(Zwischenspiele)* of 16th and 17th-century plays with the works under consideration, it bears emphasis that they served much the same function as these pieces. Johann Rist, for example, embeds comic interludes into his 'serious' dramas—interludes, when taken together, which constitute multi-scened *Einakter*. Andreas Gryphius' hilarious *Squentz*-play, itself in three acts, presents in the final act a single-act Pyramus & Thisbe drama. Earlier, the long tradition of the *Fastnachtspiel*—culminating in the didactic creations of Hans Sachs—illustrates the potential and vitality of the genre in German literary tradition. Indeed, what the editor states about the playlets of the Enlightenment certainly holds for the intentions of earlier playwrights active in the comparable form: "... das Lustspiel, das den bürgerlichen Zuschauer mit bürgerlichen Normen und bürgerlichem Fehlverhalten konfrontiert, liefert ihm so eine literarische Interpretation seiner sozialen Rolle; der erzieherische Effekt wird ermöglicht durch die Rückbindung des theatralischen Geschehens an die Lebenswirklichkeit." (245) The one-act play, regardless of era, is a form which through economy of characters and plot intends to reach the viewer most pointedly, hence effectively. The *Einakter* is predisposed towards enlightenment, whether the letter *E* be upper or lower case.

Possibly the most popular of the plays anthologized was Krüger's *Herzog Michel*. Why this was seems to lie—according to the editor—in the sympathetic response the title figure, a *Knecht*, would have elicited from the audience. This peasant is not the boorish, instinctually clever rustic of Hans Sachs' plays. He is not the tragically set-upon figure of Rist's drama, whose sufferings are those of a populace caught up in thirty years of war. Michel is simply a dreamer, whose palpable *Narrheit* consists of his imaginings of himself as a duke:

> Michel (welcher in tiefen Gedanken und mit einem unrecht vornehmen Wesen einhertritt).
>
> Was ist doch der Verstand für ein vortrefflich Ding!
> Gewiß! ich danke Gott daß ich so viel empfieng.
> Die Bauren sind nur Vieh; es lebt nur, um zu sterben;
> Zieht seine Kinder groß, und läßt sie wenig erben.
> Heißt das Verstand? Mein Seel, eh ich nicht Herzog bin,
> Eh nehm ich mir kein Mensch.... (121)

Significantly, he fancies his *Wunschtraum* to be a function of his rationality—all peasants are fools, I possess an inordinate degree of rationality, therefore I am not a peasant, i.e., I am a duke. Whether the syllogism is valid or not, it is his logic and it is this which places him in non-confrontational conflict with the other characters, Andres, a father, and his daughter, Hannchen. The "Mensch" of whom Michel speaks, Hannchen, and her father ("Fleiß, und Verstand und Tugend, / Und diese sind sehr rar bey einer tollen Jugend." - 120) are more conventional peasants, especially insofar as she has her eye on the young dreamer, much to paternal distress. The situation is, in short, the stuff of which 18th-century comedy is made. Michel's *Laster* is comparable to Ließchen's in Bach's "Kaffeekantate," another *Einakter der Aufklärung*, and the resolution of the conflict is predictable and charming:

> Michel.   Ich schwör es dir,
>   Käm eine Gräfinn jetzt, ich stieße sie von mir,
>   Und böthe dir die Hand. Wie stark hab ich geträumet!
>   Nun ich erwache, seh ich erst, was ich versäumet.
>   Verzeih mir dießmal nur.
> Hannchen (giebt ihm die Hand).
>   Da! sey auch künftig klug!

Michel.
Ich muß. Ich Herzog, geh nun wieder an den Pflug.
Ja, leider ich muß thun, was meine Väter thaten.
(Er umarmet Hannchen.)
Du bist mein Herzogthum, mein Bier, mein
Schweinebraten. (133)

Michel abandons his dreams at the last, he subjects himself to the real demand of his *Stand*, his dreams are incorporated into the person of his love, into the validity of acceptable societal conventionalities.

What makes this play so very interesting, is that it is an 18th-century variant of an old topos—King-for-a-Day. The exemplum of the drunken peasant become prince, become again peasant; the tale summarized in the title of Ludwig Hollonius' comedy *Somnium Vitae Humanae* (1605), i.e., "Traum des menschlichen Lebens," had always served a socially regulatory function. Jacob Masen's *Rusticus imperans*, Christian Weise's *Vom NiderLändischen Bauer*, Ludwig Holberg's *Erasmus Montanus*, not to mention the usage of the material in Gryphius' *Leichabdankung* "Menschlichen Lebenß Traum," and in Georg P. Harsdörffer's *Frauenzimmer Gesprächspiele* (where it is discussed in terms of visual representation), document the popularity and longevity of the story of the peasant who briefly lives out his dreams. In the 17th-century context the plays warned of the transcience of human station, of vanity, but with Krüger the serious intentions are softened. From the start, Herzog Michel (and his proper name has earlier origins extending into the present) is portrayed as an idle and harmless dreamer. Though he may order his 'subjects' around they pay him little heed, only occasionally playing along. They harbor no resentment towards him, for his foolishness is no threat to the status quo in the village. It is, rather, merely an inconvenience for she who loves him, for him who must get work done:

Andres.   Ey! laßt die Possen seyn!
Kommt, spannet an, und fahrt ein Fuder Holz herein—
Michel. Pfui! schämt euch was, ihr müßt nicht mehr so
niedrig denken;
Sonst wird der Herzog euch die Grafschaft niemals
schenken . . . (123)

The high moralities and socio-political considerations of Baroque king-for-a-day comedies are only implicitly evident in *Herzog Michel*. The protagonist's illusions are seen for what they are—"Du träumst, und träumest gar ein Schelmstück oben drein." (125). They are not interpreted on any lofty plane, but rather as an excuse for laziness and a lover's supposed infidelity:

Hannchen.
Thust du, als wärst du was. Ich weis, wer dich verführt.
Gelt! Schulzens Enne hat dein falsches Herz gerührt? (125)

My cursory thoughts on one of the *Einakter* intend to point out the extent to which these plays are embedded in the tradition of German comedy. In so doing, I compliment the editor for his selection, I compliment the publisher for undertaking a project in the furtherance of 18th-century *Literaturwissenschaft*.

University of Cincinnati   *Richard Erich Schade*

SCHWARZ, HANS-GÜNTHER, *Dasein und Realität: Theorie und Praxis des Realismus bei J. M. R. Lenz*. Studien zur Germanistik, Anglistik und Komparatistik. Bonn: Bouvier Verlag Herbert Grundmann (1985). 127pp.

Schwarz sets himself the task of righting what he considers a literary-historical wrong: the exclusion of Lenz, whom he takes to be a seminal realist, from most major portrayals of the phenomenon of "realism." More than merely a "Vorstufe" for the realistic drama of the nineteenth century, Schwarz argues "daß die Lenzschen Dramen bereits als Meisterwerke realistischer Darstellung zu sehen sind" (p. 9). Now the examination of Lenz's dramas in terms of the criteria of realism is nothing new, as Schwarz himself admits; his concern, hence, is not so much with the investigation or critical examination of realistic techniques in Lenz's plays as it is with the inscribing of Lenz and his work (and he takes Lenz as representative for the *Sturm und Drang* movement as a whole) within the *historical* conception of realism, generally associated exclusively with the literature of the nineteenth century.

Obviously, Schwarz can only achieve this goal by radically expanding the historical boundaries of what is commonly understood as realism. In order to accomplish this, he briefly examines specific historical-theoretical studies which aim at general definitions of realism (primarily the major contributions by Richard Brinkmann and Friedrich Gaede), abstracting from them a set of extraordinarily universalizing principles which he then identifies with the essence of realism. However, Schwarz's catalogue of the characteristics of "realism" reads like an inventory of the intellectual precepts associated with the literature of modernity (as opposed to antiquity) in general: 1) an inclination toward the anti-idealistic; 2) loss of totality and the subsequent turn to pure facticity; 3) accentuation of the individual over against all over-arching universals; 4) the writer's alienated position, calling forth a critical stance vis-à-vis empirical reality; 5) finally, the structural principle of open form as the aesthetic manifestation of these circumstances. The utter uselessness of these characteristics when mechanically and unreflectedly extracted from the context in which they were initially formulated is evident in their pure indiscriminateness. While it would be absurd to try to deny their validity for Lenz and his works, there is also nothing here that would allow us to distinguish, say, between Lenz and Kafka or between Lenz and Thomas Bernhard. Realism, in other words, becomes a short-hand way of describing literature since Shakespeare, if we exclude German Classicism as a brief and historically displaced intermezzo. In short, we gain absolutely nothing by terming Lenz a "realist" if this designation itself has been stripped of any significant distinguishing characteristics.

Schwarz's study never breaks out of these debilitating confines. He presents us with no new ideas or insights on the theory and practice of Lenz's dramas; rather he satisfies himself with the task of reiterating the predominant scholarly commonplaces regarding Lenz's work, with the nominal variation that he rebaptizes these characteristics, calling each one of them fundamentally "realistic." His entire investigation is structured around a simple identificational logic of the form x is y, where "y" in every case is the word "realism" or one of the traits he associates with it, and "x" is an undisputed feature of Lenz's dramatic theory or practice (e.g., anti-Aristoteleanism, individualism, social criticism, use of the grotesque, episodic structure). Thus the very possibility of presenting any original or substantive thoughts is precluded by the obsessive reliance on reductive and simplistic formulations such as the following: "Für die Existenzkrise der Moderne bleibt der Realismus die einzige mögliche Ausdrucksform" (p. 17); "der zunehmende Subjektivismus der Moderne erzeugt den Realismus" (p. 18); "Die Antithesen idealisch-charakteristisch, allgemein-individuell bilden die Sprungfeder für Lenzens realistische Kunsttheorie" (p. 39); "Die offene Form, wie sie Lenz definiert, als Manifestation der sich selbst überlassenen Natur,

spiegelt eine sich selbst überlassene Welt. Und gerade deshalb wird sie der Gestalt-
ungsmodus des Realismus" (p. 53); "Lenz [ersetzt] die sprachliche Eindimensionalität
des klassischen Dramas durch das realistische Prinzip der Mannigfaltigkeit dramati-
scher Aussage" (p. 85); "Es ist eine typische Komponente realistischen Denkens, an
der Unzulänglichkeit der Welt zu leiden. Lenz teilt diese Welterfahrung mit Büchner"
(p. 117). These examples could be supplemented nearly ad infinitum; the reader of
this volume is bombarded with such assertions, none of them substantiated by more
than intuitive evidence or even laid out in any concrete detail.

Nowhere does Schwarz go beyond the superficiality of such generalizing statements; at no point does he peer behind his own rhetoric and perceive the vacuum
which begs to be filled with evidence and discriminating argumentation. The mere
formal organization of this work clearly indicates that depth and subtlety have no
place; while encompassing a mere 110 pages of text, the book is divided into 14 chapters, an introduction, and a conclusion. The chapter with the overblown title "Drama
und Wirklichkeit," in which Schwarz promises to be "grundsätzlich" (cf. p. 21), is con-
fined to just over five pages; and Schwarz apparently believes that he can adequately
cover the topic "Lenz und das Sturm und Drang-Drama," about which someone else
might find it necessary to write volumes, in three and a half pages. To sum up, this
work is ill conceived and poorly executed: those wishing to keep abreast of scholarship on Lenz can overlook it in good conscience.

Mills College   *Richard Gray*

STOLJAR, MARGARET MAHONY, *Poetry and Song in Late
Eighteenth Century Germany: A Study in the Musical Sturm und
Drang*. London: Croom Helm (1985). 217 pp.

Whereas the keyboard songs of the nineteenth century—e.g. those of Schubert and
Schumann—with their highly expressive interdependence of voice and piano accompaniment have established their position in the world of art, very little is known
about the keyboard song of the *Sturm und Drang*. One reason for this imbalance is
that the keyboard song of the eighteenth century was developed under quite different
social conditions than its nineteenth-century successor. The latter emphasized an in-
dividualistic attitude and experienced (again) the rise of the virtuoso: music that was
meant to be performed by trained musicians. The second half of the eighteenth century, however, had a social and philosophical outlook of its own. The general revolution in spirit with its emphasis on simplicity and naturalness, postulated by
philosophers like Rousseau, also showed its effect on music: songs, relatively simple
in style, written for amateurs of the rising middle class, often carried a didactic or patriotic impetus, like the poems to which they were set. An anlysis of this period in
the context of music and poetry thus always implies the consideration of social
factors.

Margaret Mahony Stoljar's discussion of its secular keyboard songs sheds light on
this interesting period. Focussing on the importance of the social implications of the
music, Stoljar provides a cultural study that has its merits as a contribution to musical, literary, and social history: musical settings of poetry are analysed and placed
against the social background of their time.

An important aspect of the book is that it provides an insight into the reception of
the poetry: the evidence that many poems became known to a wider audience in the
form of song should prove to be of special interest for the literary historian. The six
composers and some of the main poets being discussed are: C. P. E. Bach and Gluck
(Klopstock), C. G. Neefe (Klopstock), J. André (Claudius and Bürger), J. A. P. Schulz

(Claudius et al.), and Reichardt (the "Hainbund", Hölty). The analysis of the work of these six composers is preceded by an introduction on "Performance as an Historical Category" and two chapters entitled "The Use of Poetry and the Use of Song," and "Singing and playing in 1770." The introductory chapter includes a justification as to why the book has to be understood "as a contribution to the cultural history of late eighteenth-century Germany" and why it is necessary to see the "development of the keyboard song within its social context" (p. 206). The use of such an approach is welcome; musical history has too often interpreted the relative simplicity of this genre as a development towards more sophisticated forms, i.e. the songs of the Romantic age. Further on Stoljar provides a survey that spans multifarious aspects of the era and their influence on each other: the change in musical style, the development of new instruments, the literary and musical expressivity of the *Sturm und Drang*, philosophical considerations (Rousseau's condemnation of artificiality), and finally social factors, like the rise of the middle class that determined the *Weltbild* of composers and poets. In the subsequent discussion of specific composers the strength of the book emerges clearly: it lies in the combination of the above-mentioned factors. The upshot of this is that the Germanist as well as the musicologist can gain new insight into his field of study because it is now placed in juxtaposition to related fields. If it were not for this he might have looked at only one of these aspects in isolation and seen no more than a mere survey of well-known facts, especially in the first part of the book.

This strength of Stoljar's interpretation always has to be considered, even if the specialist should find fault with certain details of the book. To mention one instance: the year 1750 is regarded by Stoljar as the great watershed in musical style. This traditional view, which equates the end of the Baroque with Bach's death, has long been challenged by musicologists, who date the beginnings of a new style back to the decade between 1720 and 1730 (Dahlhaus, *Neues Handbuch der Musikwissenschaft*, vol. 5, p. 2). The problem is that once again one has to face subtleties of periodization and the related terminology. Stoljar's book has the subtitle *A Study in the Musical Sturm und Drang*, but it embraces more than just typical aspects of the *Sturm und Drang*. Applying literary terms to music is common practice and can be justified; at the same time it points towards the problems of terminology that seem to be especially evident in the musical history of the second half of the eighteenth century, an era that still waits to be recognized for its own merits, having the disadvantage of falling between the stylistically established Baroque and the Classical periods.

A look at chapter six, "J. A. P. Schulz and the *Volkston*," shows Stoljar's ability to consider the many-sided aspects of this period. Schulz's role as a protagonist of the Enlightenment with his idealism, cultural optimism, his pedagogical approach, culminating in "the belief in music as a force for good in the community" (p. 170) is emphasized. His philosophy as a composer can be summed up in a single phrase—his famous "Schein des Bekannten" in which he perceives the secret of the "Volkston." Stoljar stresses the fact that Schulz, as an example of his time, did not merely compose for musical reasons, but always kept a humanitarian or patriotic intention in mind. Alongside the analysis of the music, is a discussion of the contemporary poet, most suitable to the composer's temperament. Several examples of poetry, as well as of music (in hand-written notation) illustrate the analyses. In Matthias Claudius Schulz found a poet whose works most closely approximated his own ideals. By placing Claudius in the context of "The Flowering of the *Gesellschaftslied*: Johann André" in the previous chapter the author invites the reader to make cross-references. She follows this approach at several points in the text.

It is understandable that Stoljar avoids a more detailed treatment of Schulz's much discussed setting of Claudius's "Abendlied." However—and this recommends a closer analysis—this song is a superb example of a stylistic adaption of sources, that in the music and in the poetry can be traced back as far as the Renaissance and the Baroque, respectively. In a musicological analysis Abraham and Dahlhaus have shown Schulz's outstanding skill in composing the melody and its simple piano accompaniment *(Melodielehre)*. This musicological recognition of the composer's accomplishment that is hidden behind the simplicity goes beyond sociological or pedagogical explanations of the composer's work. It must be considered, however, that this is the kind of analysis that would be addressed to the specialist, and thus goes far beyond the scope of Stoljar's book. Nevertheless, one wonders, if a more detailed analysis at one point in the study would not have provided a welcome contrast to the method followed steadily throughout. Another observation: there is no doubt that the songs under discussion are art songs, some of which (e.g. the "Abendlied") have gained the popularity of folksongs. In explaining the differences between the "Volkston" and folksongs Stoljar seems to subscribe to the myth of the "true, ancient folksong" (p. 149). Herder's idealized conception of the term "Volkslied" led to a development that makes such a characterization extremely difficult, if not impossible (Pulikowski's book *Geschichte des Begriffes Volkslied im musikalischen Schrifttum* demonstrates this).

All in all the book is an excellent study of the keyboard song of the *Sturm und Drang*. In its combination of different aspects it offers valuable material for the social historian, the literary historian and the musicologist. Extensive notes at the end of each chapter, a bibliography and an index are included. The book provides a good basis for further studies in this interesting field. Stoljar re-emphasizes a point that is too often ignored — that music should be performed in order to be experienced and therefore truly understood. In light of this the hand-written musical examples are a commendable feature of the book. The style might have been less convoluted and more accessible for the general reader. There are some printing mistakes in the text as well as in the notation of the songs; but these are minor points in an otherwise admirable combination of musical and literary analysis.

University of Cincinnati   *Wilhelm Schulte*
College-Conservatory of Music

WITTMAN, REINHARD, Hrsg., *"Die Post will fort, ich muß schließen ..." - Briefe aus dem 18. Jahrhundert*. München: Beck, (1985). 64 S.

Briefe aus dem 18. Jahrhundert - unter diesem Titel hat Reinhard Wittmann in einem schmalen Bändchen von 64 Seiten Auszüge aus vier Briefkorrespondenzen zusammengefaßt, die er für diesen Zeitraum, das "Jahrhundert des Briefes" (S. 7), als exemplarisch betrachtet. Es enthält Texte aus den Briefwechseln zwischen Sophie von La Roche und Christoph Martin Wieland, Meta Moller und Friedrich Gottlieb Klopstock, Eva König und Gotthold Ephraim Lessing, Luise Mejer und Heinrich Christian Boie, sowie aus dem Umkreis dieser Briefwechsel. Diese Texte waren im November 1984 anläßlich der Münchner Bücherschau in einer Lesung vorgetragen worden. Wie auch bei dieser Lesung hat R. Wittmann sie mit einer Einleitung und Zwischentexten versehen.

Die Zusammenstellung erscheint grundsätzlich sinnvoll, zeigt sich in jenen Briefen doch der Geist des 18. Jahrhunderts, reflektiert von Persönlichkeiten, die diesen sowohl aufgenommen, als auch selber geprägt haben. Neben allgemeinen Einblicken in Leben und Denken der betreffenden Zeit, vermitteln Briefe auch immer etwas von Beziehungen zwischen Menschen. Sie sind nicht an ein heutiges literarisch oder kulturgeschichtlich interessiertes Publikum gewandt, sondern an eine bestimmte Person, zu der eine bestimmte Beziehung besteht. Und dieser Ambivalenz, der sich jede Briefausgabe zu stellen hat, trägt das vorliegende Buch nicht in ausreichendem Maße Rechnung. Versuche, beide Aspekte zueinander in Beziehung zu setzen, bleiben auf bloße Ansätze beschränkt.

Dieser Mangel ist sicherlich u. a. auf den geringen Umfang des Buches zurückzuführen, vor allem aber auf eine inkonsequente Einteilung. Zwar bilden die Kapitel für sich abgeschlossene Einheiten, in denen jeweils eine Korrespondenz betrachtet wird, die jedoch in sich uneinheitlich erscheinen. Dabei wirkt es besonders störend, daß Brieftext und Herausgebertext nicht klar voneinander getrennt werden, sondern in einem durchgehenden Text ineinander übergehen und einander abwechseln. Dies verhindert ein flüssiges Lesen der Briefe selbst, da sie auseinandergerissen und immer wieder von Erläuterungen unterbrochen werden. Dadurch sprechen sie nicht mehr für sich selbst, sondern sind in einen neuen, ihnen fremden Kontext eingebunden. Hinzu kommt, daß Briefstellen oft in einer willkürlichen Reihenfolge zitiert werden und dem Leser nicht immer kenntlich gemacht wird, ob zwei aufeinanderfolgende Zitate dem gleichen oder unterschiedlichen Briefen entstammen.

Der Herausgebertext fügt sich nicht in den Zusammenhang der Briefe ein, sondern wirkt darin wie ein Fremdkörper. Der Grund dafür ist ein zu salopper Stil, der dem Gegenstand sprachlich nicht angemessen ist. So z. B., wenn von Goethes "Bettschatz Vulpius" (S. 17) die Rede ist, oder Klopstock "als wohl größter Langweiler der deutschen Literatur" (S. 20) bezeichnet wird.

In seinen Zwischentexten versucht R. Wittmann, die Beziehungen der jeweiligen Briefautoren zueinander zu beschreiben, bestimmte Aspekte hervorzuheben, oder auch Bezüge zu den anderen Kapiteln herzustellen. Es bleibt jedoch bei Andeutungen, die nicht immer hilfreich sind, weil sie — auch für den Leser, der mit der Materie evtl. nicht so vertraut ist — oft sehr pauschal gehalten sind. Gut sind diese Erläuterungen, wenn sie sich auf kurze Hinweise auf den Rahmen der zitierten Passagen beschränken. Oft aber greifen sie direkt in den Brieftext ein. Dadurch wird dieser aus seinem ursprünglichen Zusammenhang gelöst und es bleibt dem Leser überlassen, ihn wieder mit diesem Zusammenhang in Verbindung zu bringen. Auch verschwimmen so die Konturen der Position, die der Herausgeber und Kommentator den Briefen gegenüber einnimmt, weil sich deren Distanz zum Text der Briefe verändert. Die in lapidarem Tonfall dargebotenen Einschätzungen und Bewertungen der Briefe und der Charaktere ihrer Autoren werden nicht immer ausreichend begründet. So erscheint besonders das Votum über Sophie von La Roche in sich widersprüchlich:

> Eine tapfere Frau und engagierte Autorin, aber (oder sollte man sagen: und deshalb?) keine großartige Briefschreiberin. (. . .) indem Sophie La Roche sich auf das damals so ausschließlich männlich besetzte Terrain der Literatur wagte, unterdrückte und stilisierte sie all das in sich, was keinem ästhetischen Regelwerk folgte, was Naivitat, Natürlichkeit, Spontaneität verriet und als allzu 'weiblich' erschien. (. . .) Sophie La Roche verzichtete damit auf eine Lebensdimension, die anderen, eben nicht 'emanzipierten' Frauen jener Zeit offenstand. (S. 19)

Auch gibt es einige formale Mängel. Manchmal werden die Daten einzelner Briefe nicht genannt und es ist dadurch nicht immer deutlich, aus welchem Brief gerade zitiert wird. Der wissenschaftlich interessierte Leser wird vor Allem genaue Quellenangaben und Belege für die verwandten Zitate vermissen und muß sich mit einer Bibliographie "Das 18. Jahrhundert im Verlag C. H. Beck" begnügen, die in keinem direkten Zusammenhang zum Inhalt des Buches steht, sondern bloßen Werbezwecken zu dienen scheint.

Das vorliegende Büchlein will Appetit machen, sich genauer mit der Briefliteratur des 18. Jahrhunderts zu beschäftigen. Dies gelingt ihm nur in begrenztem Maße. Es hat seine Stärken dort, wo es die Briefautoren selber, im Originalton zu Wort kommen läßt. Ansonsten aber erschwert es eine intensive, direkt auf die Briefe gerichtete Lektüre. Was vielleicht in seiner ursprünglichen Form, als Manuskript für eine Lesung notwendig war, wirkt hier fehl am Platze. "Doch genug mit diesen dürren Reden über das Jahrhundert des Briefes, mit diesem Verlesen der Speisekarte. Sie sind schließlich hierhergekommen, um das Menu zu verzehren." (S. 11), schreibt R. Wittmann am Ende seiner Einleitung. Aber dann werden—um im Bild zu bleiben—nur mundgerecht zubereitete Hungerhappen gereicht, die den Geschmack des Menus bloß erahnen lassen. Wer wirklich Briefe aus dem 18. Jahrhundert lesen will, der sollte das tun—und sich dabei nicht mit diesem Büchlein aufhalten.

Universität Cincinnati   *Christian Liedtke*

Ein Forschungsprojekt zur Geschichte der Aufklärung in der Schweiz: Index analytique des périodiques suisses (des débuts à 1750)

Das Vorhaben, das unter dem Patronat der *Schweizerischen Akademie der Geisteswissenschaften* steht und vom *Schweizerischen Nationalfonds zur Förderung der wissenschaftlichen Forschung* finanziell getragen wird, setzt sich zum Ziel, alle Zeitschriften, die in der Zeit von den Anfängen bis 1750 in der Schweiz erschienen sind, bibliographisch besser zu erschliessen, das bisher weitgehend unausgewertete Quellenmaterial leichter zugänglich zu machen und monographische Darstellungen anzuregen, welche sowohl die regionale Ausbreitung aufklärerischen Gedankengutes als auch dessen Kritik zu ihrem Gegenstand haben.

In einer ersten Arbeitsphase wird nun, nach der bereits erfolgten bibliothekarischen Bestandesaufnahme und Sichtung des Quellencorpus, zu jeder Zeitschrift ein Dossier angefertigt, das alle wichtigen Lebensdaten des einzelnen Periodikums enthält, und ein Gesamtinhaltsverzeichnis aller Zeitschriftenartikel, einschliesslich Verfasserregister, erstellt. Diese Dokumentation bildet die Grundlage für die eigentlichen Indizierungsarbeiten, welche den Inhalt der Zeitschriften durch ein Rezensionen-, ein Sach- und ein Personenregister, durch ein Verzeichnis der geographischen Namen sowie eine Auflistung der Incipits erschliessen wollen. Die von den drei Mitarbeitern geschaffenen Indizierungsrichtlinien bieten zwar Gewähr für ein einheitliches Vorgehen, lassen aber auch genügend Spielraum für individuelle Entscheidungen in Zweifelsfällen offen. Dem Aspekt der Benutzerfreundlichkeit des entstehenden bibliographischen Hilfsmittels wird besondere Beachtung geschenkt.

Ein Erfahrungsaustausch unter allen, die an der bibliographischen Erschliessung von Zeitschriftenbeständen des 18. Jahrhunderts oder an ähnlichen Projekten arbeiten, wäre wünschenswert; alle einschlägigen Hinweise und Anregungen werden dankbar entgegengenommen.

Mitarbeiter sind:

Jean-Daniel Candaux
24, Bourg-de-Four
CH-1204 *Genève*

Emil Erne
Burgunderstr., 104
CH-3018 *Bern*

Hanspeter Marti
Edelweissweg 14
CH-6390 *Engelberg*

Lessing Yearbook, 1987, Vol. XIX, p. 369.